KB091561

모던
로보틱스

모던 로보틱스

역학, 계획 및 제어

이병호 · 윤상웅 · 권재운 · 김영훈 · 김종민
임중빈 · 손민준 · 정진 · 이상현 · 양우성 옮김

케빈 M. 린치(Kevin M. Lynch) · 박종우(Frank C. Park) 지음

i!i
에이콘

에이콘출판의 기틀을 마련하신 故 정완재 선생님 (1935-2004)

추천의 글

1870년대 펠릭스 클라인[Felix Klein]은 광범위한 에를랑겐[Erlangen] 프로그램을 개발하고 있었다. 이를 통해 기하학과 군 이론에 관한 아이디어 사이의 관계는 견고해졌다. 거의 동시에 소푸스 리[Sophus Lie]가 연속적인 리 군에 대한 이론을 발전시킴으로써, 리 대수적 아이디어에 기반한 미소 분석을 포함하는 새로운 도구들을 매우 넓은 범위의 기하학적 연구에 활용할 수 있게 됐다. 오늘날에도 이런 아이디어의 이면에 있는 생각이 주요 수학 분야의 발전을 계속 이끌고 있다. 물론 기구학적 메커니즘은 가속과 충돌 회피 등 단순한 기하학 이상의 것이지만, 무엇보다도 모두 기하학적 물체이기에 클라인과 리의 아이디어를 적용할 수 있다. 로봇공학에 등장하는 2차원 또는 3차원에서의 강체 운동 군은 클라인과 리의 연구에서의 중요한 예시다.

수학 문헌에서 지수로 리 군의 원소를 표현하는 방식은 두 가지로 나뉜다. 바로 제1종 지수 좌표와 제2종 지수 좌표다. 제1종에서는 $X = e^{(A_1 x_1 + A_2 x_2 \cdots)}$이다. 제2종에서는 이 대신에 $X = e^{A_1 x_1} e^{A_2 x_2} \cdots$가 사용된다. 지금까지, 첫 번째 방식이 기구학 연구에 유용한 경우가 거의 없었지만, 두 번째 방식은 직교 그룹[orthogonal group]의 오일러 매개변수화에 이미 나타난 특별한 경우로, 1 자유도 링크를 연결한 기구학적 개연쇄를 설명하는 데에 매우 적합한 것으로 밝혀졌다. 이 부분은 이 책의 4장에도 잘 설명돼 있다. 두 번째 형태와 식 $P e^A P^{-1} = e^{PAP^{-1}}$를 활용하면, 넓은 범위의 기구학적 문제들을 매우 간결하게 나타낼 수 있다. 역사적인 관점에서 볼 때, 저자들이 이 책에 쓴 것과 같이 로봇 운동을 지수 곱을 사용해 나타내는 것은 클라인과 리의 150년된 아이디어의 실용적 쓰임새를 보여주는 것으로 볼 수 있다.

1983년에 나는 이스라엘의 베르셰바에서 3년마다 개최되는 네트워크와 시스템 콘퍼

5

런스에 초청받았고, 조금의 고민 후에 경험을 통해 배운 것을 설명하기로 결심했다. 당시 나는 기구학적 연쇄의 지수 곱 표현을 포함하는 기구학을 다루는 로봇공학 강의를 맡았었다. 1960년대 이후로 e^{At}는 시스템 이론과 신호 처리에서 중요한 역할을 해왔기에, 이 콘퍼런스가 행렬 지수에 대한 친숙함, 나아가 애착까지 가지고 있으리라 기대할 수 있었다. 이를 고려할 때 나는 자연스럽게 e^{Ax}와 관련된 강연 주제를 선정했다. 많은 청중이 기구학에 관심이 있을거란 근거는 없었지만, 나는 흥미로운 주제를 전달하고 사람들에게 더 많은 발전을 위한 영감을 줄 수 있기를 바랐다. 이러한 바람에서 이어지는 서문에서 참조한 논문을 작성했다.

박종우[Frack C. Park]와 케빈[Kevin M. Lynch]은 이 책의 주제를 놀랍도록 명확하고 끈기 있게 설명했다. 그들은 학부 공학생에게 적절한 수준으로 클라인과 리가 150년 전에 닦아놓은 기초를 실용적인 현대 로봇공학으로 옮겨왔다. 상태 공간의 기초에 대해 정교하게 논의한 다음, 이 책 전반에 걸쳐 사용하는 강체 컨피규레이션의 리 군 표현 그리고 그에 상응하는 속도와 힘의 표현을 설명한다. 이렇게 일관된 관점을 개연쇄의 정기구학, 역기구학, 미분 기구학과 로봇 동역학, 궤적 생성, 로봇 제어, 그 외 폐연쇄의 기구학, 운동 계획, 로봇 매니퓰레이션, 차륜 이동 로봇의 계획과 제어, 이동 매니퓰레이터의 제어와 같은 더욱 발전된 주제들에 적용한다.

나는 이 책이 한 세대의 학생들과 로봇공학 실무자들에게 귀중한 자료가 되리라 확신한다.

로저 브로켓[Roger Brockett]

케임브리지, 메사추세츠, 미국[Cambridge, Massachusetts, USA]

2016년 11월

로봇공학은 아이디어를 행동으로 옮기는 것이다. 로봇은 어떤 방식으로든 추상적인 목표를 물리적 행동으로 바꾼다. 예를 들어 모터에 동력을 전달하고, 운동을 모니터링하고, 목표를 향해 물체를 안내한다. 모든 인간이 이와 같은 기술을 수행할 수 있지만, 그럼에도 이런 기술은 데카르트^{Descartes}를 비롯한 많은 철학자와 과학자를 사로잡았을 만큼 흥미롭다.

비밀은 무얼까? 로봇공학자들이 유레카를 외치는 순간이 있었던 것일까? 어떤 한 쌍의 십대 기업가들이 자신들의 차고에서 핵심 아이디어를 얻은 것일까? 이와 반대로, 비밀은 하나의 아이디어가 아니다. 그것은 수세기에 걸쳐 축적된 과학 및 공학적 결과들의 거대한 산물로 주로 수학, 물리학, 기계공학, 전기공학, 컴퓨터 과학에서 비롯되며 또한 철학, 심리학, 생물학 그리고 다른 분야에서도 유래한다.

로봇공학은 이러한 아이디어들이 모두 모이는 곳이다. 로봇공학은 영감을 준다. 로봇공학은 아이디어들을 시험하고 지속적인 연구를 주도한다. 마지막으로 로봇공학은 증거다. 로봇의 행동을 관찰하는 것은 기계가 주변을 인지할 수 있고, 의미 있는 목표를 개발할 수 있으며, 그러한 목표를 달성하기 위해 효과적으로 행동할 수 있다는 설득력 있는 증거다. 같은 원리를 서모스탯^{thermostat}이나 원심 조속기$^{flyball\ governor}$에도 적용할 수 있지만, 서모스탯을 관찰해서는 거의 아무도 설득할 수 없다. 사람들은 대부분 로봇 축구팀을 보면서 설득된다.

로봇공학의 핵심은 운동이다. 그중에서도 이 책에서 다루는 제어, 프로그래밍할 수 있는 운동이다. 이 책은 로봇공학에서 배울 수 있는 가장 중요한 것들 즉, 운동의 본질, 강체가 취할 수 있는 운동, 운동 구성의 기구학적 제약조건의 활용, 일반적이며 프로그래밍할 수 있는 운동을 할 수 있는 메커니즘, 메커니즘들의 정역학 및 동역학적 특성, 운동의 제어, 프로그래밍, 계획을 위한 접근법의 문제점을 보여준다. 이 책은 이러한 주제를 명확하게 전달해 학부생들이 참고하기에 적절하다. 이 책은 다른 학부생용 교재와 두 가지 중요한 차별점을 갖는다.

첫째로, 강체 운동을 다룰 때 이 책은 고전적인 기하학적 기반과 표현을 소개할 뿐만 아니라 현대적인 행렬 지수를 이용한 표현과 리 대수와의 연결성도 보여준다. 이는 학생들에게 두 가지 장점으로 작용한다. 운동을 더 깊이 이해할 수 있으며, 보다 나은 실용적인 도구들을 얻을 수 있다는 것이다.

둘째로, 로봇 메커니즘에 초점을 맞추는 것에서 더 나아가 주변 세상의 물체들과의 상호작용에 대해서도 다룬다. 로봇이 실제 세계와 접촉하면 관련된 정역학 및 동역학과 함께 애드혹ad hoc한 기구학적 메커니즘이 된다. 이런 메커니즘은 기구학적 고리, 구동되지 않는 관절, 비홀로노믹nonholonomic 제약조건을 포함하며, 모던 로보틱스를 공부한 학생들은 이들 모두에 익숙해질 수 있을 것이다.

학생들이 이 책을 읽는다면 다양한 물리적 시스템을 분석, 제어, 프로그래밍할 수 있게 될 것이다. 이 책은 물리적 상호작용의 역학을 소개하고 있다. 로봇공학의 심화 과정이나 독창적인 연구에 대해 계속해서 공부하고 싶은 학생들에게도 좋은 출발점이 될 것이다.

매튜 T. 매이슨Matthew T. Mason

피츠버그, PA, 미국Pittsburgh, PA, USA

2016년 11월

옮긴이 소개

이병호(bhlee@robotics.snu.ac.kr)

2019년 연세대학교 기계공학과 졸업 후 2021년 서울대학교 기계공학부에서 석사 학위를 취득했다. 현재는 서울대학교 기계공학부 박종우 교수님의 지도하에 박사 과정 중에 있다. 주요 연구 주제는 머신러닝과 로봇공학이다.

윤상웅(swyoon@robotics.snu.ac.kr)

경기과학고와 서울대학교 화학생물공학부, 뇌과학 협동 과정을 졸업했으며, 박종우 교수님의 지도하에 로봇 자동화 연구실에서 머신러닝을 연구하고 있다.

권재운(cumuli10@gmail.com)

2016년 서울대학교 기계항공공학부를 졸업했으며, 박종우 교수님의 지도하에 서울대학교 로봇 자동화 연구실에서 2022년 박사 학위를 수여받았다. 대학원에서 로봇 동역학 식별 방법과 로봇 설계 최적화에 대한 연구를 주로 수행했으며, 현재는 네이버랩스에서 스킬 학습 및 안전 제어 등 관련 연구를 진행하고 있다.

김영훈(yhun@robotics.snu.ac.kr)

서울대학교에서 기계공학부 학사 학위를 취득했고, 현재 서울대학교 로봇 자동화 연구실에서 석박통합과정을 수료 중이다. 주로 로봇 공학과 머신러닝 분야를 연구하고 있다.

김종민(jmkim@robotics.snu.ac.kr)

서울대학교 기계공학부를 졸업하고 박종우 교수님의 지도하에 서울대학교 로봇 자동화 연구실에서 석사과정에 재학 중이다. 이 책을 기반으로 진행되는 로봇공학입문 수업의 조교를 담당했다.

임중빈(jblim97@robotics.snu.ac.kr)

서울대학교 기계공학부 학사 졸업 후, 동대학원 기계공학부 석사과정에 재학 중이다. 로봇 자동화 연구실에서 박종우 교수님의 지도하에 머신러닝을 연구하고 있다.

손민준(mjson@robotics.snu.ac.kr)

2020년 서울대학교 기계항공공학부를 졸업했으며, 2023년 박종우 교수님의 서울대학교 로봇 자동화 연구실에서 석사 학위를 수여받았다. 미분기하학적 방법을 이용한 오토인코더, 시스템의 대칭성을 고려해 모션을 생성하는 오토인코더 등을 연구했다.

정진(piggene00@snu.ac.kr)

서울대학교 기계공학과 4학년생으로 재학 중이다. 공저자 중 한 분인 박종우 교수님의 로봇공학입문 수업을 듣고 로봇공학에 관심이 생겨 이 번역 프로젝트도 참여하게 됐다.

이상현(upblack0630@snu.ac.kr)

서울대학교 기계공학부 학부생 4학년이다. 박종우 교수님이 공동 저술한 교재의 번역 프로젝트에 참여한 것을 영광으로 여기고 있다.

양우성(yellowish@snu.ac.kr)

서울대학교 기계공학부 학사 졸업 후, 동대학원 기계공학부 석사과정에 재학 중이다. 로봇 인식 및 공간지능 연구실에서 김아영 교수님의 지도하에 SLAM을 주제로 연구하고 있다.

옮긴이의 말

운동학, 동역학, 운동 계획, 제어 등 로봇공학에 필요한 기본적인 이론을 포괄적으로 다루고 있다. 저자의 강의가 온라인으로 제공되기 때문에 독학으로 공부하는 학생도 쉽게 접근할 수 있으리라 생각한다.

- 이병호

전 세계 로봇공학도들에게 사랑을 받아 온 이 책이 한국어로 번역돼서 기쁘다. 로봇공학도를 꿈꾸는 한국 학생들에게 큰 도움이 되리라 기대한다.

- 윤상웅

로보틱스 기초 전반에 대해 가장 쉽고 단순하면서도 완벽한 방법과 표현으로 다룬다. 많은 사람들의 오랜 정성을 모아 완성한 책이기에, 널리 활용돼 한국 로봇 커뮤니티에 크게 기여할 수 있기를 바란다.

- 권재운

오랜 시간 로봇공학에 큰 영향을 끼친 박종우 교수님의 로봇을 바라보는 시각을 잘 드러내고 있다. 한국어 번역본을 통해 한국 학생들이 더 쉽고 재미있게 공부할 수 있기를 기대한다.

- 김영훈

로봇공학 분야에서 필수적인 지식을 제공하며, 로봇공학 분야를 전문으로 공부하고자 하는 사람들이 반드시 거쳐야 하는 책이다. 로봇의 움직임을 수학적으로 완벽하게 서술하고 이를 제어하기 위한 여러 기법이 담겨 있다.

-김종민

로봇공학을 학부생이 이해할 수 있는 수준에서 쉽고 정확하게 기술한 교재다. 한글로 번역된 이 책이 로봇공학의 길을 꿈꾸는 수많은 한국 학생들에게 큰 도움이 될 것이라고 믿는다.

- 임중빈

이 책은 로봇공학에 관한 전반적인 내용을 쉽고 단순한 방식으로 설명한다. 이 책이 각 대학과 학계에 널리 활용돼 한국 로봇공학의 발전에 크게 기여할 수 있기를 기대한다.

- 손민준

서울대 기계과 전공 과목인 로봇공학입문에 사용되는 교재로 이 책을 처음 접했고, 로봇공학에 관련된 내용을 수학적으로 기술한 책으로, 선형대수학에 대한 이해가 어느 정도 있는 2학년 이상의 학부생 정도면 크게 어렵지 않게 이해할 수 있을 것이다.

- 정진

박종우 교수님의 로봇공학입문 강의를 들으며 이 책을 공부했는데, 영어로만 쓰여 있어 아쉬움이 컸었다. 이 번역본이 추후 학생들의 학습에 도움이 됐으면 좋겠다.

- 이상현

로봇공학의 기본 입문서로, 배경지식을 쌓고 관련 분야를 공부하는 데 큰 도움이 될 책이다. 역자도 학부 시절 『모던 로보틱스』를 보면서 공부했고, 번역본이 앞으로 성장할 로봇공학도들에게 큰 도움이 될 것이라 믿어 의심치 않는다.

- 양우성

지은이 소개

케빈 M. 린치 Kevin M. Lynch

1989년 뉴저지주 프린스톤에서 전기공학 학사 학위를, 1996년 펜실베이니아주 카네기 멜론대학교에서 로봇공학 박사 학위를 받았다. 1997년부터 일리노이주의 노스웨스턴 대학의 기계공학부 교수로 재직하고 있으며, 캘리포니아공과대학, 카네기 멜론대학, 일본 쓰쿠바대학, 중국 선양의 노스이스턴대학 등에서 객원 교수로 재직 중이다. 주요 연구 주제는 로봇 조작과 이동을 위한 동역학과 동작 계획 및 제어, 자체 조직화된 다중 에이전트 시스템 그리고 물리적 상호작용이 존재하는 인간 - 로봇 시스템 등이다. Institute of Electrical and Electronics Engineers[IEEE]의 Fellow이며, Robotics 및 Automation 분야에서 IEEE Early Career Award, 노스웨스턴대학의 교원 우수상 그리고 노스웨스턴대학 공학 분야 올해의 강의자 상을 수상했다. <IEEE Transactions on Robotics>의 편집장이자, <IEEE International Conference on Robotics and Automation>의 전 편집장이다. 이 책은 그의 세 번째 저서다.

박종우Frack C. Park

MIT에서 전기공학 학사 학위를, 하버드대학교에서 응용수학 박사 학위를 받았다. 1991년부터 1995년까지 어바인 시의 캘리포니아대학교 기계항공공학부 조교수로 재직했다. 1995년부터 서울대학교의 기계항공공학부 교수로 재직 중이다. 연구 관심사는 로봇역학, 동작 계획 및 제어, 비전 및 이미지 처리, 응용수학 관련 분야 등이다. IEEE Robotics and Automation Society Distinguished Lecturer였으며, 시각적 추적과 병렬 로봇 설계에 대한 연구로 최우수 논문상을 수상했다. <Springer Handbook of Robotics>, <Springer Advanced Tracts in Robotics[STAR]>, <Robotica>와 <ASME Journal of Mechanisms and Robotics>의 편집 위원회에서 근무했다. HKUST 로봇공학 연구소, NYU 쿠란트연구소 및 조지아공대의 인터랙티브 컴퓨팅 부서에서 겸임 교수직을 역임했다. 2014년에 서울대학교 우수 교원상을 받았다. IEEE의 Fellow이자 <IEEE Transactions on Robotics>의 전 편집장이며, edX 강의 로봇역학 및 제어 I, II를 제작했다.

차례

추천의 글   5

옮긴이 소개   9

옮긴이의 말   12

지은이 소개   14

들어가며   27

1   미리보기   33

2   상태 공간   47

   2.1   강체의 자유도   49

   2.2   로봇의 자유도   52

      2.2.1   로봇 관절   53

      2.2.2   그뤼블러의 공식   55

   2.3   상태 공간: 위상과 표현   62

      2.3.1   상태 공간 위상   62

      2.3.2   상태 공간 표현   66

   2.4   컨피규레이션과 속도 제약조건   68

   2.5   태스크 공간과 작업 공간   73

2.6 요약 78

2.7 주석과 참고문헌 80

2.8 연습 문제 80

3 강체 운동 **103**

3.1 평면상의 강체 운동 107

3.2 회전과 각속도 115

    3.2.1 회전행렬 115

    3.2.2 각속도 124

    3.2.3 회전의 지수 좌표 표현 130

3.3 강체 운동과 트위스트 143

    3.3.1 동차 변환행렬 143

    3.3.2 트위스트 154

    3.3.3 강체 운동의 지수 좌표 표현 165

3.4 렌치 171

3.5 요약 174

3.6 소프트웨어 177

3.7 주석과 참고문헌 179

3.8 연습 문제 180

4 정기구학 **207**

4.1 지수 곱 공식 212

    4.1.1 첫 번째 공식화: 기반 좌표계에서의 스크류 축 212

    4.1.2 예제 215

    4.1.3 두 번째 공식화: 엔드 이펙터 좌표계에서의 스크류 축 225

4.2 로봇 기술용 통일 포맷 230

4.3 요약 236

4.4 소프트웨어 238

4.5 주석과 참고문헌 239

4.6 연습 문제 240

5 속도 기구학과 정역학 253

5.1 매니퓰레이터 자코비안 261

    5.1.1 공간 자코비안 262

    5.1.2 물체 자코비안 269

    5.1.3 공간 자코비안과 물체 자코비안의 시각화 271

    5.1.4 공간 자코비안과 물체 자코비안 사이 관계식 273

    5.1.5 자코비안의 다른 표현들 275

    5.1.6 역속도 기구학 미리 보기 277

5.2 개연쇄의 정역학 278

5.3 특이점 분석 280

5.4 조작성 287

5.5 요약 291

5.6 소프트웨어 294

5.7 주석과 참고문헌 294

5.8 연습 문제 295

6 역기구학 315

6.1 해석적 역기구학 318

    6.1.1 6R 퓨마형 로봇 팔 319

    6.1.2 스탠포드형 로봇 팔 323

6.2 수치 역기구학 325

    6.2.1 뉴턴-랩슨 방법 325

    6.2.2 수치 역기구학 알고리듬 326

6.3	속도 역기구학	333
6.4	닫힌 고리에 대한 코멘트	336
6.5	요약	336
6.6	소프트웨어	338
6.7	주석과 참고문헌	338
6.8	연습 문제	339

7 폐연쇄의 기구학 **349**

7.1	역기구학과 정기구학	351
7.1.1	3×RPR 평면 병렬 메커니즘	351
7.1.2	스튜어트-고프 플랫폼	354
7.1.3	일반적인 병렬 메커니즘	356
7.2	미분 기구학	357
7.2.1	스튜어트-고프 플랫폼	358
7.2.2	일반적인 병렬 메커니즘	360
7.3	특이점	364
7.4	요약	370
7.5	주석과 참고문헌	372
7.6	연습 문제	372

8 개연쇄의 동역학 **381**

8.1	라그랑지안 형식	383
8.1.1	기본 개념과 예제	383
8.1.2	일반화된 공식	390
8.1.3	질량행렬에 대한 이해	393
8.1.4	라그랑지안 동역학 대 뉴턴-오일러 동역학	395
8.2	단일 강체의 동역학	397

8.2.1　고전 공식 397

8.2.2　트위스트-렌치 공식 403

8.2.3　다른 좌표계에서의 동역학 407

8.3　역뉴턴-오일러 동역학 408

8.3.1　유도 408

8.3.2　뉴턴-오일러 역동역학 알고리듬 412

8.4　닫힌 형식의 동역학 방정식 413

8.5　개연쇄의 정동역학 418

8.6　작업 공간에서의 동역학 420

8.7　구속된 조건의 동역학 422

8.8　URDF에서의 로봇 동역학 430

8.9　구동, 기어링, 마찰 431

8.9.1　DC 모터와 기어링 433

8.9.2　감지된 회전 관성 439

8.9.3　모터의 회전 관성과 기어링의 효과를 고려한 뉴턴-오일러 역
동역학 알고리듬 441

8.9.4　마찰 442

8.9.5　관절과 링크의 유연성 443

8.10　요약 444

8.11　소프트웨어 449

8.12　주석과 참고문헌 451

8.13　연습 문제 452

9　궤적 생성　　　　　　　　　　　　　　　　　　　　　459

9.1　용어 정의 459

9.2　점대점 궤적 460

9.2.1 직선 경로 461

9.2.2 시간 스케일링과 직선 경로 464

9.3 다항식 경유점 궤적 471

9.4 시간 최적의 시간 스케일링 474

9.4.1 $(s, \dot{s})$ 위상 평면 478

9.4.2 시간 스케일링 알고리듬 481

9.4.3 시간 스케일링 알고리듬의 변형 483

9.4.4 가정 및 주의 사항 484

9.5 요약 486

9.6 소프트웨어 487

9.7 주석과 참고문헌 489

9.8 연습 문제 489

10 동작 계획   **497**

10.1 동작 계획에 대한 개괄 497

10.1.1 여러 가지 동작 계획 문제 499

10.1.2 동작 계획기의 특성 500

10.1.3 동작 계획 방법 502

10.2 기초 503

10.2.1 상태 공간 장애물 504

10.2.2 장애물까지의 거리 측정과 충돌 감지 509

10.2.3 그래프와 트리 511

10.2.4 그래프 탐색 512

10.3 완전 동작 계획기 516

10.4 격자 계획기 517

10.4.1 다중 해상도 격자 표현 521

10.4.2　동작 제약조건이 있을 때의 격자 표현법 522

10.5　샘플링 기법 529

10.5.1　RRT 알고리듬 530

10.5.2　PRM 536

10.6　가상 퍼텐셜 장 539

10.6.1　상태 공간 내의 점 540

10.6.2　항법함수 543

10.6.3　작업 공간 퍼텐셜 546

10.6.4　차륜 이동 로봇 547

10.6.5　퍼텐셜 장의 동작 계획에서의 응용 547

10.7　비선형 최적화 548

10.8　곡선화 550

10.9　요약 551

10.10　참조 및 기타 554

10.11　연습 문제 556

11　로봇 제어　　　　　　　　　　　　　　　　　　　　　　**561**

11.1　제어 시스템 개요 562

11.2　오차 동역학 564

11.2.1　오차 응답 564

11.2.2　선형 오차 동역학 566

11.3　속도 입력에 따른 운동 제어 574

11.3.1　단일 관절의 운동 제어 575

11.3.2　다중 관절 로봇의 운동 제어 582

11.3.3　태스크 공간에서의 운동 제어 582

11.4　토크, 힘 입력에 따른 운동 제어 585

11.4.1 단일 관절에 대한 운동 제어 585

11.4.2 다중 관절 로봇의 운동 제어 597

11.4.3 태스크 공간에서의 운동 제어 601

11.5 힘 제어 603

11.6 하이브리드 운동 - 힘 제어 606

11.6.1 자연적 및 인공적 제약조건 606

11.6.2 하이브리드 운동 - 힘 제어기 609

11.7 임피던스 제어 612

11.7.1 임피던스 제어 알고리듬 615

11.7.2 어드미턴스 제어 알고리듬 616

11.8 낮은 수준의 관절 힘-토크 제어 617

11.9 다른 주제들 619

11.10 요약 621

11.11 소프트웨어 624

11.12 주석과 참고문헌 625

11.13 연습 문제 627

12 파지와 조작   **637**

12.1 접촉 기구학 639

12.1.1 단일 접촉점에 대한 1차 분석 640

12.1.2 접촉의 유형: 굴림, 미끌림 그리고 떨어짐 642

12.1.3 다중 접촉 647

12.1.4 물체의 집합 651

12.1.5 다른 종류의 접촉점 652

12.1.6 평면상의 도식적 방법 654

12.1.7 형태 닫힘 659

12.2 접촉힘과 마찰 668

    12.2.1 마찰 668

    12.2.2 평면 도식적 방법 672

    12.2.3 힘 닫힘 675

    12.2.4 힘과 운동 자유도의 쌍대성 682

12.3 조작 682

12.4 요약 691

12.5 주석과 참고문헌 693

12.6 연습 문제 694

13 차륜 이동 로봇   707

13.1 차륜 이동 로봇의 유형 708

13.2 전방향 차륜 이동 로봇 710

    13.2.1 모델링 710

    13.2.2 동작 계획 716

    13.2.3 피드백 제어 717

13.3 비홀로노믹 차륜 이동 로봇 718

    13.3.1 모델링 718

    13.3.2 제어 가능성 727

    13.3.3 동작 계획 740

    13.3.4 피드백 제어 747

13.4 오도메트리 751

13.5 이동 조작 755

13.6 요약 758

13.7 주석과 참고문헌 763

13.8 연습 문제 764

A   유용한 공식 요약   **777**

B   회전의 다양한 표현   **791**

   B.1   오일러 각도   791

       B.1.1   ZYX 오일러 각도를 계산하기 위한 알고리듬   793

       B.1.2   이외의 오일러 각도 표현법   794

   B.2   롤-피치-요 각도   797

   B.3   단위 사원수   799

   B.4   케일리-로드리게스 매개변수   801

C   데나빗-하텐버그 매개변수   **805**

   C.1   데나빗-하텐버그 표현식   805

   C.2   링크 좌표계 결정하기   806

   C.3   4개 매개변수가 충분한 이유   810

   C.4   매니퓰레이터의 정기구학   811

   C.5   연습 문제   813

   C.6   PoE와 D-H 방식 사이 연관성   815

   C.7   결론   819

D   최적화와 라그랑주 승수법   **821**

참고문헌   **825**

찾아보기   **847**

들어가며

IEEE International Conference on Robotics and Automation이 개최된 2008년 패서디나에서 우리는 맥주를 마시며 대학생을 위한 로봇공학 교과서를 쓰기로 했다. 박종우는 1996년부터 서울대학교 학생들에게 그가 만든 강의 자료를 이용해 로봇 기구학을 가르쳤으며, 2008년에 그 자료는 이 책의 핵심으로 발전했다. 케빈은 미국 일리노이주의 노스웨스턴대학교에서 다양한 논문과 책에서 가져온 내용의 강의 자료를 이용해 입문자들을 위한 로봇공학 수업을 진행했다.

우리는 로봇에 대한 역학, 계획, 제어를 독립적으로 다루거나 다른 전통적인 주제의 일부로 다룰 경우 사라질 수 있는 뚜렷하고 일관된 시각이 있다고 생각했다. 2008년의 만남에서 (a) 이 주제들을 통일된 방법으로 다루며 연습 문제와 그림이 많은 (b) 특히 신입생 수준의 물리, 상미분방정식, 선형대수학, 약간의 컴퓨터 프로그래밍 배경지식만을 가진 학부생을 위한 첫 로봇공학 강의에 맞게 적절한 난이도로 쓰인 교과서가 없음을 주목했다. 우리는 우리가 책을 쓰는 것만이 유일한 방법이라고 생각했다(이 계획이 8년 넘게 걸릴 줄 몰랐다!).

이 책을 쓰게 된 두 번째 동기이자 다른 로봇공학의 입문 서적과의 차별점은 현대 기하학적 기법을 강조했다는 것이다. 로봇의 가장 핵심적인 물리적 특징들은 기하학적 표현을 통해 가장 잘 포착할 수 있다. 기하학적 접근의 장점은 고전적인 스크류 이론의 전문가들에 의해 꽤 오랫동안 잘 알려져 왔다. 이 책의 주 독자인 학부생이 이 방법에 접근하기 어려운 이유는 개념과 구성의 새로운 표현(스크류, 트위스트, 렌치, 상호성, 횡단성, 켤레 변형 등)과 이해하기 힘든 계산과 변형의 규칙 때문이다. 그러나 스크류 이론을 대체하는 대부분의 대수적 방식은 학생들이 계산의 세부 사항들에 집중하느라 그 기저에 깔린 간단하고 우아한 기하학적 해석을 놓치게 된다.

1980년대 초에 로저 브라켓이 강체 운동의 리 군[Lie group] 구조를 이용해 기구학 연쇄를 수학적으로 묘사하는 방법을 보여줬으며, 고전적인 스크류 이론을 좀 더 일반적인 청중들이 이해하기 쉽게 만들어줬다[20]. 이 발견은 무엇보다도 간단히 기초 선형대수학과 선형미분방정식을 응용함으로써 스크류 이론을 재발명하게 해줬다. 이러한 "현대 스크류 이론"과 함께 현대 미분기하학의 강력한 도구는 폭넓은 로봇공학 문제 모음을 다루기 위해 사용할 수 있으며, 이 중 일부는 이 책에서 다루고 나머지는 머레이 외 연구진의 고급 대학원 교과서에서 다룬다[121].

제목에서 나타나듯 이 책은 우리가 로봇역학의 기초라고 생각하는 것을 다루며, 동작 계획과 제어의 기본에 대해 다룬다. 자세하게 모든 장을 다룬다면, 특히 프로그래밍 과제나 로봇 실험을 포함할 경우 2개 학기 정도가 필요할 것이다. 2장~6장에서는 최소한의 필수적인 내용을 다루며 이들은 순서대로 다뤄져야 한다.

이후 교수는 남은 장 중 내용을 선별적으로 고를 수 있다. 서울대학교에서는 학부 과정인 M2794.0027 로봇공학 입문에서 한 학기 동안 2장~7장과 10장~12장의 일부를 다룬다. 노스웨스턴대학교에서는 ME 449 Robotic Manipulation에서 11주 분기 동안 2장~6장과 8장, 학생들과 교수의 관심에 따라 9장~13장 중 일부를 다룬다. 로봇 팔의 기구학과 차륜 차량에 중점을 둔 강좌는 2장~7장, 13장을 다룰 수 있고, 기구학과 동작 계획에 중점을 둔 강좌는 추가로 9장과 10장을 포함할 수 있다. 매니퓰레이션 역학에 중점을 둔 강좌는 2장~6장, 8장, 12장을 다루며, 로봇 제어를 다루는 강좌는 2장~6장, 8장, 9장, 11장을 다룬다. 교수가 동역학을 제외하고 싶으면(8장), 로봇 제어의 기본(11장과 13장)에서 각 구동기의 힘과 토크가 아닌 속도를 제어한다고 가정하여 다룰 수 있다. 오직 동작 계획에 중점을 둔 강좌는 2장과 3장, 13장을 다루고, 10장을 깊게(연구 논문이나 이 장에 인용된 참고문헌 등) 다룰 수 있다.

우리는 학생이 수업을 잘 따라오도록 어떤 주제를 선택할지 그 선택을 돕기 위해 각 장의 마지막에 요약을 정리했고, 부록 A에 책에서 사용하는 중요한 표기법과 공식들의 요약을 작성했다. 또한 주요 관심사가 입문 참고 자료인 사람들을 위해 우리는 각 장의 마지막에 완벽하진 않지만 상당히 포괄적인 참고문헌을 제공하고자 노력했다. 각 장의 마지막에 제공되는 몇몇 연습 문제에서는 책에서 다룬 기본 결과들을 확장하며, 더 많은 것을 알고 싶은 사람들에게 그 자체로 즐거움을 줄 것이다. 이 책의 고급 내용은 자유 연구를 돕기 위해 사용될 수 있다.

또 다른 중요한 구성 요소로는 소프트웨어가 있으며, 이 책의 개념을 보강하고 공식을 사용할 수 있도록 하기 위해 작성했다. 이 소프트웨어는 노스웨스턴대학교에서 케빈의 ME 449 수강생이 최초로 개발했고, 웹사이트(http://modernrobotics.org)에서 무료로 다운로드받을 수 있다. 관련 비디오 강좌 또한 웹사이트에서 이용 가능하다. 교수가 수업을 "flip"할 수 있도록 돕기 위함이다. 즉, 학생들이 스스로 먼저 짧은 강의를 듣고, 수업 시간에는 협동적 문제 풀이^{collaborative problem-solving}에 더 집중할 수 있을 것이다. 이처럼 교수는 학생들이 스스로 배운 내용을 적용하며 이해가 부족한 부분을 발견할 수 있도록 도와주며, 활발한 상호작용을 통해 필수 개념들을 집중적으로 보강할 수 있다. 교수의 의미는 단순히 작년과 똑같은 강의를 반복하는 것보다 이러한 상호적인 역할이 중요하다고 생각한다. 이러한 접근은 케빈의 메카트로닉스 입문 강좌(http://nu32.org)에서 효과적이었다.

영상은 노스웨스턴대학교의 마이클 페쉬킨^{Michael Peshkin}이 만든 Lightboard(http://lightboard.info)를 이용해 제작했다. 교육용 영상을 만들기 위해 편리하고 효율적인 도구를 공유해준 마이클에게 감사를 전한다. 또한 이 책과 소프트웨어의 가치 있는 보충 자료가 될 V-REP 로봇 시뮬레이션 소프트웨어를 발견했다. 이 시뮬레이션 소프트웨어는 학생들이 상호적으로 로봇 팔의 기구학과 이동 매니퓰레이터를 분석하고 기구학, 동역학, 제어 연습의 결과 궤적을 애니메이션으로 보여준다.

이 책은 로봇역학, 계획, 제어에 대한 첫 강좌에서 근본적인 주제를 소개하는 방법에 대한 우리의 고유한 관점을 제시하지만, 이미 존재하고 이 분야에 공헌한 우수한 교과서들을 인정한다. 이들 중 우리는 특히 영향력이 있는 Murray et al.[121], Craig[33], Spong et al.[176], Siciliano et al.[170], Mason[108], Corke[31]의 책과 동작 계획에 대한 Latombe[80], LaValle[83], Choset et al.[28]의 책을 언급하고자 한다. 추가로

Kröger가 멀티미디어 기능을 확장한(http://handbookofrobotics.org) Handbook of Robotics[169](Siciliano and Khatib, 2016)는 이 분야의 랜드마크로, 현대 로봇공학과 관련 있는 다양한 주제의 선도 연구자 수백 명의 관점을 모았다.

이 책을 쓰는 데 많은 도움과 영감을 준 많은 사람에게 감사를 표한다. 특히 우리의 박사 지도교수인 로저 브로켓$^{Roger\ Brockett}$과 매트 매이슨$^{Matt\ Mason}$에게 감사의 인사를 전한다. 브로켓은 이 책에서 사용한 로봇공학을 위한 기하학적 접근의 많은 토대를 쌓았다. 매니퓰레이션의 분석과 계획에 대한 매이슨의 선구적인 기여는 현대 로봇공학의 초석을 다졌다. 우리는 또한 서울대학교의 M2792.0027 교과목과 노스웨스턴대학교의 ME 449 교과목에서 많은 버전의 내용에 피드백을 제공한 많은 학생에게 감사를 전한다. 특히 박종우는 김승현, 최근준, 홍지수, 김진규, 홍영석, 김우영, 장청재, 이태윤, 노수철, 박규민, 정성재, 윤석호, 권재운, 박진혁, 송지훈과 UC Irvine에서의 Jim Bobrow, Scott Ploen에게 감사를 표한다. 케빈은 Matt Elwin, Sherif Mostafa, Nelson Rosa, Jarvis Schultz, Jian Shi, Mikhail Todes, Huan Weng, Zack Woodruff에게 감사를 표한다.

또한 우리는 교열, 교정, 배치의 문제에 관해 성실하고 전문적으로 처리해준 Cambridge University Press의 Susan Parkinson과 David Tranah에게 감사를 전한다.

마지막으로, 우리의 늦은 퇴근을 인내하고 이 책을 완성할 수 있게 도와준 우리의 아내와 가족들에게 깊은 감사를 표한다. 현미, 시연, 순규(박종우의 가족)와 Yuko, Erin, Patrick(케빈의 가족)의 사랑과 지지가 없었다면 이 책은 존재하지 않았을 것이다. 이 책을 그들에게 바친다.

케빈 M. 린치^{Kevin M. Lynch}

에반스톤, 일리노이, 미국^{Evanston, Illinois, USA}

박종우^{Frank C. Park}

서울, 대한민국^{Seoul, Korea}

2016년 11월

두 저자는 이 책에 동등하게 기여했다. 저자의 순서는 알파벳 순서로 나열했다.

2판에 대한 기록 현대 로봇공학의 소프트웨어 라이브러리, 영상, 온라인 강좌, 로봇 시뮬레이션, 예제와 해답, 정오표, 선형대수학 복습의 장 등에 대한 더 많은 정보는 다음 웹사이트에서 찾아보는 것을 권장한다(http://modernrobotics.org).

2판에서는 다양한 세부 수정 사항이 있었다. 2016년 10월에 온라인으로 게시된 책의 예비 판부터 교정에 도움을 준 아래 사람들에게 감사의 인사를 전한다.

H. Andy Nam, Eric Lee, Yuchen Rao, Chainatee Tanakulrongson, Mengjiao Hong, Kevin Cheng, Jens Lundell, Elton Cheng, Michael Young, Jarvis Schultz, Logan Springgate, Sofya Akhmametyeva, Aykut Onol, Josh Holcomb, Yue Chen, Mark Shi, AJ Ibraheem, Yalum Wen, Seongjae Jeong, Josh Mehling, Felix Wang, Drew Warren, Chris Miller, Clemens Eppner, Zack Woodruff, Jian Shi, Jixiang Zhang, Shachar Liberman, Will Wu, Dirk Boysen, Awe Wang, Ville Kyrki, John Troll, Andrew Taylor, Nikhil Bakshi

1장. 미리보기

신생 학문 분야인 로봇공학은 궁극적으로 사람처럼 행동하고 생각할 수 있는 기계를 창조하겠다는 야심 찬 목표를 가진다. 지능적인 기계를 창조하려는 시도는 자연스럽게 우리에게 스스로에 대한 질문——예를 들면 우리 몸은 왜 이렇게 생겼는지, 팔다리를 어떻게 움직일 수 있는지, 어떻게 복잡한 작업을 익히고 수행할 수 있는지 등의 질문을 남긴다. 로봇공학의 근본적인 질문은 결국 우리 스스로에 대한 질문이며 이는 로봇공학을 매력적으로 만들어준다.

이 책은 **로봇 메커니즘**의 역학, 계획, 제어에 초점을 뒀다. 익숙한 예시로 로봇 팔, 그리고 로봇 팔이 장착된 차륜 차량이 있다. 로봇 메커니즘은 기본적으로 **링크**라고 부르는 강체들과 인접한 링크들의 상대 운동을 만들어주는 **관절**들로 구성된다. 관절의 **구동**은 일반적으로 전기 모터로 이뤄지며 원하는 방향으로 로봇을 움직이고 힘을 가하게 만들어준다.

로봇 메커니즘의 링크는 그림 1.1(a)의 친숙한 개연쇄 팔처럼 연속적으로 배열할 수 있다. 또, 그림 1.1(b)의 스튜어트-고프$^{\text{Stewart-Gough}}$ 플랫폼과 같이 폐연쇄를 형성하는 링크를 포함하기도 한다. 개연쇄에선 모든 관절이 구동하지만 폐연쇄를 포함하는 메커니즘은 관절의 일부만 구동한다.

로봇 메커니즘의 바탕이 되는 현대 기술에 대해 더 자세히 알아보자. 일반적으로 링크는 전기로 동작하는 구동기(직류 전동기, 교류 전동기, 스테퍼 전동기, 형상기억합금)에 의해 움직이지만, 공기압 실린더나 유압 실린더가 구동하기도 한다. 이상적인 전기 전동기는 가볍고 상대적으로 낮은 각속력(분당 수백 회전 정도)으로 작동하며 큰 힘과 토크를 발생시킬 수 있다. 가장 최근에 만들어진 전동기는 작은 토크로 분당 수천

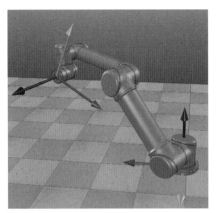

(a) V-REP으로 시각화한 개연쇄 산업용 매니
퓰레이터 [153]

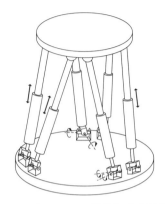

(b) 스튜어트 - 고프 플랫폼. 기반 플랫폼
부터 다리, 위쪽 플랫폼, 다리를 거쳐 기반
플랫폼으로 돌아오는 닫힌 고리가 형성된
다.

그림 1.1: 개연쇄 로봇 메커니즘과 폐연쇄 로봇 메커니즘

회전까지 작동할 수 있기에 속력 감소와 토크 증폭이 필요하다. 또 이를 전달해주고
변형해주는 장치로는 톱니바퀴, 케이블 구동, 벨트와 풀리, 사슬과 사슬 톱니바퀴가
있다. 이러한 속력 감소 장치는 미끄러짐 손실이나 **백래시**^{backlash}(속도 감소 장치에서
입력부의 움직임 없이 출력부의 회전 가능한 양으로 정의)가 거의 없어야 한다. 로봇을
빠르게 멈추거나 부동자세를 유지하기 위해 브레이크를 사용하기도 한다.

로봇은 관절의 움직임을 측정하기 위해 센서를 부착한다. 회전형 관절과 선형 관절
은 변위를 엔코더, 전위차계^{potentiometers}, 리졸버^{resolver}로 측정하며 속도를 측정하기
위해 타코미터^{tachometer}를 사용하기도 한다. 로봇의 관절이나 엔드 이펙터에서의 힘
과 토크는 다양한 힘-토크 센서를 이용해 측정할 수 있다. 추가로 사진기, 각 픽셀의
색(RGB)과 거리(D)를 측정하는 RGB-D 사진기, 레이저 거리계, 다양한 종류의 음향
센서와 같은 센서로 물체나 로봇 자신의 위치를 알아낼 수 있다.

로봇공학은 간혹 인공지능과 컴퓨터 인식을 포함하지만 모든 로봇의 본질적인 특징

은 물리적인 세상에서 움직이는 것이다. 따라서 이 책은 로봇공학에 처음인 대학생과 대학원생을 위해 로봇 메커니즘의 역학, 동작 계획, 제어에 초점을 맞췄다.

지금부터는 각 장의 요약을 다룬다.

2장: 상태 공간

기본적으로 로봇은 구동기로 움직이는 관절로 연결된 강체로 이뤄진다. 실제로 링크는 완벽한 강체가 아닐 수 있으며, 관절은 탄성, 백래시, 마찰, 히스테리시스^{hysteresis} 같은 요인의 영향을 받을 수 있다. 이 책에서는 대부분 이러한 영향을 무시하고 모든 링크가 강체라고 가정한다.

이를 바탕으로 2장에서는 로봇의 모든 점의 위치를 명시하는 로봇 시스템의 **컨피규레이션**의 표현에 집중했다. 로봇이 관절로 연결된 강체의 무리로 이뤄졌기에 우리는 한 강체의 컨피규레이션을 이해하는 것부터 시작한다. 우리는 평면에서의 강체의 컨피규레이션을 세 개의 변수(위치에 두 개, 방향에 한 개)를 이용해 묘사할 수 있고 공간에서의 강체의 컨피규레이션은 여섯 개의 변수(위치에 세 개, 방향에 세 개)를 이용해 묘사할 수 있다. 이러한 변수의 개수는 강체의 **자유도**$^{dof, degrees\ of\ freedom}$이다. 이것은 강체의 모든 컨피규레이션의 공간인 **상태 공간**의 차원이 된다.

로봇의 자유도, 즉 로봇의 상태 공간의 차원은 강체의 자유도의 합에서 관절이 강체의 움직임에 가하는 제약조건의 수를 뺀 것이다. 예를 들어 가장 보편적인 두 관절인 회전형 관절과 선형 관절은 연결하는 두 강체에 오직 한 가지 자유로운 움직임을 허용한다. 따라서 회전형 관절이나 선형 관절은 공간상의 하나의 강체의 다른 하나에 대한 움직임에 다섯 개의 제약조건을 가하는 것으로 생각할 수 있다. 강체의 자유도와 관절이 제공하는 제약조건의 수를 알면 일반적인 로봇 메커니즘의 자유도를 계산하기 위한 **그뤼블러의 공식**$^{Grübler's\ formula}$을 유도할 수 있다. 그림 1.1(a)의 산업용 매니플레이터처럼 **개연쇄** 로봇은 각각의 관절이 독립적으로 구동되며 자유도는 간단하게 각 관절이 제공하는 자유도의 합으로 나타낼 수 있다. 그림 1.1(b)의 스튜어트 - 고프 플랫폼과 같은 **폐연쇄** 로봇은 그뤼블러의 공식을 사용하면 자유도를 편리하게 계산할 수 있다. 개연쇄 로봇과는 다르게 폐연쇄 로봇의 몇몇 관절은 구동되지 않는다.

자유도를 계산하는 것 외에도 다른 흥미로운 상태 공간 개념으로 상태 공간의 **위상**(또는 모양)과 그 **표현법**이 있다. 2차원 평면과 2차원 구면처럼 같은 차원의 두 개의 상태 공간은 다른 모양을 가질 수도 있다. 이러한 차이는 공간을 표현하는 방법을 정할 때 중요하다. 예를 들어 단위 구의 표면은 위도와 경도처럼 최소 개수의 좌표를 사용해 표현할 수 있고, 제약조건 $x^2 + y^2 + z^2 = 1$의 조건에 맞는 세 개의 숫자 (x, y, z)로 표현할 수 있다. 전자는 공간의 **직접적 매개변수화**, 후자는 **간접적 매개변수화**라고 한다. 각 표현은 장점이 있지만 이 책에서는 강체의 컨피규레이션의 간접적 표현을 사용한다.

로봇 팔은 일반적으로 **엔드 이펙터**라고 부르는 손이나 그리퍼를 장착하며, 주변 물체와 상호작용한다. 물체를 집어 드는 것과 같은 일을 수행할 때 전체 팔이 아닌 엔드 이펙터에 단단히 부착된 기준 좌표계의 컨피규레이션에 집중한다. 이때 엔드 이펙터 좌표계의 위치와 방향을 나타낸 공간을 태스크 공간이라고 부르며, 로봇의 상태 공간과 **태스크 공간** 사이의 일대일 사상이 없다는 것을 주목해야 한다. **작업 공간**은 태스크 공간의 부분 집합 중 엔드 이펙터 좌표계가 닿을 수 있는 공간으로 정의한다.

3장: 강체 운동

3장은 3차원 물리적 공간에서의 강체의 움직임을 수학적으로 어떻게 묘사할지에 대한 문제를 다룬다. 한 가지 편리한 방법은 강체에 기준 좌표계를 붙이고, 움직이는 좌표계의 위치와 방향을 정량적으로 묘사하는 방법을 찾는 것이다. 첫 번째 단계로,

좌표계의 방향을 묘사하기 위한 3×3 행렬 표현을 도입하며, 이 행렬을 **회전 행렬**이라고 한다.

회전행렬은 세 개의 독립적인 좌표로 매개변수화된다. 가장 자연스럽고 직관적으로 회전행렬을 가시화하는 방법은 회전행렬의 **지수 좌표**exponential coordinate 표현을 이용하는 것이다. 즉, 임의의 회전행렬 R은 단위 좌표계(단위행렬에 대응되는 좌표계)를 어떤 단위 벡터 $\hat{\omega} \in \mathbb{R}^3$에 대해 어떤 각 $\theta \in [0, \pi]$만큼 회전시켜 구할 수 있다. 지수 좌표는 $\omega = \hat{\omega}\theta \in \mathbb{R}^3$와 같이 3-매개변수 표현으로 정의된다. 그 외에도 오일러 각, 케일리-로드리게스 매개변수, 단위 사원수와 같은 유명한 좌표 표현들이 있고, 이들을 부록 B에서 다루고 있다.

회전의 지수 표현에 집중하는 다른 이유는 이것이 강체 운동의 지수 표현으로 바로 연결되기 때문이다. 후자는 고전 스크류 이론의 현대적 기하 해석으로 볼 수 있다. 선속도와 각속도를 합쳐 6차원으로 표현한 **트위스트**(**공간 속도**로도 알려짐)와 3차원 힘과 모멘트를 6차원으로 비슷하게 표현한 **렌치**(**공간 힘**으로도 알려짐) 등 고전 전문 용어를 가능한 한 유지하면서 스크류 이론의 선형대수적 생각을 자세하게 다룬다.

4장: 정기구학

개연쇄에 대해 엔드 이펙터의 위치와 방향은 관절 변위에 의해 유일하게 결정된다. 이것이 바로 로봇에서의 **정기구학** 문제로, 관절의 값이 주어질 때 엔드 이펙터에 붙어있는 기준 좌표계의 위치와 방향을 찾는 것이다. 이 장에서 개연쇄의 정기구학을 묘사하는 **지수 곱**PoE, Product of Exponentials 식을 제시한다. 이름이 시사하는 바와 같이, PoE 식은 강체 운동의 지수 좌표 표현으로부터 바로 유래된다. 관절 축의 트위스트 같은 직관적이고 시각적인 해석을 제공하는 것 외에도, PoE 식은 링크 좌표계들을 필요로 하지 않는 등 다양한 이점을 제공한다(오직 기반 좌표계와 엔드 이펙터 좌표계만 필요로 하며 이들을 임의로 설정할 수 있다).

부록 C에서 정기구학을 위한 데나빗-하텐버그[D-H, Denavit-Hartenberg] 표현을 제시한다. D-H 표현법은 더 적은 수의 매개변수를 사용하지만, 어떤 특수한 규칙에 따라 각 링크 좌표계를 설정해야 하며 그 규칙들은 매우 복잡하다. D-H 표현법에서 PoE 표현법으로의 변환에 대한 자세한 내용 또한 부록 C에 제공돼 있다.

5장: 속도 기구학과 정역학

속도 기구학은 관절 속도와 엔드 이펙터 좌표계의 선속도와 각속도 사이의 관계를 나타낸다. 속도 기구학의 핵심은 정기구학의 **자코비안**이다. 이 자코비안 행렬에 관절 속도 벡터를 곱하면, 주어진 로봇 컨피규레이션에 대한 엔드 이펙터 좌표계의 트위스트를 얻을 수 있다. 엔드 이펙터 좌표계가 어떤 방향으로 이동할 능력을 잃게 되는 컨피규레이션인 **기구학적 특이점**은 자코비안 행렬이 최대 랭크를 갖지 못하는 컨피규레이션에 대응된다. 로봇이 각 방향으로 움직일 수 있는 편의성 정도를 모양으로 나타내는 **조작성 타원체** 또한 자코비안으로부터 유도된다.

마지막으로, 자코비안은 정적 힘 분석의 중심이 되기도 한다. 정적 평형 설정에서 엔드 이펙터가 요구되는 렌치를 가하기 위해 관절에 힘과 토크를 얼마나 가해야 하는지를 결정하기 위해 자코비안을 사용한다.

자코비안의 정의는 엔드 이펙터 속도의 표현에 따라 달라지며, 이 책에서 선호하는 엔드 이펙터 속도의 표현은 6차원 트위스트를 사용하는 것이다. 이 책에서 엔드 이펙터 속도의 다른 표현과 이에 대응되는 자코비안은 간단히 언급한다.

6장: 역기구학

역기구학 문제는 어떤 주어진 엔드 이펙터 컨피규레이션을 얻기 위한 관절 변위를 구하는 것이다. 개연쇄 로봇에서 역기구학은 일반적으로 정기구학에 비해 더 복잡한데, 일반적으로 관절 변위가 주어질 경우 엔드 이펙터 위치와 방향은 유일하게 주어지지만, 특정 엔드 이펙터 위치와 방향에 대한 관절 변위는 다수의 해가 존재할 수도 있고, 아예 해가 없을 수도 있다.

6장에서 우선 역기구학으로 닫힌 형식의 해석적 해를 얻을 수 있는 유명한 6-자유도 개연쇄 구조를 살펴본다. 이후 자코비안의 역행렬을 이용해 일반적인 개연쇄의 역기구학을 풀 수 있는 반복적 수치 알고리듬을 유도한다. 만약 개연쇄 로봇이 **기구학적으로 여유**있다면, 즉 태스크 공간의 차원보다 관절이 더 많다면 자코비안의 의사역행렬pseudoinverse을 사용한다.

7장: 폐연쇄의 기구학

개연쇄가 유일한 정기구학 해를 가지고 있는 반면 폐연쇄는 종종 다수의 정기구학 해를 가지며, 가끔 다수의 역기구학 해 또한 가지기도 한다. 또, 폐연쇄는 구동되는 관절과 수동적인 관절 모두 가지기 때문에, 폐연쇄의 기구학 특이점 분석에는 개연쇄에서 나타나지 않는 미묘한 이슈들이 존재한다. 이 장에서 폐연쇄의 기구학 분석을 위한 기본 개념과 도구를 공부한다. 먼저 평면상의 5절 링크와 스튜어트 - 고프 플랫폼 같은 메커니즘의 상세한 사례를 공부한다. 이 결과들은 이후 더 일반적인 폐연쇄 기구학에 대한 체계적 방법론으로 일반화된다.

8장: 개연쇄의 동역학

동역학은 힘과 토크가 어떻게 동작을 만드는지에 대한 학문이다. 8장에서는 개연쇄 로봇의 동역학을 공부한다. 로봇의 정기구학-역기구학 관계에 빗대어, **정동역학** 문제는 주어진 관절 힘과 토크에 대해 관절 가속도를 구하는 것이다. **역동역학** 문제는 주어진 관절 가속도를 생성하기 위해 필요한 입력 관절 토크와 힘을 구하는 것이다. 힘과 토크와 로봇 링크 운동 사이 관계식인 운동 방정식은 2차 상미분방정식들을 통해 표현될 수 있다.

개연쇄 로봇 동역학은 두 가지 접근법을 통해 유도할 수 있다. 라그랑지안 접근법에서는 우선 (고전 동역학에서 일반화된 좌표라 부르는) 좌표들의 집합을 골라 상태 공간을 매개화한다. 이후 로봇 링크들의 위치에너지와 의 합을 그 일반 좌표와 일반 좌표의 시간 미분들로 표현한다. 이것을 **오일러-라그랑주 방정식**^{Euler-Lagrange equations}에 대입하여 2차 미분방정식들로 표현된 동역학을 구할 수 있으며, 이는 임의로 선택한 상태 공간 좌표로 표현된다.

뉴턴-오일러^{Newton-Euler} 접근법은 $f = ma$의 일반화, 즉 강체에 렌치가 가해질 때 가속도를 구하는 방정식을 기반으로 한다. 관절 변수와 그들의 시간 미분이 주어질 때 역동역학을 위한 뉴턴-오일러 접근법은 1) 몸 중심부 쪽의 링크로부터 먼 쪽의 링크로 링크 속도와 가속도를 전파하여 각 링크의 속도와 가속도를 결정하고, 2) 강체의 운동방정식을 사용해 가장 바깥쪽의 링크에 가해야 하는 렌치(결과적으로 관절 힘이나 토크)를 계산하며, 3) 다시 거꾸로 로봇 기반 링크까지 진행하며 각 관절들의 힘이나 토크를 계산한다. 이러한 개연쇄 구조의 동역학은 재귀적으로 표현될 수 있다.

8장에서 로봇의 동역학 방정식을 유도하기 위한 두 접근법을 살펴본다. 동역학 방정식의 해석적 유도뿐만 아니라 정동역학과 역동역학에 대한 재귀적 알고리듬 또한 소개한다.

9장: 궤적 생성

로봇이 자동화 기계와 차별화되기 위해서는 다양한 업무를 위해 쉽게 재프로그래밍될 수 있어야 한다. 각기 다른 작업들이 필요로 하는 동작들은 서로 다르고, 사용자가 그 모든 작업에 대해 관절 궤적들을 일일이 명시하는 것은 거의 불가능하다. 따라서 로봇 제어 컴퓨터는 작업을 나타내는 몇 가지 입력 데이터로부터 동작의 세부 사항을 스스로 생성할 수 있어야 한다.

9장은 작업 입력 데이터 집합으로부터 관절 궤적을 자동 생성하는 것에 관한 것이다. 형식적으로 궤적은 순전히 로봇에 의해 만들어진 컨피규레이션의 배열의 기하학적 서술인 **경로**와 어떤 컨피규레이션에 도달했을 때의 시간을 명시하는 **시간 스케일링**으로 이뤄진다.

일반적으로 작업 입력 데이터는 제어점이라 부르는 관절 값들과 이에 대응하는 제어 시점으로 주어진다. 이를 바탕으로 궤적 생성 알고리듬은 사용자의 다양한 조건을 만족하는 각 관절 궤적을 생성한다. 9장에서는 (i) 관절 공간과 태스크 공간에서 점과 점 사이 직선 궤적 (ii) 특정 시간의 경유점들을 지나는 부드러운 궤적 (iii) 로봇 동역학과 구동기 한계 아래 주어진 경로를 지나는 최단 시간 궤적 등 세 가지 경우에 집중한다. 충돌을 피하는 경로를 찾는 것은 동작 계획에 관한 10장의 주제다.

10장: 동작 계획

10장은 비정형의 작업 공간 사이로 관절 한계, 구동기 한계, 로봇에 부과된 다른 물리적 제약을 피하며 로봇의 충돌 회피 동작을 찾는 문제를 다룬다. **경로 계획** 문제는 일반적인 동작 계획 문제의 하위 문제로 시작과 목표 컨피규레이션 사이의 충돌 회피 경로를 찾는 것과 관련이 있으며 대부분 동역학, 운동의 기간, 운동이나 제어 입력에 가해지는 다른 제약을 고려하지 않는다.

모든 동작 계획 문제에 적용할 수 있는 단일 방법은 존재하지 않는다. 10장에서는 세 가지 기본적인 접근인 격자 기반 방법, 샘플링 기반 방법, 가상 퍼텐셜 장$^{\text{virtual potential fields}}$ 기반 방법을 다룬다.

11장: 로봇 제어

로봇 팔은 작업과 환경에 따라 여러 다양한 행동을 보여준다. 물체를 한 장소에서 다른 장소로 옮기거나 제조업에서 사용되는 궤적 추종 제어 등 미리 프로그래밍된 동작을 수행할 수도 있고, 연삭과 연마 등 힘을 가하는 용도로 사용될 수도 있다. 칠판에 글씨를 쓰는 것과 같은 작업들에서는 특정한 방향의 힘(칠판에 대해 분필을 누르는 힘)과 다른 방향으로의 운동(칠판 평면에서의 운동)을 제어해야 한다. 햅틱 디스플레이와 같은 특정한 응용에서는 로봇이 가해지는 힘에 응해서 그 위치, 속도, 가속도를 제어해 프로그램 작동이 가능한 용수철, 댐퍼, 질량처럼 행동하기를 원할 수 있다.

이 같은 경우들에서 로봇 제어기의 역할은 어떤 작업에 대한 서술을 구동기 힘과 토크로 변환하는 것이다. 위에서 서술된 작업들은 위한 제어 전략들로는 **운동 (또는 위치) 제어, 힘 제어, 하이브리드 운동 - 힘 제어, 임피던스 제어**가 존재한다. 어떤 제어가 적절한지는 주어진 작업과 환경에 달려 있다. 예를 들어 힘 제어의 목표는 엔드 이펙터가 무언가와 접촉해 있을 때 적절하지만 자유로운 공간에서 움직일 때는 적절하지 않다. 환경과 관계없이 역학에 의한 제약조건 또한 있는데, 로봇은 동작과 힘을 같은 방향으로 독립적으로 제어할 수 없다. 만약 로봇이 동작을 제어하면 환경이 힘을 결정하고, 그 반대도 마찬가지다.

대부분의 로봇은 각 관절에 힘이나 토크를 가하는 구동기에 의해 동작한다. 이런 이유로 로봇을 정밀 제어하는 것은 관절 힘과 토크와 로봇의 운동 사이의 관계를 이해하는 것이 중요하며, 이는 동역학의 범위에 있다. 그러나 간단한 로봇조차 운동방정식이 복잡하고, 각 링크의 질량과 관성에 대한 정확한 지식에 의존하지만 이들을 쉽게 추정하지 못할 수도 있다. 만일 정확히 추정할 수 있다 해도 운동방정식은 여전히 마찰, 탄성, 백래시, 이력 현상 같은 물리적 현상을 반영하지 못할 수 있다.

보편적인 제어 방식들은 대부분 **피드백 제어**를 통해 이러한 불확실성을 해결하려 한다. 로봇 동역학 모델을 고려하지 않은 피드백 제어의 한계를 살펴보고, 동역학 모델링과 피드백 제어를 결합한 **토크 계산 제어**computed torque control와 같은 동작 제어 알고리듬을 공부한다. 이후 로봇 운동 제어를 위해 배운 기본 내용들을 힘 제어, 하이브리드 운동-힘 제어, 임피던스 제어에 적용한다.

12장: 파지와 조작

이전 장들은 로봇 동작 자체의 특징, 계획, 제어에 초점을 뒀다. 유용한 일을 하기 위해 로봇은 주어진 환경에서 물체를 조작할 수 있어야 한다. 12장에서 로봇과 물체 사이의 접촉, 특히 접촉에 의해 물체의 운동에 가해지는 제약조건과 마찰 접촉을 통해 전달되는 힘을 모델링한다. 이러한 모형과 더불어 **형태 닫힘**form closure 파지와 **힘 닫힘**force closure 파지로 물체를 고정하기 위한 접촉에 대해 공부한다. 또한 물체 밀기, 동적인 물체 운반, 구조의 안정성 시험 등 파지 외 문제들에 대해서도 접촉 모델링을 적용한다.

13장: 차륜 이동 로봇

마지막 13장은 차륜 이동 로봇과 로봇 팔을 갖춘 차륜 이동 로봇의 기구학, 동작 계획, 제어를 다룬다. 이동 로봇은 특별히 설계된 **전방향 바퀴**나 **메카넘 바퀴**를 이용해 제자리에서 회전하거나 모든 방향으로 병진 운동하는 등 전방향 운동을 할 수 있다. 그러나 자동차나 차동 구동$^{\text{differential-drive}}$ 로봇과 같은 많은 이동 로봇은 옆으로 미끄러지지 않는 전형적인 바퀴를 사용한다. 이러한 미끄러짐 없는 제약조건은 근본적으로 폐연쇄에서 생기는 고리 닫힘 제약조건과 다르며, 후자는 컨피규레이션 제약조건이라는 의미에서 **홀로노믹**이라고 부르고 전자는 속도 제약조건을 적분해도 동등한 컨피규레이션 제약조건을 만들 수 없다는 의미에서 **비홀로노믹**이라고 부른다. 전방향 이동 로봇과 비홀로노믹 이동 로봇의 특징이 다르기 때문에 이들의 기구학 모델링, 동작 계획, 제어를 따로 고려한다. 특히 비홀로노믹 이동 로봇의 동작 계획과 제어는 전방향 이동 로봇보다 더 어렵다.

기구학 모형을 유도한 후, **오도메트리** 문제(휠 인코더를 통한 차대 컨피규레이션 추정 문제)를 그 두 종류의 로봇들에서 모두 같은 방법으로 풀 수 있다는 것을 보인다. 이와 비슷하게 바퀴와 로봇 팔로 이뤄진 이동 매니퓰레이터의 경우 (팔 관절과 바퀴를 이용해 엔드 이펙터의 운동을 제어하는) **이동 조작** 피드백 제어 또한 두 종류 로봇들에서 동일하다는 것을 보인다. 이동 조작의 핵심은 관절 속도 및 바퀴 속도와 엔드 이펙터의 트위스트의 사상^{mapping}인 자코비안을 구하는 것이다.

각 장의 마지막에는 중요한 개념들이 요약돼 있으며, 부록 A는 많이 사용되는 방정식들을 정리하고 있다. 영상 자료들은 책의 웹사이트(http://modernrobotics.org)에서 찾을 수 있다. 몇몇 장은 관련 소프트웨어를 다루며, 웹사이트에서 다운로드할 수 있다. 소프트웨어는 효율성이나 강건함보다는 읽기 쉽고 책 내의 개념을 보강하도록 의도됐다. 소프트웨어를 읽고 그냥 사용하지 말고 내용에 대한 이해를 강화시키기를 권장한다. 각 함수는 주석에 사용 예시를 포함한다. 소프트웨어 패키지는 시간이 지남에 따라 변할 수 있지만 핵심함수는 각 장에 기록됐다.

2장. 상태 공간

로봇은 **링크**^{link}라고 부르는 물체를 다양한 종류의 **관절**^{joint}을 이용해 서로 연결해 기계적으로 구성된다. 전기 모터와 같은 **구동기**^{actuator}는 로봇의 링크를 움직일 수 있는 힘이나 토크를 전달한다. 물체를 쥐거나 조작하기 위한 그리퍼나 손 등의 **엔드 이펙터**^{end-effector}는 보통 특정한 링크에 붙어 있다. 이 책에서 고려된 모든 로봇의 링크는 강체로 모델링할 수 있다.

로봇에 관한 가장 근본적인 질문은 '로봇이 어디에 있는가?'일 것이다. 그 답은 로봇의 모든 점의 위치를 명시하는 로봇의 **컨피규레이션**^{configuration}이 된다. 로봇의 링크는 모양을 아는 강체이기 때문에,[1] 로봇의 컨피규레이션을 표현하기 위해서는 단지 몇 개의 숫자만 필요하다. 예를 들어 문의 컨피규레이션은 단 하나의 숫자, 문이 경첩에 대해 회전한 각도 θ로 표현될 수 있다. 한 평면 위에 있는 점의 컨피규레이션은 두 개의 좌표 (x, y)로 표현할 수 있다. 평평한 탁자 위에 있는 앞면을 위로 한 동전의 컨피규레이션은 동전의 특정한 점의 좌표를 나타내는 두 개의 좌표 (x, y)와 동전의 방향을 나타내는 하나의 좌표 θ로 총 세 개의 좌표로 나타낼 수 있다(그림 2.1).

위의 좌표들은 연속된 실수의 범위에서 값을 가진다. 로봇의 **자유도**^{degrees of freedom, dof}는 로봇의 컨피규레이션을 표현하기 위해 필요한 가장 적은 수의 실수 좌표다. 위의 예시에서 문은 하나의 자유도를 가진다. 탁자 위에 있는 앞면을 위로 한 동전은 세 개의 자유도를 가진다. 동전이 앞면을 위로 할 수도, 뒷면을 위로 할 수도 있지만 그 상태 공간은 세 개의 자유도만을 가진다. 동전의 어느 면이 위를 향하는지를 나타내는

---

[1] 베개와 같은 부드러운 물체의 컨피규레이션의 표현과 비교해보자.

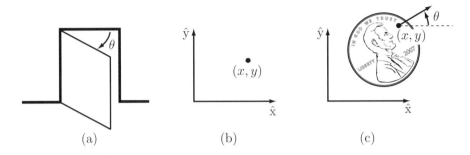

그림 2.1: (a) 문의 컨피규레이션을 각도 θ로 표현한다. (b) 평면 위의 점을 좌표 (x, y)로 표현한다. (c) 탁자 위의 동전의 컨피규레이션을 (x, y, θ)로 표현하며, 이때 θ는 링컨의 시선 방향으로 정의한다.

네 번째 변수는 이산적인 집합 {앞면, 뒷면}에서 값을 가지고, 다른 세 좌표와 같이 연속적인 실수 범위에 있지 않다.

정의 2.1. 로봇의 **컨피규레이션**은 로봇의 모든 점의 위치를 완벽하게 명시하는 것이다. 컨피규레이션을 표현하기 위해 필요한 최소한의 실수 좌표 수 n을 로봇의 **자유도**라고 한다. 로봇의 모든 가능한 컨피규레이션을 포함하는 n차원 공간을 **상태 공간**configuration space, C-space이라고 한다. 로봇의 컨피규레이션은 그 로봇의 상태 공간상의 점으로 표현한다.

2장에서 일반적인 로봇의 상태 공간과 자유도를 배운다. 우리가 다루는 로봇의 링크는 강체로 이뤄지기 때문에 우선 단일 강체의 자유도를 알아보고, 일반적인 다중 링크 로봇의 자유도를 알아본다. 그다음 상태 공간의 모양(또는 위상)과 기하학을 알아보고, 그들의 수학적 표현법을 알아본다. 2장은 로봇의 엔드 이펙터의 상태 공간, 즉 로봇의 **태스크 공간**task space에 대한 논의로 마무리한다. 3장에서는 단일 강체의 상태 공간의 수학적 표현법을 좀 더 자세히 다루게 된다.

2.1 강체의 자유도

탁자 위의 동전 예시에서, 동전 위의 세 점 A, B, C를 고르자(그림 2.2(a)). 평면에 $\hat{x}$-$\hat{y}$ 좌표계가 있을 때,[2] 이 점들의 위치는 (x_A, y_A), (x_B, y_B), (x_C, y_C)로 쓴다. 만약 이 점들이 평면 위에서 아무 곳이나 독립적으로 위치할 수 있다면, 동전은 각 점마다 2 자유도씩 총 6 자유도를 가질 것이다. 그러나 강체의 정의에 의해, $d(A, B)$로 표시하는 점 A와 점 B 사이의 거리는 동전이 어디에 있든 항상 일정하다. 이와 비슷하게 $d(B, C)$와 $d(A, C)$도 일정해야 한다. 따라서 다음의 좌표 (x_A, y_A), (x_B, y_B), (x_C, y_C)에 대한 등식 제약조건은 항상 성립해야 한다.

$$d(A, B) = \sqrt{(x_A - x_B)^2 + (y_A - y_B)^2} = d_{AB}$$
$$d(B, C) = \sqrt{(x_B - x_C)^2 + (y_B - y_C)^2} = d_{BC}$$
$$d(A, C) = \sqrt{(x_A - x_C)^2 + (y_A - y_C)^2} = d_{AC}$$

탁자 위의 동전의 자유도를 결정하기 위해, 우선 평면 위에 점 A의 위치를 고른다(그림 2.2(b)). 우리가 원하는 대로 선택할 수 있으며, (x_A, y_A)를 정하기 위한 2 자유도를 가진다. (x_A, y_A)를 정한 후, $d(A, B) = d_{AB}$라는 제약조건에 의해 (x_B, y_B)가 A를 중심으로 하고 반지름이 d_{AB}인 원 위에 있도록 제한된다. 이 원 위의 점은 하나의 매개변수로 나타낼 수 있으며, 그 예로 A를 중심으로 한 원 위의 점 B의 위치를 나타내는 각도를 생각할 수 있다. 이 각도를 ϕ_{AB}로 부르고, 벡터 $\overrightarrow{AB}$가 $\hat{x}$축과 이루는 각도로 정의하자.

점 B의 위치를 결정한 후, C의 가능한 위치는 A를 중심으로 하고 반지름이 d_{AC}인

---

[2]좌표계의 단위축은 햇 기호를 써 단위 벡터임을 나타내며, 기울임꼴이 아닌 글꼴로 쓴다. 일례로 $\hat{x}$, $\hat{y}$, $\hat{z}$와 같이 쓴다.

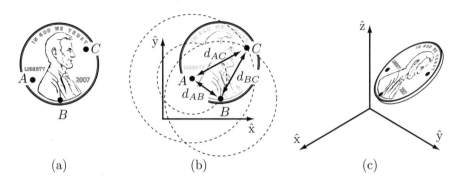

그림 2.2: (a) 동전에 고정된 세 점을 선택한다. (b) A의 위치를 결정하면, B는 A를 중심으로 하고 반지름이 d_{AB}인 원 위에 있어야 한다. B의 위치를 결정하면, C는 A와 B를 중심으로 한 원의 교점에 있어야 한다. 이 두 교점 중 하나만이 "앞면이 위"인 컨피규레이션에 해당한다. (c) 3차원 공간상의 동전의 컨피규레이션은 A에 대한 세 개의 좌표, A를 중심으로 하고 반지름이 d_{AB}인 구 위의 점 B에 대한 두 개의 각도, A와 B를 중심으로 하는 구의 교원 위의 점 C에 대한 한 개의 각도로 나타낸다.

원과 B를 중심으로 하고 반지름이 d_{BC}인 원의 교점 두 개 밖에 없다(그림 2.2(b)). 이 두 해는 앞면과 뒷면을 나타낸다. 달리 말해 A와 B를 정하고 앞면과 뒷면을 정하면, 두 제약조건 $d(A, C) = d_{AC}$와 $d(B, C) = d_{BC}$이 (x_C, y_C)로 만들어지는 두 개의 자유도를 없애고, C의 위치를 고정한다. 평면에서 동전은 정확히 3 자유도를 가지고, (x_A, y_A, ϕ_{AB})로 나타낼 수 있다.

동전 위의 추가적인 점 D의 위치를 결정한다고 가정하자. 이 경우 세 개의 추가적인 제약조건 $d(A, D) = d_{AD}$, $d(B, D) = d_{BD}$, $d(C, D) = d_{CD}$이 생긴다. 이 중 하나의 제약조건은 **여유**redundant가 있다. 이는 새로운 정보를 제공하지 않고, 오직 세 개 중 두 개의 제약조건만 독립이다. 좌표 (x_D, y_D)로부터 생기는 2 자유도는 두 독립적인 제약조건에 의해 바로 제거된다. 동전 위에 새로 정한 다른 점 또한 마찬가지이기 때문에 추가적인 점을 고려할 필요가 없다.

시스템의 자유도를 결정하기 위해 다음의 일반적인 규칙을 적용한다.

$$자유도 = (모든 점의 자유도의 합) -$$
$$(독립적인 제약조건의 개수) \tag{2.1}$$

이 규칙은 변수의 개수와 시스템을 설명하는 독립적인 식의 개수로도 나타낼 수 있다.

$$자유도 = (변수의 개수) -$$
$$(독립적인 식의 개수) \tag{2.2}$$

이 일반적인 규칙은 3차원상의 강체의 자유도를 결정하기 위해서 사용할 수 있다. 예를 들어 동전이 더 이상 탁자 위에 있지 않다고 가정하자(그림 2.2(c)). 세 점 A, B, C의 좌표는 이제 각각 (x_A, y_A, z_A), (x_B, y_B, z_B), (x_C, y_C, z_C)로 나타낼 수 있다. 점 A는 3 자유도를 가지고 자유롭게 위치할 수 있다. 점 B의 위치는 제약조건 $d(A, B) = d_{AB}$의 지배를 받으며, A를 중심으로 하고 반지름이 d_{AB}인 구 위에 있어야 한다. 따라서 구 위의 점을 위도와 경도로 표현할 수 있고, $3 - 1 = 2$ 자유도를 가진다. 마지막으로, 점 C의 위치는 점 A와 B를 중심으로 하고 반지름이 각각 d_{AC}와 d_{BC}인 구의 교선 위에 있게 된다. 일반적으로 두 구의 교선은 원이고, 점 C의 위치는 이 원을 매개변수화하는 각도로 표현된다. 따라서 점 C는 $3 - 2 = 1$ 자유도를 추가한다. 점 C의 위치가 결정되면 동전은 공간상에 고정된다.

요약하자면, 3차원상의 강체는 6 자유도를 가지며, 동일 선상에 있지 않은 점 A, B, C에 대해 점 A를 매개변수화하는 세 개의 좌표, 점 B를 매개변수화하는 두 개의 각도, 점 C를 매개변수화하는 한 개의 각도로 나타낼 수 있다. 강체의 컨피규레이션의 다른 표현법은 3장에서 논의한다.

지금까지 **공간 강체**spatial rigid body라 부르는 3차원 공간 속 강체가 6 자유도를 가진다는 것을 확인했다. 비슷하게 **평면 강체**planar rigid body라 부르는 2차원 공간 속 강체는

3 자유도를 가진다. 후자의 결과는 평면 강체를 6 자유도를 가지는 공간 강체에 3개의 독립적인 제약조건 $z_A = z_B = z_C = 0$이 있는 것으로 생각할 수 있다.

우리의 로봇은 강체로 이뤄졌기 때문에, 식 (2.1)은 다음과 같이 나타낼 수 있다.

$$\text{자유도} = (\text{ 몸체의 자유도의 합 }) -$$
$$(\text{ 독립적인 제약조건의 개수 }) \tag{2.3}$$

식 (2.3)은 다음 절의 주제인 일반적인 로봇의 자유도를 결정하는 것의 기초가 된다.

2.2 로봇의 자유도

벽에 경첩 관절로 연결된 단일 강체인 그림 2.1(a)의 문 예시를 한 번 더 생각해보자. 이전 절에서 문이 1 자유도를 가지며, 경첩 관절 각도 θ로 간단하게 표현할 수 있다. 경첩 관절이 없다면 문은 3차원 공간에서 6 자유도를 가지고 자유롭게 움직일 수 있을 것이다. 경첩 관절로 문을 벽에 연결해 줌으로써, 다섯 개의 독립적인 제약조건이 문의 운동을 강제하고 한 개의 독립적인 좌표(θ)만 남긴다. 또는, 문을 위에서 바라보고 3 자유도를 가지는 평면 몸체로 생각할 수 있다. 이 경우 경첩 관절은 2개의 독립적인 제약조건을 가하며, 한 개의 독립적인 좌표(θ)만 남긴다. 문의 상태 공간은 $[0, 2\pi)$ 구간 내에서 θ가 달라질 수 있는 범위로 표현할 수 있다.

두 경우에서 관절이 강체의 운동을 제한하며, 따라서 전체 자유도를 줄인다. 이 관찰은 단순하게 강체와 관절의 수를 셈으로써 로봇의 자유도를 결정할 수 있는 식을 제안한다. 이 절에서 평면 로봇과 공간 로봇의 자유도를 결정하기 위해 그뤼블러의 공식Grübler's formula이라고 부르는 식을 정확하게 도출한다.

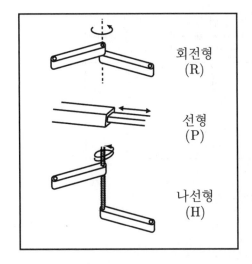 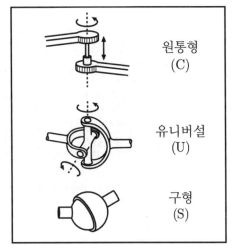

그림 2.3: 전형적인 로봇 관절

2.2.1   로봇 관절

그림 2.3은 전형적인 로봇에서 발견할 수 있는 기본 관절을 나타낸다. 모든 관절은 정확히 두 개의 링크를 연결하며, 세 개 또는 더 많은 링크를 동시에 연결하는 것은 허용하지 않는다. 경첩 관절로도 부르는 **회전형 관절**revolute joint (R)은 관절 축에 대한 회전 운동을 가능하게 한다. 미끌림 관절로도 부르는 **선형 관절**prismatic joint (P)은 관절 축 방향으로 병진 운동, 또는 선형 운동을 가능하게 한다. 스크류 관절로도 부르는 **나선형 관절**helical joint (H)은 스크류 축에 대한 회전 운동과 병진 운동을 동시에 가능하게 한다. 회전형 관절, 선형 관절, 나선형 관절은 모두 1 자유도를 가진다.

관절은 복수의 자유도를 가지기도 한다. **원통형 관절**cylindrical joint (C)은 두 개의 자유도를 가지고 하나의 고정된 관절 축에 대해 독립적인 병진 운동과 회전 운동을 가능하게 한다. **유니버설 관절**universal joint (U)은 또 다른 2 자유도 관절로 한 쌍의

관절 종류	자유도 f	두 평면 강체 사이의 제약 조건 수 c	두 공간 강체 사이의 제약 조건 수 c
회전형 (R)	1	2	5
선형 (P)	1	2	5
나선형 (H)	1	N/A	5
원통형 (C)	2	N/A	4
유니버설 (U)	2	N/A	4
구형 (S)	3	N/A	3

표 2.1: 일반적인 관절이 제공하는 자유도 f와 제약조건 c

회전형 관절의 관절 축이 직교하도록 배치한 관절이다. 볼 및 소켓 관절로도 부르는 **구형 관절**^{spherical joint} (S)은 세 개의 자유도를 가지며 어깨 관절과 같은 기능을 한다. 관절은 한 강체에 다른 강체에 대한 상대적인 자유를 제공해주는 것으로 볼 수 있다. 또는 관절이 연결하는 두 강체의 가능한 움직임에 제약조건을 가하는 것으로 볼 수도 있다. 예를 들어 회전형 관절은 공간상에서 두 강체 사이에 한 개의 자유도를 주는 것으로 볼 수도 있으며, 하나의 강체의 다른 강체에 대한 상대적인 운동에 다섯 개의 제약조건을 가하는 것으로 볼 수도 있다. 일반화하면 강체의 자유도(평면 물체에 대해 3, 공간 물체에 대해 6)에서 관절이 제공하는 제약조건의 개수를 빼면 관절이 제공하는 자유도와 같아야 한다.

다양한 종류의 관절이 제공하는 자유도와 제약조건은 표 2.1에 정리돼 있다.

2.2.2 그뤼블러의 공식

링크와 관절로 이뤄진 메커니즘의 자유도는 식 (2.3)을 표현한 **그뤼블러의 공식**^{Grübler}_{'s formula}으로 계산할 수 있다.

명제 2.1. *지면을 링크로 간주할 때, 이를 포함해 N 개의 링크를 가진 메커니즘을 생각하자. J를 관절 수, m을 강체의 자유도(평면 메커니즘일 때 $m = 3$, 공간 메커니즘일 때 $m = 6$), f_i를 관절 i가 제공하는 자유도, c_i를 관절 i가 제공하는 제약조건의 수라고 하면, 모든 i에 대해 $f_i + c_i = m$이다. 이때 로봇의 자유도를 구하기 위한 그뤼블러의 공식은 다음과 같다.*

$$
\begin{aligned}
\text{자유도} &= \underbrace{m(N-1)}_{\text{강체 자유도}} - \underbrace{\sum_{i=1}^{J} c_i}_{\text{관절 제약조건}} \\
&= m(N-1) - \sum_{i=1}^{J}(m - f_i) \\
&= m(N-1-J) + \sum_{i=1}^{J} f_i
\end{aligned}
\tag{2.4}
$$

이 식은 일반적인 경우에는 성립하지만 관절 제약조건이 독립적이지 않은 경우처럼 특정한 링크와 관절의 컨피규레이션에서는 성립하지 않는다.

다음에 몇몇의 평면 메커니즘과 공간 메커니즘에 그뤼블러의 공식을 적용했다. 우리는 메커니즘을 **직렬 메커니즘**^{serial mechanisms}이라고도 알려진 **개연쇄 메커니즘**^{open-chain} _{mechanisms}과 **폐연쇄 메커니즘**^{closed-chain mechanisms}으로 구별한다. 폐연쇄 메커니즘은 닫힌 고리를 포함하는 메커니즘을 말한다. 사람이 두 발을 지면에 딛고 있는 것이 폐연쇄 메커니즘의 예시로, 지면으로부터 오른쪽 다리, 허리, 왼쪽 다리를 거쳐 다시 지면으로 돌아오는 닫힌 고리가 있기 때문이다(지면도 링크인 것을 기억하자). 개

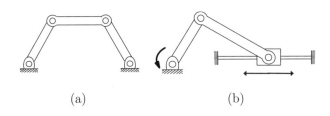

그림 2.4: (a) 4절 링크 (b) 슬라이더-크랭크 메커니즘

연쇄 메커니즘은 닫힌 고리가 없는 메커니즘을 말하며, 그 예시로 손이 공간상에서 자유롭게 움직일 수 있을 때의 팔이 있다.

예제 2.1. 4절 링크와 슬라이더-크랭크 메커니즘

그림 2.4(a)에 있는 평면 4절 링크는 네 개의 링크로 구성하며(이 중 하나는 지면이다) 하나의 닫힌 고리로 배치하고 네 개의 회전형 관절로 연결했다. 모든 링크가 같은 평면에서 움직이도록 제한됐기 때문에 $m = 3$임을 알 수 있다. 그뤼블러의 공식에 $N = 4$, $J = 4$, $f_i = 1$, $i = 1, \ldots, 4$를 대입하면 4절 링크가 1 자유도를 갖는 것을 확인할 수 있다.

그림 2.4(b)의 슬라이더-크랭크 폐연쇄 메커니즘은 다음 두 가지 방법으로 분석할 수 있다. (1) 메커니즘이 세 개의 회전형 관절과 한 개의 선형 관절($J = 4$, 각 $f_i = 1$), 그리고 네 개의 링크($N = 4$, 지면 링크 포함)로 구성돼 있다고 볼 수도 있고, (2) 두 개의 회전형 관절($f_i = 1$)과 하나의 RP 관절(RP 관절은 회전형 관절과 선형 관절을 연결한 것으로, $f_i = 2$이다), 그리고 세 개의 링크($N = 3$, 관절은 정확히 두 개의 물체를 연결하는 것을 기억하자)로 볼 수도 있다. 두 경우 모두 메커니즘은 1 자유도를 가진다.

예제 2.2. 몇몇 고전적인 평면 메커니즘

그뤼블러의 공식을 몇몇 고전적인 평면 메커니즘에 적용해보자. 그림 2.5(a)에 있는 회전형 관절로 연결된 k-링크 평면 직렬 연쇄(k개의 회전형 관절이 달렸기 때문에 kR

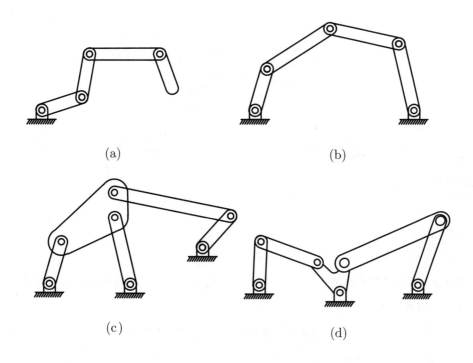

그림 2.5: (a) k-링크 평면 직렬 연쇄 (b) 5절 평면 링크 (c) 스티븐슨 6절 링크 (d) 와트 6절 링크

로봇이라고 부른다)는 $N = k + 1$개의 링크(k개의 링크에 지면 포함), $J = k$개의 관절을 가지며, 모든 관절이 회전형 관절로 모든 i에 대해 $f_i = 1$이다. 따라서

$$\text{자유도} = 3((k+1) - 1 - k) + k = k$$

로 예상과 같이 나온다. 그림 2.5(b)의 평면 5절 링크의 경우, $N = 5$(4개의 링크에 지면 포함), $J = 5$, 모두 회전형 관절로 각각 $f_i = 1$이다. 따라서 다음 식으로부터 자유도를 구할 수 있다.

$$\text{자유도} = 3(5 - 1 - 5) + 5 = 2$$

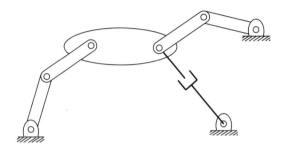

그림 2.6: 두 개의 관절이 겹친 평면 메커니즘

그림 2.5(c)의 스티븐슨 6절 링크의 경우 $N = 6$, $J = 7$, 모든 i에 대해 $f_i = 1$이므로 다음이 성립한다.

$$자유도 = 3(6 - 1 - 7) + 7 = 1$$

마지막으로, 그림 2.5(d)의 와트 6절 링크의 경우 $N = 6$, $J = 7$, 모든 i에 대해 $f_i = 1$이므로 스티븐슨 6절 링크와 마찬가지로 다음이 성립한다.

$$자유도 = 3(6 - 1 - 7) + 7 = 1$$

예제 2.3. 관절이 겹친 평면 메커니즘

그림 2.6에 그려진 평면 메커니즘은 세 개의 링크가 큰 링크의 오른쪽에 있는 하나의 점에서 만난다. 정의에 의해 관절은 정확히 두 개의 링크만을 연결하는 것을 기억하면, 이 교차점의 관절은 하나의 회전형 관절로 생각하면 안 된다. 대신, 두 개의 회전형 관절이 서로 겹친 것으로 해석해야 한다. 이전에 언급했듯 그뤼블러 공식을 이용해 이 메커니즘 자유도를 얻는 방법은 여러 가지다. (1) 우선 메커니즘이 여덟 개의 링크($N = 8$), 여덟 개의 회전형 관절, 한 개의 선형 관절을 가지는 것으로 볼 수

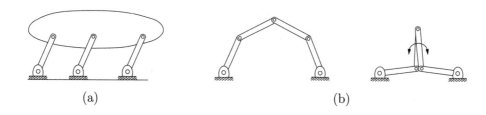

(a)   (b)

그림 2.7: (a) 평행사변형 링크 (b) 일반적인 컨피규레이션과 특이 컨피규레이션의 5절 링크

있다. 이를 그뤼블러의 공식에 대입하면 다음과 같다.

$$자유도 = 3(8 - 1 - 9) + 9(1) = 3$$

(2) 그 대신 오른쪽 아래에 있는 회전형-선형 관절 쌍을 한 개의 2-자유도 관절로 생각할 수 있다. 이 경우 링크의 수는 $N = 7$이고 일곱 개의 회전형 관절과 한 개의 2-자유도 회전형-선형 관절 쌍을 가진다. 이를 그뤼블러의 공식에 대입하면 다음과 같다.

$$자유도 = 3(7 - 1 - 8) + 7(1) + 1(2) = 3$$

예제 2.4. 여유 제약조건과 특이점

그림 2.7(a)의 평행사변형 링크에서 $N = 5$, $J = 6$, 각 관절마다 $f_i = 1$이다. 그뤼블러의 공식에서 이 메커니즘의 자유도는 $3(5 - 1 - 6) + 6 = 0$이다. 0 자유도의 메커니즘은 정의상 강체 구조물이다. 그러나 그림을 잘 보면 메커니즘은 사실 1 자유도를 가지고 움직일 수 있다. 실은 세 개의 평행한 링크 중 어떠한 링크를 골라도 링크 및 두 관절은 메커니즘의 운동에 영향을 끼치지 않으며, 따라서 자유도 $= 3(4 - 1 - 4) + 4 = 1$로 계산해야 한다. 달리 말해 관절에 의해 제공되는 제약조건이 독립적이지 않아 그뤼블러의 공식에 필요한 조건에 맞지 않다.

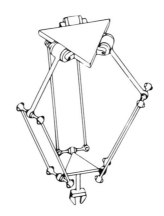

그림 2.8: 델타 로봇

그림 2.7(b)에 있는 2-자유도 평면 5절 링크도 비슷한 경우다. 지면과 연결된 두 관절이 어떤 각도로 고정된다면 5절 링크는 강체 구조물이 된다. 그러나 그림 2.7(b)처럼 두 개의 중간에 있는 링크가 같은 길이를 가지고 서로 겹친다면, 이 링크들은 두 개의 겹친 관절에 대해 자유롭게 회전할 수 있다. 당연히 이러한 컨피규레이션이 가능하기 위해서는 5절 링크의 링크 길이가 특정 조건을 만족해야 한다. 그리고 만약 다른 한 쌍의 관절이 고정되면, 예상대로 메커니즘이 강체 구조물이 되는 것을 주목해야 한다.

예제 2.5. 델타 로봇

그림 2.8의 델타 로봇은 두 개의 플랫폼으로 구성-아랫쪽은 움직이고 윗쪽은 고정됨-되며 세 개의 다리로 연결된다. 각 다리는 평행사변형 폐연쇄를 가지며 세 개의 회전형 관절, 네 개의 구형 관절, 다섯 개의 링크로 구성된다. 두 개의 플랫폼까지 총 $N = 17$개의 링크와 $J = 21$개의 관절(9개의 회전형 관절, 12개의 구형 관절)을 가진다. 그뤼블러의 공식을 이용하면 자유도는 다음과 같다.

$$자유도 = 6(17 - 1 - 21) + 9(1) + 12(3) = 3$$

그러나 이 15개의 자유도 중 움직이는 플랫폼에 달린 엔드 이펙터에서 볼 수 있는 자유도는 세 개다. 사실 평행사변형 다리 설계는 움직이는 플랫폼이 항상 고정된 플랫폼과 평행을 유지하도록 보장하고, 델타 로봇은 $x - y - z$ 직교 위치 결정 장치처럼 움직인다. 나머지 12개의 내부 자유도는 평행사변형의 12개의 링크(각 세 개의 다리에 있는 평행사변형에 네 개의 링크가 있다)가 그들의 긴 축에 대해 비틀리는 것으로 설명할 수 있다.

예제 2.6. 스튜어트 - 고프 플랫폼

그림 1.1(b)의 스튜어트 - 고프 플랫폼은 두 개의 플랫폼(움직이는 윗쪽 파트와 지면에 고정된 아래쪽 파트)으로 구성되며 여섯 개의 유니버설-선형-구형 관절들(UPS)의 다리로 연결돼 있다. 전체 링크 수는 14개이며($N = 14$), 여섯 개의 유니버설 관절(각각 2 자유도를 가짐, $f_i = 2$), 여섯 개의 선형 관절(각각 1 자유도를 가짐, $f_i = 1$), 여섯 개의 구형 관절(각각 3 자유도를 가짐, $f_i = 3$)을 가진다. 전체 관절 수는 18개이며, $m = 6$과 함께 그뤼블러의 공식에 대입하면 다음과 같다.

$$\text{자유도} = 6(14 - 1 - 18) + 6(1) + 6(2) + 6(3) = 6$$

스튜어트 - 고프 플랫폼의 일부 버전에서 여섯 개의 유니버설 관절은 구형 관절로 대체한다. 그뤼블러의 공식에 의해 이 메커니즘은 12 자유도를 가진다(유니버설 관절을 구형 관절로 바꾸면 각 다리에 추가적인 자유도가 생기며, 다리 축에 대해 비틀림 회전을 가능하게 한다). 그러나 이 비틀림 회전은 움직이는 플랫폼의 운동에 영향을 끼치지 않음을 주목해야 한다.

스튜어트 - 고프 플랫폼은 플랫폼이 강체 운동의 6 자유도를 모두 가지며 움직이기 때문에 자동차나 비행기의 조종석 시뮬레이터의 인기 있는 선택지다. 한편으로는 평행한 구조에 의해 각 다리가 적재 중량의 일부분만 지지하면 된다는 장점이 있다. 한편 이 구조는 6 자유도 개연쇄 구조에 비해 가능한 동작의 범위가 작다는 단점이 있다.

2.3 상태 공간: 위상과 표현

2.3.1 상태 공간 위상

지금까지 로봇 상태 공간의 차원 또는 자유도에 집중했으나 상태 공간의 모양 또한 중요하다.

구의 표면에서 움직이는 한 점을 생각하자. 그 점의 상태 공간은 2차원으로, 컨피규레이션이 위도와 경도 두 개의 좌표로 표현된다. 다른 예시로, 평면에서 움직이는 한 점 또한 (x, y) 좌표처럼 2차원 상태 공간을 가진다. 평면과 구의 표면이 둘 다 2차원이지만 그들은 같은 모양을 갖지 않는다. 평면은 무한히 확장되는 반면, 구는 끝을 감싸는 모양이 된다.

어떤 구와 이를 확대한 구는 둘 다 같은 방식으로 둥글게 감싸고 있다는 점에서 서로 같은 모양이다. 오직 그 크기만 다르다. 타원형의 미식 축구공 또한 구와 비슷하게 끝을 감싸는 모양이다. 미식 축구공과 구의 유일한 차이는 미식 축구공이 한 방향으로 늘어났다는 것이다.

작은 구, 큰 구, 미식 축구공의 2차원 표면들이 서로 같은 종류의 모양을 가지고 평면의 모양과는 다르다는 생각은 이 표면들의 **위상**^{topology}으로 표현될 수 있다. 이 책에서 자세히 다루지는 않겠지만,[3] 하나의 공간을 자르거나 붙이지 않고 다른 공간으로 연속적으로 변형될 수 있을 때, 두 공간을 **위상 동형**^{topologically equivalent}이라고 한다. 구는 자르거나 붙이지 않고 단순하게 늘려 미식 축구공의 모양으로 변형할 수 있기 때문에 두 공간은 위상 동형이다. 그러나 구를 자르지 않고 평면으로 만들 수 없기

---

[3]위상 개념에 익숙한 사람들에게 우리가 고려하는 모든 공간은 더 높은 차원의 유클리드 공간에 포함된 것으로 볼 수 있으며, 그 공간의 유클리드 위상을 물려받는 것으로 볼 수 있다.

그림 2.9: (a, b)로 표현하는 실수 직선의 열린 공간은 열린 반원으로 변형할 수 있다. 이 열린 반원은 다음에 서술된 사상을 통해 실수 직선으로 변형할 수 있다. 반원의 중심으로부터 반원과 반원 위의 직선을 가로지르는 선을 그린다. 이 선은 반원 위의 모든 점이 각각 정확히 직선 위의 한 점으로 늘어나며 거꾸로도 마찬가지라는 것을 보여준다. 따라서 열린 구간은 연속적으로 직선으로 변형될 수 있고, 열린 구간과 직선은 위상 동형이다.

때문에 구와 평면은 위상 동형이 아니다.

위상적으로 구분된 1차원 공간으로는 원, 직선, 직선의 닫힌 구간이 있다. 원은 수학적으로 S 또는 S^1처럼 1차원 구로 쓴다. 직선은 $\mathbb{E}$ 또는 $\mathbb{E}^1$처럼 쓰며, 1차원 유클리드(또는 평평한) 공간을 나타낸다. $\mathbb{E}^1$의 한 점은 보통 실수로 나타내기 때문에(원점과 길이 척도를 정한 후에) 종종 $\mathbb{R}$ 또는 $\mathbb{R}^1$로 쓰기도 한다. 직선의 닫힌 구간은 그 종점을 포함하고, $[a, b] \subset \mathbb{R}^1$와 같이 쓸 수 있다. (열린 구간 (a, b)는 종점 a와 b를 포함하지 않으며, 직선과 위상 동형인데, 이는 그림 2.9와 같이 열린 구간은 직선으로 늘릴 수 있기 때문이다. 닫힌 구간은 직선과 위상 동형이 아닌데, 직선이 종점을 포함하지 않기 때문이다.)

더 높은 차원에서 $\mathbb{R}^n$은 n-차원 유클리드 공간을 의미하고, S^n는 $(n + 1)$-차원 공간에 있는 구의 n-차원 표면을 의미한다. 예를 들어 S^2은 3차원 구의 2차원 표면을 의미한다.

공간의 위상은 공간 그 자체의 근본적인 특성이며 우리가 공간에서 점을 표현하기 위해 선택하는 좌표와 독립적임을 주목해야 한다. 예를 들어 원 위의 점을 표현하기 위해 영각으로 정한 곳부터 원의 중심에서 점까지의 선이 만드는 각도 θ를 이용해 표현할 수 있다. 또는 원의 중심을 원점으로 하는 기준 좌표계를 정하고 제약조건 $x^2 + y^2 = 1$에 부합하는 두 좌표 (x, y)로 점을 표현할 수 있다. 어떠한 좌표를 선택할지라도 공간 그 자체는 변하지 않는다.

일부 상태 공간은 둘 혹은 더 많은 낮은 차원의 공간의 **직교 곱**^{Cartesian product}으로
나타낼 수 있다. 즉, 상태 공간의 점은 낮은 차원의 공간에서의 점의 표현을 조합하여
표현할 수 있다. 예를 들면 다음과 같다.

- 평면상의 강체의 상태 공간은 $\mathbb{R}^2 \times S^1$와 같이 표현할 수 있는데, 컨피규레이션
  을 $\mathbb{R}^2$를 나타내는 좌표 (x, y)와 S^1를 나타내는 각도 θ의 병합으로 표현할 수
  있기 때문이다.

- PR 로봇 팔의 상태 공간은 $\mathbb{R}^1 \times S^1$와 같이 표현할 수 있다(상태 공간의 위상을
  표현할 때 가끔 관절 제한, 즉 관절의 이동의 한계를 무시할 것이다. 관절 제한이 있다면
  상태 공간은 두 직선의 닫힌 구간의 직교 곱이다).

- 2R 로봇 팔의 상태 공간은 $S^1 \times S^1 = T^2$와 같이 표현할 수 있으며, T^n는 $(n+1)$
  차원 공간 속의 n-차원 원환면을 의미한다(표 2.2). $S^1 \times S^1 \times \ldots \times S^1$($S^1$를 n
  번 반복)은 T^n와 같고, S^n와 다름을 주목해야 한다. 예를 들어 구 S^2는 원환면
  T^2와 위상 동형이 아니다.

- 2R 로봇 팔이 달린 평면 강체(예를 들어, 이동 로봇의 차대)의 상태 공간은 $\mathbb{R}^2 \times$
  $S^1 \times T^2 = \mathbb{R}^2 \times T^3$와 같이 표현할 수 있다.

- 2.1절에서 3차원 강체 자유도를 계산할 때, 강체의 컨피규레이션은 $\mathbb{R}^3$에서의
  한 점, 2차원 구 S^2 위의 한 점, 1차원 원 S^1 위의 한 점을 이용해 설명할 수
  있으며, 전체 상태 공간은 $\mathbb{R}^3 \times S^2 \times S^1$이다.

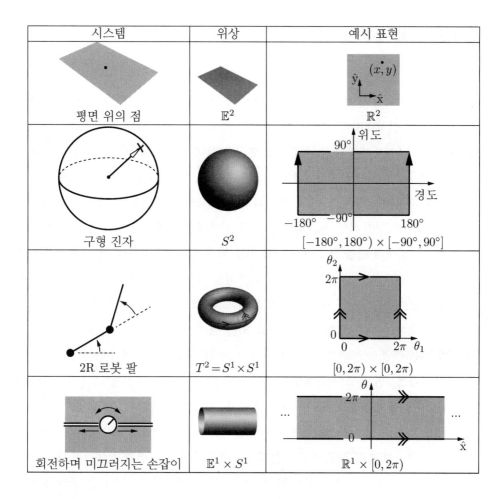

표 2.2: 네 개의 위상적으로 다른 2차원 상태 공간과 예시 좌표 표현. 구의 위도-경도 표현에서는 위도 −90°와 90°가 각각 한 점(각각 남극점, 북극점)을 나타내고, 경도 매개변수는 빙 둘러서 180°와 −180°에서 만난다. 화살표가 달린 모서리는 서로 붙는다. 비슷하게, 원환면과 원통의 좌표 표현은 각각 대응되는 화살표로 표시한 모서리가 빙 둘러서 만난다.

2.3.2 상태 공간 표현

어떤 계산을 하려면 공간을 (실수들의 집합인) 수치적 **표현식**^{representation}으로 나타내야
한다. 우리는 선형대수학이 있어 이 발상이 익숙하다(벡터는 유클리드 공간의 한 점을
표현하기 자연스러운 방법이다). 공간의 표현식은 선택적으로 결정될 수 있으며, 따라서
이는 (표현식에 무관한) 공간의 위상처럼 근본적이지 않다. 예를 들어 3차원 공간의 한
점은 기준 좌표계(원점과 좌표축의 방향)와 길이 척도의 선택에 따라 다른 좌표 표현을
가질 수 있지만, 근본적인 공간의 위상은 그 선택에 상관없이 항상 일정하다.

유클리드 공간에서 점을 표현하기 위해 기준 좌표계와 길이 척도를 선택하고 벡터를
사용해 표현하는 것이 자연스러운 반면, 구처럼 굽은 공간에서 점을 표현하는 것은
명확하지 않다. 구에서의 하나의 방법은 위도와 경도 좌표를 이용하는 것이다. n-
차원 공간을 표현하기 위해 n개의 좌표 또는 매개변수를 고른 것을 공간의 **직접적
매개변수화**^{explicit parametrization}라고 한다. 이러한 직접적 매개변수화는 매개변수의
특정한 범위에서만 유효하다(예를 들어, 구에서 위도는 $[-90°, 90°]$, 경도는 $[-180°, 180°]$
에서 가능하며, 음의 값은 지구에서 각각 "남쪽"과 "서쪽"을 가리킨다).

구의 위도-경도 표현은 북극점(위도가 $90°$) 근처를 걷거나 남극점(위도가 $-90°$) 근처를
걸을 때 만족스럽지 않은데, 조금만 움직여도 좌표상에서 큰 변화가 생기기 때문이다.
북극점과 남극점은 표현식의 **특이점**^{singularities}이고, 이러한 특이점들은 구가 평면과
같은 위상을 갖지 않기 때문에 발생한다. 구를 표현하기 위해 고른 두 실수의 공
간(위도와 경도)을 예로 들 수 있다. 이러한 특이점들의 위치는 구 자체와는 전혀 상관
없으며(구는 어디서 바라봐도 똑같이 생겼다), 선택한 표현식과 관련 있다. 특이점은 좌
표의 시간 변화율로 속도를 나타낼 때 특히 문제가 된다. 구 위의 점이 일정한 속력
$\sqrt{\dot{x}^2 + \dot{y}^2 + \dot{z}^2}$(점을 (x, y, z)로 표현했을 때의 속력)으로 움직임에도, 특이점 근처에서
표현식은 무한대로 발산할 수 있다.

만약 컨피규레이션이 표현의 특이점으로 절대 도달하지 않는다고 가정할 수 있으면

이는 문제가 되지 않는다. 이를 가정할 수 없다면, 이 문제를 극복할 두 가지 방법이 있다.

- 공간에서 하나 이상의 **좌표 차트**^{coordinate chart}를 사용한다. 이때 좌표 차트들은 각각 공간의 어떤 부분 집합만 다루고 각 차트마다 특이점이 없도록 직접적 매개변수화한다. 하나의 차트에서 컨피규레이션 표현이 북극점이나 남극점 같은 특이점에 도달하면 간단히 북극점과 남극점이 특이점으로부터 거리가 먼 다른 차트로 전환한다.

  모두 서로 겹치면서 모든 공간을 커버하도록, 특이점 없는 좌표 차트들의 집합을 정의하면 그 차트들이 공간의 **아틀라스**^{atlas}를 형성한다고 말한다. 지구의 아틀라스도 지구 전체를 포함하는 여러 개의 지도로 이뤄져 있다. 좌표 차트의 아틀라스를 이용하는 것의 장점은 표현식이 항상 최소 갯수의 숫자를 사용한다는 것이다. 단점은 특이점을 피하기 위해 좌표 차트 간 전환을 위한 추가적인 도구가 필요하다는 것이다(단, 유클리드 공간은 하나의 좌표 차트로 특이점 없이 다룰 수 있다).

- 직접적 매개변수화 대신 공간의 **간접적 표현식**^{implicit representation}을 사용할 수 있다. 간접적 표현은 n차원보다 높은 차원의 유클리드 공간 속에 포함된 n차원 공간을 나타낸다. 마치 2차원 단위 구를 3차원 유클리드 공간에 포함된 구 표면으로 볼 수 있는 것과 같다. 간접적 표현은 더 높은 차원의 공간 좌표를 사용하지만(예를 들어 3차원 공간에서 (x, y, z)), 이 좌표들은 자유도를 줄여주는 제약조건을 갖는다(예를 들어 단위 구에서 $x^2 + y^2 + z^2 = 1$).

  이 표현식의 단점은 변수의 갯수가 자유도보다 더 많다는 것이다. 장점은 표현식에서 특이점이 발생하지 않는다는 것이다. 구에서 부드럽게 움직이는 점은 (x, y, z)를 부드럽게 변화시켜 표현할 수 있으며 심지어 북극점과 남극점에서도 가능하다. 구 전체를 표현하기 위해 하나의 표현만을 사용하며, 다수의 좌표 차트가 필요 없다.

다른 장점은 폐연쇄 메커니즘에서 직접적 매개변수화 또는 아틀라스를 구성하기 매우 어려울 수 있는 반면, 간접적 표현은 쉽게 찾을 수 있다. 이는 닫힌 고리를 정의하는 **고리 닫힘 방정식**^{loop-closure equations}의 제약조건을 갖는 관절 좌표들로 나타낼 수 있다(2.4절).

다음 장을 시작으로 이 책 전반에 걸쳐 간접적 표현을 사용한다. 특히 공간상의 강체의 방향 자유를 표현하기 위해 6개의 제약조건의 지배를 받는 9개의 숫자를 사용한다. 이것을 **회전행렬**^{rotation matrix}이라고 한다. (3개의 매개변수로 표현하는 롤-피치-요 각도[4]와는 달리) 특이점이 없는 것 외에도, 회전행렬 표현은 강체를 회전시키거나 강체의 방향이 표현된 기준 좌표계를 바꾸는 것과 같은 계산을 하기 위해 선형대수학을 사용할 수 있도록 해준다.[5]

요약하자면 비유클리드 모양의 상태 공간들에 대해서는 간접적 표현식을 사용하도록 장려한다. 3장에서 다시 이 주제를 다룰 것이다.

2.4 컨피규레이션과 속도 제약조건

하나 혹은 더 많은 닫힌 고리를 가진 로봇에서 보통 직접적 매개변수화보다 간접적 표현을 더 쉽게 얻을 수 있다. 예를 들어 그림 2.10의 1 자유도를 가지는 평면 4절 링크를 생각해보자. 네 개의 링크가 항상 닫힌 고리를 만든다는 사실은 다음 세 개의

---

[4]롤-피치-요 각도와 오일러 각도는 회전에 대한 공간 $S^2 \times S^1$을 위해 세 개의 매개변수를 사용하며(S^2에서 2개, S^1에서 1개), 따라서 위에서 언급한 것과 같이 특이점이 생긴다.

[5]특이점 없이 방향을 나타내는 다른 간접적 표현인 단위사원수는 네 개의 숫자만 사용하며, 4차원 벡터가 단위 길이를 가지도록 하는 제약조건의 지배를 받는다. 사실 이 표현은 방향 집합을 두 번 포함하며, 모든 방향에 대해 두 개의 단위사원수를 갖는다.

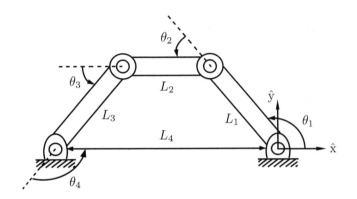

그림 2.10: 4절 링크

방정식으로 표현할 수 있다.

$$L_1 \cos\theta_1 + L_2 \cos(\theta_1 + \theta_2) + \ldots + L_4 \cos(\theta_1 + \ldots + \theta_4) \quad = \quad 0$$

$$L_1 \sin\theta_1 + L_2 \sin(\theta_1 + \theta_2) + \ldots + L_4 \sin(\theta_1 + \ldots + \theta_4) \quad = \quad 0$$

$$\theta_1 + \theta_2 + \theta_3 + \theta_4 - 2\pi \quad = \quad 0$$

이 방정식은 4절 링크를 네 개의 회전형 관절이 달린 직렬 연쇄로 보면 얻을 수 있으며, 이때 (i) 링크 L_4의 끝이 항상 원점과 일치하고 (ii) 링크 L_4의 방향이 항상 수평이다. 이 방정식은 종종 **고리 닫힘 방정식**loop-closure equations이라고 부른다. 4절 링크에서 네 개의 미지수로 이뤄진 세 개의 방정식의 집합으로 주어진다. 해의 모든 집합은 4차원 관절 공간에서 1차원 곡선을 이루며 상태 공간을 구성한다.

이 책에서 선형 대수 계산에 벡터를 사용할 때, 일반적으로 $p = [1\,2\,3]^T$처럼 열벡터로 취급한다. 그러나 계산이 필요하지 않은 경우엔 보통 벡터를 $p = (1, 2, 3)$

따라서 하나 또는 더 많은 닫힌 고리를 가지는 일반적인 로봇에서 상태 공간은 열벡터 $\theta = (\theta_1, \ldots, \theta_n)^T \in \mathbb{R}^n$와 다음 주어지는 k개의 독립적인 방정식($k \leq n$)의 집합인 고리 닫힘 방정식에 의해 간접적으로 표현할 수 있다.

$$g(\theta) = \begin{bmatrix} g_1(\theta_1, \ldots, \theta_n) \\ \vdots \\ g_k(\theta_1, \ldots, \theta_n) \end{bmatrix} = 0 \tag{2.5}$$

이러한 제약조건은 **홀로노믹 제약조건**[holonomic constraints]이라고 하며, 상태 공간의 차원을 줄인다.[6] 상태 공간은 $\mathbb{R}^n$에 포함된 $n-k$차원 표면(모든 제약조건이 독립이라고 가정)으로 볼 수 있다.

고리 닫힘 방정식 $g(\theta) = 0$, $g : \mathbb{R}^n \to \mathbb{R}^k$을 가지는 폐연쇄 로봇이 시간 궤적 $\theta(t)$를 따라 움직인다고 가정하자. $g(\theta(t)) = 0$의 양변을 t에 대해 미분하면, 다음 식을 얻을 수 있다.

$$\frac{d}{dt} g(\theta(t)) = 0 \tag{2.6}$$

즉, 다음과 같다.

$$\begin{bmatrix} \frac{\partial g_1}{\partial \theta_1}(\theta)\dot{\theta}_1 + \ldots + \frac{\partial g_1}{\partial \theta_n}(\theta)\dot{\theta}_n \\ \vdots \\ \frac{\partial g_k}{\partial \theta_1}(\theta)\dot{\theta}_1 + \ldots + \frac{\partial g_k}{\partial \theta_n}(\theta)\dot{\theta}_n \end{bmatrix} = 0 \tag{2.7}$$

---

[6]강체를 점들의 무리로 보는 관점에서, 이전에도 봤듯이 점 사이의 거리 제약조건은 홀로노믹 제약조건으로 볼 수 있다.

이것은 다음과 같이 행렬에 열벡터 $\begin{bmatrix} \dot{\theta}_1 & \cdots & \dot{\theta}_n \end{bmatrix}^T$를 곱하는 것으로 표현할 수 있다.

$$\begin{bmatrix} \frac{\partial g_1}{\partial \theta_1}(\theta) & \cdots & \frac{\partial g_1}{\partial \theta_n}(\theta) \\ \vdots & \ddots & \vdots \\ \frac{\partial g_k}{\partial \theta_1}(\theta) & \cdots & \frac{\partial g_k}{\partial \theta_n}(\theta) \end{bmatrix} \begin{bmatrix} \dot{\theta}_1 \\ \vdots \\ \dot{\theta}_n \end{bmatrix} = 0 \tag{2.8}$$

이는 다음과 같이 쓸 수 있다.

$$\frac{\partial g}{\partial \theta}(\theta)\dot{\theta} = 0 \tag{2.9}$$

여기서 관절-속도 벡터 $\dot{\theta}_i$는 시간 t에 대한 θ_i의 시간 미분을 나타내며, $\frac{\partial g}{\partial \theta}(\theta) \in \mathbb{R}^{k \times n}$이고, $\theta, \dot{\theta} \in \mathbb{R}^n$이다. 제약조건 (2.9)는 다음과 같이 쓸 수 있다.

$$A(\theta)\dot{\theta} = 0 \tag{2.10}$$

이때, $A(\theta) \in \mathbb{R}^{k \times n}$이다. 이러한 속도 제약조건을 **파피안 제약조건**$^{\text{Pfaffian constraints}}$이라고 한다. $A(\theta) = \frac{\partial g}{\partial \theta}(\theta)$의 경우 누군가는 $g(\theta)$를 $A(\theta)$의 "적분"으로 생각할 수 있으며, 이러한 이유로 $g(\theta) = 0$ 형태의 홀로노믹 제약조건을 **적분 가능한 제약조건**$^{\text{integrable constraints}}$이라고 부르기도 한다. 이들이 암시적으로 표현하고 있는 속도 제약조건을 적분하면 동등한 컨피규레이션 제약조건을 만들 수 있다.

이번엔 홀로노믹 종류와 근본적으로 다른 종류의 파피안 제약조건을 생각하자. 이를 구체적인 예로 보여주자면, 그림 2.11처럼 수직으로 서서 평면 위를 구르는 반지름 r인 동전을 생각하자. 동전의 컨피규레이션은 평면 위의 접촉점 (x, y)와 조타각 ϕ, 회전각 θ로 표현할 수 있다. 따라서 동전의 상태 공간은 $\mathbb{R}^2 \times T^2$이며, T^2는 각 ϕ와 θ로 매개변수화된 2차원 원환면을 나타낸다. 이 상태 공간은 4차원이다.

수학적인 형태로 동전이 미끄러짐 없이 구르는 것을 표현해보자. 동전은 항상 $(\cos \phi,)$

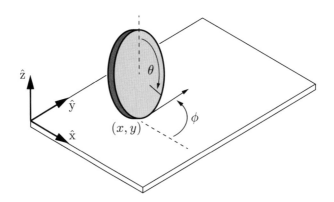

그림 2.11: 미끄러짐 없이 평면 위를 구르는 동전

$\sin\phi$) 방향으로 $r\dot\theta$의 속력을 가지고 굴러야 하며, 다음 식을 만족한다.

$$\begin{bmatrix} \dot{x} \\ \dot{y} \end{bmatrix} = r\dot\theta \begin{bmatrix} \cos\phi \\ \sin\phi \end{bmatrix} \tag{2.11}$$

상태 공간 좌표를 하나의 벡터 $q = (q_1, q_2, q_3, q_4)^T = (x, y, \phi, \theta)^T \in \mathbb{R}^2 \times T^2$로 모으면, 위의 미끄러짐 없이 구르는 제약조건은 다음 형태로 표현할 수 있다.

$$\begin{bmatrix} 1 & 0 & 0 & -r\cos q_3 \\ 0 & 1 & 0 & -r\sin q_3 \end{bmatrix} \dot{q} = 0 \tag{2.12}$$

이것은 $A(q)\dot{q} = 0$, $A(q) \in \mathbb{R}^{2\times4}$의 형태를 가지는 파피안 제약조건이다.

이 제약조건은 적분 가능한 제약조건이 아니다. 즉, (2.12)에 주어진 $A(q)$에 대하여 $\frac{\partial g}{\partial q} = A(q)$를 만족하는 미분 가능한 함수 $g : \mathbb{R}^4 \to \mathbb{R}^2$가 존재하지 않는다. 만약 이것이 사실이 아니라면, 각각의 변수에 대해 미분 가능한 h_i, $i = 1, \dots, 4$에 대해 다음 네 개의 등식을 만족하는 미분 가능한 $g_1(q)$이 존재할 것이다.

$$
\begin{aligned}
\frac{\partial g_1}{\partial q_1} &= 1 & &\longrightarrow & g_1(q) &= q_1 + h_1(q_2, q_3, q_4) \\
\frac{\partial g_1}{\partial q_2} &= 0 & &\longrightarrow & g_1(q) &= h_2(q_1, q_3, q_4) \\
\frac{\partial g_1}{\partial q_3} &= 0 & &\longrightarrow & g_1(q) &= h_3(q_1, q_2, q_4) \\
\frac{\partial g_1}{\partial q_4} &= -r \cos q_3 & &\longrightarrow & g_1(q) &= -r q_4 \cos q_3 + h_4(q_1, q_2, q_3)
\end{aligned}
$$

이를 잘 살펴보면 이러한 $g_1(q)$가 존재하지 않는다는 것이 명확하다. 비슷하게 $g_2(q)$가 존재하지 않는 것을 보일 수 있으며, 제약조건 (2.12)는 적분이 불가능하다. 적분 불가능한 파피안 제약조건을 **비홀로노믹 제약조건**nonholonomic constraint이라고 한다. 이런 제약조건은 시스템의 실현 가능한 속도의 차원을 줄이지만, 상태 공간의 도달 가능한 차원을 줄이지 않는다. 구르는 동전은 그 속도에 두 개의 제약조건이 있음에도 4차원 상태 공간의 모든 점에 도달할 수 있다.[7] 예제 30을 보라.

다수의 로봇공학 맥락에서 비홀로노믹 제약조건은 차륜 차량 기구학이나 파지 접촉 기구학 등 운동량 보존과 미끄러짐 없는 구름에서 발생한다. 비홀로노믹 제약조건은 13장에서 차륜 이동 로봇을 공부하면서 더 자세히 다룰 것이다.

2.5 태스크 공간과 작업 공간

이제 로봇의 컨피규레이션과 관련된 두 개념인 태스크 공간과 작업 공간을 소개한다. 둘 다 로봇 전체의 컨피규레이션이 아니라 로봇의 엔드 이펙터의 컨피규레이션과 관련이 있다.

---

[7]일부 글에서는 시스템의 자유도를 실현 가능한 속도의 차원으로 정의하며, 예를 들어 구르는 동전의 자유도를 2로 정의한다. 이 책에서는 항상 상태 공간의 차원을 자유도로 정의한다.

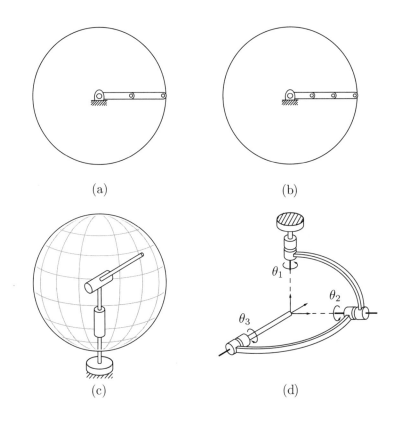

그림 2.12: 다양한 로봇의 작업 공간 예시. (a) 평면 2R 개연쇄 (b) 평면 3R 개연쇄 (c) 구형 2R 개연쇄 (d) 3R 방향 메커니즘

태스크 공간task space은 로봇의 작업을 자연스럽게 표현할 수 있는 공간이다. 예를 들어 작업이 펜으로 종이에 무언가 그리는 것이라면 태스크 공간은 $\mathbb{R}^2$일 것이다. 그게 아니라 어떤 강체를 조종하는 것이라면 태스크 공간의 자연스러운 표현은 강체의 상태 공간으로 로봇 엔드 이펙터에 부착된 좌표계의 위치와 방향을 표현한다. 이것이 태스크 공간의 기본 표현식이다. 태스크 공간에 대한 정의는 로봇과 독립적이며 작업에 따라 결정된다.

작업 공간^{workspace}은 로봇 엔드 이펙터가 도달할 수 있는 컨피규레이션을 나타낸다. 작업 공간의 정의는 로봇 구조에 의해 주로 결정되며 작업과 독립적이다.

태스크 공간과 작업 공간 둘 다 사용자의 선택과 관련이 있다. 특히 사용자가 엔드 이펙터의 방향과 같이 몇몇 자유를 표현할 필요가 없다고 결정할 수도 있다.

태스크 공간과 작업 공간은 로봇의 상태 공간과 구분된다. 태스크 공간이나 작업 공간의 한 점은 하나 이상의 로봇 컨피규레이션으로부터 얻을 수 있으며, 이는 그 점이 로봇의 컨피규레이션을 완벽하게 설명할 수 없다는 것을 의미한다. 예를 들어 일곱 개의 관절을 가진 개연쇄 로봇에서 그것의 엔드 이펙터의 6-자유도인 위치와 방향이 로봇의 컨피규레이션을 완벽히 명시하지 않는다.

칠판의 어떤 지점과 같이, 태스크 공간의 어떤 점은 로봇에 의해 전혀 도달할 수 없을 수 있다. 그러나 정의에 의해 작업 공간의 모든 점은 최소 하나의 로봇의 컨피규레이션에 의해 도달할 수 있다.

서로 다른 상태 공간을 가지는 두 메커니즘이 같은 작업 공간을 가질 수도 있다. 예를 들어 엔드 이펙터를 직교 좌표계로 나타낸 로봇의 끝부분(예를 들어, 공중에 떠 있는 펜의 위치)으로 생각하고 방향을 무시한다면, 길이가 모두 3으로 같은 링크로 이뤄진 평면 2R 개연쇄(그림 2.12(a))와 길이가 모두 2로 같은 링크로 이뤄진 평면 3R 개연쇄(그림 2.12(b))는 다른 상태 공간을 가짐에도 불구하고 같은 작업 공간을 가진다.

같은 상태 공간을 가지는 두 메커니즘의 작업 공간이 다를 수도 있다. 예를 들어 엔드 이펙터를 직교 좌표계로 나타낸 로봇의 끝부분으로 생각하고 방향을 무시한다면, 그림 2.12(a)의 2R 개연쇄는 작업 공간으로 평평한 원판 모양을 가지지만, 그림 2.12(c)의 2R 개연쇄는 구의 표면 모양의 작업 공간을 가진다.

그림 2.12(d)의 3R 개연쇄 "손목" 메커니즘의 끝에 좌표계를 붙이면, 그 좌표계는 관절을 회전시켜 어떠한 방향도 얻을 수 있지만, 끝부분의 직교 좌표는 항상 고정되는 것을 볼 수 있다. 이는 세 개의 관절 축이 항상 메커니즘의 끝부분에서 교차하는 것을 주목하면 알 수 있다. 이 메커니즘에서 좌표계의 방향을 나타내는 3-자유도 공간 $S^2 \times S^1$로 작업 공간을 정의하게 되며, 이는 상태 공간인 T^3와 다르다. 태스크 공간

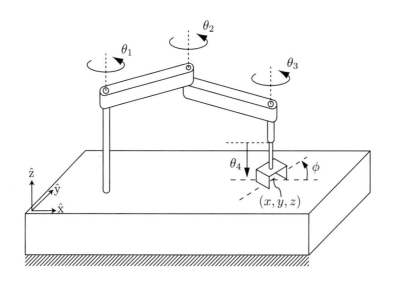

그림 2.13: SCARA 로봇

은 작업에 따라 결정되며, 만약 그것이 레이저 포인터로 가리키는 것이라면 레이저 광선 축에 대한 회전은 중요하지 않기 때문에 태스크 공간은 레이저가 가리킬 수 있는 방향의 집합인 S^2가 된다.

예제 2.7. 그림 2.13의 SCARA 로봇은 RRRP 개연쇄로, 탁자 위의 집기-놓기 작업에 널리 사용된다. 엔드 이펙터 컨피규레이션은 네 개의 매개변수 (x, y, z, ϕ)로 완벽하게 설명되며, 이때 (x, y, z)는 엔드 이펙터 중심 점의 직교 좌표를 나타내고 ϕ는 x-y 평면에서 엔드 이펙터의 방향을 나타낸다. 태스크 공간은 일반적으로 $\mathbb{R}^3 \times S^1$로 정의되며 작업 공간은 일반적으로 (x, y, z) 직교 공간에서 닿을 수 있는 점으로 정의되는데, 모든 도달 가능한 점에서 모든 방향 $\phi \in S^1$이 가능하기 때문이다.

예제 2.8. 표준 6R 산업용 매니퓰레이터는 그림 2.14와 같이 분무 도장에 활용될

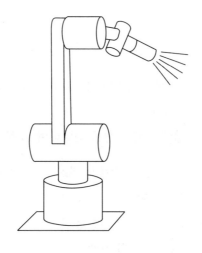

그림 2.14: 분무 도장 로봇

수 있다. 매니퓰레이터의 끝에 부착된 페인트 분무 노즐을 엔드 이펙터로 생각할 수 있다. 이 작업에서 중요한 것은 분무 노즐의 직교 좌표와 분무 노즐이 가리키는 방향이며, 노즐 축(페인트가 분무되는 방향을 가리키는 축)에 대한 회전은 중요하지 않다. 따라서 노즐의 컨피규레이션은 다음 다섯 개의 좌표, 노즐의 데카르트 위치를 나타내는 (x, y, z)와 노즐이 가리키는 방향을 나타내는 (θ, ϕ)로 설명할 수 있다. 태스크 공간은 $\mathbb{R}^3 \times S^2$로 나타낼 수 있다. 작업 공간은 $\mathbb{R}^3 \times S^2$ 중 도달 가능한 점으로, 시각화를 간단히 하면, 사용자는 노즐이 도달 가능한 직교 좌표에 대응하는 $\mathbb{R}^3$의 부분집합을 작업 공간으로 정의할 수 있다.

2.6 요약

- 로봇은 다양한 종류의 관절로 연결된 링크로 기계적으로 구성된다. 링크는 보통 강체로 모델링된다. 그리퍼와 같은 엔드 이펙터가 로봇의 일부 링크에 부착될 수 있다. 구동기는 관절에 힘과 토크를 전달하며, 로봇의 운동의 원인이 된다.

- 가장 널리 사용되는 1-자유도 관절들은 관절 축에 대해 회전하는 회전형 관절과 관절 축 방향으로 병진 운동하는 선형 관절이다. 2-자유도 관절로는 회전형 관절과 선형 관절이 직렬로 연결된 원통형 관절과 두 회전형 관절이 수직하게 연결된 유니버설 관절이 있다. 볼 및 소켓 관절로도 알려진 구형 관절은 3-자유도 관절로 인간의 어깨 관절과 비슷한 기능을 한다.

- 강체의 컨피규레이션은 강체의 모든 점의 위치를 명시한 것이다. 평면 위에서 움직이는 강체는 컨피규레이션을 명시하기 위해 세 개의 독립적인 매개변수가 필요하다. 3차원 공간에서 움직이는 강체의 컨피규레이션을 명시하기 위해 여섯 개의 독립적인 매개변수가 필요하다.

- 로봇의 컨피규레이션은 로봇의 모든 링크의 컨피규레이션을 명시하는 것이다. 로봇의 상태 공간은 모든 가능한 로봇의 컨피규레이션의 집합이다. 상태 공간의 차원은 로봇의 자유도다.

- 로봇의 자유도는 다음 주어지는 그뤼블러의 공식을 이용해 계산할 수 있다.

$$\text{자유도} = m(N - 1 - J) + \sum_{i=1}^{J} f_i$$

이때 평면 메커니즘은 $m = 3$을 사용하고 공간 메커니즘은 $m = 6$을 사용하며, N은 지면 링크를 포함한 링크의 수, J는 관절의 수, f_i는 관절 i의 자유도다.

- 로봇의 상태 공간은 직접적으로 매개변수화하거나 간접적으로 표현할 수 있다. n 자유도의 로봇에 대해 직접적 매개변수화는 최소한으로 필요한 n개의 좌표를 사용한다. 간접적 표현식은 $m \geq n$인 m개의 좌표를 사용하며, 이는 $m - n$개의 제약조건 방정식을 갖는다. 간접적 매개변수화를 사용하면 로봇의 상태 공간을 더 높은 m차원 공간에 포함된 n차원 표면으로 볼 수 있다.

- 하나 혹은 더 많은 닫힌 고리 구조를 가지는 n-자유도 로봇의 상태 공간은 $\theta \in \mathbb{R}^m$와 $g : \mathbb{R}^m \to \mathbb{R}^k$에 대해 $g(\theta) = 0$ 형태의 k개의 고리 닫힘 방정식을 이용해 간접적으로 표현할 수 있다. 이러한 제약조건 방정식을 홀로노믹 제약조건이라고 한다. 시간 t에 따라 θ가 달라진다고 가정하면, 홀로노믹 제약조건 $g(\theta(t)) = 0$는 t에 대해 미분하여 다음 식을 얻을 수 있다.

$$\frac{\partial g}{\partial \theta}(\theta)\dot{\theta} = 0$$

이때 $\frac{\partial g}{\partial \theta}(\theta)$는 $k \times m$ 행렬이다.

- 로봇의 운동은 다음 형태의 속도 제약조건의 지배를 받을 수 있다.

$$A(\theta)\dot{\theta} = 0$$

이때 $A(\theta)$는 $k \times m$ 행렬로, 어떠한 함수 $g(\theta)$의 미분으로 표현할 수 없다. 달리 말해 다음 식을 만족하는 $g(\theta), g : \mathbb{R}^m \to \mathbb{R}^k$가 존재하지 않는다.

$$A(\theta) = \frac{\partial g}{\partial \theta}(\theta)$$

이러한 제약조건을 비홀로노믹 제약조건 또는 적분 불가능한 제약조건이라고 한다. 이러한 제약조건은 시스템의 가능한 속도의 차원을 줄이지만 도달 가능한 상태 공간의 차원을 줄이지 않는다. 비홀로노믹 제약조건은 운동량 보존이나 미끄러짐 없이 구르는 운동의 지배를 받는 로봇 시스템에서 생긴다.

- 로봇의 태스크 공간은 로봇의 작업을 자연스럽게 표현할 수 있는 공간이다. 로봇의 작업 공간은 로봇의 엔드 이펙터가 도달할 수 있는 컨피규레이션을 명시한 것이다.

2.7 주석과 참고문헌

기구학 문헌에서 관절로 연결된 링크로 이뤄진 구조물을 메커니즘 또는 링크라고 부른다. 메커니즘의 이동성이라고도 부르는 메커니즘의 자유도는 메커니즘 분석 및 설계에 대한 대부분의 글에서 다루며, 글의 예시로 [42]와 [113]가 있다. 로봇의 상태 공간이라는 개념은 Lozano-Perez [95]에 의한 동작 계획의 맥락에서 처음 만들어졌으며 [80], [83], [28]에서 좀 더 최근의 발전된 내용을 다룬다. 2장의 예시에서 분명히 알 수 있듯이, 로봇의 상태 공간은 태스크 공간과 마찬가지로 비선형적이고 굽어 있을 수 있다. 이러한 공간은 보통 미분 기하학의 중심이 되는 미분 가능한 매니폴드의 수학적 구조를 가지고 있다. [118], [25], [17]에서 미분 기하학에 관한 소개를 접할 수 있다.

2.8 연습 문제

다음의 연습 문제에서 상태 공간을 "서술하라"라고 하면, 상태 공간의 차원과 그것의 위상에 대해 당신이 알고 있는 것을 나타내야 한다(예를 들어 2.3.1절과 2.3.2절의 예제처럼 $\mathbb{R}$, S, T를 이용하라).

1. 2.1절의 방법을 이용하여 n-차원 공간상의 강체의 자유도를 n에 대한 식으로 유도하라. 이 중 병진 운동에 대한 자유도와 회전 운동에 대한 자유도를 각각 나타내어라. 상태 공간의 위상을 서술하라(예를 들어, $n = 2$일 때 위상은 $\mathbb{R}^2 \times S^1$이다).

2. 당신의 팔, 즉 당신의 몸통으로부터 당신의 손바닥까지의 자유도를 구하라(손목까지만 포함하고, 손가락의 자유도는 포함하지 않는다). 당신의 어깨의 볼 및 소켓 관절의 중심을 고정시켜라(어깨를 구부리지 않는다). 다음 주어진 두 방법으로 자유도를 구하라.

(a) 어깨, 팔꿈치, 손목 관절의 자유도를 합산하라.

(b) 팔꿈치를 구부린 상태로 손바닥을 탁자 위에 고정시키고 어깨 관절의 중심을 움직이지 않는 상태로 당신의 팔이 어느 자유도를 가지고 움직이는지 조사하라.

당신의 대답이 일치하는가? 당신의 손바닥을 탁자 위에 고정된 자세로 뒀을 때 당신의 팔에 얼마나 많은 제약조건이 가해지는가?

3. 이전 연습 문제에서 당신의 팔이 직렬 연쇄라고 가정했다. 사실, 당신의 위팔뼈(상완골)와 당신의 손목을 지나는 뼈 집합체(손목뼈) 사이에 있는 팔뚝은 요골과 척골, 즉 두 개의 뼈가 있어 폐연쇄를 이룬다. 당신의 팔, 즉 어깨부터 손바닥까지를 관절로 이뤄진 메커니즘으로 모델링하고, 그뤼블러의 공식을 사용해 자유도를 계산하라. 당신의 모형에 사용한 관절의 자유도를 명확히 하라. 당신의 관절은 2장에서 배운 표준형 관절(R, P, H, C, U, S)일 수도, 아닐 수도 있다.

4. 당신의 팔이 n 자유도를 가지고 있다고 가정하자. 당신은 차를 운전하고 있고, 당신의 몸통은 꽉 조이는 안전벨트로 인해 차에 고정돼 있고, 양손은 핸들을 단단히 쥐어서 움직이지 않는다. 당신의 팔과 핸들이 이루는 시스템의 자유도는 얼마인가? 대답을 설명해보라.

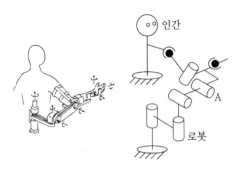

그림 2.15: 인간 팔 재활을 위한 로봇

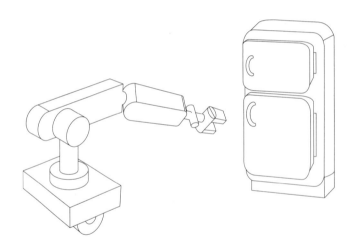

그림 2.16: 이동 매니퓰레이터

5. 그림 2.15는 인간 팔 재활에 사용하는 로봇이다. 인간의 팔과 로봇에 의해 형성된 연쇄의 자유도를 결정하라.

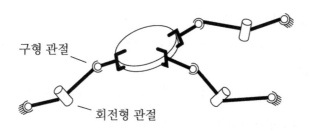

구형 관절

회전형 관절

그림 2.17: 공통의 물체를 쥐고 있는 세 개의 협력하는 SRS 팔

6. 그림 2.16의 이동 매니퓰레이터는 6R 팔과 여러 손가락으로 된 손이 외바퀴를 가진 이동 기반에 고정돼 구성된다. 당신은 바퀴 달린 기반을 그림 2.11의 구르는 동전과 같이 생각할 수 있으며, 바퀴와 기반은 지면에 수직인 축에 대해 같이 회전할 수 있고, 바퀴는 미끄러짐 없이 구른다. 기반은 항상 수평을 유지한다(기반을 수평으로 유지하고 바퀴와 기반을 지면에 수직한 축에 대해 회전시키는 방법은 넘어가도록 한다).

(a) 여러 손가락으로 된 손을 무시할 때, 이동 매니퓰레이터의 상태 공간을 서술하라.

(b) 이제 로봇 손이 냉장고 문 손잡이를 단단히 쥐고, 바퀴와 기반을 완전히 움직이지 않도록 한 후 팔만을 이용해 문을 연다고 가정하자. 문이 열린 상태로, 팔과 열린 문으로 이뤄진 메커니즘의 자유도는 얼마인가?

(c) 또 다른 동일한 이동 매니퓰레이터가 나타나고, 이동 기반을 주차시킨 후 또한 냉장고 문 손잡이를 단단히 쥐었다고 하자. 두 팔과 열린 냉장고 문으로 이뤄진 메커니즘의 자유도는 얼마인가?

7. 그림 2.17과 같이 세 개의 동일한 SRS 개연쇄 팔이 공통의 물체를 쥐고 있다.

(a) 이 시스템의 자유도를 구하라.

(b) 이제 전체 n개의 팔이 물체를 쥐고 있다고 가정하자. 이 시스템의 자유도는 얼마인가?

(c) 이제 각 n개의 팔에 있는 구형 손목 관절이 유니버설 관절로 대체됐다고 가정하자. 이 시스템의 자유도는 얼마인가?

8. n개의 동일한 다리로 고정된 판에 연결된 움직이는 판으로 이뤄진 공간 병렬 메커니즘을 생각하자. 움직이는 판이 6 자유도를 가지려면, 각 다리가 가져야 할 자유도를 n의 함수로 나타내면 어떻게 되는가? 예를 들어 $n = 3$일 경우 움직이는 판과 고정된 판이 세 개의 다리로 연결될 때, 움직이는 판이 6 자유도를 가지고 움직이기 위해 각 다리가 가져야 할 자유도는 얼마인가? 임의의 n에 대해 풀어라.

9. 평면 버전의 그뤼블러의 공식을 사용해 그림 2.18의 메커니즘의 자유도를 결정하라. 당신의 결과가 이 메커니즘들의 가능한 운동에 대한 당신의 직감과 일치하는지 설명하라.

10. 평면 버전의 그뤼블러의 공식을 사용해 그림 2.19의 메커니즘의 자유도를 결정하라. 당신의 결과가 이 메커니즘들의 가능한 운동에 대한 당신의 직감과 일치하는지 설명하라.

11. 공간 버전의 그뤼블러의 공식을 사용해 그림 2.20의 메커니즘의 자유도를 결정하라. 당신의 결과가 이 메커니즘들의 가능한 운동에 대한 당신의 직감과 일치하는지 설명하라.

12. 공간 버전의 그뤼블러의 공식을 사용해 그림 2.21의 메커니즘의 자유도를 결정하라. 당신의 결과가 이 메커니즘들의 가능한 운동에 대한 당신의 직감과 일치하는지 설명하라.

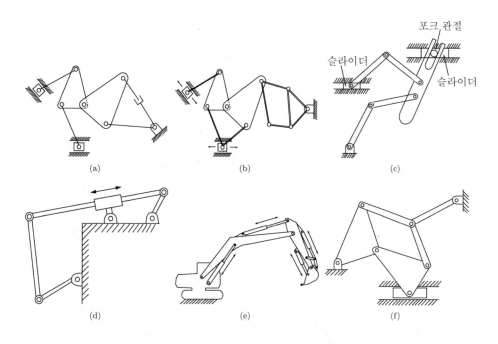

그림 2.18: 평면 메커니즘의 첫 번째 모음

13. 그림 2.22의 병렬 메커니즘에서 동일한 길이의 여섯 개의 다리가 구형 관절로 고정 플랫폼과 이동 플랫폼에 연결돼 있다. 그뤼블러의 공식을 사용해 이 메커니즘의 자유도를 결정하라. 위쪽 플랫폼의 모든 가능한 운동을 보여라.

14. 그림 2.23의 3 × UPU 플랫폼은 두 개의 플랫폼(아래쪽은 고정됨, 위쪽은 움직임)이 3개의 UPU 다리로 연결돼 있다.

(a) 공간 버전의 그뤼블러의 공식을 사용해 이 플랫폼이 3 자유도를 가진다는 것을 입증하라.

(b) 이 플랫폼이 정말로 3 자유도를 갖는지 보기 위해 3 × UPU 플랫폼의 물리적

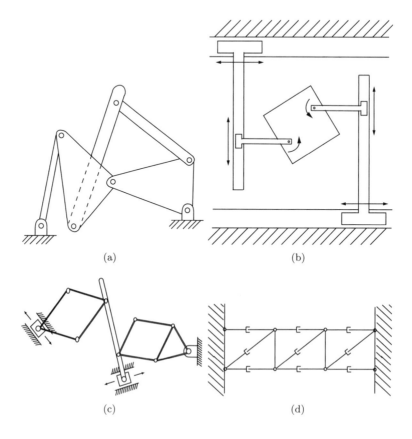

그림 2.19: 평면 메커니즘의 두 번째 모음

모형을 구성하라. 특히 세 개의 P 관절을 잠글 때, 그뤼블러의 공식으로부터
예측한 것처럼 로봇이 구조물이 되는가, 아니면 움직이는가?

15. 그림 2.24(a)와 그림 2.24(b)의 메커니즘을 생각하자.

(a) 그림 2.24(a)의 메커니즘은 여섯 개의 동일한 정사각형이 하나의 닫힌 고리로
배열되고, 회전형 관절로 연결됐다. 맨 아래 정사각형은 지면에 고정됐다. 그뤼

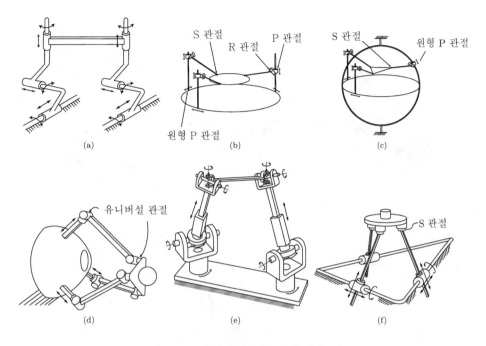

그림 2.20에 표시된 라벨: S 관절, R 관절, P 관절, 원형 P 관절, 유니버설 관절, S 관절

(a)　(b)　(c)

(d)　(e)　(f)

그림 2.20: 공간 병렬 메커니즘의 첫 번째 모음

블러의 공식을 사용해 자유도를 결정하라.

(b) 그림 2.24(b)의 메커니즘 또한 여섯 개의 동일한 정사각형이 회전형 관절로 연결됐지만, 그림에서 보이는 것처럼 다르게 배열됐다. 그뤼블러의 공식을 사용해 자유도를 결정하라. 당신의 결과가 이 메커니즘의 가능한 운동에 대한 당신의 직감과 일치하는가?

16. 그림 2.25는 구형 4절 링크를 나타내며, 네 개의 링크(이 중 하나는 지면 링크다)가 네 개의 회전형 관절로 연결돼 단일 고리 폐연쇄를 형성한다. 네 개의 회전형 관절은 구 위에서 그들의 관절 축이 공통의 점에서 교차하도록 배열됐다.

(a) 그뤼블러의 공식을 사용하여 자유도를 구하라. 당신의 공식 선택이 타당함을

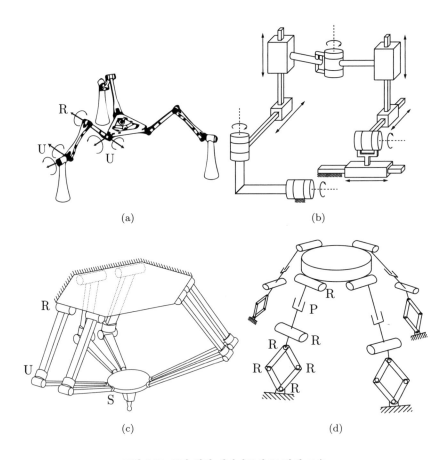

(a)

(b)

(c)

(d)

그림 2.21: 공간 병렬 메커니즘의 두 번째 모음

보여라.

(b) 상태 공간을 서술하라.

(c) 기준 좌표계가 가운데 있는 링크에 붙어 있다고 가정하자. 그 작업 공간을 서술하라.

17. 그림 2.26은 외과용 병렬 로봇이다. 그림 2.26(a)처럼 다리 A는 RRRP 사슬이고,

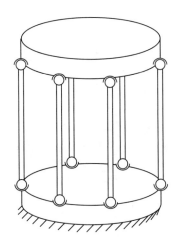

그림 2.22: 6×SS 플랫폼

다리 B와 C는 RRRUR 사슬이다. 수술 도구는 엔드 이펙터에 단단히 부착돼 있다.

  (a) 그뤼블러의 공식을 사용해 그림 2.26(a)의 메커니즘의 자유도를 구하라.

  (b) 이제 수술 도구가 그림 2.26(a)의 점 A를 항상 관통해야 한다고 가정하자. 매니퓰레이터의 자유도는 얼마인가?

  (c) 이제 다리 A, B, C가 그림 2.26(b)처럼 세 개의 동등한 RRRR 다리로 대체됐다. 게다가 모든 R 관절의 축이 점 A를 관통한다. 그뤼블러의 공식을 사용해 이 메커니즘의 자유도를 유도하라.

18. 그림 2.27은 3개의 동일한 PUP 다리가 고정된 기반과 움직이는 플랫폼을 연결하는 $3 \times$ PUP 플랫폼이다. 고정된 기반과 움직이는 플랫폼에 동시에 연결된 P 관절은 대칭적으로 배열됐다. 그뤼블러의 공식을 사용해 자유도를 구하라. 당신의 대답이 이 메커니즘에 대한 당신의 직감과 일치하는가? 만약 아니라면 세부적인 기구학적 분석 없이 차이를 설명해보라.

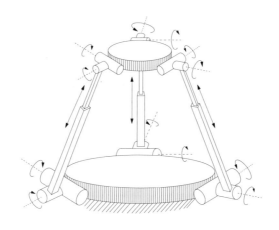

그림 2.23: 3×UPU 플랫폼

19. 그림 2.28의 양팔 로봇이 상자를 단단히 쥐고 있다. 상자는 탁자 위에서 미끄러지는 것만 가능하며 상자의 아랫면은 항상 탁자와 접촉해야 한다. 이 시스템의 자유도는 얼마인가?

20. 그림 2.29의 잠자리 로봇은 몸통, 네 개의 다리, 네 개의 날개를 가지고 있다. 각 다리는 인접한 다리와 USP 링크로 연결됐다. 그뤼블러의 공식을 사용해 다음 질문에 답하라.

(a) 몸통이 고정되고 오직 다리와 날개만 움직일 수 있다고 가정하자. 로봇의 자유도는 얼마인가?

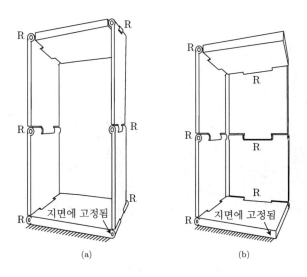

(a)　　　　　　　　　　　　(b)

그림 2.24: 두 메커니즘

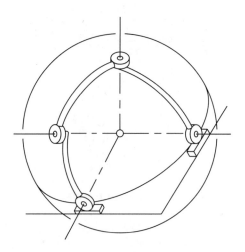

그림 2.25: 구형 4절 링크

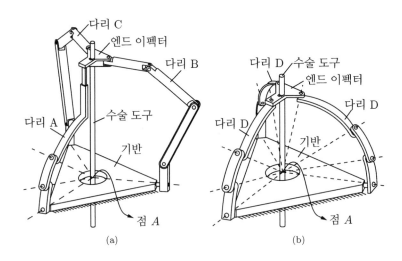

그림 2.26: 외과용 매니퓰레이터

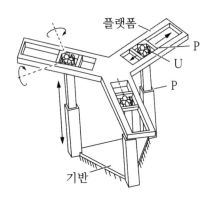

그림 2.27: 3×PUP 플랫폼

(b) 이제 로봇이 공중에서 날고 있다고 가정하자. 로봇의 자유도는 얼마인가?

(c) 이제 로봇이 네 개의 발로 지면과 접촉해 서 있다고 가정하자. 지면이 고르지 않
아 각 발-지면 접촉이 미끄러짐 없는 점접촉으로 모델링할 수 있다고 가정하자.

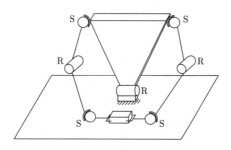

그림 2.28: 양팔 로봇

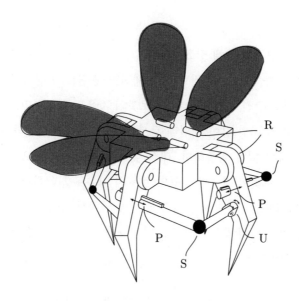

그림 2.29: 잠자리 로봇

로봇의 자유도는 얼마인가? 당신의 대답을 설명하라.

21. 애벌레 로봇 문제

(a) 그림 2.30(a)와 같이 애벌레 로봇이 꼬리 끝부분으로 매달려 있다. 로봇은 여덟

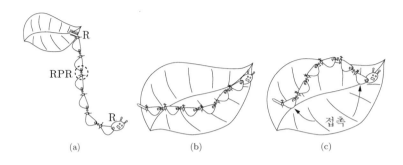

그림 2.30: 애벌레 로봇

개의 직렬로 연결된 강체 링크(머리 한 개, 꼬리 한 개, 몸통 여섯 개)로 구성된다. 여섯 개의 몸통 링크는 회전형-선형-회전형 관절로 연결되며, 머리와 꼬리는 몸통에 회전형 관절로 연결된다. 이 로봇의 자유도를 구하라.

(b) 이제 그림 2.30(b)와 같이 애벌레 로봇이 잎 위에서 기어간다. 여섯 개의 몸통 링크 모두 항상 잎과 접촉하며, 대신 잎 위에서 미끄러지고 회전할 수 있다고 가정하자. 이 로봇이 기어가는 동안 로봇의 자유도를 구하라.

(c) 이제 그림 2.30(c)와 같이 애벌레 로봇이 잎 위에서 기어가며, 오직 첫 번째와 마지막 몸통 링크만 잎에 접촉한다고 가정하자. 이 로봇이 기어가는 동안 로봇의 자유도를 구하라.

22. 그림 2.31(a)의 네 손가락의 손은 손바닥과 네 개의 URR 손가락으로 구성된다 (U 관절이 손가락과 손바닥을 연결한다).

(a) 손가락 끝이 점이고 하나의 손가락 끝이 탁자 표면과 접촉했다고 가정하자(손가락 끝 점 접촉의 미끄러짐은 가능하다). 손의 자유도는 얼마인가? 만약 두 개의 손가락 끝이 탁자와 미끄러지는 점 접촉을 하면 어떻게 되는가? 세 개나 네 개의 손가락 끝이 접촉하면 어떻게 되는가?

(b) 각 URR 손가락이 SRR 손가락으로 대체됐을 때(각 유니버설 관절이 구형 관절로

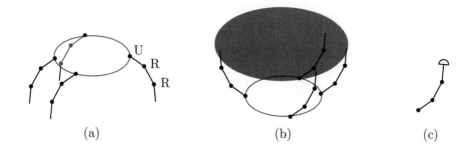

그림 2.31: (a) 네 개의 손가락과 손바닥으로 이뤄진 손 (b) 타원체를 쥐는 손 (c) 물체 위에서 미끄러짐 없이 구를 수 있는 둥근 손가락 끝

대체됐다) (a)를 반복하라.

(c) 이제 그림 2.31(b)와 같이 URR 손가락을 가진 손이 타원체를 쥔다. 손바닥이 공중에 고정되고 손가락 끝과 물체 사이에 미끄러짐이 발생하지 않는다고 가정하자. 이 시스템의 자유도는 얼마인가?

(d) 이제 그림 2.31(c)와 같이 손가락 끝이 반구라고 가정하자. 각 손가락 끝은 물체 위에서 구를 수 있지만 미끄러지거나 접촉이 떨어지지 않는다. 이 시스템의 자유도는 얼마인가? 물체에 대해 상대적으로 가능한 손가락 끝 속도 공간의 차원과 물체에 대해 손가락 끝 컨피규레이션을 표현하기 위해 필요한 매개변수의 수(자유도)를 비교해 설명하라(힌트: 직감을 얻기 위해 탁자 위에 공을 굴려 보라).

23. 그림 2.4(b)의 슬라이더-크랭크 메커니즘을 생각하자. 지면에 고정된 회전형 관절에서의 회전 운동("크랭크")이 선형 관절에서의 병진 운동("슬라이더")을 만든다. 크랭크와 슬라이더에 연결된 두 링크가 같은 길이를 가진다고 가정하자. 이 메커니즘의 상태 공간을 결정하고, 크랭크와 슬라이더 관절 변수에 의해 정의된 공간에 투영된

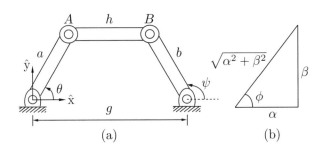

그림 2.32: 평면 4절 링크

버전을 그려라.

24. 평면 4절 링크 문제

(a) 그뤼블러의 공식을 사용해 공중에 떠 있는 평면 4절 링크의 자유도를 결정하라.

(b) 4절 링크의 상태 공간의 간접적 매개변수화를 다음과 같이 유도하라. 우선 네 개의 링크에 1, 2, 3, 4의 라벨을 붙이고, 링크 1에서 점 A, B, C를, 링크 2에서 점 D, E, F를, 링크 3에서 점 G, H, I를, 링크 4에서 점 J, K, L을 고른다. 4절 링크는 점 C와 D, 점 F와 G, 점 I와 J, 점 L과 A가 각각 회전형 관절로 연결돼 구성된다. 8개의 점 $A, \dots H$에 대한 좌표의 직접적 제약조건을 적어라(고정된 기준 좌표계를 선택했다고 가정한 뒤 점 A의 좌표를 $p_A = (x_A, y_A, z_A)$와 같이 나타내고 나머지 점도 비슷하게 나타낸다). 변수와 제약조건의 수를 세어 볼 때 상태 공간의 자유도는 얼마인가? (a)에서 얻은 결과와 다르다면 왜 그런지 설명하라.

25. 이 연습 문제에서는 그림 2.32의 평면 4절 링크의 상태 공간의 표현에 대해 더 자세히 알아본다. 그림처럼 고정된 기준 좌표계를 붙이고 관절과 링크 길이 라벨을

붙인다. A와 B에 대한 (x, y) 좌표는 다음과 같이 주어진다.

$$
\begin{aligned}
A(\theta) &= (a\cos\theta,\ a\sin\theta)^T \\
B(\psi) &= (g + b\cos\psi,\ b\sin\psi)^T
\end{aligned}
$$

A와 B를 연결하는 링크의 길이가 h로 고정된다는 사실을 이용해, 즉 $\|A(\theta) - B(\psi)\|^2 = h^2$이므로, 다음 제약조건을 얻을 수 있다.

$$
b^2 + g^2 + 2gb\cos\psi + a^2 - 2(a\cos\theta(g + b\cos\psi) + ab\sin\theta\sin\psi) = h^2
$$

$\cos\psi$와 $\sin\psi$의 계수를 묶으면, 위의 방정식은 다음과 같이 표현된다.

$$
\alpha(\theta)\cos\psi + \beta(\theta)\sin\psi = \gamma(\theta) \tag{2.13}
$$

이때 각 항은 다음과 같다.

$$
\begin{aligned}
\alpha(\theta) &= 2gb - 2ab\cos\theta \\
\beta(\theta) &= -2ab\sin\theta \\
\gamma(\theta) &= h^2 - g^2 - b^2 - a^2 + 2ag\cos\theta
\end{aligned}
$$

이제 식 (2.13)의 양변을 $\sqrt{\alpha^2 + \beta^2}$로 나누어 다음과 같이 ψ를 θ의 함수로 나타낼 수 있다.

$$
\frac{\alpha}{\sqrt{\alpha^2 + \beta^2}}\cos\psi + \frac{\beta}{\sqrt{\alpha^2 + \beta^2}}\sin\psi = \frac{\gamma}{\sqrt{\alpha^2 + \beta^2}}
$$

그림 2.32(b)에서 각 ϕ는 $\phi = \tan^{-1}(\beta/\alpha)$로 주어지며, 따라서 식 (25)는 다음과 같이 된다.

$$
\cos(\psi - \phi) = \frac{\gamma}{\sqrt{\alpha^2 + \beta^2}}
$$

따라서 다음 식이 성립한다.

$$\psi = \tan^{-1}\left(\frac{\beta}{\alpha}\right) \pm \cos^{-1}\left(\frac{\gamma}{\sqrt{\alpha^2 + \beta^2}}\right)$$

(a) $\gamma^2 \leq \alpha^2 + \beta^2$일 때만 해가 존재하는 것을 주목하자. 만약 제약조건을 만족하지 않는다면 어떠한 물리적인 영향을 가져오는가?

(b) 각 입력 각도 θ에 대해 두 개의 가능한 출력 각도 ψ가 존재하는 것을 주목하자. 이 두 해가 어떻게 생겼는가?

(c) 주어진 링크 길이 $a = b = g = h = 1$에 대해 θ-ψ 공간에 메커니즘의 상태 공간을 그려라.

(d) 주어진 링크 길이 $a = 1$, $b = 2$, $h = \sqrt{5}$, $g = 2$에 대해 (c)를 반복하라.

(e) 주어진 링크 길이 $a = 1$, $b = 1$, $h = 1$, $g = \sqrt{3}$에 대해 (c)를 반복하라.

26. 그림 2.33의 두 개의 링크로 이뤄진 평면 2R 로봇의 끝부분 좌표가 다음과 같이 주어진다.

$$x = 2\cos\theta_1 + \cos(\theta_1 + \theta_2)$$
$$y = 2\sin\theta_1 + \sin(\theta_1 + \theta_2)$$

(a) 로봇의 상태 공간은 어떻게 되는가?

(b) 로봇의 작업 공간은 어떻게 되는가(즉, 끝부분에 의해 도달 가능한 모든 점의 집합은 어떻게 되는가)?

(c) 무한히 긴 수직 장벽이 $x = 1$와 $x = -1$에 놓여 있다고 가정하자. 로봇의 자유로운 상태 공간은 어떻게 되는가(즉, 상태 공간의 일부 중 수직 장벽과의 충돌이 일어나지 않는 부분은 어떻게 되는가)?

27. 평면 3R 개연쇄의 작업 공간

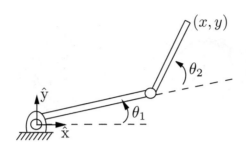

그림 2.33: 두 개의 링크로 이뤄진 평면 2R 개연쇄

(a) 고정된 기반 관절부터 시작해서 링크 길이가 각각 5, 2, 1인 평면 3R 개연쇄를 생각하자. 끝부분의 직교 점만을 생각할 때, 작업 공간을 그려라.

(b) 이제 고정된 기반 관절부터 시작해서 링크 길이가 각각 1, 2, 5인 평면 3R 개연쇄를 생각하자. 끝부분의 직교 점만을 생각할 때, 작업 공간을 그려라. 이 두 사슬 중 어느 것이 더 큰 작업 공간을 가지는가?

(c) 한 똑똑하지 않은 설계자가 어느 평면 개연쇄라도 간단하게 마지막 링크의 길이를 늘려 작업 공간을 키울 수 있다고 주장한다. 이 주장의 오류를 설명하라.

28. 태스크 공간 문제

(a) 칠판에 무언가 적고 있는 로봇 팔의 태스크 공간을 서술하라.

(b) 배턴^{baton}을 빙빙 돌리는 로봇 팔의 태스크 공간을 서술하라.

29. 다음 주어지는 시스템의 상태 공간의 위상에 대해 수학적으로 서술하라. 적절하게 선택한 k, m, n에 대해 직선의 닫힌 구간 $[a, b]$, $\mathbb{R}^k$, S^m, T^n 같은 공간의 외적을 적절히 사용하라.

(a) 무한한 평면 위에서 구르는 자동차처럼 생긴 이동 로봇의 차대

(b) 구형 소행성 주위를 운전하는 자동차처럼 생긴 이동 로봇(차대만)

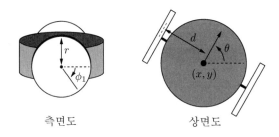

측면도   상면도

그림 2.34: 차동 구동 로봇의 측면도와 상면도

   (c) 무한한 평면 위의 RRPR 로봇 팔이 장착된 자동차처럼 생긴 이동 로봇(차대만).
       선형 관절은 관절 한계가 있지만 회전형 관절은 없다.

   (d) 자유롭게 날아가는 관절 한계가 없는 6R 팔을 장착한 우주선

30. 그림 2.11의 구르는 동전을 두 개의 비홀로노믹 제약조건이 있음에도 불구하고 4차원 상태 공간 내의 임의의 초기 컨피규레이션으로부터 임의의 목표 컨피규레이션까지 이동하는 알고리듬을 서술하라. 제어 입력은 구름 속력 $\dot{\theta}$과 선회 속력 $\dot{\phi}$이다. 알고리듬이 어떻게 작동하는지 명확하게 말로 설명하거나 의사 코드[pseudo-code]를 작성해야 한다. 실제 코드나 공식을 서술할 필요는 없다.

31. 차동 구동 이동 로봇은 바퀴 두 개를 가지며, 독립적으로 속력을 제어할 수 있다. 로봇은 바퀴를 같은 방향과 같은 속력으로 돌려 앞뒤로 이동하고, 바퀴를 다른 속력으로 돌려 회전한다. 로봇의 컨피규레이션은 바퀴 중간에 있는 점의 위치 (x, y), 공간 좌표계의 x-축에 대한 로봇의 차대의 진행 방향 θ, 두 바퀴의 중심을 관통하는 축에 대한 두 바퀴의 회전 각도 ϕ_1과 ϕ_2로 총 5개의 변수로 나타낸다(그림 2.34). 각 바퀴의 반지름을 r, 바퀴 사이의 거리를 $2d$라고 가정하자.

   (a) 로봇의 컨피규레이션을 $q = (x, y, \theta, \phi_1, \phi_2)^T$로 두자. 만약 두 개의 제어 입력이 바퀴의 각속도 $\omega_1 = \dot{\phi}_1$과 $\omega_2 = \dot{\phi}_2$일 때, 벡터 미분방정식 $\dot{q} = g_1(q)\omega_1 +$

$g_2(q)\omega_2$를 적어라. 벡터장 $g_1(q)$과 $g_2(q)$를 *제어 벡터장*이라고 부르며(13.3장), 각 장치 제어 신호가 적용됐을 때 시스템이 어떻게 움직이는지 표현하라.

(b) 이 시스템에 대응되는 파피안 제약조건 $A(q)\dot{q} = 0$을 적어라. 파피안 제약조건은 몇 개인가?

(c) 제약조건이 홀로노믹인가 비홀로노믹인가? 또는 홀로노믹은 몇 개이고 비홀로노믹은 몇 개인가?

32. 다음 미분 제약조건이 홀로노믹인지 비홀로노믹인지 결정하라.

(a)
$$(1 + \cos q_1)\dot{q}_1 + (1 + \cos q_2)\dot{q}_2 + (\cos q_1 + \cos q_2 + 4)\dot{q}_3 = 0$$

(b)
$$-\dot{q}_1 \cos q_2 + \dot{q}_3 \sin(q_1 + q_2) - \dot{q}_4 \cos(q_1 + q_2) = 0$$
$$\dot{q}_3 \sin q_1 - \dot{q}_4 \cos q_1 = 0$$

3장. 강체 운동

2장에서는 3차원 공간에서 강체의 위치와 방향을 정하려면 최소 6개의 숫자가 필요하다는 사실을 보였다. 3장에서는 물체에 붙인 기준 좌표계를 이용해 강체의 위치와 방향을 서술하는 체계적인 방법론을 서술할 것이다. 고정된 기준 좌표계에서 본 물체의 기준 좌표계의 자세를 4×4 행렬로 표현할 수 있다. 이러한 행렬은 2장에서 다뤘듯이 상태 공간을 간접적으로 표현한 예시 중 하나다(강체 상태의 실질적인 6차원 공간은 4×4 행렬의 16차원 공간에 10개의 제약조건을 걸어 구할 수 있다).

이 행렬들은 좌표계의 자세를 표현할 뿐만 아니라 (1) 벡터나 좌표계를 이동시키거나 회전시킬 때, (2) 벡터나 좌표계를 표현할 때 이용한 좌표계를 바꿀 때 이용할 수 있다. 이러한 연산들은 단순히 선형 대수를 이용해 계산할 수 있기에, 좌표계의 자세를 4×4 행렬로 다루는 주된 이유가 된다.

위치와 방향의 상태 공간을 행렬로 표현하는 가장 큰 이유는 이들의 비유클리드적인 성질(혹은 평평하지 않은 성질) 때문이다. 반면 강체의 속도는 3차원 선속도와 3차원 각속도로 정의되는 $\mathbb{R}^6$ 위의 한 점으로 표현할 수 있으며, 이 $\mathbb{R}^6$ 위의 점을 공간 속도 혹은 트위스트*twist*라고 한다. 더 일반적으로 말하자면, 로봇의 상태 공간이 벡터 공간이 아닐지라도, 상태 공간의 한 점에서 취할 수 있는 속도의 집합은 벡터 공간을 이룬다. 예를 들어 상태 공간이 구 S^2인 로봇의 경우 이 공간은 평평하지 않지만 구 위의 임의의 점에서 취할 수 있는 속도의 공간은 그 점에서 구에 접하는 평면(벡터 공간)으로 생각할 수 있다.

임의의 강체의 자세는 고정된 (시작) 기준 좌표계로부터 출발해 일정한 트위스트를 특정 시간 동안 적분해 얻을 수 있다. 이러한 움직임은 고정된 축을 따라 병진하며 동시에 그 축을 중심으로 회전하는 스크류 운동$^{\text{screw motion}}$과 비슷하다. 모든 강체의 자세를 스크류 운동으로 표현할 수 있다는 사실로부터 *지수 좌표*$^{\text{exponential coordinates}}$라 부르는 6개의 매개변수를 이용한 자세 표현 방법이 고안됐다. 이 6개의 매개변수는 스크류 축의 방향 벡터와, 하나의 스칼라의 곱으로 분리할 수 있으며, 이 스칼라는 원하는 자세를 나타내기 위해 필요한 스크류 운동의 진행도를 의미한다.

3장은 힘에 대한 논의로 마무리짓는다. 각속도와 선속도를 $\mathbb{R}^6$상의 하나의 벡터로 묶었듯이, 모멘트(토크)와 힘 또한 *공간 힘*$^{\text{spatial force}}$ 혹은 *렌치*^{wrench}라 하는 6차원 벡터로 묶을 수 있다.

3장의 개요와 개념을 잘 보여주는 한 가지 예제를 소개하며 3장을 시작하고자 한다. 하지만 그 전에 벡터 표기법을 몇 가지 짚고 넘어가겠다.

벡터 및 기준 좌표계 관련 용어

자유 벡터$^{\text{free vector}}$란 길이와 방향을 갖는 기하학적 값을 의미한다. $\mathbb{R}^n$에 존재하는 화살표를 생각하면 된다. "자유" 벡터라 부르는 이유는 이 화살표가 어디에서 출발하는지는 상관이 없고, 오직 방향과 길이만 중요하기 때문이다. 예를 들어 선속도는 자유벡터의 일종이다(화살표의 길이가 속력, 화살표의 방향이 속도의 방향에 해당한다). 자유 벡터는 v와 같이 정자체로 표기한다.

만약 v가 존재하는 공간에 기준 좌표계와 단위 길이가 정해졌다면, 이 자유 벡터는 화살표의 시작 지점이 원점에 존재하도록 방향을 유지한 채로 옮길 수 있다. 이렇게 옮긴 v는 기준 좌표계를 이용해 열벡터로 표현할 수 있다. 이 열벡터는 $v \in \mathbb{R}^n$와 같이 이탤릭체로 표기하며, v의 값은 화살표 머리의 좌푯값에 해당한다. 만일 다른 기준 좌표계와 길이의 단위가 정해졌다면 v 역시 달라지지만, 자유 벡터 v는 변하지 않는다.

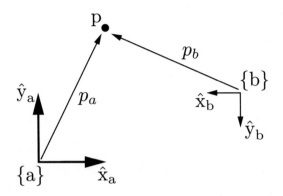

그림 3.1: 점 p는 물리적인 공간 위에 있고, 표현 방식을 바꾼다고 해서 그 점이 바뀌지는 않는다. 만일 기준 좌표계 {a}를 단위 좌표축 $\hat{x}_a$와 $\hat{y}_a$로 고정하면, 점 p를 $p_a = (1, 2)$로 표현할 수 있다. 만일 기준 좌표계 {b}를 다른 위치, 방향, 길이의 단위로 설정하면, 점 p를 $p_b = (4, -2)$로 표현할 수도 있다.

달리 말하면 이를 자유 벡터 v가 *좌표계에 무관*coordinate-free하다고 표현한다. 자유 벡터는 근본적으로 실제 공간 속에 존재하는 것을 지칭하므로, v는 자신을 표현하는 방식에 영향을 받지 않는다. 반면 v는 v를 표현하기 위해 사용하는 수치이므로 좌표계의 선택에 따라 달라질 수 있다.

물리적인 공간 속에 존재하는 점 p 또한 벡터로 나타낼 수 있다. 이 공간에서 기준 좌표계와 길이의 단위가 주어지면, 기준 좌표계의 원점으로부터 p로 향하는 벡터를 이용해 점 p를 표현할 수 있다. 이러한 점 p의 벡터 표현은 이탤릭체로 $p \in \mathbb{R}^n$과 같이 표기한다. 마찬가지로, 물리적인 공간에서 같은 점 p의 벡터 표현 $p \in \mathbb{R}^n$은 기준 좌표계와 길이의 단위의 선택에 따라 달라진다. 그림 3.1을 보자.

앞으로 이 책에서는 길이의 단위는 이미 하나로 선택됐다고 가정하며, 서로 다른 위치와 방향으로 이뤄진 기준 좌표계에 대해서만 다룰 것이다. 기준 좌표계는 공간상에서 어느 곳이나 위치할 수 있으며, 어떤 기준 좌표계든 자신이 속한 공간 및 그 속의 물체들을 표현할 수 있다. 앞으로, 정확히 하나의 정지된 좌표계를 항상 정의할 것이며,

이를 **고정 좌표계**^{fixed frame} 혹은 **공간 좌표계**^{space frame}라 부르고 {s}라 표기할 것이다. 예를 들어 고정 좌표계를 방의 구석에 놓을 수 있다. 마찬가지로, 때때로 적어도 한 좌표계는 방 안에서 비행 중인 드론과 같이 움직이는 강체에 붙인다고 가정한다. 이처럼 물체에 붙인 좌표계는 **물체 좌표계**^{body frame}라 부르고 {b}라 표기한다.

일반적으로는 물체 좌표계 {b}를 질량 중심과 같이 물체의 중요한 위치에 놓곤 하지만 필수는 아니다. 심지어 물체로부터 상대적으로 정지해 있는 관측자가 봤을 때, 마찬가지로 물체와 {b}의 상대적인 자세가 불변하는 위치라면, 좌표계 {b}의 원점을 물체 위에 놓지 않아도 된다.

> **중요!** 이 책에 등장하는 모든 좌표계는 정지 관성 좌표계다. 물체 좌표계 {b}라고 지칭하는 경우, 이는 (움직이고 있을지도 모르는) 물체에 고정된 좌표계와 항상 일치하는 정지한 좌표계를 의미한다. 아마 독자들 중 일부는 동역학 강의에서 회전하는 강체에 부착된 비관성 좌표계를 배웠을 것이다. 정지 상태의 관성 물체 좌표계와 혼동하지 않기를 바란다.
>
> 표현의 편의성을 위해, 이 책에서는 움직이는 물체에 부착된 좌표계를 물체 좌표계라고 표현할 것이다. 그럼에도 불구하고 어떤 순간에든 "물체 좌표계"란 물체와 같이 움직이는 좌표계와 그 순간에 일치하는 정지 좌표계를 의미한다.
>
> 다시 한 번 언급하자면 이 책에 등장하는 **모든 좌표계는 정지 좌표계**라는 점을 유의하라.
>
> 모든 기준 좌표계는 그림 3.2에 표현돼 있듯이 **오른손 좌표계**^{right-handed reference frame}이다. 회전축에 대한 회전의 양의 방향은 오른손의 엄지손가락을 회전축의 방향으로 놓았을 때 손가락들이 회전하는 방향으로 정의한다(그림 3.2).

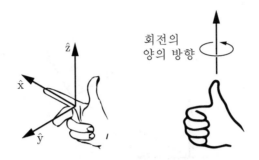

그림 3.2: (왼쪽) 오른손 좌표계의 $\hat{x}, \hat{y}, \hat{z}$ 축은 각각 오른손의 검지, 중지, 엄지에 해당한다. (오른쪽) 회전축에 대한 회전의 양의 방향은 오른손의 엄지손가락을 회전축의 방향으로 가리켰을 때 손가락들이 회전하는 방향이다.

3.1 평면상의 강체 운동

그림 3.3의 평면 물체(회색)에 대해 생각해보자. 이 물체의 움직임은 평면상에 한정된다. 그림과 같이 단위 벡터 $\hat{x}_s$와 $\hat{y}_s$를 이용해 길이의 단위와 고정된 기준 좌표계 {s}를 정했다고 하자(이 책에서 등장하는 문자 위의 모자 기호(ˆ)는 해당 문자가 단위 벡터임을 의미한다). 마찬가지로, 평면 물체에도 단위 벡터 $\hat{x}_b$와 $\hat{y}_b$를 이용해 기준 좌표계를 부착하자. 이 좌표계는 물체와 함께 움직이기 때문에 물체 좌표계라 부르고 {b}라 표기한다.

물체 좌표계의 위치와 방향을 고정 좌표계에 대해 표현한 값만 정하면 평면 물체의 자세를 나타낼 수 있다. 물체 좌표계의 원점 p는 {s}의 좌표축을 이용해 다음과 같이 표현할 수 있다.

$$p = p_x \hat{x}_s + p_y \hat{y}_s \tag{3.1}$$

아마 독자들은 이 벡터를 단순히 $p = (p_x, p_y)$로 표현하는 것이 더욱 익숙할 것이다. 기준 좌표계가 모호하지만 않다면 이러한 표기법도 괜찮다. 하지만 p를 식 (3.1)로

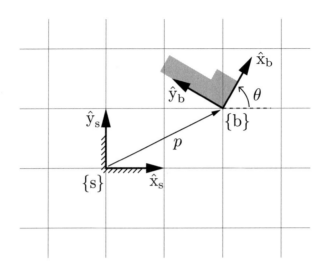

그림 3.3: 물체 좌표계 {b}는 고정된 좌표계 {s}에서 표현한 벡터 p와 단위 벡터 $\hat{x}_b$, $\hat{y}_b$로 나타낸다. 이 예시에서 $p = (2, 1)^T$이며 $\theta = 60°$이므로 $\hat{x}_b = (\cos\theta, \sin\theta)^T = (0.5, 1/\sqrt{2})^T$이고 $\hat{y}_b = (-\sin\theta, \cos\theta)^T$ $= (-1/\sqrt{2}, 0.5)^T$이다.

표현하면 (p_x, p_y)가 정의된 기준 좌표계를 더욱 명확하게 드러낸다.

고정 좌표계 {s}에서 물체 좌표계 {b}의 방향을 표현하는 가장 단순한 방법은 그림 3.3과 같이 각도 θ를 지정하는 것이다. 또 다른 방법은 다음 식과 같이 {s}에서 표현한 {b}의 단위축 $\hat{x}_b$와 $\hat{y}_b$를 지정하는 것이다.

$$\hat{x}_b = \cos\theta\,\hat{x}_s + \sin\theta\,\hat{y}_s \tag{3.2}$$

$$\hat{y}_b = -\sin\theta\,\hat{x}_s + \cos\theta\,\hat{y}_s \tag{3.3}$$

위와 같은 방식은 언뜻 보면 물체 좌표계의 방향을 나타내기에 비효율적으로 보인다. 하지만 물체가 3차원 공간에서 임의로 움직이는 상황을 상상해보자. 하나의 각도 θ는 더 이상 이동한 물체의 기준 좌표계의 방향을 표현하기에 충분하지 않다. 실제로

3차원상의 방향을 나타낼 때는 3개의 각도가 필요하다. 하지만 이러한 3개의 각도를 적절하게 정의하는 방법은 아직 명확하지 않다. 반면 {b}의 좌표축들의 방향을 {s}의 좌표축에 대한 계수로 표현하는 것은 위의 평면의 상황에서 봤듯이 간단하다.

모든 값들을 {s}에서 표현하는 것에 동의했다면, 점 p를

$$p = \begin{bmatrix} p_x \\ p_y \end{bmatrix} \tag{3.4}$$

의 열벡터 $p \in \mathbb{R}^2$ 형태로 표현할 수 있다. 마찬가지로, 두 개의 벡터 $\hat{x}_b$와 $\hat{y}_b$ 또한 열벡터로 표현하고 다음과 같이 하나의 2×2 행렬 P로 합칠 수 있다.

$$P = [\hat{x}_b \ \hat{y}_b] = \begin{bmatrix} \cos\theta & -\sin\theta \\ \sin\theta & \cos\theta \end{bmatrix} \tag{3.5}$$

이 행렬 P는 **회전행렬**rotation matrix의 한 예시다. P가 4개의 숫자로 이뤄져 있음에도, 이 숫자들은 3개의 제약조건을 갖고 있으며 (P의 각 열은 단위 벡터이어야 하고, 두 열은 서로 수직이어야 한다), 하나의 남은 자유도는 θ로 매개변수화된다. 쌍 (P, p)는 {s}에서 표현한 {b}의 위치와 방향의 정보를 제공한다.

이제 그림 3.4에 등장하는 세 개의 좌표계를 보자. 위와 같은 접근법을 사용해, {s}에서 바라본 {c}를 쌍 (R, r)으로 표현하면 다음과 같이 쓸 수 있다.

$$r = \begin{bmatrix} r_x \\ r_y \end{bmatrix}, \quad R = \begin{bmatrix} \cos\phi & -\sin\phi \\ \sin\phi & \cos\phi \end{bmatrix} \tag{3.6}$$

좌표계 {c}를 {b}에서도 표현할 수 있다. {b}의 원점에서 {c}의 원점으로 가는 벡터를 {b} 좌표계에서 표현한 값을 q라고 하고, {c}의 방향을 {b} 좌표계에서 표현한 값을 Q라고 하면 {b}에서 바라본 {c}를 쌍 (Q, q)으로 표현할 수 있다. 여기서 (Q, q)는

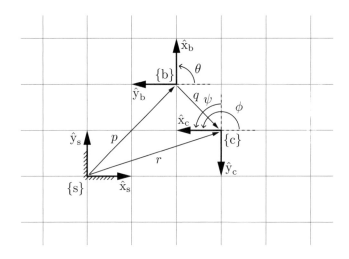

그림 3.4: {s}에서 바라본 좌표계 {b}는 (P, p)로 표현하고, {b}에서 바라본 좌표계 {c}는 (Q, q)로 표현하자. 이로부터 {s}에서 바라본 {c}의 표현 (R, r)을 유도할 수 있다. 벡터 p, q, r의 수치적인 값들과 세 개의 좌표계의 좌표축의 방향들은 단위 사각형들의 격자를 통해 알 수 있다.

다음과 같다.

$$q = \begin{bmatrix} q_x \\ q_y \end{bmatrix}, \quad Q = \begin{bmatrix} \cos\psi & -\sin\psi \\ \sin\psi & \cos\psi \end{bmatrix} \tag{3.7}$$

만약 (Q, q)({b}에서 표현한 {c}의 자세)와 (P, p)({s}에서 표현한 {b}의 자세)의 값을 알고 있다면, {s}에서 표현한 {c}의 자세를 다음과 같이 구할 수 있다.

$$R = PQ \quad (Q \text{ 를 \{s\} 좌표계로 변환}) \tag{3.8}$$

$$r = Pq + p \quad (q \text{ 를 \{s\} 좌표계로 변환하고 벡터 } p \text{와 더함}) \tag{3.9}$$

그러므로 (P, p)는 {s}에서 표현한 {b}의 자세를 나타낼 뿐만 아니라 {b}에서 표현한 점이나 좌표계를 {s}에서 표현한 것으로 바꿀 때에도 사용할 수 있다.

이제 두 좌표계 {d}와 {c}가 부착된 강체를 생각해보자. 처음에 좌표계 {d}는 {s}와 일치하며, {c}는 {s}에서 (R, r)로 표현된다(그림 3.5(a)). 이후, 물체가 움직여 {d}는 {d′}으로 이동한다. 이 {d′}은 {s}에서 표현했을 때 (P, p)가 되는 좌표계 {b}와 일치한다. {c}는 어디로 이동했을까? 새로운 좌표계 {c′}의 자세를 (R', r')으로 표현하면, 식 (3.8)과 (3.9)와 비슷하게 다음이 성립함을 보일 수 있다.

$$R' = PR \tag{3.10}$$

$$r' = Pr + p \tag{3.11}$$

차이점이라면 (P, p)와 (R, r)이 같은 좌표계에서 표현한 것이므로, 이 식은 좌표계의 변환이 아니라 (**강체 운동**^{rigid body motion}으로도 알려져 있는) **강체 이동**^{rigid body displacement}을 나타낸다는 것이다. 그림 3.5(a)에서 변환 ①은 {c}를 {s}에서 표현한 P로 회전시키며 변환 ②는 {c}를 {s}에서 표현한 p만큼 선형 이동시킨다.

따라서 (P, p)와 같은 회전행렬-벡터 쌍은 다음과 같은 세 가지 목적으로 사용될 수 있다.

(a) {s}에서 강체의 자세를 표현하기 위해(그림 3.3)

(b) 벡터와 좌표계를 표현하는 기준 좌표계를 바꾸기 위해(그림 3.4)

(c) 벡터나 좌표계를 이동시키기 위해(그림 3.5(a))

그림 3.5(b)를 보면, 회전 후 병진으로 표현되는 그림 3.5(a)의 강체 운동은, 고정된 점 s에 대한 회전각 β만큼의 회전으로 표현할 수 있다. 이는 평면에서의 **스크류 운동**^{screw motion}의 예시이다.[1] 따라서 이 이동은 세 개의 스크류 좌표 (β, s_x, s_y)로 나타낼 수 있으며, $(s_x, s_y) = (0, 2)$는 점 s(페이지를 뚫고 나오는 회전축이 지나는 점)를 고정 좌표계 {s}에서 본 좌표이다.

---

[1] 이 이동이 회전이 없는 순수한 병진 운동이라면, s는 무한히 멀리 존재한다.

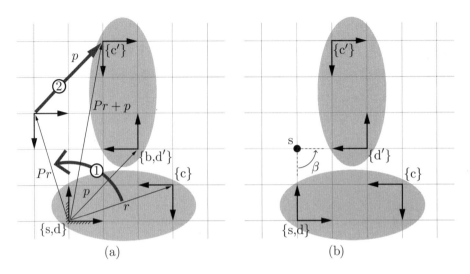

그림 3.5: (a) 좌표계 {d}는 좌표계 {s}와 초기에 일치하며 타원형의 강체에 고정돼 있다. (P, p)가 {s}에서 나타낸 {b}일 때, {d}는 우선 P를 이용해 회전하고, 그 후 p만큼 선형 이동해 (정지 좌표계 {b}와 일치하는){d'}로 이동한다. 강체에 부착돼 있는 좌표계 {c} 또한 같은 변환을 통해 좌표계 {c'}으로 이동한다. ①로 마크된 변환은 {c}를 {s}의 중심에 대해 회전시키며, 그 후 변환 ②는 {c}를 {s}에서 표현한 p만큼 선형 이동시킨다. (b) 이러한 종합적인 이동을 회전 후 병진의 순차적인 과정으로 보지 않고, 회전과 병진이 동시에 발생한 것으로 볼 수 있다. 이 운동을 고정된 점 s를 중심으로 $\beta = 90°$만큼 돌린 회전으로 보는 것이다.

스크류 운동을 주어진 거리만큼 선속도와 각속도를 따라 움직였다고 이해하는 방식도 있다. 그림 3.5(b)를 보자. 좌표계 {s}의 원점이 점 s를 중심으로 단위 각속도($\omega = 1$ rad/s)로 회전하면, 초기에 {s}의 $+\hat{x}$방향으로 초당 2단위만큼, 즉 $v = (v_x, v_y) = (2, 0)$로 움직인다. 이 값들을 합치면 3차원 벡터 $\mathcal{S} = (\omega, v_x, v_y) = (1, 2, 0)$로 나타낼 수 있으며, 이를 **스크류 축**$^{\text{screw axis}}$ 표현이라 한다. 이 스크류 축을 따라 $\theta = \pi/2$만큼 회전하면 원하는 이동이 된다. 따라서 이 이동을 세 개의 좌표 $\mathcal{S}\theta = (\pi/2, \pi, 0)$를 이용해 나타낼 수 있다. 이러한 좌표 표현방식에는 몇몇 장점이 있으며, 이를 평면 강체 이동의 **지수 좌표**$^{\text{exponential coordinates}}$라 한다.

트위스트^{twist}라 하는 각속도와 선속도를 나타내보자. $\omega = 1$인 스크류 축 $\mathcal{S} = (\omega, v_x, v_y)$ 을 고르고, 여기에 회전 속도 $\dot\theta$를 곱하면 트위스트는 $\mathcal{V} = \mathcal{S}\dot\theta$가 된다. 스크류 축 $\mathcal{S}$를 따라 θ만큼 이동한 총 변위량은 $\mathcal{S}$를 중심으로 $\dot\theta = \theta$의 속도로 단위 시간만큼 회전한 것과 같으므로, $\mathcal{V} = \mathcal{S}\dot\theta$ 또한 지수 좌표의 일종으로 볼 수 있다.

3장 미리보기

3장에서 남은 부분은 위의 개념들을 3차원 강체 운동으로 일반화하는 데 할애한다. 이를 위해 그림 3.6과 같이 3차원 물리 공간에 존재하는 강체를 고려할 것이다. 물리적인 공간에서 단위 길이와 고정 좌표계 {s}, 물체 좌표계 {b}는 그림과 같이 정해졌다고 가정한다. 이 책에서 기준 좌표계는 모두 오른손 좌표계다. 즉, 단위축 $\{\hat{x}, \hat{y}, \hat{z}\}$은 언제나 $\hat{x} \times \hat{y} = \hat{z}$를 만족한다. 또한 고정 좌표계의 단위축들을 $\{\hat{x}_s, \hat{y}_s, \hat{z}_s\}$라 표기하고, 물체 좌표계의 단위축들을 $\{\hat{x}_b, \hat{y}_b, \hat{z}_b\}$라 표기한다. 고정 좌표계의 원점에서 물체 좌표계의 원점으로 향하는 벡터를 p라고 하면, 이때 p는 고정 좌표계를 이용해 다음과 같이 표현할 수 있다.

$$p = p_1\hat{x}_s + p_2\hat{y}_s + p_3\hat{z}_s \tag{3.12}$$

물체 좌표계의 단위축 또한 다음과 같이 표현할 수 있다.

$$\hat{x}_b = r_{11}\hat{x}_s + r_{21}\hat{y}_s + r_{31}\hat{z}_s \tag{3.13}$$

$$\hat{y}_b = r_{12}\hat{x}_s + r_{22}\hat{y}_s + r_{32}\hat{z}_s \tag{3.14}$$

$$\hat{z}_b = r_{13}\hat{x}_s + r_{23}\hat{y}_s + r_{33}\hat{z}_s \tag{3.15}$$

$p \in \mathbb{R}^3$와 $R \in \mathbb{R}^{3\times3}$을

$$p = \begin{bmatrix} p_1 \\ p_2 \\ p_3 \end{bmatrix}, \quad R = [\hat{x}_b \ \hat{y}_b \ \hat{z}_b] = \begin{bmatrix} r_{11} & r_{12} & r_{13} \\ r_{21} & r_{22} & r_{23} \\ r_{31} & r_{32} & r_{33} \end{bmatrix} \tag{3.16}$$

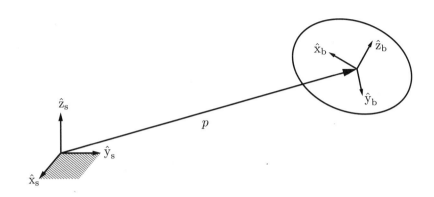

그림 3.6: 위치와 방향에 대한 수학적 표현

로 정의하면, (R,p)로 주어지는 12개의 매개변수는 고정 좌표계에 대한 강체의 위치와 방향을 표현해준다.

강체의 방향은 3 자유도를 가지기 때문에, R의 9개의 원소중 오직 3개만이 독립적으로 정해질 수 있다. 회전을 3개의 매개변수로 나타낼 수 있는 방법 중 하나는 지수 좌표를 이용하는 것으로, 회전축과 회전각으로 이를 나타내는 것이다. 다른 널리 알려진 매개변수화 방법들(3변수 **오일러 각**, **롤-피치-요 각**roll-picth-yaw angle, **케일리-로드리게스 매개변수**Cayley-Rodrigues parameters 그리고 한 개의 제약조건이 있는 4개의 변수를 이용하는 **단위 사원수**unit quaternions)은 부록 B에 정리해뒀다.

그 후 강체의 각속도와 선속도로 이뤄진 6차원 트위스트를 통해 강체 자세의 6차원 지수 좌표를 다룬다. 이러한 표현 방법은 모든 강체 이동을 고정된 스크류 축에 대해 유한한 회전과 병진으로 나타낼 수 있다는 샤를-모치Chasles-Mozzi 정리를 따른다.

3장의 마지막에서는 힘과 모멘트를 다룬다. 이 값들을 분리된 3차원 값이 아닌 **렌치**wrench라 부르는 6차원 벡터로 묶어서 사용한다. 트위스트와 렌치는 이들을 다루는 방법론과 함께 이후 장들에서 다루는 기구학과 동역학 분석의 기초가 된다.

3.2 회전과 각속도

3.2.1 회전행렬

회전행렬 R의 9개의 원소는 위에서 언급했듯이 3개의 원소만 독립적으로 정해질 수 있다. 따라서 R의 원소에 대한 6개의 제약조건을 서술하며 3장을 시작하고자 한다. R의 세 열이 물체 좌표계의 단위 벡터 $\{\hat{x}_b, \hat{y}_b, \hat{z}_b\}$라는 것을 상기하자. 따라서 다음과 같은 조건들을 만족해야 한다.

(a) 단위 노름 조건: $\hat{x}_b$, $\hat{y}_b$, $\hat{z}_b$ 모두 단위 벡터여야 한다. 즉,

$$
\begin{aligned}
r_{11}^2 + r_{21}^2 + r_{31}^2 &= 1 \\
r_{12}^2 + r_{22}^2 + r_{32}^2 &= 1 \\
r_{13}^2 + r_{23}^2 + r_{33}^2 &= 1
\end{aligned}
\tag{3.17}
$$

(b) 직교 조건: $\hat{x}_b \cdot \hat{y}_b = \hat{x}_b \cdot \hat{z}_b = \hat{y}_b \cdot \hat{z}_b = 0$ (여기서 $\cdot$은 내적을 의미한다), 혹은

$$
\begin{aligned}
r_{11}r_{12} + r_{21}r_{22} + r_{31}r_{32} &= 0 \\
r_{12}r_{13} + r_{22}r_{23} + r_{32}r_{33} &= 0 \\
r_{11}r_{13} + r_{21}r_{23} + r_{31}r_{33} &= 0
\end{aligned}
\tag{3.18}
$$

이 6개의 제약조건은 행렬 R에 대한 하나의 제약조건으로 다음과 같이 간단하게 표기할 수 있다.

$$
R^T R = I
\tag{3.19}
$$

여기서 R^T는 R의 전치행렬을, I는 단위행렬을 의미한다.

하지만 여전히 좌표계가 왼손 좌표계($\hat{x}_b \times \hat{y}_b = -\hat{z}_b$, 여기서 ×는 외적을 의미한다)가 아닌 오른손 좌표계($\hat{x}_b \times \hat{y}_b = \hat{z}_b$)임을 확인해야 한다. 위의 여섯 개의 제약조건은 좌표계가 오른손 좌표계인지 왼손 좌표계인지 구분하고 있지 않기 때문이다. 3×3 행렬 M의 판별식을 구하는 공식을 떠올려보면, M의 세 열을 각각 a, b, c라고 표기했을 때, 판별식의 값은 다음과 같이 주어진다.

$$\det M = a^T(b \times c) = c^T(a \times b) = b^T(c \times a) \tag{3.20}$$

R의 열들을 이 공식에 대입하면 다음의 제약조건이 구해진다.

$$\det R = 1 \tag{3.21}$$

만일 좌표계가 왼손 좌표계였다면 $\det R = -1$라는 제약조건이 구해졌을 것이다. 실제 식 (3.19)의 6개의 제약조건은 $\det R = \pm 1$을 의미한다. 따라서 $\det R = 1$이라는 추가적인 제약조건은 이들 중 오른손 좌표계에 해당하는 값만 허용한다는 뜻이다. $\det R = 1$의 제약조건은 R을 매개변수화하는데 필요한 연속적인 독립변수의 개수를 바꾸지 않는다.

3×3 회전행렬의 집합은 이하와 같이 정의되는 **특수직교군**$^{\text{Special Orthogonal Group}}$ $SO(3)$를 이룬다.

정의 3.1. 회전행렬의 군으로도 알려진 **특수직교군** $SO(3)$는 (i) $R^T R = I$와 (ii) $\det R = 1$을 만족하는 모든 3×3 실수행렬 R의 집합이다.

2×2 회전행렬의 집합은 $SO(3)$의 부분군이며 $SO(2)$라 표기한다.

정의 3.2. **특수직교군** $SO(2)$는 (i) $R^T R = I$와 (ii) $\det R = 1$을 만족하는 모든 2×2 실수행렬 R의 집합이다.

위의 정의에 따르면 $\theta \in [0, 2\pi)$에 대해 $R \in SO(2)$를 다음과 같이 쓸 수 있다.

$$
R = \begin{bmatrix} r_{11} & r_{12} \\ r_{21} & r_{22} \end{bmatrix} = \begin{bmatrix} \cos\theta & -\sin\theta \\ \sin\theta & \cos\theta \end{bmatrix}
$$

$SO(2)$의 원소는 평면에서의 방향을 나타내며 $SO(3)$의 원소는 공간에서의 방향을 나타낸다.

3.2.1.1 회전행렬의 성질

회전행렬의 집합 $SO(2)$와 $SO(3)$는 "군"이라 하는데, 이는 수학적인 군의 성질을 이들이 만족시키기 때문이다.[2] 구체적으로 군은 그 원소들의 집합과 두 개의 원소에 작용하는 하나의 연산자($SO(n)$의 경우 행렬곱)로 이뤄져 있으며, 군의 임의의 원소 A, B에 대해 다음과 같은 성질들이 만족한다.

- **닫힘:** AB 또한 군의 원소다.

- **결합 법칙:** $(AB)C = A(BC)$

- **항등원의 존재:** $AI = IA = A$를 만족하는 군의 원소($SO(n)$의 경우 단위행렬) I 가 존재한다.

- **역원의 존재:** $AA^{-1} = A^{-1}A = I$를 만족하는 군의 원소 A^{-1}가 존재한다.

이 성질들의 증명은 다음 아래쪽에 주어져 있으며, 단위행렬 I가 회전행렬이라는 당연한 사실을 이용했다.

---

[2]구체적으로는 $SO(n)$ 군은 행렬 리 군이다. 이는 이 군의 모든 원소가 미분다양체를 형성하기 때문이다.

명제 3.1. *회전행렬의 역행렬 $R \in SO(3)$ 또한 회전행렬이며, 이는 R의 전치행렬과 같다. 즉, $R^{-1} = R^T$ 이다.*

증명. $R^T R = I$라는 조건은 $R^{-1} = R^T$와 $RR^T = I$를 의미한다. $\det R^T = \det R = 1$이기 때문에, R^T 또한 회전행렬이다. □

명제 3.2. *두 회전행렬의 곱 또한 회전행렬이다.*

증명. $R_1, R_2 \in SO(3)$이 주어졌을 때, $R_1 R_2$는 $(R_1 R_2)^T (R_1 R_2) = R_2^T R_1^T R_1 R_2 = R_2^T R_2 = I$를 만족한다. 또한 $\det R_1 R_2 = \det R_1 \cdot \det R_2 = 1$이다. 따라서 $R_1 R_2$는 회전행렬이 될 조건을 만족한다. □

명제 3.3. *회전행렬의 곱은 결합 법칙 $(R_1 R_2)R_3 = R_1(R_2 R_3)$를 만족한다. 하지만 일반적으로 교환 법칙은 만족하지 않는다. 즉, 일반적으로 $R_1 R_2 \neq R_2 R_1$이다. $SO(2)$와 같은 특별한 경우에는 교환 법칙을 만족한다.*

증명. 선형대수학에서 다루는 행렬곱으로부터 결합 법칙이 성립하고 교환 법칙이 성립하지 않는다는 것을 알 수 있다. 직접적인 계산을 통해 평면 회전의 경우 교환 법칙이 성립한다는 것을 알 수 있다. □

또 다른 중요한 성질로, 회전행렬을 벡터에 곱하는 것(벡터를 회전하는 것)이 벡터의 길이를 바꾸지 않는다.

명제 3.4. *임의의 벡터 $x \in \mathbb{R}^3$와 $R \in SO(3)$에 대해, $y = Rx$는 x와 같은 길이를 갖는다.*

증명. $\|y\|^2 = y^T y = (Rx)^T Rx = x^T R^T Rx = x^T x = \|x\|^2$. □

3.2.1.2 회전행렬의 활용

3.1절의 식 (3.11) 이후의 논의와 비슷하게, 회전행렬 R의 용도 또한 세 가지다.

 (a) (좌표계의) 방향을 표현하기 위해

 (b) 벡터나 좌표계를 표현하고 있는 기준 좌표계를 변환하기 위해

 (c) 벡터나 좌표계를 회전하기 위해

첫 번째의 경우, R이 좌표계를 나타내는 것으로 이해할 수 있다. 두 번째와 세 번째의 경우, R을 벡터나 좌표계에 가하는 연산(벡터나 좌표계를 회전하거나, 이들의 기준 좌표계를 바꾸는 것)으로 생각할 수 있다.

세 개의 서로 다른 좌표계 {a}, {b}, {c}가 같은 공간을 표현하는 상황을 묘사한 그림 3.7을 보면, 이러한 활용법들이 잘 나타난다. 이 좌표계들은 축의 방향만 다르고 같은 원점을 공유하지만, 그림을 더욱 명확히 하기 위해 같은 공간을 세 번 그렸다. 공간에 있는 점 p 또한 그림에 나타나 있다. 고정된 공간 좌표계 {s}는 {a}와 일치해 따로 표시하지 않았다. {s}에 대해 세 좌표계의 방향은 다음과 같이 나타낼 수 있다.

$$
R_a = \begin{bmatrix} 1 & 0 & 0 \\ 0 & 1 & 0 \\ 0 & 0 & 1 \end{bmatrix}, \quad
R_b = \begin{bmatrix} 0 & -1 & 0 \\ 1 & 0 & 0 \\ 0 & 0 & 1 \end{bmatrix}, \quad
R_c = \begin{bmatrix} 0 & -1 & 0 \\ 0 & 0 & -1 \\ 1 & 0 & 0 \end{bmatrix}
$$

각각의 좌표계에 대해 점 p의 위치는 다음과 같이 나타낼 수 있다.

$$
p_a = \begin{bmatrix} 1 \\ 1 \\ 0 \end{bmatrix}, \quad
p_b = \begin{bmatrix} 1 \\ -1 \\ 0 \end{bmatrix}, \quad
p_c = \begin{bmatrix} 0 \\ -1 \\ -1 \end{bmatrix}
$$

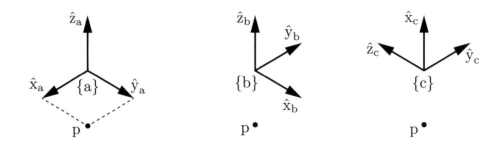

그림 3.7: 서로 다른 방향을 갖는 세 개의 다른 좌표계에서 표현한 동일한 공간과 동일한 점 p

{b}는 {a}를 $\hat{z}_a$에 대해 90°만큼 회전시켜 얻었으며, {c}는 {b}를 $\hat{y}_b$에 대해 −90° 만큼 회전시켜 얻었음을 확인하라.

(좌표계의) 방향 표현

R_c라는 표현은 은연중에 좌표계 {c}의 방향이 고정 좌표계 {s}를 기준으로 쓰였다는 의미를 내포하고 있다. 이를 좀 더 분명히 드러내기 위해 R_{sc}와 같이 쓸 수 있다. 두 번째 아래 첨자인 {c}가 첫 번째 아래 첨자인 {s}를 기준으로 표기됐다는 것이다. 이 표기법을 이용해 어떠한 좌표계를 {s}가 아닌 다른 좌표계를 기준으로 표현할 수 있다. 예를 들면, R_{bc}는 {b}에서 본 {c}의 방향이다.

기준이 되는 좌표계와 표현할 좌표계가 어떤 것인지 맥락상 명확하다면 단순히 R로 표기할 수도 있다.

그림 3.7에서 다음과 같은 사실을 알 수 있다.

$$R_{ac} = \begin{bmatrix} 0 & -1 & 0 \\ 0 & 0 & -1 \\ 1 & 0 & 0 \end{bmatrix}, \ R_{ca} = \begin{bmatrix} 0 & 0 & 1 \\ -1 & 0 & 0 \\ 0 & -1 & 0 \end{bmatrix}$$

두 행렬을 곱해보면 $R_{ac}R_{ca} = I$임을 알 수 있다. 따라서 $R_{ac} = R_{ca}^{-1}$ 혹은 명제 3.1

을 이용해 $R_{ac} = R_{ca}^T$임을 알 수 있다. 실제로 임의의 두 좌표계 {d}와 {e}에 대해

$$R_{de} = R_{ed}^{-1} = R_{ed}^T$$

가 성립한다. 그림 3.7에 있는 임의의 두 좌표계를 이용해 이 사실을 검증할 수 있다.

기준 좌표계 변환

회전행렬 R_{ab}는 {a}에서 바라본 {b}의 방향을 나타내며, R_{bc}는 {b}에서 바라본 {c}의 방향을 나타낸다. 단순한 계산을 통해 {a}에서 바라본 {c}의 방향이 다음과 같다는 것을 알 수 있다.

$$R_{ac} = R_{ab}R_{bc} \qquad (3.22)$$

위 식에서 R_{bc}는 {c}의 방향을 의미하지만, R_{ab}는 기준 좌표계를 {b}에서 {a}로 바꾸는 수학적 연산으로 이해할 수 있다.

$$R_{ac} = R_{ab}R_{bc} = 기준\_좌표계를\_\{b\}\_에서\_\{a\}\_로\_변환(R_{bc})$$

같은 아래 첨자가 만나면 지워진다는 규칙을 기억해두면 이 성질을 기억하기 좋다. 두 회전행렬을 곱할 때 만일 첫 번째 행렬의 두 번째 아래 첨자와 두 번째 행렬의 첫 번째 아래 첨자가 같다면, 같은 아래 첨자가 지워지면서 기준 좌표계가 전환된다.

$$R_{ab}R_{bc} = R_{a\not{b}}R_{\not{b}c} = R_{ac}$$

회전행렬은 결국 세 개의 단위 벡터의 모음이기 때문에, 벡터의 기준 좌표계 역시 회전행렬을 이용해 바꿀 수 있다. 이 경우도 위와 비슷하게 같은 아래 첨자가 만나면 지워진다는 사실을 기억해두면 좋다.

$$R_{ab}p_b = R_{a\not{b}}p_{\not{b}} = p_a$$

그림 3.7의 좌표계들과 점들을 이용해서 위 성질들을 검증해볼 수 있다.

벡터와 좌표계의 회전

회전행렬의 마지막 용도는 벡터나 좌표계를 회전시키는 것이다. 그림 3.8을 보자. 좌표계 {c}는 초기에 $\{\hat{x}, \hat{y}, \hat{z}\}$의 축들로 이뤄진 {s}와 같다. 만일 좌표계 {c}를 단위축 $\hat{\omega}$에 대해 θ만큼 회전시키면, 새로운 좌표계 {c'}의 좌표축은 $\{\hat{x}', \hat{y}', \hat{z}'\}$가 된다. 회전행렬 $R = R_{sc'}$은 {s}에서 바라본 {c'}의 방향을 나타내지만, 이를 {s}를 {c'}로 보내는 회전 변환으로도 이해할 수 있다. R을 어떠한 좌표계의 방향이 아닌 회전 변환으로 간주하는 관점을 부각하기 위해 다음과 같이 표기해보자.

$$R = \mathrm{Rot}(\hat{\omega}, \theta).$$

이처럼 단위행렬로 나타내어지는 좌표계의 방향에서 R로 나타내어지는 좌표계의 방향으로 회전시키는 연산자로써 R을 이해할 수 있다. 좌표축에 대한 회전 연산자의 다른 예시들은 다음과 같다.

$$\mathrm{Rot}(\hat{x}, \theta) = \begin{bmatrix} 1 & 0 & 0 \\ 0 & \cos\theta & -\sin\theta \\ 0 & \sin\theta & \cos\theta \end{bmatrix}, \; \mathrm{Rot}(\hat{y}, \theta) = \begin{bmatrix} \cos\theta & 0 & \sin\theta \\ 0 & 1 & 0 \\ -\sin\theta & 0 & \cos\theta \end{bmatrix}$$

$$\mathrm{Rot}(\hat{z}, \theta) = \begin{bmatrix} \cos\theta & -\sin\theta & 0 \\ \sin\theta & \cos\theta & 0 \\ 0 & 0 & 1 \end{bmatrix}$$

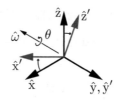

그림 3.8: $\{\hat{x}, \hat{y}, \hat{z}\}$를 축으로 갖는 좌표계가 단위축 $\hat{\omega}$를 중심으로 θ만큼 회전했다(그림에서 $\hat{\omega}$는 $-\hat{y}$와 같다). 최종적으로 $\{\hat{x}', \hat{y}', \hat{z}'\}$를 축으로 갖게 된 좌표계의 방향은 기존의 좌표계에서 보면 R로 표현할 수 있다.

일반적으로, 곧 3.2.3.3절에서 보겠지만, $\hat{\omega} = (\hat{\omega}_1, \hat{\omega}_2, \hat{\omega}_3)$에 대해 다음이 성립한다.

$$\mathrm{Rot}(\hat{\omega}, \theta) =$$

$$\begin{bmatrix} c_\theta + \hat{\omega}_1^2(1 - c_\theta) & \hat{\omega}_1\hat{\omega}_2(1 - c_\theta) - \hat{\omega}_3 s_\theta & \hat{\omega}_1\hat{\omega}_3(1 - c_\theta) + \hat{\omega}_2 s_\theta \\ \hat{\omega}_1\hat{\omega}_2(1 - c_\theta) + \hat{\omega}_3 s_\theta & c_\theta + \hat{\omega}_2^2(1 - c_\theta) & \hat{\omega}_2\hat{\omega}_3(1 - c_\theta) - \hat{\omega}_1 s_\theta \\ \hat{\omega}_1\hat{\omega}_3(1 - c_\theta) - \hat{\omega}_2 s_\theta & \hat{\omega}_2\hat{\omega}_3(1 - c_\theta) + \hat{\omega}_1 s_\theta & c_\theta + \hat{\omega}_3^2(1 - c_\theta) \end{bmatrix}$$

여기서 $s_\theta = \sin\theta$이며 $c_\theta = \cos\theta$이다. 모든 $R \in SO(3)$는 단위행렬을 $\hat{\omega}$를 중심으로 θ만큼 회전해 얻을 수 있다. 또한 $\mathrm{Rot}(\hat{\omega}, \theta) = \mathrm{Rot}(-\hat{\omega}, -\theta)$임을 유의하라.

이제 R_{sb}가 $\{s\}$에서 본 어떠한 $\{b\}$의 방향을 나타낸다고 하자. 또한 $\{b\}$를 $R = \mathrm{Rot}(\hat{\omega}, \theta)$로 회전하고 싶다고 해보자. 여기서 $R = \mathrm{Rot}(\hat{\omega}, \theta)$은 단위축 $\hat{\omega}$를 중심으로 θ만큼 회전하는 행렬이다. 의도를 명확히 하려면, 회전축 $\hat{\omega}$가 $\{s\}$좌표계를 기준으로 표현한 값인지, 아니면 $\{b\}$ 좌표계를 기준으로 표현한 값인지 명시해야 한다. 어떤 것을 선택하느냐에 따라, $\{s\}$와 $\{b\}$가 일치하지 않는 한, 같은 수치값 $\hat{\omega}$는 (그러므로 역시 같은 수치를 갖는 R은) 실제 공간에서 다른 회전축을 지정하게 된다. $\{b\}$를 $\hat{\omega}_s = \hat{\omega}(\hat{\omega}$라는 값이 고정 좌표계 $\{s\}$를 기준으로 회전축을 표현한 값이라 보는 경우)를 중심으로 θ만큼 회전해 얻은 새로운 좌표계를 $\{b'\}$라 하고, $\hat{\omega}_b = \hat{\omega}(\hat{\omega}$라는 값이 고정 좌표계 $\{b\}$

를 기준으로 회전축을 표현한 값이라 보는 경우)를 중심으로 θ만큼 회전해 얻은 새로운 좌표계를 $\{b''\}$라 하자. 이 새로운 좌표계들의 방향은 다음과 같이 계산할 수 있다.

$$R_{sb'} = \{s\}\_\text{좌표계의}\_R\text{로}\_\text{회전} (R_{sb}) = RR_{sb} \tag{3.23}$$

$$R_{sb''} = \{b\}\_\text{좌표계의}\_R\text{로}\_\text{회전} (R_{sb}) = R_{sb}R \tag{3.24}$$

달리 말하면, $R = \text{Rot}(\hat{\omega}, \theta)$을 앞에다 곱하는 것은 고정 좌표계에서 표현한 값이 $\hat{\omega}$인 회전축을 중심으로 회전하는 것이고, R을 뒤에다 곱하는 것은 물체 좌표계에서 표현한 값이 $\hat{\omega}$인 회전축을 중심으로 회전하는 것이다.

$\{s\}$ 좌표계와 $\{b\}$ 좌표계에서의 R로 회전하는 경우를 그림 3.9에서 묘사한다.

벡터 v의 경우 관여하는 좌표계가 v를 표현하는 좌표계 하나뿐임을 유의하자. 따라서 벡터 v를 회전시키려면, v를 표현하고 있는 좌표계에서 $\hat{\omega}$를 표현해야 한다. 회전한 벡터를 같은 좌표계에서 표현한 값 v'는 다음과 같다.

$$v' = Rv$$

3.2.2 각속도

그림 3.10(a)와 같이, 단위축 $\{\hat{x}, \hat{y}, \hat{z}\}$를 갖는 좌표계가 회전하는 물체에 부착돼 있다. 이 단위축들의 시간에 대한 미분값을 구하려면 어떻게 해야 할까? $\hat{x}$부터 시작해보자. 우선 $\hat{x}$이 단위길이를 갖는다는 점을 유의하라. 즉, 오직 $\hat{x}$의 방향만이 시간에 따라 변할 수 있다($\hat{y}$와 $\hat{z}$의 경우도 마찬가지다). 만일 물체 좌표계를 시간 t와 $t + \Delta t$일 때 관측한다면, 좌표계 방향의 변화량은 원점을 지나는 어떠한 단위축 $\hat{w}$을 중심으로 $\Delta\theta$만큼 회전한 것으로 표현할 수 있다. 축 $\hat{w}$는 좌표계에 무관하다. 즉, 아직 어떠한

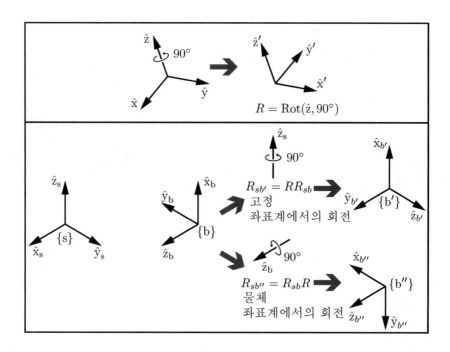

그림 3.9: (위) $R = \mathrm{Rot}(\hat{z}, 90°)$로 정의된 회전 연산 R은 왼쪽의 좌표계에서 본 오른쪽 좌표계의 방향을 나타낸다. (아래) 왼쪽에는 고정 좌표계 {s}와 R_{sb}로 표현되는 물체 좌표계 {b}가 있다. RR_{sb}는 {b}를 고정 좌표계의 $\hat{z}_s$축을 중심으로 90° 회전해 {b'}에 도달한 결과다. $R_{sb}R$는 {b}를 물체 좌표계의 $\hat{z}_b$축을 중심으로 90° 회전해 {b''}에 도달한 결과다.

참조 좌표계에서도 표현하지 않은 상태이다.

Δt가 0으로 수렴하면, $\frac{\Delta\theta}{\Delta t}$는 $\dot{\theta}$으로 수렴하고, $\hat{w}$는 그 순간의 회전축으로 볼 수 있다. 사실 $\hat{w}$와 $\dot{\theta}$는 함께 **각속도**$^{\text{angular velocity}}$ w로 다음과 같이 정의할 수 있다.

$$\mathrm{w} = \hat{w}\dot{\theta} \tag{3.25}$$

125

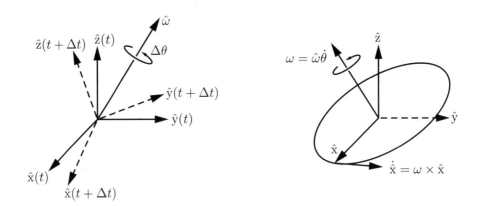

그림 3.10: (왼쪽) 순간 각속도 벡터 (오른쪽) $\dot{\hat{\mathrm{x}}}$의 산출

그림 3.10(b)를 보면 아래 식이 성립함을 알 수 있다.

$$\dot{\hat{\mathrm{x}}} = \mathrm{w} \times \hat{\mathrm{x}} \tag{3.26}$$

$$\dot{\hat{\mathrm{y}}} = \mathrm{w} \times \hat{\mathrm{y}} \tag{3.27}$$

$$\dot{\hat{\mathrm{z}}} = \mathrm{w} \times \hat{\mathrm{z}} \tag{3.28}$$

이 방정식들을 좌표계상에서 나타내려면 w를 표현할 기준 좌표계를 선택해야 한다. 임의의 좌표계를 선택해도 무방하지만 고정 좌표계 {s}와 물체 좌표계 {b} 중 하나를 고르는 것이 자연스러울 것이다. 고정 좌표계 {s}의 경우부터 보자. t일 때 고정 좌표계에서 바라본 물체 좌표계의 방향을 나타내는 회전행렬을 $R(t)$라 하고, $\dot{R}(t)$는 이 회전행렬의 시간에 따른 변화율이라 하자. $R(t)$의 첫 번째 열을 $r_1(t)$이라 표기하면 이는 $\hat{\mathrm{x}}$를 고정 좌표축을 기준으로 표현한 것이다. 마찬가지로, $r_2(t)$ 와 $r_3(t)$는 각각 $\hat{\mathrm{y}}$와 $\hat{\mathrm{z}}$를 고정 좌표축을 기준으로 표현한 것이다. 특정 시간 t에서 각속도 w를 고정 좌표계에서 표현한 것을 $\omega_s \in \mathbb{R}^3$라 하자. 그러면 식 (3.26)–(3.28)은 고정 좌표계를 이용해 다음과 같이 표현할 수 있다.

$$\dot{r}_i = \omega_s \times r_i, \quad i = 1, 2, 3$$

이 세 방정식은 다음과 같이 하나의 3×3 행렬에 대한 방정식으로 정리할 수 있다.

$$\dot{R} = [\omega_s \times r_1 \mid \omega_s \times r_2 \mid \omega_s \times r_3] = \omega_s \times R \tag{3.29}$$

식 (3.29)에 등장하는 외적 기호를 제거하기 위해 새로운 기호를 소개하고자 한다. $[\omega_s]$를 $\omega_s \in \mathbb{R}^3$의 3×3 *반대칭*^{skew-symmetric}행렬 표현이라 하며, 이 기호를 이용해 $\omega_s \times R$를 $[\omega_s]R$와 같이 쓸 수 있다.

정의 3.3. 벡터 $x = (x_1, x_2, x_3)^T \in \mathbb{R}^3$가 주어졌을 때, $[x]$을 다음과 같이 정의하자.

$$[x] = \begin{bmatrix} 0 & -x_3 & x_2 \\ x_3 & 0 & -x_1 \\ -x_2 & x_1 & 0 \end{bmatrix} \tag{3.30}$$

행렬 $[x]$은 x의 3×3 **반대칭**행렬 표현이다. 반대칭행렬이란 다음 식을 만족하는 행렬을 의미한다.

$$[x] = -[x]^T$$

모든 3×3 실수 반대칭행렬의 집합을 $so(3)$[3]라 한다.

회전행렬과 반대칭행렬의 유용한 성질들을 다음에 나열해뒀다.

---

[3]반대칭행렬의 집합 $so(3)$는 리 그룹 $SO(3)$의 *리 대수*라 한다. 이는 $R = I$일 때 모든 가능한 $\dot{R}$로 이뤄져 있다.

명제 3.5. 임의의 $\omega \in \mathbb{R}^3$와 $R \in SO(3)$가 주어졌을 때, 다음 식이 항상 성립한다.

$$R[\omega]R^T = [R\omega] \tag{3.31}$$

증명. r_i^T를 R의 i 번째 행이라 하면, 다음과 같이 전개된다.

$$
\begin{aligned}
R[\omega]R^T &= \begin{bmatrix} r_1^T(\omega \times r_1) & r_1^T(\omega \times r_2) & r_1^T(\omega \times r_3) \\ r_2^T(\omega \times r_1) & r_2^T(\omega \times r_2) & r_2^T(\omega \times r_3) \\ r_3^T(\omega \times r_1) & r_3^T(\omega \times r_2) & r_3^T(\omega \times r_3) \end{bmatrix} \\
&= \begin{bmatrix} 0 & -r_3^T\omega & r_2^T\omega \\ r_3^T\omega & 0 & -r_1^T\omega \\ -r_2^T\omega & r_1^T\omega & 0 \end{bmatrix} \\
&= [R\omega]
\end{aligned}
\tag{3.32}
$$

여기서 두 번째 줄의 경우 3×3 행렬의 판별식에 대한 공식을 이용했다. 즉, 3×3 행렬 M의 세 열을 $\{a, b, c\}$라 하면, $\det M = a^T(b \times c) = c^T(a \times b) = b^T(c \times a)$가 성립함을 이용했다. $\qquad\square$

반대칭행렬 표기법을 이용해 식 (3.29)를 다음과 같이 고쳐 쓸 수 있다.

$$[\omega_s]R = \dot{R} \tag{3.33}$$

식 (3.33)의 양변의 오른쪽에 R^{-1}를 곱하면 다음과 같이 정리된다.

$$[\omega_s] = \dot{R}R^{-1} \tag{3.34}$$

이제 물체 좌표계에서 표현한 w를 ω_b라 하자. ω_b를 ω_s로부터 어떻게 구하는지 (혹은 반대의 경우를) 보려면 R을 R_{sb}와 같이 명확하게 표기해야 한다. ω_s와 ω_b는 같은 각속도 w의 다른 두 벡터 표현이고, 같은 아래 첨자가 삭제된다는 규칙을 이용하면 $\omega_s = R_{sb}\omega_b$이 성립한다. 그러므로 다음 식이 모두 성립하게 된다.

$$\omega_b = R_{sb}^{-1}\omega_s = R^{-1}\omega_s = R^T\omega_s \tag{3.35}$$

이 관계식을 이제 반대칭행렬 형태로 나타내보자.

$$
\begin{aligned}
[\omega_b] &= [R^T\omega_s] \\
&= R^T[\omega_s]R \quad \text{(명제 3.5)에 의해 성립} \\
&= R^T(\dot{R}R^T)R \\
&= R^T\dot{R} = R^{-1}\dot{R}
\end{aligned} \tag{3.36}
$$

이를 요약하면, R, $\dot{R}$과 각속도 w 사이의 관계를 보여주는 다음의 두 식을 얻는다.

명제 3.6. *고정 좌표계에서 본 회전하고 있는 좌표계의 방향을 $R(t)$라 표기하자. 또한 회전하고 있는 좌표계의 각속도를 w라 표기하자. 그러면 다음 식이 성립한다.*

$$\dot{R}R^{-1} = [\omega_s] \tag{3.37}$$

$$R^{-1}\dot{R} = [\omega_b] \tag{3.38}$$

여기서 $\omega_s \in \mathbb{R}^3$는 w의 고정 좌표계에서의 벡터 표현이고 $[\omega_s] \in so(3)$는 ω_s의 3×3 행렬 표현이며, $\omega_b \in \mathbb{R}^3$는 w의 고정 좌표계에서의 벡터 표현이고 $[\omega_b] \in so(3)$는 ω_b의 3×3 행렬 표현이다.

ω_b가 움직이는 좌표계에 대한 상대적인 각속도가 아님에 유의하라. ω_b는 정지해 있는 좌표계 {b}에서 표현한 각속도이며, 여기서 {b}는 움직이는 물체에 부착된 좌표계와 그 순간에만 일치한다.

또한 고정 좌표계에서 표현한 각속도 ω_s가 물체 좌표계의 선택에 무관하다는 점을 유의하라. 마찬가지로 물체 좌표계에서 표현한 각속도 ω_b는 고정 *좌표계의 선택에* 무관하다. 식 (3.37)과 (3.38)이 두 좌표계에 모두 의존하는 것처럼 보이지만(R과 $\dot{R}$이 둘 다 {s}와 {b} 모두에 의존하기 때문이다), 행렬곱 $\dot{R}R^{-1}$은 {b}의 선택에 영향을 받지 않고 행렬곱 $R^{-1}\dot{R}$은 {s}의 선택에 영향을 받지 않는다.

마지막으로, 임의의 좌표계 {c}에서 또 다른 좌표계 {d}로 가는 회전을 알고 있을 경우, 같은 아래 첨자가 만나면 지워지는 규칙에 의해 {d}에서 표현한 각속도를 {c}에서도 표현할 수 있다.

$$\omega_c = R_{cd}\omega_d$$

3.2.3 회전의 지수 좌표 표현

이제 회전을 3차원 매개변수로 표현하는 **회전의 지수 좌표**를 소개한다. (단위 벡터 $\hat{\omega}$로 나타내는) 회전축과 이 축에 대한 회전각 θ를 이용해 회전행렬 매개변수화한 것을 지수 좌표라 한다. 구체적으로는 벡터 $\hat{\omega}\theta \in \mathbb{R}^3$가 회전의 3차원 지수 좌표 표현이 된다. $\hat{\omega}$와 θ를 따로 표기하는 방식은 회전의 **축-각도**^{axis-angle representation} 표현이라 한다.

회전행렬 R의 지수 좌표 $\hat{\omega}\theta$는 다음과 같이 해석할 수 있다.

- 초기에 {s}와 일치하던 좌표계가 {s}에서 표현한 축 $\hat{\omega}$를 따라 θ만큼 회전하면 R은 회전한 좌표계의 방향을 {s}에서 표현한 결과가 된다.

- 초기에 {s}와 일치하던 좌표계가 {s}에서 표현한 각속도 $\hat{\omega}\theta$로 단위 시간만큼 회전하면 (즉, $\hat{\omega}\theta$를 단위 시간만큼 적분하면) R은 회전한 좌표계의 방향을 {s}에서 표현한 결과가 된다.

- 초기에 {s}와 일치하던 좌표계가 {s}에서 표현한 각속도 $\hat{\omega}$로 시간 θ만큼 회

130

전하면 (즉, $\hat{\omega}\theta$를 θ만큼 적분하면) R은 회전한 좌표계의 방향을 {s}에서 표현한 결과가 된다.

두 번째와 세 번째 관점이 시사하는 바는 지수 좌표를 선형미분방정식에서 고려해야 한다는 것이다. 선형미분방정식의 이론을 잠시 복습해보자.

3.2.3.1 선형미분방정식의 주요 결과들

간단한 스칼라 선형미분방정식으로 시작해보자.

$$\dot{x}(t) = ax(t) \tag{3.39}$$

여기서 $x(t) \in \mathbb{R}$이고, $a \in \mathbb{R}$는 상수이며, 초기 조건 $x(0) = x_0$는 주어졌다고 가정한다. 이때 식 (3.39)는 다음과 같은 해를 갖는다.

$$x(t) = e^{at}x_0$$

또한 지수 함수의 테일러급수를 기억해두자.

$$e^{at} = 1 + at + \frac{(at)^2}{2!} + \frac{(at)^3}{3!} + \dots$$

이제 벡터 선형미분방정식을 고려해보자.

$$\dot{x}(t) = Ax(t) \tag{3.40}$$

여기서 $x(t) \in \mathbb{R}^n$이고, $A \in \mathbb{R}^{n \times n}$는 상수이며, 초기 조건 $x(0) = x_0$는 주어졌다 가

정한다. 앞선 스칼라의 경우와 마찬가지로 다음과 같은 형태의 해를 가정할 수 있다.

$$x(t) = e^{At} x_0 \tag{3.41}$$

여기서 **행렬지수**matrix exponential e^{At}는 유의미하게 정의돼야 한다. 스칼라의 경우를 다시 한 번 모방하면, 행렬지수를 다음과 같이 정의한다.

$$e^{At} = I + At + \frac{(At)^2}{2!} + \frac{(At)^3}{3!} + \dots \tag{3.42}$$

첫 번째로 해결해야 할 질문은, 이 급수가 어떤 조건 하에 수렴해 행렬지수가 잘 정의되냐는 것이다. 만일 A가 상수 행렬이며 유한하다면, 이 급수가 항상 유한한 값으로 수렴함이 알려져 있다. 이 사실의 증명은 선형상미분방정식을 다루는 문헌들에 나와 있으므로 여기서 다루지 않겠다.

두 번째 질문은 식 (3.42)를 이용해 구한 식 (3.41)의 값이 실제로 미분방정식 (3.40)의 해인지 여부다. 식 $x(t) = e^{At} x_0$을 시간으로 미분하면,

$$
\begin{aligned}
\dot{x}(t) &= \left(\frac{d}{dt} e^{At} \right) x_0 \\
&= \frac{d}{dt} \left(I + At + \frac{A^2 t^2}{2!} + \frac{A^3 t^3}{3!} + \dots \right) x_0 \\
&= \left(A + A^2 t + \frac{A^3 t^2}{2!} + \dots \right) x_0 \\
&= A e^{At} x_0 \\
&= A x(t)
\end{aligned}
\tag{3.43}
$$

가 되므로 $x(t) = e^{At} x_0$가 실제로 해임을 보일 수 있다. 이 책에서 증명하지는 않겠지만, 위의 해가 선형미분방정식의 해의 존재성과 유일성에 의한 유일한 해다.

일반적인 정방 행렬 A와 B에 대해 $AB \neq BA$지만, 임의의 정방 행렬 A와 스칼라 t

에 대해 다음이 항상 성립한다.

$$Ae^{At} = e^{At}A \qquad (3.44)$$

이는 행렬지수의 전개를 이용하면 곧바로 보일 수 있다. 그러므로 식 (3.43)의 네 번째 줄에서 A는 오른쪽에 써도 된다. 즉, 다음과 같이 쓸 수 있다.

$$\dot{x}(t) = e^{At}Ax_0$$

행렬지수 e^{At}를 무한급수로 정의했지만, 종종 닫힌 형식으로 표현이 가능할 때가 있다. 만일 어떠한 $D \in \mathbb{R}^{n \times n}$와 가역 행렬 $P \in \mathbb{R}^{n \times n}$를 이용해 A를 $A = PDP^{-1}$의 꼴로 나타낼 수 있다면, 다음과 같이 쓸 수 있다.

$$
\begin{aligned}
e^{At} &= I + At + \frac{(At)^2}{2!} + \ldots \\
&= I + (PDP^{-1})t + (PDP^{-1})(PDP^{-1})\frac{t^2}{2!} + \ldots \\
&= P(I + Dt + \frac{(Dt)^2}{2!} + \ldots)P^{-1} \\
&= Pe^{Dt}P^{-1}
\end{aligned}
\qquad (3.45)
$$

심지어 D가 대각행렬이라면(즉, $D = \text{diag}\{d_1, d_2, \ldots, d_n\}$이면), 이 행렬의 행렬지수는 다음과 같이 간단히 구할 수 있다.

$$
e^{Dt} = \begin{bmatrix}
e^{d_1 t} & 0 & \cdots & 0 \\
0 & e^{d_2 t} & \cdots & 0 \\
\vdots & \vdots & \ddots & \vdots \\
0 & 0 & \cdots & e^{d_n t}
\end{bmatrix}
\qquad (3.46)
$$

위와 같은 결과들을 다음과 같이 요약할 수 있다.

명제 3.7. 초기 조건이 $x(0) = x_0$로 주어졌으며, $A \in \mathbb{R}^{n \times n}$이 상수 행렬이고 $x(t) \in \mathbb{R}^n$인 선형미분방정식 $\dot{x}(t) = Ax(t)$의 해는 다음과 같다.

$$x(t) = e^{At}x_0 \tag{3.47}$$

여기서

$$e^{At} = I + tA + \frac{t^2}{2!}A^2 + \frac{t^3}{3!}A^3 + \dots. \tag{3.48}$$

이다. 또한, 행렬지수 e^{At}는 다음과 같은 성질들을 만족한다:

(a) $\frac{d}{dt}e^{At} = Ae^{At} = e^{At}A$

(b) 만약 어떠한 $D \in \mathbb{R}^{n \times n}$와 가역 행렬 $P \in \mathbb{R}^{n \times n}$에 대해 $A = PDP^{-1}$이면, $e^{At} = Pe^{Dt}P^{-1}$

(c) 만약 $AB = BA$이면, $e^A e^B = e^{A+B}$

(d) $(e^A)^{-1} = e^{-A}$

세 번째 성질의 경우 양변의 지수를 전개한 후 각 항을 비교하면 모든 항이 같다는 것을 알 수 있다. 네 번째 성질은 세 번째 성질의 식에 $B = -A$를 대입하면 얻을 수 있다.

3.2.3.2 회전의 지수 좌표

회전의 지수 좌표는 (1) 회전의 단위축 $\hat{\omega}$ ($\hat{\omega} \in \mathbb{R}^3, \|\hat{\omega}\| = 1$)와 회전각 $\theta \in \mathbb{R}$로, 혹은 (2) 두 값을 곱해 $\hat{\omega}\theta \in \mathbb{R}^3$로 볼 수 있다. 4장에서 로봇 관절의 움직임을 표현할 때, 첫 번째 관점은 관절의 축과 관절의 움직임 θ로 분리해서 볼 수 있다는 이점이 있다.

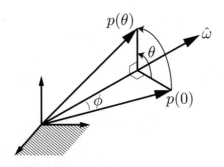

그림 3.11: 벡터 $p(0)$는 $\hat{\omega}$축을 중심으로 θ만큼 회전해 $p(\theta)$가 된다.

그림 3.11에서 3차원 벡터 $p(0)$가 $\hat{\omega}$를 중심으로 θ만큼 회전한 점을 $p(\theta)$라고 하자. 여기서 모든 값은 고정 좌표계로 표현했다고 가정한다. 이 회전은 $p(0)$가 1 rad/s의 일정한 속도로($\hat{\omega}$가 단위 벡터이므로) $t = 0$부터 $t = \theta$까지 움직인 것이라 상상해볼 수 있다. $p(t)$를 이 벡터 끝이 움직임인 경로라고 해보자. $p(t)$의 속도는 $\dot{p}$라 표기하며,

$$\dot{p} = \hat{\omega} \times p \tag{3.49}$$

로 주어진다. 왜 그럴까? ϕ를 $p(t)$와 $\hat{\omega}$ 사이의 일정한 각도라고 해보자. 그러면 p가 $\hat{\omega}$축을 중심으로 $\|p\| \sin\phi$의 반지름을 갖는 원을 따라간다는 것을 알 수 있다. 따라서 $\dot{p}$는 $\|p\| \sin\phi$의 크기를 갖는 원에 접한 벡터가 되고, 이는 정확히 식 (3.49)의 결과가 된다.

미분방정식 (3.49)는 초기 조건 $p(0)$를 이용해 다음과 같이 나타낼 수 있다.

$$\dot{p} = [\hat{\omega}]p \tag{3.50}$$

이는 앞에서 배운 $\dot{x} = Ax$ 형태의 선형미분방정식이므로 이 방정식의 해는 다음과

같이 주어진다.

$$p(t) = e^{[\hat{\omega}]t}p(0)$$

t와 θ를 치환하면 다음과 같이 쓸 수 있다.

$$p(\theta) = e^{[\hat{\omega}]\theta}p(0)$$

이제 행렬지수 $e^{[\hat{\omega}]\theta}$를 급수 형태로 나타내보자. 계산을 통해 $[\hat{\omega}]^3 = -[\hat{\omega}]$임을 알 수 있고, 따라서 $[\hat{\omega}]^3$을 $-[\hat{\omega}]$로, $[\hat{\omega}]^4$를 $-[\hat{\omega}]^2$로, $[\hat{\omega}]^5$를 $[\hat{\omega}]^3 = [\hat{\omega}]$로,...와 같이 모두 바꾸면 다음과 같이 정리할 수 있다.

$$
\begin{aligned}
e^{[\hat{\omega}]\theta} &= I + [\hat{\omega}]\theta + [\hat{\omega}]^2\frac{\theta^2}{2!} + [\hat{\omega}]^3\frac{\theta^3}{3!} + \ldots \\
&= I + \left(\theta - \frac{\theta^3}{3!} + \frac{\theta^5}{5!} - \cdots\right)[\hat{\omega}] + \left(\frac{\theta^2}{2!} - \frac{\theta^4}{4!} + \frac{\theta^6}{6!} - \cdots\right)[\hat{\omega}]^2
\end{aligned}
$$

이제 $\sin\theta$와 $\cos\theta$의 테일러 급수를 떠올려보자.

$$
\begin{aligned}
\sin\theta &= \theta - \frac{\theta^3}{3!} + \frac{\theta^5}{5!} - \cdots \\
\cos\theta &= 1 - \frac{\theta^2}{2!} + \frac{\theta^4}{4!} - \cdots
\end{aligned}
$$

따라서 행렬지수 $e^{[\hat{\omega}]\theta}$는 다음과 같이 간단히 표현할 수 있다.

명제 3.8. θ가 임의의 스칼라이고 $\hat{\omega} \in \mathbb{R}^3$가 단위 벡터인 $\hat{\omega}\theta \in \mathbb{R}^3$가 주어졌을 때, $[\hat{\omega}]\theta = [\hat{\omega}\theta] \in so(3)$의 행렬지수는 다음과 같다.

$$\text{Rot}(\hat{\omega}, \theta) = e^{[\hat{\omega}]\theta} = I + \sin\theta\,[\hat{\omega}] + (1 - \cos\theta)[\hat{\omega}]^2 \in SO(3) \tag{3.51}$$

이 공식은 회전에 대한 **로드리게스**^{Rodrigues}**의 공식**이라 알려져 있다.

지금까지 행렬지수를 통해 회전축 $\hat{\omega}$와 회전각 θ를 이용해 회전행렬을 만드는 법을 봤다. 더 나아가, $e^{[\hat{\omega}]\theta}p$는 점 $p \in \mathbb{R}^3$를 고정 좌표계에서 본 회전축 $\hat{\omega}$에 대해 θ만큼 회전한 값이라는 것도 봤다. 마찬가지로, 회전행렬 R이 세 개의 열벡터로 구성돼 있기 때문에, 회전행렬 $R' = e^{[\hat{\omega}]\theta}R = \mathrm{Rot}(\hat{\omega}, \theta)R$은 R을 고정 좌표계에서 표현한 회전축 $\hat{\omega}$를 중심으로 θ만큼 회전시켜 얻는 방향이다. 행렬곱의 순서를 바꾸면, $R'' = Re^{[\hat{\omega}]\theta} = R\,\mathrm{Rot}(\hat{\omega}, \theta)$는 R을 물체 좌표계에서 표현한 회전축 $\hat{\omega}$를 중심으로 θ만큼 회전시켜 얻는 방향이다.

예제 3.1. 그림 3.12의 좌표계 {b}는 초기에 {s} 좌표계와 일치하는 방향을 단위축 $\hat{\omega}_1 = (0, 0.866, 0.5)^T$를 중심으로 $\theta_1 = 30° = 0.524\,\mathrm{rad}$만큼 돌려 얻는다. {b}의 회전행렬 표현은 다음과 같이 구할 수 있다.

$$
\begin{aligned}
R &= e^{[\hat{\omega}_1]\theta_1} \\
&= I + \sin\theta_1[\hat{\omega}_1] + (1 - \cos\theta_1)[\hat{\omega}_1]^2 \\
&= I + 0.5\begin{bmatrix} 0 & -0.5 & 0.866 \\ 0.5 & 0 & 0 \\ -0.866 & 0 & 0 \end{bmatrix} + 0.134\begin{bmatrix} 0 & -0.5 & 0.866 \\ 0.5 & 0 & 0 \\ -0.866 & 0 & 0 \end{bmatrix}^2 \\
&= \begin{bmatrix} 0.866 & -0.250 & 0.433 \\ 0.250 & 0.967 & 0.058 \\ -0.433 & 0.058 & 0.899 \end{bmatrix}
\end{aligned}
$$

좌표계 {b}는 R로 표현하거나, 단위축 $\hat{\omega}_1 = (0, 0.866, 0.5)^T$와 회전각 $\theta_1 = 0.524\mathrm{rad}$로 즉, 지수 좌표 $\hat{\omega}_1\theta_1 = (0, 0.453, 0.262)^T$로 나타낼 수 있다.

만약 그 다음에 {b}가 고정 좌표계에서 본 회전축 $\hat{\omega}_2 \neq \hat{\omega}_1$로 θ_2만큼 회전했다면 즉,

$$
R' = e^{[\hat{\omega}_2]\theta_2}R
$$

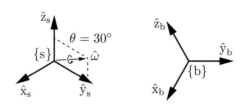

그림 3.12: 좌표계 {b}는 {s}를 $\hat{\omega}_1 = (0, 0.866, 0.5)^T$를 중심으로 $\theta_1 = 30°$만큼 회전해 구한다.

이면, {b}가 물체 좌표계에서 본 회전축 $\hat{\omega}_2$로 θ_2만큼 회전한 결과

$$R'' = Re^{[\hat{\omega}_2]\theta_2} \neq R' = e^{-[\hat{\omega}_2]\theta_2}R$$

와 다를 것이다.

다음으로 임의의 회전행렬 $R \in SO(3)$에 대해 $R = e^{[\hat{\omega}]\theta}$를 만족하는 단위 벡터 $\hat{\omega}$와 스칼라 θ를 항상 구할 수 있다는 것을 보일 것이다.

3.2.3.3 회전행렬의 행렬 로그

만약 $\hat{\omega}\theta \in \mathbb{R}^3$가 회전행렬 R의 지수 좌표면, 반대칭행렬 $[\hat{\omega}\theta] = [\hat{\omega}]\theta$는 R의 **행렬 로그**^{matrix logarithm}다. 행렬 로그는 행렬지수의 역함수다. 행렬지수가 각속도 $[\hat{\omega}]\theta \in so(3)$를 1초 동안 "적분"해서 $R \in SO(3)$를 구하듯이, 행렬 로그는 $R \in SO(3)$를 "미분"해서 I를 R로 회전하기 위해 1초 동안 적분해야 하는 특정 각속도 $[\hat{\omega}]\theta \in so(3)$를

찾는다. 이를 정리하면 다음과 같다.

$$\exp: \quad [\hat{\omega}]\theta \in so(3) \quad \rightarrow \quad R \in SO(3)$$
$$\log: \quad R \in SO(3) \quad \rightarrow \quad [\hat{\omega}]\theta \in so(3)$$

행렬 로그를 유도하려면 식 (3.51)의 $e^{[\hat{\omega}]\theta}$를 다음과 같이 전개해야 한다.

$$\begin{bmatrix} c_\theta + \hat{\omega}_1^2(1-c_\theta) & \hat{\omega}_1\hat{\omega}_2(1-c_\theta) - \hat{\omega}_3 s_\theta & \hat{\omega}_1\hat{\omega}_3(1-c_\theta) + \hat{\omega}_2 s_\theta \\ \hat{\omega}_1\hat{\omega}_2(1-c_\theta) + \hat{\omega}_3 s_\theta & c_\theta + \hat{\omega}_2^2(1-c_\theta) & \hat{\omega}_2\hat{\omega}_3(1-c_\theta) - \hat{\omega}_1 s_\theta \\ \hat{\omega}_1\hat{\omega}_3(1-c_\theta) - \hat{\omega}_2 s_\theta & \hat{\omega}_2\hat{\omega}_3(1-c_\theta) + \hat{\omega}_1 s_\theta & c_\theta + \hat{\omega}_3^2(1-c_\theta) \end{bmatrix} \quad (3.52)$$

여기서 $\hat{\omega} = (\hat{\omega}_1, \hat{\omega}_2, \hat{\omega}_3)^T$이며, $s_\theta = \sin\theta$와 $c_\theta = \cos\theta$로 간단히 표현했다. 위 행렬식을 주어진 $R \in SO(3)$와 같아지도록 하고 양 변에서 각각의 전치행렬을 빼면 다음과 같은 식들을 얻을 수 있다.

$$r_{32} - r_{23} \quad = \quad 2\hat{\omega}_1 \sin\theta$$
$$r_{13} - r_{31} \quad = \quad 2\hat{\omega}_2 \sin\theta$$
$$r_{21} - r_{12} \quad = \quad 2\hat{\omega}_3 \sin\theta$$

따라서 $\sin\theta \neq 0$이면 (혹은 이와 동치로서, θ가 π의 정수배가 아니면) 다음과 같이 정리된다.

$$\hat{\omega}_1 \quad = \quad \frac{1}{2\sin\theta}(r_{32} - r_{23})$$
$$\hat{\omega}_2 \quad = \quad \frac{1}{2\sin\theta}(r_{13} - r_{31})$$
$$\hat{\omega}_3 \quad = \quad \frac{1}{2\sin\theta}(r_{21} - r_{12})$$

위 식은 반대칭행렬의 형태로 다음과 같이 나타낼 수 있다.

$$[\hat{\omega}] = \begin{bmatrix} 0 & -\hat{\omega}_3 & \hat{\omega}_2 \\ \hat{\omega}_3 & 0 & -\hat{\omega}_1 \\ -\hat{\omega}_2 & \hat{\omega}_1 & 0 \end{bmatrix} = \frac{1}{2\sin\theta}\left(R - R^T\right) \tag{3.53}$$

$\hat{\omega}$가 R의 회전축임을 상기하자. 분모의 $\sin\theta$항 때문에 만일 θ가 π의 정수배라면 $[\hat{\omega}]$는 정의되지 않는다.[4] 이러한 상황은 나중에 다루고, 지금은 $\sin\theta \neq 0$으로 가정하고 θ를 구해보자. R을 행렬 (3.52)와 같도록 하고 양변의 대각합을 계산하면 다음 식을 얻는다.

$$\text{tr}\,R = r_{11} + r_{22} + r_{33} = 1 + 2\cos\theta \tag{3.54}$$

이 식이 성립하는 이유는 $\hat{\omega}_1^2 + \hat{\omega}_2^2 + \hat{\omega}_3^2 = 1$이기 때문이다. $1 + 2\cos\theta = \text{tr}\,R$를 만족하며 π의 정수배가 아닌 θ 식 (3.53)으로 구한 $[\hat{\omega}]$를 이용해 R을 $e^{[\hat{\omega}]\theta}$로 나타낼 수 있다.

이제 정수 k에 대해 $\theta = k\pi$인 경우를 고려해보자. k가 짝수라면, $\hat{\omega}$와 무관하게 회전이 한 바퀴 돌아 $R = I$가 되므로 벡터 $\hat{\omega}$가 정의되지 않는다. k가 홀수라면 ($\theta = \pm\pi, \pm3\pi, \ldots$가 돼 $\text{tr}\,R = -1$인 경우에 해당한다), 식 (3.51)을 다음과 같이 정리할 수 있다.

$$R = e^{[\hat{\omega}]\pi} = I + 2[\hat{\omega}]^2 \tag{3.55}$$

식 (3.55)의 세 개의 대각성분을 정리하면

$$\hat{\omega}_i = \pm\sqrt{\frac{r_{ii} + 1}{2}}, \quad i = 1, 2, 3 \tag{3.56}$$

---

[4]이와 같은 특이점들은 회전을 표현하는 모든 3차원 매개변수화에서 불가피하게 발생한다. 오일러 각과 roll–pitch–yaw각 또한 비슷한 특이점들이 있다.

를 얻을 수 있고, 나머지 항들도 정리하면

$$2\hat{\omega}_1\hat{\omega}_2 = r_{12}$$
$$2\hat{\omega}_2\hat{\omega}_3 = r_{23} \qquad (3.57)$$
$$2\hat{\omega}_1\hat{\omega}_3 = r_{13}$$

를 얻을 수 있다. 또한 식 (3.55)로부터 R이 대칭행렬, 즉 $r_{12} = r_{21}$, $r_{23} = r_{32}$, $r_{13} = r_{31}$이어야 한다. $\hat{\omega}$를 구하는 데 식 (3.56)과 (3.57) 둘 다 필요할 수 있다. $\hat{\omega}$를 구하면 $\theta = \pm\pi, \pm3\pi, \ldots$에 대해 $R = e^{[\hat{\omega}]\theta}$가 된다.

위로부터 θ의 해가 2π 간격으로 존재함을 알 수 있다. 만일 θ의 간격을 $[0, \pi]$로 제한하면, 다음과 같은 알고리듬을 이용해 회전행렬 $R \in SO(3)$의 행렬지수를 찾을 수 있다.

알고리듬: 주어진 $R \in SO(3)$에 대해 $e^{[\hat{\omega}]\theta} = R$를 만족하는 $\theta \in [0, \pi]$와 단위 회전축 $\hat{\omega} \in \mathbb{R}^3$, $\|\hat{\omega}\| = 1$을 구한다. 벡터 $\hat{\omega}\theta \in \mathbb{R}^3$는 R의 지수좌표이며, 반대칭행렬 $[\hat{\omega}]\theta \in so(3)$는 R의 행렬 로그다.

(a) $R = I$라면 $\theta = 0$이고 $\hat{\omega}$는 정의되지 않는다.

(b) $\text{tr}\, R = -1$이라면 $\theta = \pi$다. $\hat{\omega}$를 다음 세 벡터 중에서 아무 적합한 해로 둔다.

$$\hat{\omega} = \frac{1}{\sqrt{2(1+r_{33})}} \begin{bmatrix} r_{13} \\ r_{23} \\ 1 + r_{33} \end{bmatrix} \qquad (3.58)$$

또는

$$\hat{\omega} = \frac{1}{\sqrt{2(1+r_{22})}} \begin{bmatrix} r_{12} \\ 1 + r_{22} \\ r_{32} \end{bmatrix} \qquad (3.59)$$

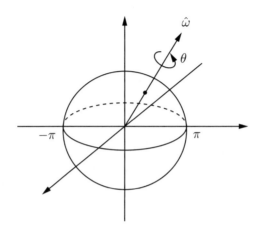

그림 3.13: 반지름 π의 구로 표현한 $SO(3)$. 지수 좌표 $\hat{\omega}\theta$는 구 내부의 어디든지 존재할 수 있다.

또는

$$\hat{\omega} = \frac{1}{\sqrt{2(1 + r_{11})}} \begin{bmatrix} 1 + r_{11} \\ r_{21} \\ r_{31} \end{bmatrix} \tag{3.60}$$

($\hat{\omega}$가 해일 경우 $-\hat{\omega}$도 해임에 유의하라)

(c) 그 외의 경우, $\theta = \cos^{-1}\left(\frac{\operatorname{tr} R - 1}{2}\right) \in [0, \pi)$이며

$$[\hat{\omega}] = \frac{1}{2 \sin \theta}(R - R^T) \tag{3.61}$$

이다.

모든 $R \in SO(3)$가 알고리듬의 세 가지 경우 중 어느 한 가지에는 속하기 때문에, 모든 R은 행렬 로그 $[\hat{\omega}]\theta$가 존재하고 따라서 지수 좌표 $\hat{\omega}\theta$가 존재한다.

행렬 로그가 계산하는 지수 좌표 $\hat{\omega}\theta$는 $\|\hat{\omega}\theta\| \leq \pi$를 만족하기 때문에, $SO(3)$를 반지름 π의 꽉 찬 구로 표현할 수 있다(그림 3.13을 보라). 구 내부의 점 $r \in \mathbb{R}^3$에 대해, $\hat{\omega} = r/\|r\|$을 원점에서 r로 향하는 방향의 단위 벡터로 두고 $\theta = \|r\|$을 원점과 r 사이의 거리로 두면 $r = \hat{\omega}\theta$이 된다. 그러면 r을 $\hat{\omega}$를 중심으로 θ만큼 회전하는 행렬로 볼 수 있다. $\operatorname{tr} R \neq -1$인 임의의 $R \in SO(3)$에 대해 $e^{[r]} = R$을 만족하는 유일한 r이 구 내부에 존재한다. $\operatorname{tr} R = -1$의 경우, $\log R$에 해당하는 점은 구면에 서로 반대편에 존재하는 두 점으로 주어진다. 다시 말해, $R = e^{[r]}$을 만족하는 $\|r\| = \pi$인 r이 존재하면 $R = e^{[-r]}$ 또한 만족한다. r과 $-r$ 모두 같은 회전 R에 해당하게 된다.

3.3 강체 운동과 트위스트

이번 절에서는 3.2절에서 다룬 회전과 각속도의 개념을 확장해 강체의 자세와 속도를 표현하는 법을 다룰 것이다. 구체적으로, 동차 변환행렬 T는 회전행렬 R과 유사하다. 즉, 스크류 축 $\mathcal{S}$는 회전축 $\hat{\omega}$과 유사하고, 트위스트 $\mathcal{V} = \mathcal{S}\dot{\theta}$는 각속도 $\omega = \hat{\omega}\dot{\theta}$와 유사하다. 강체 운동의 지수 좌표 $\mathcal{S}\theta \in \mathbb{R}^6$는 회전의 지수 좌표 $\hat{\omega}\theta \in \mathbb{R}^3$와 유사하다.

3.3.1 동차 변환행렬

이제 강체의 위치와 방향을 함께 표현해보자. 고정 좌표계 {s}에서 바라본 물체 좌표계 {b}의 방향을 $R \in SO(3)$로 표현하고, 고정 좌표계 {s}에서 본 {b}의 원점을 벡터 $p \in \mathbb{R}^3$로 표현하는 것이 자연스러울 것이다. R과 p를 각각 구분해서 다루는 대신 다음과 같이 하나의 행렬로 묶는다.

정의 3.4. 강체 운동rigid-body motion의 군 혹은 **동차 변환행렬**homogeneous transformat ion matrix의 군으로도 알려진 **특수유클리드군**Special Euclidean Group $SE(3)$은 $R \in SO(3)$와 열벡터 $p \in \mathbb{R}^3$에 대해

$$T = \begin{bmatrix} R & p \\ 0 & 1 \end{bmatrix} = \begin{bmatrix} r_{11} & r_{12} & r_{13} & p_1 \\ r_{21} & r_{22} & r_{23} & p_2 \\ r_{31} & r_{32} & r_{33} & p_3 \\ 0 & 0 & 0 & 1 \end{bmatrix} \tag{3.62}$$

을 만족하는 모든 4×4 실수행렬 T의 집합이다.

특수유클리드군의 원소 $T \in SE(3)$는 종종 (R, p)로 표기할 것이다. 이번 절에서는 R과 p를 행렬로 묶는 이유와 $SE(3)$의 기본적인 성질들을 설명한다.

이제까지 다룬 로봇 구조들은 평면 형태가 많았다. 이러한 평면 강체 운동을 염두에 두며 다음과 같이 정의하자.

정의 3.5. 특수유클리드군 $SE(2)$는 $R \in SO(2)$, $p \in \mathbb{R}^2$에 대해

$$T = \begin{bmatrix} R & p \\ 0 & 1 \end{bmatrix} \tag{3.63}$$

의 형태를 갖는 모든 3×3 실수행렬 T의 집합이다. 위 행렬 속의 0은 1×2 형태의 영벡터다.

행렬 $T \in SE(2)$는 $\theta \in [0, 2\pi)$에 대해 언제나 다음과 같은 형태를 갖는다.

$$T = \begin{bmatrix} r_{11} & r_{12} & p_1 \\ r_{21} & r_{22} & p_2 \\ 0 & 0 & 1 \end{bmatrix} = \begin{bmatrix} \cos\theta & -\sin\theta & p_1 \\ \sin\theta & \cos\theta & p_2 \\ 0 & 0 & 1 \end{bmatrix}$$

3.3.1.1 변환행렬의 성질

이제 변환행렬의 기본적인 성질들을 살펴보자. 이 성질들은 계산을 통해 증명할 수 있다. 먼저 단위행렬 I는 당연히 변환행렬에 속한다. 아래 세 성질에 의해 $SE(3)$는 군을 이룬다.

명제 3.9. 변환행렬 $T \in SE(3)$의 역행렬 또한 변환행렬이며 다음과 같은 형태를 갖는다.

$$T^{-1} = \begin{bmatrix} R & p \\ 0 & 1 \end{bmatrix}^{-1} = \begin{bmatrix} R^T & -R^T p \\ 0 & 1 \end{bmatrix} \tag{3.64}$$

명제 3.10. 두 변환행렬의 곱 또한 변환행렬이다.

명제 3.11. 변환행렬의 곱셈은 결합 법칙을 만족한다. 즉, $(T_1 T_2)T_3 = T_1(T_2 T_3)$이다. 하지만 일반적으로 교환 법칙은 성립하지 않는다. 즉, 일반적으로 $T_1 T_2 \neq T_2 T_1$이다.

다음 명제를 서술하기 전에, 3.1절에서와 같이 종종 T를 나타내는 $x \in \mathbb{R}^3$와 (R, p)를 이용해 $Rx + p$값을 계산할 필요가 있다. x의 아래에 1을 붙여 4차원 벡터로 만들면 이러한 계산은 다음과 같이 하나의 행렬곱 연산으로 표현할 수 있다.

$$T \begin{bmatrix} x \\ 1 \end{bmatrix} = \begin{bmatrix} R & p \\ 0 & 1 \end{bmatrix} \begin{bmatrix} x \\ 1 \end{bmatrix} = \begin{bmatrix} Rx + p \\ 1 \end{bmatrix} \tag{3.65}$$

벡터 $(x^T, 1)^T$는 x를 **동차 좌표**^{homogeneous coordinates}로 표현한 것이고, 따라서 $T \in SE(3)$는 동차 변환이라 부른다. 가끔 Tx와 같이 표기를 남용할 것인데 이는 $Rx + p$를 의미한다.

명제 3.12. 주어진 $T = (R, p) \in SE(3)$와 $x, y \in \mathbb{R}^3$에 대해 다음이 성립한다.

(a) $\|Tx - Ty\| = \|x - y\|$가 성립한다. 여기서 $\|\cdot\|$는 $\mathbb{R}^3$에서의 표준 유클리드 노름, 즉 $\|x\| = \sqrt{x^T x}$를 의미한다.

(b) 모든 $z \in \mathbb{R}^3$에 대해 $\langle Tx - Tz, Ty - Tz \rangle = \langle x - z, y - z \rangle$가 성립한다. 여기서 $\langle \cdot, \cdot \rangle$는 $\mathbb{R}^3$에서의 표준 유클리드 내적, 즉 $\langle x, y \rangle = x^T y$를 의미한다.

명제 3.12에서 T는 $\mathbb{R}^3$상의 점 x를 Tx로 보내는 변환으로 간주한다. 성질 (a)는 T가 거리를 보존하는 것을, 성질 (b)는 T가 상대적인 각도를 보존하는 것을 보장한다. 구체적으로, 만일 $x, y, z \in \mathbb{R}^3$가 삼각형의 세 꼭짓점이면, 변환한 꼭짓점 $\{Tx, Ty, Tz\}$이 이루는 삼각형은 원래의 삼각형과 같은 각과 변의 길이들을 갖는다(두 삼각형을 등거리^{isometric}라고 표현한다). $\{x, y, z\}$가 강체 위의 점이었다고 생각하면 $\{Tx, Ty, Tz\}$는 움직인 강체 위의 점이 된다. 이러한 관점에서 $SE(3)$와 강체 운동이 동일하다고 볼 수 있다.

3.3.1.2 변환행렬의 활용

회전행렬의 경우와 마찬가지로, T 또한 세 가지 주요 활용처가 다음과 같이 존재한다.

(a) 강체의 자세(위치와 방향)를 나타내기 위해

(b) 벡터나 좌표계를 표현한 기준 좌표계를 바꾸기 위해

(c) 벡터나 좌표계를 이동시키기 위해

첫 번째의 경우, T는 좌표계의 자세를 표현한다고 생각할 수 있다. 두 번째와 세 번째의 경우, T는 기준 좌표계를 바꾸거나 벡터나 좌표계를 움직이는 연산자로 생각할 수 있다.

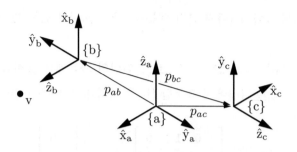

그림 3.14: 공간상의 세 좌표계. v는 {b}에서 $v_b = (0, 0, 1.5)^T$로 나타낸다.

위의 용도를 보여주기 위해, 그림 3.14의 세 좌표계 {a}, {b}, {c}와 점 v를 보자. 계산 결과를 시각적으로 확인하기 위해 축들이 나란히 있도록 좌표계들을 설정했다.

자세의 표현

고정 좌표계 {s}는 {a}와 일치하며, 좌표계 {a}, {b}, {c}를 각각 {s}에 대해 $T_{sa} = (R_{sa}, p_{sa})$, $T_{sb} = (R_{sb}, p_{sb})$, $T_{sc} = (R_{sc}, p_{sc})$로 나타낸다. 그러면 회전행렬은

$$R_{sa} = \begin{bmatrix} 1 & 0 & 0 \\ 0 & 1 & 0 \\ 0 & 0 & 1 \end{bmatrix}, \quad R_{sb} = \begin{bmatrix} 0 & 0 & 1 \\ 0 & -1 & 0 \\ 1 & 0 & 0 \end{bmatrix}, \quad R_{sc} = \begin{bmatrix} -1 & 0 & 0 \\ 0 & 0 & 1 \\ 0 & 1 & 0 \end{bmatrix}$$

와 같이 주어지고, {s}에 대한 좌표계의 원점은

$$p_{sa} = \begin{bmatrix} 0 \\ 0 \\ 0 \end{bmatrix}, \quad p_{sb} = \begin{bmatrix} 0 \\ -2 \\ 0 \end{bmatrix}, \quad p_{sc} = \begin{bmatrix} -1 \\ 1 \\ 0 \end{bmatrix}$$

로 나타낼 수 있다. {a}가 {s}와 같기 때문에, (R_{sa}, p_{sa})로 만든 변환행렬 T_{sa}는 단위행렬이다.

{s}뿐만 아니라, 다른 좌표계를 기준으로도 임의의 좌표계를 표현할 수 있다. 예를 들어 $T_{bc} = (R_{bc}, p_{bc})$는 {c}에서 표현한 {b}를 나타내며, 다음과 같이 주어진다.

$$R_{bc} = \begin{bmatrix} 0 & 1 & 0 \\ 0 & 0 & -1 \\ -1 & 0 & 0 \end{bmatrix}, \quad p_{bc} = \begin{bmatrix} 0 \\ -3 \\ -1 \end{bmatrix}$$

또한 명제 3.9를 이용하면 임의의 두 좌표계 {d}와 {e}에 대해서 다음이 성립함을 보일 수 있다.

$$T_{de} = T_{ed}^{-1}$$

벡터와 좌표계의 기준 좌표계 변환

회전행렬의 같은 아래 첨자 지우기 규칙과 같이 임의의 세 좌표계 {a}, {b}, {c}와 {b}에서 v_b로 표현되는 임의의 벡터 v에 대해 다음이 성립한다.

$$T_{ab}T_{bc} = T_{a\not{b}}T_{\not{b}c} = T_{ac}$$

$$T_{ab}v_b = T_{a\not{b}}v_{\not{b}} = v_a$$

여기서 v_a는 {a}에서 v를 표현한 것이다.

벡터나 좌표계를 (회전과 선형 이동을 통해) 옮기기

$(R, p) = (\text{Rot}(\hat{\omega}, \theta), p)$로 본 변환행렬 T는 좌표계 T_{sb}를 축 $\hat{\omega}$를 중심으로 θ만큼 회전시키고 p만큼 이동시킬 수 있다. 사소한 표기의 남용을 허용하면, 3×3 회전 연산자

$R = \text{Rot}(\hat{\omega}, \theta)$를 아래와 같이 이동 없이 회전하는 4×4 변환행렬로 볼 수 있다.

$$\text{Rot}(\hat{\omega}, \theta) = \begin{bmatrix} R & 0 \\ 0 & 1 \end{bmatrix}$$

마찬가지로 회전 없이 평행 이동하는 연산자를 다음과 같이 볼 수 있다.

$$\text{Trans}(p) = \begin{bmatrix} 1 & 0 & 0 & p_x \\ 0 & 1 & 0 & p_y \\ 0 & 0 & 1 & p_z \\ 0 & 0 & 0 & 1 \end{bmatrix}$$

회전 연산과 대칭을 이루기 위해 이동 연산을 $\text{Trans}(\hat{p}, \|p\|)$와 같이 쓸 수도 있다. 이는 단위 방향 $\hat{p}$를 따라 $\|p\|$만큼 움직였다는 것을 의미한다. 하지만 이 책에서는 $p = \hat{p}\|p\|$와 같이 더 간단히 표현할 것이다.

$T = (R, p)$를 T_{sb}의 앞에 곱하는 경우에 $\hat{\omega}$축과 p를 표현한 좌표계가 고정 좌표계 $\{s\}$가 되고, 뒤에 곱하는 경우는 $\hat{\omega}$축과 p를 표현한 좌표계가 물체 좌표계 $\{b\}$가 된다.

$$T_{sb'} = TT_{sb} = \text{Trans}(p)\,\text{Rot}(\hat{\omega}, \theta)T_{sb} \qquad \text{(고정 좌표계)}$$

$$= \begin{bmatrix} R & p \\ 0 & 1 \end{bmatrix} \begin{bmatrix} R_{sb} & p_{sb} \\ 0 & 1 \end{bmatrix} = \begin{bmatrix} RR_{sb} & Rp_{sb} + p \\ 0 & 1 \end{bmatrix} \tag{3.66}$$

$$T_{sb''} = T_{sb}T = T_{sb}\,\text{Trans}(p)\,\text{Rot}(\hat{\omega}, \theta) \qquad \text{(물체 좌표계)}$$

$$= \begin{bmatrix} R_{sb} & p_{sb} \\ 0 & 1 \end{bmatrix} \begin{bmatrix} R & p \\ 0 & 1 \end{bmatrix} = \begin{bmatrix} R_{sb}R & R_{sb}p + p_{sb} \\ 0 & 1 \end{bmatrix} \tag{3.67}$$

고정 좌표계 기준의 변환(T를 앞에 곱하기)은 좌표계 $\{b\}$를 $\{s\}$ 좌표계의 $\hat{\omega}$를 중심으로 θ만큼 회전시킨 후(이 회전은 $\{b\}$의 원점이 $\{s\}$의 원점과 일치하지 않을 경우 $\{b\}$를 이동하게 할 것이다), 이를 $\{s\}$의 p만큼 이동시켜 좌표계 $\{b'\}$를 얻을 것이다. 물체 좌표계 기준의 변환(T를 뒤에 곱하기)은 {b}의 p만큼 {b}를 이동시킨 후, 이 이동시킨 좌표계의 $\hat{\omega}$를 중심으로 회전해(이 회전은 원점을 이동시키지 않는다) {b''}를 얻는다. 고정 좌표계와 물체 좌표계를 기준으로 한 변환을 그림 3.15에 나타냈다. $\hat{\omega} = (0,0,1)^T$, $\theta = 90°$, $p = (0,2,0)^T$인 변환 T는 다음과 같이 표현할 수 있다.

$$T = (\text{Rot}(\hat{\omega}, \theta), p) = \begin{bmatrix} 0 & -1 & 0 & 0 \\ 1 & 0 & 0 & 2 \\ 0 & 0 & 1 & 0 \\ 0 & 0 & 0 & 1 \end{bmatrix}$$

다음과 같이 표현되는 좌표계 {b}로부터,

$$T_{sb} = \begin{bmatrix} 0 & 0 & 1 & 0 \\ 0 & -1 & 0 & -2 \\ 1 & 0 & 0 & 0 \\ 0 & 0 & 0 & 1 \end{bmatrix}$$

새로운 좌표계 {b'}는 고정 좌표계 기준의 변환 TT_{sb}로 구할 수 있고 좌표계 {b''}는 물체 좌표계 기준의 변환 $T_{sb}T$로 구할 수 있다.

$$TT_{sb} = T_{sb'} = \begin{bmatrix} 0 & 1 & 0 & 2 \\ 0 & 0 & 1 & 2 \\ 1 & 0 & 0 & 0 \\ 0 & 0 & 0 & 1 \end{bmatrix}, \quad T_{sb}T = T_{sb''} = \begin{bmatrix} 0 & 0 & 1 & 0 \\ -1 & 0 & 0 & -4 \\ 0 & -1 & 0 & 0 \\ 0 & 0 & 0 & 1 \end{bmatrix}$$

예제 3.2. 그림 3.16은 로봇 팔이 장착된 차륜 이동 플랫폼과 천장에 달린 카메라를 보여주고 있다. 좌표계 {b}와 {c}는 각각 플랫폼과 로봇 팔의 엔드 이펙터에 붙어 있고, 좌표계 {d}는 카메라에 붙어 있다. 고정 좌표계 {a} 또한 설정했다. 로봇은 물체

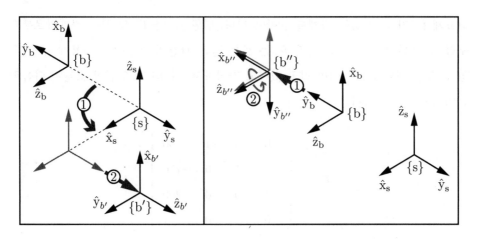

그림 3.15: $\hat{\omega} = (0,0,1)^T$, $\theta = 90°$, $p = (0,2,0)^T$에 해당하는 고정 좌표계와 물체 좌표계 기준의 변환. (왼쪽) $\hat{z}_s$에 대해 90°만큼 회전하고 $\hat{y}_s$방향으로 2단위만큼 이동한 좌표계 {b}는 새로운 좌표계 {b'}가 된다. (오른쪽) 좌표계 {b}는 $\hat{y}_b$방향으로 2단위만큼 이동하고 그 후 자신의 축 $\hat{z}$에 대해 90°만큼 회전해 새로운 좌표계 {b''}가 된다.

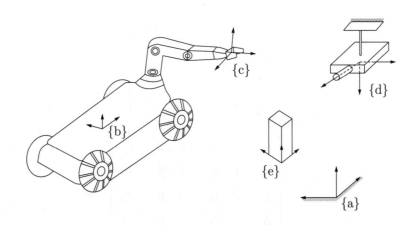

그림 3.16: 기준 좌표계의 부여

151

좌표계 {e}가 붙어 있는 물체를 잡아야 한다. 변환 T_{db}와 T_{de}의 값을 카메라로부터 구할 수 있다고 가정하자. 변환 T_{bc}는 로봇 팔의 관절의 회전각을 이용해 구할 수 있다. 또한 변환 T_{ad}는 이미 알고 있다고 가정하자. 지금까지 언급한 값들이 다음과 같이 주어진다고 하자.

$$
T_{db} = \begin{bmatrix} 0 & 0 & -1 & 250 \\ 0 & -1 & 0 & -150 \\ -1 & 0 & 0 & 200 \\ 0 & 0 & 0 & 1 \end{bmatrix}
$$

$$
T_{de} = \begin{bmatrix} 0 & 0 & -1 & 300 \\ 0 & -1 & 0 & 100 \\ -1 & 0 & 0 & 120 \\ 0 & 0 & 0 & 1 \end{bmatrix}
$$

$$
T_{ad} = \begin{bmatrix} 0 & 0 & -1 & 400 \\ 0 & -1 & 0 & 50 \\ -1 & 0 & 0 & 300 \\ 0 & 0 & 0 & 1 \end{bmatrix}
$$

$$
T_{bc} = \begin{bmatrix} 0 & -1/\sqrt{2} & -1/\sqrt{2} & 30 \\ 0 & 1/\sqrt{2} & -1/\sqrt{2} & -40 \\ 1 & 0 & 0 & 25 \\ 0 & 0 & 0 & 1 \end{bmatrix}
$$

로봇 팔이 물체를 잡기 위해 얼마나 움직여야 하는지 계산하려면, 로봇 팔에 대한 물체의 자세 T_{ce}를 찾아야 한다. 한편 우리는 다음과 같은 사실을 알고 있다.

$$T_{ab}T_{bc}T_{ce} = T_{ad}T_{de}$$

여기서 T_{ce}를 제외하고 아직 알려지지 않은 값은 T_{ab}다. 하지만 $T_{ab} = T_{ad}T_{db}$이므로 T_{ce}를 다음과 같이 구할 수 있다.

$$T_{ce} = (T_{ad}T_{db}T_{bc})^{-1} T_{ad}T_{de}.$$

주어진 값들을 이용해 계산하면,

$$T_{ad}T_{de} = \begin{bmatrix} 1 & 0 & 0 & 280 \\ 0 & 1 & 0 & -50 \\ 0 & 0 & 1 & 0 \\ 0 & 0 & 0 & 1 \end{bmatrix}$$

$$T_{ad}T_{db}T_{bc} = \begin{bmatrix} 0 & -1/\sqrt{2} & -1/\sqrt{2} & 230 \\ 0 & 1/\sqrt{2} & -1/\sqrt{2} & 160 \\ 1 & 0 & 0 & 75 \\ 0 & 0 & 0 & 1 \end{bmatrix}$$

$$(T_{ad}T_{db}T_{bc})^{-1} = \begin{bmatrix} 0 & 0 & 1 & -75 \\ -1/\sqrt{2} & 1/\sqrt{2} & 0 & 70/\sqrt{2} \\ -1/\sqrt{2} & -1/\sqrt{2} & 0 & 390/\sqrt{2} \\ 0 & 0 & 0 & 1 \end{bmatrix}$$

가 된다. 따라서 T_{ce}는

$$
T_{ce} \;=\; \begin{bmatrix} 0 & 0 & 1 & -75 \\ -1/\sqrt{2} & 1/\sqrt{2} & 0 & -260/\sqrt{2} \\ -1/\sqrt{2} & -1/\sqrt{2} & 0 & 130/\sqrt{2} \\ 0 & 0 & 0 & 1 \end{bmatrix}
$$

가 된다.

3.3.2   트위스트

이제 움직이는 좌표계의 선속도와 각속도를 모두 고려해보자. 이전과 마찬가지로, {s}와 {b}는 각각 고정된 (공간) 좌표계와 움직이는 (물체) 좌표계를 나타낸다. {s} 에서 바라본 {b}의 자세를 다음과 같이 표기하자.

$$
T_{sb}(t) = T(t) = \begin{bmatrix} R(t) & p(t) \\ 0 & 1 \end{bmatrix} \tag{3.68}
$$

기호들을 깔끔히 하기 위해 당분간 T_{sb} 대신 T라 표기하겠다.

3.2.2절에서 $\dot{R}$에 R^{-1}을 앞이나 뒤에 곱하면 물체 좌표계나 고정 좌표계에서 표현한 각속도 벡터의 반대칭행렬이 된다는 것을 발견했다. 혹자는 비슷한 성질이 $\dot{T}$에서도 존재하는지에 대해 질문할 수 있다. 즉, $T^{-1}\dot{T}$와 $\dot{T}T^{-1}$를 $R^{-1}\dot{R}$와 $\dot{R}R^{-1}$의 경우와 비슷하게 물리적으로 해석할 수 있는가?

먼저 T^{-1}를 $\dot{T}$ 앞에 곱해보자.

$$
\begin{aligned}
T^{-1}\dot{T} &= \begin{bmatrix} R^T & -R^T p \\ 0 & 1 \end{bmatrix} \begin{bmatrix} \dot{R} & \dot{p} \\ 0 & 0 \end{bmatrix} \\
&= \begin{bmatrix} R^T \dot{R} & R^T \dot{p} \\ 0 & 0 \end{bmatrix} \quad\quad\quad (3.69) \\
&= \begin{bmatrix} [\omega_b] & v_b \\ 0 & 0 \end{bmatrix} \quad\quad\quad (3.70)
\end{aligned}
$$

$R^T \dot{R} = [\omega_b]$가 {b} 좌표계에서 표현한 각속도 벡터의 반대칭행렬이었다는 것을 상기하라. 또한, $\dot{p}$는 고정 좌표계 {s}에서 표현한 {b}의 원점의 선속도이므로, $R^T \dot{p} = v_b$는 이 선속도를 {b}에서 표현한 것이다. 이 두 결과를 조합하면, $T^{-1}\dot{T}$는 움직이는 좌표계의 선속도와 각속도를 표현하며, 이 표현의 기준이 되는 좌표계는 움직이는 좌표계와 그 순간 일치하는 정지 좌표계 {b}임을 알 수 있다.

위와 같이 $T^{-1}\dot{T}$를 계산하고 보면 ω_b와 v_b를 하나의 6차원 벡터로 묶는 것이 타당해 보인다. 이렇게 묶은 벡터를 **물체 좌표계에서의 공간 속도**spatial velocity in the body frame, 혹은 단순히 **물체 트위스트**body twist[5]라 하고 다음과 같이 정의한다.

$$
\mathcal{V}_b = \begin{bmatrix} \omega_b \\ v_b \end{bmatrix} \in \mathbb{R}^6 \quad\quad\quad (3.71)
$$

각속도 벡터를 반대칭행렬로 표현하는 것이 편리하듯 트위스트도 식 (3.70)처럼 반대칭행렬로 표현하는 것이 편리하다. [·] 표기를 6차원 벡터로 확장해 다음과 같이 쓸

---

[5] "twist"라는 용어는 기계 메커니즘 문헌과 스크류 이론 문헌에서 다른 의미로 사용된다. 하지만 로봇공학에서는 이 용어를 공간 속도를 나타내기 위해 사용한다. 이 책에서는 글자 수를 아끼기 위해 "공간속도" 대신에 "트위스트"라는 용어를 이용할 것이다. "물체 좌표계에서의 공간 속도"와 "물체 트위스트"의 글자 수를 비교해보라.

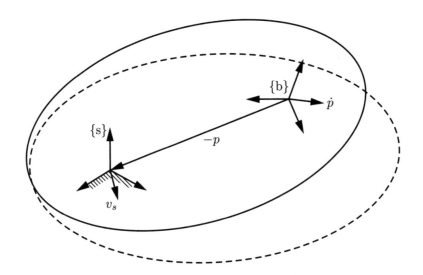

그림 3.17: 초기figsmaller(실선)와 움직인figsmaller(점선) 강체의 자세가 그림과 같을 때, v_s를 물리적인 해석을 표현했다.

수 있다.

$$T^{-1}\dot{T} = [\mathcal{V}_b] = \begin{bmatrix} [\omega_b] & v_b \\ 0 & 0 \end{bmatrix} \in se(3) \tag{3.72}$$

여기서 $[\omega_b] \in so(3)$이고 $v_b \in \mathbb{R}^3$이다. 위와 같은 형태의 모든 4×4 행렬을 $se(3)$라 하며 트위스트들의 행렬 표현을 이룬다. 이 트위스트들은 강체의 자세에 해당하는 $SE(3)$와 연관돼 있다. [6]

---

[6]$se(3)$는 리 군 $SE(3)$의 리 대수라 한다. $se(3)$는 $T = I$일 때 가능한 모든 $\dot{T}$의 집합이다.

$T^{-1}\dot{T}$의 물리적인 의미를 이해했다면, 이제 $\dot{T}T^{-1}$를 계산해보자.

$$
\begin{aligned}
\dot{T}T^{-1} &= \begin{bmatrix} \dot{R} & \dot{p} \\ 0 & 0 \end{bmatrix} \begin{bmatrix} R^T & -R^T p \\ 0 & 1 \end{bmatrix} \\
&= \begin{bmatrix} \dot{R}R^T & \dot{p} - \dot{R}R^T p \\ 0 & 0 \end{bmatrix} \\
&= \begin{bmatrix} [\omega_s] & v_s \\ 0 & 0 \end{bmatrix}
\end{aligned}
\tag{3.73}
$$

반대칭행렬 $[\omega_s] = \dot{R}R^T$은 고정 좌표계에서 표현한 각속도를 의미하지만, $v_s = \dot{p} - \dot{R}R^T p$는 고정 좌표계에서 표현한 물체 좌표계의 원점의 선속도($\dot{p}$)를 의미하지 **않는다**. v_s를

$$
v_s = \dot{p} - \omega_s \times p = \dot{p} + \omega_s \times (-p)
\tag{3.74}
$$

로 표현하면, v_s를 다음과 이해할 수 있다. 움직이는 물체가 무한히 커서 고정 좌표계의 원점 또한 물체 내부에 있다고 상상해보자. 고정 좌표계 원점의 위치에 있던 물체의 점의 순간 속도를 고정 좌표계에서 표현한 값이 v_s가 된다(그림 3.17을 보라). ω_b와 v_b처럼 ω_s와 v_s를 하나의 6차원 트위스트로 묶자.

$$
\mathcal{V}_s = \begin{bmatrix} \omega_s \\ v_s \end{bmatrix} \in \mathbb{R}^6, \quad [\mathcal{V}_s] = \begin{bmatrix} [\omega_s] & v_s \\ 0 & 0 \end{bmatrix} = \dot{T}T^{-1} \in se(3)
\tag{3.75}
$$

여기서 $[\mathcal{V}_s]$는 $\mathcal{V}_s$의 4×4 행렬 표현이다. $\mathcal{V}_s$는 **공간(고정) 좌표계에서 표현한 공간 속도**spatial velocity in the space frame, 혹은 단순히 **공간 트위스트**spatial twist라 한다. 움직이는 물체가 무한히 크다고 간주하면 $\mathcal{V}_s = (\omega_s, v_s)$와 $\mathcal{V}_b = (\omega_b, v_b)$ 사이에 자연스러우면서도 매력적인 대칭이 생긴다.

(a) ω_b는 {b}에서 표현한 각속도이며 ω_s는 {s}에서 표현한 각속도이다.

(b) v_b는 {b}의 원점에 있던 점의 선속도를 {b}에서 표현한 값이며, v_s는 {s}의 원점에 있던 점의 선속도를 {s}에서 표현한 값이다.

$\mathcal{V}_s$로부터 $\mathcal{V}_b$를 다음과 같이 구할 수 있다.

$$
\begin{aligned}
[\mathcal{V}_b] &= T^{-1}\dot{T} \\
&= T^{-1}[\mathcal{V}_s]T.
\end{aligned} \tag{3.76}
$$

반대의 경우는 다음과 같다.

$$
[\mathcal{V}_s] = T[\mathcal{V}_b]T^{-1} \tag{3.77}
$$

식 (3.77)의 곱셈을 풀어 쓰면 다음과 같다.

$$
\mathcal{V}_s = \begin{bmatrix} R[\omega_b]R^T & -R[\omega_b]R^T p + Rv_b \\ 0 & 0 \end{bmatrix}
$$

$p, \omega \in \mathbb{R}^3$에 대해 $R[\omega]R^T = [R\omega]$(명제 3.5)와 $[\omega]p = -[p]\omega$라는 사실을 이용하면, 위의 식을 다음과 같이 $\mathcal{V}_b$와 $\mathcal{V}_s$에 대한 관계식으로 고쳐 쓸 수 있다.

$$
\begin{bmatrix} \omega_s \\ v_s \end{bmatrix} = \begin{bmatrix} R & 0 \\ [p]R & R \end{bmatrix} \begin{bmatrix} \omega_b \\ v_b \end{bmatrix}
$$

$\mathcal{V}_b$앞에 곱하는 6×6 행렬은 트위스트와 렌치를 표현하는 좌표계를 바꿀 때 유용하다. 따라서 곧 알게 되겠지만 다음과 같이 명칭을 부여해둔다.

정의 3.6. 주어진 $T = (R, p) \in SE(3)$에 대해 **수반 표현**^{adjoint representation} $[\mathrm{Ad}_T]$는 다음과 같다.

$$
[\mathrm{Ad}_T] = \begin{bmatrix} R & 0 \\ [p]R & R \end{bmatrix} \in \mathbb{R}^{6 \times 6}
$$

임의의 $\mathcal{V} \in \mathbb{R}^6$에 대해, T의 **수반 사상**^{adjoint map}은

$$\mathcal{V}' = [\mathrm{Ad}_T]\mathcal{V}$$

이며, 종종 다음과 같이 쓴다.

$$\mathcal{V}' = \mathrm{Ad}_T(\mathcal{V})$$

$\mathcal{V} \in \mathbb{R}^6$의 행렬 표현 $[\mathcal{V}] \in se(3)$을 이용하면,

$$[\mathcal{V}'] = T[\mathcal{V}]T^{-1}$$

가 된다.

수반 사상은 다음과 같은 성질들을 만족한다. 이 성질들은 직접적인 계산을 통해 보일 수 있다.

명제 3.13. $T_1, T_2 \in SE(3)$와 $\mathcal{V} = (\omega, v)$에 대해 다음이 성립한다.

$$\mathrm{Ad}_{T_1}\left(\mathrm{Ad}_{T_2}(\mathcal{V})\right) = \mathrm{Ad}_{T_1 T_2}(\mathcal{V}) \,, \quad [\mathrm{Ad}_{T_1}][\mathrm{Ad}_{T_2}]\mathcal{V} = [\mathrm{Ad}_{T_1 T_2}]\mathcal{V} \tag{3.78}$$

또한, 임의의 $T \in SE(3)$에 대해 다음이 성립한다.

$$[\mathrm{Ad}_T]^{-1} = [\mathrm{Ad}_{T^{-1}}] \tag{3.79}$$

첫 번째 성질에서 $T_1 = T^{-1}$와 $T_2 = T$를 대입하면

$$\mathrm{Ad}_{T^{-1}}\left(\mathrm{Ad}_T(\mathcal{V})\right) = \mathrm{Ad}_{T^{-1} T}(\mathcal{V}) = \mathrm{Ad}_I(\mathcal{V}) = \mathcal{V} \tag{3.80}$$

가 돼 두 번째 성질이 만족함을 알 수 있다.

3.3.2.1 트위스트에 대한 요약

트위스트에 관한 주요 결론들을 다음과 같이 정리했다.

명제 3.14. 고정 좌표계 {s}와 물체 좌표계 {b}, 미분 가능한 $T_{sb}(t) \in SE(3)$가

$$T_{sb}(t) = \begin{bmatrix} R(t) & p(t) \\ 0 & 1 \end{bmatrix} \tag{3.81}$$

과 같이 주어졌을 때,

$$T_{sb}^{-1}\dot{T}_{sb} = [\mathcal{V}_b] = \begin{bmatrix} [\omega_b] & v_b \\ 0 & 0 \end{bmatrix} \in se(3) \tag{3.82}$$

는 **물체 트위스트**의 행렬 표현이고,

$$\dot{T}_{sb}T_{sb}^{-1} = [\mathcal{V}_s] = \begin{bmatrix} [\omega_s] & v_s \\ 0 & 0 \end{bmatrix} \in se(3) \tag{3.83}$$

는 **공간 트위스트**의 행렬 표현이다. 두 트위스트 $\mathcal{V}_s$와 $\mathcal{V}_b$의 관계는 다음과 같다.

$$\mathcal{V}_s = \begin{bmatrix} \omega_s \\ v_s \end{bmatrix} = \begin{bmatrix} R & 0 \\ [p]R & R \end{bmatrix} \begin{bmatrix} \omega_b \\ v_b \end{bmatrix} = [\mathrm{Ad}_{T_{sb}}]\mathcal{V}_b \tag{3.84}$$

$$\mathcal{V}_b = \begin{bmatrix} \omega_b \\ v_b \end{bmatrix} = \begin{bmatrix} R^T & 0 \\ -R^T[p] & R^T \end{bmatrix} \begin{bmatrix} \omega_s \\ v_s \end{bmatrix} = [\mathrm{Ad}_{T_{bs}}]\mathcal{V}_s \tag{3.85}$$

일반적으로, 임의의 두 좌표계 {c}와 {c}에 대해, {c}에서 $\mathcal{V}_c$로 표현되는 트위스트를

{d}에서 $\mathcal{V}_d$로 표현하면 다음이 성립한다.

$$\mathcal{V}_c = [\text{Ad}_{T_{cd}}]\mathcal{V}_d, \quad \mathcal{V}_d = [\text{Ad}_{T_{dc}}]\mathcal{V}_c$$

각속도의 경우처럼 주어진 트위스트의 고정 좌표계에서의 표현 $\mathcal{V}_s$는 물체 *좌표계* {*b*}의 선택에 영향을 받지 않으며, 물체 좌표계에서의 표현 $\mathcal{V}_b$는 고정 좌표계 {*s*}의 선택에 영향을 받지 않는다.

예제 3.3. 그림 3.18은 조작할 수 있는 앞바퀴가 하나 달린 자동차가 평면에서 주행하는 모습을 위에서 보고 있다. 물체 좌표계 {b}의 $\hat{z}_b$축은 페이지 안을 향해 있으며 고정 좌표계 {s}의 $\hat{z}_s$축은 페이지 밖을 향하고 있다. 앞바퀴의 조작으로 인해 자동차의 순수한 각속도가 w = 2 rad/s가 되며, 이때의 회전축은 평면 위의 점 r을 지나며 페이지를 밖으로 나가는 직선이 된다. 그림에서 r이 $r_s = (2, -1, 0)^T$ 혹은 $r_b = (2, -1.4, 0)^T$로, w가 $\omega_s = (0, 0, 2)^T$ 혹은 $\omega_b = (0, 0, -2)^T$로, T_{sb}가

$$T_{sb} = \begin{bmatrix} R_{sb} & p_{sb} \\ 0 & 1 \end{bmatrix} = \begin{bmatrix} -1 & 0 & 0 & 4 \\ 0 & 1 & 0 & 0.4 \\ 0 & 0 & -1 & 0 \\ 0 & 0 & 0 & 1 \end{bmatrix}$$

로 주어졌다고 하자.

그림에서 간단한 기하학적 관계를 이용하면

$$v_s = \omega_s \times (-r_s) = r_s \times \omega_s = (-2, -4, 0)^T$$

$$v_b = \omega_b \times (-r_b) = r_b \times \omega_b = (2.8, 4, 0)^T$$

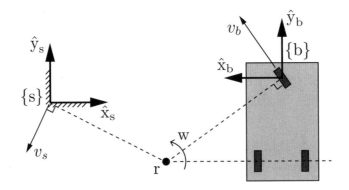

그림 3.18: 삼륜 자동차 차대의 순간적인 움직임에 대한 트위스트는 점 r에 대한 각속도 w의 회전으로 볼 수 있다.

을 얻을 수 있고 트위스트 $\mathcal{V}_s$와 $\mathcal{V}_b$는

$$
\mathcal{V}_s = \begin{bmatrix} \omega_s \\ v_s \end{bmatrix} = \begin{bmatrix} 0 \\ 0 \\ 2 \\ -2 \\ -4 \\ 0 \end{bmatrix}, \ \mathcal{V}_b = \begin{bmatrix} \omega_b \\ v_b \end{bmatrix} = \begin{bmatrix} 0 \\ 0 \\ -2 \\ 2.8 \\ 4 \\ 0 \end{bmatrix}
$$

가 된다. 검산을 위해 $\mathcal{V}_s = [\mathrm{Ad}_{T_{sb}}]\mathcal{V}_b$를 만족하는지 계산해보라.

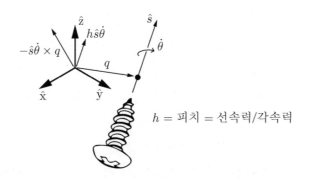

그림 3.19: 스크류 축 $\mathcal{S}$를 점 q, 단위 방향 벡터 $\hat{s}$, 피치 h로 표현했다.

3.3.2.2 트위스트의 스크류 해석

각속도 ω를 단위 회전축 $\hat{\omega}$와 각속력 $\dot{\theta}$를 이용해 $\hat{\omega}\dot{\theta}$로 표현했듯이, 트위스트 $\mathcal{V}$ 또한 **스크류 축**screw axis $\mathcal{S}$와 스크류 축에 대한 속력 $\dot{\theta}$을 이용해 해석할 수 있다.

스크류 운동은 어떠한 축을 중심으로 회전하며, 그 축을 따라 이동하는 운동을 말한다. 이 운동을 스크류 축을 이용해 표현할 수 있다. 스크류 축 $\mathcal{S}$를 나타내는 한 가지 방법은 $\{q, \hat{s}, h\}$의 묶음으로 표현하는 것이다. 여기서 $q \in \mathbb{R}^3$는 축 위의 임의의 점을, $\hat{s}$는 축 방향을 나타내는 단위 벡터를, h는 **스크류 피치**screw pitch를 나타낸다. 스크류 피치란 스크류 축을 따라 이동하는 선속력과 스크류 축에 대한 회전 속력 $\dot{\theta}$의 비율로 정의한다(그림 3.19).

그림 3.19와 기하학적 관계를 이용하면 ($\{q, \hat{s}, h\}$로 나타내지는) 스크류 축 $\mathcal{S}$에 대한 각속력 $\dot{\theta}$에 해당하는 트위스트 $\mathcal{V} = (\omega, v)$를 다음과 같이 쓸 수 있다.

$$\mathcal{V} = \begin{bmatrix} \omega \\ v \end{bmatrix} = \begin{bmatrix} \hat{s}\dot{\theta} \\ h\hat{s}\dot{\theta} - \hat{s}\dot{\theta} \times q \end{bmatrix}$$

선속도 v가 두 항의 합으로 이뤄져 있음에 주목하라. 하나는 스크류 축을 따라 움직이는 병진 운동 $h\hat{s}\dot\theta$이고, 다른 하나는 스크류 축에 대한 회전으로 인해 발생하는 원점의 순간적인 선형 운동 $-\hat{s}\dot\theta \times q$다. 첫 번째 항은 $\hat{s}$의 방향이며, 두 번째는 $\hat{s}$에 수직인 평면상에 존재한다. 임의의 $\omega \neq 0$인 $\mathcal{V} = (\omega, v)$에 대해, $\hat{s} = \omega/\|\omega\|$, $\dot\theta = \|\omega\|$, $h = \hat{\omega}^T v/\dot\theta$,이고 $-\hat{s}\dot\theta \times q$항이 v에서 스크류 축에 수직인 부분이 되도록 q를 설정하면, 임의의 $\mathcal{V}$에 해당하는 $\{q, \hat{s}, h\}$와 속력 $\dot\theta$이 항상 존재하는 것을 쉽게 보일 수 있다.

만일 $\omega = 0$이라면 스크류 운동의 피치 h는 무한대가 된다. 이 경우 $\hat{s}$는 $v/\|v\|$가 되고, $\dot\theta$는 $\hat{s}$를 따라 움직이는 선속력 $\|v\|$가 된다.

스크류 축 $\mathcal{S}$를 $\{q, \hat{s}, h\}$로 표현하는 것은 번거롭다. h가 무한대일 수도 있고, q는 스크류 축 위의 임의의 점으로서 유일하지 않기 때문이다. 따라서 이를 대신해, 주어진 스크류 운동에 해당하는 트위스트 $\mathcal{V} = (\omega, v)$를 정규화하고, 이 값을 이용해 스크류 축 $\mathcal{S}$를 정의하겠다.

(a) $\omega \neq 0$일 경우 $\mathcal{S} = \mathcal{V}/\|\omega\| = (\omega/\|\omega\|, v/\|\omega\|)$와 같이 정의한다. 스크류 축 $\mathcal{S}$는 단순히 $\mathcal{V}$를 각속도 벡터의 크기로 나눈 것이다. 스크류 축에 대한 각속력은 $\dot\theta = \|\omega\|$며, $\mathcal{S}\dot\theta = \mathcal{V}$다.

(b) $\omega = 0$일 경우 $\mathcal{S} = \mathcal{V}/\|v\| = (0, v/\|v\|)$와 같이 정의한다. 스크류 축 $\mathcal{S}$는 단순히 $\mathcal{V}$를 선속도 벡터의 크기로 나눈 것이다. 스크류 축을 따라 움직이는 선속력은 $\dot\theta = \|v\|$며, $\mathcal{S}\dot\theta = \mathcal{V}$다.

이로부터 (정규화한) "단위" 스크류 축을 다음과 같이 정의한다.

정의 3.7. 주어진 기준 좌표계에 대해 **스크류 축** $\mathcal{S}$는 다음과 같다.

$$\mathcal{S} = \begin{bmatrix} \omega \\ v \end{bmatrix} \in \mathbb{R}^6$$

여기서 (i) $\|\omega\| = 1$ 혹은 (ii) $\omega = 0$ 둘 중 하나를 만족해야 하며 $\|v\| = 1$이다. (i)의 경우, $v = -\omega \times q + h\omega$이며, 여기서 q는 스크류 축 위의 점이고 h는 스크류 운

동의 피치이다(순수한 회전의 경우 $h = 0$이다). (ii)의 경우, 스크류 운동의 피치는 무한대이며 트위스트는 v로 정의되는 스크류 축을 따라 이동하는 병진운동이 된다.

중요: 정규화한 스크류 축($\|\omega\|$와 $\|v\|$ 중 하나는 단위 크기여야 한다)과 일반적인 트위스트 $\mathcal{V}$(ω와 v에 아무런 제약이 없다)를 나타낼 때 모두 (ω, v)를 사용한다. 둘 중 어떤 것에 해당하는지는 맥락에 따라 분명해야 한다.

스크류 축 $\mathcal{S}$는 단순히 정규화된 트위스트이기에 $\mathcal{S} = (\omega, v)$의 4×4 행렬 표현 $[\mathcal{S}]$는 다음과 같다.

$$[\mathcal{S}] = \begin{bmatrix} [\omega] & v \\ 0 & 0 \end{bmatrix} \in se(3), \quad [\omega] = \begin{bmatrix} 0 & -\omega_3 & \omega_2 \\ \omega_3 & 0 & -\omega_1 \\ -\omega_2 & \omega_1 & 0 \end{bmatrix} \in so(3) \quad (3.86)$$

여기서 $[\mathcal{S}]$의 아래 행은 전부 0이다. 또한 좌표계 {a}에서 $\mathcal{S}_a$로 나타낸 스크류 축이 좌표계 {b}에서 $\mathcal{S}_b$로 표현되면 다음과 같은 관계식이 성립한다.

$$\mathcal{S}_a = [\mathrm{Ad}_{T_{ab}}]\mathcal{S}_b, \quad \mathcal{S}_b = [\mathrm{Ad}_{T_{ba}}]\mathcal{S}_a$$

3.3.3 강체 운동의 지수 좌표 표현

3.3.3.1 강체 운동의 지수 좌표

3.1절의 평면 예제를 통해 임의의 평면상의 강체 이동이 평면에 고정된 점에 대한 강체의 회전으로 나타낼 수 있음을 보였다(순수한 병진의 경우 이 고정점이 무한히

멀리 놓여 있다). 공간상의 강체 이동에 대해서도 비슷한 결과를 얻을 수 있다. **샤를-모치 이론**Chasles-Mozzi Theorem에 따르면 모든 강체 이동은 공간상에 고정된 스크류 축 $\mathcal{S}$에 대한 이동으로 나타낼 수 있다.

회전의 지수 좌표 $\hat{\omega}\theta$처럼 **동차 변환 T의 6차원 지수 좌표**를 $\mathcal{S}\theta \in \mathbb{R}^6$로 정의한다. 여기서 $\mathcal{S}$는 스크류 축이고 θ는 I에서 T를 만들기 위해 스크류 축을 따라 이동해야 하는 변위량을 의미한다. 스크류 축 $\mathcal{S} = (\omega, v)$의 피치가 유한하면, $\|\omega\| = 1$이며 θ는 스크류 축에 대한 회전각이 된다. 스크류 축의 피치가 무한대면 $\omega = 0$, $\|v\| = 1$이 되고, θ는 스크류 축을 따라 이동한 선형 거리가 된다.

마찬가지로 회전의 경우와 유사하게, 행렬지수(exp)와 행렬 로그(log)를 다음과 같이 정의할 수 있다.

$$\exp: \quad [\mathcal{S}]\theta \in se(3) \quad \rightarrow \quad T \in SE(3)$$
$$\log: \quad T \in SE(3) \quad \rightarrow \quad [\mathcal{S}]\theta \in se(3)$$

우선 행렬지수 $e^{[\mathcal{S}]\theta}$의 닫힌 형식을 유도해보자. 행렬지수를 급수의 형태로 전개하면

$$
\begin{aligned}
e^{[\mathcal{S}]\theta} &= I + [\mathcal{S}]\theta + [\mathcal{S}]^2\frac{\theta^2}{2!} + [\mathcal{S}]^3\frac{\theta^3}{3!} + \dots \\
&= \begin{bmatrix} e^{[\omega]\theta} & G(\theta)v \\ 0 & 1 \end{bmatrix}, \quad G(\theta) = I\theta + [\omega]\frac{\theta^2}{2!} + [\omega]^2\frac{\theta^3}{3!} + \dots \quad (3.87)
\end{aligned}
$$

가 된다. $[\omega]^3 = -[\omega]$를 이용하면 $G(\theta)$는 다음과 같이 정리된다.

$$
\begin{aligned}
G(\theta) &= I\theta + [\omega]\frac{\theta^2}{2!} + [\omega]^2\frac{\theta^3}{3!} + \dots \\
&= I\theta + \left(\frac{\theta^2}{2!} - \frac{\theta^4}{4!} + \frac{\theta^6}{6!} - \dots\right)[\omega] + \left(\frac{\theta^3}{3!} - \frac{\theta^5}{5!} + \frac{\theta^7}{7!} - \dots\right)[\omega]^2 \\
&= I\theta + (1 - \cos\theta)[\omega] + (\theta - \sin\theta)[\omega]^2. \quad (3.88)
\end{aligned}
$$

위의 결과를 모두 정리하면 다음과 같은 명제를 유도할 수 있다.

명제 3.15. 스크류 축 $\mathcal{S} = (\omega, v)$가 주어졌을 때, $\|\omega\| = 1$이면, 임의의 축을 따라

이동한 변위량 $\theta \in \mathbb{R}$에 대해 행렬지수는 다음과 같이 계산한다.

$$e^{[\mathcal{S}]\theta} = \begin{bmatrix} e^{[\omega]\theta} & \left(I\theta + (1 - \cos\theta)[\omega] + (\theta - \sin\theta)[\omega]^2 \right) v \\ 0 & 1 \end{bmatrix} \tag{3.89}$$

$\omega = 0$, $\|v\| = 1$의 경우 행렬지수는

$$e^{[\mathcal{S}]\theta} = \begin{bmatrix} I & v\theta \\ 0 & 1 \end{bmatrix} \tag{3.90}$$

이 된다.

3.3.3.2 강체 운동의 행렬 로그

위의 유도는 사실 샤를-모치 이론의 구성적 증명[7]을 보여준다. 즉, 임의의 $(R, p) \in SE(3)$에 대해 다음을 만족하는 스크류 축 $\mathcal{S} = (\omega, v)$와 스칼라 θ가 항상 존재한다.

$$e^{[\mathcal{S}]\theta} = \begin{bmatrix} R & p \\ 0 & 1 \end{bmatrix}$$

즉, $T = (R, p)$의 행렬 로그는

$$[\mathcal{S}]\theta = \begin{bmatrix} [\omega]\theta & v\theta \\ 0 & 0 \end{bmatrix} \in se(3)$$

---

[7]어떠한 값의 존재성을 증명하기 위해 그 값을 직접 계산하는 증명을 말한다. - 옮긴이

이 된다.

알고리듬: 주어진 (R, p)를 $T \in SE(3)$로 표기할 때, $e^{[\mathcal{S}]\theta} = T$를 만족하는 $\theta \in [0, \pi]$와 (적어도 $\|\omega\|$와 $\|v\|$ 둘 중 하나는 단위 벡터인) 스크류 축 $\mathcal{S} = (\omega, v) \in \mathbb{R}^6$를 찾자. 벡터 $\mathcal{S}\theta \in \mathbb{R}^6$는 T의 지수 좌표를 구성하고 행렬 $[\mathcal{S}]\theta \in se(3)$는 T의 행렬 로그다.

(a) $R = I$일 경우, $\omega = 0$, $v = p/\|p\|$, $\theta = \|p\|$로 설정한다.

(b) 그 외의 경우, ($SO(3)$ 알고리듬에서 $\hat{\omega}$라 표기한) ω와 θ를 $SO(3)$의 R의 행렬 로그를 통해 구한다. 이때 v는 다음과 같이 계산한다.

$$v = G^{-1}(\theta)p \tag{3.91}$$

여기서 $G^{-1}(\theta)$는 다음과 같이 주어진다.

$$G^{-1}(\theta) = \frac{1}{\theta}I - \frac{1}{2}[\omega] + \left(\frac{1}{\theta} - \frac{1}{2}\cot\frac{\theta}{2} \right)[\omega]^2 \tag{3.92}$$

식 (3.92)의 유도는 연습 문제로 남겨두겠다.

예제 3.4. 이번 예제는 강체 운동을 $\hat{x}_s$-$\hat{y}_s$-평면에 국한해서 보겠다. 그림 3.20의 초기 좌표계 {b}와 최종 좌표계 {c}는 $SE(3)$ 행렬을 이용해 다음과 같이 표현할 수 있다.

$$T_{sb} = \begin{bmatrix} \cos 30° & -\sin 30° & 1 \\ \sin 30° & \cos 30° & 2 \\ 0 & 0 & 1 \end{bmatrix}$$

$$T_{sc} = \begin{bmatrix} \cos 60° & -\sin 60° & 2 \\ \sin 60° & \cos 60° & 1 \\ 0 & 0 & 1 \end{bmatrix}$$

모든 운동이 $\hat{x}_s$-$\hat{y}_s$ 평면상에서만 일어나기 때문에, 이에 해당하는 스크류 운동은 모

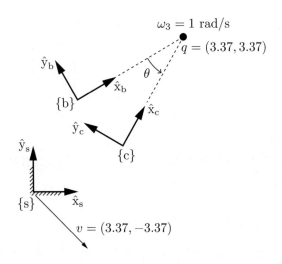

그림 3.20: 평면상의 두 좌표계

두 피치가 없는 $\hat{z}_s$-축 방향의 축을 가진다. 스크류 축 $\mathcal{S} = (\omega, v)$를 {s}에서 표현하면 다음과 같다.

$$\omega = (0, 0, \omega_3)^T$$
$$v = (v_1, v_2, 0)^T$$

좌표계 T_{sb}를 T_{sc}로 옮기는 스크류 운동을 찾아야 한다. 즉, $T_{sc} = e^{[\mathcal{S}]\theta} T_{sb}$ 혹은

$$T_{sc} T_{sb}^{-1} = e^{[\mathcal{S}]\theta}$$

를 만족해야 한다. 여기서 $[\mathcal{S}]$는 다음과 같이 주어진다.

$$[\mathcal{S}] = \begin{bmatrix} 0 & -\omega_3 & v_1 \\ \omega_3 & 0 & v_2 \\ 0 & 0 & 0 \end{bmatrix}$$

앞서 서술한 행렬 로그 알고리듬을 $T_{sc}T_{sb}^{-1}$에 적용하면 θ와 $[\mathcal{S}]$를 (따라서 $\mathcal{S}$도) 다음과 같이 구할 수 있다.

$$[\mathcal{S}] = \begin{bmatrix} 0 & -1 & 3.37 \\ 1 & 0 & -3.37 \\ 0 & 0 & 0 \end{bmatrix}, \quad \mathcal{S} = \begin{bmatrix} \omega_3 \\ v_1 \\ v_2 \end{bmatrix} = \begin{bmatrix} 1 \\ 3.37 \\ -3.37 \end{bmatrix}, \quad \theta = \pi/6 \text{ rad (혹은 } 30°)$$

$\mathcal{S}$의 값은 {s} 좌표계에서 표현한 스크류 축이며, $\hat{z}_s$축을 중심으로 1 rad/s로 회전하고 {s}의 원점 위에 있던 점이 {s}를 기준으로 $(3.37, -3.37)$의 선속도로 움직이는 운동을 표현했다.

다른 방법으로, 이 이동이 순수한 병진이 아니라는 것을 확인할 수 있다. T_{sb}와 T_{sc}가 $30°$의 차이가 나는 회전 성분을 가지고 있기 때문이다. 따라서 $\theta = 30°$와 $\omega_3 = 1$를 곧바로 설정할 수 있다. 또한 그림을 통해 $\hat{x}_s$-$\hat{y}_s$ 평면상의 스크류 축이 지나는 점 $q = (q_x, q_y)$를 구할 수 있다. 이 예제에서는 $q = (3.37, 3.37)$이 된다. 이처럼 평면에서의 강체 운동의 경우, 행렬 로그 알고리듬을 유도해 $SE(2)$의 원소를 다음과 같은 형태를 가진 $se(2)$의 원소로 보낼 수 있다.

$$\begin{bmatrix} 0 & -\omega & v_1 \\ \omega & 0 & v_2 \\ 0 & 0 & 0 \end{bmatrix}$$

3.4 렌치

강체 위의 점 r에 힘 f가 가해지고 있다고 하자. 기준 좌표계를 {a}로 정의하면, 점 r은 $r_a \in \mathbb{R}^3$로, 힘 f 는 $f_a \in \mathbb{R}^3$로 나타낼 수 있다. 이 힘은 **토크** 또는 **모멘트**를 발생시킨다. 이 모멘트는 {a}에서 $m_a \in \mathbb{R}^3$로 표현하며, 다음과 같이 계산한다.

$$m_a = r_a \times f_a$$

힘의 작용선을 따라 힘의 작용점을 움직여도 상관없다는 점을 기억하라.

트위스트의 경우처럼, 모멘트와 힘을 한데 묶어 {a}에서 표현한 6차원 벡터 **공간 힘**spatial force, 혹은 **렌치**wrench $\mathcal{F}_a$로 다음과 같이 쓸 수 있다.

$$\mathcal{F}_a = \begin{bmatrix} m_a \\ f_a \end{bmatrix} \in \mathbb{R}^6 \tag{3.93}$$

두 개 이상의 렌치가 강체에 작용하고 있을 경우, 모든 렌치가 같은 좌표계에서 표현되고 있었다면, 최종 렌치는 단순히 각각의 렌치의 벡터 합이 된다. 힘 성분 없이 모멘트만 있는 렌치를 **순수 모멘트**pure moment라 한다.

T_{ba}의 값을 안다면 좌표계 {a}에서 표현한 렌치를 다른 좌표계 {b}에서 표현할 수 있다(그림 3.21). 이미 사용하던 방식을 응용하 각각의 힘과 모멘트 사이의 적절한 변환을 유도해 $\mathcal{F}_a$와 $\mathcal{F}_b$간의 관계를 유도할 수 있다.

하지만 $\mathcal{F}_a$와 $\mathcal{F}_b$간의 관계를 유도하는 더 쉽고 직관적인 방법이 있다. (1) 앞서 유도한 같은 트위스트의 두 표현 $\mathcal{V}_a$와 $\mathcal{V}_b$ 간의 관계를 이용하고, (2) 짝 $(\mathcal{F}, \mathcal{V})$이 발생하는 (혹은 소모하는) 일률이 이를 표현하는 좌표계에 상관없이 같아야 한다는 사실을 이용하는 것이다(기준 좌표계를 바꿔서 일률을 증가시킬 수 있다고 상상해보라!). 힘과 속도의 내적이 일률이며 일률은 좌표계에 무관한 값임을 상기하자. 이로부터 다음과 같은

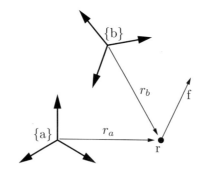

그림 3.21: 두 렌치의 표현 $\mathcal{F}_a$와 $\mathcal{F}_b$간의 관계

사실을 알 수 있다.

$$\mathcal{V}_b^T \mathcal{F}_b = \mathcal{V}_a^T \mathcal{F}_a \tag{3.94}$$

명제 3.14로부터 $\mathcal{V}_a = [\mathrm{Ad}_{T_{ab}}]\mathcal{V}_b$임을 알 수 있고, 따라서 식 (3.94)를 정리하면 다음과 같다.

$$\mathcal{V}_b^T \mathcal{F}_b = ([\mathrm{Ad}_{T_{ab}}]\mathcal{V}_b)^T \mathcal{F}_a$$
$$= \mathcal{V}_b^T [\mathrm{Ad}_{T_{ab}}]^T \mathcal{F}_a$$

이 식이 모든 $\mathcal{V}_b$에 대해 성립해야 하므로 다음 식을 유도할 수 있다.

$$\mathcal{F}_b = [\mathrm{Ad}_{T_{ab}}]^T \mathcal{F}_a \tag{3.95}$$

마찬가지로 다음 또한 성립한다.

$$\mathcal{F}_a = [\mathrm{Ad}_{T_{ba}}]^T \mathcal{F}_b \tag{3.96}$$

명제 3.16. 렌치 F가 주어졌을 때, 이를 {a}에서 표현한 값이 $\mathcal{F}_a$고 {b}에서 표현한

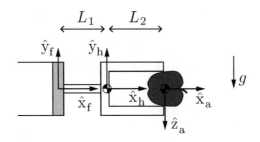

그림 3.22: 중력이 가해지는 공간에서 로봇이 사과를 잡고 있다.

값이 $\mathcal{F}_b$라 하자. 두 표현 사이에 다음과 같은 관계식이 성립한다.

$$\mathcal{F}_b = \mathrm{Ad}^T_{T_{ab}}(\mathcal{F}_a) = [\mathrm{Ad}_{T_{ab}}]^T \mathcal{F}_a \tag{3.97}$$

$$\mathcal{F}_a = \mathrm{Ad}^T_{T_{ba}}(\mathcal{F}_b) = [\mathrm{Ad}_{T_{ba}}]^T \mathcal{F}_b \tag{3.98}$$

일반적으로 고정된 공간 좌표계 {s}와 물체 좌표계 {b}를 사용하므로, **공간 렌치**spatial wrench $\mathcal{F}_s$와 **물체 렌치**body wrench $\mathcal{F}_b$를 정의할 수 있다.

예제 3.5. 그림 3.22의 로봇 손이 (편의를 위해 숫자를 반올림하면) $g = 10 \text{ m/s}^2$의 아래 방향으로 작용하는 중력장에서 0.1 kg의 질량을 가진 사과를 잡고 있다. 손의 질량 은 0.5 kg이다. 손과 로봇 팔 사이에 있는 6축 힘-토크 센서가 측정한 힘과 토크는 얼마일까?

힘-토크 센서의 위치에 좌표계 {f}를, 손의 질량 중심에 좌표계 {h}를, 사과의 질량 중심에 좌표계 {a}를 정의하자. 그림 3.22의 좌표축을 따르면, 손에 가해지는 중력에 의한 렌치를 {h}에서 표현하면

$$\mathcal{F}_h = (0, 0, 0, 0, -5 \text{ N}, 0)^T$$

이고, 사과에 가해지는 중력에 의한 렌치를 {a}에서 표현하면

$$\mathcal{F}_a = (0,0,0,0,0,1 \text{ N})^T$$

이 된다. $L_1 = 10$ cm이고 $L_2 = 15$ cm라 하면, 변환행렬 T_{hf}와 T_{af}는 다음과 같다.

$$T_{hf} = \begin{bmatrix} 1 & 0 & 0 & -0.1 \text{ m} \\ 0 & 1 & 0 & 0 \\ 0 & 0 & 1 & 0 \\ 0 & 0 & 0 & 1 \end{bmatrix}, \quad T_{af} = \begin{bmatrix} 1 & 0 & 0 & -0.25 \text{ m} \\ 0 & 0 & 1 & 0 \\ 0 & -1 & 0 & 0 \\ 0 & 0 & 0 & 1 \end{bmatrix}$$

따라서 힘-토크 센서가 측정한 렌치는 다음과 같이 주어진다.

$$\begin{aligned}
\mathcal{F}_f &= [\text{Ad}_{T_{hf}}]^T \mathcal{F}_h + [\text{Ad}_{T_{af}}]^T \mathcal{F}_a \\
&= (0,0,-0.5 \text{ Nm},0,-5 \text{ N},0)^T + (0,0,-0.25 \text{ Nm},0,-1 \text{ N},0)^T \\
&= (0,0,-0.75 \text{ Nm},0,-6 \text{ N},0)^T
\end{aligned}$$

3.5 요약

다음 표는 3장의 핵심 개념들을 요약했고 회전과 강체 운동 사이의 유사한 관계가 잘 드러나도록 정리했다. 3장에 해당하는 내용이 있는 부분을 찾아보기 바란다.

회전	강체 운동
$R \in SO(3) : 3 \times 3$ 행렬	$T \in SE(3) : 4 \times 4$ 행렬
$R^T R = I, \det R = 1$	$T = \begin{bmatrix} R & p \\ 0 & 1 \end{bmatrix},$
	여기서 $R \in SO(3), p \in \mathbb{R}^3$
$R^{-1} = R^T$	$T^{-1} = \begin{bmatrix} R^T & -R^T p \\ 0 & 1 \end{bmatrix}$
좌표계 변환:	좌표계 변환:
$R_{ab}R_{bc} = R_{ac}, \quad R_{ab}p_b = p_a$	$T_{ab}T_{bc} = T_{ac}, \quad T_{ab}p_b = p_a$
좌표계 {b}의 회전:	좌표계 {b}의 이동:
$R = \mathrm{Rot}(\hat{\omega}, \theta)$	$T = \begin{bmatrix} \mathrm{Rot}(\hat{\omega}, \theta) & p \\ 0 & 1 \end{bmatrix}$
$R_{sb'} = RR_{sb}$:	$T_{sb'} = TT_{sb}$: $\hat{\omega}_s = \hat{\omega}$를 따라 θ만큼 회전하고
$\hat{\omega}_s = \hat{\omega}$를 따라 θ만큼 회전	({b}의 원점이 이동), {s}에서 표현한 p만큼 병진 이동
$R_{sb''} = R_{sb}R$:	$T_{sb''} = T_{sb}T$: {b}에서 표현한 p만큼 병진 이동 후,
$\hat{\omega}_b = \hat{\omega}$를 따라 θ만큼 회전	이동한 물체 좌표계에서 표현한 $\hat{\omega}$에 대해 θ만큼 회전
단위 회전축 $\hat{\omega} \in \mathbb{R}^3$,	"단위" 스크류 축 $\mathcal{S} = \begin{bmatrix} \omega \\ v \end{bmatrix} \in \mathbb{R}^6$,
여기서 $\|\hat{\omega}\| = 1$	여기서 (i) $\|\omega\| = 1$ 혹은
	(ii) $\omega = 0, \|v\| = 1$ 둘 중 하나를 만족
	유한한 h를 가지는 스크류 축 $\{q, \hat{s}, h\}$의 경우,
	$\mathcal{S} = \begin{bmatrix} \omega \\ v \end{bmatrix} = \begin{bmatrix} \hat{s} \\ -\hat{s} \times q + h\hat{s} \end{bmatrix}$

회전	강체 운동
각속도 $\omega = \hat{\omega}\dot{\theta}$	트위스트 $\mathcal{V} = \mathcal{S}\dot{\theta}$
임의의 3차원 벡터 $\omega \in \mathbb{R}^3$에 대해, $$[\omega] = \begin{bmatrix} 0 & -\omega_3 & \omega_2 \\ \omega_3 & 0 & -\omega_1 \\ -\omega_2 & \omega_1 & 0 \end{bmatrix} \in so(3)$$ $\omega, x \in \mathbb{R}^3, R \in SO(3)$에 대한 등식들: $$[\omega] = -[\omega]^T, [\omega]x = -[x]\omega,$$ $$[\omega][x] = ([x][\omega])^T, R[\omega]R^T = [R\omega]$$	$$\mathcal{V} = \begin{bmatrix} \omega \\ v \end{bmatrix} \in \mathbb{R}^6$$에 대해, $$[\mathcal{V}] = \begin{bmatrix} [\omega] & v \\ 0 & 0 \end{bmatrix} \in se(3)$$ (짝 (ω, v)는 맥락에 따라 트위스트 $\mathcal{V}$일 수도 있고, "단위" 스크류 축 $\mathcal{S}$일 수도 있다).
$\dot{R}R^{-1} = [\omega_s], \quad R^{-1}\dot{R} = [\omega_b]$	$\dot{T}T^{-1} = [\mathcal{V}_s], \quad T^{-1}\dot{T} = [\mathcal{V}_b]$ $$[\text{Ad}_T] = \begin{bmatrix} R & 0 \\ [p]R & R \end{bmatrix} \in \mathbb{R}^{6 \times 6}$$ 등식들: $[\text{Ad}_T]^{-1} = [\text{Ad}_{T^{-1}}]$, $\quad [\text{Ad}_{T_1}][\text{Ad}_{T_2}] = [\text{Ad}_{T_1 T_2}]$
좌표계 변환: $\hat{\omega}_a = R_{ab}\hat{\omega}_b, \quad \omega_a = R_{ab}\omega_b$	좌표계 변환: $\mathcal{S}_a = [\text{Ad}_{T_{ab}}]\mathcal{S}_b, \quad \mathcal{V}_a = [\text{Ad}_{T_{ab}}]\mathcal{V}_b$
$R \in SO(3)$의 지수 좌표: $\hat{\omega}\theta \in \mathbb{R}^3$	$T \in SE(3)$의 지수 좌표: $\mathcal{S}\theta \in \mathbb{R}^6$
$\exp : [\hat{\omega}]\theta \in so(3) \to R \in SO(3)$ $R = \text{Rot}(\hat{\omega}, \theta) = e^{[\hat{\omega}]\theta} =$ $I + \sin\theta[\hat{\omega}] + (1 - \cos\theta)[\hat{\omega}]^2$	$\exp : [\mathcal{S}]\theta \in se(3) \to T \in SE(3)$ $$T = e^{[\mathcal{S}]\theta} = \begin{bmatrix} e^{[\omega]\theta} & * \\ 0 & 1 \end{bmatrix}$$ 여기서 $*$는 다음과 같이 주어진다. $(I\theta + (1 - \cos\theta)[\omega] + (\theta - \sin\theta)[\omega]^2)v$

회전	강체 운동
$\log : R \in SO(3) \to [\hat{\omega}]\theta \in so(3)$	$\log : T \in SE(3) \to [\mathcal{S}]\theta \in se(3)$
알고리듬은 3.2.3.3절에 있다.	알고리듬은 3.3.3.2절에 있다.
모멘트의 좌표계 변환:	렌치의 좌표계 변환:
$m_a = R_{ab}m_b$	$\mathcal{F}_a = (m_a, f_a) = [\mathrm{Ad}_{T_{ba}}]^T \mathcal{F}_b$

3.6 소프트웨어

책과 함께 배포된 소프트웨어에 포함된 함수들을 다음 목록에 정리해뒀다. 이 코드들은 MATLAB 형식을 따르지만, 다른 언어로도 사용할 수 있다. 자세한 사항은 코드와 함께 동봉된 문서를 참고하라.

`invR = RotInv(R)`
회전행렬 R의 역행렬을 구한다.

`so3mat = VecToso3(omg)`
omg의 3×3 반대칭행렬을 반환한다.

`omg = so3ToVec(so3mat)`
3×3 반대칭행렬이 so3mat인 3차원 벡터 so3mat를 반환한다.

`[omghat,theta] = AxisAng3(expc3)`
회전 expc3의 지수 좌표인 3차원 벡터 $\hat{\omega}\theta$로부터 회전축 $\hat{\omega}$와 회전각 θ를 추출한다.

`R = MatrixExp3(so3mat)`

so3mat $\in so(3)$의 행렬지수에 해당하는 회전행렬 R $\in SO(3)$을 계산한다.

so3mat = MatrixLog3(R)

회전행렬 R $\in SO(3)$의 행렬 로그 so3mat $\in so(3)$를 계산한다.

T = RpToTrans(R,p)

회전행렬 R $\in SO(3)$과 위치 벡터 p $\in \mathbb{R}^3$로 동차 변환행렬 T를 만든다.

[R,p] = TransToRp(T)

동차 변환행렬 T로부터 회전행렬과 위치 벡터를 추출한다.

invT = TransInv(T)

동차 변환행렬 T의 역행렬을 계산한다.

se3mat = VecTose3(V)

6차원 벡터인 트위스트 V에 해당하는 $se(3)$ 행렬을 반환한다.

V = se3ToVec(se3mat)

$se(3)$ 행렬 se3mat에 해당하는 6차원 벡터인 트위스트를 반환한다.

AdT = Adjoint(T)

동차 변환행렬 T의 6×6 수반 표현 $[\mathrm{Ad}_T]$를 계산한다.

S = ScrewToAxis(q,s,h)

점 q를 지나며, 축의 방향이 단위 벡터 s이고, 피치가 h인 스크류 축에 해당하는 정규화된 스크류 축 $\mathcal{S}$를 반환한다.

[S,theta] = AxisAng(expc6)

6차원 지수 좌표 벡터 $\mathcal{S}\theta$로부터 정규화된 스크류 축 $\mathcal{S}$와 변위 θ를 추출한다.

T = MatrixExp6(se3mat)

se3mat $\in se(3)$의 행렬지수에 해당하는 동차 변환행렬 $T \in SE(3)$를 계산한다.

se3mat = MatrixLog(T)

동차 변환행렬 $T \in SE(3)$의 행렬 로그 se3mat $\in se(3)$를 계산한다.

3.7 주석과 참고문헌

3장에서 소개한 회전의 지수 좌표를 기구학 관련 다른 문헌들에서는 오일러-로드리게스Euler-Rodrigues 매개변수라고도 부른다. 오일러 각, 케일리-로드리게스 매개변수, 단위 사원수와 같은 회전의 다른 표현법들은 부록 B에 정리돼 있다. 이 표현법 및 이와 관련된 회전군 $SO(3)$의 매개변수화는 [168], [112], [185], [121], [134] 등의 문헌에 나와 있다.

고전 스크류 이론은 모치Mozzi와 샤를Chasles의 업적으로부터 시작됐다. 이들은 강체 운동을 축에 대한 회전과 같은 축에 대한 병진으로 나타낼 수 있음을 독립적으로 발견했다[26]. 볼Ball의 1900년 논문[6]이 종종 스크류 이론의 고전 참고문헌으로 인용되며, 현대 문헌으로는 보테마Bottema와 로스Roth[18], 앙헬레스Angeles[2], 맥카시McCarthy[112] 등의 연구가 있다.

고전 스크류 이론을 강체 운동 $SE(3)$의 리 군 구조와 연결한 첫 번째 학자는 브라켓Brockett[20]이다. 그는 여기서 더 나아가 개연쇄의 정기구학을 행렬지수의 곱으로 나타낼 수 있다는 것을 보였다(4장에서 이를 다룬다). 행렬지수 및 로그와 이들의 미분 및 다른 공식들은 [92], [128], [130], [121]에서 찾을 수 있다.

3.8 연습 문제

1. 고정된 공간 좌표계 $\{s\}$의 $\hat{x}_s$-$\hat{y}_s$-$\hat{z}_s$ 좌표로 표현했을 때, 좌표계 $\{a\}$의 $\hat{x}_a$-축은 $(0,0,1)$ 방향을 가리키며, $\hat{y}_a$-축은 $(-1,0,0)$ 방향을 가리키고 있다. 좌표계 $\{b\}$의 $\hat{x}_b$-축은 $(1,0,0)$ 방향을 가리키며, $\hat{y}_b$-축은 $(0,0,-1)$ 방향을 가리키고 있다.

(a) 세 좌표계를 보기 좋게 다른 위치에 그려라.

(b) 회전행렬 R_{sa}와 R_{sb}를 구하라.

(c) R_{sb}이 주어졌을 때, 역행렬을 계산하는 공식 없이 R_{sb}^{-1}를 구하는 방법은? R_{sb}^{-1}를 구하고, 그림으로 당신의 답을 정당화하라.

(d) R_{sa}와 R_{sb}가 주어졌을 때, (역행렬 계산 공식 없이) R_{ab}를 구하는 방법은? 답을 구하고, 그림으로 당신의 답을 정당화하라.

(e) $\hat{x}$축을 중심으로 $-90°$ 회전하는 변환 연산자를 $R = R_{sb}$라 하자. $R_1 = R_{sa}R$을 구하라. R_{sa}가 좌표계 방향을 나타낸다고 생각하고, R을 R_{sa}의 회전이라고 생각해보자. R_1는 회전한 좌표계의 방향이 된다. 새로운 좌표계의 방향 R_1이 R_{sa}를 공간 좌표계의 $\hat{x}_s$-축을 중심으로 $-90°$ 회전한 것인가? 아니면 물체 좌표계의 $\hat{x}_a$-축을 중심으로 회전한 것인가? 이제 $R_2 = RR_{sa}$를 계산해보자. R_2는 공간 좌표계를 기준으로 회전했는가? 아니면 물체 좌표계를 기준으로 회전했는가?

(f) R_{sb}를 사용해 ($\{b\}$ 좌표계에서 표현한) 점 $p_b = (1,2,3)^T$를 $\{s\}$ 좌표계에서 표현하라.

(g) $\{s\}$에서 $p_s = (1,2,3)^T$로 표현되는 점 p가 있다. $p' = R_{sb}p_s$와 $p'' = R_{sb}^T p_s$를 계산하라. 각각의 연산의 결과가 점 p를 움직이지 않고 ($\{s\}$에서 $\{b\}$로) 기준 좌표계를 바꾼 결과인가? 아니면 기준 좌표계를 바꾸지 않고 점의 위치를 옮긴 것인가?

(h) 각속도 w는 $\{s\}$에서 $\omega_s = (3,2,1)^T$로 표현된다. $\{s\}$에서의 표현 ω_a를 구하라.

(i) 직접 손으로 R_{sa}의 행렬 로그 $[\hat{\omega}]\theta$를 구하라(소프트웨어를 이용해 답을 검증해볼 수 있다). 단위 각속도 $\hat{\omega}$와 회전량 θ를 구하라. 고정 좌표계 {s}를 다시 그리고 그 위에 $\hat{\omega}$를 그려라.

(j) 회전의 지수 좌표 $\hat{\omega}\theta = (1, 2, 0)^T$의 행렬지수를 구하라. 이 행렬지수에 해당하는 좌표계와 회전축 $\hat{\omega}$를 {s}에 그려라.

2. 점 p를 고정 좌표계 $\hat{x}$-$\hat{y}$-$\hat{z}$에서 표현한 좌표가 $p = (\frac{1}{\sqrt{3}}, -\frac{1}{\sqrt{6}}, \frac{1}{\sqrt{2}})$라 하자. 점 p 를 순서대로 고정 좌표계의 $\hat{x}$-축을 중심으로 30도, $\hat{y}$-축을 중심으로 135도, $\hat{z}$-축을 중심으로 -120도 회전시켰다. 회전한 점의 좌표를 p'라 하자.

(a) 좌표 p'를 구하라.

(b) (a)에서 구한 p'에 대해 $p' = Rp$를 만족하는 회전행렬 R을 구하라.

3. $p_i \in \mathbb{R}^3$와 $p_i' \in \mathbb{R}^3$가 알려지지 않은 회전행렬 R에 대해 $p_i' = Rp_i$의 관계를 만족한다. $(i = 1, 2, 3)$ 세 개의 입출력 쌍 $p_i \mapsto p_i'$

$$p_1 = (\sqrt{2}, 0, 2)^T \quad \mapsto \quad p_1' = (0, 2, \sqrt{2})^T$$
$$p_2 = (1, 1, -1)^T \quad \mapsto \quad p_2' = (\frac{1}{\sqrt{2}}, \frac{1}{\sqrt{2}}, -\sqrt{2})^T$$
$$p_3 = (0, 2\sqrt{2}, 0)^T \quad \mapsto \quad p_3' = (-\sqrt{2}, \sqrt{2}, -2)^T$$

에 대해 $p_i' = Rp_i$를 동시에 만족하는 R이 존재하는가? 존재한다면 R의 값을 구하라.

4. 이번 문제의 목표는 식 (3.22)의 $R_{ab}R_{bc} = R_{ac}$를 증명하는 것이다. 좌표계 {a}, {b}, {c}의 단위 좌표축들을 직교하는 세 단위 벡터의 묶음 $\{\hat{x}_a, \hat{y}_a, \hat{z}_a\}$, $\{\hat{x}_b, \hat{y}_b, \hat{z}_b\}$, $\{\hat{x}_c, \hat{y}_c, \hat{z}_c\}$로 정의하자. 좌표계 {b}의 단위축들을 좌표계 {a}의 단위축들로 표현하면

다음과 같다고 하자.

$$
\begin{aligned}
\hat{x}_b &= r_{11}\hat{x}_a + r_{21}\hat{y}_a + r_{31}\hat{z}_a \\
\hat{y}_b &= r_{12}\hat{x}_a + r_{22}\hat{y}_a + r_{32}\hat{z}_a \\
\hat{z}_b &= r_{13}\hat{x}_a + r_{23}\hat{y}_a + r_{33}\hat{z}_a
\end{aligned}
$$

마찬가지로, 좌표계 {c}의 단위축들을 좌표계 {b}의 단위축들로 표현하면 다음과 같다고 하자.

$$
\begin{aligned}
\hat{x}_c &= s_{11}\hat{x}_b + s_{21}\hat{y}_b + s_{31}\hat{z}_b \\
\hat{y}_c &= s_{12}\hat{x}_b + s_{22}\hat{y}_b + s_{32}\hat{z}_b \\
\hat{z}_c &= s_{13}\hat{x}_b + s_{23}\hat{y}_b + s_{33}\hat{z}_b
\end{aligned}
$$

위의 표현식들을 이용해 $R_{ab}R_{bc} = R_{ac}$임을 증명하라.

5. $SO(3)$ 행렬

$$
\begin{bmatrix}
0 & -1 & 0 \\
0 & 0 & -1 \\
1 & 0 & 0
\end{bmatrix}
$$

의 지수 좌표 $\hat{\omega}\theta \in \mathbb{R}^3$를 구하라.

6. $R = \mathrm{Rot}(\hat{x}, \frac{\pi}{2})\mathrm{Rot}(\hat{z}, \pi)$에 대해, $R = e^{[\hat{\omega}]\theta}$를 만족하는 단위 벡터 $\hat{\omega}$와 θ를 구하라.

7.

(a) 회전행렬

$$
R = \begin{bmatrix}
0 & 0 & 1 \\
0 & -1 & 0 \\
1 & 0 & 0
\end{bmatrix}
$$

이 주어졌을 때, $e^{[\hat{\omega}]\theta} = R$를 만족하는 모든 가능한 $\hat{\omega} \in \mathbb{R}^3, \|\hat{\omega}\| = 1, \theta \in [0, 2\pi]$인 $\hat{\omega}$와 θ를 구하라.

(b) 두 벡터 $v_1, v_2 \in \mathbb{R}^3$는 다음과 같은 관계를 갖는다.

$$v_2 = Rv_1 = e^{[\hat{\omega}]\theta} v_1$$

여기서 $\hat{\omega} \in \mathbb{R}^3$의 길이는 1이며, $\theta \in [-\pi, \pi]$이다. $\hat{\omega} = (\frac{2}{3}, \frac{2}{3}, \frac{1}{3})^T, v_1 = (1, 0, 1)^T, v_2 = (0, 1, 1)^T$로 주어졌을 때, 위 식을 만족하는 모든 θ를 구하라.

8.

(a) 대각합이 -1인 회전행렬 R의 행렬 로그를 구해보자. 행렬지수 공식

$$e^{[\hat{\omega}]\theta} = I + \sin\theta[\hat{\omega}] + (1 - \cos\theta)[\hat{\omega}]^2, \quad \|\omega\| = 1$$

과 $\operatorname{tr} R = -1$이면 $\theta = \pi$라는 사실을 상기하면, 위 식을 다음과 같이 단순화할 수 있다.

$$R = I + 2[\hat{\omega}]^2 = \begin{bmatrix} 1 - 2(\hat{\omega}_2^2 + \hat{\omega}_3^2) & 2\hat{\omega}_1\hat{\omega}_2 & 2\hat{\omega}_1\hat{\omega}_3 \\ 2\hat{\omega}_1\hat{\omega}_2 & 1 - 2(\hat{\omega}_1^2 + \hat{\omega}_3^2) & 2\hat{\omega}_2\hat{\omega}_3 \\ 2\hat{\omega}_1\hat{\omega}_2 & 2\hat{\omega}_2\hat{\omega}_3 & 1 - 2(\hat{\omega}_1^2 + \hat{\omega}_2^2) \end{bmatrix}$$

$\hat{\omega}_1^2 + \hat{\omega}_2^2 + \hat{\omega}_3^2 = 1$라는 사실을 이용해, R의 (i, j) 원소를 r_{ij}라고 표기할 때

$$\hat{\omega}_1 = \sqrt{\frac{r_{11} + 1}{2}}, \quad \hat{\omega}_2 = \sqrt{\frac{r_{22} + 1}{2}}, \quad \hat{\omega}_3 = \sqrt{\frac{r_{33} + 1}{2}}$$

라고 할 수 있는가?

(b) $[\hat{\omega}]^3 = -[\hat{\omega}]$를 이용해, $R = I + 2[\hat{\omega}]^2$를 다음과 같이 쓸 수 있다.

$$
\begin{aligned}
R - I &= 2[\hat{\omega}]^2 \\
[\hat{\omega}](R - I) &= 2[\hat{\omega}]^3 = -2[\hat{\omega}] \\
[\hat{\omega}](R + I) &= 0
\end{aligned}
$$

마지막 식은 $(\hat{\omega}_1, \hat{\omega}_2, \hat{\omega}_3)$에 대한 세 개의 선형방정식으로 이뤄져 있다. 이 선형방정식의 해와 R의 행렬 로그 사이에는 어떤 관계가 있는가?

9. 회전행렬에 대해 배운 모든 성질을 이용해 두 회전행렬을 곱할 때 필요한 사칙연산(더하기, 빼기, 곱하기, 나누기)을 최대한 줄여보라. 최소 몇 번의 사칙연산이 필요한가?

10. 연산 정확도의 한계 때문에 어떤 두 회전행렬의 곱은 회전행렬이 아닐 수 있다. 즉, 곱셈의 결과인 A가 정확하게 $A^T A = I$를 만족하지 않을 수 있다. 임의의 행렬 $A \in \mathbb{R}^{3 \times 3}$를 받아 $R \in SO(3)$를 만드는 반복적 수치 알고리듬을 고안해보라. 이 알고리듬은 다음 식을 최소화하는 것으로 설계할 수 있다.

$$
\|A - R\|^2 = \text{tr}\,(A - R)(A - R)^T
$$

(힌트: 부록 D에 최적화 문제에 관한 배경지식을 수록해놓았다)

11. 행렬지수의 성질
  (a) 일반적인 행렬 $A, B \in \mathbb{R}^{n \times n}$가 $e^A e^B = e^{A+B}$를 만족할 조건은 무엇인가?
  (b) 임의의 트위스트 $\mathcal{V}_a = (\omega_a, v_a)$, $\mathcal{V}_b = (\omega_b, v_b)$에 대해 $A = [\mathcal{V}_a]$, $B = [\mathcal{V}_b]$일 때, $\mathcal{V}_a$와 $\mathcal{V}_b$가 $e^A e^B = e^{A+B}$를 만족할 조건은 무엇인가? 이 조건의 물리적인 의미를 설명해보라.

12.

(a) $\mathrm{Rot}(\hat{z}, \alpha)$를 $\hat{z}$-축을 중심으로 α만큼 회전시키는 회전행렬이라 하자. 회전행렬 $A = \mathrm{Rot}(\hat{z}, \alpha)$가 주어졌을 때, $AR = RA$를 만족하는 모든 회전행렬 $R \in SO(3)$를 구하라.

(b) 회전행렬 $A = \mathrm{Rot}(\hat{z}, \alpha)$와 $B = \mathrm{Rot}(\hat{z}, \beta)$가 주어졌으며 $\alpha \neq \beta$일 때, $AR = RB$를 만족하는 모든 $R \in SO(3)$를 구하라.

(c) 임의의 회전행렬 $A, B \in SO(3)$가 주어졌을 때, $AR = RB$를 만족하는 모든 $R \in SO(3)$를 구하라.

13.

(a) 회전행렬 $R \in SO(3)$의 세 고윳값이 모두 크기가 1임을 보여라. 또한, $\mu^2 + \nu^2 = 1$를 만족하는 μ, ν를 이용해 세 고윳값을 항상 $\{\mu + i\nu, \mu - i\nu, 1\}$의 형태로 표현할 수 있음을 보여라.

(b) 회전행렬 $R \in SO(3)$이 다음과 같은 형태로 항상 표현할 수 있음을 보여라.

$$R = A \begin{bmatrix} \mu & \nu & 0 \\ -\nu & \mu & 0 \\ 0 & 0 & 1 \end{bmatrix} A^{-1}$$

여기서 $A \in SO(3)$이며 $\mu^2 + \nu^2 = 1$를 만족한다(힌트: 고윳값 $\mu + i\nu$에 해당하는 고유벡터를 $x, y \in \mathbb{R}^3$를 이용해 $x + iy$로 표기하고, 고윳값 1에 해당하는 고유벡터를 $z \in \mathbb{R}^3$로 표기하라. 이 문제를 풀기 위해 세 벡터 $\{x, y, z\}$가 항상 선형(일차)독립이라고 가정해도 좋다).

14. $\|\omega\| = 1$인 $\omega \in \mathbb{R}^3$와 0이 아닌 스칼라 θ가 주어졌을 때, 다음 식이 성립함을

보여라.

$$\left(I\theta + (1 - \cos\theta)[\omega] + (\theta - \sin\theta)[\omega]^2\right)^{-1} = \frac{1}{\theta}I - \frac{1}{2}[\omega] + \left(\frac{1}{\theta} - \frac{1}{2}\cot\frac{\theta}{2}\right)[\omega]^2$$

(힌트: 등식 $[\omega]^3 = -[\omega]$을 이용해, 좌변의 역행렬을 $[\omega]$에 대한 이차행렬 다항식으로 표현하라)

15.

(a) 고정 좌표계 {0}과 (초기에 {0}과 일치했던) 움직이는 좌표계 {1}이 주어졌을 때, {1}을 다음과 같은 순서로 회전하자.

    i. {1}을 {0} 좌표계의 $\hat{x}$-축을 중심으로 α만큼 회전하고, 이 새로운 좌표계를 {2}라 하자.

    ii. {2}를 {0} 좌표계의 $\hat{y}$-축을 중심으로 β만큼 회전하고, 이 새로운 좌표계를 {3}이라 하자.

    iii. {3}을 {0} 좌표계의 $\hat{z}$-축을 중심으로 γ만큼 회전하고, 이 새로운 좌표계를 {4}라 하자.

최종 좌표계의 방향 R_{04}는 무엇인가?

(b) 위의 과정 중 세 번째 단계가 "{3}을 {3} 좌표계의 $\hat{z}$-축을 중심으로 γ만큼 회전하고, 이 새로운 좌표계를 {4}라 하자"로 바뀌었다고 하자. 최종 좌표계의 방향 R_{04}는 무엇인가?

(c) 다음 변환행렬들을 이용해 T_{ca}를 구하라.

$$T_{ab} = \begin{bmatrix} \frac{1}{\sqrt{2}} & -\frac{1}{\sqrt{2}} & 0 & -1 \\ \frac{1}{\sqrt{2}} & \frac{1}{\sqrt{2}} & 0 & 0 \\ 0 & 0 & 1 & 1 \\ 0 & 0 & 0 & 1 \end{bmatrix}, \quad T_{cb} = \begin{bmatrix} \frac{1}{\sqrt{2}} & 0 & \frac{1}{\sqrt{2}} & 0 \\ 0 & 1 & 0 & 1 \\ -\frac{1}{\sqrt{2}} & 0 & \frac{1}{\sqrt{2}} & 0 \\ 0 & 0 & 0 & 1 \end{bmatrix}$$

16. 고정 좌표계 {s}의 $\hat{x}_s$-$\hat{y}_s$-$\hat{z}_s$ 좌표로 나타내면, {a}의 $\hat{x}_a$-축은 $(0,0,1)$ 방향을 가리키고, $\hat{y}_a$-축은 $(-1,0,0)$ 방향을 가리킨다. 마찬가지로 {b}의 $\hat{x}_b$-축은 $(1,0,0)$ 방향을 가리키고, $\hat{y}_b$-축은 $(0,0,-1)$ 방향을 가리킨다. {a}의 원점은 {s} 좌표계의 $(3,0,0)$에 있고, {b}의 원점은 {s} 좌표계의 $(0,2,0)$에 있다.

(a) {s}를 기준으로 {a}, {b}의 위치 및 방향을 보여주는 그림을 그려보라.

(b) 회전행렬 R_{sa}, R_{sb}와 변환행렬 T_{sa}, T_{sb}를 구하라.

(c) T_{sb}가 주어졌을 때, 역행렬 계산 공식 없이 T_{sb}^{-1}를 구하는 방법은? T_{sb}^{-1}을 구하고, 그림으로 당신의 답을 정당화하라.

(d) T_{sa}와 T_{sb}가 주어졌을 때, 역행렬 계산 공식 없이 T_{ab}를 구하는 방법은? T_{ab}를 구하고, 그림으로 당신의 답을 정당화하라.

(e) $\hat{x}$축을 중심으로 $-90°$ 회전 후 $\hat{y}$ 방향으로 2만큼 이동하는 변환 연산을 $T = T_{sb}$라 하자. $T_1 = T_{sa}T$를 계산하라. T_1의 회전과 병진이 각각 $\hat{x}_s$, $\hat{y}_s$을 기준으로 작동하는가? (이를 T_{sa}의 공간에 고정된 변환이라 하자) 아니면 $\hat{x}_a$, $\hat{y}_a$를 기준으로 작동하는가? (이를 T_{sa}의 물체에 고정된 변환이라 하자) 이제 $T_2 = TT_{sa}$를 계산해보자. T_2는 T_{sa}의 물체에 고정된 변환인가? 아니면 공간에 고정된 변환인가?

(f) T_{sb}를 이용해 ({b} 좌표계에서 표현한) $p_b = (1,2,3)^T$를 {s} 좌표계에서 표현하라.

(g) {s}에서 $p_s = (1,2,3)^T$로 표현되는 점 p가 있다. $p' = T_{sb}p_s$와 $p'' = T_{sb}^{-1}p_s$를 계산하라. 각각의 계산의 결과가 점 p를 옮기지 않고 ({s} 좌표계에서 {b} 좌표계로) 표현하는 좌표계를 바꾸는 것인가? 아니면 기준 좌표계를 바꾸지 않고 점을 옮기는 것인가?

(h) 트위스트 $\mathcal{V}$는 {s}에서 $\mathcal{V}_s = (3,\ 2,\ 1,\ -1,\ -2,\ -3)^T$로 표현된다. 이 트위스트의 {a}에서의 표현 $\mathcal{V}_a$는 무엇인가?

(i) 손으로 직접 T_{sa}의 행렬 로그 $[\mathcal{S}]\theta$를 계산하라(소프트웨어를 이용해 답을 검증해볼 수 있다). 정규화한 스크류 축 $\mathcal{S}$와 회전량 θ를 구하라. 이 스크류 축의 $\{q, \hat{s}, h\}$

표현을 찾아라. 고정 좌표계 {s}를 그리고, 그 안에 $\mathcal{S}$를 그려라.

(j) 강체의 지수 좌표 $\mathcal{S}\theta = (0,\ 1,\ 2,\ 3,\ 0,\ 0)^T$에 해당하는 행렬지수를 계산하라. 계산한 행렬지수에 해당하는 좌표계를 스크류 축 $\mathcal{S}$와 함께 {s} 위에 그려라.

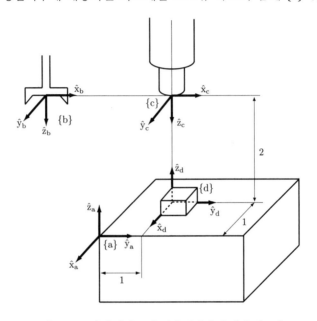

그림 3.23: 로봇의 작업 공간 내에 정의된 네 개의 좌표계

17. 그림 3.23과 같이 로봇의 작업 공간 내에 네 개의 기준 좌표계를 설정했다. 이 네 개의 좌표계는 고정 좌표계 {a}, 엔드 이펙터 좌표계 {b}, 카메라 좌표계 {c}, 제품 좌표계 {d}이다.

(a) 그림의 수치를 이용해 T_{ad}와 T_{cd}를 구하라.

(b) 다음 값을 이용해 T_{ab}를 구하라.

$$T_{bc} = \begin{bmatrix} 1 & 0 & 0 & 4 \\ 0 & 1 & 0 & 0 \\ 0 & 0 & 1 & 0 \\ 0 & 0 & 0 & 1 \end{bmatrix}$$

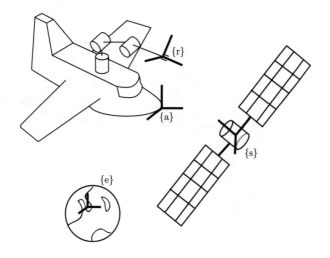

그림 3.24: 우주선에 장착된 로봇 팔

18. 그림 3.24와 같이 로봇 팔이 우주선에 장착돼 있다. 좌표계들을 지구 {e}, 인공위성 {s}, 우주선 {a}, 로봇 팔 {r}에 각각 설정했다.

(a) T_{ea}, T_{ar}, T_{es}가 주어졌을 때 T_{rs}를 구하라.

(b) {e}에서 본 좌표계 {s}의 원점이 $(1, 1, 1)$이고,

$$T_{er} = \begin{bmatrix} -1 & 0 & 0 & 1 \\ 0 & 1 & 0 & 1 \\ 0 & 0 & -1 & 1 \\ 0 & 0 & 0 & 1 \end{bmatrix}$$

라 가정하자. {r} 좌표계에서 본 {s}의 원점의 좌표를 구하라.

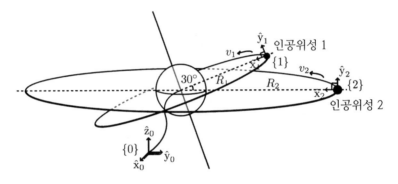

그림 3.25: 지구를 공전하는 두 인공위성

19. 그림 3.25와 같이 두 인공위성이 지구를 공전하고 있다. 좌표계 {1}과 {2}는 $\hat{x}$-축이 항상 지구를 향하도록 두 인공위성에 부착했다. 인공위성 1과 2는 일정한 속력 v_1과 v_2로 공전하고 있다. 문제를 간단히 하기 위해 지구의 자전을 무시하고, 고정 좌표계 {0}은 지구 중심에 있다. 그림 3.25는 $t = 0$일 때 두 인공위성의 위치를 보여주고 있다.

(a) 좌표계 T_{01}, T_{02}를 t에 대한 함수로 나타내라.

(b) (a)의 결과를 이용해, T_{21}을 t에 대한 함수로 나타내라.

190

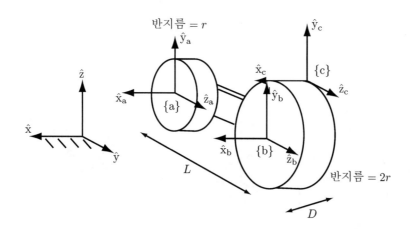

그림 3.26: 페니파딩 자전거

20. 그림 3.26과 같이 앞바퀴의 지름이 뒷바퀴보다 두 배 긴 페니파딩 자전거가 있다. 좌표계 {a}와 {b}는 각 바퀴의 중심에 놓여 있고, 좌표계 {c}는 앞바퀴의 꼭대기에 놓여 있다. 자전거가 $\hat{y}$ 방향으로 움직일 때, T_{ac}를 앞 바퀴의 회전각 θ에 대한 함수로 나타내라(그림의 순간에서 $\theta = 0$이다).

21. 그림 3.27의 우주 정거장이 지구를 원형 궤도로 움직이고 있다. 또한 이 우주 정거장은 항상 북극성을 가리키는 방향의 축을 중심으로 회전한다. 기계 오작동으로 인해, 우주 정거장으로 향하고 있는 우주선이 도킹 포트의 위치를 인식할 수 없게

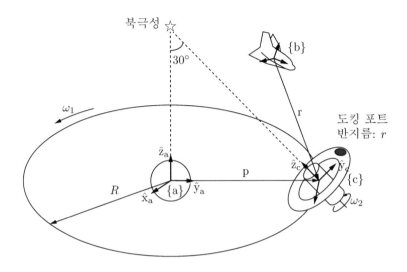

그림 3.27: 우주선과 우주 정거장

됐다. 지구에 있는 본부에서 우주선에 다음과 같은 정보를 전송했다.

$$
T_{ab} = \begin{bmatrix} 0 & -1 & 0 & -100 \\ 1 & 0 & 0 & 300 \\ 0 & 0 & 1 & 500 \\ 0 & 0 & 0 & 1 \end{bmatrix}, \quad p_a = \begin{bmatrix} 0 \\ 800 \\ 0 \end{bmatrix}
$$

여기서 p_a는 벡터 p를 {a} 좌표계에서 표현한 것이다.

(a) 위의 정보를 이용해 {b}에서 표현한 벡터 r, r_b를 구하라.

(b) {a}와 {c} 좌표계의 $\hat{y}$축과 $\hat{z}$축은 도킹 포트와 같은 평면에 존재한다고 가정하자. 그림의 순간에서 T_{bc}를 구하라.

22. 그림 3.28과 같이 어떤 목표물이 $\hat{x}-\hat{y}$-평면 위의 원형 경로를 따라 일정한 각속력 ω rad/s로 움직이고 있다. 이 목표물은 일정한 속력 v로 수직으로 올라가는 플랫폼에

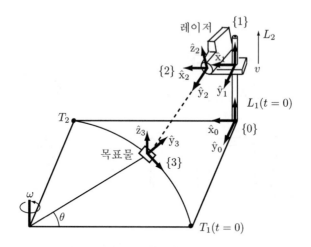

그림 3.28: 움직이는 물체를 따라가는 레이저

부착된 레이저로 조준하고 있다. $t = 0$일 때 레이저와 플랫폼은 L_1에서 출발하고, 목표물은 T_1 좌표계에서 출발한다고 하자.

(a) T_{01}, T_{12}, T_{03}을 t에 대한 함수로 나타내라.

(b) (a)의 결과를 이용해, T_{23}을 t에 대한 함수로 나타내라.

23. 그림 3.29와 같이 두 장난감 자동차가 둥근 탁자 위에서 움직이고 있다. 자동차 1은 탁자의 둘레를 따라 일정한 속력 v_1으로 움직이고, 자동차 2는 반지름을 따라 일정한 속력 v_2로 움직인다. $t = 0$일 때 두 자동차의 위치는 그림과 같다.

(a) T_{01}과 T_{02}를 t에 대한 함수로 나타내라.

(b) T_{12}를 t에 대한 함수로 나타내라.

24. 그림 3.30은 $t = 0$일 때 로봇 팔의 자세를 보여준다. 이 로봇 팔의 첫 번째 관절은 피치가 $h = 2$인 스크류 관절이다. 로봇 팔의 링크의 길이는 $L_1 = 10$, $L_2 = L_3 = 5$, $L_4 = 3$이다. 모든 관절의 각속도가 $\omega_1 = \frac{\pi}{4}$, $\omega_2 = \frac{\pi}{8}$ $\omega_3 = -\frac{\pi}{4}$ rad/s로 일정하다.

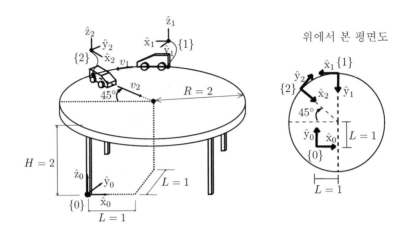

그림 3.29: 둥근 탁자 위의 두 장난감 자동차

$T_{sb}(4) \in SE(3)$는 $t = 4$일 때 엔드 이펙터 좌표계 {b}를 고정 좌표계 {s}에서 표현한 것이다. $T_{sb}(4)$를 구하라.

25. 그림 3.31과 같이 카메라가 로봇 팔에 부착돼 있다. 변환 $X \in SE(3)$는 변하지 않으며 로봇 팔은 자세 1에서 자세 2로 움직인다. 변환 $A \in SE(3)$와 $B \in SE(3)$의 값은 관측을 통해 알고 있다고 가정한다.

  (a) X와 A가 다음과 같이 주어졌다.

$$X = \begin{bmatrix} 1 & 0 & 0 & 1 \\ 0 & 1 & 0 & 0 \\ 0 & 0 & 1 & 0 \\ 0 & 0 & 0 & 1 \end{bmatrix}, \ A = \begin{bmatrix} 0 & 0 & 1 & 0 \\ 0 & 1 & 0 & 1 \\ -1 & 0 & 1 & 0 \\ 0 & 0 & 0 & 1 \end{bmatrix}$$

  B의 값을 구하라.

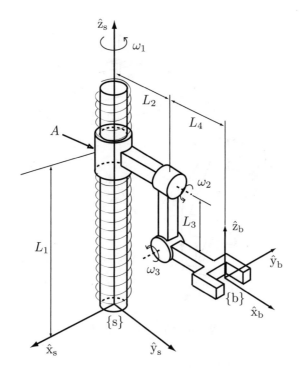

그림 3.30: 스크류 관절이 부착된 로봇 팔

(b) 이제

$$A = \begin{bmatrix} R_A & p_A \\ 0 & 1 \end{bmatrix}, B = \begin{bmatrix} R_B & p_B \\ 0 & 1 \end{bmatrix}$$

의 값을 알고 있다고 가정할 때, 다음의 값을 구해야 한다.

$$X = \begin{bmatrix} R_X & p_X \\ 0 & 1 \end{bmatrix}$$

$R_A = e^{[\alpha]}$이고, $R_B = e^{[\beta]}$일 때, R_X가 존재할 $\alpha \in \mathbb{R}^3$와 $\beta \in \mathbb{R}^3$의 조건은

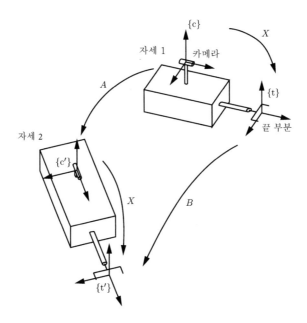

그림 3.31: 로봇 팔에 부착된 카메라

무엇인가?

(c) 이제 다음과 같이 k개의 방정식이 있다고 하자.

$$i = 1, \ldots, k \text{ 에 대해 } A_i X = X B_i.$$

모든 A_i와 B_i는 알고 있다고 가정한다. 해 X가 유일해지는 k의 **최솟값**은?

26. $q = (3, 0, 0)^T$, $\hat{s} = (0, 0, 1)^T$, $h = 2$인 스크류 축을 그려라.

27. 트위스트 $\mathcal{V} = (0, 2, 2, 4, 0, 0)^T$에 해당하는 스크류 축을 그려라.

28. 공간 좌표계에서 본 물체 좌표계의 방향이

$$R = \begin{bmatrix} 0 & -1 & 0 \\ 0 & 0 & -1 \\ 1 & 0 & 0 \end{bmatrix}$$

이며, 공간 좌표계 {s}에서 표현한 물체 좌표계의 각속도가 $\omega_s = (1, 2, 3)^T$이다. {b}에서 표현한 물체 좌표계의 각속도 ω_b를 구하라.

29. 움직이는 하나의 강체에 두 좌표계 {a}와 {b}가 붙어 있다. 공간 좌표계에서 표현한 {a}의 트위스트와 공간 좌표계에서 표현한 {b}의 트위스트와 같음을 보여라.

30. 그림 3.32와 같이 한 큐브가 두 개의 서로 다른 스크류 운동을 통해 좌표계 {1}에서 좌표계 {2}로 움직인다. (a)와 (b)의 경우 모두 초기 자세는 다음과 같다.

$$T_{01} = \begin{bmatrix} 1 & 0 & 0 & 0 \\ 0 & 1 & 0 & 1 \\ 0 & 0 & 1 & 0 \\ 0 & 0 & 0 & 1 \end{bmatrix}$$

(a) (a)와 (b) 각각의 경우에 대해 $T_{02} = e^{[\mathcal{S}]\theta} T_{01}$를 만족하는 지수 좌표 $\mathcal{S}\theta = (\omega, v)$를 구하라. 여기서 ω 또는 v에는 제약조건이 없다.

(b) $\|\omega\| \in [-\pi, \pi]$의 제약조건을 넣고 (a) 문제를 반복하라.

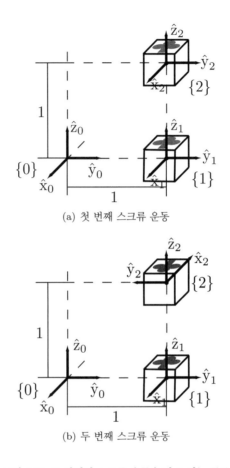

(a) 첫 번째 스크류 운동

(b) 두 번째 스크류 운동

그림 3.32: 두 가지의 스크류 운동을 하고 있는 큐브

31. 예제 3.2와 그림 3.16에서 로봇이 집어야 하는 블록의 무게는 1kg이다. 따라서
로봇은 블록 좌표계 {e}의 $\hat{z}_e$의 방향으로 대략 10N의 힘을 줘야 한다(블록 좌표계의
원점이 블록의 질량 중심에 있다고 가정해도 좋다). 이 힘을 좌표계 {e}에서 표현한 렌치
$\mathcal{F}_e$로 나타내라. 예제 3.2의 변환행렬을 이용해, 같은 렌치를 엔드 이펙터 좌표계 {c}

에서 표현한 값 $\mathcal{F}_c$을 구하라.

32. 두 기준 좌표계 {a}와 {b}와 고정 좌표계 {o}가 있다. $R_{ab} = e^{[\hat{\omega}]\theta}$ 일 때, 두 좌표계 {a}와 {b} 사이의 거리를 다음과 같이 정의하자.

$$\mathrm{dist}(T_{oa}, T_{ob}) \equiv \sqrt{\theta^2 + ||p_{ab}||^2}$$

이제 고정 좌표계를 다른 좌표계 {o'}로 대체해서, 어떤 상수 행렬 $S = (R_s, p_s) \in SE(3)$에 대해 $T_{o'a} = ST_{oa}$, $T_{o'b} = ST_{o'b}$가 됐다고 가정하자.

(a) 위의 거리 공식을 이용해 $\mathrm{dist}(T_{o'a}, T_{o'b})$를 구하라.

(b) $\mathrm{dist}(T_{oa}, T_{ob}) = \mathrm{dist}(T_{o'a}, T_{o'b})$일 S의 조건은 무엇인가?

33. (a) 미분방정식 $\dot{x} = Ax$의 일반해를 구하라. 여기서 A는 다음과 같다.

$$A = \begin{bmatrix} -2 & 1 \\ 0 & -1 \end{bmatrix}$$

$t \to \infty$일 때 $x(t)$는 어떻게 되는가?

(b) 다음 A에 대해 같은 과정을 반복하라.

$$A = \begin{bmatrix} 2 & -1 \\ 1 & 2 \end{bmatrix}$$

$t \to \infty$일 때 $x(t)$는 어떻게 되는가?

34. $x \in \mathbb{R}^2$, $A \in \mathbb{R}^{2 \times 2}$에 대해, 선형 미분방정식 $\dot{x}(t) = Ax(t)$을 고려해보자. 초기

조건이 $x(0) = (1, -3)$일 때 해가

$$x(t) = \begin{bmatrix} e^{-3t} \\ -3e^{-3t} \end{bmatrix}$$

이고, 초기 조건이 $x(0) = (1, 1)$일 때 해가

$$x(t) = \begin{bmatrix} e^{t} \\ e^{t} \end{bmatrix}$$

이다. A와 e^{At}를 구하라.

35. $x \in \mathbb{R}^n$이고 $f(t)$는 t에 대한 미분 가능한 함수다. $\dot{x} = Ax + f(t)$ 형태의 미분방정식의 일반해가

$$x(t) = e^{At}x(0) + \int_0^t e^{A(t-s)}f(s) \, ds$$

의 형태로 쓸 수 있음을 보여라(힌트: $z(t) = e^{-At}x(t)$로 정의하고 $\dot{z}(t)$를 구해보라).

36. 부록 B를 참고해 ZXZ 오일러 각에 대한 다음 질문들에 답하라.
   (a) 어떠한 회전행렬에 해당하는 회전의 ZXZ 오일러 각을 찾는 과정을 유도하라.
   (b) (a)의 결과를 이용해, 다음 회전행렬의 ZXZ 오일러 각을 구하라.

$$\begin{bmatrix} -\frac{1}{\sqrt{2}} & \frac{1}{\sqrt{2}} & 0 \\ -\frac{1}{2} & -\frac{1}{2} & \frac{1}{\sqrt{2}} \\ \frac{1}{2} & \frac{1}{2} & \frac{1}{\sqrt{2}} \end{bmatrix}$$

37. 두 회전형 관절 θ_1과 θ_2가 있는 손목 관절 기구를 생각해보자. 이 기구의 엔드

이펙터 좌표계의 방향 $R \in SO(3)$는 다음과 같이 주어진다.

$$R = e^{[\hat{\omega}_1]\theta_1} e^{[\hat{\omega}_2]\theta_2}$$

여기서 $\hat{\omega}_1 = (0, 0, 1)$, $\hat{\omega}_2 = (0, \frac{1}{\sqrt{2}}, -\frac{1}{\sqrt{2}})$이다. 이 손목 관절 기구의 엔드 이펙터 좌표계가 다음과 같은 방향을 가질 수 있는가? 즉, 아래 R을 만들 수 있는 해 (θ_1, θ_2)가 존재한다면 구하라.

$$R = \begin{bmatrix} \frac{1}{\sqrt{2}} & 0 & -\frac{1}{\sqrt{2}} \\ 0 & 1 & 0 \\ \frac{1}{\sqrt{2}} & 0 & \frac{1}{\sqrt{2}} \end{bmatrix}$$

38. 다음 형태를 가지는 회전행렬

$$\begin{bmatrix} r_{11} & r_{12} & 0 \\ r_{21} & r_{22} & r_{23} \\ r_{31} & r_{32} & r_{33} \end{bmatrix}$$

이 두 매개변수 θ와 ϕ를 이용해 다음과 같이 나타낼 수 있음을 보여라.

$$\begin{bmatrix} \cos\theta & -\sin\theta & 0 \\ \sin\theta\cos\phi & \cos\theta\cos\phi & -\sin\phi \\ \sin\theta\sin\phi & \cos\theta\sin\phi & \cos\phi \end{bmatrix}$$

θ와 ϕ가 어떤 범위 내에 있어야 하는가?

39. 그림 3.33과 같이 3-자유도 손목 관절 기구가 영 위치에 있다(즉, 모든 관절의 각이 0인 상태다).

(a) 기구 좌표계의 방향 $R_{03} = R(\alpha, \beta, \gamma)$을 세 회전행렬의 곱으로 나타내라.

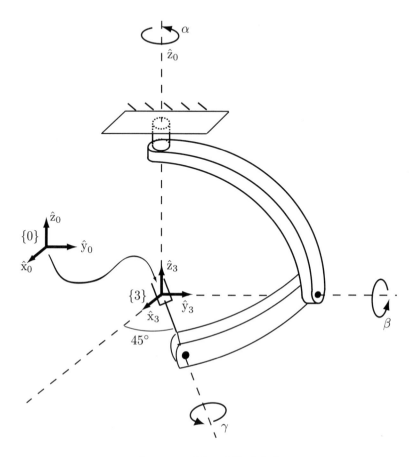

그림 3.33: 3 - 자유도 손목 관절 기구

(b) 다음과 같이 주어진 두 R_{03}에 대해 각각에 해당하는 모든 가능한 (α, β, γ)를 구하라. 해가 존재하지 않는다면 $SO(3)$와 반지름이 π인 꽉 찬 구 사이의 관계를 이용해 그 이유를 설명하라.

$$\text{i. } R_{03} = \begin{bmatrix} 0 & 1 & 0 \\ 1 & 0 & 0 \\ 0 & 0 & -1 \end{bmatrix}$$

ii. $R_{03} = e^{[\hat{\omega}]\frac{\pi}{2}}$, 여기서 $\hat{\omega} = (0, \frac{1}{\sqrt{5}}, \frac{2}{\sqrt{5}})$

40. 부록 B를 참고해 다음 질문에 답하라.

(a) 회전 $R \in SO(3)$의 단위 사원수 표현에 대한 공식 (B.10)과 (B.11)이 성립함을 보여라.

(b) 단위 사원수 $q \in S^3$의 회전행렬 표현 R에 대한 공식 (B.12)가 성립함을 보여라.

(c) 두 단위 사원수의 곱셈 법칙을 확인하라. 즉, 주어진 두 회전 $R, Q \in SO(3)$에 각각 해당하는 단위 사원수 $q, p \in S^3$에 대해, $RQ \in SO(3)$에 해당하는 단위 사원수를 구하라.

41. 부록 B의 식 (B.18)의 케일리 변환은 다음과 같이 높은 차수로 일반화할 수 있다.

$$R = (I - [r])^k (I + [r])^{-k} \tag{3.99}$$

(a) $k = 2$일 때, r에 해당하는 회전 R을 다음과 같이 구할 수 있음을 보여라.

$$R = I - 4\frac{1 - r^T r}{(1 + r^T r)^2}[r] + \frac{8}{(1 + r^T r)^2}[r]^2. \tag{3.100}$$

(b) 역으로, 주어진 R에 대해, 식 (3.100)을 만족하는 벡터 r을 다음과 같이 구할 수 있음을 보여라.

$$r = -\hat{\omega}\tan\frac{\theta}{4} \tag{3.101}$$

이전과 같이 여기서 $\hat{\omega}$는 회전 R의 회전축 방향의 단위 벡터이고, θ는 회전각에 해당한다. 이 해가 유일한가?

(c) 물체 좌표계에서 표현한 각속도가 다음과 같은 관계식을 따름을 보여라.

$$\dot{r} = \frac{1}{4}\left\{(1 - r^T r)I + 2[r] + 2rr^T\right\}\omega \tag{3.102}$$

(d) 일반적인 형태의 케일리-로드리게스 매개변수에 존재하는 특이점 π에서 어떤 일이 발생하는가? 수정된 버전의 케일리-로드리게스 매개변수, 특히 $k = 4$ 이상의 차수에의 경우가 원래의 버전에 비해 갖는 장단점을 서술하라.

(e) 두 회전행렬을 곱하는 경우, 두 단위 사원수를 곱하는 경우, 두 케일리-로드리게스 매개변수를 곱하는 경우 각각에 대해 필요한 사칙 연산의 수를 비교하라. 어느 경우에 가장 적은 사칙연산이 필요한가?

42. 3장의 소프트웨어를 당신이 선호하는 언어로 작성해보라.

43. 주어진 3×3 행렬이 회전행렬로부터 ϵ 이내로 떨어져 있으면 "true"를 반환하고, 그렇지 않으면 "false"를 반환하는 함수를 작성하라. 이는 임의의 3×3 실수행렬 및 이와 가장 가까운 $SO(3)$의 원소 사이의 거리를 어떻게 정의하냐에 따라 달라질 수 있다. 만일 함수가 "true"를 반환한다면, 이와 "가장 가까운" $SO(3)$의 행렬 또한 반환해야 한다. 예시를 위해 문제 10를 참고하라.

44. 주어진 4×4 행렬이 $SE(3)$의 원소와 ϵ 이내로 떨어져 있으면 "true"를, 그렇지 않으면 "false"를 반환하는 함수를 작성하라.

45. 주어진 3×3 행렬이 $so(3)$의 원소와 ϵ 이내로 떨어져 있으면 "true"를, 그렇지 않으면 "false"를 반환하는 함수를 작성하라.

46. 주어진 4×4 행렬이 $se(3)$의 원소와 ϵ 이내로 떨어져 있으면 "true"를, 그렇지 않으면 "false"를 반환하는 함수를 작성하라.

47. 동봉한 소프트웨어의 주된 제작 목표는 이해하기 쉽고 교육적이며 이 책의 개념을 강화하는 소프트웨어를 만드는 것이다. 이 코드들은 효율성, 강건성, 입력에 대한 오류 검증에 대해 최적화된 코드들이 아니다.

주어진 함수들과 주석들을 읽음으로써 모든 코드에 원하는 언어로 익숙해지길 바란다. 이 책에서 다루는 내용들에 대한 이해를 도울 것이다. 그 후,

(a) 하나의 함수를 고르고 입력 변수에 대한 모든 오류 검증을 하도록 다시 작성해 그 함수가 부적절한 입력을 받았을 경우(예를 들어, 함수가 원하는 입력 변수가 $SO(3)$, $SE(3)$, $so(3)$, 또는 $se(3)$가 아님에도 이들을 입력 받았을 경우) 알아볼 수 있는 오류값을 반환하도록 하라.

(b) 하나의 함수를 골라 계산 효율을 개선해보라. 아마 회전행렬이나 변환행렬의 성질을 이용해볼 수 있을 것이다.

(c) 두 행렬 로그 함수들 중 하나의 수치적 민감도를 줄여 보라.

48. 제공된 소프트웨어를 이용해 T로 강체의 초기 자세를, $\{q, \hat{s}, h\}$로 $\{s\}$에서 표현한 스크류 축을, θ로 스크류 축을 따라 이동한 거리를 정하는 프로그램을 제작하라. 이 프로그램은 스크류 축 S를 따라 θ만큼 이동한 최종 자세 $T_1 = e^{[S]\theta}T$와, $\theta/4$, $\theta/2$, $3\theta/4$일 때의 중간 자세 또한 계산해야 한다. 또한 초기, 중간, 최종 자세일 때 강체의 물체 좌표계 $\{b\}$의 축들을 그려야 한다. 그리고 T_1을 고정 좌표계로 옮기는 스크류 축 S_1과 이동 거리 θ_1을 계산하고, S_1을 그려야 한다. 당신의 프로그램을 $q = (0, 2, 0)^T$, $\hat{s} = (0, 0, 1)^T$, $h = 2$, $\theta = \pi$,

$$T = \begin{bmatrix} 1 & 0 & 0 & 2 \\ 0 & 1 & 0 & 0 \\ 0 & 0 & 1 & 0 \\ 0 & 0 & 0 & 1 \end{bmatrix}$$

을 이용해 시험해보라.

49. 3장에서 $so(3)$의 원소를 $SO(3)$의 원소로, $se(3)$의 원소를 $SE(3)$의 원소로 보내는 공간 운동의 행렬지수 표현을 다뤘다. 마찬가지로, 반대 방향으로 가는 행렬 로그를

구하는 알고리듬 또한 다뤘다.

아울러, $so(2)$에서 $SO(2)$로, $se(2)$에서 $SE(2)$로 가는 행렬지수와, $SO(2)$에서 $so(2)$로, $SE(2)$에서 $se(2)$로 가는 행렬 로그 또한 만들 수 있다. $so(2)$에서 $SO(2)$로의 경우, 지수 좌표가 하나뿐이다. $se(2)$에서 $SE(2)$로의 경우는 세 개의 지수 좌표를 가지며, 이는 트위스트의 세 원소를 0으로 둔 $\mathcal{V} = (0, 0, \omega_z, v_x, v_y, 0)$에 해당한다.

평면 회전과 평면 트위스트의 경우, $so(2)$, $SO(2)$, $se(2)$, $SE(2)$의 원소를 $so(3)$, $SO(3)$, $se(3)$, $SE(3)$의 원소로 표현함으로써 공간에서의 행렬지수와 행렬 로그 공식을 적용할 수 있다. 이 문제에서는 그 대신, 한 개의 지수 좌표를 이용해 $so(2)$와 $SO(2)$ 사이의 행렬지수와 행렬 로그를 직접 구해보라. 또한 세 개의 지수 좌표를 이용해 $se(2)$와 $SE(2)$ 사이의 행렬지수와 행렬 로그를 직접 구해보라. 그리고 네 개의 함수를 원하는 언어를 이용해 소프트웨어로 구현해보고 함수들이 잘 작동하는지 확인해보라.

4장. 정기구학

로봇의 **정기구학**은 로봇의 조인트 값 θ를 이용해 로봇 엔드 이펙터 좌표계의 위치와 방향을 계산하는 것이다. 그림 4.1은 3R 평면 연쇄의 정기구학 문제를 보여준다. 링크의 길이는 각각 L_1, L_2, L_3이다. 고정 좌표계 {0}을 기반 관절에 정의하고, 엔드 이펙터 좌표계 {4}는 세 번째 링크의 끝부분에 부착됐다고 가정한다. 엔드 이펙터 좌표계의 직교 좌표로 표현된 위치 (x, y)와 방향 ϕ는 다음 식으로 주어진다.

$$x = L_1 \cos\theta_1 + L_2 \cos(\theta_1 + \theta_2) + L_3 \cos(\theta_1 + \theta_2 + \theta_3) \tag{4.1}$$

$$y = L_1 \sin\theta_1 + L_2 \sin(\theta_1 + \theta_2) + L_3 \sin(\theta_1 + \theta_2 + \theta_3) \tag{4.2}$$

$$\phi = \theta_1 + \theta_2 + \theta_3. \tag{4.3}$$

만약 (x, y)만이 중요한 상황이라면, 로봇의 태스크 공간은 x-y 평면이 되고, 로봇의 정기구학은 식 (4.1)과 식 (4.2)만을 포함한다. 만약 엔드 이펙터의 위치와 방향이 모두 중요한 상황이라면 로봇의 정기구학은 식 (4.1)-(4.3)을 모두 포함한다. 위 로봇의 분석은 삼각법만을 이용해 수행할 수 있지만, 우리가 쉽게 상상하는 일반적인 공간 연쇄들의 경우, 정기구학의 분석이 훨씬 더 복잡해진다. 좀 더 체계적으로 정기구학을 유도하기 위해서는 각 링크에 참조 좌표계를 부착해야 한다. 그림 4.1에서의 세 링크 참조 좌표계는 각각 {1}, {2}, {3}으로 명명돼 있다. 이때, 로봇의 정기구학은 다음과 같이 네 동차 변환 행렬의 곱으로 나타낼 수 있다.

$$T_{04} = T_{01}T_{12}T_{23}T_{34}. \tag{4.4}$$

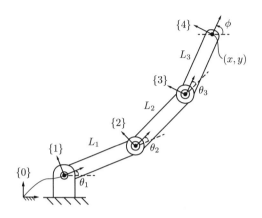

그림 4.1: 3R 평면 개연쇄의 정기구학, 각 좌표계마다 $\hat{x}$과 $\hat{y}$이 나타나 있으며, $\hat{z}$는 모두 페이지에서 나오는 방향으로 평행하다.

각 동차 변환 행렬은 다음과 같다.

$$
T_{01} = \begin{bmatrix} \cos\theta_1 & -\sin\theta_1 & 0 & 0 \\ \sin\theta_1 & \cos\theta_1 & 0 & 0 \\ 0 & 0 & 1 & 0 \\ 0 & 0 & 0 & 1 \end{bmatrix} \quad
T_{12} = \begin{bmatrix} \cos\theta_2 & -\sin\theta_2 & 0 & L_1 \\ \sin\theta_2 & \cos\theta_2 & 0 & 0 \\ 0 & 0 & 1 & 0 \\ 0 & 0 & 0 & 1 \end{bmatrix}
$$

$$
T_{23} = \begin{bmatrix} \cos\theta_3 & -\sin\theta_3 & 0 & L_2 \\ \sin\theta_3 & \cos\theta_3 & 0 & 0 \\ 0 & 0 & 1 & 0 \\ 0 & 0 & 0 & 1 \end{bmatrix} \quad
T_{34} = \begin{bmatrix} 1 & 0 & 0 & L_3 \\ 0 & 1 & 0 & 0 \\ 0 & 0 & 1 & 0 \\ 0 & 0 & 0 & 1 \end{bmatrix} \tag{4.5}
$$

이때 T_{34}는 상수 행렬이고, 나머지 $T_{i-1,i}$들은 각각 θ_i에 의해 결정된다. 이 정기구학 표현법을 대체하는 또 다른 방식으로, 먼저 모든 관절 각도가 0일 때 (로봇이 영

위치일 때) 좌표계 {4}의 위치와 방향을 M이라고 정의하자. 그러면

$$M = \begin{bmatrix} 1 & 0 & 0 & L_1 + L_2 + L_3 \\ 0 & 1 & 0 & 0 \\ 0 & 0 & 1 & 0 \\ 0 & 0 & 0 & 1 \end{bmatrix} \tag{4.6}$$

이 된다. 이제, 각각의 회전형 관절 축을 피치가 0인 스크류 축이라고 하자. 만약 θ_1과 θ_2가 영 위치에 있는 경우, 관절 3을 중심으로 회전하는 것에 해당하는 스크류 축은 {0} 프레임에서 다음과 같이 표현될 수 있다.

$$\mathcal{S}_3 = \begin{bmatrix} \omega_3 \\ v_3 \end{bmatrix} = \begin{bmatrix} 0 \\ 0 \\ 1 \\ 0 \\ -(L_1 + L_2) \\ 0 \end{bmatrix}$$

이는 그림 4.1에서 확인할 수 있다. 로봇 팔의 영 위치가 우측으로 쭉 뻗은 상태일 때, 3번 관절 축을 중심으로 회전하는, 각속도가 $\omega_3 = 1$ rad/s인 턴테이블을 상상해보자. 프레임 {0}의 원점 위치에 있는 턴테이블 위의 점의 직선 속도 v_3는 $-\hat{y}_0$ 방향으로 $L_1 + L_2$ units/s 크기를 가진다. q_3를 3번 관절 축상의 임의의 점이라 할 때, 예를 들어 $q_3 = (L_1 + L_2, 0, 0)^T$일 때, 대수적으로는 $v_3 = -\omega_3 \times q_3$로 나타낼 수 있다.

스크류 축 $\mathcal{S}_3$는 다음의 $se(3)$ 행렬 형태로 나타낼 수 있다.

$$[\mathcal{S}_3] = \begin{bmatrix} [\omega] & v \\ 0 & 0 \end{bmatrix} = \begin{bmatrix} 0 & -1 & 0 & 0 \\ 1 & 0 & 0 & -(L_1 + L_2) \\ 0 & 0 & 0 & 0 \\ 0 & 0 & 0 & 0 \end{bmatrix}$$

그러므로, 앞 장의 행렬 지수 표현을 이용하면 임의의 θ_3에 대해 스크류 운동을 다음과 같이 나타낼 수 있다.

$$T_{04} = e^{[\mathcal{S}_3]\theta_3} M \quad (\text{for } \theta_1 = \theta_2 = 0) \tag{4.7}$$

이제, $\theta_1 = 0$이고 θ_3가 임의의 값으로 고정돼 있을 때, 관절 2의 회전은 (링크 2)/(링크 3) 페어 강체에 스크류 운동을 가한 것과 같다. 즉,

$$T_{04} = e^{[\mathcal{S}_2]\theta_2} e^{[\mathcal{S}_3]\theta_3} M \quad (\text{for } \theta_1 = 0) \tag{4.8}$$

이다. 여기서 $[\mathcal{S}_3]$과 M은 앞서 정의됐고, $[\mathcal{S}_2]$는 다음과 같다.

$$[\mathcal{S}_2] = \begin{bmatrix} 0 & -1 & 0 & 0 \\ 1 & 0 & 0 & -L_1 \\ 0 & 0 & 0 & 0 \\ 0 & 0 & 0 & 0 \end{bmatrix} \tag{4.9}$$

마지막으로, θ_2와 θ_3를 고정했을 때, 관절 1의 회전은 뒤의 세 링크를 하나의 강체로 보고 스크류 운동을 가하는 것과 같다. 따라서, 임의의 $(\theta_1, \theta_2, \theta_3)$가 주어졌을 때,

$$T_{04} = e^{[\mathcal{S}_1]\theta_1} e^{[\mathcal{S}_2]\theta_2} e^{[\mathcal{S}_3]\theta_3} M \tag{4.10}$$

이고, 이때

$$[\mathcal{S}_1] = \begin{bmatrix} 0 & -1 & 0 & 0 \\ 1 & 0 & 0 & 0 \\ 0 & 0 & 0 & 0 \\ 0 & 0 & 0 & 0 \end{bmatrix} \qquad (4.11)$$

이다. 따라서 정방향 운동학은 각각 스크류 운동에 해당하는 행렬 지수 곱으로 표현될 수 있다. 정기구학의 두 가지 유도 중 뒤에 있는 것은, 링크에 대해 어떠한 참조 좌표계도 필요로 하지 않고, 오직 {0}과 M만을 정의하면 된다.

4장에서는 일반적인 개연쇄의 정기구학을 고찰한다. 개연쇄의 정기구학에 널리 사용되는 한 표현 방식은 **데나빗-하텐버그**[D-H, Denavit-Hartenberg] **매개변수**에 의존하며, 이 표현법은 식 (4.4)를 이용한다. 다른 표현법은 방정식 (4.10)에 해당하는 **지수곱**[PoE, Product of Exponentials] 공식에 의존한다. D-H 표현의 장점은 로봇의 운동학을 설명하는 데 최소 매개변수 숫자가 필요하다는 것이다. n-관절 로봇의 경우 로봇 구조를 설명하는 데 n 숫자를 사용하고 조인 값을 설명하는 데 n 숫자를 사용한다. PoE 표현법은 최소한의 매개변수만을 쓰지 않지만(n 관절 값 외에 n 스크류 축을 설명하는 데 $6n$ 숫자가 필요함) D-H 표현법보다 장점이 있으며(예를 들어 링크 프레임이 필요하지 않음) 정기구학을 표현할 때 더 선호된다. D-H 표현법과 PoE 표현법의 관계는 부록 C에 설명돼 있다. 4장에서는 일반적인 개연쇄의 정기구학을 고찰한다. 가장 흔하게 쓰이는 정기구학의 표현법 중 하나는 D-H 매개변수와 식 (4.10)를 이용한 방식이다. 또 다른 표현법은 지수 곱 공식에 의존하며, 식 (4.10)과 관련돼 있다. D-H 표현법의 장점은 로봇의 기구학을 나타내는 데에 최소한의 매개변수만을 이용한다는 것이다. n-관절 로봇에 대해 D-H 표현법에서는 $3n$개의 로봇 구조 매개변수와, 로봇 관절 값을 표현하기 위한 n개의 매개변수를 이용한다. PoE 표현법은 최소한의 매개변수만을 이용하지 않는다(n개의 스크류 축을 표현하기 위해 $6n$개, 관절 값을 위해 n개의 매개변수가 필요), 하지만 D-H 표현법에 여러 장점이 있으며(예를 들어 링크 좌표계의 불필요성), 정기구학을 나타낼 때에 더 선호하는 방식이다. D-H 표현법에 대한 내용과

PoE 표현법과의 관계는 부록 C에 설명돼 있다.

4.1   지수 곱 공식

지수 곱 공식을 이용하기 위해서는 먼저 움직이지 않는 좌표계 {s}를 정해야 한다(예를 들면, 로봇의 고정된 기반 위치 또는 참조 좌표계를 정의하기 편한 임의의 다른 위치). 또, 엔드 이펙터 위의 좌표계 {b}를 정해야 한다(로봇 영 위치에서의 {b}는 M을 이용해 나타낸다). 일반적으로 각 링크마다 좌표계를 정의하며, 보통은 이를 관절 축 위에 정의한다. 이 좌표계들은 D-H 표현법에 필요하며, 로봇의 기하학적 모델의 그래픽 렌더링을 표시하거나 링크의 질량 특성을 정의하는 데에 유용하다. 해당 내용은 8장에서 다룬다. 따라서 만약 우리가 n-관절 로봇의 기구학을 정의한다면, (1) 기구학에만 관심이 있는 경우 최소한으로 {s}와 {b}만을 이용하거나, (2) {s}를 {0}이라 하고, $i = 1, \ldots n$에 대해 좌표계 {i}(링크 i의 관절 i 위치에서의 좌표계)를 모두 이용하고, 마지막으로 로봇 엔드 이펙터에서의 좌표계 {$n+1$}(이는 {b}와 같음)을 이용한다. {$n+1$}(혹은 {b})는 {n}에 대해 상대적으로 고정돼 있지만, 엔드 이펙터의 자세를 더욱 쉽게 표현할 수 있게 한다. 때에 따라서 좌표계 {$n+1$}를 사용하지 않고, {n}을 로봇 엔드 이펙터 좌표계 {b}로 쓰기도 한다.

4.1.1   첫 번째 공식화: 기반 좌표계에서의 스크류 축

PoE 공식에 숨은 핵심 개념은 각 관절이 모든 외부 링크에 스크류 운동을 적용하는 것으로 간주하는 것이다. 이를 보여주기 위해 그림 4.2에 나온 것과 같은 n개의

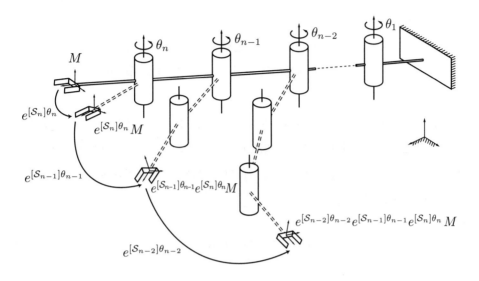

그림 4.2: n-링크 공간 개연쇄의 PoE 공식 도식화

1 자유도 관절이 직렬로 연결된 일반적인 공간 개연쇄를 고려해보자. PoE 공식을 적용하기 위해서 먼저 기반 좌표계 {s}와 마지막 링크에 부착된 엔드 이펙터 좌표계 {b}를 설정하자. 로봇의 모든 관절 값을 0으로 고정하여 로봇을 영 위치시키고, 각 관절 변화의 양의 방향을 표시하자(회전형 관절의 경우 회전, 선형 관절의 경우 병진). $M \in SE(3)$가 로봇 영 위치에서의 엔드 이펙터 좌표계의 고정 좌표계에 대한 상대적인 컨피규레이션을 나타내도록 하자.

이제, 관절 n이 어떤 θ_n의 변위를 가진다고 하자. 엔드 이펙터 좌표계 M은 이때 다음 식으로 변화된다.

$$T = e^{[\mathcal{S}_n]\theta_n} M \tag{4.12}$$

이때, $T \in SE(3)$는 엔드 이펙터 좌표계의 새로운 자세이고, $\mathcal{S}_n = (\omega_n, v_n)$은 관절 n의 스크류 축을 고정 기반 좌표계로 나타낸 것이다. 만약 관절 n이 회전형 관절이라면(스크류 운동에서의 피치가 0이라면) $\omega_n \in \mathbb{R}^3$는 관절 축의 양의 방향으로의 단위 벡터가 되며, 관절 n축 위의 임의의 점 q_n이 주어졌을 때에 $v_n = -\omega_n \times q_n$이 만족되고, θ_n은 관절의 회전 각도가 된다. 만약 관절 n이 선형 관절이라면, $\omega_n = 0$이 되고, $v_n \in \mathbb{R}^3$는 관절 병진의 양의 방향으로의 단위 벡터가 되며, 이때 θ_n은 직선방향으로의 연장, 오므림을 나타낸다.

관절 $n-1$이 변화할 수 있는 상태라 가정하면, 이는 링크 $n-1$에 스크류 운동을 가한 것과 같은 효과를 가진다(링크 n은 링크 $n-1$과 관절 n을 통해서 연결돼 있기 때문에, 결과적으로 링크 n에도 같은 영향을 끼친다). 엔드 이펙터 좌표계는 따라서 다음 식과 같은 형태로 변화하게 된다.

$$T = e^{[\mathcal{S}_{n-1}]\theta_{n-1}} \left(e^{[\mathcal{S}_n]\theta_n} M \right) \tag{4.13}$$

비슷한 방식으로 모든 관절 값 $(\theta_1, \ldots, \theta_n)$이 변화하는 상황에서는 다음과 같다.

$$T(\theta) = e^{[\mathcal{S}_1]\theta_1} \cdots e^{[\mathcal{S}_{n-1}]\theta_{n-1}} e^{[\mathcal{S}_n]\theta_n} M \tag{4.14}$$

위의 식은 n 자유도 개연쇄의 정기구학을 지수 곱 공식을 이용해 나타낸 것이다. 더 정확히는, 모든 스크류 축이 고정 공간 좌표계로 나타내어진 식 (4.14)를 지수 곱 공식의 **공간 꼴**이라 부른다.

요약하자면, 개연쇄의 정기구학을 PoE 공식의 공간 꼴로 계산하기 위해서는, 다음 항목들이 필요하다.

(a) 로봇이 영 위치일 때의 엔드 이펙터 자세 $M \in SE(3)$

(b) 로봇이 영 위치일 때 고정된 기반 좌표계로 나타내어진 스크류 축 $\mathcal{S}_1 \ldots \mathcal{S}_n$

(c) 관절 변수 $\theta_1 \ldots \theta_n$

D-H 표현법과는 다르게, 링크의 참조 좌표계는 정의할 필요가 없다. 이외의 장점들은 5장에서 속도 기구학에 대해 공부할 때 살펴본다.

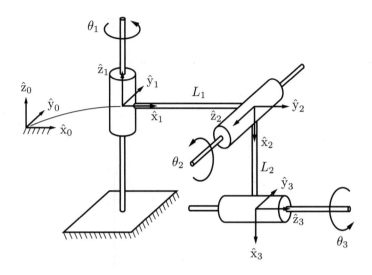

그림 4.3: 3R 공간 개연쇄

4.1.2   예제

이제 널리 쓰이는 몇몇 공간 개연쇄의 정기구학을 PoE 공식을 이용해 유도해보자.

예제: 3R 공간 개연쇄

그림 4.3에 나온 영 위치의(모든 관절 값이 0인) 3R 개연쇄를 고려해보자. 고정 좌표계 {0}과 엔드 이펙터 좌표계 {3}을 그림에 나와 있는 대로 설정하고, 모든 벡터와 동차

변환 행렬을 고정 좌표계를 이용해 나타내자. 정기구학은

$$T(\theta) = e^{[\mathcal{S}_1]\theta_1} e^{[\mathcal{S}_2]\theta_2} e^{[\mathcal{S}_3]\theta_3} M$$

의 형태가 된다. 이때, $M \in SE(3)$는 로봇 영 위치에서의 엔드 이펙터 좌표계 자세가 된다. M은 다음과 같이 계산된다.

$$M = \begin{bmatrix} 0 & 0 & 1 & L_1 \\ 0 & 1 & 0 & 0 \\ -1 & 0 & 0 & -L_2 \\ 0 & 0 & 0 & 1 \end{bmatrix}$$

관절 축 1의 스크류 축 $\mathcal{S}_1 = (\omega_1, v_1)$은 $\omega_1 = (0, 0, 1)$과 $v_1 = (0, 0, 0)$으로 주어진다 (관절 축 1 위의 점 q_1은 $(0,0,0)$으로 설정하는 것이 편리하다). 관절 축 2의 스크류 축 $\mathcal{S}_2$를 결정하기 위해, 먼저 관절 축 2가 가리키는 방향이 $-\hat{y}_0$임을 확인하자. 따라서 $\omega_2 = (0, -1, 0)$이고, $q_2 = (L_1, 0, 0)$를 설정하면 $v_2 = -\omega_2 \times q_2 = (0, 0, -L_1)$이 계산된다.

정리하면, 우리는 $\mathcal{S}_1, \mathcal{S}_2, \mathcal{S}_3$의 행렬 표현을 다음과 같이 나타낼 수 있다.

$$[\mathcal{S}_1] = \begin{bmatrix} 0 & -1 & 0 & 0 \\ 1 & 0 & 0 & 0 \\ 0 & 0 & 0 & 0 \\ 0 & 0 & 0 & 0 \end{bmatrix}$$

$$[\mathcal{S}_2] = \begin{bmatrix} 0 & 0 & -1 & 0 \\ 0 & 0 & 0 & 0 \\ 1 & 0 & 0 & -L_1 \\ 0 & 0 & 0 & 0 \end{bmatrix}$$

$$[\mathcal{S}_3] = \begin{bmatrix} 0 & 0 & 0 & 0 \\ 0 & 0 & -1 & -L_2 \\ 0 & 1 & 0 & 0 \\ 0 & 0 & 0 & 0 \end{bmatrix}$$

스크류 축의 목록을 다음의 표 형태로 나타내면 더욱 편리하다.

i	ω_i	v_i
1	$(0,0,1)$	$(0,0,0)$
2	$(0,-1,0)$	$(0,0,-L_1)$
3	$(1,0,0)$	$(0,L_2,0)$

예제: 3R 평면 개연쇄

그림 4.1의 로봇에 대해, 우리는 엔드 이펙터의 영 위치 컨피규레이션 M을 구했고(식 (4.6)), 스크류 축 $\mathcal{S}_i$를 계산했다.

i	ω_i	v_i
1	$(0,0,1)$	$(0,0,0)$
2	$(0,0,1)$	$(0,-L_1,0)$
3	$(0,0,1)$	$(0,-(L_1+L_2),0)$

로봇의 움직임은 항상 $\hat{\mathrm{x}}$-$\hat{\mathrm{y}}$ 평면상에 있기 때문에, 스크류 축 $\mathcal{S}_i$를 3차원 벡터 (ω_z, v_x, v_y)를 이용해 나타낼 수 있다.

i	ω_i	v_i
1	1	$(0,0)$
2	1	$(0,-L_1)$
3	1	$(0,-(L_1+L_2))$

그리고 M을 $SE(2)$의 원소로 나타낼 수 있다.

$$M = \begin{bmatrix} 1 & 0 & L_1 + L_2 + L_3 \\ 0 & 1 & 0 \\ 0 & 0 & 1 \end{bmatrix}$$

이 경우, 로봇의 정기구학은 평면 동작을 위한 간단한 지수 곱으로 나타낼 수 있다(3장의 예제 49 참조).

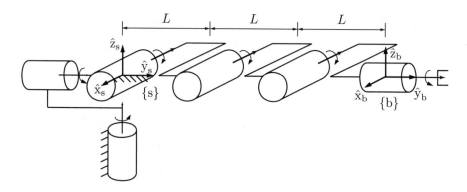

그림 4.4: 6R 개연쇄의 PoE 정기구학

예제: 6R 공간 개연쇄

이번에는 그림 4.4의 6R 개연쇄의 정기구학을 유도한다. 6 자유도 로봇 팔은 엔드 이펙터가 로봇의 작업 공간 내에서 모든 강체 운동을 할 수 있는 최소한의 자유도를 가지고 있고, 따라서 로보틱스에서 매우 중요한 위치에 있다. 이러한 이유로, 6 자유도 로봇 팔은 때때로 일반 목적 매니퓰레이터로 부른다.

각 관절 축의 영 위치와 양의 회전 방향은 그림에 표시돼 있다. 고정 좌표계 {s}와 엔드 이펙터 좌표계 {b} 또한 그림상에 주어져 있다. 영 위치에서의 엔드 이펙터 좌표계 M은 이때 다음과 같다.

$$M = \begin{bmatrix} 1 & 0 & 0 & 0 \\ 0 & 1 & 0 & 3L \\ 0 & 0 & 1 & 0 \\ 0 & 0 & 0 & 1 \end{bmatrix} \tag{4.15}$$

관절 1의 스크류 축은 $\omega_1 = (0, 0, 1)$ 방향이다. q_1의 위치는 관절 축 1의 원점이 가장 간편하고, 이때 $v_1 = (0, 0, 0)$이다. 관절 2의 스크류 축은 고정 좌표계의 $\hat{y}$ 방향이고,

따라서 $\omega_2 = (0,1,0)$이다. $q_2 = (0,0,0)$라 하면 $v_2 = (0,0,0)$이 된다. 관절 3의 스크류 축 방향은 $\omega_3 = (-1,0,0)$이다. $q_3 = (0,0,0)$일 때 $v_3 = (0,0,0)$이 된다. 관절 4의 스크류 축 방향은 $\omega_4 = (-1,0,0)$이다. $q_4 = (0,L,0)$일 때 $v_4 = (0,0,L)$이 된다. 관절 5의 스크류 축 방향은 $\omega_5 = (-1,0,0)$이다. $q_5 = (0,2L,0)$일 때 $v_5 = (0,0,2L)$이 된다. 관절 6의 스크류 축 방향은 $\omega_6 = (0,1,0)$이다. $q_6 = (0,0,0)$일 때 $v_6 = (0,0,0)$이 된다. 정리하면 $\mathcal{S}_i = (\omega_i, v_i)$, $i = 1 \ldots 6$은 다음과 같다.

i	ω_i	v_i
1	$(0,0,1)$	$(0,0,0)$
2	$(0,1,0)$	$(0,0,0)$
3	$(-1,0,0)$	$(0,0,0)$
4	$(-1,0,0)$	$(0,0,L)$
5	$(-1,0,0)$	$(0,0,2L)$
6	$(0,1,0)$	$(0,0,0)$

예제: RRPRRR 공간 개연쇄

본 예제에서는 그림 4.5의 6 자유도 RRPRRR 공간 개연쇄에 대해 살펴본다. 영 위치에서의 엔드 이펙터 좌표계는 다음과 같다.

$$M = \begin{bmatrix} 1 & 0 & 0 & 0 \\ 0 & 1 & 0 & L_1 + L_2 \\ 0 & 0 & 1 & 0 \\ 0 & 0 & 0 & 1 \end{bmatrix}$$

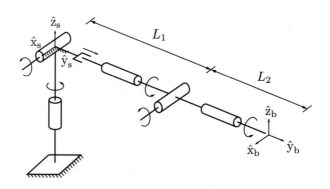

그림 4.5: RRPRRR 공간 개연쇄

스크류 축 $\mathcal{S}_i = (\omega_i, v_i)$는 다음 표와 같다.

i	ω_i	v_i
1	$(0,0,1)$	$(0,0,0)$
2	$(1,0,0)$	$(0,0,0)$
3	$(0,0,0)$	$(0,1,0)$
4	$(0,1,0)$	$(0,0,0)$
5	$(1,0,0)$	$(0,0,-L_1)$
6	$(0,1,0)$	$(0,0,0)$

세 번째 관절은 선형 관절이고, 따라서 $\omega_3 = 0$이고, v_3는 양의 병진 방향으로의 단위 벡터다.

예제: 유니버설 로봇의 UR5 6R 로봇 팔

유니버설 로봇$^{\text{Universal Robots}}$의 UR5 6R 로봇 팔이 그림 4.6에 나타나 있다. 각 관절은 100:1의 영 백래쉬 하모닉 드라이브 기어의 브러쉬리스 모터로 구동된다. 이로 인해 각 관절의 최대 토크가 매우 크게 증가하고, 반대로 최고 속도가 감소한다. 그림 4.6은 스크류 축 $\mathcal{S}_1 \ldots \mathcal{S}_6$의 영 위치 상태를 보여준다. 엔드 이펙터 좌표계 {b}는 영 위치에서 다음과 같이 주어진다.

$$
M = \begin{bmatrix}
-1 & 0 & 0 & L_1 + L_2 \\
0 & 0 & 1 & W_1 + W_2 \\
0 & 1 & 0 & H_1 - H_2 \\
0 & 0 & 0 & 1
\end{bmatrix}
$$

스크류 축 $\mathcal{S}_i = (\omega_i, v_i)$는 다음 표에 나열돼 있다.

i	ω_i	v_i
1	$(0, 0, 1)$	$(0, 0, 0)$
2	$(0, 1, 0)$	$(-H_1, 0, 0)$
3	$(0, 1, 0)$	$(-H_1, 0, L_1)$
4	$(0, 1, 0)$	$(-H_1, 0, L_1 + L_2)$
5	$(0, 0, -1)$	$(-W_1, L_1 + L_2, 0)$
6	$(0, 1, 0)$	$(H_2 - H_1, 0, L_1 + L_2)$

정기구학의 한 예로, $\theta_2 = -\pi/2$와 $\theta_5 = \pi/2$를 설정하고, 나머지 모든 관절 각도는 0

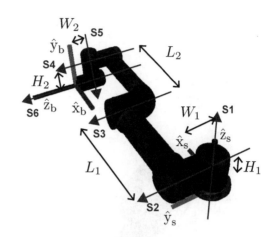

그림 4.6: (왼쪽) 유니버설 로봇의 UR5 6R 로봇 팔. (오른쪽) 영 위치일 때의 모습. 각 축의 양의 회전 방향은 일반적인 오른손 법칙을 따른다. W_1은 평행하고 방향이 반대인 관절 1과 관절 5 사이에 $\hat{y}_s$ 방향으로의 거리다. $W_1 = 109$mm, $W_2 = 82$mm, $L_1 = 425$mm, $L_2 = 392$mm, $H_1 = 89$mm, $H_2 = 95$mm.

으로 설정하자. $e^0 = I$이므로, 엔드 이펙터의 자세는

$$T(\theta) = e^{[\mathcal{S}_1]\theta_1}e^{[\mathcal{S}_2]\theta_2}e^{[\mathcal{S}_3]\theta_3}e^{[\mathcal{S}_4]\theta_4}e^{[\mathcal{S}_5]\theta_5}e^{[\mathcal{S}_6]\theta_6}M$$

$$= Ie^{-[\mathcal{S}_2]\pi/2}I^2e^{[\mathcal{S}_5]\pi/2}IM$$

$$= e^{-[\mathcal{S}_2]\pi/2}e^{[\mathcal{S}_5]\pi/2}M$$

이다. 길이 단위를 미터로 설정하게 되면 그림 4.7에 보이는 대로

$$e^{-[\mathcal{S}_2]\pi/2} = \begin{bmatrix} 0 & 0 & -1 & 0.089 \\ 0 & 1 & 0 & 0 \\ 1 & 0 & 0 & 0.089 \\ 0 & 0 & 0 & 1 \end{bmatrix}, \qquad e^{[\mathcal{S}_5]\pi/2} = \begin{bmatrix} 0 & 1 & 0 & 0.708 \\ -1 & 0 & 0 & 0.926 \\ 0 & 0 & 1 & 0 \\ 0 & 0 & 0 & 1 \end{bmatrix},$$

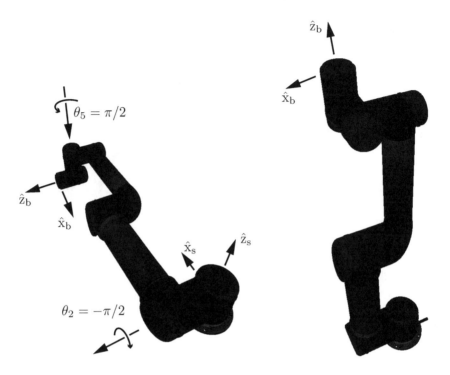

그림 4.7: (왼쪽) 영 위치에서의 UR5, 관절 2와 관절 5가 표시돼 있다. (오른쪽) $\theta = (\theta_1, \ldots, \theta_6) = (0, -\pi/2, 0, 0, \pi/2, 0)$일 때의 UR5

$$T(\theta) = e^{-[\mathcal{S}_2]\pi/2} e^{[\mathcal{S}_5]\pi/2} M = \begin{bmatrix} 0 & -1 & 0 & 0.095 \\ 1 & 0 & 0 & 0.109 \\ 0 & 0 & 1 & 0.988 \\ 0 & 0 & 0 & 1 \end{bmatrix}.$$

4.1.3 두 번째 공식화: 엔드 이펙터 좌표계에서의 스크류 축

명제 3.7의 등식 $e^{M^{-1}PM} = M^{-1}e^{P}M$은 $e^{M^{-1}PM} = M^{-1}e^{P}M$으로도 쓸 수 있다. 지수 곱 공식에서의 가장 오른쪽 항에서부터 시작해 위의 등식을 n번 반복하면 다음 식을 얻게 된다.

$$
\begin{aligned}
T(\theta) &= e^{[\mathcal{S}_1]\theta_1} \cdots e^{[\mathcal{S}_n]\theta_n} M \\
&= e^{[\mathcal{S}_1]\theta_1} \cdots M e^{M^{-1}[\mathcal{S}_n]M\theta_n} \\
&= e^{[\mathcal{S}_1]\theta_1} \cdots M e^{M^{-1}[\mathcal{S}_{n-1}]M\theta_{n-1}} e^{M^{-1}[\mathcal{S}_n]M\theta_n} \\
P &= M e^{M^{-1}[\mathcal{S}_1]M\theta_1} \cdots e^{M^{-1}[\mathcal{S}_{n-1}]M\theta_{n-1}} e^{M^{-1}[\mathcal{S}_n]M\theta_n} \\
&= M e^{[\mathcal{B}_1]\theta_1} \cdots e^{[\mathcal{B}_{n-1}]\theta_{n-1}} e^{[\mathcal{B}_n]\theta_n}
\end{aligned}
\tag{4.16}
$$

이때 각 $[\mathcal{B}_i] = M^{-1}[\mathcal{S}_i]M$이고, 즉, $\mathcal{B}_i = [\text{Ad}_{M^{-1}}]\mathcal{S}_i$, $i = 1, \ldots, n$이다. 식 (4.16) 은 각 관절 스크류 축을 엔드 이펙터 좌표계(물체 좌표계)에서 표현한 $\mathcal{B}_i$를 이용하여 얻어낸 또 다른 꼴의 지수 곱 공식이다. 식 (4.16)을 지수 곱 공식의 **물체 꼴**이라 부른다.

PoE 공식의 공간 꼴(식 (4.14))과 물체 꼴(식 (4.16))의 변환 순서에 대해 생각해보자. 공간 꼴에서 M은 먼저 가장 멀리 있는 관절에 의해 변환되며, 순차적으로 낮은 번호 의 관절에 의해 변환된다. 공간 고정 좌표계에서 표현된 앞 번호 관절의 스크류 축은 뒤 번호 관절 변환에 의한 영향이 없다. 예를 들어 관절 3의 변환은 관절 2 스크류 축의 공간 좌표계 표현에 영향을 주지 않는다. 물체 꼴에서 M은 먼저 첫 번째 관절에 의해 변환되고 순차적으로 점점 뒤 번호 관절에 의해 변환된다. 물체 좌표계에서 표현된 뒤 번호 관절의 스크류 축은 앞 번호 관절 변환에 의한 영향이 없다. 예를 들어 관절 2의 변환은 관절 3 스크류 축의 물체 좌표계 표현에 영향을 주지 않는다. 요약하면, 모든 $\mathcal{S}_i$는 뒤 번호 관절 변환에 영향받지 않으며, $\mathcal{B}_i$는 앞 번호 관절 변환에 영향받지 않는다. 따라서, 로봇이 영 위치일 때의 스크류 축만을 측정하는 행위는 의미가 있다.

예제: 6R 공간 개연쇄

이번에는 앞에서도 다뤘던 그림 4.4의 로봇의 정기구학을 두 번째 꼴로 다음 식을 통해 나타낸다.

$$T(\theta) = Me^{[\mathcal{B}_1]\theta_1}e^{[\mathcal{B}_2]\theta_2}\cdots e^{[\mathcal{B}_6]\theta_6}.$$

고정 좌표계와 엔드 이펙터 좌표계, 그리고 로봇의 영 위치는 이전의 예제와 같다고 하자. M은 여전히 식 (4.15)과 같이 영 위치에서의 엔드 이펙터 좌표계를 고정 좌표계에서 바라본 것이다. 각 관절 축의 스크류 축은 이제 영 위치에서 엔드 이펙터 좌표계에 의해 표현된다.

i	ω_i	v_i
1	$(0,0,1)$	$(-3L,0,0)$
2	$(0,1,0)$	$(0,0,0)$
3	$(-1,0,0)$	$(0,0,-3L)$
4	$(-1,0,0)$	$(0,0,-2L)$
5	$(-1,0,0)$	$(0,0,-L)$
6	$(0,1,0)$	$(0,0,0)$

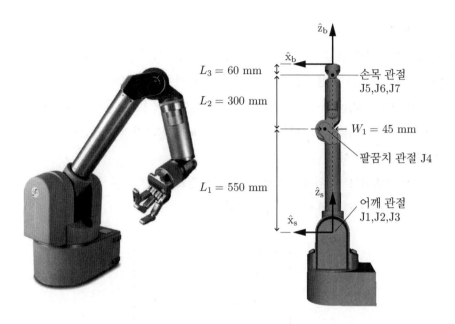

그림 4.8: 바렛 테크놀로지의 WAM 7R 로봇 팔의 영 위치(오른쪽). 영 위치에서 축 1, 3, 5와 7은 $\hat{z}_s$ 방향을 향해 있고 축 2, 4, 6은 $\hat{y}_s$, 종이 밖으로 나오는 방향을 향해 있다. 양의 회전은 오른손 법칙을 따른다. 축 1, 2, 3은 {s}의 원점에서 교차하며, 축 5, 6, 7은 {b}에서 60mm 떨어진 지점에서 교차한다. 5.3장에서 살펴본 것처럼, 로봇의 영 위치는 특이 컨피규레이션이다.

예제: 바렛 테크놀로지의 WAM 7R 로봇

바렛 테크놀로지[Barrett Technology]의 WAM 7R 로봇 팔이 그림 4.8에 나와 있다. 추가(일곱 번째) 관절이 있음으로써 로봇은 엔드 이펙터 좌표계를 $SE(3)$상에 위치시킬 때 여유를 가지게 된다. 일반적으로 엔드 이펙터의 자세가 로봇의 작업 공간[workspace]에 주어졌을 때, 7차원의 관절 공간상에서 원하는 컨피규레이션을 만족하는 1 자유도의 관절 변수 집합이 존재한다. 이런 추가적인 자유도는 장애물을 피하거나, 모터의 소비 전력과 같은 어떤 목적함수를 최적화하면서 로봇을 해당 컨피규레이션에 유지하는 데에 쓰일 수 있다.

또한 WAM의 몇몇 관절은 로봇 기반에 있는 모터에 의해 구동돼 로봇의 이동부 무게를 줄인다. 토크는 관절과 모터의 드럼에 감긴 케이블에 의해 전달된다. 이동부의 무게가 줄어들기 때문에, 필요한 모터 토크가 줄어들어 낮은 케이블 기어비와 높은 속도가 가능하다. 이러한 설계는 모터와 하모닉 드라이브 기어가 관절에 설치된 UR5의 설계와는 정반대다.

그림 4.8은 WAM의 영 위치에서 엔드 이펙터 좌표계의 스크류 축 $\mathcal{B}_1 \ldots \mathcal{B}_7$을 보여준다. 엔드 이펙터 좌표계 {b}는 영 위치에서

$$M = \begin{bmatrix} 1 & 0 & 0 & 0 \\ 0 & 1 & 0 & 0 \\ 0 & 0 & 1 & L_1 + L_2 + L_3 \\ 0 & 0 & 0 & 1 \end{bmatrix}$$

스크류 축 $\mathcal{B}_i = (\omega_i, v_i)$는 다음 표에 나열돼 있다.

i	ω_i	v_i
1	$(0,0,1)$	$(0,0,0)$
2	$(0,1,0)$	$(L_1 + L_2 + L_3, 0, 0)$
3	$(0,0,1)$	$(0,0,0)$
4	$(0,1,0)$	$(L_2 + L_3, 0, W_1)$
5	$(0,0,1)$	$(0,0,0)$
6	$(0,1,0)$	$(L_3, 0, 0)$
7	$(0,0,1)$	$(0,0,0)$

그림 4.9는 $\theta_2 = 45°$, $\theta_4 = -45°$, $\theta_6 = -90°$이고, 다른 모든 관절 각도는 0일 때의

228

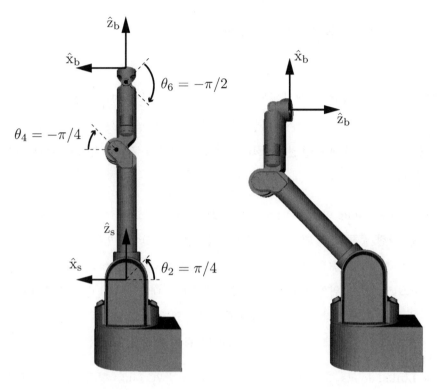

그림 4.9: (왼쪽) 영 위치에서의 WAM 로봇, 관절 2, 4, and 6의 축이 표시돼 있다. (오른쪽) $\theta = (\theta_1, \dots, \theta_7) = (0, \pi/4, 0, -\pi/4, 0, -\pi/2, 0)$일 때의 WAM 로봇

WAM 로봇을 보여준다.

$$
T(\theta) = Me^{[\mathcal{B}_2]\pi/4}e^{-[\mathcal{B}_4]\pi/4}e^{-[\mathcal{B}_6]\pi/2} = \begin{bmatrix} 0 & 0 & -1 & 0.3157 \\ 0 & 1 & 0 & 0 \\ 1 & 0 & 0 & 0.6571 \\ 0 & 0 & 0 & 1 \end{bmatrix}
$$

4.2 로봇 기술용 통일 포맷

로봇 기술용 통일 포맷URDF, Universal Robot Description Format은 ROS에서 사용하는 XML eXtensible Markup Language 파일 형식으로 로봇의 정기구학, 관성 특성, 링크의 기하를 설명하는 데에 사용된다. URDF 파일은 로봇의 관절과 링크에 대해 다음과 같이 묘사한다.

- **Joints.** Joints 항목들은 parent 링크와 child 링크 두 가지를 연결한다. 가능한 관절 종류의 몇 가지 예로 선형, 회전형(관절 한계가 있는), 연속(관절 한계가 없는 회전), 고정(움직임이 없는 가상의 관절)이 있다. 각 joint는 위치를 정의하는 origin과, 영 위치에서 parent 링크 좌표계에 대한 child 링크 좌표계의 상대 방향을 가진다. 각 joint는 회전형 관절의 양의 회전 방향 혹은 선형 관절의 양의 병진 방향을 child 좌표계로 나타낸 3차원 단위 벡터 axis를 가진다.

- **Links.** Joints 항목들은 기구학을 정의하는 반면, Links 항목들은 질량 특성을 정의한다. 질량 특성은 로봇의 동역학을 공부하는 8장에서부터 필요하게 된다. link의 구성 요소들은 각각의 mass를 포함하고, 링크의 무게중심에 위치하는 origin 좌표계를 포함하는데, 이 좌표계는 joint 좌표계에 대한 상대 방향의 형태다. 또한 6개의 대각 상단 성분들로 특정되는 링크의 무게중심 좌표계에 대해 상대적으로 정의된 관성행렬 inertia를 포함한다(8장에서 볼 수 있듯이 강체의 관성행렬은 3×3 대칭 양의 정부호 행렬이기 때문에 대각 상단 항만 정의하면 된다).

대부분의 링크는 두 개의 좌표계가 고정 부착돼 있다. 첫 번째 좌표계는 관절에 있으며(joints 항목에서 부모 링크와의 연결부에 정의된 좌표계), 두 번째 좌표계는 링크의 무게중심에 있다(links 항목에서 정의된 좌표계).

URDF 파일은 트리 구조를 가진 어떠한 로봇이라도 표현할 수 있다. 직렬 연쇄 로봇 팔과 로봇 손 등은 이에 포함되며, Stewart 플랫폼 또는 다른 닫힌 고리 구조의 로봇은

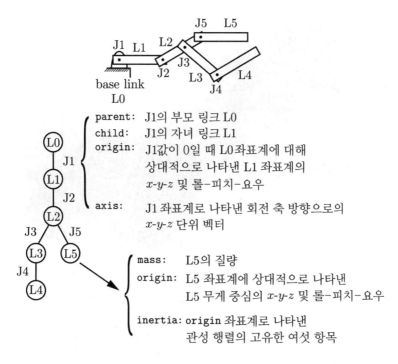

그림 4.10: 트리 구조로 나타낸 5-링크 로봇. 트리의 노드는 링크이며, 트리의 변은 관절이다.

포함되지 않는다. 트리 구조 로봇의 예시를 그림 4.10에서 확인할 수 있다.

좌표계 {a}에 대한 좌표계 {b}의 상대적인 방향은 롤-피치-요우 좌표를 이용해 나타내져 있다. 롤-피치-요우는 먼저 고정된 $\hat{x}_a$축에 대한 롤, 고정된 $\hat{y}_a$축에 대한 피치, 마지막으로 고정된 $\hat{z}_a$축에 대한 요우로 나타낸다.

UR5 로봇 팔(그림 4.11)의 기구학과 질량 특성은 다음의 URDF 파일에 정의돼 있다. 해당 파일은 joints 항목들(parent, child, origin, axis)과 links 항목들(mass, origin, inertia)을 보여준다. URDF는 모든 관절마다 좌표계를 정의해야 하기 때문에, 고정된 기반 좌표계 {0}({s})와 엔드 이펙터 좌표계 {7}({b}) 이외에도 {1}부터 {6}까지의 좌표계를 정의했다. 그림 4.11은 URDF를 완전히 작성하기 위한 추가적인

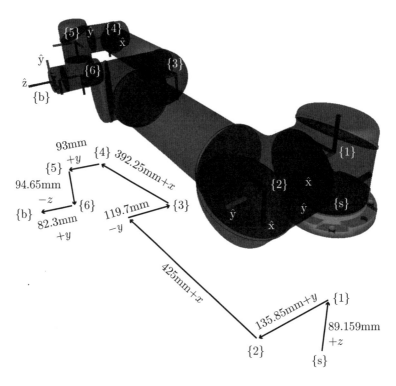

그림 4.11: 좌표계 {s}({0}), {b}({7}), {1}부터 {6}까지의 방향이 투명한 UR5상에 표시돼 있다. 좌표계 {s}와 {1}은 나란히 정렬돼 있고, 좌표계 {2}와 {3} 또한 나란히 정렬돼 있으며, 좌표계 {4}, {5}, {6} 또한 나란히 정렬돼 있다. 따라서 {s}, {2}, {4}, {b}의 좌표계 축만 표시돼 있다. 로봇 사진 바로 아래의 뼈대는 좌표계 간의 오프셋을 좌표계 {s} 기준 거리와 방향으로 나타낸다.

정보를 제공한다.

URDF상의 관절 종류는 "Continuous(제한이 없는 관절)"이지만, UR5의 관절들은 실제로는 관절 제한이 있다. 관절 제한은 편의성을 위해 무시됐다. 다음의 무게와 관성 특성들은 정확하지 않다.

UR5 URDF 파일(기구학과 관성 특성만 포함)

```xml
<?xml version="1.0" ?>
<robot name="ur5">

<!-- ********** KINEMATIC PROPERTIES (JOINTS) ********** -->
  <joint name="world_joint" type="fixed">
    <parent link="world"/>
    <child link="base_link"/>
    <origin rpy="0.0 0.0 0.0" xyz="0.0 0.0 0.0"/>
  </joint>
  <joint name="joint1" type="continuous">
    <parent link="base_link"/>
    <child link="link1"/>
    <origin rpy="0.0 0.0 0.0" xyz="0.0 0.0 0.089159"/>
    <axis xyz="0 0 1"/>
  </joint>
  <joint name="joint2" type="continuous">
    <parent link="link1"/>
    <child link="link2"/>
    <origin rpy="0.0 1.570796325 0.0" xyz="0.0 0.13585 0.0"/>
    <axis xyz="0 1 0"/>
  </joint>
  <joint name="joint3" type="continuous">
    <parent link="link2"/>
    <child link="link3"/>
    <origin rpy="0.0 0.0 0.0" xyz="0.0 -0.1197 0.425"/>
    <axis xyz="0 1 0"/>
  </joint>
  <joint name="joint4" type="continuous">
    <parent link="link3"/>
    <child link="link4"/>
    <origin rpy="0.0 1.570796325 0.0" xyz="0.0 0.0 0.39225"/>
    <axis xyz="0 1 0"/>
  </joint>
```

```xml
    <joint name="joint5" type="continuous">
      <parent link="link4"/>
      <child link="link5"/>
      <origin rpy="0.0 0.0 0.0" xyz="0.0 0.093 0.0"/>
      <axis xyz="0 0 1"/>
    </joint>
    <joint name="joint6" type="continuous">
      <parent link="link5"/>
      <child link="link6"/>
      <origin rpy="0.0 0.0 0.0" xyz="0.0 0.0 0.09465"/>
      <axis xyz="0 1 0"/>
    </joint>
    <joint name="ee_joint" type="fixed">
      <origin rpy="-1.570796325 0 0" xyz="0 0.0823 0"/>
      <parent link="link6"/>
      <child link="ee_link"/>
    </joint>


  <!-- ********** INERTIAL PROPERTIES (LINKS) ********** -->
  <link name="world"/>
  <link name="base_link">
    <inertial>
      <mass value="4.0"/>
      <origin rpy="0 0 0" xyz="0.0 0.0 0.0"/>
      <inertia ixx="0.00443333156" ixy="0.0" ixz="0.0"
               iyy="0.00443333156" iyz="0.0" izz="0.0072"/>
    </inertial>
  </link>
  <link name="link1">
    <inertial>
      <mass value="3.7"/>
      <origin rpy="0 0 0" xyz="0.0 0.0 0.0"/>
      <inertia ixx="0.010267495893" ixy="0.0" ixz="0.0"
```

```xml
              iyy="0.010267495893" iyz="0.0" izz="0.00666"/>
  </inertial>
</link>
<link name="link2">
  <inertial>
    <mass value="8.393"/>
    <origin rpy="0 0 0" xyz="0.0 0.0 0.28"/>
    <inertia ixx="0.22689067591" ixy="0.0" ixz="0.0"
              iyy="0.22689067591" iyz="0.0" izz="0.0151074"/>
  </inertial>
</link>
<link name="link3">
  <inertial>
    <mass value="2.275"/>
    <origin rpy="0 0 0" xyz="0.0 0.0 0.25"/>
    <inertia ixx="0.049443313556" ixy="0.0" ixz="0.0"
              iyy="0.049443313556" iyz="0.0" izz="0.004095"/>
  </inertial>
</link>
<link name="link4">
  <inertial>
    <mass value="1.219"/>
    <origin rpy="0 0 0" xyz="0.0 0.0 0.0"/>
    <inertia ixx="0.111172755531" ixy="0.0" ixz="0.0"
              iyy="0.111172755531" iyz="0.0" izz="0.21942"/>
  </inertial>
</link>
<link name="link5">
  <inertial>
    <mass value="1.219"/>
    <origin rpy="0 0 0" xyz="0.0 0.0 0.0"/>
    <inertia ixx="0.111172755531" ixy="0.0" ixz="0.0"
              iyy="0.111172755531" iyz="0.0" izz="0.21942"/>
```

```
      </inertial>
    </link>
    <link name="link6">
      <inertial>
        <mass value="0.1879"/>
        <origin rpy="0 0 0" xyz="0.0 0.0 0.0"/>
        <inertia ixx="0.0171364731454" ixy="0.0" ixz="0.0"
                 iyy="0.0171364731454" iyz="0.0" izz="0.033822"/>
      </inertial>
    </link>
    <link name="ee_link"/>
</robot>
```

위에 묘사된 특성들 이외에도 URDF는 링크의 CAD 모델을 포함하는 로봇의 생김새와 동작 계획 알고리듬에서 충돌 감지를 위한 링크의 단순화된 기하 등을 묘사할 수 있다.

4.3   요약

- 개연쇄와 고정 참조 좌표계 {s}, 마지막 링크의 한 점에 부착된 참조 좌표계 {b}가 주어졌다고 하자, 이때 {b}는 엔드 이펙터 좌표계라고 부른다. 로봇의 정기구학은 관절 값 θ를 입력으로 받아서 {s}로 나타낸 {b}의 위치와 방향을 출력하는 사상 $T(\theta)$이다.

- D-H 표현법에서, 정기구학은 각 링크에 부착된 참조 좌표계 사이의 상대적인 변위를 이용해 표현된다. 링크 좌표계가 $\{0\}, \ldots, \{n+1\}$로 명명되고, $\{0\}$은

고정 좌표계 {s}를, {i}는 $i = 1, \ldots, n$에 대해 i번째 관절 위치에서 링크 i에 부착된 좌표계를, {n + 1}는 엔드 이펙터 좌표계 {b}를 의미할 때, 정기구학은 다음과 같이 표현된다.

$$T_{0,n+1}(\theta) = T_{01}(\theta_1) \cdots T_{n-1,n}(\theta_n) T_{n,n+1}$$

이때 θ_i는 관절 i 값을 의미하고, $T_{n,n+1}$은 엔드 이펙터 좌표계를 좌표계 {n}로 나타낸 컨피규레이션이다. 만약 엔드 이펙터 좌표계 {b}를 {n}과 일치하도록 설정하면, {n + 1}을 제거할 수 있다.

- 데나빗-하텐버그 표현법에서, 각 링크에 할당된 참조 좌표계는 엄격한 규약을 따라야 한다(부록 C 참조). 이러한 규약을 따를 때, {i − 1}과 {i}의 두 링크 사이의 좌표계 변환 $T_{i-1,i}$는 오직 네 개의 매개변수(데나빗-하텐버그 매개변수)만을 이용한다. 이 중 세 개의 매개변수는 기구학적 구조를 나타내고, 나머지 하나는 관절 값이다. 두 링크 좌표계 사이의 변위를 나타낼 때 최소한으로 필요한 매개변수는 네 개이다.

- 정기구학은 다음의 (공간 꼴) 지수 곱 형태로도 나타낼 수 있다.

$$T(\theta) = e^{[\mathcal{S}_1]\theta_1} \cdots e^{[\mathcal{S}_n]\theta_n} M$$

위 식에서, $\mathcal{S}_i = (\omega_i, v_i)$는 i번째 관절의 스크류 축의 양의 움직임 방향을 고정 좌표계 {s}로 나타낸 것이고, θ_i는 관절 i의 값이며, $M \in SE(3)$는 영 위치에서의 엔드 이펙터 좌표계 {b}의 위치와 방향을 나타낸다. 각각의 링크 좌표계를 독립적으로 정의할 필요는 없고, 오직 M과 $\mathcal{S}_1, \ldots, \mathcal{S}_n$만을 정의하면 된다.

- 지수 곱 공식은 물체 꼴로 동등하게 나타낼 수 있다.

$$T(\theta) = M e^{[\mathcal{B}_1]\theta_1} \cdots e^{[\mathcal{B}_n]\theta_n}$$

이때 $\mathcal{B}_i = [\text{Ad}_{M^{-1}}]\mathcal{S}_i$, $i = 1, \ldots, n$이다. $\mathcal{B}_i = (\omega_i, v_i)$는 i번째 관절의 스크류 축의 양의 움직임 방향을 영 위치에서의 {b}로 나타낸 것이다.

- URDF는 열린 사슬 구조의 일반적인 트리 구조 메커니즘 로봇의 기구학, 관성 특성과 시각적 특성 및 기타 다른 정보들을 나타내기 위해 로봇 구동 시스템과 다른 소프트웨어에서 쓰인다. URDF 파일은 부모 링크와 자녀 링크의 연결 정보 및 기구학을 특정시키는 joint 항목과 관성 특성을 설명하는 link 항목으로 이뤄진다.

4.4 소프트웨어

4장의 소프트웨어 함수들은 MATLAB 포맷으로, 다음과 같다.

`T = FKinBody(M,Blist,thetalist)`
영 위치에서의 엔드 이펙터 좌표계 M 엔드 이펙터 좌표계로 나타낸 관절 스크류 Blist, 관절 값 thetalist가 주어졌을 때 엔드 이펙터 좌표계를 계산한다.

`T = FKinSpace(M,Slist,thetalist)`
영 위치에서의 엔드 이펙터 좌표계 M 고정 공간 좌표계로 나타낸 관절 스크류 Slist, 관절 값 thetalist이 주어졌을 때 엔드 이펙터 좌표계를 계산한다.

4.5 주석과 참고문헌

로봇 기구학에 대한 서적들은 꽤 비싸고, 극히 일부를 제외하면 데나빗-하텐버그 매개변수 기반의 접근법을 취하고 있다. D-H 매개변수는 [35]에서 처음 제안됐으며, 부록 C에 요약돼 있다. 브라켓^{Brockett}에 의해 [20]에서 처음 제안된 접근법은 지수 곱 공식을 이용한다. PoE 공식의 계산적인 측면은 [131]에서 확인할 수 있다.

부록 C는 또한 링크 참조 좌표계의 제거, 회전형 관절과 선형 관절에 대한 균일한 처리, 관절 축을 스크류로 표현하는 기하적이고 직관적인 표현법 등의 많은 장점을 일부 상세히 설명한다. 이러한 장점은 D-H 매개변수의 유일한 이점, 즉 최소한의 매개변수를 이용한다는 장점을 상회한다. 또한 D-H 매개변수를 사용할 때 링크 좌표계를 할당하는 표준 규칙이 없다는 점에 유의해야 한다. 예를 들어 일부 방법은 우리가 하는 것처럼, 링크 프레임의 $\hat{z}$축이 아닌 $\hat{x}$에 관절 축을 정렬한다. 하지만 로봇의 정기구학에 대한 전체 정보를 얻기 위해서는 여전히 링크 좌표계와 그에 수반되는 D-H 매개변수를 함께 지정해야 한다.

요약하자면 여섯 개의 매개변수 대신 네 개의 매개변수만을 써서 관절의 공간 움직임을 표현해야 하는 특별한 이유가 없는 한, PoE 대신 D-H 매개변수를 이용해야 하는 매력적인 이유가 거의 없다. 이 다음 장인 5장에서는 정기구학을 모델링할 때 PoE 공식을 더욱 선호할 만한 강력한 사례들을 만나볼 수 있다.

4.6 연습 문제

1. 좋아하는 프로그래밍 언어로 FKinBody 및 FKinSpace 기능을 숙지하라. 이 함수들을 더 효율적으로 만들 수 있는가? 만약 그렇다면 방법을 보여라. 그렇지 않다면 왜 그렇지 않은지 설명하라.

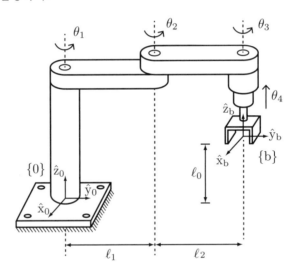

그림 4.12: 집기-놓기 작업을 수행하는 RRRP SCARA 로봇

2. 그림 4.12의 RRRP SCARA 로봇이 영 위치에 있다. 엔드 이펙터의 영 위치 컨피규레이션 M, {0}으로 나타낸 스크류 축 $\mathcal{S}_i$, {b}로 나타낸 $\mathcal{B}_i$를 구하라. $\ell_0 = \ell_1 = \ell_2 = 1$, $\theta = (0, \pi/2, -\pi/2, 1)$일 때에 대해, FKinSpace와 FKinBody을 이용해 엔드

이펙터 컨피규레이션 $T \in SE(3)$를 구하라. 두 가지 답이 서로 같은지 확인하라.

3. 그림 4.3의 3R 로봇에 대해 엔드 이펙터 좌표계 스크류 축 $\mathcal{B}_i$를 구하라.

4. 그림 4.5의 RRPRRR 로봇에 대해 엔드 이펙터 좌표계 스크류 축 $\mathcal{B}_i$를 구하라.

5. 그림 4.6의 UR5 로봇에 대해 엔드 이펙터 좌표계 스크류 축 $\mathcal{B}_i$를 구하라.

6. 그림 4.8의 WAM 로봇에 대해 공간 좌표계 스크류 축 $\mathcal{S}_i$를 구하라.

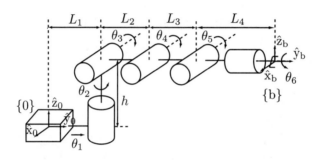

그림 4.13: 영 위치에 있는 PRRRRR 공간 개연쇄

7. 그림 4.13의 PRRRRR 공간 개연쇄가 영 위치에 있다. 영 위치 컨피규레이션 M 과 {0}로 나타낸 $\mathcal{S}_i$, {b}로 나타낸 $\mathcal{B}_i$를 구하라.

8. 그림 4.14의 RRRRPR 공간 개연쇄가 영 위치에 있고, 고정 좌표계와 엔드 이펙터 좌표계가 설정돼 있다. 영 위치 컨피규레이션 M과 {0}로 나타낸 $\mathcal{S}_i$, {b}로 나타낸 $\mathcal{B}_i$를 구하라.

9. 그림 4.15의 RRPPRR 공간 개연쇄가 영 위치에 있다. 영 위치 컨피규레이션 M

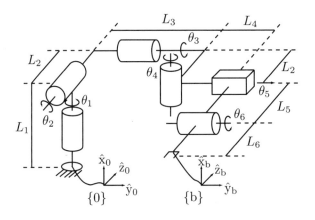

그림 4.14: RRRRPR 공간 개연쇄

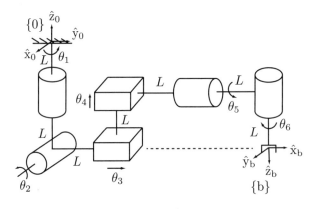

그림 4.15: 고정 좌표계와 엔드 이펙터 좌표계가 설정된 RRPPRR 공간 개연쇄

과 {0}로 나타낸 $\mathcal{S}_i$, {b}로 나타낸 $\mathcal{B}_i$를 구하라.

10. 그림 4.16의 URRPR 공간 개연쇄가 영 위치에 있다. 영 위치 컨피규레이션 M 과 {0}로 나타낸 $\mathcal{S}_i$, {b}로 나타낸 $\mathcal{B}_i$를 구하라.

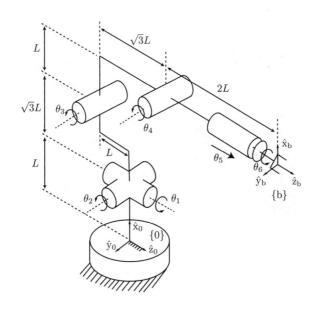

그림 4.16: URRPR 공간 개연쇄

11. 그림 4.17의 RPRRR 공간 개연쇄가 영 위치에 있다. 영 위치 컨피규레이션 M 과 {0}로 나타낸 $\mathcal{S}_i$, {b}로 나타낸 $\mathcal{B}_i$를 구하라.

12. 그림 4.18의 RRPRRR 공간 개연쇄가 영 위치에 있다. 영 위치 컨피규레이션 M 과 {0}로 나타낸 $\mathcal{S}_i$, {b}로 나타낸 $\mathcal{B}_i$를 구하라. $\theta_5 = \pi$, 다른 모든 관절 값은 0으로 설정하고, T_{06}과 T_{60}을 구하라.

13. 그림 4.19의 RRRPRR 공간 개연쇄가 영 위치에 있다. 영 위치 컨피규레이션 M 과 {0}로 나타낸 $\mathcal{S}_i$, {b}로 나타낸 $\mathcal{B}_i$를 구하라.

14. 그림 4.20의 RPH 공간 개연쇄가 영 위치에 있다. 영 위치 컨피규레이션 M

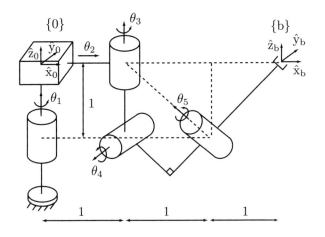

그림 4.17: RPRRR 공간 개연쇄

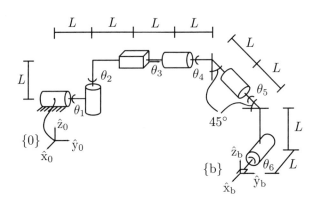

그림 4.18: RRPRRR 공간 개연쇄

과 {s}로 나타낸 $\mathcal{S}_i$, {b}로 나타낸 $\mathcal{B}_i$를 구하라. FKinSpace와 FKinBody를 이용해 $\theta = (\pi/2, 3, \pi)$일 때의 엔드 이펙터 컨피규레이션 $T \in SE(3)$를 구하라. 두 답이 서로

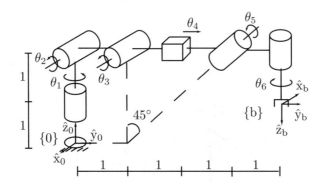

그림 4.19: 고정 좌표계와 엔드 이펙터 좌표계가 미리 설정된 RRRPRR 공간 개연쇄

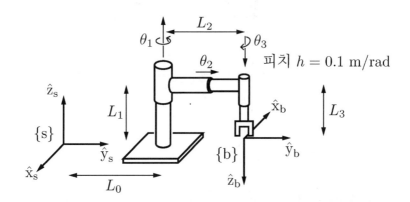

그림 4.20: 영 위치에 있는 RPH 개연쇄. 관절 축을 따라 표시된 화살표는 양의 방향을 뜻함(관절 값이 증가하는 방향). 스크류 관절의 피치는 0.1m/rad이다. 즉, 1라디안 회전할 때마다 0.1m만큼 직선 운동한다. 링크 길이는 $L_0 = 4$, $L_1 = 3$, $L_2 = 2$, $L_3 = 1$이다(그림에는 그려져 있지 않음).

일치하는지 확인하시오.

15. 그림 4.21의 HRR 공간 개연쇄가 영 위치에 있다. 영 위치 컨피규레이션 M과

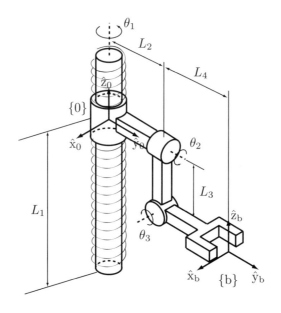

그림 4.21: HRR 로봇. 스크류 관절의 피치는 h이다

{0}로 나타낸 $\mathcal{S}_i$, {b}로 나타낸 $\mathcal{B}_i$를 구하라.

16. 4 자유도 개연쇄의 정기구학은 영 위치에서 다음의 지수 꼴로 표현된다.

$$T(\theta) = e^{[A_1]\theta_1} e^{[A_2]\theta_2} M e^{[A_3]\theta_3} e^{[A_4]\theta_4}$$

매니퓰레이터의 영 위치가 다음 식으로 재정의됐다고 하자.

$$(\theta_1, \theta_2, \theta_3, \theta_4) = (\alpha_1, \alpha_2, \alpha_3, \alpha_4)$$

$\theta'_i = \theta_i - \alpha_i, i = 1, \dots, 4$를 정의하면, 정기구학은 아래 식으로 정리된다.

$$T_{04}(\theta'_1, \theta'_2, \theta'_3, \theta'_4) = e^{[A'_1]\theta'_1} e^{[A'_2]\theta'_2} M' e^{[A'_3]\theta'_3} e^{[A'_4]\theta'_4}$$

M'와 각각의 A'_i를 구하라.

17. 그림 4.22은 뱀 로봇과, 로봇의 양쪽 엔드 이펙트를 보여준다. 그램에 나온 대로 참조 좌표계 $\{b_1\}$과 $\{b_2\}$이 두 엔드 이펙터에 부착돼 있다.

(a) 엔드 이펙터 1은 나무(지면으로 취급)을 잡고 있고 엔드 이펙터 2는 자유로이 움직일 수 있다. 로봇이 영 위치에 있다고 가정하자, 그러면 $T_{b_1 b_2} \in SE(3)$는 다음의 지수 곱 꼴로 나타난다.

$$T_{b_1 b_2} = e^{[\mathcal{S}_1]\theta_1} e^{[\mathcal{S}_2]\theta_2} \dots e^{[\mathcal{S}_5]\theta_5} M$$

$\mathcal{S}_3, \mathcal{S}_5, M$을 구하라.

(b) 이번에는 엔드 이펙터 2가 나무를 잡은 채로 고정돼 있고, 엔드 이펙터 1은 자유로이 움직일 수 있다. 그러면 $T_{b_2 b_1} \in SE(3)$는 다음의 지수 곱 꼴로 나타내진다.

$$T_{b_2 b_1} = e^{[\mathcal{A}_5]\theta_5} e^{[\mathcal{A}_4]\theta_4} e^{[\mathcal{A}_3]\theta_3} N e^{[\mathcal{A}_2]\theta_2} e^{[\mathcal{A}_1]\theta_1}.$$

$\mathcal{A}_2, \mathcal{A}_4, N$을 구하라.

18. 두 개의 동일한 PURP 개연쇄의 영 위치가 그림 4.23에 나와 있다.

(a) 고정 좌표계 {A}와 엔드 이펙터 좌표계 {a}가 주어졌을 때, 왼쪽의 로봇(로봇 A)의 정기구학은 다음 지수 곱 꼴로 나타낼 수 있다.

$$T_{Aa} = e^{[\mathcal{S}_1]\theta_1} e^{[\mathcal{S}_2]\theta_2} \dots e^{[\mathcal{S}_5]\theta_5} M_a$$

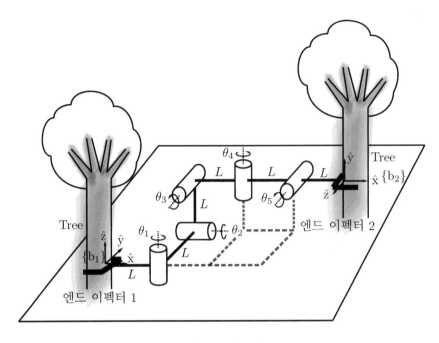

그림 4.22: 뱀 로봇

$\mathcal{S}_2$와 $\mathcal{S}_4$를 구하라.

(b) 로봇 A의 엔드 이펙터가 로봇 B의 엔드 이펙터 안에 삽입돼 두 엔드 이펙터의
원점이 겹쳤다고 하자. 이때 두 로봇은 단일 루프의 닫힌 사슬 형태가 된다. 그
렇게 되면 단일 루프의 폐연쇄의 상태 공간은 어떤 $M \in SE(3)$, $\mathcal{B}_i = (\omega_i, v_i)$
($i = 1, \cdots, 5$)에 대해 아래의 형태로 나타낼 수 있다.

$$M =$$
$$e^{-[\mathcal{B}_5]\phi_5} e^{-[\mathcal{B}_4]\phi_4} e^{-[\mathcal{B}_3]\phi_3} e^{-[\mathcal{B}_2]\phi_2} e^{-[\mathcal{B}_1]\phi_1} e^{[\mathcal{S}_1]\theta_1} e^{[\mathcal{S}_2]\theta_2} e^{[\mathcal{S}_3]\theta_3} e^{[\mathcal{S}_4]\theta_4} e^{[\mathcal{S}_5]\theta_5}$$

$\mathcal{B}_3$, $\mathcal{B}_5$, M을 찾아라(힌트: 임의의 $A \in \mathbb{R}^{n \times n}$에 대해서, $(e^A)^{-1} = e^{-A}$) 이 성립한

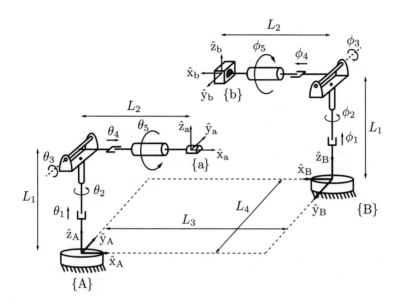

그림 4.23: 두 PUPR 개연쇄

다).

19. 그림 4.24의 RRPRR 공간 개연쇄가 영 위치에 있다.

(a) 정기구학은 다음 꼴로 나타낼 수 있다.

$$T_{sb} = M_1 e^{[\mathcal{A}_1]\theta_1} M_2 e^{[\mathcal{A}_2]\theta_2} \cdots M_5 e^{[\mathcal{A}_5]\theta_5}$$

$M_2, M_3, \mathcal{A}_2, \mathcal{A}_3$를 찾아라(힌트: 부록 C가 도움될 수 있다).

(b) 정기구학을 다음 형태로 나타낼 때, (a)의 $M_1, \ldots, M_5, \mathcal{A}_1, \ldots, \mathcal{A}_5$를 이용해 $M, \mathcal{S}_1, \ldots, \mathcal{S}_5$를 구하라.

$$T_{sb} = e^{[\mathcal{S}_1]\theta_1} e^{[\mathcal{S}_2]\theta_2} \cdots e^{[\mathcal{S}_5]\theta_5} M$$

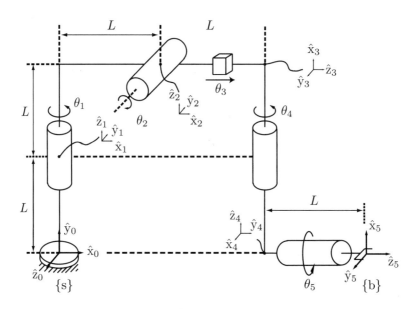

그림 4.24: RRPRR 공간 개연쇄

20. 그림 4.25의 PRRPRR 공간 개연쇄가 영 위치에 있고, 공간 좌표계 및 엔드 이펙터 좌표계가 미리 설정돼 있다. $M \in SE(3)$일 때, 다음 꼴로 정기구학을 유도하라.

$$T_{0n} = e^{[S_1]\theta_1} e^{[S_2]\theta_2} e^{[S_3]\theta_3} e^{[S_4]\theta_4} e^{[S_5]\theta_5} M e^{[S_6]\theta_6}$$

21. (부록 C 참조) 다음 주어진 각각의 T에 대해, 다음 식을 만족시키는 네 매개변수 (α, a, d, ϕ)를 (만약 존재한다면) 구하라.

$$T = \mathrm{Rot}(\hat{x}, \alpha)\, \mathrm{Trans}(\hat{x}, a)\, \mathrm{Trans}(\hat{z}, d)\, \mathrm{Rot}(\hat{z}, \phi)$$

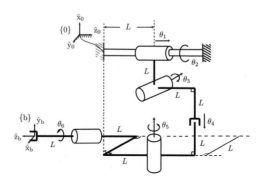

그림 4.25: PRRPRR 공간 개연쇄

(a) $T = \begin{bmatrix} 0 & 1 & 1 & 3 \\ 1 & 0 & 0 & 0 \\ 0 & 1 & 0 & 1 \\ 0 & 0 & 0 & 1 \end{bmatrix}$

(b) $T = \begin{bmatrix} \cos\beta & \sin\beta & 0 & 1 \\ \sin\beta & -\cos\beta & 0 & 0 \\ 0 & 0 & -1 & -2 \\ 0 & 0 & 0 & 1 \end{bmatrix}$

(c) $T = \begin{bmatrix} 0 & -1 & 0 & -1 \\ 0 & 0 & -1 & 0 \\ 1 & 0 & 0 & 2 \\ 0 & 0 & 0 & 1 \end{bmatrix}$

5장. 속도 기구학과 정역학

4장에서는 주어진 관절 변위에 대해 엔드 이펙터 자세가 어떻게 계산되는지 살펴봤다. 이어서 5장에서는 주어진 관절 변위와 속도에 대해 엔드 이펙터의 트위스트^{twist}가 어떻게 주어지는지 다룰 예정이다.

5.1절에서 소개될 엔드 이펙터 트위스트의 6차원 벡터 표현식($\mathcal{V} \in \mathbb{R}^6$)에 앞서, 먼저 엔드 이펙터 컨피규레이션이 최소 좌표 집합^{a minimal set of coordinates} $x \in \mathbb{R}^m$으로 표현되고 그 속도 또한 $\dot{x} = dx/dt \in \mathbb{R}^m$로 표현되는 경우를 생각해보자. 이때 정기구학^{forward kinematics}은 다음과 같이 주어진다.

$$x(t) = f(\theta(t))$$

여기서 $\theta \in \mathbb{R}^n$는 관절 변수(각도)를 뜻한다. 연쇄 법칙^{chain rule}을 통해 이를 시간에 대해 미분하면 다음과 같다.

$$\dot{x} = \frac{\partial f(\theta)}{\partial \theta}\frac{d\theta(t)}{dt} = \frac{\partial f(\theta)}{\partial \theta}\dot{\theta}$$
$$= J(\theta)\dot{\theta}$$

$J(\theta) \in \mathbb{R}^{m \times n}$는 자코비안^{Jacobian}을 뜻한다. 이 자코비안 행렬은 관절 변위 θ에 대한 함수로서, 관절 속도 $\dot{\theta}$에 대한 엔드 이펙터 속도 $\dot{x}$의 기울기를 의미한다.

예를 들어 그림 5.1의 왼쪽과 같이 주어진 2R 평면 개연쇄의 정기구학은 다음과 같다.

$$x_1 = L_1 \cos\theta_1 + L_2 \cos(\theta_1 + \theta_2)$$

$$x_2 = L_1 \sin\theta_1 + L_2 \sin(\theta_1 + \theta_2)$$

위의 양 변을 시간에 대해 미분하면 아래와 같고,

$$\dot{x}_1 = -L_1 \dot{\theta}_1 \sin\theta_1 - L_2(\dot{\theta}_1 + \dot{\theta}_2)\sin(\theta_1 + \theta_2)$$

$$\dot{x}_2 = L_1 \dot{\theta}_1 \cos\theta_1 + L_2(\dot{\theta}_1 + \dot{\theta}_2)\cos(\theta_1 + \theta_2)$$

이를 $\dot{x} = J(\theta)\dot{\theta}$ 꼴로 다시 쓰면 다음과 같다.

$$\begin{bmatrix} \dot{x}_1 \\ \dot{x}_2 \end{bmatrix} = \begin{bmatrix} -L_1 \sin\theta_1 - L_2 \sin(\theta_1 + \theta_2) & -L_2 \sin(\theta_1 + \theta_2) \\ L_1 \cos\theta_1 + L_2 \cos(\theta_1 + \theta_2) & L_2 \cos(\theta_1 + \theta_2) \end{bmatrix} \begin{bmatrix} \dot{\theta}_1 \\ \dot{\theta}_2 \end{bmatrix} \quad (5.1)$$

위의 $J(\theta)$의 두 열을 각각 $J_1(\theta)$과 $J_2(\theta)$, 손끝 속도^{tip velocity} $\dot{x}$을 v_{tip}라고 하면, 위 (5.1) 식을 다음과 같이 간단히 나타낼 수 있다.

$$v_{\text{tip}} = J_1(\theta)\dot{\theta}_1 + J_2(\theta)\dot{\theta}_2 \quad (5.2)$$

두 벡터 $J_1(\theta)$과 $J_2(\theta)$가 서로 일직선상에 있지 않을 경우 어떤 적절한 관절 속도 $\dot{\theta}_1$, $\dot{\theta}_2$를 통해 손끝 속도 v_{tip}는 x_1-x_2 평면상 임의의 모든 방향을 나타낼 수 있다. 이 두 축들은 관절 변위 θ_1, θ_2에 의존하기 때문에, 어떠한 컨피규레이션에서는 $J_1(\theta)$, $J_2(\theta)$이 일직선 위에 놓일 수 있다. 이 예제에서는 θ_2가 0° 혹은 180°일 경우 θ_1의 값에 무관하게 $J_1(\theta)$, $J_2(\theta)$ 축들이 항상 일직선상에 존재하며 자코비안 $J(\theta)$는 특이 행렬^{singular matrix}이 된다. 이러한 컨피규레이션을 특이점^{singularities}이라 부르며, 이때는 특정 방향들을 향해 손끝^{tip}을 움직일 수 없다.

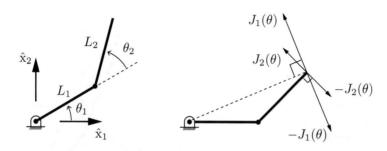

그림 5.1: (왼쪽) 2R 로봇 팔 (오른쪽) $\dot{\theta}_1 = 1$, $\dot{\theta}_2 = 0$일 때와 $\dot{\theta}_1 = 0$, $\dot{\theta}_2 = 1$일 때의 자코비안 축들을 각각 표현한 모습

$L_1 = L_2 = 1$인 경우 두 비특이 자세^{nonsingular postures} $\theta = (0, \pi/4)$와 $\theta = (0, 3\pi/4)$에서 자코비안 행렬은 다음과 같다.

$$
J(\begin{bmatrix} 0 \\ \pi/4 \end{bmatrix}) = \begin{bmatrix} -0.71 & -0.71 \\ 1.71 & 0.71 \end{bmatrix} \quad , \quad J(\begin{bmatrix} 0 \\ 3\pi/4 \end{bmatrix}) = \begin{bmatrix} -0.71 & -0.71 \\ 0.29 & -0.71 \end{bmatrix}
$$

그림 5.1은 $\theta_2 = \pi/4$일 때 로봇 모습을 나타내고 있다. 그림 5.1 오른쪽에서 나타내듯, 자코비안 행렬의 i번째 열($J_i(\theta)$)은 다른 관절 속도는 모두 0이고 $\dot{\theta}_i = 1$일 때의 손끝 속도를 나타낸다.

그림 5.2과 같이 자코비안을 통해 관절 속도의 한곗값으로부터 손끝 속도의 한곗값을 구할 수 있다. 그리고 그림 5.2처럼 관절 속도 한곗값의 다각형을 자코비안 통해 대응시키는 대신, 관절 속도 공간에서의 단위 원을 θ_1-θ_2 평면으로 대응시키는 것도 가능하다. 구동기 에포트를 관절 속도 제곱의 합으로 주어질 때, 이러한 원은 관절 속도 공간에서 등방-에포트^{iso-effort} 경계선을 뜻한다. 이 원은 자코비안을 통해 손끝 속도 공간의 타원으로 대응되며, 이 타원은 조작성 타원체^{manipulability ellipsoid}라고

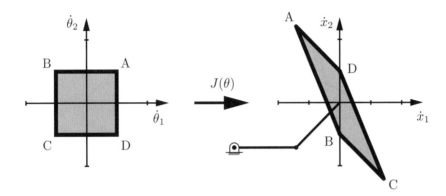

그림 5.2: $\dot{\theta}_1$-$\dot{\theta}_2$ 공간의 정사각형으로 주어진 관절 속도들로 자코비안 통해 엔드 이펙터 속도들을 구하는 모습으로, 관절 속도 공간과 엔드 이펙터 속도 공간의 꼭지점들(A, B, C, D)은 각각 서로 대응된다.

부른다.[1] 그림 5.3은 이러한 사상^{mapping}을 2R 로봇 팔의 두 자세에 대해 보여주고 있다. 매니퓰레이터 컨피규레이션이 특이점에 가까워질수록 조작성 타원체는 점차 어떤 선분 형태가 되고, 이는 어떤 특정 방향으로 손끝이 움직이지 못함을 의미한다. 조작성 타원체를 통해 어떤 주어진 자세가 특이점에 얼마나 가까운지 정량적으로 측정할 수 있다. 예를 들어 조작성 타원체의 장축과 단축의 길이($\ell_{\max}$, $\ell_{\min}$)를 비교하는 것이 한 가지 방법이다. 타원체가 원에 가까울수록—$\ell_{\max}/\ell_{\min}$ 비율이 작을수록(즉, 1에 가까울수록)—손끝은 모든 방향으로 움직이기 쉬워지고 자세는 특이점으로부터 멀어진다.

이러한 자코비안은 정역학 분석$^{\text{static analysis}}$에서도 중요한 기능을 수행한다. 어떠한 외력이 로봇 손끝에 가해지고 있을 때, 이 외력을 견디기 위해 필요한 관절 토크는 얼마일까? 이 질문에 대한 답은 에너지 보존 법칙$^{\text{conservation of power}}$을 통해 구할 수 있다. 로봇을 움직이는 데 어떠한 동력도 사용되고 있지 않다면, 로봇 손끝에서 측정된

---

[1]타원은 2차원 타원체다.

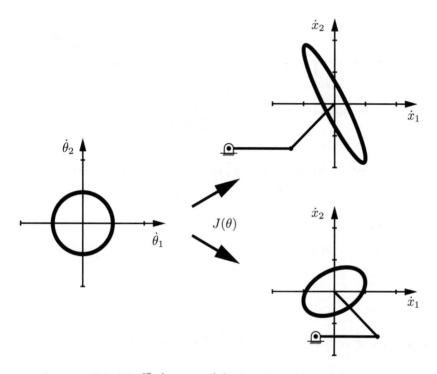

그림 5.3: 2R 평면 개연쇄$^{2R\ planar\ open\ chain}$ 서로 다른 두 자세에서의 조작성 타원체

일률은 관절에서 생성된 일률과 동일해야 한다. 손끝 외력을 f_{tip}으로 나타내고 관절 토크를 τ라 쓰면, 모든 임의 관절 속도 $\dot{\theta}$에 대해 에너지 보존 법칙을 다음과 같이 쓸 수 있다.

$$f_{\text{tip}}^T v_{\text{tip}} = \tau^T \dot{\theta}$$

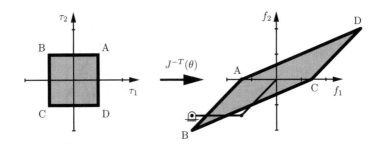

그림 5.4: 관절 토크 한곗값으로부터 구한 손끝 힘 한곗값으로의 사상

손끝 속도는 $v_{\text{tip}} = J(\theta)\dot{\theta}$로 주어지므로, 위 식은 다음과 같이 다시 쓸 수 있다.[2]

$$f_{\text{tip}}^T J(\theta)\dot{\theta} = \tau^T \dot{\theta}$$

모든 관절 속도에 대해 위 식이 참이려면, 관절 토크는 다음과 같이 주어져야 한다.

$$\tau = J^T(\theta) f_{\text{tip}} \tag{5.3}$$

반대로 손끝 힘 f_{tip}을 생성하는 데 필요한 관절 토크 또한 위 식을 통해 구할 수 있다. 이전의 2-링크 평면 로봇 예시에서 자코비안 $J(\theta)$는 θ에 의존하는 정사각 행렬이었다. 만일 θ가 특이점이 아니라면 $J(\theta)$와 전치행렬 $J^T(\theta)$ 모두 역행렬이 존재하며, 수식 (5.3)은 다음과 같이 다시 쓸 수 있다.

$$f_{\text{tip}} = ((J(\theta))^T)^{-1}\tau = J^{-T}(\theta)\tau \tag{5.4}$$

---

[2]로봇이 평형 상태에 있으므로, 관절 속도 $\dot{\theta}$ 값은 사실 0과 같다. 이는 0에 무한히 가까운 관절 속도라 생각할 수 있으며, 더욱 정확하게는 관절 속도 대신 무한소 관절 변위 변화infinitesimal joint displacements를 다루는 가상 일의 법칙principle of virtual work을 통해 생각해볼 수 있다.

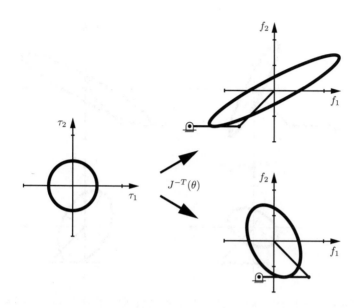

그림 5.5: 2R 평면 개연쇄에서 서로 다른 두 자세의 힘 타원체

정적 평형 상태를 가정하면 위 식을 통해 어떤 특정 손끝 힘을 내기 위해 필요한 입력 토크 값을 구할 수 있다. 예를 들어 벽에 수직으로 가하는 힘이 특정 값으로 주어졌을 때 이를 달성하는 관절 토크 값을 계산할 수 있다. 평형 상태에 있는 어떤 자세 θ와 다음의 관절 토크 한곗값에 대해,

$$-1\,\mathrm{Nm} \leq \tau_1 \leq 1\,\mathrm{Nm}$$
$$-1\,\mathrm{Nm} \leq \tau_2 \leq 1\,\mathrm{Nm}$$

그림 5.4는 수식 (5.4)를 통해 생성할 수 있는 모든 손끝 힘 값들을 나타내고 있다. 조작성 타원체와 유사하게, 힘 타원체force ellipsoid는 τ_1-τ_2 평면의 등방-에포트 단위 원을 f_1-f_2 손끝 힘 평면의 타원체로 대응시켜 구할 수 있다. 이때 그림 5.5와 같이 자코비안 전치역행렬이 사용된다. 힘 타원체는 로봇이 각 방향으로 얼마나 쉽게 힘을

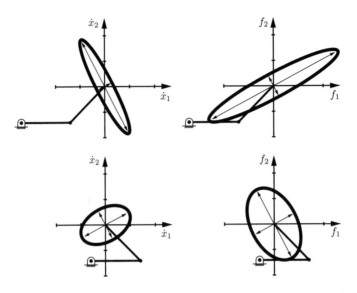

그림 5.6: 두 가지 컨피규레이션에서 조작성 타원체(왼쪽)와 힘 타원체(오른쪽)의 비교

생성할 수 있는지 나타낸다. 그림 5.6의 조작성과 힘 타원체 비교에서 볼 수 있듯, 손끝 속도를 생성하기 쉬운 방향으로는 손끝 힘을 생성하기 어렵고, 그 반대 또한 마찬가지이다. 또한, 조작성 타원체와 힘 타원체의 주축들은 서로 나란하며, 각 주축 길이들은 서로에 대해 역수^{reciprocals}이다.

특이점에서 조작성 타원체는 선분으로 수렴한다. 힘 타원체는 반면에 조작성 타원체가 수렴한 선분의 수직 방향으로 무한히 길어지게 된다. 즉, 정렬된 링크들 방향으로 무한히 길어지며, 그에 대한 수직 방향으로는 얇아지게 된다. 예를 들어 무거운 여행 가방을 들고 있을 때 팔이 중력을 따라 아래로 쭉 펴진 특이점 자세가 가장 편한 자세다. 이는 가방이 가하는 힘이 모든 관절의 위치를 지나가기 때문에 조금의 관절 토크도 필요하지 않기 때문이다. 즉, 관절 구조로 가방 무게를 지탱하는 상황이므로 근육이 관절 토크를 생성할 필요가 없다. 조작성 타원체가 특이점에서 자유도를 잃고 타원체 부피 값이 0이 되는 것과 달리, (관절들이 무게를 지지할 수 있다고 가정하면) 힘 타원체 부피는 무한대가 된다.

5장에서는 엔드 이펙터의 컨피규레이션이 $T \in SE(3)$로 표현되고 속도가 트위스트 $\mathcal{V}$로 표현되는 경우 일반적인 개연쇄의 자코비안을 구하는 방법을 알아봤다. 더불어 기구학적 특이점과 조작성, 힘 타원체 등 자코비안이 속도 기구학velocity kinematics 과 정역학에 어떻게 사용될 수 있는지도 살펴봤다. 이후 장들에서 역기구학, 동작 계획, 동역학 그리고 제어에 대해 다룰 때 이 자코비안과 관련 개념들이 광범위하게 사용된다.

5.1 매니퓰레이터 자코비안

2R 평면 개연쇄 예시를 통해 봤듯이 모든 관절 컨피규레이션 θ에서 손끝 속도 v_{tip} 와 관절 속도 $\dot{\theta}$는 자코비안 $J(\theta)$에 대해 서로 선형 관계다($v_{\text{tip}} = J(\theta)\dot{\theta}$). 이때 손끝 속도 v_{tip}은 손끝 좌표계에 의존하며, 이 좌표계는 자코비안의 형태 또한 결정한다. 일반적으로 v_{tip}은 6차원 트위스트로 표현되지만 손목 기구학처럼 방향orientation만 을 제어하는 경우 v_{tip}은 보통 엔드 이펙터 프레임의 각속도로 표현된다. v_{tip}에 대한 표현식이 달라지면 자코비안 또한 달라지게 된다. 가장 먼저 v_{tip}이 6차원 트위스트 $\mathcal{V}$로 주어지는 일반적인 경우부터 살펴보자.

다음의 유도 과정들은 모두 수식 (5.2)에서 표현된 간단한 아이디어에서 출발한 수식 들이다. i번째 관절 속도만 $\dot{\theta}_i = 1$로 주어지고 다른 모든 관절 속도가 0일 때, 트위스트 $\mathcal{V}$는 자코비안 $J(\theta)$의 i번째 열 6차원 벡터 $J_i(\theta)$와 같다. 이 트위스트는 4장에서 관절 스크류screw를 i번째 회전형 관절 축 위의 점 q_i를 통해 구한 방법과 동일하게 구한 것이다. 유일하게 다른 것은 4장에서는 $\theta = 0$에 대해서만 다뤘지만, 여기서는 자코비안의 스크류 축들이 관절 변위 θ에 의존한다는 점이다.

자코비안의 두 가지 대표 형식은 $\mathcal{V}_s = J_s(\theta)\dot{\theta}$식을 만족하는 공간 자코비안space jacobian

$J_s(\theta)$과 $\mathcal{V}_b = J_b(\theta)\dot{\theta}$ 식을 만족하는 물체 자코비안$^{\text{body Jacobian}}$ $J_b(\theta)$이다. 공간 자코비안의 i번째 열 $J_{si}(\theta)$은 i번째 스크류 축이 고정된 공간 좌표계$^{\text{space frame}}$ {s}에서 표현된 것이며, 비슷하게 $J_{bi}(\theta)$은 i번째 스크류 축을 엔드 이펙터 좌표계 {b}에서 표현한 것이다. 이 중 공간 자코비안에 대해 먼저 살펴본다.

5.1.1 공간 자코비안

이번 절에서는 개연쇄의 관절 속도 벡터 $\dot{\theta}$와 엔드 이펙터의 공간 트위스트$^{\text{spatial twist}}$ $\mathcal{V}_s$ 사이 관계를 유도한다. 먼저, 선형 대수와 선형 미분 방정식의 일부 기본 성질들에 대해 살펴보자. (i) 만약 $A, B \in \mathbb{R}^{n \times n}$ 모두 역행렬이 존재한다면, $(AB)^{-1} = B^{-1}A^{-1}$이다. (ii) 만약 $A \in \mathbb{R}^{n \times n}$가 어떤 상수이고 $\theta(t)$는 t에 대한 스칼라 함수라면, $\frac{d}{dt}e^{A\theta} = Ae^{A\theta}\dot{\theta} = e^{A\theta}A\dot{\theta}$이고, (iii) $(e^{A\theta})^{-1} = e^{-A\theta}$ 또한 성립한다.

n-링크 개연쇄의 정기구학은 다음의 지수 곱$^{\text{Product of Exponentials}}$ 형식으로 표현된다.

$$T(\theta_1, \ldots, \theta_n) = e^{[\mathcal{S}_1]\theta_1}e^{[\mathcal{S}_2]\theta_2}\cdots e^{[\mathcal{S}_n]\theta_n}M \tag{5.5}$$

공간 트위스트 $\mathcal{V}_s$는 $[\mathcal{V}_s] = \dot{T}T^{-1}$ 식으로 주어지며, 여기서 $\dot{T}$는 다음과 같다.

$$\begin{aligned}
\dot{T} &= \left(\frac{d}{dt}e^{[\mathcal{S}_1]\theta_1}\right)\cdots e^{[\mathcal{S}_n]\theta_n}M + e^{[\mathcal{S}_1]\theta_1}\left(\frac{d}{dt}e^{[\mathcal{S}_2]\theta_2}\right)\cdots e^{[\mathcal{S}_n]\theta_n}M + \ldots \\
&= [\mathcal{S}_1]\dot{\theta}_1 e^{[\mathcal{S}_1]\theta_1}\cdots e^{[\mathcal{S}_n]\theta_n}M + e^{[\mathcal{S}_1]\theta_1}[\mathcal{S}_2]\dot{\theta}_2 e^{[\mathcal{S}_2]\theta_2}\cdots e^{[\mathcal{S}_n]\theta_n}M + \ldots
\end{aligned}$$

T^{-1}은 다음과 같다.

$$T^{-1} = M^{-1}e^{-[\mathcal{S}_n]\theta_n}\cdots e^{-[\mathcal{S}_1]\theta_1}$$

위 식들을 $\dot{T}T^{-1}$에 대입하면,

$$[\mathcal{V}_s] = [\mathcal{S}_1]\dot{\theta}_1 + e^{[\mathcal{S}_1]\theta_1}[\mathcal{S}_2]e^{-[\mathcal{S}_1]\theta_1}\dot{\theta}_2 + e^{[\mathcal{S}_1]\theta_1}e^{[\mathcal{S}_2]\theta_2}[\mathcal{S}_3]e^{-[\mathcal{S}_2]\theta_2}e^{-[\mathcal{S}_1]\theta_1}\dot{\theta}_3 + \ldots.$$

수반 사상^{adjoint mapping}을 활용해 위 식을 벡터 형식으로 다시 쓰면 다음과 같다.

$$\mathcal{V}_s = \underbrace{\mathcal{S}_1}_{J_{s1}}\dot{\theta}_1 + \underbrace{\mathrm{Ad}_{e^{[\mathcal{S}_1]\theta_1}}(\mathcal{S}_2)}_{J_{s2}}\dot{\theta}_2 + \underbrace{\mathrm{Ad}_{e^{[\mathcal{S}_1]\theta_1}e^{[\mathcal{S}_2]\theta_2}}(\mathcal{S}_3)}_{J_{s3}}\dot{\theta}_3 + \ldots \qquad (5.6)$$

즉, $\mathcal{V}_s$은 다음과 같이 n개의 공간 트위스트의 합으로 주어진다.

$$\mathcal{V}_s = J_{s1}(\theta)\dot{\theta}_1 + \ldots + J_{sn}(\theta)\dot{\theta}_n \qquad (5.7)$$

여기서 $J_{si}(\theta) = (\omega_{si}(\theta), v_{si}(\theta))$은 관절 변위 $\theta \in \mathbb{R}^n$에 대해 명시적으로 의존한다 ($i = 2, \ldots, n$). 이를 행렬 형식으로 다시 쓰면,

$$\begin{aligned}
\mathcal{V}_s &= \begin{bmatrix} J_{s1}(\theta) & J_{s2}(\theta) & \cdots & J_{sn}(\theta) \end{bmatrix} \begin{bmatrix} \dot{\theta}_1 \\ \vdots \\ \dot{\theta}_n \end{bmatrix} \\
&= J_s(\theta)\dot{\theta}
\end{aligned} \qquad (5.8)$$

위의 행렬 $J_s(\theta)$을 고정된 공간 좌표계에서 표현한 자코비안이라 부르며, 간단하게 공간 자코비안^{space jacobian}이라 부르기도 한다.

정의 5.1. n-링크 개연쇄의 정기구학이 다음과 같이 지수 곱 형식으로 주어진다.

$$T = e^{[\mathcal{S}_1]\theta_1} \cdots e^{[\mathcal{S}_n]\theta_n} M \qquad (5.9)$$

공간 자코비안 $J_s(\theta) \in \mathbb{R}^{6 \times n}$은 다음 식처럼 관절 속도 벡터 $\dot{\theta} \in \mathbb{R}^n$로부터 공간

트위스트$^{\text{spatial twist}}$ $\mathcal{V}_s$를 구한다.

$$\mathcal{V}_s = J_s(\theta)\dot{\theta} \tag{5.10}$$

$J_s(\theta)$의 i번째 열$(i = 2, \ldots, n)$은 다음과 같다.

$$J_{si}(\theta) = \text{Ad}_{e^{[\mathcal{S}_1]\theta_1} \ldots e^{[\mathcal{S}_{i-1}]\theta_{i-1}}}(\mathcal{S}_i) \tag{5.11}$$

이때 첫 번째 열은 $J_{s1}(\theta) = \mathcal{S}_1$이다.

$J_s(\theta)$의 물리적인 의미를 이해하기 위해 각 열이 $\text{Ad}_{T_{i-1}}(\mathcal{S}_i)$로 주어짐을 생각해보자. 이때 $T_{i-1} = e^{[\mathcal{S}_1]\theta_1} \ldots e^{[\mathcal{S}_{i-1}]\theta_{i-1}}$이고, $\mathcal{S}_i$는 영 위치$^{\text{zero position}}$에서 i번째 관절 축이 공간 좌표계에서 표현된 것이다. 따라서 $\text{Ad}_{T_{i-1}}(\mathcal{S}_i)$은 i번째 관절 축이 T_{i-1}의 강체 운동으로 회전되는 것을 뜻한다. 이는 처음 $i - 1$개 관절들을 각각 영 자세$^{\text{zero configuration}}$에서 현재 자세 $\theta_1, \ldots, \theta_{i-1}$로 움직이는 것과 물리적으로 동일하다. 그러므로, $J_s(\theta)$의 i번째 열 $J_{si}(\theta)$은 단순히 공간 좌표계에서 표현된 i번째 관절 축을 관절 변위 $\theta_1, \ldots, \theta_{i-1}$에 대한 함수로 표현한 것이다.

요약하자면 $J_s(\theta)$을 구하는 과정은 지수 곱 공식($e^{[\mathcal{S}_1]\theta_1} \ldots e^{[\mathcal{S}_n]\theta_n}M$)의 관절 스크류 $\mathcal{S}_i$를 구하는 과정과 유사하다. 즉, 각 열 $J_{si}(\theta)$은 임의의 관절 변위 θ에 대해 공간 좌표계로 표현된 i번째 관절 축을 뜻한다.

예제: RRRP 로봇의 공간 자코비안

다음은 그림 5.7의 RRRP 로봇의 공간 자코비안을 구하는 과정이다. $J_s(\theta)$의 i번째 열을 $J_{si} = (\omega_{si}, v_{si})$로 표현한다. 여기서는 이동된 관절 축들의 스크류를 계산할 때 $[\text{Ad}_{T_{i-1}}]$ 행렬은 명시적으로 다루지 않는다.

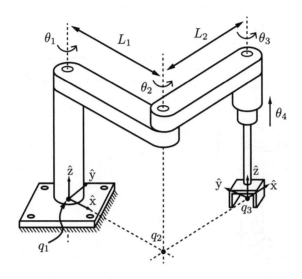

그림 5.7: RRRP 로봇의 공간 자코비안

- ω_{s1}은 상수이고 $\hat{z}_s$ 방향이다. 즉, $\omega_{s1} = (0, 0, 1)$. 점 q_1을 원점으로 두면 $v_{s1} = (0, 0, 0)$이다.

- ω_{s2} 또한 상수이고 $\hat{z}_s$ 방향이므로, $\omega_{s2} = (0, 0, 1)$이다. $c_1 = \cos\theta_1$, $s_1 = \sin\theta_1$ 라고 할 때, 점 q_2를 $(L_1 c_1, L_1 s_1, 0)$로 두면 $v_{s2} = -\omega_2 \times q_2 = (L_1 s_1, -L_1 c_1, 0)$ 이다.

- ω_{s3}의 방향은 θ_1과 θ_2 값에 무관하게 항상 $\hat{z}_s$로 고정이므로, $\omega_{s3} = (0, 0, 1)$이다. $c_{12} = \cos(\theta_1 + \theta_2)$, $s_{12} = \sin(\theta_1 + \theta_2)$라고 할 때, 점 $q_3 = (L_1 c_1 + L_2 c_{12}, L_1 s_1 + L_2 s_{12}, 0)$에 대해 $v_{s3} = (L_1 s_1 + L_2 s_{12}, -L_1 c_1 - L_2 c_{12}, 0)$이다.

- 마지막 관절은 선형^{prismatic}이므로, $\omega_{s4} = (0, 0, 0)$이고 관절 축 방향은 $v_{s4} = (0, 0, 1)$이다.

265

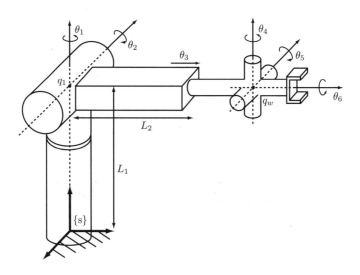

그림 5.8: RRPRRR 로봇의 공간 자코비안

따라서 공간 자코비안은 다음과 같다.

$$
J_s(\theta) = \begin{bmatrix}
0 & 0 & 0 & 0 \\
0 & 0 & 0 & 0 \\
1 & 1 & 1 & 0 \\
0 & L_1 s_1 & L_1 s_1 + L_2 s_{12} & 0 \\
0 & -L_1 c_1 & -L_1 c_1 - L_2 c_{12} & 0 \\
0 & 0 & 0 & 1
\end{bmatrix}
$$

예제: RRPRRR 로봇의 공간 자코비안

그림 5.8의 RRPRRR 로봇 공간 자코비안을 구해보자. 공간 좌표계는 그림과 같이 주어져 있다.

- 첫 번째 관절 축 방향은 $\omega_{s1} = (0, 0, 1)$이다. 점 $q_1 = (0, 0, L_1)$에 대해 $v_{s1} = -\omega_1 \times q_1 = (0, 0, 0)$이다.

- 두 번째 관절 축 방향은 $\omega_{s2} = (-c_1, -s_1, 0)$이다. 점 $q_2 = (0, 0, L_1)$에 대해 $v_{s2} = -\omega_2 \times q_2 = (L_1 s_1, -L_1 c_1, 0)$이다.

- 세 번째 관절은 선형 관절이므로 $\omega_{s3} = (0, 0, 0)$이고, 관절 축 방향은 다음과 같다.

$$v_{s3} = \text{Rot}(\hat{z}, \theta_1)\text{Rot}(\hat{x}, -\theta_2) \begin{bmatrix} 0 \\ 1 \\ 0 \end{bmatrix} = \begin{bmatrix} -s_1 c_2 \\ c_1 c_2 \\ -s_2 \end{bmatrix}$$

- 로봇의 손목 부위를 살펴보자. 손목의 중심점은 다음과 같이 주어진다.

$$q_w = \begin{bmatrix} 0 \\ 0 \\ L_1 \end{bmatrix} + \text{Rot}(\hat{z}, \theta_1)\text{Rot}(\hat{x}, -\theta_2) \begin{bmatrix} 0 \\ L_2 + \theta_3 \\ 0 \end{bmatrix} = \begin{bmatrix} -(L_2 + \theta_3)s_1 c_2 \\ (L_2 + \theta_3)c_1 c_2 \\ L_1 - (L_2 + \theta_3)s_2 \end{bmatrix}$$

이때 손목의 관절 축 방향들은 다음 식처럼 θ_1, θ_2과 그 이전 손목 축들에 의존한다.

$$
\omega_{s4} = \text{Rot}(\hat{z}, \theta_1)\text{Rot}(\hat{x}, -\theta_2)\begin{bmatrix} 0 \\ 0 \\ 1 \end{bmatrix} = \begin{bmatrix} -s_1 s_2 \\ c_1 s_2 \\ c_2 \end{bmatrix}
$$

$$
\omega_{s5} = \text{Rot}(\hat{z}, \theta_1)\text{Rot}(\hat{x}, -\theta_2)\text{Rot}(\hat{z}, \theta_4)\begin{bmatrix} -1 \\ 0 \\ 0 \end{bmatrix} = \begin{bmatrix} -c_1 c_4 + s_1 c_2 s_4 \\ -s_1 c_4 - c_1 c_2 s_4 \\ s_2 s_4 \end{bmatrix}
$$

$$
\omega_{s6} = \text{Rot}(\hat{z}, \theta_1)\text{Rot}(\hat{x}, -\theta_2)\text{Rot}(\hat{z}, \theta_4)\text{Rot}(\hat{x}, -\theta_5)\begin{bmatrix} 0 \\ 1 \\ 0 \end{bmatrix}
$$

$$
= \begin{bmatrix} -c_5(s_1 c_2 c_4 + c_1 s_4) + s_1 s_2 s_5 \\ c_5(c_1 c_2 c_4 - s_1 s_4) - c_1 s_2 s_5 \\ -s_2 c_4 c_5 - c_2 s_5 \end{bmatrix}
$$

공간 자코비안은 다음과 같이 행렬 형식으로 표현할 수 있다.

$$
J_s(\theta) = \begin{bmatrix} \omega_{s1} & \omega_{s2} & 0 & \omega_{s4} & \omega_{s5} & \omega_{s6} \\ 0 & -\omega_{s2} \times q_2 & v_{s3} & -\omega_{s4} \times q_w & -\omega_{s5} \times q_w & -\omega_{s6} \times q_w \end{bmatrix}
$$

여기서 주목할 만한 사실은 정기구학을 미분하지 않고도 자코비안 전체를 직접 구할 수 있다는 점이다.

5.1.2 물체 자코비안

이전 절에서는 관절 속도와 공간 좌표계에서 표현된 엔드 이펙터 속도 $[\mathcal{V}_s] = \dot{T}T^{-1}$ 사이 관계식에 대해 알아봤다. 여기서는 관절 속도와 엔드 이펙터 좌표계에서 표현된 엔드 이펙터 속도 $[\mathcal{V}_b] = T^{-1}\dot{T}$ 사이의 관계식에 대해 살펴본다. 이를 위해 정기구학을 다음과 같이 다른 형태의 지수 곱으로 표현하는 것이 편리하다.

$$T(\theta) = Me^{[\mathcal{B}_1]\theta_1}e^{[\mathcal{B}_2]\theta_2}\cdots e^{[\mathcal{B}_n]\theta_n} \tag{5.12}$$

$\dot{T}$를 계산하면 다음과 같다.

$$
\begin{aligned}
\dot{T} =& Me^{[\mathcal{B}_1]\theta_1}\cdots e^{[\mathcal{B}_{n-1}]\theta_{n-1}}(\frac{d}{dt}e^{[\mathcal{B}_n]\theta_n}) + Me^{[\mathcal{B}_1]\theta_1}\cdots(\frac{d}{dt}e^{[\mathcal{B}_{n-1}]\theta_{n-1}})e^{[\mathcal{B}_n]\theta_n} + \ldots \\
=& Me^{[\mathcal{B}_1]\theta_1}\cdots e^{[\mathcal{B}_n]\theta_n}[\mathcal{B}_n]\dot{\theta}_n + Me^{[\mathcal{B}_1]\theta_1}\cdots e^{[\mathcal{B}_{n-1}]\theta_{n-1}}[\mathcal{B}_{n-1}]e^{[\mathcal{B}_n]\theta_n}\dot{\theta}_{n-1} + \ldots \\
& + Me^{[\mathcal{B}_1]\theta_1}[\mathcal{B}_1]e^{[\mathcal{B}_2]\theta_2}\cdots e^{[\mathcal{B}_n]\theta_n}\dot{\theta}_1
\end{aligned}
$$

T^{-1}은 다음과 같다.

$$T^{-1} = e^{-[\mathcal{B}_n]\theta_n}\cdots e^{-[\mathcal{B}_1]\theta_1}M^{-1}$$

위 식들을 $T^{-1}\dot{T}$에 대입하면 다음과 같다.

$$
\begin{aligned}
[\mathcal{V}_b] =&\ [\mathcal{B}_n]\dot{\theta}_n + e^{-[\mathcal{B}_n]\theta_n}[\mathcal{B}_{n-1}]e^{[\mathcal{B}_n]\theta_n}\dot{\theta}_{n-1} + \ldots \\
& + e^{-[\mathcal{B}_n]\theta_n}\cdots e^{-[\mathcal{B}_2]\theta_2}[\mathcal{B}_1]e^{[\mathcal{B}_2]\theta_2}\cdots e^{[\mathcal{B}_n]\theta_n}\dot{\theta}_1
\end{aligned}
$$

이를 벡터 형식으로 다시 표현하면 다음과 같다.

$$\mathcal{V}_b = \underbrace{\mathcal{B}_n}_{J_{bn}}\dot{\theta}_n + \underbrace{\mathrm{Ad}_{e^{-[\mathcal{B}_n]\theta_n}}(\mathcal{B}_{n-1})}_{J_{b,n-1}}\dot{\theta}_{n-1} + \ldots + \underbrace{\mathrm{Ad}_{e^{-[\mathcal{B}_n]\theta_n}\cdots e^{-[\mathcal{B}_2]\theta_2}}(\mathcal{B}_1)}_{J_{b1}}\dot{\theta}_1 \tag{5.13}$$

결과적으로 $\mathcal{V}_b$은 n개 물체 트위스트$^{\text{body twists}}$들의 합으로 다음과 같이 표현될 수 있다.

$$\mathcal{V}_b = J_{b1}(\theta)\dot{\theta}_1 + \ldots + J_{bn}(\theta)\dot{\theta}_n, \tag{5.14}$$

여기서 각 열 $J_{bi}(\theta) = (\omega_{bi}(\theta), v_{bi}(\theta))$은 관절 변위 θ에 대해 명시적으로 의존한다 $(i = 1, \ldots, n-1)$. 이를 행렬 형식으로 다시 쓰면 다음과 같다.

$$
\begin{aligned}
\mathcal{V}_b &= \begin{bmatrix} J_{b1}(\theta) & J_{b2}(\theta) & \cdots & J_{bn}(\theta) \end{bmatrix} \begin{bmatrix} \dot{\theta}_1 \\ \vdots \\ \dot{\theta}_n \end{bmatrix} \\
&= J_b(\theta)\dot{\theta}
\end{aligned} \tag{5.15}
$$

위 식의 행렬 $J_b(\theta)$은 엔드 이펙터 (혹은 물체) 좌표계에서 표현된 자코비안을 뜻하며, 간단하게 물체 자코비안이라 부른다.

정의 5.2. n-링크 개연쇄의 정기구학은 다음과 같이 지수 곱 형식으로 표현될 수 있다.

$$T = Me^{[\mathcal{B}_1]\theta_1} \cdots e^{[\mathcal{B}_n]\theta_n} \tag{5.16}$$

물체 자코비안 $J_b(\theta) \in \mathbb{R}^{6 \times n}$은 관절 변위 $\dot{\theta} \in \mathbb{R}^n$을 엔드 이펙터 트위스트 $\mathcal{V}_b = (\omega_b, v_b)$로 다음 식처럼 대응시킨다.

$$\mathcal{V}_b = J_b(\theta)\dot{\theta} \tag{5.17}$$

$(i = n-1, \ldots, 1$에 대해) $J_b(\theta)$의 i번째 열은 다음과 같다.

$$J_{bi}(\theta) = \text{Ad}_{e^{-[\mathcal{B}_n]\theta_n} \ldots e^{-[\mathcal{B}_{i+1}]\theta_{i+1}}} (\mathcal{B}_i) \tag{5.18}$$

마지막 열은 $J_{bn}(\theta) = \mathcal{B}_n$이다.

공간 자코비안처럼 $J_b(\theta)$의 각 열들에 대해서도 물리적인 해석이 가능하다. $J_b(\theta)$의 각 열 $J_{bi}(\theta) = (\omega_{bi}(\theta), v_{bi}(\theta))$은 (공간 좌표계가 아닌) 엔드 이펙터 좌표계에서 표현된 i번째 관절 축 스크류 벡터다. $J_b(\theta)$을 계산하는 과정은 지수 곱 $Me^{[\mathcal{B}_1]\theta_1} \cdots e^{[\mathcal{B}_n]\theta_n}$으로 주어진 정기구학 유도 과정과 유사하다. 유일하게 다른 점은 엔드 이펙터 좌표계에서 표현된 관절 스크류들 $J_{bi}(\theta)$을 영 위치($\theta = 0$) 외 임의의 θ에 대해 구한다는 것이다.

5.1.3 공간 자코비안과 물체 자코비안의 시각화

공간 자코비안 식 (5.11)과 물체 자코비안 식 (5.18)의 i번째 열들을 유도하는 다른 단순한 방법을 그림 5.9의 5R 로봇을 통해 알아본다. 먼저, 그림 5.9 왼쪽의 공간 자코비안 세 번째 열 J_{s3}에 대해 살펴보자.

로봇이 영 위치에 있을 때, {s} 좌표계에서 표현한 세 번째 관절 축을 $\mathcal{S}_3$라고 하자. 세 번째 관절 속도 $\dot{\theta}_3$에 의한 공간 트위스트$^{\text{spatial twist}}$는 관절 변위 $\theta_3, \theta_4, \theta_5$에 대해 무관하다. 이 관절들은 {s}에서 표현된 세 번째 축을 움직이지 못하기 때문이다. 따라서 영향을 주지 않는 관절 변위들을 0으로 두고, 두 번째 관절 이후 부분들은 하나의 강체 B가 된다고 하자. $\theta_1 = 0$이고 θ_2는 어떤 임의 값일 때, $T_{ss'} = e^{[\mathcal{S}_2]\theta_2}$으로 주어지는 좌표계 {s'}는 강체 B에 대해 $\theta_1 = \theta_2 = 0$일 때의 좌표계 {s}와 동일한 위치와 방향을 갖는다. 이때 만약 θ_1까지 임의 값이 된다면, $T_{ss''} = e^{[\mathcal{S}_1]\theta_1}e^{[\mathcal{S}_2]\theta_2}$로 주어지는 좌표계 {s''}가 강체 B에 대해 $\theta_1 = \theta_2 = 0$의 좌표계 {s}와 동일한 위치와 방향을 갖게 된다. 즉, 임의 관절 변위 θ_1, θ_2에서 $\mathcal{S}_3$는 세 번째 스크류를 좌표계 {s''}에서 표현한 것과 동일하다. 반면에 J_{s3}는 좌표계 {s}에서 표현된 것이다. $\mathcal{S}_3$을 좌표계 {s''}에서 좌표계 {s}로 변환해주는 사상이 $[\mathrm{Ad}_{T_{ss''}}] = [\mathrm{Ad}_{e^{[\mathcal{S}_1]\theta_1}e^{[\mathcal{S}_2]\theta_2}}]$이다. 즉, $J_{s3} = [\mathrm{Ad}_{T_{ss''}}]\mathcal{S}_3$이고, 정확하게 수식 (5.11)에서 $i = 3$ 경우와 같다. 수식 (5.11)은 위의 논리를 임의의 i

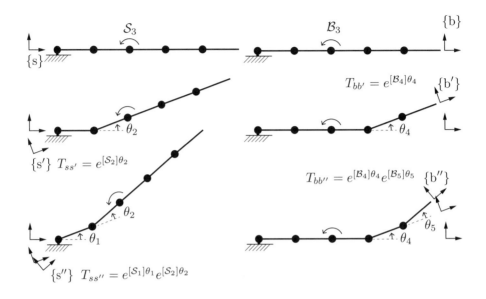

그림 5.9: 5R 로봇 예시 (왼쪽) 공간 자코비안의 세 번째 열 J_{s3} 계산 방법 (오른쪽) 물체 자코비안의 세 번째 열 J_{b3} 계산 방법

번째 관절$(i = 2 \ldots n)$에 대해 일반화한 것과 같다.

이제 그림 5.9 오른쪽을 통해 물체 자코비안 세 번째 축 J_{b3}에 대해 살펴보자. 로봇이 영 위치에 있을 때, 좌표계 {b}에서 표현한 3번 관절 스크류를 $\mathcal{B}_3$라고 하자. 세 번째 관절 속도 $\dot{\theta}_3$에 의한 물체 트위스트$^{\text{body twist}}$는 관절 변위 θ_1, θ_2, θ_3에 대해 무관하다. 이 관절들은 3번 관절을 좌표계 {b}에 대해 움직이지 못하기 때문이다. 따라서 이들 관절 변위를 0으로 두고, 기반^{base}부터 4번 관절까지의 부분을 강체 B라고 하자. $\theta_5 = 0$이고 θ_4는 임의 값일 때, $T_{bb'} = e^{[\mathcal{B}_4]\theta_4}$로 주어지는 좌표계 {b'} 가 새로운 엔드 이펙터 좌표계가 된다. 여기서 θ_5까지 임의 값이면, $T_{bb''} = e^{[\mathcal{B}_4]\theta_4}e^{[\mathcal{B}_5]\theta_5}$로 주어지는 좌표계 {b''}가 새로운 엔드 이펙터 좌표계가 된다. J_{b3}는 단순히 좌표계 {b''}에서 표현된 3번 관절 축이 된다. $\mathcal{B}_3$은 좌표계 {b}에서 표현됐기 때문에, J_{b3}는 다음과 같다.

$$J_{b3} = [\mathrm{Ad}_{T_{b''b}}]\mathcal{B}_3$$
$$= [\mathrm{Ad}_{T_{bb''}^{-1}}]\mathcal{B}_3$$
$$= [\mathrm{Ad}_{e^{-[\mathcal{B}_5]\theta_5}e^{-[\mathcal{B}_4]\theta_4}}]\mathcal{B}_3$$

위 식은 역행렬 성질 $(T_1 T_2)^{-1} = T_2^{-1} T_1^{-1}$을 활용한 것이다. 이렇게 J_{b3} 구하는 공식은 정확히 수식 (5.18)의 $i = 3$ 경우와 일치한다. 수식 (5.18)은 위 논리를 임의의 $i = 1 \ldots n - 1$번 관절들에 대해 일반화한 것이다.

5.1.4 공간 자코비안과 물체 자코비안 사이 관계식

공간 좌표계를 {s}라 하고, 엔드 이펙터 좌표계를 {b}, 정기구학을 $T_{sb}(\theta)$라 하자. 엔드 이펙터 좌표계의 트위스트는 공간 좌표계와 엔드 이펙터 좌표계 각각에 대해 다음과 같이 나타낼 수 있다.

$$[\mathcal{V}_s] = \dot{T}_{sb} T_{sb}^{-1}$$
$$[\mathcal{V}_b] = T_{sb}^{-1} \dot{T}_{sb}$$

$\mathcal{V}_s$와 $\mathcal{V}_b$의 상호 관계식은 다음과 같이 주어진다. $\mathcal{V}_s = \mathrm{Ad}_{T_{sb}}(\mathcal{V}_b)$, $\mathcal{V}_b = \mathrm{Ad}_{T_{bs}}(\mathcal{V}_s)$. $\mathcal{V}_s$와 $\mathcal{V}_b$는 각각 자코비안으로 다음과 같이 나타낼 수 있다.

$$\mathcal{V}_s = J_s(\theta)\dot{\theta} \tag{5.19}$$
$$\mathcal{V}_b = J_b(\theta)\dot{\theta} \tag{5.20}$$

수식 (5.19)는 다음과 같이 다시 쓸 수 있다.

$$\text{Ad}_{T_{sb}}(\mathcal{V}_b) = J_s(\theta)\dot{\theta} \tag{5.21}$$

수식 (5.21) 양변에 $[\text{Ad}_{T_{bs}}]$를 곱하고 수반 사상의 성질 $[\text{Ad}_X][\text{Ad}_Y] = [\text{Ad}_{XY}]$를 이용하면 다음과 같다.

$$\text{Ad}_{T_{bs}}(\text{Ad}_{T_{sb}}(\mathcal{V}_b)) = \text{Ad}_{T_{bs}T_{sb}}(\mathcal{V}_b) = \mathcal{V}_b = \text{Ad}_{T_{bs}}(J_s(q)\dot{\theta})$$

모든 $\dot{\theta}$에 대해 $\mathcal{V}_b = J_b(\theta)\dot{\theta}$가 항상 성립하므로 $J_s(\theta)$와 $J_b(\theta)$는 다음의 관계를 갖는다.

$$J_b(\theta) = \text{Ad}_{T_{bs}}(J_s(\theta)) = [\text{Ad}_{T_{bs}}]J_s(\theta) \tag{5.22}$$

공간 자코비안 또한 다음의 식처럼 물체 자코비안으로부터 구할 수 있다.

$$J_s(\theta) = \text{Ad}_{T_{sb}}(J_b(\theta)) = [\text{Ad}_{T_{sb}}]J_b(\theta) \tag{5.23}$$

공간 자코비안과 물체 자코비안, 그리고 공간과 물체 트위스트들 모두 수반 사상을 통해 상호 변환된다는 사실은 다소 당연하다. 자코비안들의 각 열들이 트위스트에 해당하기 때문이다.

수식 (5.22)와 (5.23)의 중요한 함의 중 하나는 $J_b(\theta)$과 $J_s(\theta)$가 항상 똑같은 랭크^{rank}를 갖는다는 점이다. 이것은 이후 특이점 분석$^{\text{singularity analysis}}$을 다루는 절에서 명시적으로 유도할 예정이다.

5.1.5   자코비안의 다른 표현들

위에서 유도한 자코비안들은 관절 속도를 엔드 이펙터 트위스트로 변환하는 행렬들이다. 최소 좌표 집합^{a minimum set of coordinates} q를 이용한 엔드 이펙터 컨피규레이션의 표현식에 따라 자코비안의 정의 또한 달라질 수 있다. 그러한 표현식은 특히 작업 공간^{task space}이 $SE(3)$의 어떤 부분 공간일 때 의미가 있다. 예를 들어 평면 로봇의 엔드 이펙터 컨피규레이션은 $SE(2)$ 대신 $q = (x, y, \theta) \in \mathbb{R}^3$로도 나타낼 수 있다. 최소 좌표 집합을 사용하면 엔드 이펙터 속도는 트위스트 $\mathcal{V}$로 주어지지 않고, 대신 좌표계 $\dot{q}$의 시간 미분으로 주어진다. 그리고 이때의 속도 기구학 $\dot{q} = J_a(\theta)\dot{\theta}$에 대한 자코비안 J_a은 여태 위에서 다뤘던 공간/물체 자코비안과 같은 기하적 자코비안^{geometric Jacobian}과 달리 해석적 자코비안^{analytic Jacobian}이라고 부른다.[3]

$SE(3)$ 작업 공간, 최소 좌표 집합 $q \in \mathbb{R}^6$은 일반적으로 공간 좌표계에서 나타낸 엔드 이펙터 좌표계 원점을 표현하는 3개 좌값과 자세^{orientation}를 표현하는 3개 좌푯값으로 이뤄진다. 자세를 표현하는 3개 좌표값 예시들로, 오일러 각도^{Euler angle}(부록 B)와 지수 좌표^{exponential coordinates for rotation}가 있다.

예제: 지수 좌표에 대한 해석적 자코비안

이번 예제를 통해 (기하적) 물체 자코비안 J_b과 지수 좌표 $r = \hat{\omega}\theta$에 대한 해석적 자코비안 J_a 사이 관계에 대해 살펴본다. 이때 $\|\hat{\omega}\| = 1$, $\theta \in [0, \pi]$이다.

---

[3]기하적 자코비안은 관절 속도와 엔드 이펙터 속도—물체 트위스트 혹은 공간 트위스트의 선형 속도항이 아닌 엔드 이펙터의 위치 좌표계 미분과 회전 속도의 합—사이 관계를 나타낼 때도 사용된 개념이다. 물체 혹은 공간 좌표계에 의존하는 물체 혹은 공간 트위스트들과 달리, 이러한 혼합^{hybrid} 속도 개념은 두 좌표계 모두에 의존한다.

먼저, n개 관절로 이뤄진 개연쇄의 물체 자코비안 $J_b(\theta) \in \mathbb{R}^{6 \times n}$은 다음과 같다.

$$\mathcal{V}_b = J_b(\theta)\dot{\theta}$$

$\mathcal{V}_b = (\omega_b, v_b)$의 회전 속도와 선형 속도는 각각 구체적으로 다음과 같이 주어진다.

$$\mathcal{V}_b = \begin{bmatrix} \omega_b \\ v_b \end{bmatrix} = J_b(\theta)\dot{\theta} = \begin{bmatrix} J_\omega(\theta) \\ J_v(\theta) \end{bmatrix} \dot{\theta}$$

이때 $3 \times n$ 행렬 J_ω는 J_b 행렬 위의 3개 행을 나타내고, J_v는 J_b의 다음 3개 행을 나타낸다.

$x \in \mathbb{R}^3$을 엔드 이펙터 좌표계의 원점이라 하고 $r = \hat{\omega}\theta \in \mathbb{R}^3$을 자세^{rotation}를 나타내는 지수 좌표라 할 때, 최소 좌표 $q \in \mathbb{R}^6$를 $q = (r, x)$로 정의할 수 있다. 공간 좌표에서 표현된 시간 미분 $\dot{x}$은 다음 식처럼 회전과 더불어 v_b에 대해 표현될 수 있다.

$$\dot{x} = R_{sb}(\theta)v_b = R_{sb}(\theta)J_v(\theta)\dot{\theta}$$

여기서 $R_{sb}(\theta) = e^{[r]} = e^{[\hat{\omega}]\theta}$이다.

시간 미분 $\dot{r}$은 물체 회전 속도$^{\text{body angular velocity}}$ ω_b에 대해 다음과 같이 표현될 수 있다.

$$\begin{aligned} \omega_b &= A(r)\dot{r} \\ A(r) &= I - \frac{1 - \cos\|r\|}{\|r\|^2}[r] + \frac{\|r\| - \sin\|r\|}{\|r\|^3}[r]^2 \end{aligned}$$

$A(r)$의 행렬이 존재한다고 가정하면 $\dot{r}$은 ω_b로부터 다음과 같이 주어진다(예제 10에서 이 공식의 유도를 다룬다).

$$\dot{r} = A^{-1}(r)\omega_b = A^{-1}(r)J_\omega(\theta)\dot{\theta}$$

이를 모두 대입하면 다음과 같이 정리된다.

$$\dot{q} = \begin{bmatrix} \dot{r} \\ \dot{x} \end{bmatrix} = \begin{bmatrix} A^{-1}(r) & 0 \\ 0 & R_{sb} \end{bmatrix} \begin{bmatrix} \omega_b \\ v_b \end{bmatrix} \tag{5.24}$$

즉, 해석적 자코비안 J_a은 다음과 같이 물체 자코비안 J_b으로부터 계산될 수 있다.

$$J_a(\theta) = \begin{bmatrix} A^{-1}(r) & 0 \\ 0 & R_{sb}(\theta) \end{bmatrix} \begin{bmatrix} J_\omega(\theta) \\ J_v(\theta) \end{bmatrix} = \begin{bmatrix} A^{-1}(r) & 0 \\ 0 & R_{sb}(\theta) \end{bmatrix} J_b(\theta) \tag{5.25}$$

5.1.6 역속도 기구학 미리 보기

이번 절에서는 "주어진 관절 속도에 대해 트위스트는 어떻게 주어지는가?" 문제에 대해 탐구했다. 트위스트가 표현된 좌표계와 무관하게, 이 질문에 대한 정답은 다음과 같다.

$$\mathcal{V} = J(\theta)\dot{\theta}$$

그 반대의 문제 또한 흥미롭다. 어떤 주어진 트위스트 $\mathcal{V}$를 생성하는 관절 속도 $\dot{\theta}$은 어떻게 주어지는가? 이것은 역속도 기구학에 대한 문제로 6.3장에서 다룬다. 만일 $J(\theta)$가 정방 행렬(즉, 관절 개수 n이 트위스트 원소 개수인 6과 같을 때)이고 최대 랭크full rank라면, $\dot{\theta} = J^{-1}(\theta)\mathcal{V}$이다. 반면 관절 개수 $n \neq 6$이거나 로봇 자세가 특이점이라면, $J(\theta)$의 역행렬은 존재하지 않는다. $n < 6$일 경우엔 임의 트위스트 $\mathcal{V}$가 모두 가능한 것은 아니다—로봇이 모든 방향의 움직임을 만들 수 있는 충분한 관절 개수를 갖고 있지 못한 경우다. 반대로 $n > 6$인 경우는 여유redundant 로봇이라고 한다. 이때 요구되는 트위스트 $\mathcal{V}$는 관절 속도에 대해 6개 제약조건을 부여하고, 이 외에 남는 $n-6$개 자유도는 엔드 이펙터 동작에 영향을 주지 않는 로봇 내부 동작internal motion에

대응된다. 예를 들어 어깨부터 손바닥까지 팔을 7개 관절로 이뤄진 개연쇄라 생각해
보자. 손바닥을 공간 좌표에 대해 고정한다고 하더라도 (예를 들어 탁자 위에 손을 붙인
채), 여전히 한 개의 자유도를 통해 팔꿈치 위치를 바꿀 수 있다.

5.2   개연쇄의 정역학

에너지 보존 법칙을 통해 다음의 일률 보존을 생각해볼 수 있다.

관절 일률 = (로봇 움직임에 필요한 일률) + (엔드 이펙터에 요구되는 일률)

이때 로봇이 정적 평형 상태에 있다고 하면 (즉, 로봇 움직임을 위한 에너지 소모가 없을
경우), 관절에서 발생한 일률은 엔드 이펙터에서 요구되는 일률과 일치한다.[4]

$$\tau^T \dot{\theta} = \mathcal{F}_b^T \mathcal{V}_b$$

여기서 τ는 관절 토크를 뜻한다. $\mathcal{V}_b = J_b(\theta)\dot{\theta}$ 식을 대입하면 다음과 같다.

$$\tau = J_b^T(\theta)\mathcal{F}_b$$

위 식을 통해 관절 토크를 엔드 이펙터 좌표계에서 표현된 렌치에 대응시킬 수 있다.
유사하게 이를 공간 좌표계에 대해 표현하면 다음과 같다.

$$\tau = J_s^T(\theta)\mathcal{F}_s$$

---

[4]로봇의 평형 상태는 관절 속도 $\dot{\theta}$가 0으로 수렴하는 경우와 동등하다.

좌표계에 대해 불변하는 식으로 다음과 같이 쓸 수 있다.

$$\tau = J^T(\theta)\mathcal{F}. \tag{5.26}$$

따라서 요구되는 엔드 이펙터 렌치 $\mathcal{F}$와 관절 변위 θ에 대해 로봇이 평형 상태를 유지하려면 외력 $-\mathcal{F}$를 상쇄해야 하고, 이를 위해 필요한 관절 토크 τ를 계산해야 한다.[5] 예를 들어 이는 로봇 힘 제어를 위한 필수적인 개념이다.

그 반대의 문제 또한 생각해볼 수 있다. 즉, 주어진 관절 토크로 생성되는 엔드 이펙터 렌치는 어떻게 주어지는가? 만약 J^T가 역이 존재하는 6×6 행렬이라면, 렌치는 $\mathcal{F} = J^{-T}(\theta)\tau$이다. 만약 n이 6이 아니라면 J^T의 역행렬은 존재하지 않고, 이 문제는 잘 정의되지 않는다not well posed.

만일 여유 로봇이라면($n > 6$), 엔드 이펙터가 고정돼 있다고 해도 로봇은 내부 동작을 통해 링크들을 움직일 수 있다. 정적 평형 가정은 더 이상 유효하지 않고 로봇 움직임을 예상하기 위해선 동역학을 계산해야 한다.

만일 $n \le 6$이고 $J^T \in \mathbb{R}^{n \times 6}$의 랭크가 n이라면, 엔드 이펙터가 고정됐을 때 로봇은 움직일 수 없다. $n < 6$ 경우에서는 관절 토크 τ로도 $6 - n$ 차원의 J^T 영공간에 존재하는 렌치들을 생성할 수 없다.

$$\text{Null}(J^T(\theta)) = \{\mathcal{F} \mid J^T(\theta)\mathcal{F} = 0\}$$

이는 이 영공간 방향으로 작용하는 구동기가 존재하지 않기 때문이다. 반면에 이 로봇은 $\text{Null}(J^T(\theta))$ 공간의 임의 외력에 대해 버틸 수 있다. 이 외력들은 관절이 부족한 이 로봇을 움직이지 못하기 때문이다. 예를 들어 한 개의 회전축을 가진 문($n = 1$)과 손잡이에 달린 엔드 이펙터 좌표계를 생각해보자. 이 문은 손잡이에서 손잡이가 움직

---

[5]로봇이 중력을 버티며 정적 평형을 이루기 위해 중력을 상쇄하는 관절 토크를 추가로 더해줘야 한다.

이는 원형 궤적에 나란한^{tangent} 방향으로는 임의 힘을 능동적으로 생성해낼 수 있다. 동시에 이에 수직한 5차원 렌치 공간의 모든 외력에 대해 버티며 움직이지 않는다.

5.3 특이점 분석

자코비안은 임의 자세에서 엔드 이펙터가 움직일 수 있는 자유도를 잃는지 알려준다. 그러한 자세를 기구학적 특이점$^{\text{kinematic singularity}}$ 혹은 간단하게 특이점^{singularity}이라 부른다. 수학적으로 특이 자세는 자코비안 $J(\theta)$가 최대 랭크$^{\text{maximal rank}}$가 아닐 경우다. 이를 이해하기 위해 물체 자코비안 $J_b(\theta)$의 각 열을 J_{bi}, $i = 1, \ldots, n$이라 한다면, 엔드 이펙터 속도는 다음과 같다.

$$
\begin{aligned}
\mathcal{V}_b &= \begin{bmatrix} J_{b1}(\theta) & J_{b2}(\theta) & \cdots & J_{bn}(\theta) \end{bmatrix} \begin{bmatrix} \dot{\theta}_1 \\ \vdots \\ \dot{\theta}_n \end{bmatrix} \\
&= J_{b1}(\theta)\dot{\theta}_1 + \ldots + J_{bn}(\theta)\dot{\theta}_n
\end{aligned}
$$

따라서 손끝 좌표계$^{\text{tip frame}}$는 J_{bi}들의 선형 결합$^{\text{linear combinations}}$이다. $n \geq 6$일 때는 $J_b(\theta)$가 가질 수 있는 최대 랭크는 6이다. 특이점 자세는 $J_b(\theta)$의 랭크가 가능한 최댓값$^{\text{the maximum possible value}}$ 이하로 떨어지는 관절 변위 θ를 뜻한다. 그러한 자세들에서는 손끝 좌표계 속도가 임의 방향들로는 생성될 수 없게 된다. 특이점에서의 이러한 이동성 상실은 움직이지 못하는 방향으로의 임의 외력을 저항할 수 있는 능력을 부여한다.

기구학적 특이점의 수학적 정의는 물체 혹은 공간 자코비안의 정의와 무관하다. 이를 이해하기 위해 $J_s(\theta)$와 $J_b(\theta)$의 관계식을 상기해보자. $J_s(\theta) = \text{Ad}_{T_{sb}}(J_b(\theta)) =$

$[\text{Ad}_{T_{sb}}]J_b(\theta)$ 혹은 더 구체적으로 쓰면 다음과 같다.

$$J_s(\theta) = \begin{bmatrix} R_{sb} & 0 \\ [p_{sb}]\,R_{sb} & R_{sb} \end{bmatrix} J_b(\theta)$$

다음의 수식을 통해 행렬 $[\text{Ad}_{T_{sb}}]$은 항상 역행렬을 가진다는 사실을 알 수 있다.

$$\begin{bmatrix} R_{sb} & 0 \\ [p_{sb}]\,R_{sb} & R_{sb} \end{bmatrix} \begin{bmatrix} x \\ y \end{bmatrix} = 0$$

위 식의 유일 해는 $x = y = 0$이다. 이는 행렬 $[\text{Ad}_{T_{sb}}]$의 역이 존재함을 뜻한다. 어떤 임의 행렬의 랭크는 역이 존재하는 행렬을 곱해도 변하지 않기 때문에 다음과 같이 자코비안들의 랭크는 동일하다.

$$\text{rank } J_s(\theta) = \text{rank } J_b(\theta)$$

따라서 공간 자코비안과 물체 자코비안의 특이점은 서로 일치한다.

기구학적 특이점은 공간 좌표계와 엔드 이펙터 좌표계 설정에 대해 무관하다. 공간 좌표계를 다르게 설정하는 것은 로봇 팔의 위치를 변경하는 것과 동일하고, 이는 당연하게도 어떤 자세가 특이점인지 아닌지 영향을 주지 않는다. 이는 그림 5.10(a) 통해 확인할 수 있다. 원래의 공간 좌표계에 대한 정기구학은 $T(\theta)$로 나타낼 수 있고, 새로 변경된 공간 좌표계에 대한 정기구학을 $T'(\theta) = PT(\theta)$이라 할 수 있다. 이때 $P \in SE(3)$는 어떤 적절한 상수다. $T'(\theta)$의 물체 자코비안 $J_b'(\theta)$은 $T'^{-1}\dot{T}'$로 주어진다. 간단한 계산을 통해 다음을 구할 수 있다.

$$T'^{-1}\dot{T}' = (T^{-1}P^{-1})(P\dot{T}) = T^{-1}\dot{T}$$

즉, $J_b'(\theta) = J_b(\theta)$이고, 본래 위치의 로봇과 이동된 로봇의 특이점들은 서로 일치한다.

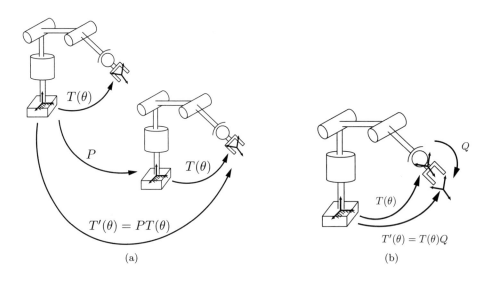

그림 5.10: 기구학적 특이점들은 좌표계 설정에 대해 무관하다. (a) (로봇의 위치를 변경하는 것과 동일한) 공간 좌표계 바꾸는 경우 (b) 엔드 이펙터 좌표계를 바꾸는 경우

그림 5.10(b)는 엔드 이펙터 좌표계 변화에 대해 특이점이 무관하다는 것을 나타낸다. 기존의 엔드 이펙터 좌표계에 대한 정기구학을 $T(\theta)$이라 하고, 다른 엔드 이펙터 좌표계에 대한 정기구학을 $T'(\theta) = T(\theta)Q$이라 하자. 여기서 $Q \in SE(3)$는 상수다. 이번에는 공간 자코비안에 대해 살펴본다—$J_b(\theta)$의 특이점이 $J_s(\theta)$의 특이점과 일치한다는 사실을 상기하자. $J_s'(\theta)$은 $T'(\theta)$의 공간 자코비안을 뜻한다. 간단한 계산을 통해 다음을 알 수 있다.

$$\dot{T}'T'^{-1} = (\dot{T}Q)(Q^{-1}T^{-1}) = \dot{T}T^{-1}$$

즉, $J_s'(\theta) = J_s(\theta)$이고, 기구학적 특이점은 엔드 이펙터 좌표계에 대해 무관하다.

남은 이번 절에서 회전형 관절과 선형 관절로 구성된 6 자유도 개연쇄에서 보편적으로 발생하는 기구학적 특이점들에 대해 살펴본다. 공간 자코비안 혹은 물체 자코비안

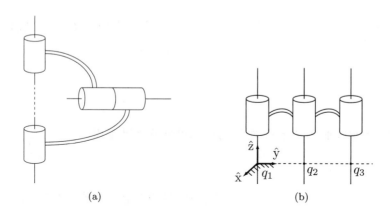

그림 5.11: (a) 한 직선 위에 있는 회전형 관절 2개의 기구학적 특이점, (b) 한 평면 위 나란한 회전형 관절 3개의 기구학적 특이점

모두 사용될 수 있지만, 다음 예제에서는 편의상 공간 자코비안을 사용한다.

경우 I: 일직선상에 위치한 두 개의 회전형 관절들

그림 5.11(a)처럼 두 회전형 관절 축이 일직선상에 나란하게 위치한 경우를 살펴본다. 일반성을 잃지 않고 관절 축들을 임의로 각각 1번, 2번으로 표시한다. 이에 해당하는 자코비안의 각 열들은 다음과 같이 주어진다.

$$J_{s1}(\theta) = \begin{bmatrix} \omega_{s1} \\ -\omega_{s1} \times q_1 \end{bmatrix} \text{ and } J_{s2}(\theta) = \begin{bmatrix} \omega_{s2} \\ -\omega_{s2} \times q_2 \end{bmatrix}$$

두 관절 축이 일직선상에 위치하므로, $\omega_{s1} = \pm\omega_{s2}$이다(양의 부호를 가정한다). 또한 모든 $i = 1, 2$에 대해 $\omega_{si} \times (q_1 - q_2) = 0$이고, $J_{s1} = J_{s2}$이다. 이는 J_{s1}와 J_{s2}가

6차원 공간의 한 직선 위에 존재함을 뜻한다. 따라서 집합 $\{J_{s1}, J_{s2}, \ldots, J_{s6}\}$은 선형 독립일 수 없으며, $J_s(\theta)$의 랭크는 6보다 작을 수밖에 없다.

경우 II: 한 평면에 위치한 세 개의 서로 나란한 회전형 관절

그림 5.11(b)와 같이 3개의 회전형 관절들이 모두 한 평면 위에 있으며 서로 평행인 경우를 보자. 일반성을 잃지 않고 이 축들에 임의로 각각 1, 2, 3번 번호를 부여할 수 있다. 이 경우 그림과 같이 공간 좌표계를 붙일 수 있다.

$$J_s(\theta) = \begin{bmatrix} \omega_{s1} & \omega_{s1} & \omega_{s1} & \cdots \\ 0 & -\omega_{s1} \times q_2 & -\omega_{s1} \times q_3 & \cdots \end{bmatrix}$$

q_2와 q_3는 같은 축 위의 점들이므로, 위의 3개 벡터들은 선형 독립이 될 수 없다.

경우 III: 한 점에서 만나는 네 개의 회전형 관절

이번에는 그림 5.12와 같이 한 점에서 만나는 4개의 회전형 관절에 대해 살펴보자. 이전과 같이 일반성을 잃지 않고 각 축들에 임의로 1번부터 4번까지 번호를 부여한다. 그리고, 그 교차점이 공간 좌표계 원점이 되도록 좌표계를 설정한다. $q_1 = \ldots = q_4 = 0$ 이고 공간 자코비안은 다음과 같다.

$$J_s(\theta) = \begin{bmatrix} \omega_{s1} & \omega_{s2} & \omega_{s3} & \omega_{s4} & \cdots \\ 0 & 0 & 0 & 0 & \cdots \end{bmatrix}$$

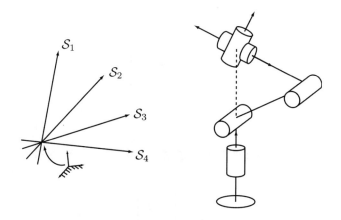

그림 5.12: 4개 회전형 관절들이 한 점에서 교차할 때의 기구학적 특이점

어떤 열도 나머지 3개의 선형 결합으로 표현될 수 있기 때문에, 처음 4개 열들은 서로 독립일 수 없다. 예를 들어 이러한 특이점은 팔꿈치형 로봇 팔$^{\text{elbow-type robot arm}}$의 손목 중심점이 어깨축 위에 존재할 때 발생한다.

경우 IV: 한 평면 위의 4개 회전형 관절

여기서는 4개의 회전형 관절들이 한 평면 위에 존재하는 경우를 다룬다. 이번에도 일반성을 잃지 않고 각 축들에 임의로 1번부터 4번까지 번호를 붙인다. 축들이 모두 x-y 평면 위에 존재하도록 공간 좌표계를 설정한다. 이 경우 i번 관절 축 방향의 단위 벡터 $\omega_{si} \in \mathbb{R}^3$이 다음과 같이 주어진다.

$$\omega_{si} = \begin{bmatrix} \omega_{six} \\ \omega_{siy} \\ 0 \end{bmatrix}$$

이와 흡사하게 i번 관절 축상의 어떤 기준점 $q_i \in \mathbb{R}^3$은 다음과 같이 주어진다.

$$q_i = \begin{bmatrix} q_{ix} \\ q_{iy} \\ 0 \end{bmatrix}$$

그러면 선형 속도항은 다음과 같이 계산된다.

$$v_{si} = -\omega_{si} \times q_i = \begin{bmatrix} 0 \\ 0 \\ \omega_{siy}q_{ix} - \omega_{six}q_{iy} \end{bmatrix}$$

공간 자코비안 $J_s(\theta)$의 첫 4개 열들은 다음과 같다.

$$\begin{bmatrix} \omega_{s1x} & \omega_{s2x} & \omega_{s3x} & \omega_{s4x} \\ \omega_{s1y} & \omega_{s2y} & \omega_{s3y} & \omega_{s4y} \\ 0 & 0 & 0 & 0 \\ 0 & 0 & 0 & 0 \\ 0 & 0 & 0 & 0 \\ \omega_{s1y}q_{1x} - \omega_{s1x}q_{1y} & \omega_{s2y}q_{2x} - \omega_{s2x}q_{2y} & \omega_{s3y}q_{3x} - \omega_{s3x}q_{3y} & \omega_{s4y}q_{4x} - \omega_{s4x}q_{4y} \end{bmatrix}$$

이들은 분명하게도 선형 독립이 될 수 없다.

경우 V: 공통된 한 직선을 지나는 6개의 회전형 관절 축

마지막으로, 하나의 공통된 직선을 지나는 6개의 회전형 관절들을 살펴본다. 그 공통된 직선을 $\hat{z}$축이 되도록 공간 좌표계를 설정하고 각 i번 축들과의 교점을 $q_i \in \mathbb{R}^3$라고 하자. 각 점 q_i의 형태는 $q_i = (0, 0, q_{iz})$로 주어지고, $i = 1, \ldots, 6$에 대해 선 속도항은 다음과 같다.

$$v_{si} = -\omega_{si} \times q_i = (\omega_{siy}q_{iz}, -\omega_{six}q_{iz}, 0)$$

따라서 공간 자코비안 $J_s(\theta)$은 다음과 같이 주어진다.

$$\begin{bmatrix} \omega_{s1x} & \omega_{s2x} & \omega_{s3x} & \omega_{s4x} & \omega_{s5x} & \omega_{s6x} \\ \omega_{s1y} & \omega_{s2y} & \omega_{s3y} & \omega_{s4y} & \omega_{s5y} & \omega_{s6y} \\ \omega_{s1z} & \omega_{s2z} & \omega_{s3z} & \omega_{s4z} & \omega_{s5z} & \omega_{s6z} \\ \omega_{s1y}q_{1z} & \omega_{s2y}q_{2z} & \omega_{s3y}q_{3z} & \omega_{s4y}q_{4z} & \omega_{s5y}q_{5z} & \omega_{s6y}q_{6z} \\ -\omega_{s1x}q_{1z} & -\omega_{s2x}q_{2z} & -\omega_{s3x}q_{3z} & -\omega_{s4x}q_{4z} & -\omega_{s5x}q_{5z} & -\omega_{s6x}q_{6z} \\ 0 & 0 & 0 & 0 & 0 & 0 \end{bmatrix}$$

이는 분명히 특이 행렬이다.

5.4   조작성

4장에서는 로봇 엔드 이펙터가 특정 방향들로 자유도를 잃는 기구학적 특이점을 살펴봤다. 기구학적 특이점은 이분법적 명제[binary proposition]다—어떤 특정 컨피규레이션은 기구학적 특이점에 해당하거나 해당하지 않는다—그리고 어떤 컨피규레이션이 특이점과 얼마나 가까운지 정량적인 측정 방법이 존재하는지에 대한 자연스러운 질문이 떠오를 수 있다. 정답부터 말하자면, 측정 방법은 존재한다. 사실 특이점과의 거리뿐만 아니라, 어느 방향으로 어느 만큼 이동성을 상실하는지도 계산할 수 있다. 조작성^{manipulability} 타원체를 사용하면 어느 방향으로 엔드 이펙터가 최소 혹은 최대 에포트^{effort}로 움직이는지 기하적으로 시각화할 수 있다. 2R 평면 팔에 대한 조작성 타원체는 그림 5.3에서 나타나 있다. 이의 자코비안은 수식 (5.1)을 통해 주어진다.

n개 관절로 이뤄진 일반적인 개연쇄와 $q \in \mathbb{R}^m$로 주어지는 작업 공간을 생각하자. 이때 $m \leq n$이고, 조작성 타원체는 n차원 관절 속도 공간의 단위 구 $\|\dot{\theta}\| = 1$에 해당하는 엔드 이펙터 속도들을 나타낸다.[6] J의 역이 존재한다고 가정하면, 관절 속도의 단위 구 조건은 다음과 같이 다시 쓸 수 있다.

$$
\begin{aligned}
1 &= \dot{\theta}^T \dot{\theta} \\
&= (J^{-1} \dot{q})^T (J^{-1} \dot{q}) \\
&= \dot{q}^T J^{-T} J^{-1} \dot{q} \\
&= \dot{q}^T (JJ^T)^{-1} \dot{q} = \dot{q}^T A^{-1} \dot{q}
\end{aligned}
\tag{5.27}
$$

만일 J가 최대 랭크라면 (랭크 값 m), 행렬 $A = JJ^T \in \mathbb{R}^{m \times m}$은 정방^{square}, 대칭^{symmetric}, 양의 정부호$^{\text{positive definite}}$ 행렬이고, A^{-1} 또한 그러하다.

선형 대수의 기본 성질을 토대로 임의의 양의 정부호 대칭 행렬 $A^{-1} \in \mathbb{R}^{m \times m}$에 대해 다음 식을 만족하는 $\dot{q} \in \mathbb{R}^m$ 벡터들은 m차원 공간의 타원체를 형성한다.

$$
\dot{q}^T A^{-1} \dot{q} = 1
$$

---

[6]2차원 타원체는 타원이라 부르며 3차원 이상의 타원체는 고타원체^{hyperellipsoid}라고 한다. 하지만 이 책에서는 차원과 무관하게 모두 타원체라 통칭한다. 차원과 무관하게 2차원의 원과 3차원 이상의 초구 (hypersphere)를 모두 구(sphere)라고 통칭한다.

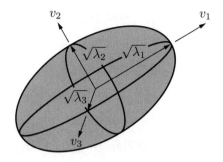

그림 5.13: $\dot{q}$ 공간에서 타원체 $\dot{q}^T A^{-1} \dot{q} = 1$의 시각화. 여기서 주축 반지름 길이들은 A 행렬 고윳값 λ_i의 제곱근이며 주축의 방향들은 고유 벡터 v_i이다.

그림 5.13에서 보듯 v_i와 λ_i를 A의 고유 벡터와 고윳값이라 하면 위 타원체의 주축 반지름들은 v_i가 되고 그 길이들은 $\sqrt{\lambda_i}$로 주어진다. 더불어 타원체 부피 V는 다음과 같이 반지름 길이들의 곱에 비례한다.

$$\sqrt{\lambda_1 \lambda_2 \ldots \lambda_m} = \sqrt{\det(A)} = \sqrt{\det(JJ^T)}$$

기하적 자코비안 J(엔드 이펙터 좌표계의 J_b 혹은 공간 좌표계의 J_s)는 다음과 같이 $6 \times n$ 행렬로 나타낼 수 있다.

$$J(\theta) = \left[\begin{array}{c} J_\omega(\theta) \\ J_v(\theta) \end{array} \right]$$

여기서 J_ω는 J의 위 3개 행이며 J_v는 J의 아래 3개 행이다. 각속도와 선속도의 물리적 단위가 다르기 때문에 이 둘을 독립적으로 다루는 것은 합리적이다. 이는 각각 각속도와 선속도에 해당하는 두 개의 3차원 조작성 타원체를 유도한다. 각속도 조작성 타원체는 $A = J_\omega J_\omega^T$ 행렬의 고유 벡터를 주축으로 하고 고윳값 제곱근을 반지름으로 하며, 선속도 조작성 타원체는 각각이 $A = J_v J_v^T$ 행렬의 고유 벡터와 고윳값으로 주어진다.

선속도 조작성 타원체를 계산할 때, 일반적으로 공간 자코비안 J_s보다 물체 자코비안 J_b를 사용하는 것이 합리적이다. 이는 우리의 관심사가 보통 공간 좌표계 원점의 속도가 아닌 엔드 이펙터 좌표계 원점의 선속도이기 때문이다.

조작성 타원체의 기하학을 떠나 주어진 자세가 얼마나 특이점에 가까운지를 알려주는 단일 스칼라 측도를 구하는 것은 유용하다. 가능한 측도들 중 하나는 조작성 타원체 반지름의 가장 긴 축과 짧은 축의 반지름 길이 비율이다. $A = JJ^T$에 대해 이를 구하면 다음과 같다.

$$\mu_1(A) = \frac{\sqrt{\lambda_{\max}(A)}}{\sqrt{\lambda_{\min}(A)}} = \sqrt{\frac{\lambda_{\max}(A)}{\lambda_{\min}(A)}} \geq 1$$

$\mu_1(A)$ 값이 매우 작을 때 (즉, 1에 가까울 경우), 조작성 타원체는 거의 원에 가까워지고 이를 등방^{isotropic}이라 부른다. 이는 어느 방향으로든 동일한 정도로 쉽게 움직일 수 있음을 뜻하고, 이러한 상태는 일반적으로 바람직하다. 로봇이 특이점에 가까워짐에 따라 $\mu_1(A)$는 무한대가 된다.

비슷하게 다른 측도 $\mu_2(A)$는 $\mu_1(A)$의 제곱으로, $A = JJ^T$의 조건 수$^{\text{condition number}}$라고도 부른다.

$$\mu_2(A) = \frac{\lambda_{\max}(A)}{\lambda_{\min}(A)} \geq 1$$

이전과 같이 이 값이 작을수록 (즉, 1에 가까울수록) 유리하다. 어떤 행렬의 조건 수 의미는 행렬-벡터 곱의 벡터 오차 값에 대한 민감도다.

마지막으로, 조작성 타원체 부피에 비례하는 측도도 가능하다.

$$\mu_3(A) = \sqrt{\lambda_1 \lambda_2 \ldots} = \sqrt{\det(A)}$$

이전의 두 측도와 달리 이 마지막 측도는 값이 클수록 유리하다.

조작성 타원체와 유사하게, 힘 타원체는 관절 토크의 단위 구 $\|\tau\| = 1$로부터 유도된다. $\tau = J^T(\theta)\mathcal{F}$ 관계식으로부터, 다음 식을 제외하곤 이전과 비슷한 결과들이

나타난다.

$$1 = f^T J J^T f = f^T B^{-1} f$$

여기서 $B = (JJ^T)^{-1} = A^{-1}$이다. 힘 타원체에서 행렬 B는 조작성 타원체의 A 행렬과 비슷한 역할을 하며, 행렬 B의 고유 벡터와 고윳값의 제곱근이 힘 타원체 모양을 결정한다.

역이 존재하는 행렬 A의 고유 벡터는 $B = A^{-1}$의 고유 벡터이기도 하기 때문에 타원체의 주축들은 조작성 타원체의 주축들과 나란히 정렬돼 있다. 그리고 $B = A^{-1}$의 고윳값들은 A의 고윳값 λ_i의 역수이기 때문에, 힘 타원체 주축 반지름들은 $1/\sqrt{\lambda_i}$가 된다. 따라서 조작성 타원체의 각 주축을 $1/\lambda_i$배 만큼 잡아 늘이면 힘 타원체를 얻을 수 있다. 나아가, 조작성 타원체 부피 V_A는 각 주축 반지름들의 곱 $\sqrt{\lambda_1 \lambda_2 \ldots}$에 비례하고 힘 타원체 부피 V_B는 $1/\sqrt{\lambda_1 \lambda_2 \ldots}$에 비례하기 때문에, 두 부피의 곱 $V_A V_B$는 관절 변위 θ에 대해 무관하게 항상 상수다. 따라서 조작성 타원체 부피 측도 $\mu_3(A)$를 증가시키면 힘 타원체 부피 측도 $\mu_3(B)$는 감소할 수밖에 없다. 5장 도입부에서 언급한 것과 같이 로봇이 특이점에 가까워질수록 V_A는 0에 가까워지고 V_B는 무한대로 발산한다.

5.5 요약

- n-링크 개연쇄의 정기구학이 다음과 같이 지수 곱 형태로 주어진다고 하자.

$$T(\theta) = e^{[\mathcal{S}_1]\theta_1} \cdots e^{[\mathcal{S}_n]\theta_n} M$$

공간 자코비안 $J_s(\theta) \in \mathbb{R}^{6 \times n}$은 관절 속도 $\dot\theta \in \mathbb{R}^n$를 공간 트위스트 $\mathcal{V}_s = J_s(\theta)\dot\theta$로 변환한다. $J_s(\theta)$의 $i = 2, \ldots, n$번째 열들은 다음과 같이 주어진다.

$$J_{si}(\theta) = \mathrm{Ad}_{e^{[\mathcal{S}_1]\theta_1} \ldots e^{[\mathcal{S}_{i-1}]\theta_{i-1}}}(\mathcal{S}_i)$$

이때 첫 번째 열은 $J_{s1}(\theta) = \mathcal{S}_1$이다. 임의 관절 변위 θ에 대해 J_{si}는 공간 좌표계에서 표현된 i번째 스크류 벡터다.

- n-링크 개연쇄의 정기구학이 다음의 지수 곱으로 주어졌다고 가정하자.

$$T(\theta) = Me^{[\mathcal{B}_1]\theta_1} \cdots e^{[\mathcal{B}_n]\theta_n}$$

$\mathcal{V}_b = J_b(\theta)\dot\theta$식을 통해 물체 자코비안 $J_b(\theta) \in \mathbb{R}^{6 \times n}$은 관절 속도 $\dot\theta \in \mathbb{R}^n$를 엔드 이펙터 물체 트위스트 $\mathcal{V}_b = (\omega_b, v_b)$로 변환한다. $J_b(\theta)$의 i번째 열은 다음과 같다($i = n-1, \ldots, 1$).

$$J_{bi}(\theta) = \mathrm{Ad}_{e^{-[\mathcal{B}_n]\theta_n} \ldots e^{-[\mathcal{B}_{i+1}]\theta_{i+1}}}(\mathcal{B}_i)$$

이때 마지막 열은 $J_{bn}(\theta) = \mathcal{B}_n$이다. 임의 관절 변위 θ에 대해 J_{bi}는 물체 좌표계에서 표현한 i번째 관절 스크류 벡터를 나타낸다.

- 물체와 공간 자코비안들은 다음의 관계식을 갖는다.

$$
\begin{aligned}
J_s(\theta) &= [\mathrm{Ad}_{T_{sb}}]J_b(\theta) \\
J_b(\theta) &= [\mathrm{Ad}_{T_{bs}}]J_s(\theta)
\end{aligned}
$$

여기서 $T_{sb} = T(\theta)$이다.

- n개의 1 자유도 관절로 이뤄진 개연쇄가 정적 평형 상태에 있다고 하자. 관절

토크와 힘 벡터를 $\tau \in \mathbb{R}^n$라 하고, $\mathcal{F} \in \mathbb{R}^6$를 엔드 이펙터에 가해진 렌치라고 하자. 이들이 표현된 좌표계는 공간 좌표계거나 물체 좌표계다. 그러면 τ와 $\mathcal{F}$ 는 다음 관계식을 갖는다.

$$\tau = J_b^T(\theta)\mathcal{F}_b = J_s^T(\theta)\mathcal{F}_s$$

- 개연쇄의 기구학적 특이점은 자코비안의 랭크가 최댓값이 아닌 때의 컨피규레이션 $\theta \in \mathbb{R}^n$을 의미한다. 회전형 혹은 선형 관절들로 이뤄진 6 자유도 개연쇄의 특이점은 대개 다음 경우에 해당한다.
  (i) 두 회전형 관절이 일직선상에 위치할 경우
  (ii) 서로 평행인 3개의 회전형 관절이 모두 한 평면 위에 존재할 경우
  (iii) 4개 회전형 관절들이 모두 한 점에서 교차할 경우
  (iv) 4개의 회전형 관절들이 모두 한 평면 위에 존재할 경우
  (v) 6개의 회전형 관절 축들이 모두 하나의 직선을 관통할 때

- 조작성 타원체는 로봇이 서로 다른 방향들로 얼마나 쉽게 움직일 수 있는지를 표현한다. 자코비안 J에 대해 조작성 타원체의 주축들은 JJ^T의 고유 벡터들로 결정되고 각 주축 반지름들은 고윳값의 제곱근으로 주어진다.

- 힘 타원체는 로봇이 서로 다른 방향들로 얼마나 쉽게 힘을 생성할 수 있는지를 표현한다. 자코비안 J에 대해 힘 타원체의 주축들은 $(JJ^T)^{-1}$의 고유 벡터들로 결정되고 각 주축 반지름들은 고윳값의 제곱근으로 주어진다.

- 조작성 타원체와 힘 타원체의 측도로 가능한 것들은 장축과 단축의 길이 비율, 그 비율의 제곱근, 그리고 타원체의 부피다. 첫 2개 측도들은 값이 작을수록 (1에 가까울수록) 로봇은 특이점에서 멀어진다.

5.6 소프트웨어

5장과 관련된 소프트웨어 함수들은 다음과 같다.

Jb = JacobianBody(Blist,thetalist)

주어진 관절 변위들과 물체 좌표계에서 표현된 관절 스크류 $\mathcal{B}_i$에 대해 물체 자코비안 $J_b(\theta) \in \mathbb{R}^{6 \times n}$를 계산한다.

Js = JacobianSpace(Slist,thetalist)

주어진 관절 변위들과 공간 좌표계에서 표현된 관절 스크류 $\mathcal{S}_i$에 대해 공간 자코비안 $J_s(\theta) \in \mathbb{R}^{6 \times n}$를 계산한다.

5.7 주석과 참고문헌

지수 곱 형식의 주요 장점 중 하나는 자코비안 계산이 편리하다는 점이다. 자코비안의 각 열들은 (관절 변수에 따라 달라지는) 관절 축 스크류들에 해당한다. 행렬 지수matrix exponential를 미분하는 것이 쉽기 때문에 자코비안 각 열들에 대한 단순한 닫힌 형식closed-form의 표현식 또한 쉽게 구할 수 있다.

6R 개연쇄의 특이점 분석에 대한 광범위한 연구들이 존재한다. 5장에서 소개된 세 가지 경우들 외에, 회전형 관절들 대신 선형 관절들이 사용된 경우들을 머레이 외 연구진Murray et al.(1994)과 5장의 연습 문제에서 추가로 다룬다. 개연쇄의 특이점 분석에 필요한 많은 수학적 방법들과 분석들이 똑같이 이후 7장에서 다룰 병렬 메커니즘parallel mechanisms의 특이점 분석에도 사용될 수 있다.

로봇의 조작성에 대한 정량적인 개념은 요시가와Yoshikawa[194]에 의해 처음 제안됐

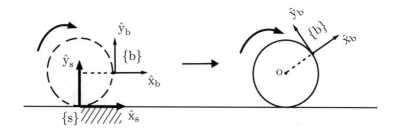

그림 5.14: 구르는 바퀴

으며, 그 이후 [75, 133] 등 조작성 분석에 대한 폭넓은 연구들이 존재한다.

5.8 연습 문제

1. 그림 5.14처럼 반지름이 1인 바퀴가 오른쪽으로 1rad/s의 속도로 구르고 있다. 점선으로 된 원은 $t = 0$일 때 바퀴를 나타낸다.

 (a) 공간 트위스트 $\mathcal{V}_s(t)$를 t에 대한 함수로 표현하라.

 (b) {s} 좌표계에서 표현된 {b} 좌표계 원점의 선속도를 구하라.

2. 그림 5.15(a)의 3R 평면 개연쇄가 영 위치에 있다.

 (a) 손끝에서 {s} 좌표계의 $\hat{z}_s$방향으로 5N 힘을 가하기 위해 필요한 관절 토크 값을 구하라.

 (b) 손끝에서 $\hat{y}_s$방향으로 5N의 힘을 가하기 위해 필요한 관절 토크 값을 구하라.

3. 그림 5.15(b)의 4R 평면 개연쇄에 대한 다음 문제들에 답하라.

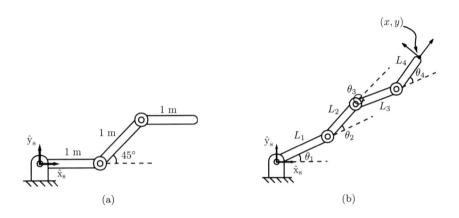

그림 5.15: (a) 각 링크 길이가 1m인 3R 평면 개연쇄 (b) 4R 평면 개연쇄

(a) 다음과 같은 형태의 정기구학에 대해

$$T(\theta) = e^{[\mathcal{S}_1]\theta_1} e^{[\mathcal{S}_2]\theta_2} e^{[\mathcal{S}_3]\theta_3} e^{[\mathcal{S}_4]\theta_4} M$$

$M \in SE(2)$와 각각의 $\mathcal{S}_i = (\omega_{zi}, v_{xi}, v_{yi})^T \in \mathbb{R}^3$을 쓰시오.

(b) 물체 자코비안을 쓰시오.

(c) 로봇이 $\theta_1 = \theta_2 = 0, \theta_3 = \frac{\pi}{2}, \theta_4 = -\frac{\pi}{2}$의 컨피규레이션에서 정적 평형 상태에 있고, $f = (10, 10, 0)$의 힘과 $m = (0, 0, 10)$의 모멘트가 손끝에 가해진다고 하자. f와 m은 모두 고정 좌표계에서 표현됐다. 각각의 관절에서 가해지는 토크는 얼마인가?

(d) (c)와 같은 조건에서 고정 좌표계에서 나타낸 $f = (-10, 10, 0)$의 힘과 $m = (0, 0, -10)$의 모멘트가 손끝에 가해진다고 한다. 각각의 관절에서 가해지는 토크는 얼마인가?

(e) 이 로봇에 대한 모든 기구학적 특이점을 찾아라.

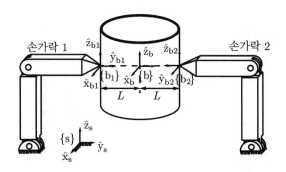

그림 5.16: 캔을 쥐고 있는 두 손가락

4. 그림 5.16과 같이 두 손가락으로 캔을 쥐고 있다. 좌표계 {b}가 캔의 중심에 붙어 있고 좌표계 {b₁}과 {b₂}이 두 접촉점에 붙어 있다. 좌표계 {b₁}에서 표현된 힘 $f_1 = (f_{1,x}, f_{1,y}, f_{1,z})^T$을 손가락 1이 캔에 가하고 있고, 좌표계 {b₂}에서 표현된 힘 $f_2 = (f_{2,x}, f_{2,y}, f_{2,z})^T$을 손가락 2가 캔에 가하고 있다.

 (a) 이 시스템이 정적 평형 상태라 했을 때 두 손가락으로부터 캔에 가해지는 렌치 합 $\mathcal{F}_b$을 좌표계 {b}에 대해 표현하라.

 (b) 좌표계 {b}에서 표현된 임의 외력 $\mathcal{F}_{\text{ext}}$가 캔에 가해지고 있을 때, 두 손가락으로 버틸 수 없는 외력들을 모두 구하라.

5. 그림 5.17처럼 어떤 강체가 점 (L, L)을 기준으로 $\dot{\theta} = 1$의 각속도로 회전하고 있다.

 (a) 공간 좌표계에서 표현된 강체 위 점 P의 위치를 θ에 대한 함수로 표현하라.

 (b) 공간 좌표계에 표현된 점 P의 속도를 구하라.

 (c) 좌표계 {b}의 컨피규레이션 T_{sb}를 좌표계 {s}에서 표현하라.

 (d) 트위스트 T_{sb}를 물체 좌표계에서 표현하라.

 (e) 트위스트 T_{sb}를 공간 좌표계에서 표현하라.

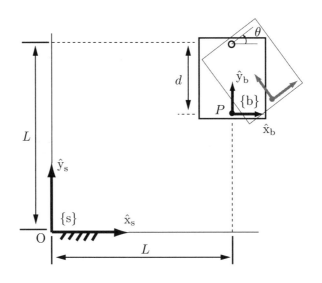

그림 5.17: 평면상의 회전하는 강체

(f) (d)와 (e) 트위스트 간의 관계식을 구하라.

(g) (d)의 트위스트와 (b)의 $\dot{P}$ 사이 관계식을 구하라.

(h) (e)의 트위스트와 (b)의 $\dot{P}$ 사이 관계식을 구하라.

6. 그림 5.18은 새로운 놀이 기구를 위한 설계를 보여준다. 탑승자는 이동 좌표계 {b}의 위치에 앉는다. 고정 좌표계 {s}는 그림과 같이 기둥의 맨 위에 붙어 있다. $R = 10\text{m}$와 $L = 20\text{m}$이고, 두 개의 관절 θ_1와 θ_2는 1 rad/s의 일정한 각속도로 회전한다.

(a) 그림에 표현된 순간은 $t = 0$인 시점이다. 탑승자의 선속도 v_b와 각속도 ω_b를 시간 t의 함수로 나타내라. 답을 이동 좌표계 {b}에 대해 표현하라.

(b) p는 {s}에 있는 탑승자의 위치를 나타낸다. 선속도 $\dot{p}(t)$를 구하라.

7. 그림 5.19에 있는 RRP 로봇은 영 자세로 나타나 있다.

(a) 공간 좌표계에서 스크류 축을 표현하라. $\theta = (90°, 90°, 1)$일 때의 정기구학을

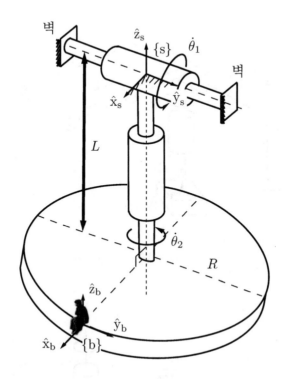

그림 5.18: 새로운 놀이 기구

구하라. 손으로 그리거나 컴퓨터를 사용해 이 컨피규레이션에서의 팔과 엔드 이 펙터 좌표계를 그려라. 이 컨피규레이션에서의 공간 자코비안 J_s를 나타내라.

(b) 엔드 이펙터의 물체 좌표계에서 스크류 축을 표현하라. $\theta = (90°, 90°, 1)$일 때의 정기구학을 구하고, (a)와 같은 결과가 얻어지는지 확인하라. 이 컨피규레이션 에서의 물체 자코비안 J_b를 나타내라.

8. 그림 5.20에 있는 RPR 로봇은 영 자세로 나타나 있다. 고정 좌표계와 엔드 이펙터 좌표계를 각각 {s}와 {b}라고 하자.

(a) 임의의 컨피규레이션 $\theta \in \mathbb{R}^3$에 대한 공간 자코비안 $J_s(\theta)$을 구하라.

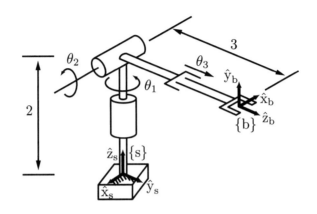

그림 5.19: RRP 로봇의 영 위치

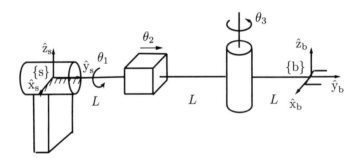

그림 5.20: RPR 로봇

(b) 매니퓰레이터가 영 자세에 있다. 외력 $f \in \mathbb{R}^3$이 {b} 좌표계의 원점에 가해졌다고 하자. 관절 토크가 없어도($\tau = 0$) 지지될 수 있는 f의 모든 방향을 구하라.

9. 다음의 정기구학을 갖는 3R 손목의 기구학적 특이점을 모두 구하라.

$$R = e^{[\hat{\omega}_1]\theta_1}e^{[\hat{\omega}_2]\theta_2}e^{[\hat{\omega}_3]\theta_3}$$

여기서 $\hat{\omega}_1 = (0,0,1)^T$, $\hat{\omega}_2 = (1/\sqrt{2}, 0, 1/\sqrt{2})^T$, 그리고 $\hat{\omega}_3 = (1,0,0)^T$이다.

10. 이 문제에서는 $SO(3)$의 지수 좌표에 해당하는 n-링크 개연쇄의 해석적 자코비안을 유도한다.

(a) t에 대해 매개화된 어떤 $n \times n$ 행렬 $A(t)$이 t에 대해 미분 가능하다고 하면, 이 행렬의 지수 $X(t) = e^{A(t)}$는 항상 비특이 $n \times n$ 행렬이다. 이때 다음을 증명하라.

$$
\begin{aligned}
X^{-1}\dot{X} &= \int_0^1 e^{-A(t)s}\dot{A}(t)e^{A(t)s}ds \\
\dot{X}X^{-1} &= \int_0^1 e^{A(t)s}\dot{A}(t)e^{-A(t)s}ds
\end{aligned}
$$

(힌트: 다음 공식을 이용하라)

$$\frac{d}{d\epsilon}e^{(A+\epsilon B)t}\big|_{\epsilon=0} = \int_0^t e^{As}Be^{A(t-s)}ds$$

(b) $r(t) \in \mathbb{R}^3$, $R(t) = e^{[r(t)]}$일 때, 위 결과를 이용해 물체 좌표계에서 표현된 회전 속도 $[\omega_b] = R^T\dot{R}$이 $\dot{r}$과 다음 관계식을 가짐을 보여라.

$$
\begin{aligned}
\omega_b &= A(r)\dot{r} \\
A(r) &= I - \frac{1 - \cos\|r\|}{\|r\|^2}[r] + \frac{\|r\| - \sin\|r\|}{\|r\|^3}[r]^2
\end{aligned}
$$

(c) 이번에는 공간 좌표계에서 표현된 회전 속도 $[\omega_s] = \dot{R}R^T$와 $\dot{r}$ 사이 관계식을

유도하라.

11. 그림 5.21에 있는 공간 3R 개연쇄가 영 자세로 나타나 있다. p는 {s}에서 표현된 {b}의 원점 좌표다.

(a) 영 자세에서 엔드 이펙터가 $\dot{p} = (10, 0, 0)$의 선속도로 움직이게 하려 한다. 요구되는 관절 속도 $\dot{\theta}_1, \dot{\theta}_2$와 $\dot{\theta}_3$는 얼마인가?

(b) 로봇이 컨피규레이션 $\theta_1 = 0, \theta_2 = 45°, \theta_3 = -45°$에 있다. 정적 평형 상태를 가정할 때, 엔드 이펙터 힘 $f_b = (10, 0, 0)$을 생성하고자 한다. f_b는 엔드 이펙터 좌표계 {b}에 대해 표현됐다. 요구되는 관절 토크 τ_1, τ_2, and τ_3는 얼마인가?

(c) (b)와 같은 조건하에서, 엔드 이펙터 모멘트 $m_b = (10, 0, 0)$을 생성하고자 한다. m_b는 엔드 이펙터 좌표계 {b}로 표현됐다. 요구되는 관절 토크 τ_1, τ_2, and τ_3는 얼마인가?

각각의 관절 모터에 허용된 최대 토크는 다음과 같다.

$$\|\tau_1\| \leq 10, \ \|\tau_2\| \leq 20, \ \text{and} \ \|\tau_3\| \leq 5$$

영 자세에서 손끝이 엔드 이펙터 좌표계 $\hat{x}$ 방향으로 가할 수 있는 최대 힘은 얼마인가?

12. 그림 5.22의 RRRP 로봇은 영 자세로 나타나 있다. p는 {s}에서 표현된 {b}의 원점의 좌표다.

(a) $\theta_1 = \theta_2 = 0, \theta_3 = \pi/2, \theta_4 = L$일 때, 물체 자코비안 $J_b(\theta)$을 구하라.

(b) $\theta_1 = \theta_2 = 0, \theta_3 = \pi/2, \theta_4 = L$ 이고 $\dot{\theta}_1 = \dot{\theta}_2 = \dot{\theta}_3 = \dot{\theta}_4 = 1$일 때, $\dot{p}$를 구하라.

13. 그림 5.23과 같이 6R 개연쇄가 있다.

(a) 공간 자코비안 $J_s(\theta)$를 구하라.

(b) 기구학적 특이점들을 구하라. 이들이 왜 특이점인지 관절 스크류들의 정렬로 설명하고, 엔드 이펙터가 어느 방향들로 자유도를 잃는지(움직일 수 없는지)

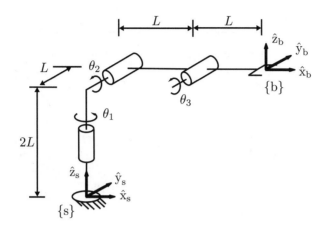

그림 5.21: 3R 개연쇄

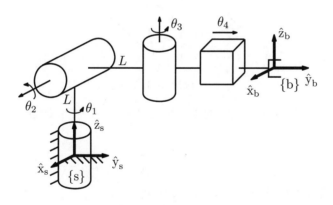

그림 5.22: RRRP 개연쇄

구하라.

14. 회전형 관절 축들 중 임의의 2개가 평행하고, 임의의 선형 관절 축이 2개의 평행한 회전형 관절 축들에 의해 확장된 평면에 수직할 때, 6 자유도 개연쇄가 기구학적

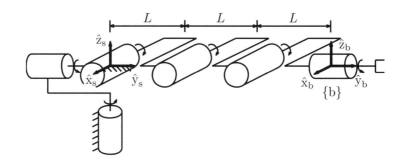

그림 5.23: 6R 개연쇄의 특이점들

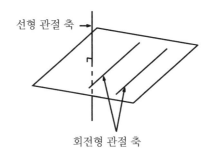

그림 5.24: 회전형 관절과 선형 관절이 포함된 기구학적 특이점

특이점에 있음을 보여라. 그림 5.24를 참고하라.

15. 그림 5.25의 PRRRRP 개연쇄가 영 자세로 나타나 있다.

(a) 영 자세에서 공간 자코비안의 처음 3개 열을 구하라.

(b) 공간 자코비안의 처음 3개 열이 선형 종속이 되는 모든 컨피규레이션을 구하라.

(c) 로봇이 컨피규레이션 $\theta_1 = \theta_2 = \theta_3 = \theta_5 = \theta_6 = 0$ 와 $\theta_4 = 90°$에 있다. 정적 평형 상태를 가정할 때, 힘 $f_b = (10, 0, 10)$이 엔드 이펙터 좌표계의 원점에 가해진다. f_b는 엔드 이펙터 좌표계에서 표현됐다. 처음 3개의 관절에 가해지는

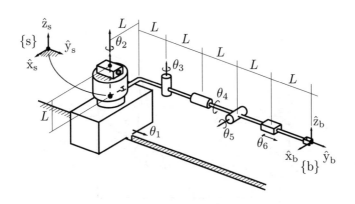

그림 5.25: PRRRRP 개연쇄

$\tau_1, \tau_2,$ and τ_3 구하라.

16. 그림 5.26에 있는 PRRRRR 개연쇄가 영 자세로 나타나 있다. 영 자세일 때 고정 좌표계 원점에서 엔드 이펙터 좌표계 원점까지의 거리는 L이다.

(a) 공간 자코비안 J_s의 처음 3개 열을 구하라.

(b) 물체 자코비안 J_b의 마지막 2개 열을 구하라.

(c) L이 어떤 값을 가질 때 정 위치가 특이점인가?

(d) 영 자세에서 $-\hat{z}_b$의 방향으로 엔드 이펙터 100 N의 힘을 생성하려면 얼마의 관절 힘과 토크 τ를 가해야 하는가?

17. 그림 5.27의 PRRRRP 로봇은 영 자세로 나타나 있다.

(a) 공간 자코비안 $J_s(\theta)$의 처음 3개 열을 구하라.

(b) 로봇이 영 자세와 $\dot{\theta} = (1, 0, 1, -1, 2, 0)^T$에 있을 때, 공간 트위스트 $\mathcal{V}_s$을 구하라.

(c) 영 자세가 기구학적 특이점인가? 풀이를 서술하라.

18. 그림 5.28의 six-dof RRPRPR 개연쇄가 고정 좌표계 {s}와 엔드 이펙터 좌표계

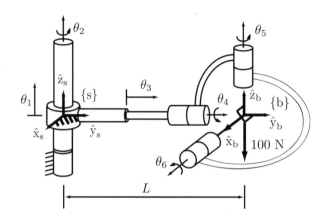

그림 5.26: PRRRRR 개연쇄

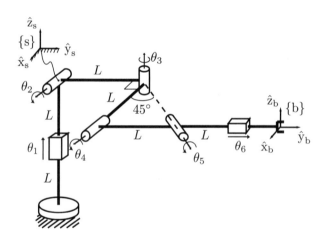

그림 5.27: PRRRRP 로봇

{b}가 붙어 있다. 영 자세에서 관절 축 1, 2, 6은 고정 좌표계의 $\hat{y}$-$\hat{z}$ 평면에 놓이고, 관절 축 4는 고정 좌표계 $\hat{x}$-축을 따라 정렬돼 있다.

(a) 공간 자코비안 $J_s(\theta)$의 처음 3개 열을 구하라.

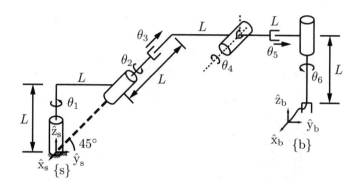

그림 5.28: 영 위치에 있는 RRPRPR 개연쇄

(b) 영 자세에서 $\dot{\theta} = (1, 0, 1, -1, 2, 0)^T$라 하자. 공간 트위스트 $\mathcal{V}_s$를 구하라.

(c) 영 자세가 기구학적 특이점인가? 풀이를 서술하라.

19. 그림 5.29의 PRRRRP 개연쇄가 영 자세로 나타나 있다.

(a) 공간 자코비안 $J_s(\theta)$의 처음 4개 열을 구하라.

(b) 영 자세가 기구학적 특이점인지 구하라.

(c) 손끝이 다음의 엔드 이펙터 렌치들을 가하기 위해 필요한 관절 힘과 토크를 계산하라.

    i. $\mathcal{F}_s = (0, 1, -1, 1, 0, 0)^T$.

    ii. $\mathcal{F}_s = (1, -1, 0, 1, 0, -1)^T$.

20. 그림 5.30의 RRPRRR 로봇이 영 자세로 나타나 있다.

(a) 고정 좌표계 {0}와 툴 좌표계 {t}에 대해 정기구학을 다음 지수의 곱의 형태로 나타내라.

$$T(\theta) = e^{[\mathcal{S}_1]\theta_1} e^{[\mathcal{S}_2]\theta_2} e^{[\mathcal{S}_3]\theta_3} e^{[\mathcal{S}_4]\theta_4} e^{[\mathcal{S}_5]\theta_5} e^{[\mathcal{S}_6]\theta_6} M$$

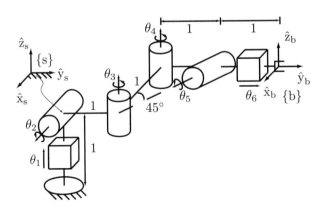

그림 5.29: 기울어진 관절 축을 가진 PRRRRP 개연쇄

(b) 공간 자코비안 $J_s(\theta)$의 처음 3개 열을 구하라.

(c) 그림처럼 고정 좌표계 {0}이 다른 위치 {0'}로 이동했다. 새로운 좌표계에서 공간 자코비안 $J_s(\theta)$의 처음 3개 열을 구하라.

(d) 영 자세가 기구학적 특이점인지 구하고 관절 스크류 축에 대해 기하적 설명을 서술하라.

21. 그림 5.31은 뇌졸중 환자 재활에 쓰이는 RRPRRR 팔 운동 로봇을 나타낸다.

(a) 매니퓰레이터는 영 자세에 있다고 가정하자. $M_{0c} \in SE(3)$이 좌표계 {0}에서 좌표계 {c}로 이동이고, $M_{ct} \in SE(3)$이 좌표계 {c}에서 좌표계 {t}로의 이동이라 하자. 정기구학 T_{0t}를 다음의 형태로 기술하라.

$$T_{0t} = e^{[\mathcal{A}_1]\theta_1} e^{[\mathcal{A}_2]\theta_2} M_{0c} e^{[\mathcal{A}_3]\theta_3} e^{[\mathcal{A}_4]\theta_4} M_{ct} e^{[\mathcal{A}_5]\theta_5} e^{[\mathcal{A}_6]\theta_6}$$

$\mathcal{A}_2, \mathcal{A}_4,$와 $\mathcal{A}_5$를 구하라.

(b) $\theta_2 = 90°$와 다른 관절 변수들이 0으로 고정돼 있다. 관절 속도를 $(\dot{\theta}_1, \dot{\theta}_2, \dot{\theta}_3, \dot{\theta}_4, \dot{\theta}_5, \dot{\theta}_6) = (1, 0, 1, 0, 0, 1)$로 설정하고, 공간 트위스트 $\mathcal{V}_s$를 좌표계 {0}의 좌표로 구하라.

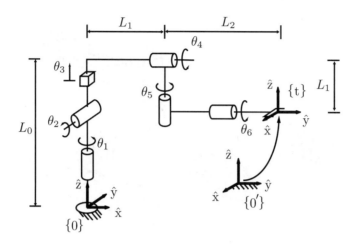

그림 5.30: RRPRRR 개연쇄

(c) (b)의 컨피규레이션은 기구학적 특이점인가? 풀이를 서술하라.

(d) 사람이 재활 로봇을 조작하는 상황을 가정하자. (b)의 컨피규레이션에서는 렌치 $\mathcal{F}_{\text{elbow}}$가 팔꿈치 링크에 가해지고, 렌치 $\mathcal{F}_{\text{tip}}$가 마지막 링크에 가해진다. $\mathcal{F}_{\text{elbow}}$와 $\mathcal{F}_{\text{tip}}$ 모두 좌표계 $\{0\}$에 대해 주어져 있으며, $\mathcal{F}_{\text{elbow}} = (1, 0, 0, 0, 0, 1)^T$와 $\mathcal{F}_{\text{tip}} = (0, 1, 0, 1, 1, 0)^T$이다. 정적 평형 상태를 유지하기 위해 로봇에 가해져야 하는 관절 힘과 토크 τ를 구하라.

22. 각 링크에 기준 좌표계가 달려 있는 n-링크 개연쇄가 있을 때, 좌표계 $\{k\}$에 대한 정기구학이 다음과 같이 주어진다.

$$T_{0k} = e^{[\mathcal{S}_1]\theta_1} \cdots e^{[\mathcal{S}_k]\theta_k} M_k, \quad k = 1, \dots, n$$

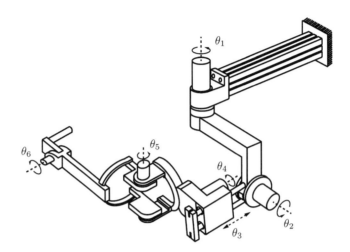

(a) 재활 로봇 아민III [123]. Figure courtesy of ETH Zürich.

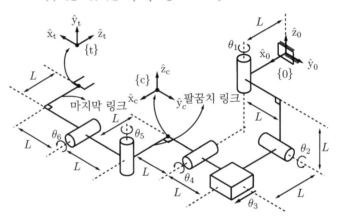

(b) 아민III의 기구학 모형.

그림 5.31: 아민III 재활 로봇

T_{0n}에 대한 공간 자코비안 $J_s(\theta)$의 각 열들은 다음과 같이 나타낸다.

$$J_s(\theta) = \begin{bmatrix} J_{s1}(\theta) & \cdots & J_{sn}(\theta) \end{bmatrix}$$

310

공간 좌표계 $\{0\}$에서 표현한 링크 좌표계 $\{k\}$의 트위스트는 $[\mathcal{V}_k] = \dot{T}_{0k}T_{0k}^{-1}$이다.

(a) $\mathcal{V}_2$와 $\mathcal{V}_3$를 구하라.

(b) (a)의 결과를 토대로 $\mathcal{V}_k$와 $J_{s1}, \ldots, J_{s,k+1}$, $\dot{\theta}$ 사용해 $\mathcal{V}_{k+1}$ 구하는 귀납식을 유도하라.

23. 사용자가 2R 평면 로봇(그림 5.32)의 링크 길이 L_1와 L_2, 로봇 컨피규레이션 목록을 입력할 수 있는 프로그램을 작성하라. 프로그램은 각각의 컨피규레이션 (2개의 선분)에 있는 팔을 그려야 하며, 팔의 종점에 조작성 타원의 중심을 그려야 한다. 쉽게 시각화할 수 있도록 모든 타원에 대해 같은 단위를 사용하라(타원은 주로 팔보다 짧을 것이지만, 보기 어려울 정도로 작진 않을 것이다). 프로그램은 각각의 컨피규레이션에 대해 조작성 측도 3개 $\mu_1, \mu_2,$와 μ_3도 출력할 수 있어야 한다.

(a) 4개의 컨피규레이션 $(-10°, 20°)$, $(60°, 60°)$, $(135°, 90°)$, $(190°, 160°)$에 대해 $L_1 = L_2 = 1$으로 설정해 팔과 조작성 타원을 그려라.

이 컨피규레이션 중 어떤 것에서 조작성 타원이 가장 등방성으로 나타나는가? 이것이 프로그램에 의해서 계산된 조작성 측도의 결과와 일치하는가?

(b) 조작 가능한 타원의 단축의 길이와 장축의 길이의 비가 θ_1에 종속적인가? 혹은 θ_2에 종속적인가? 풀이를 서술하라.

(c) $L_1 = L_2 = 1$으로 설정하자. $(-45°, 90°)$에서의 팔을 손으로 그려라. $\dot{\theta}_1 = 1$ rad/s와 $\dot{\theta}_2 = 0$에서 구해지는 종점 선속도 벡터를 손으로 그려라. $\dot{\theta}_1 = 0$와 $\dot{\theta}_2 = 1$ rad/s에서 구해지는 종점 선속도 벡터를 손으로 그려라. $\dot{\theta}_1 = 1$ rad/s and $\dot{\theta}_2 = 1$ rad/일 때의 종점 선속도를 구하기 위해 이 두 개 벡터의 벡터 합을 손으로 그려라.

24. 이전 문제에서 프로그램을 수정해 (이전 문제의 4개 컨피규레이션들에서의) 힘 타원체를 시각화하라.

25. 4.1.2절에서 6R UR5 로봇의 기구학을 다뤘다.

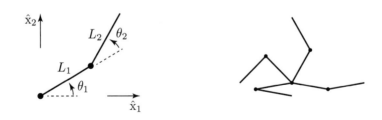

그림 5.32: (왼쪽) 2R 로봇 팔 (오른쪽) 네 가지 컨피규레이션

(a) 모든 관절 각이 $\pi/2$일 때 공간 자코비안 J_s를 구하라. 자코비안 행렬을 각속도 부분 J_ω와 선속도 부분 J_v로 나눠 구하라.

(b) 이 컨피규레이션에서, 3차원 각속도 조작성 타원체(J_ω에 기반)의 주 반지름 방향 및 길이와 3차원 선속도 조작성 타원체(J_v에 기반)의 주 반지름 방향 및 길이를 계산하라.

(c) 이 컨피규레이션에서, 3차원 모멘트 (토크) 힘 타원체(J_ω에 기반)의 주 반지름 방향 및 길이와 3차원 선형 힘 타원체(J_v에 기반)의 주 반지름 방향 및 길이를 계산하라.

26. 4.1.3장에서 7R WAM 로봇의 기구학을 다뤘다.

(a) 모든 관절 각이 $\pi/2$일 때 공간 자코비안 J_s를 구하라. 자코비안 행렬을 각속도 부분 J_ω(각속도에 관절 속도가 작용한다)과 선속도 부분 J_v(선속도에 관절 속도가 작용한다)로 분할하라.

(b) 이 컨피규레이션에서 3차원 각속도 조작성 타원체(J_ω에 기반)의 주 반지름 방향 및 길이와 3차원 선속도 조작성 타원체(J_v에 기반)의 주 반지름 방향 및 길이를 계산하라.

(c) 이 컨피규레이션에서 3차원 모멘트 (토크) 힘 타원체(J_ω에 기반)의 주 반지름 방향 및 길이와 3차원 선형 힘 타원체(J_v에 기반)의 주 반지름 방향 및 길이를

계산하라.

27. 선호하는 아무 프로그래밍 언어를 사용해 5장의 소프트웨어 함수들이 예상대로 잘 작동하는지 검증하고, 이를 효율적으로 계산할 수 있도록 수정하라.

6장. 역기구학

정기구학($T(\theta)$, $\theta \in \mathbb{R}^n$)이 주어진 일반적인 n 자유도 개연쇄가 있을 때, 역기구학 문제는 변환 행렬 $X \in SE(3)$가 주어진 상황에서, $T(\theta) = X$를 만족하는 해 θ를 찾는 문제로 볼 수 있다. 역기구학 문제의 주요 특징을 강조하기 위해, 동기부여 예로서 그림 6.1(a)의 2링크 평면 개연쇄를 살펴보자. 엔드 이펙터의 방향은 무시하고 위치만을 고려하면 정기구학은 다음과 같이 표현할 수 있다.

$$\left[\begin{array}{c} x \\ y \end{array} \right] = \left[\begin{array}{c} L_1 \cos\theta_1 + L_2 \cos(\theta_1 + \theta_2) \\ L_1 \sin\theta_1 + L_2 \sin(\theta_1 + \theta_2) \end{array} \right] \tag{6.1}$$

$L_1 > L_2$를 가정하고, 고리의 내경은 $L_1 - L_2$, 외경은 $L_1 + L_2$이다. 엔드 이펙터 위치 (x, y)에 대해, (x, y)가 고리 바깥, 경계, 안쪽에 있을 때 각각 해의 개수가 0개, 1개, 2개가 되리라는 것을 어렵지 않게 알 수 있다. 해가 두 개 있는 경우, 두 번째 관절('팔꿈치' 관절)의 각도가 양인 경우와 음인 경우가 있다. 이 두 해는 종종 "레프티lefty"와 "라이티righty"라고 부르거나, "엘보 업elbow-up"과 "엘보 다운elbow-down"이라고 부른다.

(x, y)가 주어졌을 때 (θ_1, θ_2)를 직접적으로 알아내는 것 또한 그리 어렵지 않다. 이를 위해 원점에서 평면의 점 (x, y)로 각도를 반환하는 2인수 아크탄젠트 함수 $\text{atan2}(y, x)$를 도입하는 것이 매우 유용함을 보일 것이다. 이 함수는 탄젠트 역함수 $\tan^{-1}(y/x)$와 비슷하게 평면의 점 (x, y)이 주어졌을 때 각도를 출력한다. 하지만 $\tan^{-1}$은 (x, y)와 $(-x, -y)$를 구별할 수 없기 때문에 $(-\pi/2, \pi/2)$ 범위의 각도만 출력할 수 있는 반면, atan2는 $(-\pi, \pi]$ 사이의 각도를 모두 출력할 수 있다. 이러한 이유로 atan2는

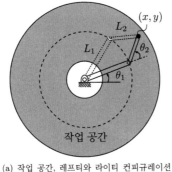 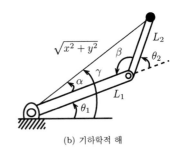

(a) 작업 공간, 레프티와 라이티 컨피규레이션　　　(b) 기하학적 해

그림 6.1: 2R 평면 개연쇄의 역기구학

종종 사방위$^{\text{four-quadrant}}$ 아크탄젠트라고도 부른다.

이에 더해 코사인 법칙을 상기하자.

$$c^2 = a^2 + b^2 - 2ab\cos C$$

a, b, c는 삼각형의 세 변이고, C는 변 c 맞은편에 있는 내각이다.

그림 6.1(b)에서 $[0, \pi]$ 사이의 각도 β는 코사인 법칙을 이용해 구할 수 있다.

$$L_1^2 + L_2^2 - 2L_1 L_2 \cos \beta = x^2 + y^2$$

이를 변형하면 다음과 같다.

$$\beta = \cos^{-1}\left(\frac{L_1^2 + L_2^2 - x^2 - y^2}{2L_1 L_2}\right)$$

또한 코사인 법칙을 이용해 α가 계산된다.

$$\alpha = \cos^{-1}\left(\frac{x^2 + y^2 + L_1^2 - L_2^2}{2L_1\sqrt{x^2 + y^2}}\right)$$

각도 γ는 2인수 아크탄젠트 함수를 이용해 결정된다($\gamma = \mathrm{atan2}(y, x)$). 이 각도들로, 역기구학의 라이티 해는 다음과 같이 계산된다.

$$\theta_1 = \gamma - \alpha, \qquad \theta_2 = \pi - \beta$$

레프티 해는 다음과 같다.

$$\theta_1 = \gamma + \alpha, \qquad \theta_2 = \beta - \pi$$

만약 $x^2 + y^2$이 $[L_1 - L_2, L_1 + L_2]$ 범위를 벗어나게 되면, 해가 존재하지 않는다. 위의 간단한 동기부여 예제는 개연쇄의 역기구학 문제에는 여러 해가 존재할 수 있음을 시사한다. 이는 주어진 θ에 대해 유일한 엔드 이펙터 변위 T를 구하는 정기구학에서의 상황과 대조된다. 사실 3-링크 평면 개연쇄는 작업 공간 내부의 (x, y)에 대해 무한히 많은 해를 가진다. 이 경우 연쇄는 추가적인 자유도를 가지게 되고, 기구학적으로 여유^{kinematically redundant} 상태라고 한다.

6장에서는 먼저 6 자유도 공간 열린 사슬 로봇의 역기구학을 고려한다. 이 경우에는 항상 유한한 수의 해가 존재한다. 우리는 유명한 두 구조인 퓨마^{PUMA} 로봇과 스탠포드 로봇 팔^{Stanford robot arms}을 살펴본다. 이 두 가지 로봇에 대해서는 해석적 해를 쉽게 얻을 수 있다. 좀 더 일반적인 개연쇄에 대해서, 우리는 뉴턴-랩슨^{Newton-Raphson} 방법을 채택한다. 그 결과 초기 예측 관절 값이 충분히 실제 해에 가까운 경우에 빠른 속도로 수렴하는 반복 수치 알고리듬을 얻는다.

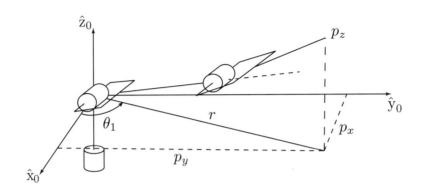

그림 6.2: 6R 퓨마형 로봇 팔의 위치 역기구학

6.1 해석적 역기구학

먼저 6 자유도 개연쇄에 대해 다음 지수 곱 형태의 정기구학을 보자.

$$T(\theta) = e^{[\mathcal{S}_1]\theta_1} e^{[\mathcal{S}_2]\theta_2} e^{[\mathcal{S}_3]\theta_3} e^{[\mathcal{S}_4]\theta_4} e^{[\mathcal{S}_5]\theta_5} e^{[\mathcal{S}_6]\theta_6} M$$

어떤 $X \in SE(3)$가 주어졌을 때, 역기구학 문제는 $T(\theta) = X$를 만족시키는 $\theta \in \mathbb{R}^6$를 찾는 것이다. 아래에서 우리는 퓨마 로봇과 스탠포드 로봇 팔에 대해 해석적 역기구학 해를 유도한다.

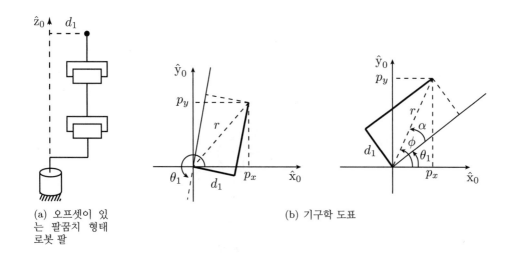

(a) 오프셋이 있
는 팔꿈치 형태
로봇 팔

(b) 기구학 도표

그림 6.3: 어깨에 오프셋이 있는 6R 퓨마형 로봇 팔

6.1.1 6R 퓨마형 로봇 팔

먼저 6R 퓨마형 로봇 팔을 살펴보자. 그림 6.2를 보면 로봇 팔이 영 위치에 있을 때,
(i) 관절 축 1, 2(어깨 관절)는 하나의 점에서 직교하며, 각각 $\hat{z}_0$, $-\hat{y}_0$ 방향을 가리키고
있다 (ii) 관절 축 3(팔꿈치 관절)은 $\hat{x}_0$-$\hat{y}_0$ 평면상에 놓여 있으며, 관절 축 2와 평행하다
(iii) 관절 축 4, 5, 6(손목 관절)은 직교 손목을 이루기 위해 하나의 점(손목 중심)에서
직교하며, 각각 $\hat{z}_0$, $\hat{y}_0$, $\hat{x}_0$을 가리킨다. 이러한 로봇팔은 어깨 부분에 오프셋이 있을
수 있다(그림 6.3 참조). 퓨마형 로봇 팔의 역기구학 문제는 위치 역기구학과 방향
역기구학의 두 가지 문제로 나눠 볼 수 있음을 보일 것이다.
먼저 간단한 오프셋이 없는 형태의 퓨마형 로봇 팔을 살펴본다. 그림 6.2를 참조해 모
든 벡터를 고정 좌표계의 좌표로 나타내 손목의 중심 위치 $p \in \mathbb{R}^3$을 $p = (p_x, p_y, p_z)$

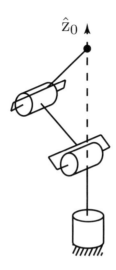

로 표현한다. p를 x-y 평면으로 투사하면, 다음 식처럼 나타낼 수 있다.

$$\theta_1 = \text{atan2}(p_x, p_y)$$

θ_1의 또 다른 유효한 해는 다음과 같다.

$$\theta_1 = \text{atan2}(p_x, p_y) + \pi$$

이 해는 θ_2의 해가 $\pi - \theta_2$로 대체됐을 때 나온다. $p_x, p_y \neq 0$를 만족하는 한, 두 가지 해는 유효하다. $p_x = p_y = 0$일 때 이 로봇 팔의 컨피규레이션은 특이점에 있다 (그림 6.4 참조). 그리고 이때 θ_1의 해는 무수히 많다.

만약 그림 6.3에 나온 것처럼 오프셋 $d_1 \neq 0$이 존재한다면, 일반적으로 θ_1에 대해 라이티와 레프티 두 개의 해가 존재한다. 그림에서 볼 수 있듯, $\phi = \text{atan2}(p_x, p_y)$

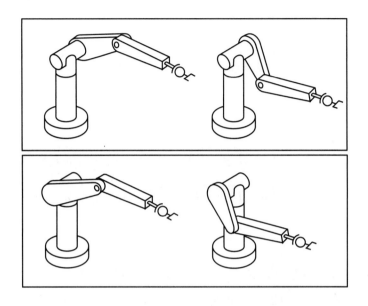

그림 6.5: 어깨에 오프셋이 있는 6R 퓨마형 로봇 팔의 가능한 네 가지 해

이고 $\alpha = \text{atan2}(d_1, \sqrt{r^2 - d_1^2})$일 때 $\theta_1 = \phi - \alpha$이다. 두 번째 해는 다음과 같다.

$$\theta_1 = \pi + \text{atan2}(p_x, p_y) + \text{atan2}(-\sqrt{p_x^2 + p_y^2 - d_1^2}, d_1)$$

퓨마형 로봇의 θ_2와 θ_3를 결정하는 것은 이제 2링크 연쇄의 역기구학을 푸는 문제가 된다.

$$
\begin{aligned}
\cos\theta_3 &= \frac{r^2 - d_1^2 + p_z^2 - a_2^2 - a_3^2}{2a_2 a_3} \\
&= \frac{p_x^2 + p_y^2 + p_z^2 - d_1^2 - a_2^2 - a_3^2}{2a_2 a_3} = D
\end{aligned}
$$

위에 정의한 D를 이용하면 θ_3는

$$\theta_3 = \text{atan2}\left(\pm\sqrt{1 - D^2}, D\right)$$

이고, θ_2도 비슷한 방식으로 얻을 수 있다.

$$
\begin{aligned}
\theta_2 &= \text{atan2}\left(p_z, \sqrt{r_2 - d_1^2}\right) - \text{atan2}\left(a_3 s_3, a_2 + a_3 c_3\right) \\
&= \text{atan2}\left(p_z, \sqrt{p_x^2 + p_y^2 - d_1^2}\right) - \text{atan2}\left(a_3 s_3, a_2 + a_3 c_3\right)
\end{aligned}
$$

θ_3의 두 해는 잘 알려진 평면 로봇 팔의 엘보 업, 엘보 다운 컨피규레이션과 대응된다. 일반적으로, 오프셋이 있는 퓨마형 로봇 팔은 그림 6.5에서 볼 수 있듯 네 개의 위치 역기구학 해를 가진다. 그림에서 위쪽 자세들은 왼팔 해(각각 엘보 업, 엘보 다운)라 부르고, 아래의 자세들은 오른팔 해(각각 엘보 업, 엘보 다운)라 부른다.

이번에는 $(\theta_4, \theta_5, \theta_6)$를 찾기 위해, 엔드 이펙터 좌표계의 방향이 주어졌을 때의 방향 역기구학 문제를 풀어보자. 이는 매우 직관적인 문제다. $(\theta_1, \theta_2, \theta_3)$를 찾아낸 뒤에는 정기구학을 다음처럼 변형할 수 있다.

$$e^{[\mathcal{S}_4]\theta_4} e^{[\mathcal{S}_5]\theta_5} e^{[\mathcal{S}_6]\theta_6} = e^{-[\mathcal{S}_3]\theta_3} e^{-[\mathcal{S}_2]\theta_2} e^{-[\mathcal{S}_1]\theta_1} X M^{-1} \tag{6.2}$$

식의 우변은 모두 알고 있는 항들이고, $\mathcal{S}_4$, $\mathcal{S}_5$, $\mathcal{S}_6$의 ω_i는 다음과 같다.

$$
\begin{aligned}
\omega_4 &= (0, 0, 1) \\
\omega_5 &= (0, 1, 0) \\
\omega_6 &= (1, 0, 0)
\end{aligned}
$$

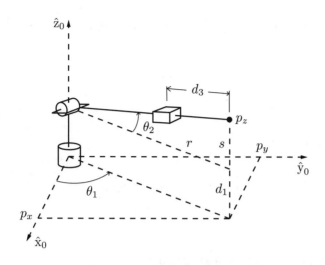

그림 6.6: 스탠포드형 로봇 팔의 첫 세 관절

식 (6.2) 우변의 $SO(3)$ 부분을 R이라 하면, 관절 각도 $(\theta_4, \theta_5, \theta_6)$는 다음 식의 해가 된다.

$$\mathrm{Rot}(\hat{z}, \theta_4)\mathrm{Rot}(\hat{y}, \theta_5)\mathrm{Rot}(\hat{x}, \theta_6) = R$$

이는 부록 B에서 유도한 ZYX 오일러 각도와 정확히 일치한다.

6.1.2 스탠포드형 로봇 팔

그림 6.6에 나온 것처럼 6R 퓨마형 로봇 팔의 팔꿈치 관절을 선형 관절로 교체하면 RRPRRR 스탠포드형 로봇 팔이 된다. 여기에서는 그림 6.6의 로봇 팔의 위치 역기구학만을 고려한다. 스탠포드형 로봇 팔의 각도 역기구학은 퓨마형과 동일하다. 첫 번째 관절 값 θ_1은 퓨마형 로봇 팔과 비슷한 방식으로 알아낼 수 있다. p_x와 p_y

가 둘 다 0이 아닐 때 $\theta_1 = \mathrm{atan2}\,(p_y, p_x)$이 된다. θ_2는 그림 6.6에서 다음과 같이 계산된다.

$$\theta_2 = \mathrm{atan2}\,(s, r)$$

이때 $r^2 = p_x^2 + p_y^2$이고 $s = p_z - d_1$이다. 퓨마형 로봇 팔에서와 비슷하게 θ_1, θ_2의 두 번째 해는 다음과 같다.

$$\theta_1 \;=\; \pi + \mathrm{atan2}\,(p_y, p_x)$$
$$\theta_2 \;=\; \pi - \mathrm{atan2}\,(s, r)$$

병진 거리 θ_3는 다음 관계를 이용해 계산된다.

$$(\theta_3 + a_2)^2 = r^2 + s^2$$

따라서 d_3는 다음과 같다.

$$\theta_3 = \sqrt{r^2 + s^2} = \sqrt{p_x^2 + p_y^2 + (p_z - d_1)^2} - a_2$$

θ_3 해 중 음의 제곱근을 무시하면 손목의 중심 p가 고정 좌표계의 $\hat{z}$축과 교차하지 않는 한 두 개의 해를 얻게 된다. 만약 오프셋이 있는 경우에는 퓨마형 로봇 팔에서와 같이 레프티, 라이티 해가 존재하게 된다.

6.2 수치 역기구학

역운동학 방정식에 해석적 해를 사용할 수 없는 경우 반복적 수치 방법을 적용할 수 있다. 분석 솔루션이 존재하는 경우에도 이러한 솔루션의 정확도를 높이기 위해 수치적 방법을 사용하는 경우가 많다. 예를 들어 퓨마형 팔에서 마지막 세 축은 공통점에서 정확히 교차하지 않을 수 있고, 어깨 관절 축은 정확히 직교하지 않을 수 있다. 이 경우, 이용할 수 있는 분석 역운동학적 해법을 버리는 대신, 그러한 해법은 역운동학을 풀기 위한 반복적인 수치적 절차에서 초기 추측으로 사용될 수 있다.

비선형 방정식의 근을 찾기 위한 다양한 반복 방법이 있으며, 우리의 목표는 이러한 방법을 상세히 논하는 것이 아니라 역운동학 방정식을 변환해 기존의 수치 방법에 적응할 수 있도록 하는 방법을 개발하는 것이다. 우리는 비선형 근 찾기에 기본적인 접근법인 뉴턴-랩슨 방법을 사용할 것이다. 또한, 정확한 솔루션이 없을 수 있고 가장 가까운 근사 솔루션을 찾는 상황에 최적화 방법이 필요하다. 또는 반대로 무한대의 역운동학 솔루션이 존재하며(즉, 로봇이 운동학적으로 여유 있는 경우) 우리는 일부 기준에 대해 최적의 해를 찾는다. 따라서 우리는 비선형 근 찾기를 위한 뉴턴-랩슨 방법과 최적화를 위한 1차 필요조건에 대해 논의한다.

6.2.1 뉴턴-랩슨 방법

주어진 $g : \mathbb{R} \to \mathbb{R}$에 대해 $g(\theta) = 0$을 풀기 위해서는 해의 초기 예측값 θ^0를 가정하고, θ^0에서 테일러 확장$^{\text{Taylor expansion}}$을 수행해 1차 항까지만 잘라낸다.

$$g(\theta) = g(\theta^0) + \frac{\partial g}{\partial \theta}(\theta^0)(\theta - \theta^0) + \text{higher-order terms (h.o.t)}$$

1차까지만 항을 남긴 채 $g(\theta) = 0$이 되도록 θ에 대해 풀면 다음과 같이 계산된다.

$$\theta = \theta^0 - \left(\frac{\partial g}{\partial \theta}(\theta^0) \right)^{-1} g(\theta^0)$$

이렇게 얻은 θ 값을 해에 대한 새로운 추측으로 사용하고 위 과정을 반복하면 다음과 같은 반복식을 얻을 수 있다.

$$\theta^{k+1} = \theta^k - \left(\frac{\partial g}{\partial \theta}(\theta^k) \right)^{-1} g(\theta^k)$$

앞의 반복식을 어떤 정지 기준이 충족될 때까지 반복한다. 예를 들어 어떤 사용자 지정 임곗값 ϵ에 대해 $|g(\theta^k) - g(\theta^{k+1})|/|g(\theta^k)| \le \epsilon$를 정지 기준으로 할 수 있다. 앞의 공식을 g가 다차원 함수일 때($g : \mathbb{R}^n \to \mathbb{R}^n$) 적용하면 다음과 같은 식을 얻을 수 있다.

$$\frac{\partial g}{\partial \theta}(\theta) = \begin{bmatrix} \frac{\partial g_1}{\partial \theta_1}(\theta) & \cdots & \frac{\partial g_1}{\partial \theta_n}(\theta) \\ \vdots & \ddots & \vdots \\ \frac{\partial g_n}{\partial \theta_1}(\theta) & \cdots & \frac{\partial g_n}{\partial \theta_n}(\theta) \end{bmatrix} \in \mathbb{R}^{n \times n}$$

위의 행렬이 비가역인 경우는 6.2.2에서 살펴본다.

6.2.2 수치 역기구학 알고리듬

정기구학 $x = f(\theta)$에 의해 제어되는 좌표 벡터 x를 사용해 엔드 이펙터 좌표계를 표현한다고 가정하자. $f : \mathbb{R}^n \to \mathbb{R}^m$이 미분 가능하다고 가정하고 x_d를 원하는 최종 엔드 이펙터 좌표라고 하자. 뉴턴-랩슨 방법의 $g(\theta)$는 $g(\theta) = x_d - f(\theta)$로 정의되며,

최종 목표는 다음 식을 만족하는 관절 좌표 θ_d를 찾는 것이다.

$$x_d - f(\theta_d) = 0$$

해 θ_d에 "가까운" 초기 추측 θ^0이 주어졌을 때, 기구학은 다음의 테일러 전개법으로 나타낼 수 있다.

$$x_d = f(\theta_d) = f(\theta^0) + \underbrace{\frac{\partial f}{\partial \theta}\bigg|_{\theta^0}}_{J(\theta^0)} \underbrace{(\theta_d - \theta^0)}_{\Delta\theta} + \text{h.o.t.} \tag{6.3}$$

여기서 $J(\theta_0) \in \mathbb{R}^{m \times n}$은 θ_0에서 평가된 좌표 자코비안이다. 테일러 확장을 1차까지로 제한하면, 식 (6.3)을 다음과 같이 줄일 수 있다.

$$J(\theta^0)\Delta\theta = x_d - f(\theta^0) \tag{6.4}$$

$J(\theta^0)$이 정사각 행렬($m = n$)이고 가역이라고 가정하면 $\Delta\theta$를 다음과 같이 풀 수 있다.

$$\Delta\theta = J^{-1}(\theta^0)\left(x_d - f(\theta^0)\right) \tag{6.5}$$

만약 정기구학이 θ에서 선형이라면, 즉 식 (6.3)의 고차항이 0이라면 새로운 추측 $\theta^1 = \theta^0 + \Delta\theta$은 정확히 $x_d = f(\theta^1)$을 만족한다. 만약 정기구학이 θ에서 선형적이지 않다면, 새로운 추측 θ^1은 여전히 반드시 θ^0보다 근에 가까워야 하고, 과정이 반복돼 나온 수열 $\{\theta^0, \theta^1, \theta^2, \ldots\}$은 θ_d로 수렴한다(그림 6.7).

그림 6.7에 나타난 바와 같이 역기구학 해가 여러 개 있는 경우 반복 과정은 초기 추측 θ^0에 "가장 가까운" 해로 수렴하는 경향이 있다. 각 해들을 끌림 영역^{basin of attraction}으로 생각할 수 있다. 만약 초기 추측이 이러한 영역 중 하나에 있지 않으면(예를 들어 초기 추측이 해에 충분히 가깝지 않으면) 반복 과정이 수렴하지 않을 수 있다.

실제로 계산 효율의 이유로, 식 (6.4)는 종종 $J^{-1}(\theta^0)$의 역을 직접 계산하지 않고

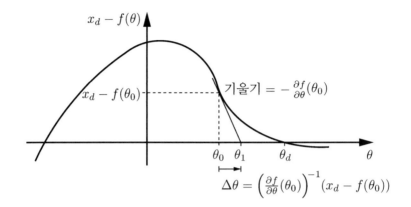

그림 6.7: 스칼라 x와 θ에 대한 비선형 근을 찾기 위한 뉴턴-랩슨 방법의 첫 번째 단계. 첫 번째 단계에서 기울기 $-\partial f/\partial \theta$는 점 $(\theta^0, x_d - f(\theta^0))$에서 평가된다. 두 번째 단계에서 기울기는 점 $(\theta^1, x_d - f(\theta^1))$에서 평가되고, 최종적으로 이 과정은 θ_d로 수렴한다. $x_d - f(\theta)$의 평탄한 부분에 대한 초기 추측은 $x_d - f(\theta)$의 다른 근으로 수렴할 가능성이 있으며, 평탄한 부분 또는 그 근방에 대한 초기 추측은 큰 초기 $|\Delta\theta|$를 초래하며, 반복적인 과정은 전혀 수렴하지 않을 수 있다.

해결된다. 예를 들어, 가역 정사각 행렬 A에 대해 A의 LU 분해를 사용해 더 적은 연산으로 x를 풀 수 있다. 매트랩 문법

```
x = A\b
```

는 $Ax = b$에서 A^{-1}를 계산하지 않고 x를 푼다.

만약 J가 정사각 행렬이 아니거나 혹은 특이 행렬이어서 비가역적이라면, 식 (6.5)의 J^{-1}가 존재하지 않는다. 식 (6.4)은 식 (6.5)의 J^{-1}을 무어-펜로즈^{Moore-Penrose} **유사역**^{pseudoinverse} $J^\dagger$으로 대체함으로써 여전히(때로는 근사적으로) $\Delta\theta$에 대해 풀린다. $J \in \mathbb{R}^{m \times n}$, $y \in \mathbb{R}^n$, $z \in \mathbb{R}^m$인 $Jy = z$ 방정식에 대해 해

$$y^* = J^\dagger z$$

는 두 범주 중 하나로 분류된다.

- 해 y^*가 $Jy^* = z$를 정확히 만족하고, $Jy = z$를 만족하는 모든 y에 대해 $\|y^*\| \leq \|y\|$가 만족된다. 다시 말해, 모든 해 중 y^*가 2-노름을 최소화한다. 로봇 관절 개수 n이 엔드 이펙터 좌표의 차원 m보다 큰 경우, 즉, 자코비안 J가 "뚱뚱한fat" 경우 $Jy = z$의 해는 무한할 수 있다.

- 만약 $Jy = z$를 만족하는 y가 없다면, y^*는 2-노름 오차를 최소화한다. 즉 모든 $y \in \mathbb{R}^n$에 대해 $\|Jy^* - z\| \leq \|Jy - z\|$이다. 이 경우는 $\mathrm{rank}(J) < m$에 해당한다. 즉, 로봇은 엔드 이펙터 좌표 차원 m보다 관절 개수 n이 작거나("키가 큰tall" 자코비안 J) 혹은 J가 특이행렬이다.

많은 프로그래밍 언어가 유사 역행렬을 계산하는 함수를 제공한다. 예를 들어 매트랩에서는 다음 함수가 있다.

```
y = pinv(J)*z
```

J가 최대 랭크($n > m$인 경우는 랭크 m, 혹은 $n < m$인 경우는 랭크 n), 즉, 로봇이 특이점에 있지 않는 경우, 유사 역행렬은 다음 식으로 계산된다.

$$J^\dagger = J^T(JJ^T)^{-1} \quad J가\ 뚱뚱한\ 경우,\ n > m$$
$$(JJ^\dagger = I이기\ 때문에\ 오른\ 역행렬^{\text{right inverse}}이라\ 부름)$$
$$J^\dagger = (J^TJ)^{-1}J^T \quad J의\ 키가\ 큰\ 경우,\ n < m$$
$$(J^\dagger J = I이기\ 때문에\ 왼\ 역행렬^{\text{left inverse}}이라\ 부름)$$

자코비안의 역을 유사 역으로 대체하면 식 (6.5)은 아래처럼 변한다.

$$\Delta\theta = J^\dagger(\theta^0)\left(x_d - f(\theta^0)\right) \tag{6.6}$$

만약 $\mathrm{rank}(J) < m$이라면, 식 (6.6)에서 계산한 $\Delta\theta$는 식 (6.4)를 정확히 만족시키지는 않을 수 있지만, 최소 제곱 관점에서 해당 조건을 가능한 한 최대한 가깝게 만족한다.

만약 $n > m$이라면, 해는 식 (6.4)를 정확히 만족하는 해 중 (2-노름 관점에서) 가장 작은 관절 값이다.

식 (6.6)은 θ_d를 찾기 위한 뉴턴-랩슨 반복 알고리듬을 제시한다.

(a) **초기화**: $x_d \in \mathbb{R}^m$와 초기 추측 $\theta^0 \in \mathbb{R}^n$이 주어졌을 때, $i = 0$을 설정한다.

(b) 어떤 작은 ϵ에 대해 $\|e\| > \epsilon$가 만족되도록 $e = x_d - f(\theta^i)$를 설정한다.

- $\theta^{i+1} = \theta^i + J^\dagger(\theta^i)e$를 설정한다.

- i를 증가시킨다.

이 알고리듬을 목표 엔드 이펙터의 컨피규레이션이 좌표 벡터 $x - d$가 아닌 $T_{sd} \in SE(3)$로 주어졌을 경우에 작동하도록 수정하기 위해, 좌표 자코비안 J를 엔드 이펙터 물체 자코비안 $J_b \in \mathbb{R}^{6 \times n}$으로 대체할 수 있다. 그러나 현재 추측에서 (정기구학을 통해 평가된) 목표 엔드 이펙터 컨피규레이션까지의 방향을 나타내는 벡터 $e = x_d - f(\theta^i)$는 단순히 $T_{sd} - T_{sb}(\theta^i)$로 대체될 수 없다. J_b의 유사 역행렬은 물체 트위스트 $\mathcal{V}_b \in \mathbb{R}^6$에 작용해야 한다. 적절한 비유를 찾기 위해, 우리는 $e = x_d - f(\theta^i)$를 단위 시간 동안 따라갈 경우 $f(\theta^i)$에서 x_d로 운동을 일으키는 속도 벡터로 생각해야 한다. 마찬가지로, 단위 시간 동안 따라갈 경우 $T_{sb}(\theta^i)$에서 원하는 컨피규레이션 T_{sd}로 운동이 발생하는 물체 트위스트 $\mathcal{V}_b$를 찾아야 한다.

그러한 $\mathcal{V}_b$를 찾기 위해 먼저 목표 컨피규레이션을 물체 좌표계로 계산한다.

$$T_{bd}(\theta^i) = T_{sb}^{-1}(\theta^i)T_{sd} = T_{bs}(\theta^i)T_{sd}$$

그러면 $\mathcal{V}_b$는 행렬 로그를 이용해 계산된다.

$$[\mathcal{V}_b] = \log T_{bd}(\theta_i)$$

이것은 위의 좌표 벡터 알고리듬과 유사한 다음과 같은 역운동학 알고리듬으로 이어진다.

(a) **초기화**: T_{sd}와 초기 추측 $\theta^0 \in \mathbb{R}^n$가 주어졌을 때, $i = 0$을 설정한다.

(b) 어떤 작은 $\epsilon_\omega, \epsilon_v$에 대해 $\|\omega_b\| > \epsilon_\omega$ 또는 $\|v_b\| > \epsilon_v$가 만족되도록 $[\mathcal{V}_b] = \log\left(T_{sb}^{-1}(\theta^i)T_{sd}\right)$를 설정한다.

- $\theta^{i+1} = \theta^i + J_b^\dagger(\theta^i)\mathcal{V}_b$를 설정
- i를 증가시킨다.

이와 동일한 형태를 공간 자코비안 $J_s(\theta)$와 공간 트위스트 $\mathcal{V}_s = [\text{Ad}_{T_{sb}}]\mathcal{V}_b$를 이용해 공간 좌표계에서도 유도할 수 있다.

이러한 수치 역기구학 방법이 수렴하기 위해서는 초기 추측 θ^0이 해 θ_d에 충분히 가까워야 한다. 이 조건은 실제 엔드 이펙터 컨피규레이션과 관절 각도가 모두 알려진 초기 영 위치 컨피규레이션에서 로봇을 구동하고 요청된 엔드 이펙터 위치 T_{sd}가 열기구학 계산 주파수에 비해 느리게 변화하도록 보장함으로써 충족될 수 있다. 그 뒤 로봇의 나머지 실행에서, 이전 시간 스텝^{timestep}에 계산된 θ_d는 다음 시간 스텝의 새로운 T_{sd}를 위한 초기 추측 θ^0이 된다.

예제: 평면 2R 로봇

이제 그림 6.8의 2R 로봇에 물체 자코비안 뉴턴-랩슨 역기구학 알고듬을 적용한다. 각 링크는 길이가 1m이며, 로봇의 끝부분의 위치가 $(x, y) = (0.366\text{m}, 1.366\text{m})$가 되는 관절 각도를 찾으려고 한다. 그림 6.8에 보이는 것처럼 $\theta_d = (30°, 90°)$이고 T_{sd}는

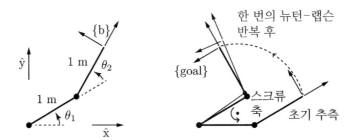

그림 6.8: (왼쪽) 2R 로봇 (오른쪽) 목표는 $\theta_1 = 30°$ 및 $\theta_2 = 90°$에 해당하는 엔드 이펙터 좌표계 {goal}을 산출하는 관절 각도를 찾는 것이다. 초기 추측은 $(0°, 30°)$이다. 뉴턴-랩슨 반복 후 계산된 관절 각도는 $(34.23°, 79.18°)$이다. 초기 좌표계를 목표 좌표계로 이동하는 스크류 축도 표시돼 있다(점으로 된 곡선을 통해).

다음과 같다.

$$
T_{sd} = \begin{bmatrix} -0.5 & -0.866 & 0 & 0.366 \\ 0.866 & -0.5 & 0 & 1.366 \\ 0 & 0 & 1 & 0 \\ 0 & 0 & 0 & 1 \end{bmatrix}
$$

정기구학을 엔드 이펙터 좌표계에서 나타내면 다음과 같다.

$$
M = \begin{bmatrix} 1 & 0 & 0 & 2 \\ 0 & 1 & 0 & 0 \\ 0 & 0 & 1 & 0 \\ 0 & 0 & 0 & 1 \end{bmatrix} \quad \mathcal{B}_1 = \begin{bmatrix} 0 \\ 0 \\ 1 \\ 0 \\ 2 \\ 0 \end{bmatrix} \quad \mathcal{B}_2 = \begin{bmatrix} 0 \\ 0 \\ 1 \\ 0 \\ 1 \\ 0 \end{bmatrix}
$$

해에 대한 우리의 초기 추측은 $\theta_0 = (0, 30°)$이며, 허용 오차를 $\epsilon_\omega = 0.001\text{rad}$(혹은 $0.057°$) 및 $\epsilon_v = 10^{-4}\text{m}$(100 마이크론)으로 지정한다. 뉴턴-랩슨 방법의 전개는 다음 표에 나타나 있는데, 로봇의 움직임이 x-y 평면으로 제한되기 때문에 물체 트위스트 $\mathcal{V}_b$의 $(\omega_{zb}, v_{xb}, v_{yb})$ 성분만 주어진다.

i	(θ_1, θ_2)	(x, y)	$\mathcal{V}_b = (\omega_{zb}, v_{xb}, v_{yb})$	$\|\omega_b\|$	$\|v_b\|$
0	$(0.00, 30.00°)$	$(1.866, 0.500)$	$(1.571, 0.498, 1.858)$	1.571	1.924
1	$(34.23°, 79.18°)$	$(0.429, 1.480)$	$(0.115, -0.074, 0.108)$	0.115	0.131
2	$(29.98°, 90.22°)$	$(0.363, 1.364)$	$(-0.004, 0.000, -0.004)$	0.004	0.004
3	$(30.00°, 90.00°)$	$(0.366, 1.366)$	$(0.000, 0.000, 0.000)$	0.000	0.000

반복 절차는 세 번 반복한 후에 공차 내에서 수렴된다. 그림 6.8은 초기 추측, 목표 컨피규레이션 및 한 번의 반복 후의 컨피규레이션을 보여준다. 목표 좌표계의 원점이 초기 추측의 $-\hat{\mathbf{x}}_b$ 방향임에도, 계산된 첫 번째 v_{xb}는 양수라는 점에 유의해야 한다. 이렇게 되는 이유는 초기 추측을 1초만에 {goal}로 가져가는 일정한 물체 속도 $\mathcal{V}_b$가 그림에 표시된 스크류 축을 중심으로 회전하기 때문이다.

6.3   속도 역기구학

로봇이 목표 엔드 이펙터 궤적 $T_{sd}(t)$를 따르도록 제어하는 한 가지 방법은 각 시간 스텝 k에서의 역기구학 $\theta_d(k\Delta t)$을 계산한 뒤 속도 $\dot{\theta}$를 시간 간격 $[(k-1)\Delta t, k\Delta t]$ 동안 다음과 같이 설정하는 것이다.

$$\dot{\theta} = (\theta_d(k\Delta t) - \theta((k-1)\Delta t))/\Delta t$$

이는 필요한 관절 속도를 계산하기 위해 원하는 새로운 관절 각도 $\theta_d(k\Delta t)$를 가장 최근에 측정된 실제 관절 각도 $\theta((k-1)\Delta t)$와 비교하기 때문에 피드백 제어기에 해당한다.

역기구학 계산을 피하는 또 다른 방법은 $J\dot{\theta} = \mathcal{V}_d$ 관계에서 직접 필요한 관절 속도 $\dot{\theta}$를 계산하는 것이다. 이때 $\mathcal{V}_d$와 J는 같은 좌표계에서 나타낼 수 있다.

$$\dot{\theta} = J^{\dagger}(\theta)\mathcal{V}_d \tag{6.7}$$

목표 트위스트의 행렬 형태 $\mathcal{V}_d(t)$는 물체 자코비안 또는 공간 자코비안이 쓰임에 따라 $T_{sd}^{-1}(t)\dot{T}_{sd}(t)$(목표 궤적의 시간 t에서의 물체 트위스트 행렬 형태)이거나 $\dot{T}_{sd}(t)T_{sd}^{-1}(t)$ (공간 트위스트의 행렬 형태)이다. 아무리 작은 속도 오류라도 시간이 지남에 따라 누적돼 위치 오류가 증가할 수 있다. 따라서 위치 피드백 제어기는 위치 오류 없이 엔드이펙터가 $T_{sd}(t)$를 따르도록 $\mathcal{V}_d(t)$를 정해야 한다. 피드백 제어는 11장에서 논의한다. 관절 개수가 $n > 6$인 여유 로봇의 경우, 식 (6.7)을 만족하는 $(n-6)$차원 의 해집합 중, 유사 역 $J^{\dagger}(\theta)$의 사용은 2-노름 $\|\dot{\theta}\| = \sqrt{\dot{\theta}^T\dot{\theta}}$을 최소화한다.

식 (6.7)에서 유사 역을 이용할 때 각 관절 속도는 모두 동일한 비중으로 비용이 된다. 대신 각 관절 마다 다른 비중을 줄 수 있다. 예를 들어 첫 관절의 속도는 로봇의 무게 중 많은 부분을 구동해야 하기 때문에 아주 약간의 무게만을 구동하는 마지막 관절보다 더 무거운 비중을 가지게 될 수 있다. 나중에 더 살펴보겠지만, 로봇의 운동에너지는 다음과 같이 적을 수 있다.

$$\frac{1}{2}\dot{\theta}^T M(\theta)\dot{\theta}$$

여기서 $M(\theta)$는 대칭이고 양의 정부호인 컨피규레이션에 의존하는 관성행렬이다. 무게 행렬 $M(\theta)$는 속도 역기구학의 비중함수에 이용될 수 있고, 이때 목표는 로봇이 $J(\theta)\dot{\theta} = \mathcal{V}_d$를 만족하면서 운동에너지를 최소화하도록 하는 $\dot{\theta}$를 찾는 것이다.

또 다른 가능한 방법으로는 로봇이 $J(\theta)\dot{\theta} = \mathcal{V}_d$를 만족하면서 컨피규레이션에 의존적인 퍼텐셜함수 $h(\theta)$를 최소화하도록 하는 $\dot{\theta}$를 찾는 것이다. 예를 들어 $h(\theta)$는 중력 퍼텐셜 에너지가 될 수 있고, 또는 로봇이 장애물에 가까워질수록 값이 증가하는 인공적인 퍼텐셜함수가 될 수도 있다. 그러면 $h(\theta)$의 변화율은 다음과 같다.

$$\frac{d}{dt}h(\theta) = \frac{dh(\theta)}{d\theta}\frac{d\theta}{dt} = \nabla h(\theta)^T\dot{\theta}$$

여기서 $\nabla h(\theta)$는 $h(\theta)$가 최대로 증가하는 방향을 가리킨다.

조금 더 일반적인 경우, 다음 식에서처럼 운동에너지와 퍼텐셜 에너지의 변화량을 최소화하고 싶을 수 있다.

$$\min_{\dot{\theta}} \frac{1}{2}\dot{\theta}^T M(\theta)\dot{\theta} + \nabla h(\theta)^T\dot{\theta}$$

위 최적화 식은 $J(\theta)\dot{\theta} = \mathcal{V}_d$를 제약조건으로 한다. 최적성을 위한 1차 필요조건first-order necessary conditions for optimality(부록 D)으로부터 다음 식을 얻는다.

$$
\begin{aligned}
J^T\lambda &= M\dot{\theta} + \nabla h \\
\mathcal{V}_d &= J\dot{\theta}
\end{aligned}
$$

최적 $\dot{\theta}$와 λ는 다음과 같이 유도된다.

$$
\begin{aligned}
\dot{\theta} &= G\mathcal{V}_d + (I - GJ)M^{-1}\nabla h \\
\lambda &= B\mathcal{V}_d + BJM^{-1}\nabla h
\end{aligned}
$$

여기서 $B \in \mathbb{R}^{m \times m}$, $G \in \mathbb{R}^{n \times m}$은 다음 식으로 정의된다.

$$
\begin{aligned}
B &= (JM^{-1}J^T)^{-1} \\
G &= M^{-1}J^T(JM^{-1}J^T)^{-1} = M^{-1}J^T B
\end{aligned}
$$

5장에서의 정역학 관계 $\tau = J^T \mathcal{F}$를 떠올려보자. 라그랑주 승수^{Lagrange multiplier} λ(부록 D)는 태스크 공간에서의 렌치로 이해할 수 있다. 게다가 $\lambda = B\mathcal{V}_d + BJM^{-1}\nabla h$의 첫 번째 항 $B\mathcal{V}_d$은 엔드 이펙터의 속도 $\mathcal{V}_d$가 만들어내는 동적 힘이라 볼 수 있고, 두 번째 항 $BJM^{-1}\nabla h$은 엔드 이펙터를 유지하기 위한 정적 힘이라고 볼 수 있다. 만약 퍼텐셜함수 $h(q)$가 0이거나 정해져 있지 않다면, 운동에너지를 최소화하는 해는 다음과 같다.

$$\dot{\theta} = M^{-1}J^T(JM^{-1}J^T)^{-1}\mathcal{V}_d$$

여기서 $M^{-1}J^T(JM^{-1}J^T)^{-1}$는 질량행렬 $M(\theta)$에 따라 비중이 결정된 유사 역이다.

6.4   닫힌 고리에 대한 코멘트

$T_{sd}(0) = T_{sd}(t_f)$일 경우, 시간 간격 $[0, t_f]$에 걸쳐 원하는 엔드 이펙터의 궤적은 닫힌 고리가 된다. 컨피규레이션 또는 속도 수준에서 여유 로봇^{redundant robots}의 역기구학을 계산하는 수치 방법은 관절 공간에서는 닫힌 고리가 아니게 될, 즉 $\theta(0) \neq \theta(t_f)$일 가능성이 높다는 점에 유의해야 한다. 관절 공간에서의 닫힌 고리 모션이 필요한 경우, 역기구학에 대한 추가적인 조건들이 만족돼야 한다.

6.5   요약

- 정기구학 $T(\theta)$, $\theta \in \mathbb{R}^n$을 갖는 공간 개연쇄가 주어지면, 역기구학 문제에서는 목표 최종 컨피규레이션 $X \in SE(3)$가 주어졌을 때 $X = T(\theta)$를 만족하는 θ

를 찾으려 한다. 정기구학 문제와는 달리 역기구학 문제는 여러 해를 가질 수 있으며, X가 작업 공간 밖에 놓여 있을 경우 해가 없다. n개의 관절과 작업 공간 안의 X가 주어졌을 때, $n = 6$일 때에는 일반적으로 유한 개의 역기구학 해가 존재하고, 반면 $n > 6$일 때에는 무한 개의 해가 존재한다.

- 역기구학은 2R 직교 어깨 관절과 팔꿈치 관절에 3R 직교 손목 관절이 연결돼 있는 6 자유도의 6R 로봇인 퓨마 로봇에 대해서는 해석적으로 풀 수 있다.

- 스탠포드형 로봇 팔의 경우에도 분석 역운동학 해가 존재한다. 6R 퓨마형 로봇 팔의 팔꿈치 관절을 선형 관절로 교체하면 스탠포드형 로봇 팔이 된다. 스탠포드형 로봇 팔의 기하학적 역기구학 알고리듬은 퓨마형 로봇 팔과 유사하게 개발됐다.

- 반복 수치 방법은 해석적 역기구학 해를 구할 수 없는 경우에 사용된다. 이러한 방법들은 일반적으로 뉴턴-랩슨 방법과 같은 반복적인 절차를 사용해 역기구학 방정식을 푸는 것을 포함하면, 이들은 관절 변수에 대한 초기 추측을 요구한다. 반복 절차의 성능은 초기 추측의 품질에 크게 좌우되며, 여러 개의 가능한 역기구학 해법이 있는 경우, 이 방법은 초기 추측에 "가장 가까운" 해를 찾는다. 배 단계에서의 반복식은 다음 형태를 띤다.

$$\dot{\theta}_{i+1} = \theta_i + J^{\dagger}(\theta_i)\mathcal{V}$$

여기서 $J^{\dagger}(\theta)$는 자코비안 $J(\theta)$의 유사 역이고, $\mathcal{V}$는 $T(\theta_i)$를 1초만에 T_{sd}로 보내주는 트위스트다.

6.6 소프트웨어

`[thetalist,success] = IKinBody(Blist,M,T,thetalist0,eomg,ev)`

엔드 이펙터 좌표계로 나타낸 관절 스크류 $\mathcal{B}_i$, 엔드 이펙터의 영 위치 컨피규레이션 M, 목표 엔드 이펙터 컨피규레이션 T, 초기 추측 θ^0, 최종 허용 오차 ϵ_ω와 ϵ_v가 주어졌을 때, 반복적 뉴턴-랩슨 방법론을 이용해 역기구학을 계산한다. 최대 반복 횟수 동안 해가 찾아지지 않으면 success는 false가 된다.

`[thetalist,success] = IKinSpace(Slist,M,T,thetalist0,eomg,ev)`

IKinBody와 비슷하지만, 공간 좌표계에서 표현한 관절 스크류 $\mathcal{S}_i$를 이용하고, 허용 오차는 공간 좌표계에서 해석된다.

6.7 주석과 참고문헌

가장 일반적인 6R 개연쇄의 역기구학은 최대 16개의 해를 갖는 것으로 알려져 있다. 이 결과는 리와 리앙Lee & Liang[87], 라하반과 로스Raghavan & Roth[142]에 증명돼 있다. 6장에서 다루는 것보다 더 일반적인 6차원 개연쇄의 닫힌 형태 역기구학 해를 찾는 절차는 파덴Paden[128], 머레이 외 연구진Murray et al.[121]에 설명돼 있다. 이러한 절차는 파덴-카한Paden-Kahan 하위 문제라 부르는 일부 기본적인 스크류 이론적인 하위 문제들에 대한 해결책을 사용한다. 예를 들어 한 쌍의 주어진 점 사이의 제로 피치 스크류 모션으로 나타낼 때의 회전 각도를 찾는 문제가 있다. 일반적인 6R 개연쇄의 16가지 해를 모두 찾는 반복 수치 절차는 마노차와 캐니Manocha & Canny[103]에서 보고됐다.

기구학적으로 여유 있는 로봇 팔에 대한 역기구학 방법의 포괄적인 요약은 치아베리니 외 연구진Chiaverini et al.[27]에 제시돼 있다. 이러한 방법의 대부분은 최소 제곱 최적화 결과와 해 기법에 의존하며, 이러한 이유로 우리는 부록 D에서 최적화의 기초에 대한 간략한 검토를 제공한다. 최적화를 위한 고전적인 참조는 루엔버거와 예Luenberger & Ye[97]이다. 역기구학의 여유를 해결하는 체계의 일반적 클래스에 대한 반복성 (또는 순환성) 조건은 사미르와 욤딘Shamir & Yomdin[161]에서 조사된다.

6.8 연습 문제

1. 링크 길이가 $L_1 = 3$, $L_2 = 2$, $L_3 = 1$인 평면 3R 로봇 팔에 대해 목표 위치 (x, y), 방향 θ가 주어졌을 때 해석적 역기구학 문제를 푸는 프로그램을 작성하라. 각 관절은 관절 제한이 없다. 당신의 프로그램은 모든 해를 구해야 하며(일반적으로 몇 개의 해가 존재하는가?), 각각의 관절 각도 해에 대해 해당 컨피규레이션에서의 로봇을 그려야 한다. $(x, y, \theta) = (4, 2, 0)$인 경우에 대해 시험하라.

2. 그림 6.9의 6R 개연쇄에 대해 위치 역기구학을 풀어라(방향 기구학은 풀지 않아도 좋다).

3. 그림 6.10의 6R 개연쇄의 엔드 이펙터 좌표계 {T}가 그림에서 처럼 {T'}으로 주어졌을 때, 역기구학 해를 찾아라. {T}의 영 위치에서의 방향은 고정 좌표계 {s}와 같고, {T'}은 {T}를 $\hat{y}_s$ 방향으로 평행 이동만을 한 결과다.

4. 그림 6.11의 개연쇄가 영 위치에 있다. 관절 축 1과 2는 고정 좌표계의 원점에서 만나며, 영 위치에서 엔드 이펙터 좌표계의 원점 p는 $(0, 1, 0)$이다.

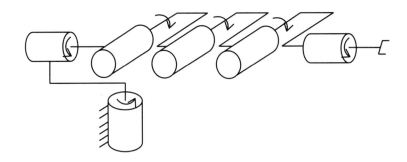

그림 6.9: 6R 개연쇄

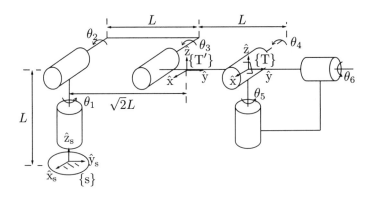

그림 6.10: 6R 개연쇄

(a) $\theta_1 = 0$이라 하자. p가 $(-6, 5, \sqrt{3})$에 있을 때 θ_2와 θ_3는?

(b) 관절 1이 0에 고정돼 있지 않고 자유로이 움직일 수 있을 때, (a)에서 주어진 p 점에서 모든 역기구학 해 $(\theta_1, \theta_2, \theta_3)$를 구하라.

5. 그림 6.12의 4 자유도 로봇이 영 위치에 있다. 관절 1은 피치 h를 가진 스크류 관절이다. $\hat{z} = (0, 0, 1)$이고 $\alpha \in [0, 2\pi]$일 때, 엔드 이펙터 위치 $p = (p_x, p_y, p_z)$와

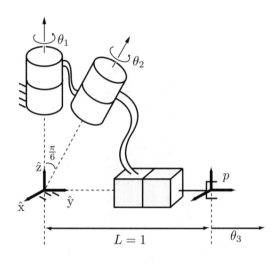

그림 6.11: RRP 개연쇄

방향 $R = e^{[\hat{z}]\alpha}$가 주어졌을 때, 역기구학 해 $(\theta_1, \theta_2, \theta_3, \theta_4)$를 p와 α의 함수로 구하라.

6. 그림 6.13(a)는 수술 로봇을 보여주고 있고, 이 로봇은 그림 6.13(b)의 RRPRRP 개연쇄로 모델링할 수 있다.

(a) 일반적인 경우, 엔드 이펙터 좌표계가 주어졌을 때 몇 개의 역기구학 해가 존재하는가?

(b) 그림 6.13(b)에 나온 A와 B를 고려해보자. A와 B를 고정 좌표계로 나타낸 (x_A, y_A, z_A)와 (x_B, y_B, z_B)가 주어졌을 때, $\theta_1, \theta_2, \theta_3, \theta_4, \theta_5$는? $(\theta_1, \theta_2, \theta_3)$에 대해서는 명시적인 공식을 찾고, (θ_4, θ_5)에 대해서는 과정만 설명하라.

7. 본 예제에서 여러분은 두 개의 근이 있는 스칼라 $x_d - f(\theta)$ 대 스칼라 θ의 그림(그림 6.7과 비슷한 것)을 그리게 될 것이다. 어떤 초기 추측 θ^0에서 반복 과정이 가장 가까운 근을 뛰어넘어서 결국 더 멀리 있는 근으로 수렴하게 되도록 그려라. 혼으로

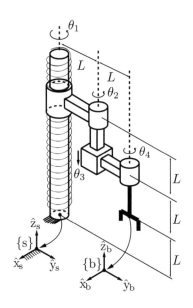

그림 6.12: 스크류 관절이 있는 개연쇄

그림을 그리고, 반복 과정이 더 먼 근으로 수렴함을 보여라. 그림의 두 근의 끌림 영역에 대해 토의하라.

8. 초기 추측이 $(x^1, y^1) = (1, 1)$일 때, 다음 식의 근을 찾기 위한 뉴턴-랩슨 반복 수치 기법을 두 단계 반복하라.

$$f(x, y) = \begin{bmatrix} x^2 - 4 \\ y^2 - 9 \end{bmatrix}$$

기울기의 일반적 형태(임의의 추측 (x, y)에 대한)와 첫 두 반복의 결과를 적어라. 문제는 손으로 풀거나, 프로그램을 작성해도 좋다. 또한 초기 추측에 가까운 하나의 근만이 아닌 모든 근을 정확히 제시하라. 총 몇 개의 근이 있는가?

9. 함수 IKinBody를 수정해 뉴턴 랩슨 반복의 결과가 6.2절의 2R 로봇 예제에서 나

(a) 다빈치(da Vinci) S 수술 로봇 팔 ⓒ 2016 Intuitive Surgical, Inc.

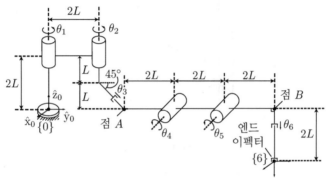

(b) 영 위치에서의 RRPRRP 로봇 팔

그림 6.13: 로봇 팔과 기구학적 모델

온 표와 비슷한 결과를 출력하도록 하라. 그림 6.8의 초기 추측이 $(0, 30°)$이고, 목표 컨피규레이션이 $(90°, 120°)$일 때 해당 표가 나온다는 것을 보여라. 코드를 제출하라.

10. 그림 6.14의 관절 축 1과 3이 동일선상에 있는 3R 직교 축 손목 메커니즘이 영 위치에 있다.

(a) 손목의 목표 방향 $R \in SO(3)$이 주어졌을 때, 역기구학을 풀기 위한 반복 수치 절차를 유도하라.

(b) 물체 좌표계 기반 수치 역기구학을 이용한 뉴턴-랩슨 절차를 한 번 반복하라.

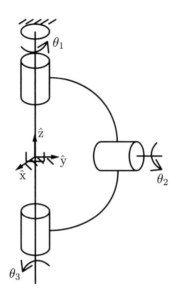

그림 6.14: 3R 손목

첫 째로 손목의 일반적인 컨피규레이션에서의 정기구학과 자코비안을 적어라. 그 뒤, 그 결과를 구체적으로 목표 엔드 이펙터 좌표계가

$$R = \begin{bmatrix} \frac{1}{\sqrt{2}} & -\frac{1}{\sqrt{2}} & 0 \\ \frac{1}{\sqrt{2}} & \frac{1}{\sqrt{2}} & 0 \\ 0 & 0 & 1 \end{bmatrix} \in SO(3)$$

이고 초기 추측 값이 $\theta_1 = \theta_3 = 0$, $\theta_2 = \pi/6$일 때에 적용하라. 만약 코드를 작성했다면, 결과와 함께 제출하라.

11. 그림 6.15의 직교하지 않는 3R 연쇄가 영 위치에 있다.

(a) 위치 역기구학을 수치적으로 푸는 과정을 유도하라. 다시 말해, 그림에서 p로

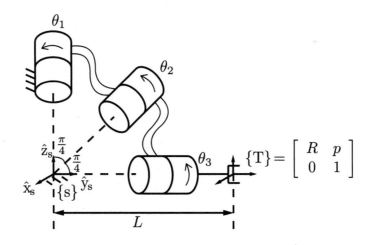

$$\{T\} = \begin{bmatrix} R & p \\ 0 & 1 \end{bmatrix}$$

그림 6.15: 직교하지 않는 3R 연쇄

표시된 어떤 임의의 엔드 이펙터 위치가 주어졌을 때, $(\theta_1, \theta_2, \theta_3)$를 찾아라.

(b) 엔드 이펙터 방향 $R \in SO(3)$이 주어졌을 때, 모든 역기구학 해 $(\theta_1, \theta_2, \theta_3)$를 찾아라.

12. 함수 IKinSpace를 이용해 UR5 로봇(4.1.2장)이 다음 식을 만족하도록 관절 변수 θ_d를 찾아라.

$$T(\theta_d) = T_{sd} = \begin{bmatrix} 0 & 1 & 0 & -0.5 \\ 0 & 0 & -1 & 0.1 \\ -1 & 0 & 0 & 0.1 \\ 0 & 0 & 0 & 1 \end{bmatrix}$$

거리 단위는 미터다. $\epsilon_\omega = 0.001(0.057°)$과 $\epsilon_v = 0.0001(0.1\text{mm})$을 이용하라. 초기 추측 θ_0으로는, 모든 관절 각도를 0.1rad로 설정하라. 만약 컨피규레이션이 작업 공간 밖에 있거나 만약 초기 추측이 해가 수렴하기에 너무 멀리 있다면 다른 T_{sd}에 대해

IKinBody를 수행해도 좋다.

수치 역기구학은 초기 추측에 가까운 해를 찾기 위한 것임을 참고하라. 어려분의 초기 추측은 솔루션에서 멀리 떨어져 있기 때문에(일반적으로 여러개의 솔루션이 있음), 그 반복 절차는 초기 추측에서 멀리 떨어진 해결책을 찾기 전에 이리저리 뒤적거리게 될 수 있다. 이 솔루션은 관절의 제한을 고려하지 않을 수 있다. 해를 사후 처리하면 모든 관절 각도가 $[0, 2\pi)$ 내에 있도록 할 수 있다.

13. 함수 IKinBody를 이용해 WAM(4.1.3장)이 다음 식을 만족하도록 하는 관절 변수 θ_d를 찾아라.

$$T(\theta_d) = T_{sd} = \begin{bmatrix} 1 & 0 & 0 & 0.5 \\ 0 & 1 & 0 & 0 \\ 0 & 0 & 1 & 0.4 \\ 0 & 0 & 0 & 1 \end{bmatrix}$$

거리 단위는 미터다. $\epsilon_\omega = 0.001(0.057\,°)$과 $\epsilon_v = 0.0001(0.1\,\text{mm})$을 이용하라. 초기 추측 θ_0으로는, 모든 관절 각도를 0.1rad로 설정하라. 만약 컨피규레이션이 작업 공간 밖에 있거나 만약 초기 추측이 해가 수렴하기에 너무 멀리 있다면 다른 T_{sd}에 대해 IKinBody를 수행해도 좋다.

수치 역기구학은 초기 추측에 가까운 해를 찾기 위한 것임을 참고하라. 당신의 초기 추측은 솔루션에서 멀리 떨어져 있기 때문에(일반적으로 여러개의 솔루션이 있음을 기억하라), 그 절차는 초기 추측에서 멀리 떨어진 해결책을 찾기 전에 이리저리 뒤적거릴 수 있다. 이 솔루션은 관절의 제한을 고려하지 않을 수 있다. 당신은 해를 사후 처리해 모든 관절 각도가 $[0, 2\pi)$ 내에 있도록 할 수 있다.

14. 선형대수의 기본 정리^{FTLA, The Fundamental Theorem of Linear Algebra}에서는 행

렬 $A \in \mathbb{R}^{m \times n}$이 주어졌을 때,

$$\mathrm{null}(A) = \mathrm{range}(A^T)^\perp$$

$$\mathrm{null}(A^T) = \mathrm{range}(A)^\perp$$

임을 명시한다. 여기서 $\mathrm{null}(A)$은 A의 영공간^{null space}($Ax = 0$를 만족시키는 벡터 x로 이뤄진 $\mathbb{R}^n$의 부분공간)을 의미하고, $\mathrm{range}(A)$는 A의 행공간^{range space} 또는 열공간^{column space}(A의 열들이 생성하는 $\mathbb{R}^m$의 부분공간)이다.

본 문제에서 당신은 FTLA를 이용해 등호 제약 최적화 문제에 대한 라그랑주 승수(부록 D 참조)의 존재성을 증명해야 한다. $f : \mathbb{R}^n \to \mathbb{R}$를 미분 가능하다 하고, 최소화하고 싶은 목적함수로 설정하자. 벡터 x는 주어진 미분 가능한 함수 $g : \mathbb{R}^n \to \mathbb{R}^m$에 대해 반드시 등호 제약조건 $g(x) = 0$을 만족해야 한다.

x^*가 국소 최솟값^{local minimum}이라고 하자. $x(t)$를 $g(x) = 0$로 매개화된 면 위의 임의의 곡선이라 하자(모든 t에 대해 $g(x(t)) = 0$이 된다). 추가로 x^*는 면 위의 정칙점^{regular point}이라 가정하자. $g(x(t)) = 0$의 양변을 $t = 0$에서 미분하면 다음과 같다.

$$\frac{\partial g}{\partial x}(x^*)\dot{x}(0) = 0 \tag{6.8}$$

동시에, $x(0) = x^*$이 국소 최저치이기 때문에, $f(x(t))$(시간 t에서의 목적함수)는 $t = 0$에서 국소 최저치이고, 따라서 다음 식을 만족한다.

$$\left.\frac{d}{dt}f(x(t))\right|_{t=0} = \frac{\partial f}{\partial x}(x^*)\dot{x}(0) = 0. \tag{6.9}$$

식 (6.8)과 식 (6.9)가 $g(x) = 0$위에 정의된 임의의 모든 속선 $x(t)$에 대해 성립해야 하므로, FTLA를 이용해 다음 1차 필요조건을 만족시키는 라그랑주 승수 $\lambda^* \in \mathbb{R}^m$가 존재함을 보이시오.

$$\nabla f(x^*) + \frac{\partial g}{\partial x}(x^*)^T \lambda^* = 0$$

15.

(a) A^{-1}이 존재할 때,

$$\begin{bmatrix} A & D \\ C & B \end{bmatrix}^{-1} = \begin{bmatrix} A^{-1} + EG^{-1}F & -EG^{-1} \\ -G^{-1}F & G^{-1} \end{bmatrix}$$

를 보이시오. 위 식에서 $G = B - CA^{-1}D$, $E = A^{-1}D$, $F = CA^{-1}$이다.

(b) 위 결과를 이용해 다음의 등호 제약 최적화 문제의 1차 필요조건을 찾아라.

$$\min_{x \in \mathbb{R}^n} \frac{1}{2} x^T Q x + c^T x$$

제약조건은 $Ax = b$이고, $Q \in \mathbb{R}^{n \times n}$는 대칭이고 양의 정부호다. $A \in \mathbb{R}^{m \times n}$는 최대 랭크 m을 가진다. 부록 D를 참고하라.

7장. 폐연쇄의 기구학

하나 이상의 고리를 포함하는 기구학적 연쇄를 **폐연쇄**라고 한다. 2장에서 다룬 폐연쇄의 예시로는 평면 4절 링크, 공간 스튜어트-고프 플랫폼과 델타 로봇(그림 7.1) 등이 있다. 이 메커니즘들은 고정 플랫폼과 이동 플랫폼이 "다리"들로 연결된 형태의 폐연쇄인 **병렬 메커니즘**이다. 다리들은 보통 개연쇄이지만, 때로는 (그림 7.1)의 델타 로봇처럼 폐연쇄일 수도 있다. 7장에서는 폐연쇄, 특히 병렬 메커니즘의 기구학을 중점적으로 분석할 것이다.

스튜어트-고프 플랫폼은 모션 시뮬레이터나 6축 힘-토크 센서로써 널리 쓰인다. 스튜어트-고프 플랫폼이 힘-토크 센서로 쓰이는 경우, 이동 플랫폼에 외력이 가해지면 6개의 선형 관절에 내력이 작용하며, 이 내력들을 측정해 외력을 추정할 수 있다. 델타 로봇은 이동 플랫폼이 항상 고정 플랫폼에 평행한 채로 움직이는 3 자유도 메커니즘이다. 세 구동기는 세 회전형 관절에 부착돼 있기 때문에, 델타 로봇에서 움직이는 부분들은 상대적으로 가벼워서 매우 빠른 동작을 수행할 수 있다.

폐연쇄는 개연쇄보다 훨씬 다양하게 설계할 수 있으며, 이에 따라 기구학적 및 정역학적 분석이 더 복잡하다. 폐연쇄의 이런 복잡성은 다음의 두 가지 결정적인 특징에서 찾아볼 수 있다. (i) 폐연쇄의 모든 관절이 구동되지는 않으며 (ii) 관절변수들이 고리 닫힘 제약조건들을 만족해야 하는데, 이 조건들이 메커니즘의 컨피규레이션에 따라 서로 독립적이거나 그렇지 않을 수도 있다. 폐연쇄에는 구동되지 않는 (수동적인) 관절이 있을 뿐 아니라 구동되는 관절의 개수가 메커니즘의 기구학적 자유도보다 많도록 — 이런 경우를 **여유구동** 메커니즘이라고 한다 — 의도적으로 설계되는 경우도 있어서, 기구학적 분석이 더 어려워지며 개연쇄에는 없는 새로운 유형의 기구학적 특이점도

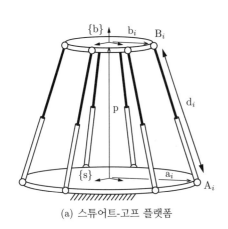
(a) 스튜어트-고프 플랫폼

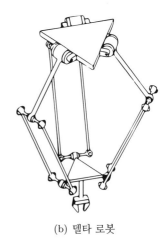
(b) 델타 로봇

그림 7.1: 유명한 두 병렬 메커니즘

발생한다.

개연쇄의 경우, (예를 들어 지수 곱 공식을 통해) 정기구학을 도출한 후에 역기구학을 도출하는 다소 간단한 방식으로 기구학적 분석을 진행했다는 사실을 기억하길 바란다. 대부분의 일반적인 폐연쇄에서는 엔드 이펙터 좌표계 $X \in SE(3)$와 관절 좌표 $\theta \in \mathbb{R}^n$에 대한 명시적인 정기구학 방정식들을 얻기 어렵다. 메커니즘의 기구학적 대칭성이나 다른 특징들을 가능한 한 많이 이용하는 접근법들이 더 효과적이다. 7장은 유명한 병렬 메커니즘에 관한 사례 연구로 시작해 결국에는 더 일반적인 폐연쇄를 다루기 위한 기구학적 분석 방법론을 구축해 나간다. 비여유구동, 즉, 구동되는 자유도가 메커니즘의 자유도와 같은 병렬 메커니즘에 초점을 맞춘다. 병렬 메커니즘의 정기구학과 역기구학을 위한 방법론에 대해 논의하고, 그 후에는 제약조건 자코비안, 정기구학과 역기구학의 자코비안을 제시하고 유도한다. 폐연쇄에서 발생하는 다양한 유형의 기구학적 특이점에 대한 논의로 7장을 마무리한다.

7.1 역기구학과 정기구학

직렬 메커니즘과 병렬 메커니즘에 대해 다음과 같은 일반적인 사실을 관찰할 수 있다. 직렬 메커니즘은 정기구학이 일반적으로 간단하지만 역기구학이 복잡할(예를 들어 여러 개의 해가 존재하거나 혹은 해가 없다) 수 있다. 병렬 메커니즘은 역기구학이 상대적으로 간단한(예를 들어 플랫폼의 컨피규레이션이 주어진 경우 관절변수들을 어렵지 않게 결정할 수 있다) 경우가 많지만 정기구학은 굉장히 복잡할 수 있다. 임의로 정해진 관절변수들의 집합은 실현 불가능하거나, 혹은 플랫폼의 여러 컨피규레이션에 대응할 수 있다.

3×RPR 평면 병렬 메커니즘과, 이것을 공간으로 확장한 3×SPS 스튜어트-고프 플랫폼에 대한 사례 연구로 논의를 이어갈 것이다. 단순화된 형태의 기구학적 지배 방정식을 얻기 위한 기술들을 사용해 두 메커니즘을 분석할 것이며, 이런 방법은 더 일반적인 병렬 메커니즘을 분석하는 데에도 적용될 수 있다.

7.1.1 3×RPR 평면 병렬 메커니즘

첫 번째로 고려할 예시는 그림 7.2에 나타난 3 자유도 평면 3×RPR 병렬 메커니즘 이다. 그림에 나타난 대로 고정 좌표계 {s}와 물체 좌표계 {b}가 플랫폼에 할당된다. 보통 세 개의 선형 관절이 구동되고 여섯 개의 회전형 관절은 구동되지 않는다. 세 다리 길이를 s_i, $i = 1, 2, 3$이라고 하자. 이제 정기구학 문제는 주어진 $s = (s_1, s_2, s_3)$ 값에 대해 물체 좌표계의 위치와 방향을 결정하는 것이다. 역으로, 역기구학 문제는 $T_{sb} \in SE(2)$로부터 s를 결정하는 것이다.

{s} 좌표계의 원점에서 {b} 좌표계의 원점으로의 벡터를 p라고 하자. {s} 좌표계의 $\hat{x}_s$

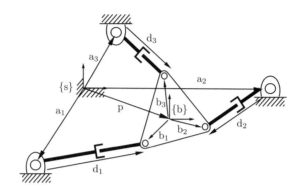

그림 7.2: 3×RPR 평면 병렬 메커니즘

축과 {b} 좌표계의 $\hat{x}_b$축 사이의 각도를 ϕ라고 하자. 그리고 벡터 $a_i, b_i, d_i, i = 1, 2, 3$ 을 그림에 나타난 것과 같이 정의하자. 이 정의들로부터, $i = 1, 2, 3$에 대해

$$d_i = p + b_i - a_i \qquad (7.1)$$

임이 자명하다.

$$\begin{bmatrix} p_x \\ p_y \end{bmatrix} = p \ (\ \{s\} \ 좌표계 \ 좌표로 \ 표현\ )$$

$$\begin{bmatrix} a_{ix} \\ a_{iy} \end{bmatrix} = a_i \ (\ \{s\} \ 좌표계 \ 좌표로 \ 표현\ )$$

$$\begin{bmatrix} d_{ix} \\ d_{iy} \end{bmatrix} = d_i \ (\ \{b\} \ 좌표계 \ 좌표로 \ 표현\ )$$

$$\begin{bmatrix} b_{ix} \\ b_{iy} \end{bmatrix} = b_i \ (\ \{s\} \ 좌표계 \ 좌표로 \ 표현\ )$$

이라고 하자. 이때 $i = 1, 2, 3$에 대해 (a_{ix}, a_{iy})와 (b_{ix}, b_{iy})는 모두 상수이며, (b_{ix}, b_{iy})를 제외한 모든 벡터들은 {s} 좌표계의 좌표로 표현됐음을 유념하길 바란다. 식 (7.1)을 {s} 좌표계의 좌표로 표현하기 위해서는 b_i를 {s} 좌표계의 좌표로 표현해야 하는데, 이는 간단하다.

$$R_{sb} = \begin{bmatrix} \cos\phi & -\sin\phi \\ \sin\phi & \cos\phi \end{bmatrix}$$

라고 정의하면, $i = 1, 2, 3$에 대해 다음이 성립한다.

$$\begin{bmatrix} d_{ix} \\ d_{iy} \end{bmatrix} = \begin{bmatrix} p_x \\ p_y \end{bmatrix} + R_{sb} \begin{bmatrix} b_{ix} \\ b_{iy} \end{bmatrix} - \begin{bmatrix} a_{ix} \\ a_{iy} \end{bmatrix}$$

또한 $s_i^2 = d_{ix}^2 + d_{iy}^2$이므로, $i = 1, 2, 3$에 대해 다음이 성립한다.

$$\begin{aligned} s_i^2 &= (p_x + b_{ix}\cos\phi - b_{iy}\sin\phi - a_{ix})^2 \\ &\quad + (p_y + b_{ix}\sin\phi + b_{iy}\cos\phi - a_{iy})^2 \end{aligned} \tag{7.2}$$

위와 같이 공식화하면, 역기구학을 쉽게 계산할 수 있다. (p_x, p_y, ϕ)의 값이 주어지면, 다리 길이 (s_1, s_2, s_3)를 위의 식들로부터 직접적으로 계산할 수 있다(s_i가 음수가 되는 것은 물리적으로 실현 가능하지 않으므로 무시해도 된다). 반면, 다리 길이 (s_1, s_2, s_3)로부터 물체 좌표계의 위치와 방향 (p_x, p_y, ϕ)를 결정하는 정기구학은 쉽지 않다. 다음의 탄젠트 반각 공식을 (7.2)의 세 식에 대입하면 t에 대한 다항식 시스템이 된다. 이때

$$\begin{aligned} t &= \tan\frac{\phi}{2} \\ \sin\phi &= \frac{2t}{1+t^2} \\ \cos\phi &= \frac{1-t^2}{1+t^2} \end{aligned}$$

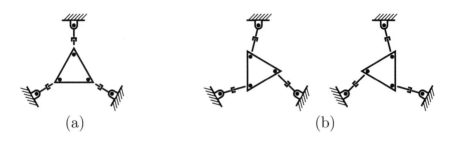

그림 7.3: (a) 특이점 컨피규레이션의 3×RPR. 이 컨피규레이션에서 다리들을 늘리면 플랫폼이 급격하게 반시계 또는 시계 방향으로 회전할 수 있다. (b) 모든 선형 관절의 길이가 같을 때의 정기구학의 두 가지 해

이다. 식을 대수적으로 조작하면, 다항식 시스템 (7.2)는 결국 t에 대한 하나의 6차 다항식으로 단순화된다. 이는 3×RPR 메커니즘이 최대 여섯 개의 정기구학 해를 가질 수 있다는 뜻이다. 여섯 개의 수학적 해들이 모두 물리적으로도 실현 가능함을 보이려면 추가적인 검증이 필요하다.

그림 7.3의 메커니즘은 특이점 컨피규레이션에 있으며, 다리 길이가 모두 같고 가능한 한 가장 짧다. 이 대칭적인 컨피규레이션에서 다리를 늘리면 플랫폼이 시계 또는 반시계 방향으로 회전하지만, 어떤 방향이 될지는 예측할 수 없다. 따라서, 이 컨피규레이션은 특이점이다. 특이점에 대해서는 7.3절에서 더욱 자세히 다룰 것이다. 그림 7.3(b)은 다리 길이가 모두 같을 때의 두 가지 정기구학 해를 나타낸다.

7.1.2 스튜어트-고프 플랫폼

이제 6×SPS 그림 7.1(a)의 스튜어트-고프 플랫폼의 역기구학과 정기구학을 알아보자. 이 설계에서 고정 및 이동 플랫폼은, 구형 관절은 구동되지 않고 선형 관절들은 구동되는 여섯 개의 직렬 SPS 구조로 연결돼 있다. 기구학적 방정식은 3×RPR 평면 메커니즘에서와 비슷하게 유도된다. 고정 및 이동 좌표계를 각각 {s}와 {b}라고 하고, $i = 1, \ldots, 6$에 대해 관절 A_i에서 관절 B_i로의 벡터를 d_i라고 하자. 그림 7.1(a)를 참고해 다음과 같이 정의한다.

$$p \in \mathbb{R}^3 = \text{p } (\{s\} \text{ 좌표계 좌표로 표현})$$

$$a_i \in \mathbb{R}^3 = \text{a}_i \ (\{s\} \text{ 좌표계 좌표로 표현})$$

$$b_i \in \mathbb{R}^3 = \text{b}_i \ (\{b\} \text{ 좌표계 좌표로 표현})$$

$$d_i \in \mathbb{R}^3 = \text{d}_i \ (\{s\} \text{ 좌표계 좌표로 표현})$$

$$R \in SO(3) = \{s\} \text{에서 본 } \{b\} \text{의 방향}$$

기구학적 제약 방정식을 유도하기 위해, 벡터 관점에서 다음이 성립함에 유념하길 바란다.

$$\text{d}_i = \text{p} + \text{b}_i - \text{a}_i, \quad i = 1, \ldots, 6$$

위의 방정식을 {s} 좌표계의 좌표로 표현하면 다음과 같다.

$$d_i = p + Rb_i - a_i, \quad i = 1, \ldots, 6$$

다리 i의 길이를 s_i라고 하면, $i = 1, \ldots, 6$에 대해 다음을 얻는다.

$$s_i^2 = d_i^T d_i = (p + Rb_i - a_i)^T (p + Rb_i - a_i)$$

a_i와 b_i는 모두 (이미 알고 있는) 상수 벡터임을 유념하길 바란다. 제약 방정식을 이런 형태로 적으면, 역기구학이 간단해진다. p와 R이 주어지면 여섯 개의 다리 길이 s_i를 위의 방정식들로부터 직접적으로 계산할 수 있다.

정기구학은 이처럼 간단하지는 않다. $i = 1, \ldots, 6$에 대해 각 다리 길이 s_i가 주어지면, $p \in \mathbb{R}^3$와 $R \in SO(3)$를 구해야 한다. 이런 여섯 개의 제약 방정식은 $R^T R = I$라는

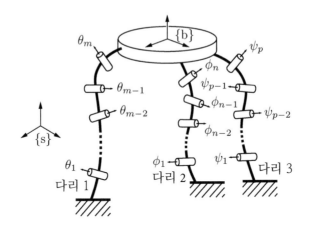

그림 7.4: 일반적인 병렬 메커니즘

조건에 의한 6개의 추가적인 제약조건들과 함께 12개의 미지수(p에서 3개, R에서 12개)에 대한 12개의 방정식을 구성한다.

7.1.3 일반적인 병렬 메커니즘

$3\times$RPR 메커니즘과 스튜어트-고프 플랫폼에 대해서는 각 메커니즘의 특징(예를 들어 스튜어트-고프 플랫폼의 다리들을 직선으로 모델링할 수 있다)을 이용해 단순화된 방정식들을 유도할 수 있었다. 이 절에서는 다리가 일반적인 개연쇄인 경우를 간략하게 다룬다.

이런 병렬 메커니즘은 그림 7.4에 나타난다. 이 메커니즘에서 고정 및 이동 플랫폼은 세 개의 개연쇄로 연결돼 있다. 이동 플랫폼의 컨피규레이션이 T_{sb}로 주어졌다고 하자. 또한 세 개연쇄의 정기구학을 각각 $T_1(\theta)$, $T_2(\phi)$, $T_3(\psi)$라고 하자($\theta \in \mathbb{R}^m$,

$\phi \in \mathbb{R}^n$, $\psi \in \mathbb{R}^p$). 고리 닫힘 조건을 $T_{sb} = T_1(\theta) = T_2(\phi) = T_3(\psi)$로 쓸 수 있다. T_{sb}를 소거하면 다음을 얻는다.

$$T_1(\theta) \quad = \quad T_2(\phi) \tag{7.3}$$

$$T_2(\phi) \quad = \quad T_3(\psi) \tag{7.4}$$

식 (7.3)과 (7.4)는 각 12개의 방정식(회전 성분에 대해 9개, 위치 성분에 대해 3개)으로 구성되며, 이 가운데 6개씩만 독립적이다(회전행렬에 대한 제약조건 $R^T R = I$에서, 회전 성분에 대한 9개의 방정식은 3개의 독립적인 방정식으로 단순화된다). 그러므로 24개 중 12개의 방정식이 독립적이고, $n + m + p$개의 미지수가 있다. 따라서 메커니즘의 자유도는 $d = n + m + p - 12$이다.

정기구학 문제에서 관절변수 (θ, ϕ, ψ)의 값이 d개 주어지면, 나머지 변수에 대해 식 (7.3)과 (7.4)를 풀 수 있다. 이는 일반적으로 쉽지 않으며 여러 개의 해가 있을 가능성이 높다. 개연쇄 다리 중 어느 하나의 관절 값들을 알고 나면, 그 다리의 정기구학을 구함으로써 폐연쇄의 정기구학을 결정할 수 있다.

역기구학 문제에서 물체 좌표계의 변위 $T_{sb} \in SE(3)$가 주어지면, $T = T_1 = T_2 = T_3$라고 놓고 관절변수 (θ, ϕ, ψ)에 대해 식 (7.3)과 (7.4)를 푼다. 이런 사례 연구들에서 알 수 있듯이, 대부분의 병렬 메커니즘에는 방정식 중 일부를 소거하고 단순화해 더 계산이 용이한 형태로 바꾸는 데에 활용할 수 있는 특징들이 있다.

7.2 미분 기구학

이제 병렬 메커니즘의 미분 기구학을 다룰 것이다. 개연쇄에서 입력 관절 속도와 엔드 이펙터의 트위스트를 관련 짓는 것이 목적인 것과 달리, 모든 관절이 구동되지는 않는다는 사실 때문에 폐연쇄의 분석은 복잡하다. 구동되는 관절에만 소정의 관절 속도를 입력할 수 있으며, 그 후 구동되지 않는 나머지 관절의 속도는 기구학적 제약 방정식들로부터 결정돼야 한다. 이런 구동되지 않는 관절 속도는 보통 폐연쇄의 엔드이펙터 좌표계의 트위스트를 결정하는 데에 결국 필요하다.

개연쇄에서는 정기구학의 자코비안이 속도 및 정역학적 분석의 핵심이다. 폐연쇄에서는 정기구학 자코비안뿐만 아니라, 기구학적 제약 방정식들에 의해 정의되는 자코비안인 **제약 자코비안**도 속도 및 정역학적 분석에 중요한 역할을 한다. 보통의 메커니즘에는 두 자코비안을 얻기 위한 과정을 단순화하는 데에 활용할 수 있는 특징이 존재한다. 이런 점을 스튜어트-고프 플랫폼에 대한 사례 연구를 통해 설명하고, 정역학적 분석을 통해 역기구학의 자코비안을 간단하게 얻을 수 있음을 보일 것이다. 이후에는 더 일반적인 병렬 메커니즘에 대한 속도 분석을 자세하게 다룬다.

7.2.1 스튜어트-고프 플랫폼

앞서 스튜어트-고프 플랫폼의 역기구학을 해석적으로 풀 수 있음을 살펴봤다. 즉, 물체 좌표계의 방향 $R \in SO(3)$와 위치 $p \in \mathbb{R}^3$가 주어지면, 다리 길이 $s \in \mathbb{R}^6$를 $s = g(R, p)$의 해석적인 함수 형태로 얻을 수 있다. 원칙적으로, 이 식을 미분한 후 다음과 같은 형태로 조작할 수 있다.

$$\dot{s} = G(R, p)\mathcal{V}_s \tag{7.5}$$

이때 $\dot{s} \in \mathbb{R}^6$는 다리 속도, $\mathcal{V}_s \in \mathbb{R}^6$는 물체 좌표계의 공간 트위스트, $G(R, p) \in \mathbb{R}^{6 \times 6}$는 역기구학의 자코비안이다. 대부분의 경우 이 과정에서 상당한 대수적 조작이 필요하다. 여기서 다른 접근법을 사용할 것인데, 이는 일률 보존의 원리를 통해 개연쇄의 정역학적 관계식 $\tau = J^T \mathcal{F}$를 결정하는 정역학적 분석에 기반한다. 폐연쇄의 정역학적 관계식도 정확히 같은 형태로 표현할 수 있다. 이를 스튜어트-고프 플랫폼에 대한 분석을 통해 설명할 것이다. 외력이 없다면, 이동 플랫폼에 가해지는 유일한 힘은 구형 관절에서 발생한다. 여기서부터는 모든 벡터들을 {s} 좌표계 좌표로 표현한다.

$$f_i = \hat{n}_i \tau_i$$

를 다리 i가 가하는 3차원의 선형 힘이라고 하자. 이때 $\hat{n}_i \in \mathbb{R}^3$는 가해진 힘의 방향을 나타내는 단위 벡터, $\tau_i \in \mathbb{R}$는 선형 힘의 크기다. f_i에 의한 모멘트 m_i는 다음과 같다.

$$m_i = r_i \times f_i$$

이때 $r_i \in \mathbb{R}^3$는 {s} 좌표계 원점에서 힘의 작용점(이 경우에는 구형 관절의 위치)으로의 벡터다. 이동 플랫폼의 구형 관절이나 고정 플랫폼의 구형 관절 모두 각각에 대한 어떠한 토크에도 저항할 수 없으므로, 힘 f_i는 다리의 연장선에 있어야만 한다. 그러므로 모멘트 m_i를 이동 플랫폼의 구형 관절을 이용해 계산하는 대신에, 고정 플랫폼의 구형 관절을 이용해 다음과 같이 계산할 수 있다.

$$m_i = q_i \times f_i$$

이때 $q_i \in \mathbb{R}^3$는 고정 좌표계 원점에서 다리 i의 기반 관절로의 벡터다. $q_i \in \mathbb{R}^3$가 상수이므로, 모멘트를 $q_i \times f_i$로 표현하는 것이 좋다.

6차원의 렌치 $\mathcal{F}_i = (m_i, f_i)$로 f_i와 m_i를 통합하면, 그 결과로 생긴 이동 플랫폼에

대한 렌치 $\mathcal{F}_s$는 다음과 같다.

$$
\begin{aligned}
\mathcal{F}_s &= \sum_{i=1}^{6} \mathcal{F}_i = \sum_{i=1}^{6} \begin{bmatrix} r_i \times \hat{n}_i \\ \hat{n}_i \end{bmatrix} \tau_i \\
&= \begin{bmatrix} -\hat{n}_1 \times q_1 & \cdots & -\hat{n}_6 \times q_6 \\ \hat{n}_1 & \cdots & \hat{n}_6 \end{bmatrix} \begin{bmatrix} \tau_1 \\ \vdots \\ \tau_6 \end{bmatrix} \\
&= J_s^{-T} \tau
\end{aligned}
$$

이때 J_s는 정기구학의 공간 자코비안이며, 이것의 역행렬은 다음과 같다.

$$
J_s^{-1} = \begin{bmatrix} -\hat{n}_1 \times q_1 & \cdots & -\hat{n}_6 \times q_6 \\ \hat{n}_1 & \cdots & \hat{n}_6 \end{bmatrix}^T
$$

7.2.2 일반적인 병렬 메커니즘

스튜어트 플랫폼의 정역학적 분석은 특히 용이한데, 이는 기구학적 구조상으로 6개의 관절 힘의 방향이 각 다리의 방향과 같기 때문이다. 이런 구조로 인해, 자코비안을 (더 정확하게는 자코비안의 역행렬을) 각각의 직선 다리의 스크류들에 대한 형태로 유도할 수 있다. 여기서는 정역학적 분석이 더 복잡한 일반적인 병렬 메커니즘을 다룬다. 이전에 등장한 다리 3개짜리 공간 병렬 메커니즘(그림 7.4)을 예시로 정기구학 자코비안을 결정하는 과정을 유도할 것이며, 이런 과정은 다른 유형의 병렬 메커니즘으로 확장할 수 있다. 그림 7.4의 메커니즘의 두 플랫폼은 m, n, p개의 관절을 가지는 3개의 다리로 연결돼 있다. 문제를 간단히 하기 위해 $m = n = p = 5$라고 가정하면, 이 메커니즘은

$d = n + m + p - 12 = 3$ 자유도를 가진다(이후의 내용은 다리의 종류와 개수가 다른 경우로도 간단히 확장할 수 있다). 그림에 나타난 고정 및 물체 좌표계에 대해, 3개의 연쇄의 정기구학을 다음과 같이 쓸 수 있다.

$$
\begin{aligned}
T_1(\theta_1, \theta_2, \ldots, \theta_5) &= e^{[S_1]\theta_1} e^{[S_2]\theta_2} \cdots e^{[S_5]\theta_5} M_1 \\
T_2(\phi_1, \phi_2, \ldots, \phi_5) &= e^{[P_1]\phi_1} e^{[P_2]\phi_2} \cdots e^{[P_5]\phi_5} M_2 \\
T_3(\psi_1, \psi_2, \ldots, \psi_5) &= e^{[Q_1]\psi_1} e^{[Q_2]\psi_2} \cdots e^{[Q_5]\psi_5} M_3
\end{aligned}
$$

기구학적인 고리 제약조건은 다음과 같이 표현된다.

$$T_1(\theta) = T_2(\phi) \tag{7.6}$$

$$T_2(\phi) = T_3(\psi) \tag{7.7}$$

이 제약조건이 항상 만족돼야 하므로, 시간 미분을 공간 트위스트에 대한 식으로 다음과 같이 표현할 수 있다.

$$\dot{T}_1 T_1^{-1} = \dot{T}_2 T_2^{-1} \tag{7.8}$$

$$\dot{T}_2 T_2^{-1} = \dot{T}_3 T_3^{-1} \tag{7.9}$$

연쇄 i의 엔드 이펙터 좌표계의 공간 트위스트 $\mathcal{V}_i$에 대해 $\dot{T}_i T_i^{-1} = [\mathcal{V}_i]$이므로, 위의 등식들은 각 연쇄의 정기구학 자코비안에 대한 식

$$J_1(\theta)\dot{\theta} = J_2(\phi)\dot{\phi} \tag{7.10}$$

$$J_2(\phi)\dot{\phi} = J_3(\psi)\dot{\psi} \tag{7.11}$$

으로 표현할 수 있으며, 이 식을 정리하면 다음과 같다.

$$
\begin{bmatrix} J_1(\theta) & -J_2(\phi) & 0 \\ 0 & -J_2(\phi) & J_3(\psi) \end{bmatrix} \begin{bmatrix} \dot{\theta} \\ \dot{\phi} \\ \dot{\psi} \end{bmatrix} = 0 \tag{7.12}
$$

이제 15개의 관절을 구동되는 것과 그렇지 않은 것으로 재배열한다. 일반성을 잃지 않고, 구동되는 세 관절이 $(\theta_1, \phi_1, \psi_1)$라고 가정하자. 구동되는 관절들의 벡터 $q_a \in \mathbb{R}^3$와 구동되지 않는 관절들의 벡터 $q_p \in \mathbb{R}^{12}$를

$$
q_a = \begin{bmatrix} \theta_1 \\ \phi_1 \\ \psi_1 \end{bmatrix}, \quad q_p = \begin{bmatrix} \theta_2 \\ \vdots \\ \phi_5 \end{bmatrix}
$$

로 정의하면, $q = (q_a, q_p) \in \mathbb{R}^{15}$이다. 식 (7.12)를 새로운 형태인

$$
\begin{bmatrix} H_a(q) & H_p(q) \end{bmatrix} \begin{bmatrix} \dot{q}_a \\ \dot{q}_p \end{bmatrix} = 0 \tag{7.13}
$$

로 정리할 수 있으며, 이는 다음과 동치이다.

$$
H_a \dot{q}_a + H_p \dot{q}_p = 0 \tag{7.14}
$$

이때 $H_a \in \mathbb{R}^{12 \times 3}$이고, $H_p \in \mathbb{R}^{12 \times 12}$이다. H_p가 가역이면 다음이 성립한다.

$$
\dot{q}_p = -H_p^{-1} H_a \dot{q}_a \tag{7.15}
$$

따라서 H_p가 가역이라고 가정하면, 구동되는 관절들의 속도가 주어지면 나머지 구동되지 않는 관절들의 속도를 식 (7.15)를 통해 유일하게 얻을 수 있다.

여전히 관절들에 대한 정기구학 자코비안을 유도해야 한다. 즉, $\mathcal{V}_s = J_a(q)\dot{q}_a$를 만족하는 $J_a(q) \in \mathbb{R}^{6\times3}$를 찾아야 하며, 이때 $\mathcal{V}_s$는 엔드 이펙터 좌표계의 공간 트위스트다. 이를 위해 세 연쇄 중 하나의 정기구학을 이용한다. 예를 들어 연쇄 1에 대해 $J_1(\theta)\dot{\theta} = \mathcal{V}_s$이고, 식 (7.15)로부터

$$\dot{\theta}_2 = g_2^T \dot{q}_a \tag{7.16}$$

$$\dot{\theta}_3 = g_3^T \dot{q}_a \tag{7.17}$$

$$\dot{\theta}_4 = g_4^T \dot{q}_a \tag{7.18}$$

$$\dot{\theta}_5 = g_5^T \dot{q}_a \tag{7.19}$$

라고 할 수 있다. 이때 각 $g_i(q) \in \mathbb{R}^3$는 식 (7.15)로부터 얻을 수 있다($i = 2, \ldots, 5$). 행 벡터 $e_1^T = (1, 0, 0)$를 정의하면, 연쇄 1에 대한 미분 기구학은 다음과 같다.

$$\mathcal{V}_s = J_1(\theta) \begin{bmatrix} e_1^T \\ g_2^T \\ g_3^T \\ g_4^T \\ g_5^T \end{bmatrix} \begin{bmatrix} \dot{\theta}_1 \\ \dot{\phi}_1 \\ \dot{\psi}_1 \end{bmatrix} \tag{7.20}$$

$\mathcal{V}_s = J_a(q)\dot{q}_a$에서의 $J_a(q)$를 찾고자 하며 $\dot{q}_a^T = (\dot{\theta}_1, \dot{\phi}_1, \dot{\psi}_1)$이므로, 위 식으로부터

다음이 성립한다.

$$J_a(q) = J_1(q_1, \ldots, q_5) \begin{bmatrix} e_1^T \\ g_2(q)^T \\ g_3(q)^T \\ g_4(q)^T \\ g_5(q)^T \end{bmatrix} \tag{7.21}$$

이 식은 연쇄 2나 연쇄 3을 사용해서 유도할 수도 있다.

구동되는 관절에 대한 q_a의 값을 알더라도, 고리 제약 방정식을 이용해 구동되지 않는 관절 q_p를 구해야 한다. 미리 q_p의 성분을 최대한 많이 소거하면 당연히 문제가 단순해질 것이다. 또한 유념할 것은 $H_p(q)$가 특이행렬이 될 수 있다는 점인데, 이 경우에는 $\dot{q}_a$로부터 $\dot{q}_p$를 구할 수 없다. $H_p(q)$가 특이행렬이 되는 컨피규레이션은 **구동기 특이점**이며, 이에 대해서는 다음 절에서 논의할 것이다.

7.3 특이점

폐연쇄의 특이점을 특정하는 것은 개연쇄에 비해 더 모호한 점이 많다. 이 절에서는 평면상의 두 가지 예시인 4절 링크(그림 7.5)와 5절 링크(그림 7.6)를 통해 폐연쇄의 본질적인 특징을 강조한다. 이 예시들을 기반으로 폐연쇄 특이점을 **구동기 특이점**, **상태 공간 특이점**, **엔드 이펙터 특이점**이라는 세 가지의 기본 유형으로 분류한다.

그림 7.5의 4절 링크부터 살펴보자. 2장에서 언급했듯이, 이 메커니즘의 상태 공간은 4차원적(각 차원은 네 관절 중 하나로 매개변수화됨) 환경 공간에 내재한 1차원적 곡선임을 기억하길 바란다. 상태 공간을 관절 각도 (θ, ϕ)에 정사영하면 그림 7.5의 두꺼운

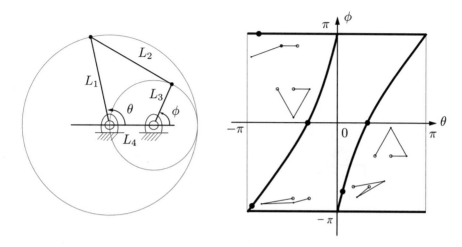

그림 7.5: (왼쪽) 평면 4절 링크와 (오른쪽) θ-ϕ 공간에 두꺼운 선으로 표현된 1차원적 상태 공간. 오른쪽 그림에는 5개의 예시 컨피규레이션(진한 점)도 나타나 있으며, 이 중 3개는 분기점에 가깝고 2개는 분기점으로부터 멀리 떨어져 있다.

곡선이 된다. θ와 ϕ에 대한 기구학적 고리 제약 방정식은 다음과 같이 표현된다.

$$\phi = \tan^{-1}\left(\frac{\beta}{\alpha}\right) \pm \cos^{-1}\left(\frac{\gamma}{\sqrt{\alpha^2 + \beta^2}}\right) \tag{7.22}$$

이때 다음이 성립한다.

$$\alpha = 2L_3L_4 - 2L_1L_3\cos\theta \tag{7.23}$$

$$\beta = -2L_1L_3\sin\theta \tag{7.24}$$

$$\gamma = L_2^2 - L_4^2 - L_3^2 - L_1^2 + 2L_1L_4\cos\theta \tag{7.25}$$

위 방정식의 해의 존재성과 유일성은 링크 길이 $L_1, \ldots, L_4$에 따라 달라진다. 예를 들어 $\gamma^2 \le \alpha^2 + \beta^2$이면 해가 존재하지 않을 것이다. 그림 7.5에는 링크 길이가 $L_1 = $

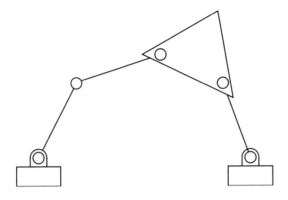

그림 7.6: 평면 5절 링크

$L_2 = 4$이고 $L_3 = L_4 = 2$일 때의 실현 가능한 컨피규레이션들을 나타낸다. 이 링크 길이들에 대해, θ와 ϕ는 0에서 2π의 범위를 가진다. 그림 7.5의 두드러지는 특징은 곡선의 가지들이 만나는 **분기점**의 존재다. 메커니즘이 이 컨피규레이션들에 가까워 지면, 어떤 가지를 따를 것인지 선택할 수 있게 된다. 그림 7.5는 서로 다른 가지에서 분기점들과 가깝거나 먼 컨피규레이션의 예시를 나타낸다.

이제 그림 7.6의 5절 링크를 살펴보자. 기구학적 고리 제약 방정식을 다음과 같이 쓸 수 있다.

$$L_1 \cos\theta_1 + \ldots + L_4 \cos(\theta_1 + \theta_2 + \theta_3 + \theta_4) \quad = \quad L_5 \qquad (7.26)$$

$$L_1 \sin\theta_1 + \ldots + L_4 \sin(\theta_1 + \theta_2 + \theta_3, +\theta_4) \quad = \quad 0 \qquad (7.27)$$

이때 고리 닫힘 조건에서 관절변수 θ_5는 미리 소거했다. 이 두 개의 방정식을 $f(\theta_1, \ldots, \theta_4) = 0$ ($f : \mathbb{R}^4 \to \mathbb{R}^2$)의 형태로 쓰면, 상태 공간을 $\mathbb{R}^4$ 내의 2차원적 표면으로 간주할 수 있다. 4절 링크의 분기점처럼 표면이 자기 자신과 교차할 수 있다. 그런 점에서는 제약

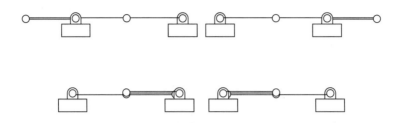

그림 7.7: 평면 5절 링크의 상태 공간 특이점

자코비안의 랭크가 감소한다. 5절 링크에 대해,

$$\text{rank}\left(\frac{\partial f}{\partial \theta}(\theta)\right) < 2 \tag{7.28}$$

가 성립하는 점은 **상태 공간 특이점**에 해당한다. 그림 7.7은 5절 링크가 처할 수 있는 상태 공간 특이점들을 나타낸다. 지금까지 5절 링크의 어떤 관절들이 구동되는지, 혹은 엔드 이펙터가 어디에 위치하는지에 대한 언급이 없었다는 점에 유념하길 바란다. 상태 공간 특이점은 구동되는 관절 혹은 엔드 이펙터의 위치와는 전혀 무관한 개념이다.

이제 5절 링크의 두 관절이 구동되는 경우를 고려하자. 그림 7.8을 참고하면, 지면에 고정된 두 회전형 관절이 구동된다. 일반적인 작동 조건에서는 구동되는 두 관절의 동작을 독립적으로 제어할 수 있다. 또는 구동되는 관절들을 잠그면 5절 링크가 고정돼 강체 구조물이 돼야 한다.

그림 7.8의 왼쪽에 나타난 **비퇴화 구동기 특이점**에서는 구동되는 두 관절을 서로 반대인 바깥쪽으로 회전시키면 메커니즘이 당겨져 분리될 것이고, 서로 반대인 안쪽으로 회전시키면 안쪽의 두 링크나 가운데 관절이 예상할 수 없게 위나 아래로 꺾일 것이다. 그림의 오른쪽에 나타난 **퇴화 구동기 특이점**에서는 구동되는 관절들을 잠그더라도

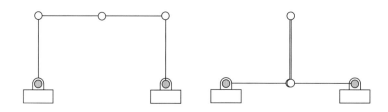

그림 7.8: 평면 5절 링크의 구동기 특이점들. 각각 구동되는 관절들이 회색으로 칠해져 있다. 왼쪽의 특이점은 비퇴화이며, 오른쪽의 특이점은 퇴화다.

안쪽의 두 링크는 자유롭게 회전할 수 있다.

이런 특이점들을 **구동기 특이점**으로 분류하는 이유는, 구동기들을 다른 관절로 재배치해 이런 특이점들을 제거할 수 있기 때문이다. 5절 링크의 퇴화 및 비퇴화 구동기 특이점은 하나의 구동기를 구동되지 않는 세 관절 중 하나로 재배치해 제거할 수 있다. 5절 링크의 구동기 특이점은 아주 간단하게 시각화할 수 있지만, 더 복잡한 공간 메커니즘의 경우에는 시각화가 어려울 수 있다. 구동기 특이점을 제약 자코비안의 랭크를 사용해 수학적으로 특정할 수 있다. 이전과 같이, 기구학적 고리 제약조건을 미분 형식으로 쓰면 다음과 같다.

$$H(q)\dot{q} = \begin{bmatrix} H_a(q) & H_p(q) \end{bmatrix} \begin{bmatrix} \dot{q}_a \\ \dot{q}_p \end{bmatrix} = 0 \qquad (7.29)$$

이때 $q_a \in \mathbb{R}^a$는 구동되는 a개의 관절의 벡터이고, $q_p \in \mathbb{R}^p$는 구동되지 않는 p개의 관절의 벡터다. 이로부터 $H(q) \in \mathbb{R}^{p \times (a+p)}$이고 $H_p(q)$는 $p \times p$ 행렬임을 알 수 있다. 위의 정의들로부터 다음과 같은 결과를 얻을 수 있다.

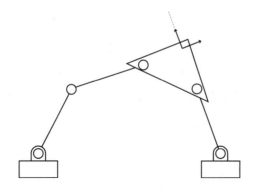

그림 7.9: 평면 5절 링크의 엔드 이펙터 특이점

- rank $H_p(q) < p$이면, q는 **구동기 특이점**이다. **퇴화** 및 **비퇴화** 특이점을 구분하는 것은 수학적으로 더 까다로우며, 2계 미분에 대한 정보가 필요하다. 여기서는 이에 대해 더 깊게 다루지 않을 것이다.

- rank $H(q) < p$이면, q는 **상태 공간 특이점**이다. 이 조건이 성립하면 $H_p(q)$도 특이 행렬임에 유념하길 바란다(그러나 역은 성립하지 않는다). 그러므로 상태 공간 특이점들은 구동되는 관절들의 모든 가능한 조합에 대해 구한 모든 가능한 구동기 특이점들의 교집합으로 볼 수 있다.

특이점의 마지막 분류는 엔드 이펙터 좌표계의 선택에 따라 달라진다. 5절 링크의 엔드 이펙터 좌표계의 방향은 무시하고 x-y 위치에만 집중해보자. 그림 7.9의 5절 링크는 그림에 주어진 엔드 이펙터 좌표계에 대해 **엔드 이펙터 특이점**에 있다. 개연쇄의 특이점에서와 비슷하게, 이 컨피규레이션에서는 점선 방향의 속도를 낼 수 없음에 유념하길 바란다. 왜 이런 속도를 낼 수 없는지 알아보기 위해, 가장 오른쪽 관절, 이를 플랫폼과 연결하는 링크, 플랫폼상의 관절, 플랫폼상의 관절과 엔드 이펙터 프레임을 연결하는 가상의 링크로 이뤄진 가상의 2R 개연쇄를 고려하자. 2R 로봇의 두 링크가 일직선상에 정렬돼 있기 때문에, 엔드 이펙터 프레임은 링크들의 방향으로의 운동

성분을 가질 수 없다.

엔드 이펙터 특이점은 구동되는 관절의 선택과 무관하다. 이런 특이점들은 다음과 같이 수학적으로 특정될 수 있다. 메커니즘이 구동기 특이점에 처하지 않도록 구동되는 관절들의 집합 q_a를 임의로 정한다. 정기구학을 다음과 같은 형태로 쓴다.

$$f(q_a) = T_{sb} \tag{7.30}$$

이제, 개연쇄에서와 같이 f의 자코비안의 랭크가 부족한지 확인해 엔드 이펙터 특이점의 존재 여부를 결정할 수 있다.

7.4 요약

- 하나 이상의 고리를 포함하는 기구학적 연쇄를 **폐연쇄**라고 한다. **병렬 메커니즘**은 하나는 움직이고 하나는 고정된 두 플랫폼이 여러 개의 다리로 연결된 형태의 폐연쇄다. 다리는 보통 개연쇄이지만, 다리 자체도 폐연쇄일 수도 있다. 개연쇄에 비해 폐연쇄의 기구학적 분석이 복잡한데, 이는 관절 중 일부만이 구동되기도 하고, 관절변수들이 컨피규레이션에 따라 독립적이거나 종속적인 고리 닫힘 제약 방정식들을 만족해야 하기 때문이다.

- 구동기의 개수가 자유도와 같은 병렬 메커니즘의 경우, 역기구학 문제는 주어진 이동 플랫폼의 위치와 방향으로부터 구동되는 관절들의 좌표를 찾는 것을 포함한다. 평면 $3 \times RPR$이나 공간 스튜어트-고프 플랫폼 같은 잘 알려진 병렬 메커니즘들의 경우, 역기구학이 유일한 해를 가진다.

- 구동기의 개수가 자유도와 같은 병렬 메커니즘의 경우, 정기구학 문제는 모든

구동되는 관절들의 좌표가 주어졌을 때 이동 플랫폼의 위치와 방향을 찾는 것을 포함한다. $3 \times RPR$이나 공간 스튜어트-고프 플랫폼 같은 잘 알려진 병렬 메커니즘들의 경우, 정기구학이 보통 여러 개의 해를 가진다. 가장 일반적인 스튜어트-고프 플랫폼의 경우, 최대 40개의 해가 존재할 수 있다.

- 폐연쇄의 미분 기구학은 구동되는 관절들의 속도와 이동 플랫폼의 엔드 이펙터 좌표계의 선속도 및 각속도 사이의 관계를 나타낸다. n개의 1 자유도 관절로 이뤄진 m 자유도 폐연쇄에 대해, 구동되는 관절과 그렇지 않은 관절의 벡터를 각각 $q_a \in \mathbb{R}^m$와 $q_p \in \mathbb{R}^{n-m}$라고 하자. 그러면 기구학적 고리 닫힘 제약조건은 $H_a \dot{q}_a + H_p \dot{q}_p = 0$과 같이 미분 형식으로 표현된다. 이때 $H_a \in \mathbb{R}^{(n-m) \times m}$와 $H_p \in \mathbb{R}^{(n-m) \times (n-m)}$는 컨피규레이션에 따라 달라지는 행렬이다. H_p의 역행렬이 존재하면 $\dot{q}_p = -H_p^{-1} H_a \dot{q}_a$이고, 미분 정기구학은 $\mathcal{V} = J(q_a, q_p)\dot{q}_a$의 형태로 표현될 수 있다. 이때 $\mathcal{V}$는 엔드 이펙터 좌표계의 트위스트이고, $J(q_a, q_p) \in \mathbb{R}^{6 \times m}$은 컨피규레이션에 따라 달라지는 자코비안 행렬이다. 스튜어트-고프 플랫폼과 같은 폐연쇄의 경우, 개연쇄에서와 같이 엔드 이펙터에 가해지는 렌치 $\mathcal{F}$와 관절 힘 또는 토크 사이에 $\tau = J^T \mathcal{F}$라는 관계가 성립한다는 사실을 이용한 정역학적 분석을 통해 미분 정기구학을 도출할 수 있다.

- 폐연쇄의 특이점은 세 가지 유형으로 분류될 수 있는데, (i) 상태 공간 표면이 자기 자신과 교차하는 (1차원적 상태 공간에서는 분기점이라고도 부르는) 점에서의 상태 공간 특이점, (ii) 구동되는 관절들이 독립적으로 구동될 수 없을 때의 비퇴화 구동기 특이점, 그리고 모든 관절들을 잠가도 메커니즘이 강체 구조물이 되지 않을 때의 퇴화 구동기 특이점, (iii) 엔드 이펙터가 하나 이상의 운동 자유도를 잃는 엔드 이펙터 특이점이다. 상태 공간 특이점은 구동되는 관절의 선택과는 무관하지만, 구동기 특이점은 어떤 관절이 구동되는지에 따라 달라진다. 엔드 이펙터 특이점은 엔드 이펙터 좌표계의 위치에 따라 달라지지만 구동되는 관절의 선택과는 무관하다.

7.5 주석과 참고문헌

병렬 로봇의 모든 측면을 포괄하는 참고문헌은 [115]이다. [116]은 더 집약적이지만, 비교적 최근의 참고문헌이다. 1990년대 병렬 메커니즘 기구학의 가장 주요한 문제는 이동 플랫폼과 고정 플랫폼이 (선형 관절이 구동되는) 여섯 개의 SPS 다리로 연결된 일반적인 6-6 플랫폼의 정기구학 해가 몇 개나 존재할 수 있는지에 대한 것이었다. Raghavan과 Roth[142]는 최대 40개의 해가 존재할 수 있다는 것을 보였으며, Husty[62]는 이 40개를 모두 찾는 알고리듬을 개발했다.

많은 문헌들은 폐연쇄의 특이점에도 주목해왔다. 7장에서 사용한 폐연쇄 특이점에 관한 용어는 [135]이 도입했다. 특히, 퇴화 및 비퇴화 구동기 특이점의 구별은, Hessian이 특이(즉, 퇴화)행렬인 임계점들을 찾기 위해 모스 이론에서 사용하는 비슷한 용어로부터 부분적으로 파생된다. 2장과 7장의 연습 문제에서 다루는 3×UPU 메커니즘은 조금 특이한 특이점 거동을 보인다. 이 메커니즘에 대한 더 자세한 특이점 분석은 [52, 51]에서 찾아볼 수 있다.

7.6 연습 문제

1. 그림 7.10의 3×RPR 평면 병렬 메커니즘에서, 선형 관절들이 구동된다. $a_i \in \mathbb{R}^2$를 고정 좌표계 원점 O로부터 관절 A_i, $i = 1, 2, 3$으로의 벡터로 정의하자. $b_i \in \mathbb{R}^2$를, 이동 플랫폼 좌표계에서, 이동 플랫폼 좌표계 원점 P로부터 관절 B_i, $i = 1, 2, 3$으로의 벡터로 정의하자.

(a) 역기구학을 풀라.

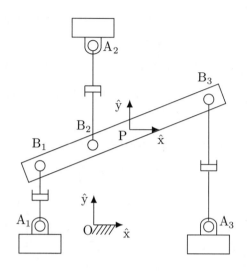

그림 7.10: 3×RPR 평면 병렬 메커니즘

(b) 정기구학을 풀기 위한 과정을 유도하라.

(c) 그림에 나타난 컨피규레이션은 엔드 이펙터 특이점인가? 역기구학 자코비안을 관찰해 답을 설명하라. 이 컨피규레이션은 구동기 특이점이기도 한가?

2. 그림 7.11(a)의 3×RPR 평면 병렬 메커니즘에서, {s} 좌표계 $\hat{x}$ 축과 {b} 좌표계 $\hat{x}$ 축 사이의 각도를 ϕ, {s} 좌표계 원점에서 {b} 좌표계 원점으로의 벡터를 {s} 좌표계의 좌표로 표현한 것을 $p \in \mathbb{R}^2$라고 하자. {s} 좌표계 원점에서 지면에 고정된 세 관절로의 벡터를 {s} 좌표계의 좌표로 표현한 것을 $a_i \in \mathbb{R}^2$, $i = 1, 2, 3$(두 관절은 겹쳐 있음을 유념)라고 하자. {b} 좌표계 원점에서 이동 플랫폼에 부착된 세 관절로의 벡터를 b} 좌표계의 좌표로 표현한 것을 $b_i \in \mathbb{R}^2$, $i = 1, 2, 3$(두 관절은 겹쳐 있음을 유념)라고 하자. 세 선형 관절들이 구동되고 있으며, 그림에 나타났듯이 다리 길이는 $\theta_1, \theta_2, \theta_3$이다.

(a) (ϕ, p)와 $(\theta_1, \theta_2, \theta_3)$의 관계를 나타내는 독립적인 방정식들을 유도하라.

(b) 정기구학 해는 최대 몇 개 존재하는가?

(c) 정역학적 평형을 가정하고, 관절 $(\theta_1, \theta_2, \theta_3)$에 가해지는 관절 힘 $\tau = (1, 0, -1)$가 주어졌을 때, 엔드 이펙터 좌표계 {b}에서의 평면 렌치 (m_{bz}, f_{bx}, f_{by})를 구하라.

(d) 이제 그림 7.11(b)와 같이 3개의 3×RPR 병렬 메커니즘이 연결된 형태의 메커니즘을 구성하라. 이 메커니즘의 자유도는 몇인가?

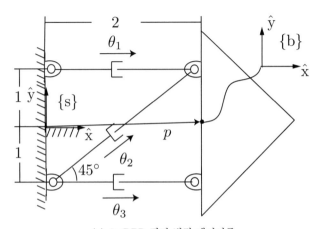

(a) 3×RPR 평면 병렬 메커니즘

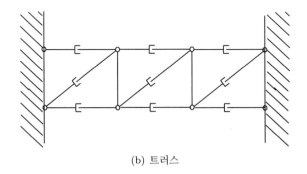

(b) 트러스

그림 7.11: 3×RPR 평면 병렬 메커니즘과 트러스 구조

3. 그림 7.12의 3×RRR 평면 병렬 메커니즘에서 엔드 이펙터 좌표계의 방향을 ϕ, 벡터 p를 고정 좌표계의 좌표로 표현한 것을 $p \in \mathbb{R}^2$라고 하자. 벡터 a_i를 고정 좌표계의 좌표로 표현한 것을 $a_i \in \mathbb{R}^2$, 벡터 b_i를 움직이는 물체 좌표계의 좌표로 표현한 것을 $b_i \in \mathbb{R}^2$라고 하자.

(a) (ϕ, p)와 $(\theta_1, \theta_2, \theta_3)$의 관계를 나타내는 독립적인 방정식들을 유도하라.

(b) 이 메커니즘의 역기구학 및 정기구학 해는 최대 몇 개 존재하는가?

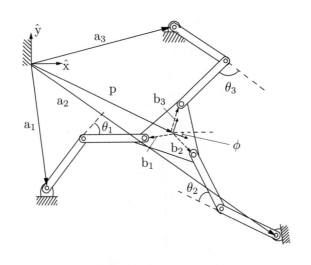

그림 7.12: 3×RRR 평면 병렬 메커니즘

4. 그림 7.13는 영(zero) 위치에 있는 6절 링크를 나타낸다. {b} 좌표계 원점의 위치를 {s} 좌표계의 좌표로 표현한 것을 (p_x, p_y), {b} 좌표계의 방향을 ϕ라고 하자. 역기구학 문제는 (p_x, p_y, ϕ)가 주어졌을 때 관절변수 (θ, ψ)를 찾는 것으로 정의된다.

(a) 역기구학 문제를 풀기 위해, 몇 개의 방정식들이 필요한가? 이 방정식들을 유

도하라.

(b) 관절 A, D, E가 구동된다고 가정하자. 다음과 같은 형태의 방정식을 분석해, 그림 7.13에 나타난 컨피규레이션이 구동기 특이점인지 결정하라.

$$\begin{bmatrix} H_a & H_p \end{bmatrix} \begin{bmatrix} q_a \\ q_p \end{bmatrix} = 0$$

이때 q_a는 구동되는 관절들의 벡터이고 q_p는 구동되지 않는 관절들의 벡터다.

(c) 이번에는 관절 A, B, D가 구동된다고 가정하자. $\mathcal{V}_s = J_a \dot{q}_a$에 나타나는 정기구학 자코비안 J_a를 구하라. 이때 $\mathcal{V}_s$는 {s} 좌표계의 좌표료 표현한 트위스트이고, $\dot{q}_a$는 구동되는 관절 속도들의 벡터다.

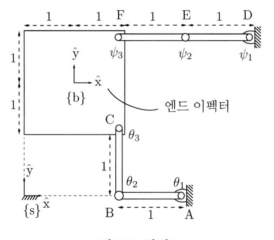

그림 7.13: 6절 링크

5. 그림 7.14의 3×PSP 공간 병렬 메커니즘을 고려하자.

(a) 이 메커니즘의 자유도는 몇인가?

(b) 이동 물체 좌표계 {b}의 방향을 $R_{sb}=\text{Rot}(\hat{z}, \theta)\text{Rot}(\hat{y}, \phi)\text{Rot}(\hat{x}, \psi)$, {s} 좌표계

원점에서 {b} 원점으로의 벡터를 $p_{sb} = (x, y, z) \in \mathbb{R}^3$라고 하자($R_{sb}$와 p_{sb}는 모두 {s} 좌표계의 좌표료 표현됐다). 벡터 a_i, b_i, d_i $(i = 1, 2, 3)$를 그림에 나타난 것과 같이 정의하자. $(\theta, \phi, \psi, x, y, z)$와 정의된 벡터들 사이의 관계를 나타내는 독립적인 제약 방정식들을 유도하라.

(c) (x, y, z) 값이 주어졌을 때, 수직 방향의 선형 관절 값 s_i들을 구할 수 있는가? 이때 $s_i = \|d_i\|$ $(i = 1, 2, 3)$이다. 만약 그렇다면 이를 구하기 위한 알고리듬을 유도하라.

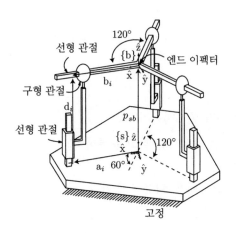

그림 7.14: 3×PSP 공간 병렬 매니퓰레이터

6. 그림 7.15의 이클립스 메커니즘은 이동 플랫폼이 지면을 기준으로 ±90°로 기울어질 수 있고 수직축을 기준으로 360° 회전할 수 있는 6 자유도 병렬 메커니즘이다. 6개의 미끌림 관절이 구동된다고 가정하자.

(a) 정기구학 및 역구기학을 유도하라. 일반적인 비특이점 컨피규레이션에서 정기

377

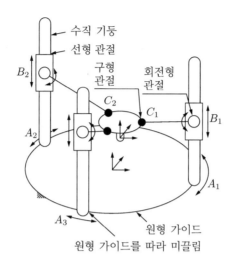

그림 7.15: 이클립스 메커니즘

구학의 해는 몇 개가 존재하는가?

  (b) 이 메커니즘의 모든 특이점을 찾고 분류하라.

7. 그림 7.1의 델타 로봇에 대해, 다음을 구하라.

  (a) 정기구학

  (b) 역기구학

  (c) 자코비안 J_a(고정 기반에 달린 회전형 관절들의 구동된다고 가정하라)

  (d) 델타 로봇의 모든 구동기 특이점을 찾아라.

8. 그림 7.16의 3×UPU 플랫폼에서, 유니버설 관절의 축들은 그림에 나타난 순서로 고정 및 이동 플랫폼에 부착돼 있다. 즉, 축 1은 고정 기반에 수직으로 부착돼 있고, 축 4는 이동 기반에 수직으로 부착돼 있다. 다음을 구하라.

  (a) 정기구학

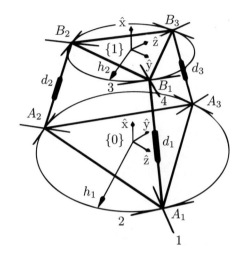

그림 7.16: 3×UPU 메커니즘

(b) 역기구학

(c) 자코비안 J_a(고정 기반에 달린 회전형 관절들의 구동된다고 가정하라)

(d) 이 로봇의 모든 구동기 특이점을 찾아라.

(e) 가능하다면 실제 프로토타입을 만들어 메커니즘이 분석 결과대로 동작하는지 확인하라.

8장. 개연쇄의 동역학

8 장에서는 다시 개연쇄 로봇의 움직임을 다룬다. 이번에는 조금 더 **로봇 동역학**^{robot dynamics} 적인 주제로 작용하는 힘과 토크에 집중해 해석한다. 이를 기술하는 동역학적 **운동방 정식**^{equation of motion}은 다음과 같은 2계 미분 방정식들의 집합이다.

$$\tau = M(\theta)\ddot{\theta} + h(\theta, \dot{\theta}) \tag{8.1}$$

이때 $\theta \in \mathbb{R}^n$은 관절 변수들의 벡터이고, $\tau \in \mathbb{R}^n$은 각 관절에 걸리는 힘 또는 토 크들의 벡터다. $M(\theta) \in \mathbb{R}^{n \times n}$은 양의 정부호행렬로 **질량행렬**^{mass matrix}이다. 또한 $h(\theta, \dot{\theta}) \in \mathbb{R}^n$은 코리올리 효과, 구심력, 중력, 마찰력 등 θ 과 $\dot{\theta}$으로 표현되는 힘들의 합력이다. 이때 위 방정식의 형태는 간단하나, 관절의 축이 모두 평행하거나 수직한 가 장 간단한 경우들에 대해서도 위의 $M(\theta)$과 $h(\theta, \dot{\theta})$는 매우 복잡하게 나옴을 주의해야 한다.

로봇의 정기구학과 역기구학의 분류가 만들어졌듯이 로봇의 **정동역학**^{forward dynamics} 과 **역동역학**^{inverse dynamics}의 구분 역시 이뤄져야 한다. 이때 정동역학은 주어진 상 태인 $(\theta, \dot{\theta})$와 관절에 걸린 힘과 토크로부터 로봇의 가속도인 $\ddot{\theta}$를 결정하는 과정이다.

$$\ddot{\theta} = M^{-1}(\theta)\left(\tau - h(\theta, \dot{\theta})\right) \tag{8.2}$$

즉, 식 (8.1)과 같이, 반대로 역동역학은 주어진 상태와 목표하는 가속도로부터 관절에 걸려야 하는 힘과 토크 τ를 유도해내는 과정이다. 로봇의 동역학 방정식은 일반적으 로 두 가지 방식으로 유도되는데, 첫 번째는 **뉴턴-오일러 공식**^{Newton-Euler formulation}

을 강체에 적용해 유도하며, 두 번째로는 로봇의 운동에너지와 위치에너지로부터 유도한 **라그랑지안 동역학**$^{\text{Lagrangian dynamics}}$을 적용해 유도한다. 라그랑지안 형식은 개념적으로 뛰어나며 3에서 4 자유도 정도의 단순한 구조의 로봇에 대해서는 효과적이다. 하지만 자유도가 더 증가하게 되면 계산량이 많이 복잡해지게 된다. 따라서 일반적인 개연쇄 로봇의 경우 뉴턴-오일러 공식이 정방향과 역방향 동역학 모두에서 더 효율적인 재귀 알고리듬을 제공해주며, 식 (8.1)에서의 질량행렬 $M(\theta)$와 기타 항들처럼 이들을 닫힌 형식의 해석적 식들의 조합으로 표현해준다. 또한 뉴턴 오일러 방식은 앞서 책에서 소개한 다양한 수학적 도구들과도 잘 부합한다.

8장에서는 개연쇄 로봇을 위한 라그랑지안과 뉴턴-오일러 동역학 공식을 모두 다룬다. 일반적으로 관절들의 θ 공간을 활용해 동역학적인 상태를 기술하는데, 때때로 컨피규레이션과 트위스트 그리고 엔드 이펙터에 대한 트위스트의 변화율을 활용해 기술하는 것이 더 유용할 수 있다. 이는 8.6절에서 다룰 활동공간 동역학이다. 로봇은 때때로 구속 조건에 제한돼 있는데 예를 들면 로봇이 강체인 환경과 접촉해 있는 경우 구속 동역학의 공식이 유도된다(8.7). 이 경우에는 각 관절들에 걸리는 힘 또는 토크의 이루는 공간이 로봇의 거동을 야기하는 부분공간과 구속에 저항하는 부분공간으로 나눠진다. 8.8절에서는 로봇의 관성적 성질을 구체화하는 URDF 파일 형식을 소개한다. 마지막으로, 실제 환경에서 발생하는 기어의 마모나 마찰 등의 효과를 8.9절에서 다룬다.

8.1 라그랑지안 형식

8.1.1 기본 개념과 예제

라그랑지안 공식의 첫 번째 단계는 로봇의 컨피규레이션을 기술할 수 있는 독립적인 좌표계 $q \in \mathbb{R}^n$을 정의하는 것이다. q는 **일반화된 좌표계**라고 부른다. 일반화된 좌표계가 정의되면 **일반화된 힘** $f \in \mathbb{R}^n$ 역시 정의된다. 이때 힘 f와 좌표계의 변화율인 $\dot{q}$는 이들을 내적했을 때 얻는 $f^T \dot{q}$값이 일률^{power}인 것을 생각하면 연관돼 있음을 알 수 있다. 라그랑지안 함수 $\mathcal{L}(q, \dot{q})$은 시스템의 운동에너지인 $\mathcal{K}(q, \dot{q})$에서 위치에너지인 $\mathcal{P}(q)$를 빼서 정의한다.

$$\mathcal{L}(q, \dot{q}) = \mathcal{K}(q, \dot{q}) - \mathcal{P}(q)$$

운동방정식은 라그랑지안들의 항에 대해서 다음과 같이 나타난다.

$$f = \frac{d}{dt} \frac{\partial \mathcal{L}}{\partial \dot{q}} - \frac{\partial \mathcal{L}}{\partial q} \tag{8.3}$$

이 방정식은 **외력이 있는 오일러-라그랑주 방정식**[1]이라고도 부른다. 이에 대한 유도식은 동역학 교재에서 찾아볼 수 있다. 라그랑지안 동역학 공식을 다음의 두 예제로 살펴볼 수 있다. 첫 번째 예제는 질량 m이 수직으로만 움직일 수 있도록 구속된 경우다. 이 경우 물체가 움직이는 활동공간은 따라서 수직선이 되며 이를 표현하는 일반화된 좌표계는 물체의 높이가 된다. 이는 스칼라 변수 $x \in \mathbb{R}$로 표현된다. 이때 중력 mg가 아래로 작용하고, 외력 f가 위로 작용한다고 할 때, 뉴턴의 제2법칙에 의해

---

[1]표준 오일러-라그랑주 방정식에서 외력 f는 0이다.

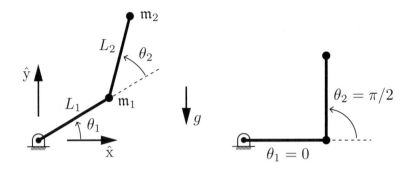

그림 8.1: (왼쪽) 중력이 있을 때 2R 개연쇄의 로봇 (오른쪽) $\theta = (0, \pi/2)$

물체의 운동방정식은 다음과 같다.

$$f - \mathfrak{m}g = \mathfrak{m}\ddot{x} \tag{8.4}$$

여기에 라그랑지안 형식을 적용해 같은 식을 유도해낼 수 있다. 운동에너지는 $\mathfrak{m}\dot{x}^2/2$ 이다. 위치에너지는 $\mathfrak{m}gx$로 표현되며 이를 통해서 구한 라그랑지안은 다음과 같다.

$$\mathcal{L}(x, \dot{x}) = \mathcal{K}(x, \dot{x}) - \mathcal{P}(x) = \frac{1}{2}\mathfrak{m}\dot{x}^2 - \mathfrak{m}gx \tag{8.5}$$

이를 통해 구한 운동방정식은 다음과 같다.

$$f = \frac{d}{dt}\frac{\partial \mathcal{L}}{\partial \dot{x}} - \frac{\partial \mathcal{L}}{\partial x} = \mathfrak{m}\ddot{x} + \mathfrak{m}g \tag{8.6}$$

이는 앞서 구한 (8.4)와 같다. 이제 중력이 작용하는 2R 개연쇄의 동역학 방정식을 구할 수 있다(그림 8.1). 체인은 $\hat{x}$-$\hat{y}$ 평면에서 작용하며 중력 $\mathfrak{g}$는 $-\hat{y}$ 방향으로 작용한다. 동역학 방정식을 유도하기 전에 각 링크들의 질량과 관성 등을 지정해야 한다. 이를 간단히 하기 위해서는 각 링크들을 점 질량 $\mathfrak{m}_1$과 $\mathfrak{m}_2$이 링크의 끝 지점에 몰려 있다고 생각하자. 이 경우 링크 1에 질량의 위치와 속도는 다음과 같다.

$$\begin{bmatrix} x_1 \\ y_1 \end{bmatrix} = \begin{bmatrix} L_1 \cos \theta_1 \\ L_1 \sin \theta_1 \end{bmatrix}$$

$$\begin{bmatrix} \dot{x}_1 \\ \dot{y}_1 \end{bmatrix} = \begin{bmatrix} -L_1 \sin \theta_1 \\ L_1 \cos \theta_1 \end{bmatrix} \dot{\theta}_1,$$

또한 링크 2의 경우는 다음과 같다.

$$\begin{bmatrix} x_2 \\ y_2 \end{bmatrix} = \begin{bmatrix} L_1 \cos \theta_1 + L_2 \cos(\theta_1 + \theta_2) \\ L_1 \sin \theta_1 + L_2 \sin(\theta_1 + \theta_2) \end{bmatrix}$$

$$\begin{bmatrix} \dot{x}_2 \\ \dot{y}_2 \end{bmatrix} = \begin{bmatrix} -L_1 \sin \theta_1 - L_2 \sin(\theta_1 + \theta_2) & -L_2 \sin(\theta_1 + \theta_2) \\ L_1 \cos \theta_1 + L_2 \cos(\theta_1 + \theta_2) & L_2 \cos(\theta_1 + \theta_2) \end{bmatrix} \begin{bmatrix} \dot{\theta}_1 \\ \dot{\theta}_2 \end{bmatrix}.$$

즉, 관절 좌표계 $\theta = (\theta_1, \theta_2)$를 일반화된 좌표계로 설정할 경우 일반화된 힘 $\tau = (\tau_1, \tau_2)$는 토크로 정의된다($\tau^T \dot{\theta}$가 일률로 정의되므로). 즉, 라그랑지안 $\mathcal{L}(\theta, \dot{\theta})$는 다음과 같이 나타난다.

$$\mathcal{L}(\theta, \dot{\theta}) = \sum_{i=1}^{2} (\mathcal{K}_i - \mathcal{P}_i) \tag{8.7}$$

이때 링크의 운동에너지 $\mathcal{K}_1$과 $\mathcal{K}_2$는

$$\begin{aligned}
\mathcal{K}_1 &= \frac{1}{2} \mathrm{m}_1 (\dot{x}_1^2 + \dot{y}_1^2) = \frac{1}{2} \mathrm{m}_1 L_1^2 \dot{\theta}_1^2 \\
\mathcal{K}_2 &= \frac{1}{2} \mathrm{m}_2 (\dot{x}_2^2 + \dot{y}_2^2) \\
&= \frac{\mathrm{m}_2}{2} \left((L_1^2 + 2L_1 L_2 \cos \theta_2 + L_2^2) \dot{\theta}_1^2 + 2(L_2^2 + L_1 L_2 \cos \theta_2) \dot{\theta}_1 \dot{\theta}_2 + L_2^2 \dot{\theta}_2^2 \right),
\end{aligned}$$

와 같다. 또한 위치에너지항인 $\mathcal{P}_1$과 $\mathcal{P}_2$는 다음과 같다.

$$
\begin{aligned}
\mathcal{P}_1 &= \mathfrak{m}_1 \mathfrak{g} y_1 = \mathfrak{m}_1 \mathfrak{g} L_1 \sin\theta_1 \\
\mathcal{P}_2 &= \mathfrak{m}_2 \mathfrak{g} y_2 = \mathfrak{m}_2 \mathfrak{g}(L_1 \sin\theta_1 + L_2 \sin(\theta_1 + \theta_2)).
\end{aligned}
$$

이 예제의 오일러-라그랑주 방정식 (8.3)은 다음 공식을 따른다.

$$
\tau_i = \frac{d}{dt}\frac{\partial \mathcal{L}}{\partial \dot{\theta}_i} - \frac{\partial \mathcal{L}}{\partial \theta_i}, \quad i = 1, 2 \tag{8.8}
$$

즉, 2R 평면체인에서는 (8.8) 공식의 우변을 계산 동역학 방정식을 유도해낼 수 있으며 이는 다음 식과 같다(유도 과정의 계산은 단순하므로 생략한다).

$$
\begin{aligned}
\tau_1 = & \left(\mathfrak{m}_1 L_1^2 + \mathfrak{m}_2(L_1^2 + 2L_1 L_2 \cos\theta_2 + L_2^2)\right)\ddot{\theta}_1 + \\
& \mathfrak{m}_2(L_1 L_2 \cos\theta_2 + L_2^2)\ddot{\theta}_2 - \mathfrak{m}_2 L_1 L_2 \sin\theta_2(2\dot{\theta}_1\dot{\theta}_2 + \dot{\theta}_2^2) + \\
& (\mathfrak{m}_1 + \mathfrak{m}_2)L_1 \mathfrak{g} \cos\theta_1 + \mathfrak{m}_2 \mathfrak{g} L_2 \cos(\theta_1 + \theta_2) \\
\tau_2 = & \ \mathfrak{m}_2(L_1 L_2 \cos\theta_2 + L_2^2)\ddot{\theta}_1 + \mathfrak{m}_2 L_2^2 \ddot{\theta}_2 + \mathfrak{m}_2 L_1 L_2 \dot{\theta}_1^2 \sin\theta_2 + \\
& \mathfrak{m}_2 \mathfrak{g} L_2 \cos(\theta_1 + \theta_2).
\end{aligned} \tag{8.9}
$$

이를 간단히 정리하면 다음과 같다.

$$
\tau = M(\theta)\ddot{\theta} + \underbrace{c(\theta,\dot{\theta}) + g(\theta)}_{h(\theta,\dot{\theta})} \tag{8.10}
$$

이때,

$$M(\theta) = \begin{bmatrix} \mathfrak{m}_1 L_1^2 + \mathfrak{m}_2(L_1^2 + 2L_1L_2\cos\theta_2 + L_2^2) & \mathfrak{m}_2(L_1L_2\cos\theta_2 + L_2^2) \\ \mathfrak{m}_2(L_1L_2\cos\theta_2 + L_2^2) & \mathfrak{m}_2 L_2^2 \end{bmatrix}$$

$$c(\theta, \dot{\theta}) = \begin{bmatrix} -\mathfrak{m}_2 L_1 L_2 \sin\theta_2 (2\dot{\theta}_1\dot{\theta}_2 + \dot{\theta}_2^2) \\ \mathfrak{m}_2 L_1 L_2 \dot{\theta}_1^2 \sin\theta_2 \end{bmatrix}$$

$$g(\theta) = \begin{bmatrix} (\mathfrak{m}_1 + \mathfrak{m}_2)L_1\mathfrak{g}\cos\theta_1 + \mathfrak{m}_2\mathfrak{g}L_2\cos(\theta_1 + \theta_2) \\ \mathfrak{m}_2\mathfrak{g}L_2\cos(\theta_1 + \theta_2) \end{bmatrix}$$

$M(\theta)$ 는 양의 정부호 대칭 질량행렬이며 $c(\theta, \dot{\theta})$는 코리올리와 구심력에 의한 토크이고 $g(\theta)$는 중력에 의한 토크의 벡터다. 이 운동방정식은 $\ddot{\theta}$에 선형으로 비례하며, $\dot{\theta}$에 대해서는 2차항으로 표현되고 θ에 대해서는 삼각함수 항으로 표현되는 것을 확인할 수 있다. 이 사실은 2R 로봇뿐만 아니라 회전 조인트만을 갖는 연속적인 체인 로봇에서도 성립한다.

(8.10) 식의 $M(\theta)\ddot{\theta} + c(\theta, \dot{\theta})$항은 각 링크에 대해서 $f_i = \mathfrak{m}_i a_i$를 적용해 유도할 수도 있다. 이때 a_i들은 $(\dot{x}_1, \dot{y}_1)$과 $(\dot{x}_2, \dot{y}_2)$를 미분해 θ로 표현되며 그 식은 다음과 같다.

$$f_1 = \begin{bmatrix} f_{x1} \\ f_{y1} \\ f_{z1} \end{bmatrix} = \mathfrak{m}_1 \begin{bmatrix} \ddot{x}_1 \\ \ddot{y}_1 \\ \ddot{z}_1 \end{bmatrix} = \mathfrak{m}_1 \begin{bmatrix} -L_1\dot{\theta}_1^2 c_1 - L_1\ddot{\theta}_1 s_1 \\ -L_1\dot{\theta}_1^2 s_1 + L_1\ddot{\theta}_1 c_1 \\ 0 \end{bmatrix} \tag{8.11}$$

$$f_2 = \mathfrak{m}_2 \begin{bmatrix} -L_1\dot{\theta}_1^2 c_1 - L_2(\dot{\theta}_1 + \dot{\theta}_2)^2 c_{12} - L_1\ddot{\theta}_1 s_1 - L_2(\ddot{\theta}_1 + \ddot{\theta}_2)s_{12} \\ -L_1\dot{\theta}_1^2 s_1 - L_2(\dot{\theta}_1 + \dot{\theta}_2)^2 s_{12} + L_1\ddot{\theta}_1 c_1 + L_2(\ddot{\theta}_1 + \ddot{\theta}_2)c_{12} \\ 0 \end{bmatrix} \tag{8.12}$$

이때 s_{12}는 $\sin(\theta_1 + \theta_2)$를 뜻한다. r_{11}을 1번 관절부터 $\mathfrak{m}_1$까지의 벡터로 하고 r_{12}를 1번 관절부터 $\mathfrak{m}_2$까지의 벡터, r_{22}를 2번 관절부터 $\mathfrak{m}_2$까지의 벡터로 정의하자. 이때, 3차원 좌표계 $\{i\}$에서 관절 1에 걸리는 돌림힘 값은 $m_1 = r_{11} \times f_1 + r_{12} \times f_2$이

되고, 관절 2에 걸리는 돌림힘 값은 $m_2 = r_{22} \times f_2$ 가 된다(이때 관절 2는 m_2에 걸리는 힘만 고려해도 되지만 관절 1은 m_1 과 m_2에 걸리는 힘 모두에 대한 돌림힘을 고려해야 함을 주목하라). 이때 실제로 걸리는 관절 토크 τ_1과 τ_2는 각각 벡터 m_1과 m_2에서의 세 번째 성분이다. 즉, 돌림힘은 $\hat{z}_i$방향으로 책을 뚫고 나오는 방향이다.

(x, y) 좌표계에서 각 질량의 각속도는 위치 성분의 2계 미분값 $(\ddot{x}_2, \ddot{y}_2)$로 쉽게 표현된다. 이는 $\hat{x}$-$\hat{y}$ 좌표계가 관성 좌표계이기 때문이다. 따라서 (8.11) 식과 (8.12) 식에서 확인할 수 있듯이 기준 좌표계에서는 각속도의 값이 관절 각 변수의 이계미분 $\ddot{\theta}$과, 일계미분의 제곱항 $\dot{\theta}^T\dot{\theta}$의 선형 합으로 나타난다. 이차항 중 $\dot{\theta}_i^2$항들은 **구심력**을 나타내며, 이차항 중 $\dot{\theta}_i\dot{\theta}_j, i \neq j,$을 포함하는 것은 **코리올리힘**을 나타낸다. 즉 코리올리힘과 구심력의 영향을 $\ddot{\theta} = 0$이라고 해서 각 링크 질량의 가속도가 0이 되지는 않는다는 것을 알 수 있다. 위 힘들에 대해 보다 자세히 이해하기 위해 $(\theta_1, \theta_2) = (0, \pi/2)$, 즉, $\cos\theta_1 = \sin(\theta_1 + \theta_2) = 1$, $\sin\theta_1 = \cos(\theta_1 + \theta_2) = 0$인 상황을 생각해보자. 이때 $\ddot{\theta} = 0$인 경우, (8.12) 식에서 m_2의 각속도$(\ddot{x}_2, \ddot{y}_2)$는 다음과 같음을 알 수 있다.

$$
\begin{bmatrix} \ddot{x}_2 \\ \ddot{y}_2 \end{bmatrix} = \underbrace{\begin{bmatrix} -L_1\dot{\theta}_1^2 \\ -L_2\dot{\theta}_1^2 - L_2\dot{\theta}_2^2 \end{bmatrix}}_{\text{구심력 항}} + \underbrace{\begin{bmatrix} 0 \\ -2L_2\dot{\theta}_1\dot{\theta}_2 \end{bmatrix}}_{\text{코리올리힘 항}}
$$

그림 8.2는 $\dot{\theta}_2 = 0$일 때의 구심 가속도 $a_{\text{cent1}} = (-L_1\dot{\theta}_1^2, -L_2\dot{\theta}_1^2)$를 보여준다. 또한, $\dot{\theta}_1 = 0$일 때의 구심 가속도 $a_{\text{cent2}} = (0, -L_2\dot{\theta}_2^2)$ 역시 보여준다. $\dot{\theta}_1$과 $\dot{\theta}_2$ 모두 양수일 때의 코리올리 효과에 의한 가속도 $a_{\text{cor}} = (0, -2L_2\dot{\theta}_1\dot{\theta}_2)$ 역시 확인할 수 있다. 다음 그림 8.2에서 볼 수 있듯이 각 구심 가속도 $a_{\text{cent}i}$는 m_2에 관절 i 방향으로 작용하므로 m_2를 관절 i를 기준으로 원운동시키는 데 사용된다. [2] 따라서 $a_{\text{cent}i}$는 관절 i에 0의 토크를 만드는 것을 알 수 있다. 관절 2에 걸리는 코리올리 효과에 의한 가속도 a_{cor}는

---

[2]이 구심 가속력(구심 가속도) 없이는 질량 m_2 원에 접하는 방향으로 날아가게 될 것이다.

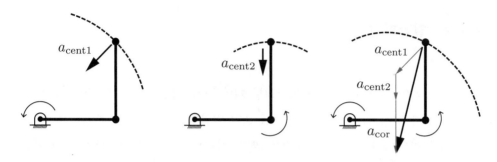

그림 8.2: $\theta = (0, \pi/2)$, $\ddot{\theta} = 0$일 경우 $\mathfrak{m}_2$의 가속도. (왼쪽) $\dot{\theta}_2 = 0$ 일 때의 $\mathfrak{m}_2$의 구심 가속도 $a_{\text{cent1}} = (-L_1\dot{\theta}_1^2, -L_2\dot{\theta}_1^2)$ (중) $\dot{\theta}_1 = 0$일 때 $\mathfrak{m}_2$의 구심 가속도 $a_{\text{cent2}} = (0, -L_2\dot{\theta}_2^2)$ (오른쪽) 두 관절 모두 $\dot{\theta}_i > 0$ 일 경우, 가속도는 a_{cent1}, a_{cent2}과 코리올리 효과에 의한 가속도 $a_{\text{cor}} = (0, -2L_2\dot{\theta}_1\dot{\theta}_2)$의 합으로 나타내진다.

관절 2 방향이므로 관절 2에는 돌림힘을 만들지 않으나 관절 1에는 음의 돌림힘을 만드는 것을 확인할 수 있다. 이때 관절 1에 걸리는 돌림힘이 음수인 이유는 $\mathfrak{m}_2$가 관절 1에 가까워지는 방향으로 움직이기 때문이다. 따라서 $\mathfrak{m}_2$에 의해 생성되는 $\hat{z}_1$축 방향 관성은 'dropping'한다. 이는 관절 1에 대한 양의 각운동량이 관절 1의 속도가 상수인 경우에 줄어든다는 의미다. 이때 토크는 각운동량의 시간에 따른 변화율이므로, 관절 1에는 반드시 음의 토크가 걸려야 한다. 그렇지 않으면 $\dot{\theta}_1$이 $\mathfrak{m}_2$가 관절 1에 접근함에 따라서 커지게 되기 때문이다. 이는 피겨스케이트 선수가 팔을 안으로 오므릴 경우에 각속도가 빨라지는 것과 같은 원리다.

8.1.2 일반화된 공식

이제 라그랑지안 동역학 공식을 일반화된 개연쇄의 n-링크에서 다룰 수 있다. 이를 위한 첫 번째 단계로는 우선 상태공간을 위한 일반화된 좌표계 $\theta \in \mathbb{R}^n$를 정의해야 한다. 관절이 활성화된 개연화의 경우, 벡터 θ를 관절 변수로 정의하는 것이 항상 가능하며 또한 편리하다. 또한 일반화된 힘의 경우 $\tau \in \mathbb{R}^n$와 같이 표기하는데 θ_i가 각도 즉, 회전 관절인 경우는 τ_i가 토크에 대응될 것이며 θ_i가 변위 즉, 선형 관절인 경우에는 τ_i는 힘에 대응될 것이다.

θ와 일반화된 힘 τ가 정의된 경우, 다음 단계는 라그랑지안 공식 $\mathcal{L}(\theta, \dot{\theta})$을 세워야 한다.

$$\mathcal{L}(\theta, \dot{\theta}) = \mathcal{K}(\theta, \dot{\theta}) - \mathcal{P}(\theta) \tag{8.13}$$

이때 $\mathcal{K}(\theta, \dot{\theta})$는 운동에너지이며 $\mathcal{P}(\theta)$는 전체 시스템의 위치에너지다. 이때 강체-링크 인 로봇의 경우 운동에너지는 다음과 같이 나타난다.

$$\mathcal{K}(\theta) = \frac{1}{2} \sum_{i=1}^{n} \sum_{j=1}^{n} m_{ij}(\theta) \dot{\theta}_i \dot{\theta}_j = \frac{1}{2} \dot{\theta}^T M(\theta) \dot{\theta} \tag{8.14}$$

이때 $m_{ij}(\theta)$는 $n \times n$ 크기의 질량행렬 $M(\theta)$의 (i, j)번째 값이다. 위 식에 대한 더욱 구체적인 증명은 뉴턴-오일러 공식을 통해 쉽게 유도할 수 있다.

동역학 방정식은 아래 식의 우변을 계산해 구할 수 있다.

$$\tau_i = \frac{d}{dt} \frac{\partial \mathcal{L}}{\partial \dot{\theta}_i} - \frac{\partial \mathcal{L}}{\partial \theta_i}, \ i = 1, \ldots, n \tag{8.15}$$

(8.14) 식을 활용하면 다음과 같이 정리할 수 있다.

$$\tau_i = \sum_{j=1}^{n} m_{ij}(\theta) \ddot{\theta}_j + \sum_{j=1}^{n} \sum_{k=1}^{n} \Gamma_{ijk}(\theta) \dot{\theta}_j \dot{\theta}_k + \frac{\partial \mathcal{P}}{\partial \theta_i} \ i = 1, \ldots, n, \tag{8.16}$$

이때 $\Gamma_{ijk}(\theta)$는 **1종 크리스토펠 기호**로 다음과 같이 정의된다.

$$\Gamma_{ijk}(\theta) = \frac{1}{2}\left(\frac{\partial m_{ij}}{\partial \theta_k} + \frac{\partial m_{ik}}{\partial \theta_j} - \frac{\partial m_{jk}}{\partial \theta_i}\right) \tag{8.17}$$

이때 코리올리힘과 구심력항 $c(\theta, \dot{\theta})$을 유도하는 크리스토펠 기호가 $M(\theta)$로부터 유도되는 것을 알 수 있다.

식 (8.16)이 다음과 같은 꼴로 주로 표현됨을 알 수 있다.

$$\tau = M(\theta)\ddot{\theta} + c(\theta, \dot{\theta}) + g(\theta) \qquad \text{or} \qquad M(\theta)\ddot{\theta} + h(\theta, \dot{\theta})$$

이때 $g(\theta)$는 $\partial \mathcal{P}/\partial\theta$이다.

코리올리힘과 구심력항은 다음과 같이 속도항에 대해서 이차식으로 표현된다.

$$\tau = M(\theta)\ddot{\theta} + \dot{\theta}^T \Gamma(\theta)\dot{\theta} + g(\theta) \tag{8.18}$$

이때 $\Gamma(\theta)$는 $n \times n \times n$ 행렬로 $\dot{\theta}^T \Gamma(\theta)\dot{\theta}$는 다음과 같이 표현된다.

$$\dot{\theta}^T \Gamma(\theta)\dot{\theta} = \begin{bmatrix} \dot{\theta}^T \Gamma_1(\theta)\dot{\theta} \\ \dot{\theta}^T \Gamma_2(\theta)\dot{\theta} \\ \vdots \\ \dot{\theta}^T \Gamma_n(\theta)\dot{\theta} \end{bmatrix}$$

이때 $\Gamma_i(\theta)$는 $n \times n$ 행렬로 (j, k) 번째 값이 Γ_{ijk}이다. 또한 동역학 식을 다음과 같이 표현한다.

$$\tau = M(\theta)\ddot{\theta} + C(\theta, \dot{\theta})\dot{\theta} + g(\theta)$$

이 경우, $C(\theta, \dot{\theta}) \in \mathbb{R}^{n \times n}$는 **코리올리행렬**Coriolis matrix로 (i, j) 값이 다음과 같다.

$$c_{ij}(\theta, \dot{\theta}) = \sum_{k=1}^{n} \Gamma_{ijk}(\theta) \dot{\theta}_k \tag{8.19}$$

코리올리행렬은 다음의 **수동성**passivity property(명제 8.1)을 증명하는 데 사용되며 이는 11.4.2.2절의 로봇제어의 안정성 규칙을 증명하는 데 활용된다.

명제 8.1. 행렬 $\dot{M}(\theta) - 2C(\theta, \dot{\theta}) \in \mathbb{R}^{n \times n}$은 비대칭행렬이다. 이때 $M(\theta) \in \mathbb{R}^{n \times n}$는 질량행렬이며, $\dot{M}(\theta)$는 이의 시간에 대한 미분이고, $C(\theta, \dot{\theta}) \in \mathbb{R}^{n \times n}$는 식 (8.19)의 코리올리행렬이다.

증명. $\dot{M} - 2C$의 (i, j) 성분은

$$\begin{aligned}
\dot{m}_{ij}(\theta) - 2c_{ij}(\theta, \dot{\theta}) &= \sum_{k=1}^{n} \frac{\partial m_{ij}}{\partial \theta_k} \dot{\theta}_k - \frac{\partial m_{ij}}{\partial \theta_k} \dot{\theta}_k - \frac{\partial m_{ik}}{\partial \theta_j} \dot{\theta}_k + \frac{\partial m_{kj}}{\partial \theta_i} \dot{\theta}_k \\
&= \sum_{k=1}^{n} \frac{\partial m_{kj}}{\partial \theta_i} \dot{\theta}_k - \frac{\partial m_{ik}}{\partial \theta_j} \dot{\theta}_k.
\end{aligned}$$

이고, i와 j,를 바꾸면 다음을 확인할 수 있다.

$$\dot{m}_{ji}(\theta) - 2c_{ji}(\theta, \dot{\theta}) = -(\dot{m}_{ij}(\theta) - 2c_{ij}(\theta, \dot{\theta}))$$

즉 $(\dot{M} - 2C)^T = -(\dot{M} - 2C)$임을 통해 비대칭행렬임을 확인할 수 있다. □

8.1.3 질량행렬에 대한 이해

운동에너지 $\frac{1}{2}\dot{\theta}^T M(\theta)\dot{\theta}$는 점 질량에 대한 운동에너지 $\frac{1}{2}mv^Tv$에 대한 일반화된 식의 표현이다. 이때 질량행렬인 $M(\theta)$는 양의 정부호행렬로, 가능한 모든 $\dot{\theta} \neq 0$에 대해 $\dot{\theta}^T M(\theta)\dot{\theta} > 0$이 성립한다. 이는 질량이 항상 양수라는 것의 일반화된 표현이라고 할 수 있다. 이때 두 경우 모두에 대해 속도가 0이 아닌 경우 운동에너지는 항상 양수인 값을 갖는다.

직교좌표계에서 표현된 점 질량의 동역학식은 $f = m\ddot{x}$처럼 표현된다. 이때 질량은 가속도 벡터의 방향과는 무관하며 가속도 $\ddot{x}$의 방향과 힘의 방향은 항상 일치하게 되는데, 이는 $\ddot{x}$에 스칼라곱을 하면 힘 f가 나오기 때문이다. 하지만 질량행렬인 $M(\theta)$는 가속도의 방향에 따라 다르게 작용하며, $\ddot{\theta}$ 또한 τ의 스칼라곱한 값이 아니다. 이는 $\dot{\theta} = 0$인 경우에도 마찬가지다. 질량행렬 $M(\theta)$이 방향에 의존하는 것을 시각화하기 위해 관절 가속도를 $\{\ddot{\theta} \mid \ddot{\theta}^T\ddot{\theta} = 1\}$를 만족하도록 단위원에 표현하자. 이때 로봇이 정지 ($\dot{\theta} = 0$)인 경우에, $M(\theta)$를 통해 관절에 걸리는 힘 내지 돌림힘을 구할 수 있다. 이에 대한 예시는 앞의 그림 8.1과 다음 그림 8.3에서 확인할 수 있다. 이때 $L_1 = L_2 = \mathfrak{m}_1 = \mathfrak{m}_2 = 1$이며, 두 경우의 컨피규레이션은 각각 $(\theta_1, \theta_2) = (0°, 90°)$과 $(\theta_1, \theta_2) = (0°, 150°)$이다. 이때 토크 타원은 질량 타원체의 방향 의존성으로 달라지는데, 관절에 걸리는 가속도의 크기 $\|\ddot{\theta}\|$ 가 일정해도, 관절에 걸리는 힘 내지 돌림힘의 크기 $\|\tau\|$는 가속도의 방향에 따라 달라진다. 이때 질량 타원의 주축은 $M(\theta)$의 고유벡터$^{\text{eigen-vector}}$ v_i의 방향이 된다. 또한 각각의 길이는 고윳값^{eigenvalue}인 λ_i가 된다. 가속도 $\ddot{\theta}$는 τ벡터가 위 타원의 축과 평행한 방향일 때에만 한정해 τ의 스칼라 곱값이 된다.

질량행렬의 경우 엔드 이펙터가 집는 유효 질량 정도로 이해하면 시각화하기 쉬워진다. 2R 로봇의 끝 부분을 잡는다고 생각하면 작용하는 힘의 방향에 따라 질량감은 다를 것이다. 엔드 이펙터의 유효 질량은 $\Lambda(\theta)$라고 둘 수 있다. 또한 엔드 이펙터의

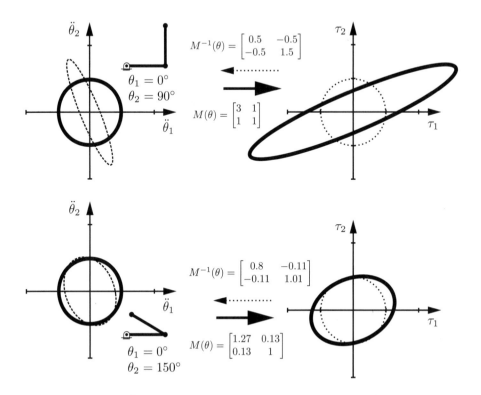

그림 8.3: (진한 선) 가속도 $\ddot{\theta}$의 단위원은 질량행렬 $M(\theta)$을 통해 토크 타원으로 변환되며, 이는 2R 로봇의 컨피규레이션에 의존한다. 이 토크 타원은 질량 타원으로도 표현되며, 본 그림은 $(0°, 90°)$와 $(0°, 150°)$일 때를 다뤘다. (점선) 또한 단위힘 τ은 $M^{-1}(\theta)$을 통해 가속도 타원으로 변환된다.

속도를 $V = (\dot{x}, \dot{y})^T$라고 하자. 이때 로봇의 운동에너지는 좌표와 무관해야 하므로 다음 식이 성립한다.

$$\frac{1}{2}\dot{\theta}^T M(\theta)\dot{\theta} = \frac{1}{2}V^T \Lambda(\theta) V \tag{8.20}$$

이때 $J(\theta)$가 $V = J(\theta)\dot{\theta}$이 역행렬이 있도록 한다고 가정하자. 그러면 식 (8.20)은

다음과 같이 표현된다.

$$V^{\mathrm{T}}\Lambda V = (J^{-1}V)^{\mathrm{T}}M(J^{-1}V)$$
$$= V^{\mathrm{T}}(J^{-T}MJ^{-1})V$$

다른 말로 표현하면 엔드 이펙터의 질량행렬은 다음과 같아진다.

$$\Lambda(\theta) = J^{-T}(\theta)M(\theta)J^{-1}(\theta) \tag{8.21}$$

그림 8.4는 엔드 이펙터의 질량 타원을 보여준다. 타원의 주축 방향은 $\Lambda(\theta)$로 주어지며 길이는 고윳값으로 주어진다. 8.3의 2R 로봇의 경우도 동일함을 알 수 있다. 힘이 이 타원의 주축에 평행하게 주어질 경우에만 엔드포인트의 가속도 $(\ddot{x}, \ddot{y})$는 엔드포인트에 작용하는 힘 (f_x, f_y)의 스칼라 배다. 즉, 질량행렬이 cI 꼴이 아닌 이상 엔드포인트에 걸리는 질량은 점 질량과 다르게 행동된다. 이때 $c > 0$는 스칼라이고, I는 단위행렬이다.

로봇의 컨피규레이션에 대한 함수인 엔드포인트 질량의 변화는 촉각의 변화를 감지하는 로봇 등에서 문제가 된다. 질량의 변화에 따른 이러한 문제를 줄이는 방법 중 하나는 링크의 질량을 최소화시키는 것이다.

위의 힘과 가속도 타원 형태의 표현은 코리올리 효과와 구심력의 효과가 0인 속도가 0인 경우에만 의미가 있는 표현임을 기억하라.

8.1.4 라그랑지안 동역학 대 뉴턴-오일러 동역학

남은 단원에서는 뉴턴-오일러 재귀적 방법을 활용해 로봇 동역학을 계산하는 방법을 다룰 것이다. 지금까지 다룬 여러 유용한 도구를 이용해 뉴턴-오일러 공식은 효율적인

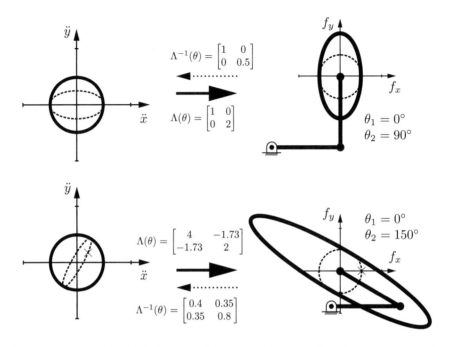

그림 8.4: (진한 선) 단위 원 형태의 가속도 $(\ddot{x}, \ddot{y})$ 는 질량행렬 $\Lambda(\theta)$을 통해서 엔드 이펙터에 작용하는 힘 타원으로 변환된다. 로봇의 컨피규레이션이 $(\theta_1, \theta_2) = (0°, 90°)$일 때 힘 f_y는 m_1과 m_2 모두를 느끼고, 힘 f_x는 m_2의 영향만을 받는다. (점선) 힘의 단위 원 f는 $\Lambda^{-1}(\theta)$을 통해서 가속도 타원으로 변환된다. $\times$ 기호는 $(\theta_1, \theta_2) = (0°, 150°)$ 컨피규레이션인 상태다. 예시로 엔드포인트에 힘 $(f_x, f_y)^{\mathrm{T}} = (1, 0)^{\mathrm{T}}$ 이 작용할 경우, 이에 대응하는 가속도는 $(\ddot{x}, \ddot{y})^{\mathrm{T}} = (0.4, 0.35)^{\mathrm{T}}$가 된다. 이 예는 엔드포인트에서의 힘 방향과 가속도 방향이 같지 않음을 보여준다.

컴퓨터 연산을 할 수 있게 하며, 특히 자유도가 높은 로봇에 대해서도 미분을 사용하지 않고 진행할 수 있다. 이를 통해 구한 결과식은 에너지를 활용한 라그랑지안 방식과 비교해도 같게 나옴을 알 수 있다.

뉴턴-오일러 방식은 단일 강체의 동역학에서 시작하므로, 우리도 여기서 시작하겠다.

8.2 단일 강체의 동역학

8.2.1 고전 공식

점 질량들이 견고하게 연결돼 있는 강체를 생각해보자. 점 질량 i의 질량은 m_i이며 총 질량은 $\mathrm{m} = \sum_i \mathrm{m}_i$이다. 이때, $r_i = (x_i, y_i, z_i)^T$는 점 질량 i의 원점이 다음 식을 만족하는 몸체 좌표계에서의 위치라고 하자.

$$\sum_i \mathrm{m}_i r_i = 0$$

이 점은 **질량 중심**이라고 알려져 있다. 만약 다른 임의의 점이 좌표계의 원점으로 설정된다면, {b} 좌표계는 질량 중심 방향으로 $(1/\mathrm{m}) \sum_i \mathrm{m}_i r_i$만큼 움직여야 하고, r_i들은 질량 중심 좌표계에서 다시 계산하면 된다. 이제 물체가 물체 트위스트 $\mathcal{V}_b = (\omega_b, v_b)$로 움직인다고 하고, $p_i(t)$를 시간에 따라 변하는 m_i의 위치라고 하자. 당연하게도 초기 위치는 {b} 좌표 기준으로 r_i이다. 이때 다음 식이 성립한다.

$$\dot{p}_i = v_b + \omega_b \times p_i$$
$$\ddot{p}_i = \dot{v}_b + \frac{d}{dt}\omega_b \times p_i + \omega_b \times \frac{d}{dt}p_i$$
$$= \dot{v}_b + \dot{\omega}_b \times p_i + \omega_b \times (v_b + \omega_b \times p_i)$$

p_i대신 좌표로 표현하기 위해서 r_i를 사용하여 표현하면 다음과 같다(식 (3.30) 참고).

$$\ddot{p}_i = \dot{v}_b + [\dot{\omega}_b]r_i + [\omega_b]v_b + [\omega_b]^2 r_i$$

힘 $f_i = \mathfrak{m}_i \ddot{p}_i$이 점 질량 $\mathfrak{m}_i$에 주어지는 힘이다. 이때 다음 식이 성립한다.

$$f_i = \mathfrak{m}_i(\dot{v}_b + [\dot{\omega}_b]r_i + [\omega_b]v_b + [\omega_b]^2 r_i)$$

또한 작용하는 모멘트는

$$m_i = [r_i]f_i$$

이 된다. 물체에 작용하는 힘과 모멘트를 모두 표시한 렌치는 다음과 같다.

$$\mathcal{F}_b = \begin{bmatrix} m_b \\ f_b \end{bmatrix} = \begin{bmatrix} \sum_i m_i \\ \sum_i f_i \end{bmatrix}$$

$\sum_i \mathfrak{m}_i r_i = 0$ (즉, $\sum_i \mathfrak{m}_i [r_i] = 0$)임과 벡터 $a, b \in \mathbb{R}^3$에 대해서 $[a] = -[a]^T$, $[a]b = -[b]a$, $[a][b] = ([b][a])^T$이 성립하는 것을 활용해 작용하는 힘과 모멘트 f_b와 m_b를 간략화할 수 있다. 우선 선형 동역학 항을 보면 다음과 같다.

$$\begin{aligned}
f_b &= \sum_i \mathfrak{m}_i(\dot{v}_b + [\dot{\omega}_b]r_i + [\omega_b]v_b + [\omega_b]^2 r_i) \\
&= \sum_i \mathfrak{m}_i(\dot{v}_b + [\omega_b]v_b) - \sum_i \mathfrak{m}_i[r_i]\dot{\omega}_b^{\,0} + \sum_i \mathfrak{m}_i[r_i][\omega_b]\omega_b^{\,0} \\
&= \sum_i \mathfrak{m}_i(\dot{v}_b + [\omega_b]v_b) \\
&= \mathfrak{m}(\dot{v}_b + [\omega_b]v_b)
\end{aligned} \tag{8.22}$$

위 식에서 항 $\mathfrak{m}[\omega_b]v_b$는 $\omega_b \neq 0$임과 관성 좌표계에서 변하는 선형속도인 $v_b \neq 0$이기 때문에 발생한다.

이제 회전 동역학 항을 살펴보면 다음과 같다.

$$
\begin{aligned}
m_b &= \sum_i \mathfrak{m}_i[r_i](\dot{v}_b + [\dot{\omega}_b]r_i + [\omega_b]v_b + [\omega_b]^2 r_i) \\
&= \sum_i \mathfrak{m}_i[r_i]\dot{v}_b^{\,\,0} + \sum_i \mathfrak{m}_i[r_i][\omega_b]v_b^{\,\,0} \\
&\quad + \sum_i \mathfrak{m}_i[r_i]([\dot{\omega}_b]r_i + [\omega_b]^2 r_i) \\
&= \sum_i \mathfrak{m}_i \left(-[r_i]^2 \dot{\omega}_b - [r_i]^T [\omega_b]^T [r_i]\omega_b \right) \\
&= \sum_i \mathfrak{m}_i \left(-[r_i]^2 \dot{\omega}_b - [\omega_b][r_i]^2 \omega_b \right) \\
&= \left(-\sum_i \mathfrak{m}_i[r_i]^2 \right) \dot{\omega}_b + [\omega_b] \left(-\sum_i \mathfrak{m}_i[r_i]^2 \right) \omega_b \\
&= \mathcal{I}_b \dot{\omega}_b + [\omega_b]\mathcal{I}_b \omega_b,
\end{aligned}
\tag{8.23}
$$

이때, 위 식에서 항 $\mathcal{I}_b = -\sum_i \mathfrak{m}_i[r_i]^2 \in \mathbb{R}^{3\times 3}$은 물체의 **관성행렬**이다. 식 (8.23)은 **오일러의 공식**이라고도 부른다.

공식 (8.23)에서 각 가속도에 비례하는 항 $\mathcal{I}_b \dot{\omega}_b$과 각속도의 2차식으로 표현되는 $[\omega_b]\mathcal{I}_b\omega_b$항이 8.1에서처럼 등장하는 것에 주목하라. 또한, $\mathcal{I}_b$는 질량행렬과 같이 대칭행렬이며 양의 정부호행렬이며 회전 운동에너지는 아래 이차식처럼 주어진다.

$$
\mathcal{K} = \frac{1}{2}\omega_b^T \mathcal{I}_b \omega_b
$$

질량행렬과 관성행렬의 차이점으로는 $\mathcal{I}_b$는 상수이지만, $M(\theta)$는 로봇의 컨피규레이션에 따라 변한다는 것이다.

관성행렬 $\mathcal{I}_b$의 각 항을 살피면 다음과 같다.

$$\mathcal{I}_b = \begin{bmatrix} \sum \mathfrak{m}_i(y_i^2 + z_i^2) & -\sum \mathfrak{m}_i x_i y_i & -\sum \mathfrak{m}_i x_i z_i \\ -\sum \mathfrak{m}_i x_i y_i & \sum \mathfrak{m}_i(x_i^2 + z_i^2) & -\sum \mathfrak{m}_i y_i z_i \\ -\sum \mathfrak{m}_i x_i z_i & -\sum \mathfrak{m}_i y_i z_i & \sum \mathfrak{m}_i(x_i^2 + y_i^2) \end{bmatrix}$$

$$= \begin{bmatrix} \mathcal{I}_{xx} & \mathcal{I}_{xy} & \mathcal{I}_{xz} \\ \mathcal{I}_{xy} & \mathcal{I}_{yy} & \mathcal{I}_{yz} \\ \mathcal{I}_{xz} & \mathcal{I}_{yz} & \mathcal{I}_{zz} \end{bmatrix}.$$

각 합들은 다음과 같이 물체 $\mathcal{B}$에 대한 부피 적분 꼴로도 표현된다.

$$
\begin{aligned}
\mathcal{I}_{xx} &= \iiint_{\mathcal{B}} (y^2 + z^2)\rho(x, y, z)\, dx\, dy\, dz \\
\mathcal{I}_{yy} &= \iiint_{\mathcal{B}} (x^2 + z^2)\rho(x, y, z)\, dx\, dy\, dz \\
\mathcal{I}_{zz} &= \iiint_{\mathcal{B}} (x^2 + y^2)\rho(x, y, z)\, dx\, dy\, dz \\
\mathcal{I}_{xy} &= -\iiint_{\mathcal{B}} xy\rho(x, y, z)\, dx\, dy\, dz \\
\mathcal{I}_{xz} &= -\iiint_{\mathcal{B}} xz\rho(x, y, z)\, dx\, dy\, dz \\
\mathcal{I}_{yz} &= -\iiint_{\mathcal{B}} yz\rho(x, y, z)\, dx\, dy\, dz.
\end{aligned}
\tag{8.24}
$$

만약 물체가 일정한 밀도를 갖는다면, $\mathcal{I}_b$는 강체의 외형에 의해서만 결정된다(그림 8.5를 보라).

주어진 관성행렬 $\mathcal{I}_b$에 대해 **관성의 주축**은 $\mathcal{I}_b$의 고유벡터와 고윳값에 의해 결정된다. v_1, v_2, v_3이 $\mathcal{I}_b$의 eigenvectors, $\lambda_1, \lambda_2, \lambda_3$이 각각에 대응되는 고윳값이라고 하자. 이 경우, 관성의 주축은 v_1, v_2, v_3 방향이 되며, 각 방향에 대한 회전 관성의 스칼라 크기 **관성의 주 모멘트**는 각각 $\lambda_1, \lambda_2, \lambda_3$이며, $\lambda_1, \lambda_2, \lambda_3 > 0$를 만족한다. 하나의 장축은 질량 중심을 통과하는 모든 축의 관성 모멘트 중 최대이며 다른 하나는 최소다. 대칭성을 갖는 물체의 주축들은 때로 모호한 성질을 띠며 또한 이들의 주축은 굳이 유일할 필요는 없는데 예로는 균일한 구체를 생각하면 된다. 이 경우는 질량 중심을 지나는 임의의 3축들이 주축으로 생각될 수 있으며, 관성 모멘트는 최솟값과 최댓값이 같을 것이다.

만약 관성의 주축이 {b}축을 갖는다면 $\mathcal{I}_b$는 대각행렬이 돼, 대각성분이 아닌 모든 값은 0일 것이고 고윳값들은 $\mathcal{I}_{xx}, \mathcal{I}_{yy}, \mathcal{I}_{zz}$들의 $\hat{x}, \hat{y}, \hat{z}$축에 대한 관성 모멘트 값이 될 것이다. 또한 이 경우엔 식 (8.23)이 다음과 같이 간략화된다.

$$m_b = \begin{bmatrix} \mathcal{I}_{xx}\dot{\omega}_x + (\mathcal{I}_{zz} - \mathcal{I}_{yy})\omega_y\omega_z \\ \mathcal{I}_{yy}\dot{\omega}_y + (\mathcal{I}_{xx} - \mathcal{I}_{zz})\omega_x\omega_z \\ \mathcal{I}_{zz}\dot{\omega}_z + (\mathcal{I}_{yy} - \mathcal{I}_{xx})\omega_x\omega_y \end{bmatrix} \tag{8.25}$$

위 식에서 $\omega_b = (\omega_x, \omega_y, \omega_z)$를 나타낸다. 가능하면 {b}를 관성의 주축이 되도록 설정하고 최대한 $\mathcal{I}_b$를 간략하게 표현해 운동방정식을 간단하게 표현하는 것이 좋다.

밀도가 일정한 대칭성을 갖는 물체들의 관성의 주축과 적분식 (8.24)를 통해 계산한 관성 모멘트 값들을 그림 8.5에 표현했다.

관성행렬 $\mathcal{I}_b$는 회전된 좌표계 {c}에서 회전행렬 R_{bc}를 통해 표현된다. 이 행렬은 $\mathcal{I}_c$ 이라고 하며, 회전 운동에너지 값은 좌표계와 무관하다는 사실을 사용하면 다음 식을 얻는다.

$$\begin{aligned} \frac{1}{2}\omega_c^T \mathcal{I}_c \omega_c &= \frac{1}{2}\omega_b^T \mathcal{I}_b \omega_b \\ &= \frac{1}{2}(R_{bc}\omega_c)^T \mathcal{I}_b (R_{bc}\omega_c) \\ &= \frac{1}{2}\omega_c^T (R_{bc}^T \mathcal{I}_b R_{bc})\omega_c. \end{aligned}$$

다르게 표현하면,

$$\mathcal{I}_c = R_{bc}^T \mathcal{I}_b R_{bc} \tag{8.26}$$

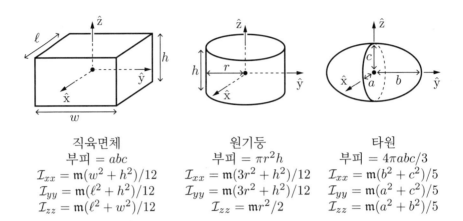

직육면체
부피 $= abc$
$\mathcal{I}_{xx} = \mathfrak{m}(w^2 + h^2)/12$
$\mathcal{I}_{yy} = \mathfrak{m}(\ell^2 + h^2)/12$
$\mathcal{I}_{zz} = \mathfrak{m}(\ell^2 + w^2)/12$

원기둥
부피 $= \pi r^2 h$
$\mathcal{I}_{xx} = \mathfrak{m}(3r^2 + h^2)/12$
$\mathcal{I}_{yy} = \mathfrak{m}(3r^2 + h^2)/12$
$\mathcal{I}_{zz} = \mathfrak{m}r^2/2$

타원
부피 $= 4\pi abc/3$
$\mathcal{I}_{xx} = \mathfrak{m}(b^2 + c^2)/5$
$\mathcal{I}_{yy} = \mathfrak{m}(a^2 + c^2)/5$
$\mathcal{I}_{zz} = \mathfrak{m}(a^2 + b^2)/5$

그림 8.5: 밀도가 균일한 물체의 관성의 주축과 그에 따른 관성의 모멘트다. 이때 실린더의 $\hat{x}$축과 $\hat{y}$ 주축이 유일하지 않은 것을 볼 수 있다.

만약 {b}의 축들이 관성의 주축과 동일하지 않은 경우 적절한 회전 좌표계 {c}에서 표현함으로 관성행렬을 대각화시킬 수 있다. 이 경우 행렬 R_{bc}의 행들은 $\mathcal{I}_b$들의 고유벡터에 대응될 것이다.

때때로 관성행렬을 꼭 질량 중심을 원점으로 하는 좌표계가 아닌 다른 점, 예를 들면 관절에 표현하는 것이 편리할 경우가 있다. **슈타이너의 정리**는 다음과 같다.

정리 8.2. {b}축에 대해 위치 $q = (q_x, q_y, q_z)^T$에서의 {b}축에 대한 관성행렬 $\mathcal{I}_q$는 질량 중심에서 계산된 관성행렬 $\mathcal{I}_b$와 연관돼 있다.

$$\mathcal{I}_q = \mathcal{I}_b + \mathfrak{m}(q^T q I - q q^T) \tag{8.27}$$

이때, I는 3×3 크기의 단위행렬이고 $\mathfrak{m}$은 물체의 질량이다.

슈타이너의 정리는 질량 중심축으로부터 평행하게 거리 d만큼 떨어진 곳의 회전 관성 $\mathcal{I}_d$ 값이 $\mathcal{I}_{\mathrm{cm}}$과 다음과 같이 연관돼 있다는 평행축 정리의 조금 더 일반화된 표현이다.

$$\mathcal{I}_d = \mathcal{I}_{\mathrm{cm}} + \mathfrak{m}d^2 \tag{8.28}$$

공식 (8.26)과 (8.27)은 여러 개의 강체로 구성된 물체의 관성을 계산하는 데 유용하다. 우선 n번째 부분 강체의 질량 중심에 대한 관성행렬을 구한 뒤 공통 좌표계 {common}을 잡는다. 그리고 공식 (8.26)과 (8.27)을 사용해 각각의 관성행렬을 공통 좌표계로 표현할 수 있다. 각각의 공통 좌표계로 표현된 행렬들을 더해 로봇의 회전행렬 $\mathcal{I}_{\mathrm{common}}$ 값을 얻을 수 있다.

움직임이 $\hat{x}$-$\hat{y}$로 제한된 경우, 각속도가 $\omega_b = (0, 0, \omega_z)^T$인 경우, 물체의 질량 중심을 지나는 $\hat{z}$축에 대한 회전 관성 값은 $\mathcal{I}_{zz}$이 되고, 공간에서의 회전 동역학식 (8.23)은 평면 회전 동역학식으로 표현된다.

$$m_z = \mathcal{I}_{zz}\dot{\omega}_z$$

또한 회전 운동에너지는

$$\mathcal{K} = \frac{1}{2}\mathcal{I}_{zz}\omega_z^2$$

와 같다.

8.2.2 트위스트-렌치 공식

선형 동역학식 (8.22)와 회전 동역학식 (8.23)은 다음과 같은 형태로 합쳐서 나타낼 수 있다.

$$\begin{bmatrix} m_b \\ f_b \end{bmatrix} = \begin{bmatrix} \mathcal{I}_b & 0 \\ 0 & \mathfrak{m}I \end{bmatrix} \begin{bmatrix} \dot{\omega}_b \\ \dot{v}_b \end{bmatrix} + \begin{bmatrix} [\omega_b] & 0 \\ 0 & [\omega_b] \end{bmatrix} \begin{bmatrix} \mathcal{I}_b & 0 \\ 0 & \mathfrak{m}I \end{bmatrix} \begin{bmatrix} \omega_b \\ v_b \end{bmatrix} \tag{8.29}$$

이때 I는 3×3 크기의 단위행렬이고, 유용한 성질 $[v]v = v \times v = 0$과 $[v]^T = -[v]$ 를 활용해 식 (8.29)를 다음과 같이 표현할 수 있다.

$$
\begin{bmatrix} m_b \\ f_b \end{bmatrix} = \begin{bmatrix} \mathcal{I}_b & 0 \\ 0 & \mathrm{m}I \end{bmatrix} \begin{bmatrix} \dot{\omega}_b \\ \dot{v}_b \end{bmatrix} + \begin{bmatrix} [\omega_b] & [v_b] \\ 0 & [\omega_b] \end{bmatrix} \begin{bmatrix} \mathcal{I}_b & 0 \\ 0 & \mathrm{m}I \end{bmatrix} \begin{bmatrix} \omega_b \\ v_b \end{bmatrix}
$$

$$
= \begin{bmatrix} \mathcal{I}_b & 0 \\ 0 & \mathrm{m}I \end{bmatrix} \begin{bmatrix} \dot{\omega}_b \\ \dot{v}_b \end{bmatrix} - \begin{bmatrix} [\omega_b] & 0 \\ [v_b] & [\omega_b] \end{bmatrix}^T \begin{bmatrix} \mathcal{I}_b & 0 \\ 0 & \mathrm{m}I \end{bmatrix} \begin{bmatrix} \omega_b \\ v_b \end{bmatrix} \tag{8.30}
$$

위와 같은 식으로 표시하면 각각의 항은 다음처럼 6차원의 값으로 표현된다.

(a) (ω_b, v_b)과 (m_b, f_b)는 각각 물체 트위스트 $\mathcal{V}_b$ 와 물체 렌치 $\mathcal{F}_b$로 표시된다.

$$
\mathcal{V}_b = \begin{bmatrix} \omega_b \\ v_b \end{bmatrix}, \quad \mathcal{F}_b = \begin{bmatrix} m_b \\ f_b \end{bmatrix} \tag{8.31}
$$

(b) **공간 관성행렬** $\mathcal{G}_b \in \mathbb{R}^{6 \times 6}$는 다음과 같이 나타난다.

$$
\mathcal{G}_b = \begin{bmatrix} \mathcal{I}_b & 0 \\ 0 & \mathrm{m}I \end{bmatrix} \tag{8.32}
$$

이때 I는 3×3 크기의 단위행렬이다. 그리고 운동에너지 항 역시 공간 관성행렬로 표현 가능하다.

$$
\text{운동에너지} = \frac{1}{2}\omega_b^T \mathcal{I}_b \omega_b + \frac{1}{2}\mathrm{m}v_b^T v_b = \frac{1}{2}\mathcal{V}_b^T \mathcal{G}_b \mathcal{V}_b \tag{8.33}
$$

(c) **공간 운동량** $\mathcal{P}_b \in \mathbb{R}^6$는 아래와 같이 정의된다.

$$
\mathcal{P}_b = \begin{bmatrix} \mathcal{I}_b \omega_b \\ \mathrm{m}v_b \end{bmatrix} = \begin{bmatrix} \mathcal{I}_b & 0 \\ 0 & \mathrm{m}I \end{bmatrix} \begin{bmatrix} \omega_b \\ v_b \end{bmatrix} = \mathcal{G}_b \mathcal{V}_b \tag{8.34}
$$

이때 식 (8.30)에서 $\mathcal{P}_b$항이 아래 행렬과 왼쪽에서 행렬곱이 돼 있는 것을 확인할 수 있다.

$$- \begin{bmatrix} [\omega_b] & 0 \\ [v_b] & [\omega_b] \end{bmatrix}^T \tag{8.35}$$

이제 이 행렬의 기원과 기하적 성질에 대해서 알아볼 수 있다. 우선, $\omega_1, \omega_2 \in \mathbb{R}^3$의 외적값은 아래 외대칭 행렬 표현을 통해 나타낸다.

$$[\omega_1 \times \omega_2] = [\omega_1][\omega_2] - [\omega_2][\omega_1] \tag{8.36}$$

식 (8.35)에서의 행렬들은 외적연산의 6차원 일반화라고 생각할 수 있다. 주어진 두 개의 트위스트 $\mathcal{V}_1 = (\omega_1, v_1)$과 $\mathcal{V}_2 = (\omega_2, v_2)$에 대해서 연산 (8.36)을 진행하면

$$[\mathcal{V}_1][\mathcal{V}_2] - [\mathcal{V}_2][\mathcal{V}_1] = \begin{bmatrix} [\omega_1] & v_1 \\ 0 & 0 \end{bmatrix} \begin{bmatrix} [\omega_2] & v_2 \\ 0 & 0 \end{bmatrix} - \begin{bmatrix} [\omega_2] & v_2 \\ 0 & 0 \end{bmatrix} \begin{bmatrix} [\omega_1] & v_1 \\ 0 & 0 \end{bmatrix}$$

$$= \begin{bmatrix} [\omega_1][\omega_2] - [\omega_2][\omega_1] & [\omega_1]v_2 - [\omega_2]v_1 \\ 0 & 0 \end{bmatrix} = \begin{bmatrix} [\omega'] & v' \\ 0 & 0 \end{bmatrix}$$

과 같고 이를 벡터 형태로 표현하면 다음과 같다.

$$\begin{bmatrix} \omega' \\ v' \end{bmatrix} = \begin{bmatrix} [\omega_1] & 0 \\ [v_1] & [\omega_1] \end{bmatrix} \begin{bmatrix} \omega_2 \\ v_2 \end{bmatrix}$$

위 외적의 $\mathcal{V}_1$과 $\mathcal{V}_2$에 대한 일반화는 $\mathcal{V}_1$과 $\mathcal{V}_2$의 **리 브라켓**$^{\text{Lie bracket}}$이라고 한다.

정의 8.1. 주어진 두 개의 트위스트 $\mathcal{V}_1 = (\omega_1, v_1)$과 $\mathcal{V}_2 = (\omega_2, v_2)$에 대해 $\mathcal{V}_1$과 $\mathcal{V}_2$

의 **리 브라켓** 값은 $[\text{ad}_{\mathcal{V}_1}]\mathcal{V}_2$이나 $\text{ad}_{\mathcal{V}_1}(\mathcal{V}_2)$처럼 표기되며 다음과 같이 정의한다.

$$\begin{bmatrix} [\omega_1] & 0 \\ [v_1] & [\omega_1] \end{bmatrix} \begin{bmatrix} \omega_2 \\ v_2 \end{bmatrix} = [\text{ad}_{\mathcal{V}_1}]\mathcal{V}_2 = \text{ad}_{\mathcal{V}_1}(\mathcal{V}_2) \in \mathbb{R}^6 \tag{8.37}$$

이때,

$$[\text{ad}_{\mathcal{V}}] = \begin{bmatrix} [\omega] & 0 \\ [v] & [\omega] \end{bmatrix} \in \mathbb{R}^{6\times 6} \tag{8.38}$$

정의 8.2. 주어진 트위스트 $\mathcal{V} = (\omega, v)$와 렌치 $\mathcal{F} = (m, f)$에 대해 다음 관계가 성립한다.

$$\text{ad}_{\mathcal{V}}^T(\mathcal{F}) = [\text{ad}_{\mathcal{V}}]^T \mathcal{F} = \begin{bmatrix} [\omega] & 0 \\ [v] & [\omega] \end{bmatrix}^T \begin{bmatrix} m \\ f \end{bmatrix} = \begin{bmatrix} -[\omega]m - [v]f \\ -[\omega]f \end{bmatrix} \tag{8.39}$$

위에서 정의된 표현과 정의를 이용하여, 단일 강체의 동역학 방정식을 다음과 같이 나타낼 수 있다.

$$\begin{aligned} \mathcal{F}_b &= \mathcal{G}_b\dot{\mathcal{V}}_b - \text{ad}_{\mathcal{V}_b}^T(\mathcal{P}_b) \\ &= \mathcal{G}_b\dot{\mathcal{V}}_b - [\text{ad}_{\mathcal{V}_b}]^T \mathcal{G}_b \mathcal{V}_b. \end{aligned} \tag{8.40}$$

이때 식 (8.40)과 회전하는 강체의 운동량에 대한 다음의 식을 비교해보라.

$$m_b = \mathcal{I}_b\dot{\omega}_b - [\omega_b]^T \mathcal{I}_b \omega_b \tag{8.41}$$

식 (8.41)은 단순히 (8.40) 식에서의 회전항들만 다룬 것임을 알 수 있다.

8.2.3 다른 좌표계에서의 동역학

동역학 방정식 (8.40)의 유도는 질량 중심의 {b} 좌표축에서 유도됐다. 이때 동역학 식을 다른 좌표계 {a}에서 유도한다고 하자.

강체의 운동에너지는 좌표와 무관한 값이어야 한다. 따라서 다음 식이 유도된다.

$$
\begin{aligned}
\frac{1}{2}\mathcal{V}_a^T \mathcal{G}_a \mathcal{G}_a &= \frac{1}{2}\mathcal{V}_b^T \mathcal{G}_b \mathcal{V}_b \\
&= \frac{1}{2}([\mathrm{Ad}_{T_{ba}}]\mathcal{V}_a)^T \mathcal{G}_b [\mathrm{Ad}_{T_{ba}}]\mathcal{V}_a \\
&= \frac{1}{2}\mathcal{V}_a^T \underbrace{[\mathrm{Ad}_{T_{ba}}]^T \mathcal{G}_b [\mathrm{Ad}_{T_{ba}}]}_{\mathcal{G}_a} \mathcal{V}_a
\end{aligned}
$$

다른 말로 말하면 {a} 축에서 공간 관성행렬 $\mathcal{G}_a$가 $\mathcal{G}_b$와 다음 관계를 만족한다.

$$
\mathcal{G}_a = [\mathrm{Ad}_{T_{ba}}]^T \mathcal{G}_b [\mathrm{Ad}_{T_{ba}}] \tag{8.42}
$$

이는 슈타이너 정리의 일반화라고 볼 수 있다.

공간 관성행렬 $\mathcal{G}_a$를 이용해 운동방정식 {b} 좌표계에서의 (8.40)를 {a} 좌표계에서 나타낼 수 있다.

$$
\mathcal{F}_a = \mathcal{G}_a \dot{\mathcal{V}}_a - [\mathrm{ad}_{\mathcal{V}_a}]^T \mathcal{G}_a \mathcal{V}_a \tag{8.43}
$$

여기서 $\mathcal{F}_a$ 과 $\mathcal{V}_a$는 {a}축에서 해석한 렌치와 트위스트 값이다(예제 3을 참고하라). 따라서 운동방정식은 좌표에 독립적으로 표현되는 것을 알 수 있다.

8.3 역뉴턴-오일러 동역학

본 단원에서는 1 자유도 관절로 연결된 개연쇄 n-링크에 대한 역동역학에 대해 다룬다. 주어진 컨피규레이션 $\theta \in \mathbb{R}^n$과 속도 $\dot{\theta} \in \mathbb{R}^n$, 가속도 $\ddot{\theta} \in \mathbb{R}^n$에 대해 다음 식의 우변을 해석하는 것이 목적이다.

$$\tau = M(\theta)\ddot{\theta} + h(\theta, \dot{\theta})$$

이 결과로 전진 반복식과 후진 반복식으로 구성된 역동역학의 재귀적 알고리듬을 얻어낼 수 있다. 이때, 정반복 단계에서는 각 링크의 속도와 가속도 성분이 받침^{base}부터 말단^{tip}까지 전파된다. 역반복 단계에서는 각 링크에서 측정된 힘과 운동량값이 말단에서 받침까지 전파된다.

8.3.1 유도

물체에 고정된 좌표계 $\{i\}$는 각 링크i, $i = 1, \ldots, n$의 질량 중심에 부착돼 있다. 이때 받침 좌표계는 $\{0\}$에 붙어 있고, 엔드 이펙터에 연결된 좌표계는 $\{n+1\}$이며 이 좌표계는 $\{n\}$에 고정돼 있다.

매니퓰레이터가 기본 위치에 있을 경우 즉, 모든 관절변숫값이 0일 경우 $\{j\}$의 $\{i\}$에서의 컨피규레이션을 $M_{i,j} \in SE(3)$로 표기한다. 또한 $\{i\}$의 기저 좌표계 $\{0\}$에서 표현한 컨피규레이션을 $M_i = M_{0,i}$로 표기한다. 이 정의들을 가지고 $M_{i-1,i}$와 $M_{i,i-1}$를 계산하면 다음과 같다.

$$M_{i-1,i} = M_{i-1}^{-1} M_i \ \text{ and } \ M_{i,i-1} = M_i^{-1} M_{i-1}$$

$\{i\}$에서 표현한 관절 i에 대한 스크류 축을 $\mathcal{A}_i$라고 표시한다. 이때, 동일한 스크류 축을 $\{0\}$에서 표현하면 $\mathcal{S}_i$가 되며 둘 사이는 다음과 같이 변환된다.

$$\mathcal{A}_i = \mathrm{Ad}_{M_i^{-1}}(\mathcal{S}_i)$$

$T_{i,j} \in SE(3)$를 $\{j\}$ 좌표계의 $\{i\}$에 대한 컨피규레이션이라고 정의하자. 이때, 주어진 관절 변수가 θ_i 일 때 $\{i\}$의 $\{i-1\}$에 대한 컨피규레이션 $T_{i-1,i}(\theta_i)$와 $T_{i,i-1}(\theta_i) = T_{i-1,i}^{-1}(\theta_i)$는 다음과 같이 계산된다.

$$T_{i-1,i}(\theta_i) = M_{i-1,i}e^{[\mathcal{A}_i]\theta_i} \ \text{ and } \ T_{i,i-1}(\theta_i) = e^{-[\mathcal{A}_i]\theta_i}M_{i,i-1}$$

이를 조금 확장시켜 다음 표기를 정의한다.

(a) 링크 $\{i\}$의 컨피규레이션을 $\{i\}$ 좌표계로 표현한 것을 다음과 같이 표기한다. $\mathcal{V}_i = (\omega_i, v_i)$

(b) 관절 i에서 링크 좌표 $\{i\}$로 전달된 렌치값을 $\{i\}$ 좌표계로 표현하면 $\mathcal{F}_i = (m_i, f_i)$이다. 링크 좌표계 $\{i\}$에서 표현한 링크 i의 공간 관성행렬을,

(c) $\mathcal{G}_i \in \mathbb{R}^{6 \times 6}$ 로 표기한다. 이때 각 링크 좌표는 질량 중심을 기준으로 생각하므로 $\mathcal{G}_i$는 다음과 같은 형태가 된다.

$$\mathcal{G}_i = \begin{bmatrix} \mathcal{I}_i & 0 \\ 0 & \mathrm{m}_i I \end{bmatrix} \tag{8.44}$$

이때 $\mathcal{I}_i$ 는 3×3 링크 i의 회전 관성행렬이며 m_i는 링크의 질량이다.

위 정의들을 가지고, 받침에서 말단까지 진행하며 각 링크의 트위스트와 가속도를 재귀적으로 계산할 수 있다. $\{i\}$ 좌표계에서 표현된 링크 i의 트위스트는 $\{i\}$에서 표현된 링크 $i-1$의 트위스트, $\mathcal{V}_{i-1}$들의 합으로 계산된다. 그리고 관절 변화율 $\dot{\theta}_i$에

의해 추가된 트위스트는 다음과 같다.

$$\mathcal{V}_i = \mathcal{A}_i \dot{\theta}_i + [\mathrm{Ad}_{T_{i,i-1}}]\mathcal{V}_{i-1} \tag{8.45}$$

가속도 $\dot{\mathcal{V}}_i$ 역시 재귀적으로 계산될 수 있다. 방정식 (8.45)의 시간미분을 통해 다음을 얻을 수 있다.

$$\dot{\mathcal{V}}_i = \mathcal{A}_i \ddot{\theta}_i + [\mathrm{Ad}_{T_{i,i-1}}]\dot{\mathcal{V}}_{i-1} + \frac{d}{dt}\left([\mathrm{Ad}_{T_{i,i-1}}]\right)\mathcal{V}_{i-1} \tag{8.46}$$

$\frac{d}{dt}\left([\mathrm{Ad}_{T_{i,i-1}}]\right)\mathcal{V}_{i-1}$을 계산하기 위해서 $T_{i,i-1}$과 $\mathcal{A}_i$를 다음과 같이 표현한다.

$$T_{i,i-1} = \begin{bmatrix} R_{i,i-1} & p \\ 0 & 1 \end{bmatrix} \;,\; \mathcal{A}_i = \begin{bmatrix} \omega \\ v \end{bmatrix}$$

이 경우

$$
\begin{aligned}
\frac{d}{dt}\left([\mathrm{Ad}_{T_{i,i-1}}]\right)\mathcal{V}_{i-1} &= \frac{d}{dt}\left(\begin{bmatrix} R_{i,i-1} & 0 \\ [p]R_{i,i-1} & R_{i,i-1} \end{bmatrix}\right)\mathcal{V}_{i-1} \\
&= \begin{bmatrix} -[\omega\dot{\theta}_i]R_{i,i-1} & 0 \\ -[v\dot{\theta}_i]R_{i,i-1} - [\omega\dot{\theta}_i][p]R_{i,i-1} & -[\omega\dot{\theta}_i]R_{i,i-1} \end{bmatrix}\mathcal{V}_{i-1} \\
&= \underbrace{\begin{bmatrix} -[\omega\dot{\theta}_i] & 0 \\ -[v\dot{\theta}_i] & -[\omega\dot{\theta}_i] \end{bmatrix}}_{-[\mathrm{ad}_{\mathcal{A}_i\dot{\theta}_i}]}\underbrace{\begin{bmatrix} R_{i,i-1} & 0 \\ [p]R_{i,i-1} & R_{i,i-1} \end{bmatrix}}_{[\mathrm{Ad}_{T_{i,i-1}}]}\mathcal{V}_{i-1} \\
&= -[\mathrm{ad}_{\mathcal{A}_i\dot{\theta}_i}]\mathcal{V}_i \\
&= [\mathrm{ad}_{\mathcal{V}_i}]\mathcal{A}_i\dot{\theta}_i
\end{aligned}
$$

다음을 얻을 수 있고, 이 결과를 (8.46)에 대입하면 다음과 같다.

$$\dot{\mathcal{V}}_i = \mathcal{A}_i \ddot{\theta}_i + [\mathrm{Ad}_{T_{i,i-1}}]\dot{\mathcal{V}}_{i-1} + [\mathrm{ad}_{\mathcal{V}_i}]\mathcal{A}_i \dot{\theta}_i \tag{8.47}$$

이때 링크 i의 가속도는 관절 가속도 $\ddot{\theta}_i$에 의한 성분과, $\{i\}$축에서 해석한 $i-1$의 링크 가속도에 의한 성분과, 속도에 의한 성분의 합으로 나타낼 수 있다.

각 링크의 트위스트와 가속도를 받침부터 구했으므로 이제 관절에 걸리는 토크와 힘을 말단에서부터 구할 수 있다. 강체 동역학 (8.40)은 트위스트가 $\mathcal{V}_i$ $\dot{\mathcal{V}}_i$로 주어진 링크 i에 작동하는 렌치값을 알려준다. i에 작동하는 총 렌치는 관절 i에 걸리는 렌치 $\mathcal{F}_i$ 와 관절 $i+1$에 걸리는 렌치의 합으로 구할 수 있다(n번째 링크에 대해서는 엔드 이펙터에 대해서 또는 외부 힘에 대해서 생각하면 된다). 이를 식으로 나타내면 다음과 같다.

$$\mathcal{G}_i \dot{\mathcal{V}}_i - \mathrm{ad}^T_{\mathcal{V}_i}(\mathcal{G}_i \mathcal{V}_i) = \mathcal{F}_i - \mathrm{Ad}^T_{T_{i+1,i}}(\mathcal{F}_{i+1}) \tag{8.48}$$

다음 그림 8.6을 보면 팁에서 기저까지 각 링크에서 방정식 (8.48): $\mathcal{F}_i$를 풀어 나간다. 이때 i번째 관절이 1 자유도만 갖고 있으므로, 6차원 벡터 $\mathcal{F}_i$ 중에서 5개의 차원은 조인트의 구조에 의해 자유롭게 주어진다. 또한 액츄에이터는 스칼라 힘 또는 토크만 관절 스크류 축에 맞게 제공해주면 된다.

$$\tau_i = \mathcal{F}_i^T \mathcal{A}_i \tag{8.49}$$

위 식은 각 관절이 요하는 토크를 역동역학 방식을 통해 풀어준다.

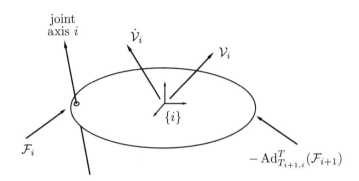

그림 8.6: 링크 i에 걸리는 모멘트와 힘을 표시한 자유 물체도

8.3.2 뉴턴-오일러 역동역학 알고리듬

초기화 베이스에 좌표계 $\{0\}$을 부착한다. 좌표계 $\{1\}$부터 $\{n\}$까지는 각 링크의 질량 중심에 부착한다. $\{n+1\}$는 엔드 이펙터에 $\{n\}$ 좌표에 고정시킨 채로 부착한다. $M_{i,i-1}$를 $\theta_i = 0$인 경우에 $\{i\}$에서 $\{i-1\}$ 의 컨피규레이션이라 하고, $\mathcal{A}_i$를 $\{i\}$에서 본 관절 i의 스크류 축으로 하고, $\mathcal{G}_i$를 링크 i 의 6×6 공간 관성행렬로 정의하고, $\mathcal{V}_0$ 를 기저 좌표계 $\{0\}$에서 표현한 기저 좌표계의 트위스트로 설정하자(이 값은 대부분의 경우에서 0이다). $\mathfrak{g} \in \mathbb{R}^3$를 기저 좌표계 $\{0\}$에서 표현한 중력가속도 벡터라 하고, $\dot{\mathcal{V}}_0 = (\dot{\omega}_0, \dot{v}_0) = (0, -\mathfrak{g})$과 같이 정의하자(중력은 베이스에서 반대방향으로 작용하는 가속도 정도로 생각할 수 있다). 마지막으로 $\{n+1\}$에서 본 외부에 의해 엔드 이펙터에 작용하는 렌치를 $\mathcal{F}_{n+1} = \mathcal{F}_{\text{tip}} = (m_{\text{tip}}, f_{\text{tip}})$이라고 정의하자.

전진 반복: 주어진 $\theta, \dot{\theta}, \ddot{\theta}$에 대해 $i = 1$부터 n까지 다음을 시행한다.

$$T_{i,i-1} \;=\; e^{-[\mathcal{A}_i]\theta_i} M_{i,i-1} \tag{8.50}$$

$$\mathcal{V}_i \;=\; \mathrm{Ad}_{T_{i,i-1}}(\mathcal{V}_{i-1}) + \mathcal{A}_i \dot{\theta}_i \tag{8.51}$$

$$\dot{\mathcal{V}}_i \;=\; \mathrm{Ad}_{T_{i,i-1}}(\dot{\mathcal{V}}_{i-1}) + \mathrm{ad}_{\mathcal{V}_i}(\mathcal{A}_i)\dot{\theta}_i + \mathcal{A}_i \ddot{\theta}_i \tag{8.52}$$

후진 반복: $i = n$부터 1까지 다음 과정을 시행한다.

$$\mathcal{F}_i \;=\; \mathrm{Ad}^T_{T_{i+1,i}}(\mathcal{F}_{i+1}) + \mathcal{G}_i \dot{\mathcal{V}}_i - \mathrm{ad}^T_{\mathcal{V}_i}(\mathcal{G}_i \mathcal{V}_i) \tag{8.53}$$

$$\tau_i \;=\; \mathcal{F}_i^T \mathcal{A}_i \tag{8.54}$$

8.4 닫힌 형식의 동역학 방정식

이 절에서는 재귀적 역동역학 알고리듬이 어떤 식으로 다음과 같은 닫힌 형식으로 표현되는지 다룬다. $\tau = M(\theta)\ddot{\theta} + c(\theta, \dot{\theta}) + g(\theta)$.

본격적으로 다루기 전에 로봇의 총 운동에너지 $\mathcal{K}$를 다음과 같이 표현할 수 있음을 증명한다. $\mathcal{K} = \frac{1}{2}\dot{\theta}^T M(\theta)\dot{\theta}$. 이는 총 운동에너지 $\mathcal{K}$가 각각의 링크의 운동에너지의 합으로 표현될 수 있음을 통해 진행한다.

$$\mathcal{K} = \frac{1}{2}\sum_{i=1}^{n} \mathcal{V}_i^T \mathcal{G}_i \mathcal{V}_i \tag{8.55}$$

여기서 $\mathcal{V}_i$는 링크 좌표계 $\{i\}$의 트위스트이며, $\mathcal{G}_i$는 식 (8.32)에서 정의된 링크 i의 공간 관성행렬이다(이때 둘 모두 $\{i\}$에서 표현된 값이다). $T_{0i}(\theta_1, \ldots, \theta_i)$는 기저 좌표계 $\{0\}$부터 링크 좌표계 $\{i\}$까지의 정기구학으로 정의한다. $J_{ib}(\theta)$는 $T_{0i}^{-1}\dot{T}_{0i}$를 통해 얻

은 물체 자코비안으로 정의한다. 이때 J_{ib}는 $6 \times i$ 행렬로 정의된다. 이제 이 행렬에서 남은 $n-i$ 열들을 0으로 채우는 방식으로 $6 \times n$차원으로 확장시킨다. 이 정의를 통해서 다음 사실을 확인할 수 있다.

$$\mathcal{V}_i = J_{ib}(\theta)\dot{\theta}, \quad i = 1, \dots, n$$

이때 구한 운동에너지는 다음과 같이 쓸 수 있다.

$$\mathcal{K} = \frac{1}{2}\dot{\theta}^T \left(\sum_{i=1}^{n} J_{ib}^T(\theta)\mathcal{G}_i J_{ib}(\theta) \right) \dot{\theta} \tag{8.56}$$

위 식에서 괄호 안의 항은 정확히 질량행렬 $M(\theta)$이다.

$$M(\theta) = \sum_{i=1}^{n} J_{ib}^T(\theta)\mathcal{G}_i J_{ib}(\theta) \tag{8.57}$$

이제 다시 본론으로 돌아가 동역학 방정식의 닫힌 형식 꼴을 유도하자. 우선 다음과 같은 벡터를 정의함으로써 시작한다.

$$\mathcal{V} = \begin{bmatrix} \mathcal{V}_1 \\ \vdots \\ \mathcal{V}_n \end{bmatrix} \in \mathbb{R}^{6n} \tag{8.58}$$

$$\mathcal{F} = \begin{bmatrix} \mathcal{F}_1 \\ \vdots \\ \mathcal{F}_n \end{bmatrix} \in \mathbb{R}^{6n} \tag{8.59}$$

이제 또한 다음과 같은 행렬도 정의한다.

$$\mathcal{A} = \begin{bmatrix} \mathcal{A}_1 & 0 & \cdots & 0 \\ 0 & \mathcal{A}_2 & \cdots & 0 \\ \vdots & \vdots & \ddots & \vdots \\ 0 & \cdots & \cdots & \mathcal{A}_n \end{bmatrix} \in \mathbb{R}^{6n \times n} \tag{8.60}$$

$$\mathcal{G} = \begin{bmatrix} \mathcal{G}_1 & 0 & \cdots & 0 \\ 0 & \mathcal{G}_2 & \cdots & 0 \\ \vdots & \vdots & \ddots & \vdots \\ 0 & \cdots & \cdots & \mathcal{G}_n \end{bmatrix} \in \mathbb{R}^{6n \times 6n} \tag{8.61}$$

$$[\mathrm{ad}_\mathcal{V}] = \begin{bmatrix} [\mathrm{ad}_{\mathcal{V}_1}] & 0 & \cdots & 0 \\ 0 & [\mathrm{ad}_{\mathcal{V}_2}] & \cdots & 0 \\ \vdots & \vdots & \ddots & \vdots \\ 0 & \cdots & \cdots & [\mathrm{ad}_{\mathcal{V}_n}] \end{bmatrix} \in \mathbb{R}^{6n \times 6n} \tag{8.62}$$

$$[\mathrm{ad}_{\mathcal{A}\dot{\theta}}] = \begin{bmatrix} [\mathrm{ad}_{\mathcal{A}_1\dot{\theta}_1}] & 0 & \cdots & 0 \\ 0 & [\mathrm{ad}_{\mathcal{A}_2\dot{\theta}_2}] & \cdots & 0 \\ \vdots & \vdots & \ddots & \vdots \\ 0 & \cdots & \cdots & [\mathrm{ad}_{\mathcal{A}_n\dot{\theta}_n}] \end{bmatrix} \in \mathbb{R}^{6n \times 6n} \tag{8.63}$$

$$\mathcal{W}(\theta) = \begin{bmatrix} 0 & 0 & \cdots & 0 & 0 \\ [\mathrm{Ad}_{T_{21}}] & 0 & \cdots & 0 & 0 \\ 0 & [\mathrm{Ad}_{T_{32}}] & \cdots & 0 & 0 \\ \vdots & \vdots & \ddots & \vdots & \vdots \\ 0 & 0 & \cdots & [\mathrm{Ad}_{T_{n,n-1}}] & 0 \end{bmatrix} \in \mathbb{R}^{6n \times 6n} \tag{8.64}$$

이때 $\mathcal{W}$의 θ에 대한 의존성을 강조하기 위해 $\mathcal{W}(\theta)$라는 표현을 활용한다. 그리고 마지막으로, 다음 벡터를 정의한다.

$$\mathcal{V}_{\text{base}} \;\; = \;\; \begin{bmatrix} \text{Ad}_{T_{10}}(\mathcal{V}_0) \\ 0 \\ \vdots \\ 0 \end{bmatrix} \in \mathbb{R}^{6n} \tag{8.65}$$

$$\dot{\mathcal{V}}_{\text{base}} \;\; = \;\; \begin{bmatrix} \text{Ad}_{T_{10}}(\dot{\mathcal{V}}_0) \\ 0 \\ \vdots \\ 0 \end{bmatrix} \in \mathbb{R}^{6n} \tag{8.66}$$

$$\mathcal{F}_{\text{tip}} \;\; = \;\; \begin{bmatrix} 0 \\ \vdots \\ 0 \\ \text{Ad}^T_{T_{n+1,n}}(\mathcal{F}_{n+1}) \end{bmatrix} \in \mathbb{R}^{6n} \tag{8.67}$$

$\mathcal{A} \in \mathbb{R}^{6n \times n}$과 $\mathcal{G} \in \mathbb{R}^{6n \times 6n}$은 상수 블록-대각행렬이며 $\mathcal{A}$는 기구학적 변수들을, $\mathcal{G}$는 각 링크의 질량과 관성과 관련된 변수를 갖고 있다. 위의 정의들을 활용해 앞선 재귀적 역동역학 알고리듬은 다음과 같은 행렬 방정식으로 표현된다.

$$\mathcal{V} \;\; = \;\; \mathcal{W}(\theta)\mathcal{V} + \mathcal{A}\dot{\theta} + \mathcal{V}_{\text{base}} \tag{8.68}$$

$$\dot{\mathcal{V}} \;\; = \;\; \mathcal{W}(\theta)\dot{\mathcal{V}} + \mathcal{A}\ddot{\theta} - [\text{ad}_{\mathcal{A}\dot{\theta}}](\mathcal{W}(\theta)\mathcal{V} + \mathcal{V}_{\text{base}}) + \dot{\mathcal{V}}_{\text{base}} \tag{8.69}$$

$$\mathcal{F} \;\; = \;\; \mathcal{W}^T(\theta)\mathcal{F} + \mathcal{G}\dot{\mathcal{V}} - [\text{ad}_{\mathcal{V}}]^T\mathcal{G}\mathcal{V} + \mathcal{F}_{\text{tip}} \tag{8.70}$$

$$\tau \;\; = \;\; \mathcal{A}^T\mathcal{F}. \tag{8.71}$$

$\mathcal{W}(\theta)$는 $\mathcal{W}^n(\theta) = 0$인 성질을 갖고 있으며(이러한 성질을 갖는 행렬을 n차 멱영행렬

이라고 명명한다), 또한 $(I - \mathcal{W}(\theta))^{-1} = I + \mathcal{W}(\theta) + \ldots + \mathcal{W}^{n-1}(\theta)$임을 통해서 $\mathcal{L}(\theta) = (I - \mathcal{W}(\theta))^{-1}$임을 정의할 수 있다. 이는 다음과 같이 연산된다.

$$
\mathcal{L}(\theta) = \begin{bmatrix}
I & 0 & 0 & \cdots & 0 \\
[\mathrm{Ad}_{T_{21}}] & I & 0 & \cdots & 0 \\
[\mathrm{Ad}_{T_{31}}] & [\mathrm{Ad}_{T_{32}}] & I & \cdots & 0 \\
\vdots & \vdots & \vdots & \ddots & \vdots \\
[\mathrm{Ad}_{T_{n1}}] & [\mathrm{Ad}_{T_{n2}}] & [\mathrm{Ad}_{T_{n3}}] & \cdots & I
\end{bmatrix} \in \mathbb{R}^{6n \times 6n} \tag{8.72}
$$

이때도 $\mathcal{L}(\theta)$ 를 $\mathcal{L}$의 θ에 대한 의존성을 강조하기 위해 사용했다. 앞선 행렬 방정식은 다음과 같이 정리할 수 있다.

$$
\begin{aligned}
\mathcal{V} &= \mathcal{L}(\theta)\left(\mathcal{A}\dot{\theta} + \mathcal{V}_{\mathrm{base}}\right) \tag{8.73} \\
\dot{\mathcal{V}} &= \mathcal{L}(\theta)\left(\mathcal{A}\ddot{\theta} + [\mathrm{ad}_{\mathcal{A}\dot{\theta}}]\mathcal{W}(\theta)\mathcal{V} + [\mathrm{ad}_{\mathcal{A}\dot{\theta}}]\mathcal{V}_{\mathrm{base}} + \dot{\mathcal{V}}_{\mathrm{base}}\right) \tag{8.74} \\
\mathcal{F} &= \mathcal{L}^{T}(\theta)\left(\mathcal{G}\dot{\mathcal{V}} - [\mathrm{ad}_{\mathcal{V}}]^{T}\mathcal{G}\mathcal{V} + \mathcal{F}_{\mathrm{tip}}\right) \tag{8.75} \\
\tau &= \mathcal{A}^{T}\mathcal{F} \tag{8.76}
\end{aligned}
$$

만약 로봇이 외부 렌치 $\mathcal{F}_{\mathrm{tip}}$를 엔드 이펙터에 가하면, 다음과 같이 동역학 방정식에 포함된다.

$$
\tau = M(\theta)\ddot{\theta} + c(\theta, \dot{\theta}) + g(\theta) + J^{T}(\theta)\mathcal{F}_{\mathrm{tip}} \tag{8.77}
$$

이때 $J(\theta)$는 정기구학에서의 자코비안 $\mathcal{F}_{\mathrm{tip}}$을 측정한 좌표계와 같은 곳에서 표현한 값이다.

$$
\begin{aligned}
M(\theta) &= \mathcal{A}^{T}\mathcal{L}^{T}(\theta)\mathcal{G}\mathcal{L}(\theta)\mathcal{A} \tag{8.78} \\
c(\theta, \dot{\theta}) &= -\mathcal{A}^{T}\mathcal{L}^{T}(\theta)\left(\mathcal{G}\mathcal{L}(\theta)[\mathrm{ad}_{\mathcal{A}\dot{\theta}}]\mathcal{W}(\theta) + [\mathrm{ad}_{\mathcal{V}}]^{T}\mathcal{G}\right)\mathcal{L}(\theta)\mathcal{A}\dot{\theta} \tag{8.79} \\
g(\theta) &= \mathcal{A}^{T}\mathcal{L}^{T}(\theta)\mathcal{G}\mathcal{L}(\theta)\dot{\mathcal{V}}_{\mathrm{base}} \tag{8.80}
\end{aligned}
$$

8.5 개연쇄의 정동역학

정동역학 문제는 θ, $\dot{\theta}$, τ, 와 엔드 이펙터에 작용한 렌치 $\mathcal{F}_{\text{tip}}$가 주어져 있을 때

$$M(\theta)\ddot{\theta} = \tau(t) - h(\theta, \dot{\theta}) - J^T(\theta)\mathcal{F}_{\text{tip}} \qquad (8.81)$$

를 통해 $\ddot{\theta}$를 풀어내는 것이다. $h(\theta, \dot{\theta})$항은 $\ddot{\theta} = 0$와 $\mathcal{F}_{\text{tip}} = 0$임과 함께 역동역학 알고리듬을 통해 계산할 수 있다. 질량행렬 $M(\theta)$는 (8.57)을 통해서 계산할 수 있다. 다른 방식으로는 n번 역동역학 알고리듬을 적용해 $M(\theta)$을 한 열씩 채울 수도 있다. 각각의 n번 과정에서 $\mathfrak{g} = 0$, $\dot{\theta} = 0$ 그리고 $\mathcal{F}_{\text{tip}} = 0$으로 설정한다. 첫 번째 과정에서, $\ddot{\theta}$는 두 번째 행에 있는 값을 제외하고는 다 0이 된다. i번째 과정에서 얻은 τ 벡터는 $M(\theta)$의 i번째 열이 되고, n번 반복하면 $n \times n$ 행렬 $M(\theta)$를 얻을 수 있다.

구한 $M(\theta)$, $h(\theta, \dot{\theta})$과 $\mathcal{F}_{\text{tip}}$를 가지고 우리는 식 (8.81)을 조금 더 효율적인 꼴 $M\ddot{\theta} = b$로 $\ddot{\theta}$에 대해 풀 수 있다.

정동역학 과정은 로봇의 움직임을 주어진 초기 상태와 관절 힘/토크 $\tau(t)$ 그리고 추가적으로 외부 렌치 $t \in [0, t_f], \mathcal{F}_{\text{tip}}(t)$에 대해 시뮬레이션할 때 사용된다. 우선 함수 정동역학을 정의하고, 식 (8.81)의 해를 반환한다.

$$\ddot{\theta} = ForwardDynamics(\theta, \dot{\theta}, \tau, \mathcal{F}_{\text{tip}})$$

변수 $q_1 = \theta$, $q_2 = \dot{\theta}$를 각각 정의하여, 2차 동역학 방정식은 두 개의 1차 미분방정식 꼴로 바꾼다.

$$\begin{aligned} \dot{q}_1 &= q_2 \\ \dot{q}_2 &= \text{정동역학}(q_1, q_2, \tau, \mathcal{F}_{\text{tip}}). \end{aligned}$$

$\dot{q} = f(q,t)$, $q \in \mathbb{R}^n$ 형태의 1계 미분방정식을 적분하는 방법으로는 1차 오일러 반복법^{iteration}을 활용하는 방법이 있다.

$$q(t + \delta t) = q(t) + \delta t f(q(t), t)$$

양의 스칼라 δt는 한 반복 동안의 시간을 뜻한다. 로봇 동역학의 오일러 적분은 다음과 같이 표현된다.

$$
\begin{aligned}
q_1(t + \delta t) &= q_1(t) + q_2(t)\delta t \\
q_2(t + \delta t) &= q_2(t) + ForwardDynamics(q_1, q_2, \tau, \mathcal{F}_{\text{tip}})\delta t.
\end{aligned}
$$

주어진 초깃값, $q_1(0) = \theta(0)$과 $q_2(0) = \dot{\theta}(0)$을 통해 $\theta(t) = q_1(t)$를 수치 해석적으로 구할 수 있다.

정동역학의 오일러 적분 알고리듬

- **Inputs**: 초기 조건 $\theta(0)$와 $\dot{\theta}(0)$, 주어진 토크/힘 $\tau(t)$와 엔드 이펙터에서의 렌치 $\mathcal{F}_{\text{tip}}(t)$, $t \in [0, t_f]$, 주어진 이터레이션 진행 횟수 N

- **초기화**: 시간 간격 $\delta t = t_f/N$, $\theta[0] = \theta(0)$, $\dot{\theta}[0] = \dot{\theta}(0)$

- **반복식**: $k = 0$부터 $N - 1$까지

$$
\begin{aligned}
\ddot{\theta}[k] &= 정동역학(\theta[k], \dot{\theta}[k], \tau(k\delta t), \mathcal{F}_{\text{tip}}(k\delta t)) \\
\theta[k + 1] &= \theta[k] + \dot{\theta}[k]\delta t \\
\dot{\theta}[k + 1] &= \dot{\theta}[k] + \ddot{\theta}[k]\delta t
\end{aligned}
$$

- **결과**: 관절 값 $\theta(k\delta t) = \theta[k]$, $\dot{\theta}(k\delta t) = \dot{\theta}[k]$, $k = 0, \ldots, N$

전체 이터레이션 수 N이 무한에 가까워질 때 위 수치 해석적 적분값의 결과는 이론적인 결괏값에 수렴한다. 고계-수치 해석적 적분 방식, 예를 들어 4계 Runge-Kutta 등을 이용해 적분할 경우, 1계 오일러 방법을 사용할 때, 더욱 적은 연산으로 실제 값에 가깝게 수렴할 수 있다.

8.6 작업 공간에서의 동역학

본 절에서는 동역학 방정식이 엔드 이펙터 좌표계(작업 공간의 좌표계)에서 기술될 경우 어떠한 방식으로 변하는지에 대해 다룬다. 과정을 단순히 하기 위해 우리는 6 자유도 개연쇄를 가정한다.

$$\tau = M(\theta)\ddot{\theta} + h(\theta, \dot{\theta}), \ \ \theta \in \mathbb{R}^6, \ \tau \in \mathbb{R}^6 \tag{8.82}$$

또한 엔드 이펙터에 작용하는 힘 $\mathcal{F}_{\text{tip}}$ 역시 무시하고 진행한다. 엔드 이펙터의 트위스트 $\mathcal{V} = (\omega, v)$는 관절 속도 $\dot{\theta}$와 다음 관계를 만족한다.

$$\mathcal{V} = J(\theta)\dot{\theta} \tag{8.83}$$

$\mathcal{V}$와 $J(\theta)$는 항상 같은 기준 좌표계에서 표현됨을 명심하라. 이때 시간 미분 $\dot{\mathcal{V}}$는 다음 식을 만족한다.

$$\dot{\mathcal{V}} = \dot{J}(\theta)\dot{\theta} + J(\theta)\ddot{\theta} \tag{8.84}$$

$J(\theta)$가 역행렬이 있는 θ에 대해

$$\dot{\theta} = J^{-1}\mathcal{V} \tag{8.85}$$

$$\ddot{\theta} = J^{-1}\dot{\mathcal{V}} - J^{-1}\dot{J}J^{-1}\mathcal{V}. \tag{8.86}$$

$\dot{\theta}$과 $\ddot{\theta}$를 식 (8.82)에 대입해 다음 식을 얻을 수 있다.

$$\tau = M(\theta)\left(J^{-1}\dot{\mathcal{V}} - J^{-1}\dot{J}J^{-1}\mathcal{V}\right) + h(\theta, J^{-1}\mathcal{V}) \tag{8.87}$$

이때 J^{-T}는 $(J^{-1})^T = (J^T)^{-1}$이다. 양변에 J^{-T}를 곱해주면

$$\begin{aligned} J^{-T}\tau &= J^{-T}MJ^{-1}\dot{\mathcal{V}} - J^{-T}MJ^{-1}\dot{J}J^{-1}\mathcal{V} \\ &\quad + J^{-T}h(\theta, J^{-1}\mathcal{V}) \end{aligned} \tag{8.88}$$

를 얻는다. 위 식에서 $J^{-T}\tau$를 렌치 $\mathcal{F}$로 표현하면 다음과 같다.

$$\mathcal{F} = \Lambda(\theta)\dot{\mathcal{V}} + \eta(\theta, \mathcal{V}) \tag{8.89}$$

이때,

$$\Lambda(\theta) = J^{-T}M(\theta)J^{-1} \tag{8.90}$$

$$\eta(\theta, \mathcal{V}) = J^{-T}h(\theta, J^{-1}\mathcal{V}) - \Lambda(\theta)\dot{J}J^{-1}\mathcal{V} \tag{8.91}$$

이다. 위 식들은 엔드 이펙터 좌표계에서 표현된 동역학 방정식들이다. 만약 $\mathcal{F}$ 이 추가적으로 엔드 이펙터에 가해진다면, 구동에 의한 효과가 0이라 가정하면 엔드 이펙터 좌표계의 움직임은 이 식들로 정해진다.

이때 위 식을 사용하기 위해서는 $J(\theta)$은 역행렬이 존재해야 함을 기억하라(관절 속도와 엔드 이펙터 트위스트 사이에 일대일 대응이 성립한다). 또한 $\Lambda(\theta)$와 $\eta(\theta, \mathcal{V})$의 θ에 대한

의존성 역시 확인해야 한다. 일반적으로, θ에 대한 의존성을 엔드 이펙터의 컨피규레이션 X에 대한 의존성으로 대체할 수 없는데, 이 원인으로는 역기구학에는 다양한 해가 존재하며 동역학적 수치 관절 변수 θ에 의존하기 때문이다.

8.7 구속된 조건의 동역학

이제 n개의 관절이 다음과 같은 k개의 홀로노믹holonomic하거나 비홀로노믹한 프파핀Pfaffian 속도 구속 조건에 있다고 하자.

$$A(\theta)\dot{\theta} = 0, \quad A(\theta) \in \mathbb{R}^{k \times n} \tag{8.92}$$

(단원 2.4를 참고해 파피안 구속 조건을 확인하라) 위와 같은 구속 조건은 닫힌 고리 형태의 구조에서 기인할 수 있다. 예를 들어 엔드 이펙터가 문 손잡이를 견고하게 잡고 있는 움직임을 생각하면 $k = 5$개의 구속이 생김을 알 수 있다. 다른 예시로는 로봇이 펜을 잡고 글을 쓰고 있는 경우 $k = 1$개의 구속 조건이 볼펜의 팁을 종이에 부착시키는 데 사용됨을 확인할 수 있다. 어떠한 경우에서도, 우리는 구속 조건이 로봇에 어떠한 일도 하지 않는다고 가정한다. 즉, 일반화된 구속 조건에 의한 힘 τ_{con}은 다음 식을 만족한다.

$$\tau_{\mathrm{con}}^T \dot{\theta} = 0$$

위 가정은 τ_{con}이 $A^T(\theta)$의 열들의 선형 합으로 표시됨을 의미한다. 일반화된 힘은 $\dot{\theta}$가 (8.92)를 따르므로 어떤 $\lambda \in \mathbb{R}^k$이 존재하여 $\tau_{\mathrm{con}} = A^T(\theta)\lambda$를 만족해야 한다.

$$(A^T(\theta)\lambda)^T \dot{\theta} = \lambda^T A(\theta)\dot{\theta} = 0 \ \text{ for all } \lambda \in \mathbb{R}^k$$

위의 글씨 쓰는 로봇의 예시의 경우, 구속 조건에 의해 생성되는 일이 없다는 것은 종이와 펜 사이에 마찰이 없다는 의미다.

$A^T(\theta)\lambda$ 구속 조건을 추가하면 우리는 $n+k$개의 구속된 운동방정식을 얻을 수 있다.

$$\tau = M(\theta)\ddot{\theta} + h(\theta, \dot{\theta}) + A^T(\theta)\lambda \qquad (8.93)$$

$$A(\theta)\dot{\theta} = 0, \qquad (8.94)$$

이때 λ는 라그랑주 승수이며 $A^T(\theta)\lambda$는 구속 조건에 저항하기 위해 각 관절에 걸리는 힘과 토크이다. 이 식들에서 로봇의 속도 자유도는 $n-k$를 가지며, k의 "힘 자유도"를 가진다. 로봇은 자유롭게 일반화된 힘 $A^T(\theta)\lambda$를 생성할 수 있다(펜으로 글을 쓰는 로봇이라면, 이는 사실이 아니다. 로봇은 종이와 책상에 미는 힘만 가할 수 있지 당기는 힘을 가할 수 없기 때문이다).

이때 구속 조건이 항상 성립하기 때문에, 구속 조건의 시간 변화율은 다음을 만족한다.

$$\dot{A}(\theta)\dot{\theta} + A(\theta)\ddot{\theta} = 0 \qquad (8.95)$$

$M(\theta)$와 $A(\theta)$가 최대 위수^{full rank}임을 가정하여, $\ddot{\theta}$에 대해 식 (8.93)을 풀 수 있다.

$$\ddot{\theta} = M^{-1}(\theta)(\tau - h(\theta, \dot{\theta}) - A^T\lambda) \qquad (8.96)$$

이때, θ와 $\dot{\theta}$에 대한 의존성을 생각하며 식을 정리하면 다음과 같다.

$$\dot{A}\dot{\theta} + AM^{-1}(\tau - h(\theta, \dot{\theta}) - A^T\lambda) = 0 \qquad (8.97)$$

이때 $A\ddot{\theta} = -\dot{A}\dot{\theta}$임을 적용하고, 식을 정리하면 다음을 얻는다.

$$\lambda = (AM^{-1}A^T)^{-1}(AM^{-1}(\tau - h(\theta, \dot{\theta})) - A\ddot{\theta}) \qquad (8.98)$$

구속력은 τ와 상태 모두에 의해서 결정되는 것을 알 수 있다.

이제 주어진 τ에 대해 λ와 $\ddot\theta$를 구하는 구속된 정동역학을 풀기 위해서 (8.98)을 λ에 대해서 풀고 그 결과를 (8.96)에 대입해 얻을 수 있다. (8.95)를 만족하는 $n-k$차원의 가속도식으로부터 식 (8.93)을 활용해 주어진 λ와 $\ddot\theta$에 대해 τ를 계산하여 구속된 역동역학식을 해결할 수 있다. 만약 로봇의 엔드 이펙터에 구속이 걸린다면, λ값은 엔드 이펙터에 걸리는 렌치 값과 다음 식처럼 연관돼 있다.

$$J^T(\theta)\mathcal{F}_{\text{tip}} = A^T(\theta)\lambda$$

이때, $J(\theta)$는 $\mathcal{V} = J(\theta)\dot\theta$를 만족하는 자코비안이고, 만약 $J(\theta)$ 가역 행렬일 경우 $\mathcal{F}_{\text{tip}} = J^{-T}(\theta)A^T(\theta)\lambda$ 이다. 장애물과 접하며 외부 렌치에 저항하며 제어하는 것이 목적인 11.6절의 하이브리드 동작-힘 제어를 보면, 요구되는 렌치 $\mathcal{F}_{\text{d}}$값은 $J^{-T}(\theta)A^T(\theta)$의 열 공간에 존재해야 하며, 라그랑주 승수는 $\lambda = (J^{-T}(\theta)A^T(\theta))^\dagger\mathcal{F}_{\text{d}}$이다.

예제 8.1. 그림 8.1의 2R 로봇들이 그림 8.7처럼 중력 g가 0인 상황에 있다고 하자. 각 링크의 길이가 $L_1 = L_2 = 1$,이고, 각 링크의 끝의 점 질량 $\mathfrak{m}_1 = \mathfrak{m}_2 = 1$이라고 하자. 로봇의 말단에서 로봇 정동역학은 다음 식과 같이 나타난다.

$$\begin{bmatrix} x \\ y \end{bmatrix} = \begin{bmatrix} c_1 + c_{12} \\ s_1 + s_{12} \end{bmatrix}$$

이때 s_{12}와 c_{12}는 각각 $sin(\theta_1 + \theta_2)$ 와 $cos(\theta_1 + \theta_2)$이다. 동역학식의 미분은 다음과 같이 나타난다.

$$\begin{bmatrix} \dot{x} \\ \dot{y} \end{bmatrix} = \underbrace{\begin{bmatrix} -s_1 - s_{12} & -s_{12} \\ c_1 + c_{12} & c_{12} \end{bmatrix}}_{J(\theta)} \begin{bmatrix} \dot{\theta}_1 \\ \dot{\theta}_2 \end{bmatrix}$$

$$\begin{bmatrix} \ddot{x} \\ \ddot{y} \end{bmatrix} = J(\theta)\ddot{\theta} + \underbrace{\begin{bmatrix} -\dot{\theta}_1 c_1 - (\dot{\theta}_1 + \dot{\theta}_2)c_{12} & -(\dot{\theta}_1 + \dot{\theta}_2)c_{12} \\ -\dot{\theta}_1 s_1 - (\dot{\theta}_1 + \dot{\theta}_2)s_{12} & -(\dot{\theta}_1 + \dot{\theta}_2)s_{12} \end{bmatrix}}_{\dot{J}(\theta)} \begin{bmatrix} \dot{\theta}_1 \\ \dot{\theta}_2 \end{bmatrix}$$

이때 $J(\theta)$는 $(\dot{x}, \dot{y})$ 꼴로 표현된 속도에 대한 자코비안이다.

로봇의 말단은 마찰이 없는 선형 채널 $x = 1$로 제한돼 있다. 이러한 홀로노믹 구속은 관절 좌표계 θ로 $c_1 + c_{12} = 1$과 같이 표현된다. 이에 대한 시간 미분은 $A(\theta)\dot{\theta} = 0$ 이고 다시 표현하면,

$$\underbrace{\begin{bmatrix} -s_1 - s_12 & -s_12 \end{bmatrix}}_{A(\theta)} \begin{bmatrix} \dot{\theta}_1 \\ \dot{\theta}_2 \end{bmatrix} = \begin{bmatrix} 0 \\ 0 \end{bmatrix}$$

와 같다. 관절 좌표계는 $n = 2$이고 구속 조건은 $k = 1$이다. 따라서 $A(\theta) \in \mathbb{R}^{1 \times 2}$ 이다. $A(\theta)$의 시간에 대한 미분은 다음과 같이 주어진다.

$$\dot{A}(\theta) = \begin{bmatrix} -\dot{\theta}_1 c_1 - (\dot{\theta}_1 + \dot{\theta}_2)c_{12} & -(\dot{\theta}_1 + \dot{\theta}_2)c_{12} \end{bmatrix}$$

그림 (8.7)에서 $\theta_1 = -\pi/3$이고 $\theta_1 = 2\pi/3$인 경우를 생각해보자. 현재 말단은 $(\dot{x}, \dot{y}) = (0, 1)$의 속도로 움직이고 있다고 하자. 즉, $\dot{\theta}_1 = 1$이고 $\dot{\theta}_2 = 0$인 경우이다. 이 경우 $A(\theta) = [0 - 0.866]$이고 $\dot{A}(\theta) = [-1 - 0.5]$ 이다. 이를 통해 식 (8.10)에서 쓰인

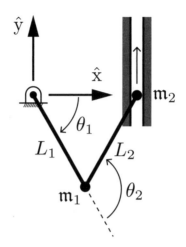

그림 8.7: 말단이 마찰이 없는 선형 채널로 제한돼 있는 2R 로봇

질량행렬과 속도 성분 항을 구하면 다음과 같다.

$$M(\theta) = \begin{bmatrix} 2 & 0.5 \\ 0.5 & 1 \end{bmatrix}, h(\theta, \dot{\theta}) = \begin{bmatrix} 0 \\ 0.866 \end{bmatrix}$$

구속된 정동역학 관절 토크가 $\tau = (\tau_1, \tau_2)$로 주어졌을 때 $\ddot{\theta} = (\ddot{\theta}_1, \ddot{\theta}_2)$와 λ에 대해 구속된 정동역학을 풀자. λ에 대해 식 (8.98)을 풀고 이를 (8.96)에 대입해 다음을 얻을 수 있다.

$$\lambda = 0.289\tau_1 - 1.155\tau_2 - 0.167, \ddot{\theta}_1 = 0.5\tau_1 + 0.289, \ddot{\theta}_2 = -1.155$$

위 해에 대해 몇 가지 알 수 있는 점이 있다.

- 현 상태에서 $\tau = 0$이면, $\lambda = -0.167$이다.

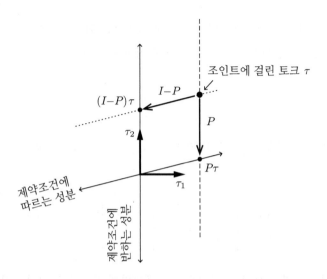

그림 8.8: (τ_1, τ_2) 관절 토크 공간은 그림에 나와 있듯이 $\tau_1 = 0, 0.289\tau_1 - 1.155\tau_2$처럼 제약조건에 접하는 성분과 제약조건에 반하는 성분으로 분해된다. 관절 토크 τ는 $\tau = P\tau + (I - P)\tau$로 표현 가능한데, 행렬 P는 τ를 제약조건에 평행하게 투영시키고, $I - P$는 제약조건에 반하는 성분으로 투영시킨다. 점선으로 표시된 관절 토크 성분은 모두 제약조건에 반하는 성분이지만, 각기 다른 로봇의 움직임을 야기한다. 실선의 관절 토크 성분은 모두 로봇과 같은 움직임을 만들지만 각기 다른 구속력을 야기한다.

- 현 상태에서 $0.289\tau_1 - 1.155\tau_2 = 0$을 만족하는 1차원 부분 공간에 놓인 관절 토크는 구속력에 영향을 주지 않는다.

- 현 상태에서, $\tau_1 = 0$ 1차원 부분 공간에 놓인 관절 토크는 로봇의 움직임에 영향을 주지 않는다.

위의 마지막 두 관찰점은 그림 8.8에 그려져 있다. 임의의 관절 토크 τ는 두개의 구성 요소의 합으로 나타난다. 첫 번째는 로봇의 움직임에 영향을 주지만 구속력에 영향을 주지 않는 성분이고, 나머지는 구속력에 영향을 주지만 움직임에 영향을 주지 않는 성분이다.

작업-공간 구속력 로봇이 구속력에 저항해 적용하는 힘은 로봇의 말단에 걸리는 힘 $f_{\text{tip}} = [\; f_x \;\; f_y \;]^T$에 대한 식으로 다음과 같이 표현된다.

$$J^T(\theta)f_{\text{tip}} = A^T(\theta)\lambda$$

본 예제에서의 자코비안은 가역행렬이므로, $f_{\text{tip}} = J^{-T}(\theta)A^T(\theta)\lambda$로 쓸 수 있으며 다시 말하면

$$f_{\text{tip}} = \begin{bmatrix} 0.577 & -1.155 \\ 1 & 0 \end{bmatrix} \begin{bmatrix} 0 \\ -0.866 \end{bmatrix} \lambda = \begin{bmatrix} 1 \\ 0 \end{bmatrix} \lambda = \begin{bmatrix} 0.289\tau_1 - 1.155\tau_2 - 0.167 \\ 0 \end{bmatrix}$$

와 같다. 이 식은 로봇이 오직 f_x 방향으로만 구속력에 저항할 수 있다는 우리의 이해와 부합한다. 이 예제의 경우, $\tau = 0$이라면 작업 공간 구속력은 $f_{\text{tip}} = [\; -0.167 \;\; 0 \;]^T$ 이고, 이는 로봇의 말단이 왼쪽으로 힘을 주고 있고, 마찬가지로 구속 조건은 로봇을 오른쪽으로 밀어주며 두 힘이 평형을 이룬다는 뜻이다. 만약 구속 조건이 없었다면 로봇의 말단부의 가속도는 명백하게 왼쪽으로 작용했을 것이다.

구속된 역동역학 구속된 역동역학은 식 (8.95)를 만족하는 $\ddot{\theta}$와 λ에 대해 τ를 구하는 과정을 포함한다. 위의 결과들로부터, 구속된 조건을 만족하는 $\ddot{\theta}$는 임의의 $a \in \mathbb{R}$에 대해 $(\ddot{\theta}_1, \ddot{\theta}_2) = (a, -1.155)$와 같은 꼴로 표현됨을 알 수 있다. 또한 채널에 대항하여 힘 $(f_x, f_y) = (f, 0)$을 가하고자 하는 경우, $J(\theta)$가 가역행렬이므로

$$\lambda = (J^{-T}(\theta)A^T(\theta))^{\dagger} \begin{bmatrix} f \\ 0 \end{bmatrix} = \begin{bmatrix} 1 \\ 0 \end{bmatrix}^{\dagger} \begin{bmatrix} f \\ 0 \end{bmatrix} = \begin{bmatrix} 1 & 0 \end{bmatrix} \begin{bmatrix} f \\ 0 \end{bmatrix} = f$$

임을 알 수 있다. $\ddot{theta} = (a, -1.155)$와 $\lambda = f$인 경우 구속된 조건의 역동역학식에 대한 해는 식 (8.93)으로 다음과 같이 얻게 된다.

$$\tau_1 = 2a - 0.578, \tau_2 = 0.5a - 0.866f - 0.289$$

하이브리드 모션-힘 제어에서 a는 원하는 동작을 행하기 위해 동작 제어기에서 채널을 따라 결정되고, f는 힘 제어기에서 채널에 저항하는 힘을 내기 위해 특정된다.

위의 예제 8.5는 특정된 로봇의 $n = 2$와 $k = 1$이라는 특수한 구속 조건에 대한 예제다. 보다 일반적인 로봇의 구속된 상황을 고려하면, 구속된 조건은 구속된 조건에 접하게 구동기 힘과 토크의 $(n - k)$차원의 부분공간을 특정시키고, 나머지 k차원의 부분공간은 구속된 조건에 반하여 구체화된다.

식 (8.98)과 (8.93)을 합치고 정리하면 구속된 조건에 접하는 $(n - k)$차원 공간에 투영된 동역학 식을 다음과 같이 얻을 수 있다.

$$P\tau = P(M\ddot{\theta} + h) \tag{8.99}$$

이때,

$$P = I - A^T(AM^{-1}A^T)^{-1}AM^{-1} \tag{8.100}$$

이고, I는 $n \times n$ 항등행렬이다. $n \times n$ 영행렬 $P(\theta)$의 rank는 $n - k$이고, 일반화된 힘 τ를 $P(\theta)\tau$로 투영시키며 구속 조건에 저항하는 항 $(I - P(\theta))\tau$를 날리고, 구속 조건에 나란한 항만 남긴다. 예제 8.5에서, 그림 8.8에 도식돼 있듯이 투영행렬 P와 $I - P$는 다음과 같다.

$$P = \begin{bmatrix} 1 & 0 \\ 0.25 & 0 \end{bmatrix}, I - P = \begin{bmatrix} 0 & 0 \\ -0.25 & 1 \end{bmatrix}$$

이다. 이때 식 (8.99)는 다음 꼴과 같이 쓸 수 있다.

$$P_{\ddot{\theta}}\ddot{\theta} = P_{\ddot{\theta}}M^-1(\tau - h) \tag{8.101}$$

이고 이때 rank $n - k$인 $P_{\ddot{\theta}}$는

$$P_{\ddot{\theta}} = M^-1PM = I - M^-1A^T(AM^-1A^T)^-1A = P^T \tag{8.102}$$

이다. 이와 관련된 주제로, 11.6절에서는 하이브리드 모션-힘 제어에 관련된 식을 사용한다. 하이브리드 모션-제어의 목적은 구속에 따라 원하는 동작을 제어함과 동시에 구속력에 대응하는 힘을 생성해내는 데에 있다. 그 절에서는 작업 공간 동역학을 사용해 작업 공간 엔드 이펙터의 동작과 렌치를 더욱 자연스럽게 구현한다.

8.8 URDF에서의 로봇 동역학

4.2절에 서술돼 있고, UR5 Universal Robot Description Format 파일에 나와 있듯이 링크 i의 관성적 성질은 링크 구성 요소 질량, 원점(관절 i에서 본 링크의 질량 중심의 위치), 관성이며 이들은 대칭 회전 관성행렬에서의 대각선과 대각선 위 상삼각 성분 6개를 특정짓는다. 로봇의 동역학을 완전히 서술하기 위해서 조인트 i에 대해 추가적으로 원점이 $\theta_i = 0$일 경우 링크 i의 관절 좌표계를 $i - 1$링크의 관절 좌표계에 대해 특정짓기 위해 필요하다. 또한 축 역시 관절 i의 움직임에 대한 축을 특정짓기 위해 필요하다. 이제 이 구성 요소들을 뉴턴-오일러 알고리듬에 필요한 물성치들로 변환하는 예제만 남았다.

8.9 구동, 기어링, 마찰

여태까지는 구동기^{actuator}의 존재가 즉각적으로 원하는 힘과 토크를 제공하다는 가정하에 진행했다. 하지만 실상에서는 다양한 종류의 액츄에이터(예: 전기적, 수력적, 공기역학적)가 존재하며, 기계적 힘을 전달해주는 변환기(예: 기어) 등도 존재하고, 구동기 자체가 관절에 위치할수도, 케이블이나 벨트 등을 활용해 원격으로 조정할 수도 있다. 즉, 각각의 조합은 고유한 성질을 가지며 이 성질들은 실제로 로봇을 제어를 하기 위한 "확장된 동역학"에서 매우 중요한 역할을 담당한다.

본 절에서는 하나의 특정하고, 일반적인 컨피규레이션에 대해서 위의 구동 방식을 살펴본다. 컨피규레이션은 기어가 부착된 DC 전기가 각 관절에 붙어 있는 형태다. 이는 UR5 로봇의 구동에 사용되는 형태이기도 하다.

그림 8.9은 DC 모터로 구동되는 n 조인트 모델의 블록 다이어그램이다. 이때, 각 관절은 회전 관절이다. 전력기는 AC 전압을 DC 전압으로 변환해 각 모터에 증폭기를 거쳐 전달된다. 제어박스는 사용자의 입력(예를 들면 원하는 로봇의 움직임 경로)과 함께 각 관절 엔코더에서 반환하는 포지션 피드백 값을 수용한다. 원하는 동작 경로나 로봇 동역학의 모델 그리고 현재 로봇의 상태와 목표 로봇 상태 사이의 측정된 오차 값 등을 활용해 제어 장치는 각 구동기에 필요한 토크를 계산해 반환한다. DC 전기 모터는 일반적으로 전류에 비례하는 토크값을 관절에 전달한다. 각각의 모터의 증폭기는 전류 감지 센서(8.9에서는 증폭기 밖에 있으나 실제로는 증폭기 내부에 있다)를 활용해 지속적으로 모터에 걸리는 전류값을 원하는 전류값이 될 때까지 조정한다.[3] 모터의 움직임은 모터 엔코더에 감지되고 이러한 포지션 정보는 제어 장치로 다시 전송된다.

명령된 토크는 1초에 1,000회 정도 업데이트된다(1kHz). 또한 증폭기의 전위 조절

---

[3]이때의 전위 값은 전위 값이 빠르게 진동하면서 얻는 최댓값과 최솟값 사이의 시간 평균 값이다.

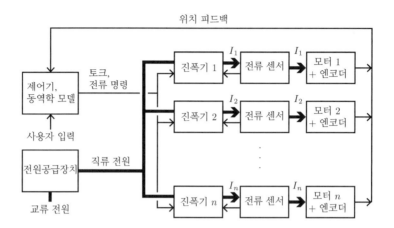

그림 8.9: n-관절 로봇의 블록 다이어그램. 굵은 선은 힘을 전달하는 것에 대응하며 얇은 선은 신호를 주고받는 것에 대응된다.

루프는 이의 10배 또는 그 이상으로 업데이트된다.

8.10은 모터와 다른 구성 요소들을 한 축에 표시한 가상의 그림이다. 이때 모터의 축의 한 끝은 엔코더를 회전시켜 관절의 포지션을 측정하고 하나는 감속기에 들어가는 입력이 된다. 감속기는 회전 속도를 줄이는 대신 토크를 증가시키는 역할을 한다. 이때, 대부분의 DC 전기 모터는 작은 토크 밖에 만들어내지 못하기 때문에 로봇 산업에 적합하지 않아 기어를 사용해 토크를 증가시킨다. 베어링의 목적은 감속기 출력을 도와주는 역할을 담당한다. 토크를 감속기 축으로 자유롭게 전달해주며 감속기와 모터를 $i+1$번째 링크에 의한 렌치로부터 떨어뜨려주는 효과가 있다. 엔코더, 모터, 감속기와 베어링은 링크 i에 모두 부착돼 있으며 이때 모터는 나와 있지 않지만 일종의 제동기를 갖기도 한다.

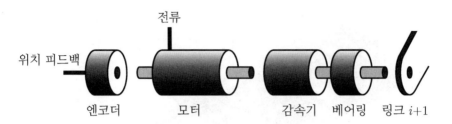

그림 8.10: 엔코더, 감속기, 모터, 베어링의 외부는 모두 링크 i에 부착돼 있고, 베어링에 지지하는 감속기의 외부 축은 링크 $i+1$에 부착돼 있다.

8.9.1 DC 모터와 기어링

DC 모터는 **고정자**stator와 고정자에 대해 회전하는 **회전자**rotor로 구성돼 있다. DC 전기 모터는 전류를 권선winding에 흘려주고 영구자석으로 만들어진 자기장 영역에서 토크를 생성해낸다. 이때 자석은 고정자에 붙어 있고, 권선은 회전자에 붙어 있다(또는 반대인 경우도 있다). DC 모터는 여러 개의 권선을 가진다. 이 중 몇 개는 시간에 따라 활성화돼 있고, 꺼져 있기도 한다. 권선 중 활성화돼 있는 것들을 결정하는 것은 회전자의 고정자에 대해 돌아간 각도다. 이러한 권선의 "정류commutation" 작용은 공학적으로 브러시 모터brushed motor를 사용해 일어나거나 또는 전기를 이용해 회로로 제어하는 브러시리스 모터brushless motor로 이뤄진다. 브러시리스 모터는 브러시가 없다는 장점과 함께 높고 지속적인 토크를 생성할 수 있고, 권선이 모터에 부착돼 있어 권선의 저항에 의한 열이 더 쉽게 분산될 수 있다. 이 책의 DC 모터에 대한 소개장에서는 브러시와 브러시리스 모터를 구분하지 않겠다.

그림 8.11은 엔코더와 감속기가 부착된 브러시 있는 DC 모터를 확인할 수 있다. DC 모터에 의해 생성된 뉴턴미터 단위(Nm)의 토크 τ는 다음 방정식을 따른다.

$$\tau = k_t I$$

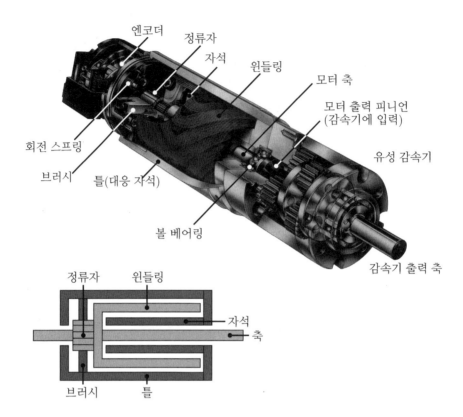

그림 8.11: (위쪽) Maxon Brushed DC 모터의 단면이다(Cutaway image courtesy of Maxon Precision Motors, Inc., maxonmotorusa.com). 이때 모터의 로터는 권선winding, 정류자 고리commutator ring, 샤프트shaft로 구성돼 있다. 각각의 권선들은 정류자의 각기 다른 부분들을 연결시키고, 모터가 회전함에 따라 두 개의 브러시는 정류자 고리를 따라 돌아가며 서로 다른 부분들과 접촉하고, 이를 통해 한 개 또는 그 이상의 권선에 전류를 공급한다. 모터 축의 한 끝은 엔코더와 연결돼 있고, 다른 한 끝은 감속기와 연결돼 있다. (아래쪽) 간략화된 모터의 단면이다. 이때 고정자(브러시, 하우징, 자석)는 진한 회색으로, 회전자(권선, 정류자, 샤프트)는 연한 회색으로 표현했다.

이때, I는 암페어 단위의 권선을 통과하는 전류이고 k_t는 토크와 전류 사이의 비례 상수다. 이는 **토크상수**라고 표현하며 권선의 저항에 의해서 손실된 열량의 단위는 와트^{watt}(W)이며 다음 식을 따른다.

$$P_{\text{heat}} = I^2 R$$

R은 옴^{ohm}(Ω) 단위의 저항이고, 모터의 권선이 과열되는 것을 방지하기 위해 전류는 제한돼야 한다. 즉, 지속적인 제어를 위해서 모터 토크는 모터의 열역학적 물성치인 연속 토크 τ_{cont} 이하로 설정돼야 한다.

모든 단위가 SI 단위계를 따르는 간략화된 DC 모터의 모델을 모터의 일률 $P_{\text{elec}} = IV$ (W)와 기계적 일률 $P_{\text{mech}} = \tau w$(W)를 통해서 표현할 수 있다.

$$IV = \tau w + I^2 R + LI\frac{dI}{dt} + \text{friction and other power loss terms}$$

V는 모터에 공급된 전압이며, w는 모터의 각속도다. L은 권선의 유도계수이고 단위는 henries(H)이다. 이때 우변에 항들은 모터에 의해 생성된 기계적 힘, 권선 저항에 의한 열 손실, 전자기 유도에 의해 발생한 일률(자기장의 형태로 저장된 에너지는 $\frac{1}{2}LI^2$ 이므로 이에 대한 시간의 미분값이다), 베어링 등의 마찰에 의해 발생한 일손실율 등이 있다. 마지막 항을 제외하고 τw를 $k_t I w$로 치환한 뒤, 양변을 I로 나누면 다음 전압식을 얻는다.

$$V = k_t w + IR + L\frac{dI}{dt} \tag{8.103}$$

위의 식 (8.103)에서 토크 상수 k_t 대신에 **전기상수** k_e(단위는 Vs)가 쓰이기도 한다. 둘의 수치적 값은 같으며 둘은 모두 모터의 같은 상수 성질을 나타낸다. 따라서 우리는 k_t를 쓰는 것을 선호한다.

식 (8.103)에서 전위 항인 $k_t w$은 **역기전력**이라고 부른다. 이는 모터가 그냥 저항이나 인덕터의 나열과 구분되는 항이기도 하다. 이는 우리가 주로 전기력을 기계적 힘으로 바꾸는 일이라고 생각하는 모터가, 발전기로써 기계적 에너지를 전기에너지로 변환하는 데에도 사용될 수 있다. 모터의 전기적 입력이 끊어져 있을 때 즉, 전류가 흐르지 않을 때, 모터의 축이 외부 토크에 의하여 강제로 움직인다면 역기전력 $k_t w$를 모터의 입력으로 측정할 수 있을 것이다.

본 절에서 계산을 간단하게 하기 위해 유도기전력 $L\,dI/dt$항을 무시한다. 이 가정은 전류가 일정하게 흐르는 경우 실제로 성립하는 가정이다. 이 가정을 통해 식 (8.103)은 다음과 같이 정리된다.

$$w = \frac{1}{k_t}(V - IR) = \frac{V}{k_t} - \frac{R}{k_t^2}\tau$$

일정한 V에 대해서 각속도 w를 τ에 대한 선형함수로 표현할 수 있다. 이제 전위가 $[-V_{\max}, +V_{\max}]$의 범위에 제한돼 있다고 하고, 모터를 흐르는 전류가 $[-I_{\max}, +I_{\max}]$에 제한돼 있다고 하자. 이때 모터의 토크-속도 평면 중 제어 가능한 지역은 그림 8.12에 표현돼 있다. τ와 w의 부호가 서로 2사분면과 4사분면에서 반대임을 확인하라. 즉, τw 값은 음수임을 알 수 있다. 따라서 이 구역에서 모터가 작동될 경우 이때는 실제로 기계적 파워를 소모하는 것이지 생성해내는 것이 아니다. 즉, 모터는 일종의 댐퍼처럼 작동한다.

1사분면($\tau \geq 0, w \geq 0, \tau w \geq 0$)을 살펴보면 작동 가능한 구간의 경계를 **속도-토크 커브**speed-torque curve라고 한다. 이때, **무부하 속도**no-load speed $w_0 = V_{\max}/k_t$는 속도-토크 커브의 한 끝이며 이 속도는 모터가 $V_{\max}$로 힘을 받으나, 토크를 제공하지 않는 경우이다. 이러한 작동 조건에서 역기전력 $k_t w$는 주어진 기전력과 동일하게 되고 이는 다시 말하면 전류(즉 토크)를 생성하기 위한 기전력이 남지 않는다는 뜻이다. **최대부하 토크**stall torque $\tau_{\text{stall}} = k_t V_{\max}/R$는 속도-토크 곡선의 다른 끝에서의 토크이며, 이는 샤프트가 회전하지 않고 역기전력이 존재하지 않을 때다.

그림 8.12는 $|\tau| \leq \tau_{\text{cont}}$를 만족하는 연속 작동 구간 역시 보여준다. 모터는 간헐적으로 연속 작동 구간 밖에서 작동할 수 있으나, 이 영역에서는 모터의 과열이 발생할 가능성이 존재한다.

모터의 측정된 기계적 일률은 $P_{\text{rated}} = \tau_{\text{cont}} w_{\text{cont}}$처럼 계산된다. 이때 w_{cont}과 τ_{cont}

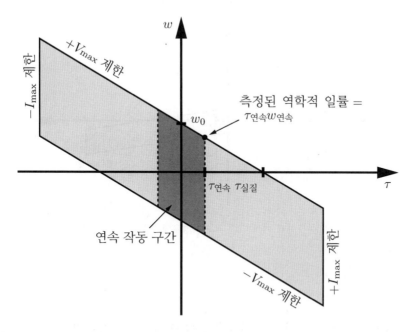

그림 8.12: 전류와 전압이 제한될 경우 DC 모터의 작동 구간은 연한 회색으로, 연속적으로 제어되는 구간은 진한 회색으로 표시했다.

는 속도-토크 곡선을 따르는 부분이다. 모터의 평가된 동력이 특정한 상황에 충분하더라도, DC 모터에 의해 생성된 토크 자체는 너무 작아서 사용하기 힘들다. 따라서 기어링을 활용해 속도를 줄이더라도 토크를 증가시킨다. 기어비 G에 대해서 감속기의 출력 속도는 다음과 같다.

$$w_{\text{gear}} = w_{\text{motor}}/G$$

이상적인 감속기(회전 관성도 0인)는 변환 과정에서 동력 손실이 일어나지 않는다. $\tau_{\text{motor}} w_{\text{motor}} = \tau_{\text{gear}} w_{\text{gear}}$ 이는 곧,

$$\tau_{\text{gear}} = G\tau_{\text{motor}}$$

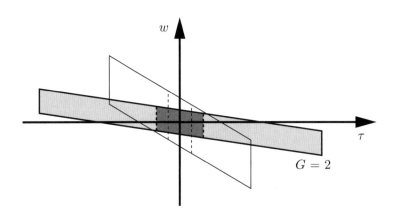

그림 8.13: 원래 모터의 작동 구간과 기어비 $G = 2$일 경우의 작동 구간이다. 토크는 증가하고 속도는 줄어든 것을 확인할 수 있다.

임을 나타낸다. 실제 상황에서는 기계적 동력 손실이 마찰이나 기어 이빨의 충동, 베어링 및 기타 요인들로 인하여 등장한다. 따라서,

$$\tau_{\text{gear}} = \eta G \tau_{\text{motor}}$$

위와 같이 표시하며 이때 $\eta \leq 1$는 기어 헤드의 효율성을 뜻하는 상수다.

그림 8.13은 그림 8.12에서의 모터의 기어비 $G = 2$일 경우($\eta = 1$)의 작동 영역을 보여준다. 이때 최대 토크치는 두 배가 되며, 최대 속도는 반으로 줄게 된다. DC 모터들의 초기 속도는 10,000rpm 또는 그 이상을 가지므로, 로봇 관절은 약 100 또는 그 이상의 기어비를 통해서 원하는 속도와 토크를 얻을 수 있다.

8.9.2 감지된 회전 관성

모터의 고정자는 하나의 링크에 붙어 있고, 감속기를 통해 회전자는 다른 링크에 부착돼 있다. 따라서, 연산을 진행할 때 각 링크의 질량과 회전 관성, 고정자와 회전자의 질량과 회전 관성 등도 역시 고려돼야 한다.

고정된 링크 0과 기어모터가 부착된 관절 1의 고정자를 생각하자. 관절 1의 회전 속도는 감속기의 출력값 $\dot{\theta}$이다. 따라서 모터의 회전자는 $G\dot{\theta}$의 속도로 회전하게 되고, 회전자의 운동에너지는 다음과 같이 나타낸다.

$$\mathcal{K} = \frac{1}{2}\mathcal{I}_{\text{rotor}}(G\dot{\theta})^2 = \frac{1}{2}\underbrace{G^2\mathcal{I}_{\text{rotor}}}_{\text{apparent inertia}}\dot{\theta}^2$$

이때 $\mathcal{I}_{\text{rotor}}$은 회전자 회전축에 대한 스칼라 회전 관성 값이고, $G^2\mathcal{I}_{\text{rotor}}$이 회전축에 대한 회전자의 **겉보기 관성**apparent inertia 값이다(**반영된 관성**reflected inertia이라고도 부른다). 다르게 표현하자면, 만약 링크 1을 직접 손으로 잡아서 돌릴 경우 회전자에 의해 느껴지는 회전 관성 값은 실제보다 G^2배 증가한 형태로 느껴질 것이다.

관성 $\mathcal{I}_{\text{rotor}}$은 사실 $\mathcal{I}_{\text{link}}$에 비해 매우 작지만, $G^2\mathcal{I}_{\text{rotor}}$ 값은 $\mathcal{I}_{\text{link}}$와 비등하거나 더 클 경우도 있다.

기어비가 증가함으로써 발생하는 하나의 결과로 관절 i에서의 관성값의 대부분이 감지된 회전 관성이 차지하게 된다. 다른 말로 관절 i가 요하는 토크는 $\ddot{\theta}_i$의 값에 의한 의존성이 다른 관절 가속도에 비해 높아진다고 할 수 있다. 즉, 로봇의 질량행렬이 조금 더 대각행렬의 꼴로 치중되게 되는 것이다. 질량행렬의 대각성분 외의 값이 무시할 만해지고, 중력도 없는 상황에서는 로봇 동역학이 독립적으로 이뤄진다. 각각 관절의 동역학이 다른 동역학의 컨피규레이션이나 움직임에 받는 영향이 줄어든다.

이에 대한 예시로 그림 8.1에서 $L_1 = L_2 = \mathfrak{m}_1 = \mathfrak{m}_2 = 1$ 조건의 2R 로봇을 생각해 보자. 각 관절 1과 관절 2의 모터 질량이 1이라고 하고, 고정자의 회전 관성은 0.005,

회전자의 회전 관성은 0.00125라고 가정하고, 기어비는 G라고 하자(감속기는 $\eta = 1$를 만족한다). 기어비가 $G = 10$인 경우, 질량행렬은

$$M(\theta) = \begin{bmatrix} 4.13 + 2\cos\theta_2 & 1.01 + \cos\theta_2 \\ 1.01 + \cos\theta_2 & 1.13 \end{bmatrix}$$

이 되고 기어비가 $G = 100$인 경우의 질량행렬은 아래와 같다.

$$M(\theta) = \begin{bmatrix} 16.5 + 2\cos\theta_2 & 1.13 + \cos\theta_2 \\ 1.13 + \cos\theta_2 & 13.5 \end{bmatrix}$$

아래 경우에서의 대각행렬 성분 외의 성분의 중요도가 위에 로봇에 비해 낮음을 확인할 수 있다. 두 번째 로봇의 가용 관절 토크는 첫 번째 로봇에 비해 10배나 크다. 즉, 질량행렬의 증가는 일어나지만 두 번째 로봇이 엔드 이펙터에 더 큰 힘을 가할 수 있으며, 더 높은 가속도를 낼 수 있게 된다. 하지만 두 번째 로봇의 최대 속도는 첫 번째 로봇의 1/10이 된다.

만약 회전자의 감지된 회전 관성 값이 다른 링크에 의해 발생하는 회전 관성에 비해 무시할 만하지 않다면, 뉴턴-오일러 역동역학 알고리듬은 수정돼야 이러한 경우에도 적용할 수 있을 것이다. 하나의 접근 방식은 링크를 두 개의 분리된 물체로 생각하는 방식이 있다. 두 분리된 부분 각각의 질량 중심과 회전 관성을 고려한다(이때 각각 링크의 회전 관성은 고정자나 모터 등을 포함해 계산됐다). 그럼 정반복식 과정은 각 물체의 트위스트와 가속도가 감속기에서 계산된다. 역반복식에서는 링크의 렌치가 두 렌치의 합으로 더해진다. (i) 첫 번째 렌치는 (8.53)에서 계산된 링크의 렌치이고, (ii) 두 번째는 떨어진 회전자로부터의 리액션 렌치다. 관절 축에 걸린 결과 렌치 값은 기어 토크 τ_{gear}가 된다. 이를 기어비로 나누고 회전자의 가속도에 의한 토크에 더하면 모터가 요구하는 토크값 τ_{motor}이 된다. 즉, DC 모터에 명령되는 전류는 $I_{\text{com}} = \tau_{\text{motor}}/(\eta k_t)$가 된다.

8.9.3 모터의 회전 관성과 기어링의 효과를 고려한 뉴턴-오일러 역동역학 알고리듬

이제 뉴턴-오일러 역동역학 알고리듬을 감지 관성의 효과를 고려해 공식을 수정한다. 그림 8.14는 셋업을 보여준다. 이때 질량이 없는 기어와 축을 가정하고 기어 사이의 마찰 및 축과 링크 사이의 마찰 모두를 무시한다.

초기화 기저 좌표계에 $\{0\}_L$을, $\{1\}_L$부터 $\{n\}_L$까지를 각각 링크 1부터 n의 질량 중심에, $\{1\}_R$ to $\{n\}_R$ 를, 각각 회전자 1부터 n의 질량 중심에, $\{n+1\}_L$을 엔드 이펙터에 (이때 엔드 이펙터는 $\{n\}_L$ 에 고정돼 있다고 가정) 부착한다. $\theta_i = 0$일 경우에 $M_{i_R,(i-1)_L}$과 $M_{i_L,(i-1)_L}$을 각각 $\{i\}_R$과 $\{i\}_L$에 대한 $\{i-1\}_L$의 컨피규레이션으로 정의하자. 또한 $\mathcal{A}_i$를 $\{i\}_L$에서 본 관절 i의 스크류 축으로 정하자. 비슷하게 $\mathcal{R}_i$ 를 $\{i\}_R$에서 본 회전자 i의 스크류 축으로 정하자. $\mathcal{G}_{i_L}$를 링크 i의 고정자의 관성을 포함한 6×6 공간 관성행렬로 정의하고 $\mathcal{G}_{i_R}$를 회전자 i의 공간 관성행렬로 정의하자. 모터 i의 기어비는 G_i이고, 트위스트 $\mathcal{V}_{0_L}$과 $\dot{\mathcal{V}}_{0_L}$ 그리고 렌치 $\mathcal{F}_{(n+1)_L}$은 8.3.2절에서의 $\mathcal{V}_0$, $\dot{\mathcal{V}}_0$, $\mathcal{F}_{n+1}$와 같은 방식으로 정의했다.

정반복 주어진 $\theta, \dot{\theta}, \ddot{\theta}$에 대해 $i = 1$ 에서 n까지 다음을 시행한다.

$$T_{i_R,(i-1)_L} = e^{-[\mathcal{R}_i]G_i\theta_i}M_{i_R,(i-1)_L}, \tag{8.104}$$

$$T_{i_L,(i-1)_L} = e^{-[\mathcal{A}_i]\theta_i}M_{i_L,(i-1)_L}, \tag{8.105}$$

$$\mathcal{V}_{i_R} = \mathrm{Ad}_{T_{i_R,(i-1)_L}}(\mathcal{V}_{(i-1)_L}) + \mathcal{R}_iG_i\dot{\theta}_i, \tag{8.106}$$

$$\mathcal{V}_{i_L} = \mathrm{Ad}_{T_{i_L,(i-1)_L}}(\mathcal{V}_{(i-1)_L}) + \mathcal{A}_i\dot{\theta}_i, \tag{8.107}$$

$$\dot{\mathcal{V}}_{i_R} = \mathrm{Ad}_{T_{i_R,(i-1)_L}}(\dot{\mathcal{V}}_{(i-1)_L}) + \mathrm{ad}_{\mathcal{V}_{i_R}}(\mathcal{R}_i)G_i\dot{\theta}_i + \mathcal{R}_iG_i\ddot{\theta}_i, \tag{8.108}$$

$$\dot{\mathcal{V}}_{i_L} = \mathrm{Ad}_{T_{i_L,(i-1)_L}}(\dot{\mathcal{V}}_{(i-1)_L}) + \mathrm{ad}_{\mathcal{V}_{i_L}}(\mathcal{A}_i)\dot{\theta}_i + \mathcal{A}_i\ddot{\theta}_i. \tag{8.109}$$

역반복 $i = n$부터 1까지 다음을 시행한다.

$$
\begin{aligned}
\mathcal{F}_{i_L} &= \mathrm{Ad}^{\mathrm{T}}_{T_{(i+1)_L, i_L}}(\mathcal{F}_{(i+1)_L}) + \mathcal{G}_{i_L}\dot{\mathcal{V}}_{i_L} - \mathrm{ad}^{\mathrm{T}}_{\mathcal{V}_{i_L}}(\mathcal{G}_{i_L}\mathcal{V}_{i_L}) \\
&\quad + \mathrm{Ad}^{\mathrm{T}}_{T_{(i+1)_R, i_L}}(\mathcal{G}_{(i+1)_R}\dot{\mathcal{V}}_{(i+1)_R} - \mathrm{ad}^{\mathrm{T}}_{\mathcal{V}_{(i+1)_R}}(\mathcal{G}_{(i+1)_R}\mathcal{V}_{(i+1)_R})), \quad (8.110)\\
\tau_{i,\text{gear}} &= \mathcal{A}_i^{\mathrm{T}}\mathcal{F}_{i_L}, \quad (8.111)\\
\tau_{i,\text{motor}} &= \frac{\tau_{i,\text{gear}}}{G_i} + \mathcal{R}_i^{\mathrm{T}}(\mathcal{G}_{i_R}\dot{\mathcal{V}}_{i_R} - \mathrm{ad}^{\mathrm{T}}_{\mathcal{V}_{i_R}}(\mathcal{G}_{i_R}\mathcal{V}_{i_R})). \quad (8.112)
\end{aligned}
$$

첫 번째 역방향 반복 단계에서 나오는 $\mathcal{F}_{(n+1)_L}$ 값은 $\{n+1\}_L$에서 본 엔드 이펙터에 걸린 외부 힘에 의한 렌치이다. 또한 $\mathcal{G}_{(n+1)_R}$은 0이다. $\mathcal{F}_{i_L}$ 값은 $\{i_L\}$에서 본 모터 i 감속기를 통해 링크 i에 걸린 렌치 값이다. $\tau_{i,\text{gear}}$는 모터 i의 감속기에 걸린 토크 값이며, $\tau_{i,\text{motor}}$ 값은 회전자 i에 걸린 토크 값이다.

만약 기어링이 없다면 원래의 뉴턴-오일러 역동역학 알고리듬에서 수정할 것이 없음을 기억해라. 고정자는 링크에, 회전자는 다른 하나의 링크에 부착돼 있다. 로봇의 모터에 감속기가 없는 경우는 **직구동 로봇**이라 부르기도 한다. 직구동 로봇은 마찰이 적으나, 구동되는 토크를 만들기 위해서는 모터가 크고 무거워야 하므로 실제 사용에는 제약이 있다.

빠르게 회전하는 회전자에 대한 운동에너지를 정확히 기술할 수 있다는 조건하에, 기어 모터를 다루는 동역학에 대한 라그랑지안 접근에는 수정점이 없다.

8.9.4 마찰

라그랑지안과 뉴턴-오일러 동역학은 관절 마찰에 의한 영향을 고려하지 않는다. 하지만 감속기와 베어링에서 발생하는 마찰력과 토크는 무시하지 못한다. 마찰은 현재까지도 연구되는 주제로 마이크로 크기에서 발생하는 컨택까지 완벽히 설명해내기에 지금 연구된 모델이 충분하지 않다.

마찰 모델은 주로 **정지 마찰력**과 속도에 관한 **점성 마찰력**으로 설명된다. 정지 마찰력의 존재는 관절을 움직이기 위에서 0보다 큰 토크가 필요하다는 뜻이며, 점 마찰력은 관절의 속도가 증가함에 따라 발생하는 마찰력에 의한 토크 역시 증가한다. 그림 8.15를 통해 속도에 따라 변하는 마찰력 모델을 확인할 수 있다.

관절 베어링, 관절이 작동하지 않았던 기간, 온도 등 기타 다양한 요인도 관절 마찰에 기여한다. 이때 감속기의 마찰은 기어비 G가 증가함에 따라 증가한다.

8.9.5 관절과 링크의 유연성

실제로 로봇의 관절과 링크는 어느 정도의 유연성을 갖고 있다. 예를 들면 조속식 감속기$^{harmonic\ drive}$의 기어헤드에 쓰이는 flexspline 부품은 유연성을 갖고 있어 백래시값을 사실상 0까지 줄일 수 있다. 변형 파동 기어를 갖고 있는 관절 모델은 링크와 회전자 사이 감속기가 위치하는 곳에 상대적으로 센 회전 스프링을 사용할 수 있다. 비슷하게 링크 자체도 완전 강체는 아니다. 링크는 진동을 통해서 유연성이 발현된다. 유연한 관절과 링크는 로봇 동역학의 추가적인 상태들을 만들어 동역학과 제어를 어렵게 만든다. 이러한 어려움을 줄이기 위해 로봇들은 최대한 유연성을 없애려고 하지만, 특정한 경우에서는 링크의 질량이 너무 증가하게 된다는 문제점이 있다.

8.10 요약

- 주어진 일반화된 좌표계 θ와 일반화된 힘 τ에 대해 오일러-라그랑주 방정식은 다음과 같이 나타낸다.

$$\tau = \frac{d}{dt}\frac{\partial \mathcal{L}}{\partial \dot{\theta}} - \frac{\partial L}{\partial \theta}$$

이때 $\mathcal{L}(\theta, \dot{\theta}) = \mathcal{K}(\theta, \dot{\theta}) - \mathcal{P}(\theta)$, $\mathcal{K}$는 로봇의 운동에너지이고, $\mathcal{P}$는 로봇의 퍼텐셜 에너지를 뜻한다.

- 로봇의 운동방정식은 다음과 같은 꼴로도 나타난다.

$$
\begin{aligned}
\tau &= M(\theta)\ddot{\theta} + h(\theta, \dot{\theta}) \\
&= M(\theta)\ddot{\theta} + c(\theta, \dot{\theta}) + g(\theta) \\
&= M(\theta)\ddot{\theta} + \dot{\theta}^{\mathrm{T}}\Gamma(\theta)\dot{\theta} + g(\theta) \\
&= M(\theta)\ddot{\theta} + C(\theta, \dot{\theta})\dot{\theta} + g(\theta)
\end{aligned}
$$

이때 $M(\theta)$는 $n \times n$ 크기의 양의 정부호 대칭 질량행렬이고, $c(\theta, \dot{\theta})$는 속도의 이차항에 의한 힘이고, $g(\theta)$는 중력에 의한 항이며, $\Gamma(\theta)$는 $M(\theta)$를 θ에 대해 편미분하여 얻은 일종 크리스토펠 기호로 구성된 $n \times n \times n$ 크기의 행렬이다. 또한 $C(\theta, \dot{\theta})$는 $n \times n$ 코리올리행렬이며 이 행렬의 (i, j) 성분은 다음과 같다.

$$c_{ij}(\theta, \dot{\theta}) = \sum_{k=1}^{n} \Gamma_{ijk}(\theta)\dot{\theta}_k$$

외부에서 $\mathcal{F}_{\mathrm{tip}}$의 렌치를 엔드 이펙터에 가하는 경우 $J^{\mathrm{T}}(\theta)\mathcal{F}_{\mathrm{tip}}$항이 로봇 동역학 방정식의 우변에 더해져야 한다.

- 강체의 양의 정부호 대칭 회전 관성행렬은 다음과 같다.

$$\mathcal{I}_b = \begin{bmatrix} \mathcal{I}_{xx} & \mathcal{I}_{xy} & \mathcal{I}_{xz} \\ \mathcal{I}_{xy} & \mathcal{I}_{yy} & \mathcal{I}_{yz} \\ \mathcal{I}_{xz} & \mathcal{I}_{yz} & \mathcal{I}_{zz} \end{bmatrix}$$

이때,

$$\mathcal{I}_{xx} = \int_{\mathcal{B}}(y^2 + z^2)\rho(x,y,z)dV, \quad \mathcal{I}_{yy} = \int_{\mathcal{B}}(x^2 + z^2)\rho(x,y,z)dV,$$
$$\mathcal{I}_{zz} = \int_{\mathcal{B}}(x^2 + y^2)\rho(x,y,z)dV, \quad \mathcal{I}_{xy} = -\int_{\mathcal{B}} xy\rho(x,y,z)dV,$$
$$\mathcal{I}_{xz} = -\int_{\mathcal{B}} xz\rho(x,y,z)dV, \quad \mathcal{I}_{yz} = -\int_{\mathcal{B}} yz\rho(x,y,z)dV$$

$\mathcal{B}$는 물체의 부피이고, dV는 미소 부피이며 $\rho(x,y,z)$기 밀도의 위치에 관한 함수다.

- $\mathcal{I}_b$이 좌표계 {b}의 질량 중심에서, 관성의 주축을 축으로 정의됐다면 $\mathcal{I}_b$는 대각행렬이 된다.

- {b} 가 질량 중심에서 정의됐지만 관성의 주축이 아닌 축에서 정의된 경우, 항상 어떤 좌표계 {c}가 존재하여 회전행렬 R_{bc} 이 $\mathcal{I}_c = R_{bc}^{\mathrm{T}}\mathcal{I}_b R_{bc}$ 를 대각행렬로 만들어준다.

- $\mathcal{I}_b$가 {b}의 질량 중심에서 정의됐다면 축은 같지만 질량 중심이 아닌 {b}에서 {b} 좌표계로 $q \in \mathbb{R}^3$만큼 떨어진 {q}에서 정의된 $\mathcal{I}_q$는 다음과 같다.

$$\mathcal{I}_q = \mathcal{I}_b + \mathfrak{m}(q^{\mathrm{T}}qI - qq^{\mathrm{T}})$$

- {b}의 질량 중심에서 정의된 6×6 크기의 공간 관성행렬 $\mathcal{G}_b$는 다음과 같다.

$$\mathcal{G}_b = \begin{bmatrix} \mathcal{I}_b & 0 \\ 0 & \mathfrak{m}I \end{bmatrix}$$

{a} 좌표계에서 {b}에 대한 컨피규레이션 T_{ba}일 때 공간 관성행렬은 다음과 같다.

$$\mathcal{G}_a = [\mathrm{Ad}_{T_{ba}}]^{\mathrm{T}} \mathcal{G}_b [\mathrm{Ad}_{T_{ba}}]$$

- 두 트위스트 $\mathcal{V}_1$과 $\mathcal{V}_2$의 리 브라켓$^{\text{Lie bracket}}$은 다음과 같다.

$$\mathrm{ad}_{\mathcal{V}_1}(\mathcal{V}_2) = [\mathrm{ad}_{\mathcal{V}_1}]\mathcal{V}_2$$

이때,

$$[\mathrm{ad}_{\mathcal{V}}] = \begin{bmatrix} [\omega] & 0 \\ [v] & [\omega] \end{bmatrix} \in \mathbb{R}^{6 \times 6}$$

- 단일 강체에 대한 강체 동역학 중 트위스트-렌치 공식은 다음과 같다.

$$\mathcal{F}_b = \mathcal{G}_b \dot{\mathcal{V}}_b - [\mathrm{ad}_{\mathcal{V}_b}]^{\mathrm{T}} \mathcal{G}_b \mathcal{V}_b$$

$\mathcal{F}, \mathcal{V}, \mathcal{G}$ 모두가 동일한 좌표계에서 정의됐다면, 좌표계와 무관하게 위 공식은 동일하게 성립한다.

- 물체의 운동에너지는 $\frac{1}{2}\mathcal{V}_b^{\mathrm{T}} \mathcal{G}_b \mathcal{V}_b$이고, 개연쇄의 로봇의 운동에너지는 $\frac{1}{2}\dot{\theta}^{\mathrm{T}} M(\theta)\dot{\theta}$이다.

- 뉴턴-오일러 역동역학 알고리듬의 전진과 후진 과정은 다음과 같다.
  초기화: 기저 좌표계에 $\{0\}_L$를, $\{1\}_L$부터 $\{n\}_L$까지를 각각 링크 1부터 n의

질량 중심에, $\{n+1\}_L$를 엔드 이펙터에(이때 엔드 이펙터는 $\{n\}_L$에 고정돼 있다고 가정) 부착한다. $\theta_i = 0$ 일 경우에 $M_{i,(i-1)}$ 를 $\{i\}$에 대한 $\{i-1\}$의 컨피규레이션으로 정의하자. 또한 $\mathcal{A}_i$를 $\{i\}$에서 본 관절 i의 스크류 축으로 정하고, $\mathcal{G}_i$를 링크 i의 6×6 크기의 공간 관성행렬로 정하자. $\mathcal{V}_0$를 기저 좌표계에서 정의된 기저 좌표계 $\{0\}$의 트위스트로 정의한다(이 값은 대부분 0이다). $\mathfrak{g} \in \mathbb{R}^3$는 기저 좌표계 $\{0\}$에서의 중력 가속도다. $\dot{\mathcal{V}}_0 = (0, -\mathfrak{g})$. $\mathcal{F}_{n+1} = \mathcal{F}_{\text{tip}} = (m_{\text{tip}}, f_{\text{tip}})$ 를 $\{n+1\}$ 좌표계에서 측정한 엔드 이펙터에 외부 힘에 의해서 생긴 렌치로 정의한다.

정반복: 주어진 $\theta, \dot{\theta}, \ddot{\theta}$에 대해 $i = 1$부터 n까지

$$
\begin{aligned}
T_{i,i-1} &= e^{-[\mathcal{A}_i]\theta_i} M_{i,i-1}, \\
\mathcal{V}_i &= \text{Ad}_{T_{i,i-1}}(\mathcal{V}_{i-1}) + \mathcal{A}_i \dot{\theta}_i, \\
\dot{\mathcal{V}}_i &= \text{Ad}_{T_{i,i-1}}(\dot{\mathcal{V}}_{i-1}) + \text{ad}_{\mathcal{V}_i}(\mathcal{A}_i)\dot{\theta}_i + \mathcal{A}_i \ddot{\theta}_i.
\end{aligned}
$$

역반복: $i = n$부터 1까지

$$
\begin{aligned}
\mathcal{F}_i &= \text{Ad}^{\text{T}}_{T_{i+1,i}}(\mathcal{F}_{i+1}) + \mathcal{G}_i \dot{\mathcal{V}}_i - \text{ad}^{\text{T}}_{\mathcal{V}_i}(\mathcal{G}_i \mathcal{V}_i), \\
0\tau_i &= \mathcal{F}_i^{\text{T}} \mathcal{A}_i.
\end{aligned}
$$

- $J_{ib}(\theta)$를 $\dot{\theta}$의 링크 i의 질량 중심 좌표계 $\{i\}$에 대한 트위스트 $\mathcal{V}_i$에 대한 자코비안으로 정의하자. 메니퓰레이터의 질량행렬 $M(\theta)$은 다음과 같이 표현된다.

$$
M(\theta) = \sum_{i=1}^{n} J_{ib}^{\text{T}}(\theta)\mathcal{G}_i J_{ib}(\theta)
$$

- 정동역학 과정은 $Ax = b$를 풀 듯이 $\ddot{\theta}$에 대해 다음을 푸는 과정이다.

$$M(\theta)\ddot{\theta} = \tau(t) - h(\theta,\dot{\theta}) - J^{\mathrm{T}}(\theta)\mathcal{F}_{\text{tip}}$$

- 작업 공간에서 로봇 동역학식 $M(\theta)\ddot{\theta} + h(\theta,\dot{\theta})$ 은 다음처럼 표현된다.

$$\mathcal{F} = \Lambda(\theta)\dot{\mathcal{V}} + \eta(\theta,\mathcal{V}),$$

이때 $\mathcal{F}$는 엔드 이펙터에 가해진 렌치이고, $\mathcal{V}$ 는 엔드 이펙터의 트위스트이며 $\mathcal{F}, \mathcal{V}, J(\theta)$ 값은 모두 같은 좌표계에서 정의됐다. 작업 공간 질량행렬은 $\Lambda(\theta)$ 와 중력과 속도의 이차항에 의한 힘 $\eta(\theta,\mathcal{V})$는 다음 식을 만족한다.

$$\begin{aligned} \Lambda(\theta) &= J^{-T}M(\theta)J^{-1}, \\ \eta(\theta,\mathcal{V}) &= J^{-T}h(\theta,J^{-1}\mathcal{V}) - \Lambda(\theta)\dot{J}J^{-1}\mathcal{V}. \end{aligned}$$

- k개의 파피안 제약조건에 대응하는, $A(\theta)\dot{\theta} = 0$, $A \in \mathbb{R}^{k \times n}$ 랭크가 $n - k$인 두 개의 $n \times n$ 크기 투영행렬을 정의하자.

$$\begin{aligned} P(\theta) &= I - A^{\mathrm{T}}(AM^{-1}A^{\mathrm{T}})^{-1}AM^{-1}, \\ P_{\ddot{\theta}}(\theta) &= M^{-1}PM = I - M^{-1}A^{\mathrm{T}}(AM^{-1}A^{\mathrm{T}})^{-1}A, \end{aligned}$$

이때 $n + k$개의 동역학 방정식이 세워진다.

$$\begin{aligned} \tau &= M(\theta)\ddot{\theta} + h(\theta,\dot{\theta}) + A^{\mathrm{T}}(\theta)\lambda, \\ A(\theta)\dot{\theta} &= 0 \end{aligned}$$

448

위 식들은 라그랑주 승수 λ를 제거하면 간단해진다.

$$
\begin{aligned}
P\tau &= P(M\ddot{\theta} + h) \\
P_{\ddot{\theta}}\ddot{\theta} &= P_{\ddot{\theta}}M^{-1}(\tau - h).
\end{aligned}
$$

행렬 P는 관절에서 로봇에 일을 하지 않는 힘-토크 성분을 없애준다. 행렬 $P_{\ddot{\theta}}$은 구속 조건을 만족하지 않는 가속도 성분을 없앤다.

- 기어비가 G인 이상적인 감속기는 모터의 출력 토크를 G배 늘리고, 속도를 G배 줄이며, 기계적 동력은 유지시킨다. 회전축에 대한 모터의 회전 관성은 감속기에 의해 $G^2\mathcal{I}_{\text{rotor}}$이 된다.

8.11 소프트웨어

8장에서 사용한 함수들은 다음과 같이 명시돼 있다.

`adV = ad(V)`
[ad$_V$]를 계산해준다.

`taulist = InverseDynamics(thetalist,dthetalist,ddthetalist,g,Ftip,`
`Mlist,Glist,Slist)`
주어진 θ, $\dot{\theta}$, $\ddot{\theta}$, $\mathfrak{g}$, $\mathcal{F}_{\text{tip}}$, $M_{i-1,i}$, 링크의 공간 관성행렬 $\mathcal{G}_i$, 기저 좌표계에서 표현된 관절 스크류 $\mathcal{S}_i$에 대해 뉴턴-오일러 역동역학을 진행해 n-vector τ를 계산한다.

`M = MassMatrix(thetalist,Mlist,Glist,Slist)`
주어진 컨피규레이션 θ,$M_{i-1,i}$, 링크의 공간 관성행렬 $\mathcal{G}_i$, 기저 좌표계에서 표현된 조인트 스크류 $\mathcal{S}_i$ 에 대해 질량행렬 $M(\theta)$를 계산한다.

`c = VelQuadraticForces(thetalist,dthetalist,Mlist,Glist,Slist)`

주어진 θ, $\dot{\theta}$, $M_{i-1,i}$, 링크의 공간 관성행렬 $\mathcal{G}_i$, 기저 좌표계에서 표현된 관절 스크류 $\mathcal{S}_i$에 대해 $c(\theta, \dot{\theta})$를 계산한다.

`grav = GravityForces(thetalist,g,Mlist,Glist,Slist)`

주어진 θ, $\dot{\theta}$, $M_{i-1,i}$, 중력 가속도 벡터 $\mathfrak{g}$, 링크의 공간 관성행렬 $\mathcal{G}_i$, 기저 좌표계에서 표현된 관절 스크류 $\mathcal{S}_i$에 대해 $g(\theta)$를 계산한다.

`JTFtip = EndEffectorForces(thetalist,Ftip,Mlist,Glist,Slist)`

주어진 관절 컨피규레이션 θ와 엔드 이펙터에 걸린 렌치 $\mathcal{F}_{\text{tip}}$, $M_{i-1,i}$, 링크의 공간 관성행렬 $\mathcal{G}_i$, 기저 좌표계에서 표현된 관절 스크류 $\mathcal{S}_i$에 대해 $J^{\mathrm{T}}(\theta)\mathcal{F}_{\text{tip}}$을 계산한다.

`ddthetalist = ForwardDynamics(thetalist,dthetalist,taulist,g,Ftip,`
`Mlist,Glist,Slist)`

주어진 관절 컨피규레이션 θ, 와 관절 속도 $\dot{\theta}$, 관질 토크-힘 τ, 중력 가속도 $\mathfrak{g}$, 엔드 이펙터에 걸린 렌치 $\mathcal{F}_{\text{tip}}$, $M_{i-1,i}$, 링크의 공간 관성행렬 $\mathcal{G}_i$, 기저 좌표계에서 표현된 관절 스크류 $\mathcal{S}_i$에 대해 $\ddot{\theta}$를 계산한다.

`[thetalistNext,dthetalistNext] = EulerStep(thetalist,dthetalist,`
`ddthetalist,dt)`

주어진 관절 컨피규레이션 θ와 관절 속도 $\dot{\theta}$, 관절 가속도 $\ddot{\theta}(t)$와 시간 간격 δt에 대해 $\{\theta(t+\delta t), \dot{\theta}(t+\delta t)\}$ 의 일계 오일러 근사치를 구한다.

`taumat = InverseDynamicsTrajectory(thetamat,dthetamat,ddthetamat,`
`g,Ftipmat,Mlist,Glist,Slist)`

변수 `thetamat`은 θ에 대한 $N \times n$ 크기의 행렬로, i번째 행이 시간이 $t = (i-1)\delta t$ 일 경우의 n-벡터 관절변숫값이다. 변수 `dthetamat`, `ddthetamat`과 `Ftipmat`은 각각 $\dot{\theta}$, $\ddot{\theta}$과 $\mathcal{F}_{\text{tip}}$이다. 다른 입력은 중력 벡터 $\mathfrak{g}$, 변환자 $M_{i-1,i}$, 공간 관성행렬 $\mathcal{G}_i$, 기저

좌표계에서의 관절 스크류 축 $\mathcal{S}_i$ 등이 있다. 본 함수는 $\theta(t)$와 $\mathcal{F}_{\text{tip}}(t)$로 작동하기 위해 필요한 관절-토크에 대한 $\tau(t)$에 대한 $N \times n$ 행렬 taumat을 만든다. 시간 간격 δt를 굳이 특정지을 필요 없음을 기억하라. 속도 $\dot{\theta}(t)$와 $\ddot{\theta}(t)$는 $\theta(t)$에 대해 일관돼야 한다.

```
[thetamat,dthetamat] = ForwardDynamicsTrajectory(thetalist,
dthetalist,taumat,g,Ftipmat,Mlist,Glist,Slist,dt,intRes)
```

이 함수는 로봇의 운동방정식을 오일러 적분을 활용해 수치 해석적으로 적분한다. 출력 행렬은 $N \times n$ 크기의 행렬 thetamat과 dthetamat이다. 이때 이들의 i번째 행은 각각 $\theta((i-1)\delta t)$ $\dot{\theta}((i-1)\delta t)$의 n 벡터가 된다. 초기 입력값은 $\theta(0)$, $\dot{\theta}(0)$, 과 $N \times n$ 크기의 관절 힘/토크 행렬 $\tau(t)$, 중력 벡터 $\mathfrak{g}$, $N \times n$ 크기의 엔드 이펙터 렌치 $\mathcal{F}_{\text{tip}}(t)$, 변환자 $M_{i-1,i}$, 공간 관성행렬 $\mathcal{G}_i$, 기저 좌표계에서 표현된 관절 스크류 축 $\mathcal{S}_i$, 시간 간격 δt 그리고 하나의 시간 간격에 수행되는 적분 단계의 수다.

8.12 주석과 참고문헌

뉴턴-오일러와 라그랑지안 공식을 모두 다루는 접근성 좋은 참고문헌은 [50]이 있다. 더욱 고전적이지만 넓은 범위의 동역학을 다루는 참조는 [192]이다.

개연쇄에 대한 스크류-렌치를 활용해 만든 고전적 이론 재귀적 역동역학 알고리듬은 페더스톤Featherston에 의해 정립됐다(트위스트, 렌치 그리고 그에 상응하는 가속도, 모멘텀, 관성 등은 공간 벡터 표기법이다). 본 공식은 물체의 관성을 더 분명히 하는 방식으로 확장됐다[45, 46].

본 교재에서 사용된 재귀적 역동역학 알고리듬은 [132]때 처음 기술됐고 리 군Lie group 과 리 대수Lie algebra를 통해 설명된다. 이 접근의 실용성은 동역학식에 1차 또는 그 이상의 미분을 진행 가능함에 있다. 이는 동역학 기반의 동작 최적화에서 움직임의 수렴성과 견고함을 향상시켜준다. 이와 관련된 이슈들은 [88]에 있다.

작업 공간 공식은 [74]가 처음 기술했다. 그는 이를 조작 가능한 공간 공식으로 언급했다. 작업 공간 공식은 정동역학의 자코비안에 대한 시간 미분을 계산하는 과정을 포함한다. 물체나 공간 둘 중 어떤 자코비안을 사용해도 $\dot{J}(\theta)$ 은 계산 가능하며 이에 대한 예제가 8장의 끝에 있다.

로봇 동역학 알고리듬의 진화에 대한 간략한 역사와 더 일반적인 다몸체 시스템 동역학 등에 대한 내용은 [47]에서 찾아볼 수 있다.

8.13 연습 문제

1. 그림 8.5의 공식들을 다음에 관해 각각 유도하라.
   (a) 직육면체
   (b) 원기둥
   (c) 타원체

2. 원기둥 끝에 두 구가 부착된 주철로 이진 덤벨을 생각하자. 덤벨의 밀도는 7500kg/m^3 이다. 원기둥의 지름은 4cm이고 길이는 20cm이다. 각 구의 지름은 20cm이다.
   (a) 좌표계 {b}에서 덤벨 관성의 주축을 따르는 회전 관성행렬 $\mathcal{I}_b$를 계산하라.
   (b) 공간관성행렬 $\mathcal{G}_b$를 적어라.

3. 임의의 좌표계에서의 강체 동역학
   (a) 식 (8.42)이 슈타이너 정리의 일반화된 버전임을 증명하라.
   (b) 식 (8.43)을 유도하라.

4. 그림 8.16의 2R 개연쇄 로봇은 초기 상태에 있는 역진자 로봇을 보여준다. 각 링크의 질량이 말단에 모여 있고 두께를 무시한다고 할 때, 로봇은 우측에 있는 그림처럼 모델된다. $\mathfrak{m}_1 = \mathfrak{m}_2 = 2$, $L_1 = L_2 = 1$, $g = 10$이라고 가정하고 $\mathcal{I}_1$과 $\mathcal{I}_2$(각각의 링크 좌표계 $\{b_1\}$ $\{b_2\}$에서 표현됐다)은 다음과 같다.

$$\mathcal{I}_1 = \begin{bmatrix} 0 & 0 & 0 \\ 0 & 4 & 0 \\ 0 & 0 & 4 \end{bmatrix}, \qquad \mathcal{I}_2 = \begin{bmatrix} 4 & 0 & 0 \\ 0 & 4 & 0 \\ 0 & 0 & 0 \end{bmatrix}$$

(a) 동역학식을 유도하고 $\theta_1 = \theta_2 = \pi/4$이고 관절 속도와 가속도가 모두 0인 경우의 입력 토크 τ_1과 τ_2를 구하라.

(b) $\theta_1 = \theta_2 = \pi/4$일 경우의 질량행렬 $M(\theta)$에 대한 토크 타원체를 구하라.

5. 임의의 트위스트 $\mathcal{V}_1$, $\mathcal{V}_2$, $\mathcal{V}_3$에 대한 리 브라켓 항등식(자코비 항등식^{Jacobi identity})을 증명하라.

$$\text{ad}_{\mathcal{V}_1}(\text{ad}_{\mathcal{V}_2}(\mathcal{V}_3)) + \text{ad}_{\mathcal{V}_3}(\text{ad}_{\mathcal{V}_1}(\mathcal{V}_2)) + \text{ad}_{\mathcal{V}_2}(\text{ad}_{\mathcal{V}_3}(\mathcal{V}_1)) = 0$$

6. 뉴턴-오일러 역동역학과 작업 공간 동역학식에서 좌표계 가속도 $\dot{\mathcal{V}}_i$를 계산하기 위. 정동역학에서 자코비안의 시간 미분 $\dot{J}(\theta)$에 대한 평가가 이뤄져야 한다. $J_i(\theta)$ 이 $J(\theta)$의 i번째 열이라고 할 때,

$$\frac{d}{dt}J_i(\theta) = \sum_{j=1}^{n} \frac{\partial J_i}{\partial \theta_j}\dot{\theta}_j$$

(a) $J(\theta)$이 공간 자코비안일 경우, 다음을 증명하라.

$$\frac{\partial J_i}{\partial \theta_j} = \begin{cases} \mathrm{ad}_{J_i}(J_j) & \text{for } i > j \\ 0 & \text{for } i \leq j \end{cases}$$

(b) $J(\theta)$ 이 물체 자코비안일 경우 다음을 증명하라.

$$\frac{\partial J_i}{\partial \theta_j} = \begin{cases} \mathrm{ad}_{J_i}(J_j) & \text{for } i < j \\ 0 & \text{for } i \geq j \end{cases}$$

7. 질량행렬의 시간에 대한 미분 $\dot{M}(\theta)$이 다음과 같이 닫힌-형식의 동역학 공식에서 정의된 행렬들로 나타낼 수 있음을 보여라.

$$\dot{M} = \mathcal{A}^\mathrm{T} \mathcal{L}^\mathrm{T} \Gamma^\mathrm{T} [\mathrm{ad}_{\mathcal{A}\dot\theta}]^\mathrm{T} \mathcal{L}^\mathrm{T} \mathcal{G} \mathcal{L} \mathcal{A} + \mathcal{A}^\mathrm{T} \mathcal{L}^\mathrm{T} \mathcal{G} \mathcal{L} [\mathrm{ad}_{\mathcal{A}\dot\theta}] \Gamma \mathcal{A}$$

8. 그림 8.4의 점 질량에 대해 엔드 이펙터 힘 타원 형태와 자코비안을 설명하라.

9. $\mathcal{I}_{\text{rotor}}$를 회전자의 관성으로 갖는 모터가 기어비 G인 감속기와 회전 관성이 $\mathcal{I}_{\text{link}}$인 링크와 회전축으로 연결된 상황을 생각하자. 하중과 모터는 임의의 토크 τ_m에 대해서 하중에 의한 가속도가 최대가 될 때 **관성 매칭**inertia matched됐다고 표현한다. 하중에 대한 가속도는 다음과 같이 표현된다.

$$\ddot{\theta} = \frac{G\tau_m}{\mathcal{I}_{\text{link}} + G^2 \mathcal{I}_{\text{rotor}}}$$

관성 매칭 기어비 $\sqrt{\mathcal{I}_{\text{link}}/\mathcal{I}_{\text{rotor}}}$ 를 $d\ddot\theta/dG = 0$을 통해 구하라.

10. 공식 8.99를 식 8.101로 바꿔라. 이때 $P(\theta)$는 최대 위수가 아니어서 역행렬이

존재하지 않음을 고려하라.

11. $h(\theta, \dot{\theta}) = c(\theta, \dot{\theta}) + g(\theta)$를 뉴턴-오일러 역동역학을 활용해 효율적으로 계산하는 프로그램을 작성하라.

12. 로봇 URDF 파일의 링크와 관절 파일을 데이터 `Mlist`, `Glist`, `Slist`로 변환하는 뉴턴-오일러 알고리듬 `InverseDynamicsTrajectory`와 함께 사용할 수 있는 식을 구하라.

13. $M(\theta)$에 대한 효율적인 계산
  (a) 식 (8.57)을 활용해 질량 $M(\theta)$을 효율적으로 계산하는 알고리듬을 구상하라.
  (b) 이 알고리듬을 구현하라.

14. 함수 `InverseDynamicsTrajectory`는 시간에 따른 관절 변수 `thetamat`과 시간에 따른 관절 속도 `dthetamat` 시간에 따른 관절 가속도 `ddthetamat`를 알아야 한다. 하지만, `thetamat`만 알아도 수치 해석적 미분을 통해서 이를 구할 수도 있다. 이 방식을 활용한 함수 `InverseDynamicsTrajectory`를 작성하고, 기존 함수와 큰 차이 없는 결과를 보여줌을 확인하라.

15. UR5 로봇의 동역학
  (a) 4.2절에서 정의된 질량 중심 좌표계와 질량, 관성 물성치가 주어진 경우, UR5 로봇의 6개의 링크에 대한 공간 관성행렬 $\mathcal{G}_i$을 구하라.
  (b) UR5 로봇이 $-\hat{z}_s$ 방향으로 $g = 9.81 \text{ m/s}^2$의 가속도로 낙하하는 상황에서 영 컨피규레이션과 관절 토크도 0인 경우에서 떨어진다고 할 때, 3초 동안의 로봇의 움직임을 최소 초당 100번 단위로 시뮬레이션하라(기어 회전자와 마찰에 의한 효과는 무시하라).

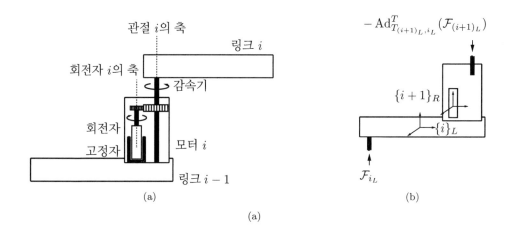

(a)

그림 8.14: (a) 링크 $i-1$과 i 사이의 그림이다. (b) 그림 8.6에 따른 링크 i의 물체 자유도다.

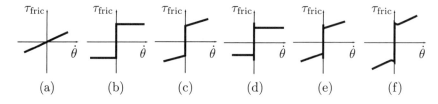

그림 8.15: 속도에 따른 마찰력 모델들의 예시. (a) 점성 마찰력, $\tau_{\text{fric}} = b_{\text{viscous}}\dot{\theta}$ (b) 쿨롱 마찰력, $\tau_{\text{fric}} = b_{\text{static}}\,\text{sgn}(\dot{\theta})$; τ_{fric}은 속도가 0인 상황에서 $[-b_{\text{static}}, b_{\text{static}}]$ 중 아무 값이나 가질 수 있다. (c) 정지 + 점성 마찰력 모델 $\tau_{\text{fric}} = b_{\text{static}}\,\text{sgn}(\dot{\theta}) + b_{\text{viscous}}\dot{\theta}$. (d) 정지 + 운동 마찰력 모델, $\tau_{\text{fric}} \geq |b_{\text{static}}|$ 이상이 가해져야 운동을 시작하고, 운동을 시작한 이후로는 $\tau_{\text{fric}} = b_{\text{kinetic}}\,\text{sgn}(\dot{\theta})$를 따른다. 이때, $b_{\text{static}} > b_{\text{kinetic}}$ (e) 정지, 운동, 점성 마찰력 모델 (f) Stribeck 효과 – (속도가 낮을 때는 속도가 증가함에 따라 마찰력이 줄어든다)를 고려한 마찰력 모델

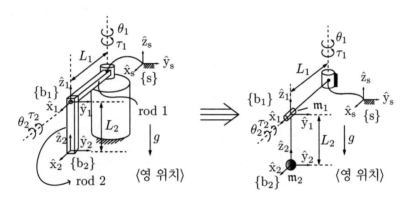

그림 8.16: 2R 회전 역 진자(왼쪽) 구조: (오른쪽) 모델

9장. 궤적 생성

로봇이 운동하는 동안 로봇이 추적할 목표 위치와 속도가 로봇 제어기에 지속적으로 제공된다. 이렇게 로봇 위치를 시간에 대한 함수로 명시한 것을 *궤적*이라고 한다. 어떤 경우에는 작업이 궤적을 완전히 정의한다. 예시로는 엔드 이펙터가 움직이는 물체를 추적해야 하는 경우가 있다. 한 위치에서 다른 위치로 주어진 시간 안에 움직여야 하는 간단한 작업의 경우에는, 이러한 제약조건을 만족시키기 위한 궤적을 설계할 자유도가 생긴다. 이것이 *궤적 계획*의 영역이다. 궤적은 시간에 대해 충분히 부드러운 함수여야 하고 관절 속도, 가속도 또는 토크 등의 제한 조건을 어기지 않아야 한다.

9장에서는 궤적을 *경로* 즉, 로봇이 달성하는 일련의 컨피규레이션에 대한 순수 기하학적인 설명과 *시간 스케일링* 즉, 이런 컨피규레이션에 도달할 시간을 명시하는 것의 조합으로 간주한다. 세 가지 경우를 다룰 것이며, 이는 관절 공간이나 태스크 공간상의 점에서 점으로의 직선 궤적, 시간이 명시된 일련의 *경유점*들을 지나는 궤적, 구동기 제한 조건을 고려하면서 명시된 경로를 따르는 최소 시간의 궤적이다. 장애물을 회피하는 경로를 찾는 것은 10장에서 다룬다.

9.1 용어 정의

경로 $\theta(s)$는 시작 시 0이고 종료 시 1로 가정된 매개변수 s를 로봇의 상태 공간의 한 점 Θ, $\theta : [0, 1] \to \Theta$로 매핑한다. s가 0에서 1로 증가함에 따라, 로봇은 경로를 따라 움직인다. 종종 s를 시간으로 간주해 시간 $s = 0$에서 전체 운동 시간 $s = T$로 변하도록 하지만, 기하학적 매개변수 s와 시간 매개변수 t의 역할을 분리하는 것이 대체로 유용하다. **시간 스케일링**은 각각의 시간 $t \in [0, T]$에 s 값 $s : [0, T] \to [0, 1]$을 할당한다.

경로와 시간 스케일링은 **궤적** $\theta(s(t))$를 정의하며, 짧게 $\theta(t)$로 표기하기도 한다. 연쇄 법칙을 사용해, 경로를 따르는 속도와 가속도를 다음과 같이 쓸 수 있다.

$$\dot{\theta} = \frac{d\theta}{ds}\dot{s} \tag{9.1}$$

$$\ddot{\theta} = \frac{d\theta}{ds}\ddot{s} + \frac{d^2\theta}{ds^2}\dot{s}^2 \tag{9.2}$$

로봇의 가속도가 (따라서 동역학이) 잘 정의되려면, $\theta(s)$와 $s(t)$ 각각 두 번 미분 가능해야 한다.

9.2 점대점 궤적

운동의 가장 간단한 유형은 한 컨피규레이션에 정지한 상태에서 다른 컨피큐레이션에 정지한 상태로의 운동이다. 이를 점대점 운동이라고 한다. 점대점 운동의 경로의 가장 간단한 유형은 직선이다. 직선 경로와 그것의 시간 스케일링에 대해 이어서 논의할 것이다.

9.2.1 직선 경로

시작 컨피규레이션 θ_{start}에서 종료 컨피규레이션 θ_{end}로의 "직선"을 관절 공간 혹은 태스크 공간에서 정의할 수 있다. 관절 공간상의 θ_{start}에서 θ_{end}로의 직선 경로는 간단하다는 장점이 있다. 관절 제한이 각 관절 i에 대해 $\theta_{i,\text{min}} \leq \theta_i \leq \theta_{i,\text{max}}$의 형태로 주어지므로 허용 가능한 관절 컨피규레이션은 관절 공간에서의 볼록 집합 Θ_{free}를 이루고, 따라서 Θ_{free}상의 임의의 두 끝 점 사이의 직선이 Θ_{free} 내부에 놓인다. 이 직선을 다음과 같이 쓸 수 있다.

$$\theta(s) = \theta_{\text{start}} + s(\theta_{\text{end}} - \theta_{\text{start}}), \quad s \in [0, 1] \tag{9.3}$$

도함수들은 다음과 같다.

$$\frac{d\theta}{ds} = \theta_{\text{end}} - \theta_{\text{start}} \tag{9.4}$$

$$\frac{d^2\theta}{ds^2} = 0 \tag{9.5}$$

관절 공간에서의 직선은 일반적으로 태스크 공간에서의 엔드 이펙터의 직선 운동으로 연결되진 않는다. 태스크 공간 직선 운동이 필요하다면, 시작 및 종료 컨피규레이션을 태스크 공간상의 X_{start}와 X_{end}로 명시할 수 있다. X_{start}와 X_{end}가 최소 좌표 집합으로 표현돼 있다면, 직선은 $X(s) = X_{\text{start}} + s(X_{\text{end}} - X_{\text{start}}), s \in [0, 1]$로 정의된다. 관절 좌표를 사용했을 때와 비교하면 다음과 같은 문제점들을 제기할 수 있다.

- 경로가 기구학적 특이점 근처를 지난다면 경로에 대한 거의 모든 시간 스케일링에 대해 관절 속도가 비합리적으로 커질 수 있다.

- 로봇이 도달 가능한 태스크 공간이 X 좌표계에서 볼록하지 않을 수 있기 때문에, 도달 가능한 두 점 사이의 직선상의 어떤 점들은 도달 가능하지 않을 수도

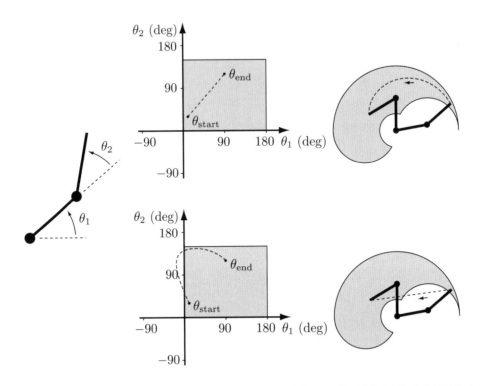

그림 9.1: (왼쪽) 관절 제한 $0° \leq \theta_1 \leq 180°$, $0° \leq \theta_2 \leq 150°$의 2R 로봇. (가운데 위) 관절 공간상의 직선 (오른쪽 위) 이에 상응하는 태스크 공간에서의 엔드 이펙터의 운동(점선). 관절 제한하에, 도달 가능한 끝점 컨피규레이션을 회색으로 표시했다. (가운데 아래) 관절 공간상의 이런 곡선과 (오른쪽 아래) 이에 상응하는 태스크 공간상의 직선(점선)은 관절 제한을 벗어날 것이다.

있다(그림 9.1).

위 문제점에 더불어 X_{start}와 X_{end}가 최소 좌표 집합 대신 $SE(3)$의 원소들로 표현된다면, $SE(3)$상의 "직선"을 어떻게 정의할지에 대해 의문이 생긴다. $X_{\text{start}} + s(X_{\text{end}} - X_{\text{start}})$ 형태의 컨피규레이션은 일반적으로 $SE(3)$에 속하지 않는다.

한 가지 방법은 로봇의 엔드 이펙터를 $X_{\text{start}} = X(0)$에서 $X_{\text{end}} = X(1)$로 옮기는 스크류 운동(고정된 스크류 축에 대해 동시에 회전 및 병진)을 사용하는 것이다. 이

$X(s)$를 유도하기 위해, 시작 및 종료 컨피규레이션을 {s} 좌표계에서 명시적으로 $X_{s,\text{start}}$와 $X_{s,\text{end}}$로 쓰고, 아래 첨자 소거 규칙을 사용해 종료 컨피규레이션을 시작 좌표계에서 다음과 같이 표현할 수 있다.

$$X_{\text{start,end}} = X_{\text{start},s} X_{s,\text{end}} = X_{s,\text{start}}^{-1} X_{s,\text{end}}$$

그러면 $\log(X_{s,\text{start}}^{-1} X_{s,\text{end}})$는 X_{start}를 단위 시간 안에 X_{end}로 옮기는 트위스트를 {start}에서 표현한 것이 된다. 따라서 경로를 다음과 같이 쓸 수 있다.

$$X(s) = X_{\text{start}} \exp(\log(X_{\text{start}}^{-1} X_{\text{end}})s) \qquad (9.6)$$

이때, 트위스트가 고정 좌표계 {s}가 아니라 X_{start} 좌표계에서 표현됐기 때문에 X_{start} 뒤에 행렬 지수가 곱해졌다.

이 스크류 운동은 스크류 축이 일정하다는 관점에서 볼 때 "직선" 운동을 제공한다. 일반적으로 엔드 이펙터의 원점은 직교^{Cartesian} 공간에서 직선을 따르지는 않으며, 이는 스크류 운동을 따르기 때문이다. 회전과 병진 운동을 분리하는 것이 좋을 수 있다. $X = (R, p)$라고 하면, 경로를 다음과 같이 정의할 수 있다.

$$p(s) = p_{\text{start}} + s(p_{\text{end}} - p_{\text{start}}) \qquad (9.7)$$

$$R(s) = R_{\text{start}} \exp(\log(R_{\text{start}}^T R_{\text{end}})s) \qquad (9.8)$$

이때, 좌표계 원점은 직선을 따르고 회전축은 물체 좌표계상에서 일정하다. 그림 9.2 는 같은 X_{start}와 X_{end}에 대한 스크류 경로와 분리된 경로를 나타낸다.

그림 9.2: 일정한 스크류 운동을 따르는 경로와, 좌표계 원점이 직선을 따르고 각속도가 일정하게 분리된 경로

9.2.2 시간 스케일링과 직선 경로

경로에 대한 시간 스케일링 $s(t)$는 운동이 충분히 부드럽고 로봇 속도와 가속도에 대한 모든 제약조건이 만족되도록 해야 한다. 식 (9.3) 형태의 관절 공간상의 직선 경로에 대해 시간 스케일링된 관절 속도와 가속도는 각각 $\dot{\theta} = \dot{s}(\theta_{\text{end}} - \theta_{\text{start}})$와 $\ddot{\theta} = \ddot{s}(\theta_{\text{end}} - \theta_{\text{start}})$이다. 최소 좌표 집합 $X \in \mathbb{R}^m$으로 매개변수화된 태스크 공간상의 직선 경로의 경우, 간단히 $\theta, \dot{\theta}, \ddot{\theta}$를 $X, \dot{X}, \ddot{X}$로 대체하면 된다.

9.2.2.1 다항식 시간 스케일링

삼차 다항식 시간 스케일링 $s(t)$의 간편한 형태 중 하나는 다음과 같은 시간에 대한 삼차 다항식이다.

$$s(t) = a_0 + a_1 t + a_2 t^2 + a_3 t^3 \tag{9.9}$$

464

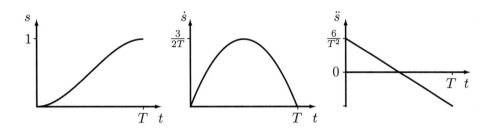

그림 9.3: 삼차 다항식 시간 스케일링에 대한 $s(t)$, $\dot{s}(t)$, $\ddot{s}(t)$의 그래프

시간 T 동안의 점대점 운동에 의해 초기 제약조건 $s(0) = \dot{s}(0) = 0$과 말기 제약조건 $s(T) = 1$이 발생한다. 식 (9.9)와 이의 도함수

$$\dot{s}(t) = a_1 + 2a_2t + 3a_3t^2 \tag{9.10}$$

에 $t = 0$과 $t = T$를 대입하고 $a_0, \ldots, a_3$에 대해 4개의 제약조건을 풀면 다음을 얻는다.

$$a_0 = 0, \quad a_1 = 0, \quad a_2 = \frac{3}{T^2}, \quad a_3 = -\frac{2}{T^3}$$

$s(t)$, $\dot{s}(t)$, $\ddot{s}(t)$의 그래프는 그림 9.3에 나타나 있다.

식 (9.3)에 $s = a_2t^2 + a_3t^3$을 대입하면 다음을 얻는다.

$$\theta(t) = \theta_{\text{start}} + \left(\frac{3t^2}{T^2} - \frac{2t^3}{T^3} \right) (\theta_{\text{end}} - \theta_{\text{start}}) \tag{9.11}$$

$$\dot{\theta}(t) = \left(\frac{6t}{T^2} - \frac{6t^2}{T^3} \right) (\theta_{\text{end}} - \theta_{\text{start}}) \tag{9.12}$$

$$\ddot{\theta}(t) = \left(\frac{6}{T^2} - \frac{12t}{T^3} \right) (\theta_{\text{end}} - \theta_{\text{start}}) \tag{9.13}$$

최대 관절 속도는 운동의 절반 지점인 $t = T/2$에서 발생한다.

$$\dot{\theta}_{\max} = \frac{3}{2T}(\theta_{\text{end}} - \theta_{\text{start}})$$

최대 관절 가속과 감속은 $t = 0$과 $t = T$에서 발생한다.

$$\ddot{\theta}_{\max} = \left| \frac{6}{T^2}(\theta_{\text{end}} - \theta_{\text{start}}) \right|, \quad \ddot{\theta}_{\min} = -\left| \frac{6}{T^2}(\theta_{\text{end}} - \theta_{\text{start}}) \right|$$

최대 관절 속도 제한 $|\dot{\theta}| \leq \dot{\theta}_{\text{limit}}$와 최대 관절 가속도 제한 $|\ddot{\theta}| \leq \ddot{\theta}_{\text{limit}}$을 알고 있다면, 이런 경계값들을 확인해 요구되는 운동 시간 T가 실현 가능한지 확인할 수 있다. 또는 T를 구함으로써 가장 제한적인 속도 또는 가속도 제약조건을 만족하는 최소한의 운동 시간을 찾을 수 있다.

오차 다항식 삼차 시간 스케일링은 끝점의 경로 가속도 $\ddot{s}(0)$과 $\ddot{s}(T)$가 0이 되도록 제한하지 않기 때문에, 로봇이 $t = 0$과 $t = T$ 모두에서 불연속적인 가속도 점프를 달성해야 한다. 이는 가속도를 미분한 *가가속도*가 무한대가 된다는 뜻이며, 이로 인해 로봇의 진동이 발생할 수 있다.

하나의 해결책은 끝점 가속도를 $\ddot{s}(0) = \ddot{s}(T) = 0$으로 제한하는 것이다. 문제 정의에 두 제약조건을 추가하면 두 개의 설계 자유도가 추가로 필요하므로, 시간에 대한 오차 다항식 $s(t) = a_0 + \ldots + a_5 t^5$이 된다. 총 여섯 개의 끝점 위치, 속도, 가속도 제약조건을 사용해 유일한 $a_0 \ldots a_5$를 구할 수 있으며(연습 문제 5), 이렇게 하면 삼차 시간 스케일링에 비해 더 부드럽고 최대 속도가 더 큰 운동을 하게 된다. 이렇게 시간 스케일링한 그래프는 그림 9.4에 나타나 있다.

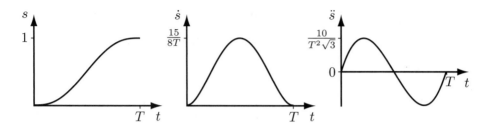

그림 9.4: 오차 다항식 시간 스케일링에 대한 $s(t)$, $\dot{s}(t)$, $\ddot{s}(t)$의 그래프

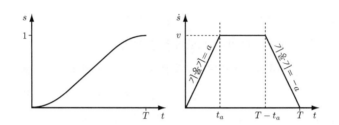

그림 9.5: 일반적인 사다리꼴 운동 프로파일에 대한 $s(t)$과 $\dot{s}(t)$의 그래프

9.2.2.2 사다리꼴 운동 프로파일

사다리꼴 시간 스케일링은 모터 제어에서 흔히 볼 수 있으며, 특히 하나의 모터를 제어할 때 자주 사용된다. 사다리꼴이라는 이름은 모터의 속도 프로파일로부터 유래한다. 이 점대점 운동은 시간 t_a 동안의 일정한 가속 $\ddot{s} = a$, 시간 $t_v = T - 2t_a$ 동안의 일정한 속도 $\dot{s} = v$, 시간 t_a 동안의 일정한 감속 $\ddot{s} = -a$순으로 구성된다. 그 결과 $\dot{s}$ 프로파일은 사다리꼴이 되며, s 프로파일은 포물선, 선분, 포물선을 이은 시간에 대한 함수로 나타난다(그림 9.5).

사다리꼴 시간 스케일링은 삼차 시간 스케일링만큼 부드럽지는 않지만, 알려진 관절 속도 제한 $\dot{\theta}_{\text{limit}} \in \mathbb{R}^n$와 관절 가속도 제한 $\ddot{\theta}_{\text{limit}} \in \mathbb{R}^n$이 있다면 다음의 조건들을 만족하는 최대의 v와 a를 사용한 사다리꼴 운동이 가능한 직선 운동 중 가장 **빠르다**는 장점이 있다(연습 문제 8 참고).

$$|(\theta_{\text{end}} - \theta_{\text{start}})v| \leq \dot{\theta}_{\text{limit}} \tag{9.14}$$

$$|(\theta_{\text{end}} - \theta_{\text{start}})a| \leq \ddot{\theta}_{\text{limit}} \tag{9.15}$$

$v^2/a > 1$이면, 로봇은 운동 도중에 속도 v에 도달하지 않는다(연습 문제 10). 가속-유지-감속의 세 단계로 이뤄진 운동은 가속-감속의 두 단계로 이뤄진 "뱅-뱅bang-bang" 운동이 되고, 그림 9.5의 사다리꼴 프로파일은 삼각형이 된다.

$v^2/a \leq 1$이라고 가정하면 사다리꼴 운동은 v, a, t_a, T에 의해 완전히 결정되지만, 이들이 $s(T) = 1$과 $v = at_a$를 만족해야 하므로 오직 두 개만 독립적으로 결정될 수 있다. t_a를 독립적으로 결정하는 일은 드물기 때문에, 운동방정식에 $t_a = v/a$를 대입하여 t_a를 소거할 수 있다. 세 단계(가속, 유지, 감속) 동안의 운동 프로파일을 다음과

같이 v, a, T에 대해 쓸 수 있다.

$$0 \le t \le \frac{v}{a} : \qquad \ddot{s}(t) = a \qquad\qquad (9.16)$$

$$\dot{s}(t) = at \qquad\qquad (9.17)$$

$$s(t) = \frac{1}{2}at^2 \qquad\qquad (9.18)$$

$$\frac{v}{a} < t \le T - \frac{v}{a} : \qquad \ddot{s}(t) = 0 \qquad\qquad (9.19)$$

$$\dot{s}(t) = v \qquad\qquad (9.20)$$

$$s(t) = vt - \frac{v^2}{2a} \qquad\qquad (9.21)$$

$$T - \frac{v}{a} < t \le T : \qquad \ddot{s}(t) = -a \qquad\qquad (9.22)$$

$$\dot{s}(t) = a(T - t) \qquad\qquad (9.23)$$

$$s(t) = \frac{2avT - 2v^2 - a^2(t-T)^2}{2a} \qquad\qquad (9.24)$$

v, a, T 중 두 개만 독립적으로 정할 수 있으므로, 세 가지 방법이 있다.

- $v^2/a \le 1$을 만족하는 v와 a를 골라 세 단계의 사다리꼴 프로파일이 나오도록 하고, $s(T) = 1$(식 (9.24))을 T에 대해 푼다.

$$T = \frac{a + v^2}{va}$$

v와 a가 가능한 최대 관절 속도와 가속도에 해당한다면, 이것이 가능한 최소의 운동 시간이다.

- $2 \ge vT > 1$을 만족하는 v와 T를 골라 세 단계의 사다리꼴 프로파일을 나오고 최대 속력 v가 시간 T 안에 $s = 1$에 도달하기에 충분하도록 하고, $s(T) = 1$을

a에 대해 푼다.

$$a = \frac{v^2}{vT - 1}$$

- $aT^2 \geq 4$를 만족하는 a와 T를 골라 운동이 시간 안에 끝나도록 하고, $s(T) = 1$을 v에 대해 푼다.

$$v = \frac{1}{2}\left(aT - \sqrt{a}\sqrt{aT^2 - 4}\right)$$

9.2.2.3 S-곡선 시간 스케일링

삼차 다항식 시간 스케일링의 시작과 종료 시 무한대의 가가속도가 발생하는 것처럼, 사다리꼴 운동은 $t \in \{0, t_a, T - t_a, T\}$에서 가속도의 불연속적인 점프를 유발한다. 이에 대한 해결책은 더 부드러운 *S-곡선* 시간 스케일링으로, 떨림과 진동을 피할 수 있어 모터 제어에서 흔히 사용하는 운동 프로파일이다. S-곡선 시간 스케일링은 일곱 단계로 이뤄진다. (1) 원하는 가속도 $\ddot{s} = a$까지의 일정한 가가속도 $d^3s/dt^3 = J$ (2) $\dot{s} = v$에 접근할 때까지의 일정한 가속도 (3) 정확히 $\dot{s}$이 v가 되는 시점에 $\ddot{s}$이 0이 될 때까지의 일정한 음의 가가속도 $-J$ (4) 일정한 v로 유지 (5) 일정한 음의 가가속도 $-J$ (6) 일정한 감속 $-a$ (7) 정확히 s가 1이 되는 시점에 $\ddot{s}$과 $\dot{s}$이 0이 될 때까지의 일정한 양의 가속도 $-J$. S-곡선의 $\dot{s}(t)$ 프로파일은 그림 9.6에 나타나 있다.

사다리꼴 운동 프로파일의 경우와 비슷하게 v, a, J 중 일부와 전체 운동 시간 T가 주어지면 일곱 단계 모두를 실제로 달성할 수 있도록 하는 각 단계 사이의 스위칭 시간과 조건들을 대수적 조작을 통해 알 수 있다.

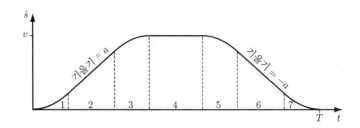

그림 9.6: 일곱 단계로 이뤄진 S-곡선 운동 프로파일의 그래프 (1) 일정한 양의 가가속도 (2) 일정한 가속 (3) 일정한 음의 가가속도 (4) 일정한 속도 (5) 일정한 음의 가가속도 (6) 일정한 감속 (7) 일정한 양의 가가속도

9.3 다항식 경유점 궤적

로봇 관절들이 일련의 *경유점*들을 정해진 시간에 지나게 하는 것이 목표이고 연속된 점들 사이의 경로의 모양에는 엄격한 기준이 없다면, 경로 $\theta(s)$와 이후의 시간 스케일링 $s(t)$를 명시하는 대신에 관절 이력 $\theta(t)$을 다항식 보간을 사용하여 찾음으로써 간단하게 문제를 해결할 수 있다(그림 9.7).

궤적이 k개의 경유점들로 명시되며, 시작점은 $T_1 = 0$이고 종료점은 $T_k = T$라고 하자. 각 관절 이력이 개별적으로 보간되므로 하나의 관절 변수만을 고려할 것이며, 이를 β라고 해 아래 첨자를 과도하게 사용하지 않도록 하자. 각 경유점 $i \in \{1 \ldots k\}$에서 사용자가 원하는 위치 $\beta(T_i) = \beta_i$와 속도 $\dot{\beta}(T_i) = \dot{\beta}_i$를 지정한다. 궤적은 $k - 1$개의 구간으로 이뤄지며, 각 구간 $j \in \{1, \ldots, k-1\}$의 지속 시간은 $\Delta T_j = T_{j+1} - T_j$이다. 구간 j 동안의 궤적은 구간 동안에 경과한 시간 Δt에 대한 삼차 다항식으로 다음과 같이 표현된다.

$$\beta(T_j + \Delta t) = a_{j0} + a_{j1}\Delta t + a_{j2}\Delta t^2 + a_{j3}\Delta t^3 \tag{9.25}$$

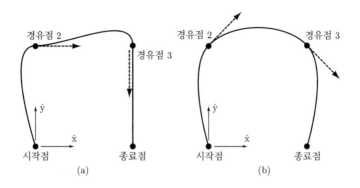

그림 9.7: 시작점과 종료점을 포함한 네 개의 경유점들을 보간하는 조각적-삼차 궤적에 상응하는 (x, y) 공간상의 두 경로. 시작점과 종료점의 속도는 0이고 경유점 2와 3에서의 속도는 점선으로 된 접선 벡터로 표시했다. 경로의 모양은 경유점들에서의 속도에 따라 달라진다.

이때, $0 \leq \Delta t \leq \Delta T_j$이다. 구간 j는 다음과 같은 네 개의 제약조건을 만족해야 한다.

$$\beta(T_j) = \beta_j \qquad\qquad \dot{\beta}(T_j) = \dot{\beta}_j$$

$$\beta(T_j + \Delta T_j) = \beta_{j+1} \qquad \dot{\beta}(T_j + \Delta T_j) = \dot{\beta}_{j+1}$$

이 제약조건들을 $a_{j0}, \ldots, a_{j3}$에 대해 풀면 다음과 같다.

$$a_{j0} = \beta_j \tag{9.26}$$

$$a_{j1} = \dot{\beta}_j \tag{9.27}$$

$$a_{j2} = \frac{3\beta_{j+1} - 3\beta_j - 2\dot{\beta}_j \Delta T_j - \dot{\beta}_{j+1} \Delta T_j}{\Delta T_j^2} \tag{9.28}$$

$$a_{j3} = \frac{2\beta_j + (\dot{\beta}_j + \dot{\beta}_{j+1})\Delta T_j - 2\beta_{j+1}}{\Delta T_j^3} \tag{9.29}$$

그림 9.8은 그림 9.7(a)의 보간 결과에 대한 시간 이력을 나타낸다. 이 2차원 (x, y)

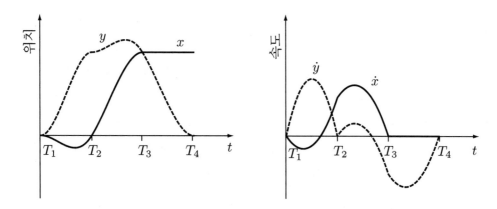

그림 9.8: 그림 9.7(a)의 삼차 경유점 보간에 대한 좌표의 시간 이력

좌표 공간에서, 네 개의 경유점은 $T_1 = 0$, $T_2 = 1$, $T_3 = 2$, $T_4 = 3$에 발생한다. 경유점들은 $(0, 0)$, $(0, 1)$, $(1, 1)$, $(1, 0)$이고 여기서의 속도는 $(0, 0)$, $(1, 0)$, $(0, -1)$, $(0, 0)$이다.

두 가지 문제점을 언급할 필요가 있다.

- 경유점 시간과 경유점 속도의 "합리적인" 조합을 통해 보간된 궤적의 품질을 향상시킬 수 있다. 예를 들어, 사용자가 경유점의 위치와 시간은 정하고 싶지만 속도는 정하고 싶지 않다면, 관심 대상인 경유점 전후의 경유점들에 대한 시간과 좌표 벡터를 기반으로 한 휴리스틱을 사용해 해당 경유점에서의 경유 속도를 정할 수 있다. 이에 대한 예시로써, 그림 9.7(b)의 궤적이 그림 9.7(a)에 비해 부드러운 것을 확인할 수 있다.

- 삼차 경유점 보간을 사용하면 경유점들에서 속도의 연속성은 보장되지만, 가속도는 그렇지 않다. 이 접근법을 쉽게 일반화해 오차 방정식을 사용하고 경유점에서의 가속도를 지정할 수 있으며, 이 경우 해가 더 복잡해진다는 점을 감수해야 한다.

오직 두 점만 사용하고(시작점과 끝점) 각각에서의 속도가 0이라면, 결과로 나오는 궤적은 9.2.2.1절에서 다룬 시간 스케일링된 직선 삼차 다항식 궤적과 동일하다.

여러 경유점을 보간하는 다른 다양한 방법들이 존재한다. 예를 들어 B-spline 보간이 널리 사용된다. B-spline 보간에서는 경로가 경유점들을 정확히 지나지 않을 수는 있지만, 그림 9.7와는 달리 경로가 확실하게 경유점들의 볼록 집합^{convex hull}의 내부에 놓인다. 관절 제한을 넘거나 작업 공간 장애물들을 침범하지 않기 위해서는 이런 사실이 중요하게 작용할 수 있다.

9.4 시간 최적의 시간 스케일링

경로 $\theta(s)$가 작업이나 장애물 회피 경로 계획기(예를 들어 그림 9.9)에 의해 완전히 명시된 경우, 궤적 계획 문제는 시간 스케일링 $s(t)$을 찾는 것으로 단순화된다. 시간 제약조건을 만족시키면서 소모되는 에너지를 최소화하거나, 로봇이 운반하는 물 한 잔을 엎지르지 않기 위한 시간 스케일링을 정할 수 있다. 가장 유용한 시간 스케일링 중 하나는 로봇의 구동기 제한하에 경로를 따라 움직이는 시간을 최소화하는 것이다. 이런 시간 최적의 궤적은 로봇의 생산성을 최대화한다.

9.2.2.2절의 사다리꼴 시간 스케일링으로 시간 최적의 궤적을 생성할 수 있지만, 이는 직선 운동, 일정한 최대 가속도 a, 일정한 최대 유지 속도 v를 가정해야만 가능하다. 대부분의 로봇에서는 상태에 따라 달라지는 다음 식의 관절 구동기 제한과 동역학으로 인해 가능한 최대 속도와 가속도가 경로를 따라 변화한다.

$$M(\theta)\ddot{\theta} + c(\theta, \dot{\theta}) + g(\theta) = \tau \tag{9.30}$$

이 절에서는 로봇의 엑추에이터 제한을 지키면서 가능한 가장 빠른 시간 스케일링

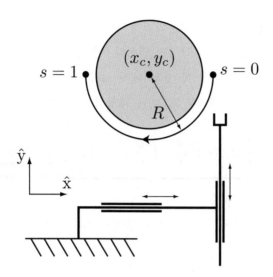

그림 9.9: 경로 계획기가 (x, y) 평면상의 장애물 주위로 두 개의 선형 관절을 가지고 있는 로봇이 따를 반지름 R의 반원 형태의 경로를 반환했다. 이 경로는 경로 매개변수 s에 대해 $x(s) = x_c + R\cos s\pi$와 $y(s) = y_c - R\sin s\pi$ $(s \in [0,1])$로 표현된다. 2R 로봇에 대해서는, 역기구학을 사용해 경로를 관절 좌표 s에 대한 함수로 표현할 것이다.

$s(t)$을 찾는 문제를 다룬다. i번째 구동기의 제한을 다음과 같이 쓰자.

$$\tau_i^{\min}(\theta, \dot{\theta}) \leq \tau_i \leq \tau_i^{\max}(\theta, \dot{\theta}) \tag{9.31}$$

가용 구동기 토크는 주로 현재 관절 속도에 대한 함수다(8.9.1절 참고). 예를 들어 DC 모터의 주어진 최대 전류에 대해 모터의 최대 가용 토크는 모터의 속도에 따라 선형적으로 감소한다.

더 나아가기에 앞서, 식 (9.30)의 이차 속도 항 $c(\theta, \dot{\theta})$을 다음과 같이 동등하게 쓸 수 있음을 기억하자.

$$c(\theta, \dot{\theta}) = \dot{\theta}^T \Gamma(\theta) \dot{\theta}$$

이때, $\Gamma(\theta)$는 질량행렬 $M(\theta)$의 성분의 θ에 대한 편미분으로 구성된 크리스토펠 기호$^{\text{Christoffel symbols}}$들로 이뤄진 삼차원 텐서다. 이 형태는 속도에 대한 이차 의존성을 더 명확하게 보여준다. 이제 식 (9.30)에서 시작해 $\dot\theta$를 $(d\theta/ds)\dot s$로 대체하고 $\ddot\theta$를 $(d\theta/ds)\ddot s + (d^2\theta/ds^2)\dot s^2$로 대체한 후, 항을 재정렬하면 다음을 얻는다.

$$\underbrace{\left(M(\theta(s))\frac{d\theta}{ds}\right)}_{m(s)\in\mathbb{R}^n}\ddot s + \underbrace{\left(M(\theta(s))\frac{d^2\theta}{ds^2}+\left(\frac{d\theta}{ds}\right)^T\Gamma(\theta(s))\frac{d\theta}{ds}\right)}_{c(s)\in\mathbb{R}^n}\dot s^2 + \underbrace{g(\theta(s))}_{g(s)\in\mathbb{R}^n} = \tau \quad (9.32)$$

이를 벡터 방정식으로 더 집약적으로 나타내면 다음과 같다.

$$m(s)\ddot s + c(s)\dot s^2 + g(s) = \tau \quad (9.33)$$

이때, $m(s)$는 로봇이 경로 $\theta(s)$를 따를 때의 유효 관성이고 $c(s)\dot s^2$는 이차 속도 항을 이루며 $g(s)$는 중력에 의한 토크다.

비슷하게, 구동기 제약조건 (9.31)을 s에 대한 함수로 다음과 같이 표현할 수 있다.

$$\tau_i^{\min}(s,\dot s) \le \tau_i \le \tau_i^{\max}(s,\dot s) \quad (9.34)$$

식 (9.33)의 i번째 성분을 대입하면 다음을 얻는다.

$$\tau_i^{\min}(s,\dot s) \le m_i(s)\ddot s + c_i(s)\dot s^2 + g_i(s) \le \tau_i^{\max}(s,\dot s) \quad (9.35)$$

$L_i(s,\dot s)$와 $U_i(s,\dot s)$를 식 (9.35)의 i번째 성분을 만족하는 최소 및 최대 가속도 $\ddot s$라고

하자. $m_i(s)$의 부호에 따라, 세 가지 가능성이 존재한다.

$$\text{if } m_i(s) > 0 : \quad L_i(s, \dot{s}) = \frac{\tau_i^{\min}(s, \dot{s}) - c(s)\dot{s}^2 - g(s)}{m_i(s)}$$

$$U_i(s, \dot{s}) = \frac{\tau_i^{\max}(s, \dot{s}) - c(s)\dot{s}^2 - g(s)}{m_i(s)}$$

$$\text{if } m_i(s) < 0 : \quad L_i(s, \dot{s}) = \frac{\tau_i^{\max}(s, \dot{s}) - c(s)\dot{s}^2 - g(s)}{m_i(s)} \tag{9.36}$$

$$U_i(s, \dot{s}) = \frac{\tau_i^{\min}(s, \dot{s}) - c(s)\dot{s}^2 - g(s)}{m_i(s)}$$

$$\text{if } m_i(s) = 0 : \quad \text{영관성 점. 9.4.4절에서 다룸}$$

$$L(s, \dot{s}) = \max_i L_i(s, \dot{s}) \quad \text{이고} \quad U(s, \dot{s}) = \min_i U_i(s, \dot{s})$$

라고 정의하면, 구동기 제한 (9.35)를 상태에 따라 달라지는 시간 스케일링 제약조건으로써 다음과 같이 쓸 수 있다.

$$L(s, \dot{s}) \leq \ddot{s} \leq U(s, \dot{s}) \tag{9.37}$$

이제 시간 최적의 시간 스케일링 문제를 다음과 같이 기술할 수 있다.

경로 $\theta(s), s \in [0, 1]$, 초기 상태 $(s_0, \dot{s}_0) = (0, 0)$, 말기 상태 $(s_f, \dot{s}_f) = (1, 0)$가 주어졌을 때, 단조 증가하고 두 번 미분 가능하며 다음의 조건들을 만족하는 시간 스케일링 $s : [0, T] \to [0, 1]$을 찾아라.

(a) $s(0) = \dot{s}(0) = \dot{s}(T) = 0$과 $s(T) = 1$을 만족한다.

(b) 구동기 제약조건 (9.37)을 만족하면서 경로를 따른 주행 시간 T를 최소화한다.

이 문제 정의는 경로를 따르는 초기 및 말기 속도가 0이 아닌 $\dot{s}(0) > 0$, $\dot{s}(T) > 0$의 경우로도 쉽게 일반화 될 수 있다.

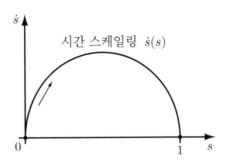

그림 9.10: $(s, \dot{s})$ 위상 평면상의 시간 스케일링은 모든 시간에서 $\dot{s} \geq 0$이며 초기 위치 및 속도 $(0,0)$와 말기 위치 및 속도 $(1,0)$를 연결하는 곡선이다.

9.4.1 $(s, \dot{s})$ 위상 평면

경로가 제한된 로봇의 $(s, \dot{s})$ 위상 평면에서 문제를 쉽게 시각화할 수 있다. 이때, s는 수평 축을 따라 0에서 1로 증가하며 $\dot{s}$은 수직 축을 따라 표시된다. $s(t)$가 단조 증가하므로, 모든 시간 t와 모든 $s \in [0,1]$에 대해 $\dot{s}(t) \geq 0$이다. 경로의 시간 스케일링은 $(0,0)$에서 $(1,0)$으로 오른쪽으로 단조롭게 이동하는 위상 평면상의 임의의 곡선이 될 수 있다. 그러나 이런 모든 곡선이 가속도 제약조건 (9.37)을 만족하진 않는다.

가속도 제약조건의 영향을 파악하기 위해 위상 평면상의 각 $(s, \dot{s})$에서, 제한 $L(s, \dot{s}) \leq \ddot{s} \leq U(s, \dot{s})$을 그림 9.11(a)에서와 같이 $\dot{s}$, L, U로 만든 원뿔 형태로 그릴 수 있다. $L(s, \dot{s}) \geq U(s, \dot{s})$이면, 원뿔이 사라져서 이 상태에서는 어떠한 구동기 명령으로도 로봇을 경로상에 유지시킬 수 없다. 이런 인정 불가능^{inadmissible}한 상태를 그림 9.11(a)에 회색으로 표시했다. 모든 s에 대해, 보통 하나의 제한 속도 $\dot{s}_{\lim}(s)$가 존재해 이를 초과하는 속도는 모두 인정 불가능하게 된다. 이 함수 $\dot{s}_{\lim}(s)$를 속도 *제한 곡선*이라고 한다. 속도 제한 곡선상에서 $L(s, \dot{s}) = U(s, \dot{s})$이며, 원뿔이 하나의 벡터로 축소된다. 시간 스케일링이 가속도 제약조건을 만족하려면, 시간 스케일링 곡선의 접선이 곡선

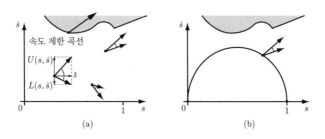

그림 9.11: (a) 서로 다른 네 상태에서의 가속도 제한 운동 원뿔. 원뿔의 위쪽 변은 수직 방향으로 그린 (속도의 변화) $U(s, \dot{s})$와 수평 방향으로 그린 (위치의 변화) $\dot{s}$의 합이다. 원뿔의 아래쪽 변은 $L(s, \dot{s})$와 $\dot{s}$로 만들어진다. 속도 제한 곡선으로 구분된 회색 점들에서는 $L(s, \dot{s}) \geq U(s, \dot{s})$이다. 즉, 인정 불가능한 상태이며 운동 원뿔이 존재하지 않는다. 속도 제한 곡선상에서는 원뿔이 하나의 접선 벡터로 축소된다. (b) 곡선에 대한 접선이 그림에 표시된 상태에서의 운동 원뿔의 외부에 위치하기 때문에, 그림에 나타난 시간 스케일링은 실현 불가능하다.

의 모든 점에서의 실현 가능한 원뿔 안에 놓여야 한다. 그림 9.11(b)은 실현 불가능한 시간 스케일링의 예시를 보여준다. 이 시간 스케일링은 그림에 표시된 상태에서 구동기가 제공할 수 있는 것보다 더 큰 감속이 필요하다.

최소 시간으로 운동하려면, 모든 s에 대해 가속도 및 끝점 제약조건을 만족하는 동시에 "속도" $\dot{s}$를 가능한 한 크게 해야 한다. 이를 확인하기 위해, 전체 운동 시간 T를 다음과 같이 쓰자.

$$T = \int_0^T 1 \, dt \tag{9.38}$$

$ds/ds = 1$을 대입하고 0부터 T(시간)까지의 적분을 0부터 1(s)까지로 바꾸면 다음을 얻는다.

$$T = \int_0^T 1 \, dt = \int_0^T \frac{ds}{ds} \, dt = \int_0^T \frac{dt}{ds} \, ds = \int_0^1 \dot{s}^{-1}(s) \, ds \tag{9.39}$$

따라서 시간을 최소화하려면 $\dot{s}^{-1}(s)$을 최소화해야 하고, 그러므로 모든 s에 대해 $\dot{s}(s)$를 최대화해야 한다. 이와 동시에 가속도 제약조건 (9.37)과 끝점 제약조건도 만족해야 한다.

479

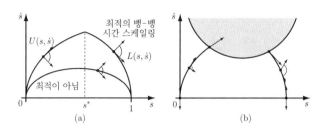

그림 9.12: (a) 시간 최적의 뱅-뱅 시간 스케일링은 $(0, 0)$부터 $U(s, \dot{s})$를 적분하고 전환점 s^*에서 $L(s, \dot{s})$로 전환한다. 접선이 운동 원뿔 안에 들어가서 최적이 아닌 시간 스케일링도 함께 나타나 있다. (b) 속도 제한 곡선으로 인해 한 번만 전환하는 해가 불가능한 경우도 있다.

이는 시간 스케일링이 항상 제한 $U(s, \dot{s})$나 제한 $L(s, \dot{s})$에서 작동해야 하며, 우리는 이 둘 사이를 언제 전환할지만 결정해주면 된다는 뜻이다. 일반적인 해결책 중 하나는 뱅-뱅 궤적이다. 즉, 최대 가속 $U(s, \dot{s})$를 따르다가 최대 감속 $L(s, \dot{s})$로 전환하는 것이다(이는 9.2.2.2절에 등장하는 유지 속도 v에 도달하지 않는 사다리꼴 프로파일과 유사하다). 이 경우, $U(s, \dot{s})$를 $(0, 0)$부터 s의 양의 방향으로, $L(s, \dot{s})$를 $(1, 0)$부터 s의 음의 방향으로 수치적으로 적분하고 두 곡선의 교점을 찾음으로써 시간 스케일링을 계산할 수 있다(그림 9.12(a)). 최대 가속에서 최대 감속으로의 전환은 이 교점에서 발생한다.

속도 제한 곡선으로 인해 한 번만 전환하는 해가 불가능한 경우도 있다(그림 9.12(b)). 이런 경우에는 여러 전환점을 찾기 위한 알고리듬이 필요하다.

9.4.2 시간 스케일링 알고리듬

최적의 시간 스케일링을 찾는 것은 최대 가속 $U(s, \dot{s})$와 최대 감속 $L(s, \dot{s})$ 사이의 전환점들을 찾아 곡선의 $(s, \dot{s})$ 위상 평면에서의 "높이"를 최대화하는 문제로 축소된다.

시간 스케일링 알고리듬

1. 빈 전환점 목록 $\mathcal{S} = \{\}$과 스위치 카운터 $i = 0$을 초기화한다. $(s_i, \dot{s}_i) = (0, 0)$으로 놓는다.

2. 식 $\ddot{s} = L(s, \dot{s})$을 $(1, 0)$부터 시간의 음의 방향으로 $L(s, \dot{s}) > U(s, \dot{s})$(속도 제한 곡선을 관통) 혹은 $s = 0$이 성립할 때까지 적분한다. 이 위상 곡선을 F라고 한다.

3. 식 $\ddot{s} = U(s, \dot{s})$을 $(s_i, \dot{s}_i)$부터 시간의 양의 방향으로 F와 교차하거나 $U(s, \dot{s}) < L(s, \dot{s})$(속도 제한 곡선을 관통)이 성립할 때까지 적분한다. 이 곡선을 A_i라고 한다. A_i가 F와 교차한다면, i를 증가시키고, $(s_i, \dot{s}_i)$를 교차가 발생하는 지점의 $(s, \dot{s})$로 하고, s_i를 전환점 목록 $\mathcal{S}$에 추가한다. 이는 최대 가속에서 최대 감속으로의 전환점이다. 이렇게 하면 문제를 해결한 것이며 $\mathcal{S}$가 경로 매개변수로 표현된 전환점들의 집합이다. 만약 그렇지 않고 속도 제한 곡선을 관통한다면, 관통점을 $(s_{\lim}, \dot{s}_{\lim})$라고 하고 다음 단계를 진행한다.

4. 속도 범위 $[0, \dot{s}_{\lim}]$에서 이진 검색을 수행해, $\ddot{s} = L(s, \dot{s})$를 $(s_{\lim}, \dot{s}')$부터 양의 방향으로 적분한 곡선이 속도 제한 곡선을 관통하지 않고 이에 도달하도록 하는 속도 $\dot{s}'$를 찾는다. 이진 검색은 $\dot{s}_{\text{high}} = \dot{s}_{\lim}$와 $\dot{s}_{\text{low}} = 0$에서 시작한다.

   (a) 테스트 속도를 $\dot{s}_{\text{low}}$와 $\dot{s}_{\text{high}}$의 중간인 $\dot{s}_{\text{test}} = (\dot{s}_{\text{high}} + \dot{s}_{\text{low}})/2$로 놓는다. 테스트 지점은 $(s_{\lim}, \dot{s}_{\text{test}})$이다.

   (b) 테스트 지점에서 시작한 곡선이 속도 제한 곡선을 관통한다면, $\dot{s}_{\text{high}}$를 $\dot{s}_{\text{test}}$로 놓는다. 만약 그렇지 않고 테스트 지점에서 시작한 곡선이 $\dot{s} = 0$

에 도달한다면, $\dot{s}_{\text{low}}$를 $\dot{s}_{\text{test}}$로 놓는다. 3단계로 돌아간다.

지정된 허용 오차를 만족할 때까지 이진 검색을 계속한다. 결과로 나오는 곡선이 속도 제한 곡선에 겨우 도달하는 (혹은 닿지 않고 가장 근접하는) 점을 $(s_{\text{tan}}, \dot{s}_{\text{tan}})$라고 하자. 이 점에서의 운동 원뿔은 하나의 벡터($L(s, \dot{s}) = U(s, \dot{s})$)로 축소되며, 이는 속도 제한 곡선에 접한다.

5. $\ddot{s} = L(s, \dot{s})$를 $(s_{\text{tan}}, \dot{s}_{\text{tan}})$부터 음의 방향으로 A_i와 교차할 때까지 적분한다. i를 증가시키고, $(s_i, \dot{s}_i)$를 교차점의 $(s, \dot{s})$로 놓고, $(s_i, \dot{s}_i)$에서 $(s_{\text{tan}}, \dot{s}_{\text{tan}})$로의 곡선 부분을 A_i라고 한다. s_i를 전환점 목록 $\mathcal{S}$에 추가한다. 이는 최대 가속에서 최대 감속으로의 전환점이다.

6. i를 증가시키고, $(s_i, \dot{s}_i)$를 $(s_{\text{tan}}, \dot{s}_{\text{tan}})$로 놓는다. s_i를 전환점 목록 $\mathcal{S}$에 추가한다. 이는 최대 감속에서 최대 가속으로의 전환점이다. 3단계로 돌아간다.

시간 스케일링 알고리듬의 2~6단계가 그림 9.13에 나타나 있다. (2단계) $\ddot{s} = L(s, \dot{s})$를 $(1, 0)$부터 음의 방향으로 속도 제한 곡선에 도달할 때까지 적분. (3단계) $\ddot{s} = U(s, \dot{s})$를 $(0, 0)$부터 양의 방향으로 속도 제한 곡선과의 교차점 $(s_{\text{lim}}, \dot{s}_{\text{lim}})$까지 적분. (4단계) $(s_{\text{lim}}, \dot{s}')$를 찾기 위한 이진 검색. 이때, $\ddot{s} = L(s, \dot{s})$를 $(s_{\text{lim}}, \dot{s}')$부터 양의 방향으로 적분하면 속도 제한 곡선에 접함. (5단계) $(s_{\text{tan}}, \dot{s}_{\text{tan}})$부터 $L(s, \dot{s})$를 따라 음의 방향으로 적분하여 가속에서 감속으로의 첫 번째 전환점을 찾음. (6단계) 두 번째 전환점, 즉, 감속에서 가속으로의 전환점은 $(s_2, \dot{s}_2) = (s_{\text{tan}}, \dot{s}_{\text{tan}})$에 위치한다. (3단계) $(s_2, \dot{s}_2)$부터 $U(s, \dot{s})$를 따라 양의 방향으로 적분하면 $(s_3, \dot{s}_3)$에서 F와의 교차점에 도달하며, 이 점에서 가속에서 감속으로의 전환이 이뤄진다. 최적의 시간 스케일링은 전환점 $\mathcal{S} = \{s_1, s_2, s_3\}$로 구성된다.

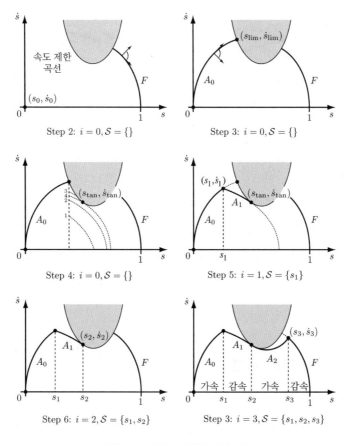

그림 9.13: 시간 스케일링 알고리듬

9.4.3 시간 스케일링 알고리듬의 변형

속도 제한 곡선 아래의 각 점 $(s, \dot{s})$에는 실현 가능한 운동의 원뿔이 존재하는 반면, 속도 제한 곡선상의 점에는 하나의 실현 가능한 벡터만 존재한다는 것을 기억하길 바란다. 속도 제한 곡선상의 점들은 실현 가능한 운동 벡터가 속도 제한 곡선에 접

그림 9.14: 속도 제한 곡선상의 점들은 실현 가능한 운동 벡터가 속도 제한 곡선에 접해야만 시간 최적의 시간 스케일링의 일부가 될 수 있다. 그림과 같이 속도 제한 곡선을 따라 이런 점들을 찾으면, 이 특정한 곡선상에서는 (둥글게 표시된) 두 점만이 시간 최적의 시간 스케일링에 속할 수 있음을 알 수 있다.

해야만 최적의 해의 일부가 될 수 있다. 이는 위에서 언급한 점$(s_{\tan}, \dot{s}_{\tan})$들이다. 이런 사실로 인해, 궁극적으로 점$(s_{\tan}, \dot{s}_{\tan})$들을 찾고자 하는 4단계의 이진 검색을 수행하는 대신에, 속도 제한 곡선을 명시적으로 구성하고 이 곡선상에서 접선 조건을 만족하는 점들을 찾을 수도 있다. 그림 9.14를 참고하라.

9.4.4 가정 및 주의 사항

최적의 시간 스케일링 알고리듬의 요점을 위에서 설명했다. 다만 몇 가지 가정들을 설명하지 않았는데, 이를 다음에 명시적으로 제시했다.

- *정역학적 자세 유지.* 이 알고리듬은 로봇이 어떤 상태$(s, \dot{s} = 0)$에서든 중력에 저항하여 자신의 컨피규레이션을 유지할 수 있음을 가정한다. 이렇게 가정하면 유효한 시간 스케일링, 즉, 로봇이 경로를 따라 원하는 만큼 천천히 움직이게 하는 시간 스케일링의 존재성이 보장된다. 어떤 로봇이나 경로에 대해서는 구동 기가 약해서 이 가정이 성립하지 않을 수 있다. 예를 들어, 어떤 경로를 따르려면 로봇이 정역학적으로 유지될 수 없는 컨피규레이션을 통과하기 위해 일정 이상의 모멘텀이 필요할 수 있다. 이 알고리듬을 적절히 수정하면 이런 경우를 다룰 수 있다.

- *인정 불가능한 상태.* 이 알고리듬은 모든 s에 대해 유일한 속도 제한 $\dot{s}_{\lim}(s) > 0$ 가 존재해 $\dot{s} \leq \dot{s}_{\lim}(s)$인 모든 속도는 인정 가능하고 $\dot{s} > \dot{s}_{\lim}(s)$인 모든 속도는 인정 불가능하다고 가정한다. 구동기 동역학 혹은 마찰력에 대한 어떤 모델에 대해서는 이 가정이 성립하지 않을 수 있다. 즉, 인정 불가능한 상태들의 고립된 "섬"이 존재할 수 있다. 이 알고리듬을 적절히 수정하면 이런 경우를 다룰 수 있다.

- *영관성 점.* 이 알고리듬은 영관성 점(식 (9.36))이 존재하지 않는다고 가정한다. (9.36)에서 $m_i(s) = 0$이면, 구동기 i에 의한 토크가 가속도 $\ddot{s}$에 의존하지 않게 되고, (9.35)의 i번째 구동기 제약조건이 $\dot{s}$에 대한 속도 제약조건을 직접적으로 정의한다. $m(s)$가 하나 이상의 0 성분을 갖는 점 s에서, 속도 제한 곡선은 (a) 영관성 성분에 의해 정의된 속도 제약조건과 (b) 다른 성분들에 대해 $L_i(s, \dot{s}) = U_i(s, \dot{s})$를 만족하는 $\dot{s}$ 중 최솟값으로 정의된다. 설명한 대로의 알고리듬을 사용하면, 속도 제한 곡선상의 영관성 점들의 특이 호$^{\text{singular arcs}}$에 의해 $\ddot{s} = U(s, \dot{s})$와 $\ddot{s} = L(s, \dot{s})$ 사이의 급격한 전환이 발생할 수 있다. 이런 경우에는 속도 제한 곡선에 접하면서 $U(s, \dot{s})$와 $L(s, \dot{s})$ 사이에 있는 가속도를 선택하면 제어 입력의 떨림 없이 시간 최적성을 유지할 수 있다.

시간 스케일링 알고리듬은 불연속적인 가속도를 갖는 궤적을 생성하며, 이로 인해 떨림이 발생할 수 있다는 사실을 언급할 필요가 있다. 그뿐만 아니라, 로봇 관성과 마찰에 대한 모델이 부정확하면 시간 스케일링 알고리듬을 그대로 적용하는 것이 실용적이지 않다. 마지막으로, 최소-시간 시간 스케일링은 항상 적어도 하나의 구동기를 포화시키기 때문에 로봇이 계획된 궤적을 벗어나면 피드백 제어기에 의한 교정 행동을 수행할 여분의 토크가 없을 수 있다.

이러한 단점들에도 불구하고 시간 스케일링 알고리듬은 경로를 따르는 로봇의 실제적인 최대 가용성에 대한 깊은 이해를 돕는다.

9.5 요약

- 궤적 $\theta(t)$, $\theta : [0, T] \rightarrow \Theta$를 $\theta(s(t))$, 즉, 경로 $\theta(s)$, $\theta : [0, 1] \rightarrow \Theta$와 시간 스케일링 $s(t)$, $s : [0, T] \rightarrow [0, 1]$의 합성함수로도 쓸 수 있다.

- 관절 공간상의 직선 경로를 $\theta(s) = \theta_{\text{start}} + s(\theta_{\text{end}} - \theta_{\text{start}})$, $s \in [0, 1]$로 쓸 수 있다. 작업 공간 최소 좌표 집합상의 직선 경로도 비슷한 형식으로 표현된다. $SE(3)$상의 "직선" 경로를 다음과 같이 평행 이동 경로와 회전 경로로 분리할 수 있다. 이때, $X = (R, p)$이다.

$$p(s) = p_{\text{start}} + s(p_{\text{end}} - p_{\text{start}}) \tag{9.40}$$

$$R(s) = R_{\text{start}} \exp(\log(R_{\text{start}}^T R_{\text{end}})s) \tag{9.41}$$

- 삼차 다항식 $s(t) = a_0 + a_1 t + a_2 t^2 + a_3 t^3$을 사용해 초기 및 말기 속도가 0인 점대점 운동을 시간 스케일링할 수 있다. $t = 0$과 $t = T$에서 가속도가 계단 함수 형태의 변화량(무한대의 가가속도)을 가진다. 이런 가가속도 임펄스는 로봇의 떨림을 유발할 수 있다.

- 오차 다항식 $s(t) = a_0 + a_1 t + a_2 t^2 + a_3 t^3 + a_4 t^4 + a_5 t^5$을 사용해 초기 및 말기의 속도 및 가속도가 0인 점대점 운동을 시간 스케일링할 수 있다. 모든 시간에서 가가속도가 유한하다.

- 사다리꼴 운동 프로파일은 점대점 제어, 특히 단일 모터의 제어에 널리 사용하는 시간 스케일링이다. 이 운동은 일정한 가속, 일정한 속도, 일정한 감속의 세 단계로 이뤄져 $\dot{s}(t)$가 사다리꼴 형태가 된다. 사다리꼴 운동은 가속도가 계단함수 형태의 변화량을 가진다.

- S-곡선 운동 프로파일 역시 모터의 점대점 제어에 널리 쓰인다. 이는 (1) 일정한 양의 가가속도 (2) 일정한 가속 (3) 일정한 음의 가가속도 (4) 일정한 속도 (5) 일정한 음의 가가속도 (6) 일정한 감속 (7) 일정한 양의 가가속도 이 일곱 단계로 이뤄진다.

- 시작 상태, 목표 상태, 로봇이 통과할 다른 중간 상태들을 포함하는 경유점들과 이들을 지나야 하는 시간 T_i들이 주어지면, 일련의 삼차 다항식 시간 스케일링을 사용해 경유점들을 보간하는 궤적 $\theta(t)$를 생성할 수 있다. 경유점에서 가속도가 계단함수 형태로 변하지 않게 하기 위해 대신 일련의 오차 다항식을 사용할 수도 있다.

- 로봇 경로 $\theta(s)$, 로봇의 동역학, 구동기 토크의 제한이 주어지면, 구동기 제약조건을 $(s, \dot{s})$에 대한 벡터 부등식으로 다음과 같이 표현할 수 있다.

$$L(s, \dot{s})\ddot{s} \leq \ddot{s} \leq U(s, \dot{s})$$

시간 최적의 시간 스케일링 $s(t)$는 $(s, \dot{s})$ 위상 평면상의 곡선의 "높이"가 최대이면서 $s(0) = \dot{s}(0) = \dot{s}(T) = 0$, $s(T) = 1$과 구동기 제약조건을 만족해야 한다. 최적의 해는 항상 최대 가속 $U(s, \dot{s})$ 또는 최대 감속 $L(s, \dot{s})$에서만 작동한다.

9.6 소프트웨어

9장과 관련된 소프트웨어 함수들은 다음과 같다.

```
s = CubicTimeScaling(Tf,t)
```

t와 전체 운동 시간 T_f가 주어지면 삼차 시간 스케일링의 $s(t)$를 계산한다.

```
s = QuinticTimeScaling(Tf,t)
```
t와 전체 운동 시간 T_f가 주어지면 오차 시간 스케일링의 $s(t)$를 계산한다.

```
traj = JointTrajectory(thetastart,thetaend,Tf,N,method)
```
관절 공간상의 직선 궤적을 $N \times n$ 행렬 형태로 계산한다. 이때, 각 N개의 행은 각 시점의 관절 변수로 이뤄진 n-벡터다. 첫 번째 행은 θ_{start}이고 N번째 행은 θ_{end}이며, 일정한 스크류 축 주위로 운동이 진행된다. 매개변수 method는 삼차 시간 스케일링에서는 3이고 오차 시간 스케일링에서는 5이다.

```
traj = ScrewTrajectory(Xstart,Xend,Tf,N,method)
```
궤적을 N개의 $SE(3)$ 행렬의 목록 형태로 계산한다. 이때, 각 행렬은 각 시점의 엔드 이펙터의 컨피규레이션을 나타낸다. 첫 번째 행렬은 X_{start}이고 N번째 행렬은 X_{end}이며, 일정한 스크류 축 주위로 운동이 진행된다. 각 행렬 사이의 경과 시간은 $T_f/(N-1)$이다. 매개변수 method는 삼차 시간 스케일링에서는 3이고 오차 시간 스케일링에서는 5이다.

```
traj = CartesianTrajectory(thetastart,thetaend,Tf,N,method)
```
궤적을 N개의 $SE(3)$ 행렬의 목록 형태로 계산한다. 이때, 각 행렬은 각 시점의 엔드 이펙터의 컨피규레이션을 나타낸다. 첫 번째 행렬은 X_{start}이고 N번째 행렬은 X_{end}이며, 엔드 이펙터 좌표계의 원점이 회전과는 분리된 직선을 따라 운동한다. 이 각 행렬 사이의 경과 시간은 $T_f/(N-1)$이다. 매개변수 method는 삼차 시간 스케일링에서는 3이고 오차 시간 스케일링에서는 5이다.

9.7 주석과 참고문헌

Bobrow et al.[15]과 Shin, McKay[167]는 9.4절에서 다룬 시간 최적의 시간 스케일링의 핵심을 유도하는 논문을 거의 동시에 발표했다. 그로부터 1년 후, Hollerbach는 $c > 0$에 대해 시간변수 t를 ct로 대체하는 균등 시간 스케일링에 대한 동역학적으로 실현 가능하며 시간 스케일링된 궤적을 찾는 제한적인 문제를 다뤘다([59]).

Bobrow et al.과 Shin, McKay의 논문의 뒤를 이은 여러 논문들은 영관성 점, 특이점, 알고리듬 효율성, 심지어 제약조건과 장애물의 존재까지 다뤄 기존 방법론을 개선했다([137, 172, 162, 163, 164, 165, 166, 138, 139]). 특히 [137, 172]은 최적의 시간 스케일링이 속도 제한 곡선에 닿는 점$(s_{tan}, \dot{s}_{tan})$들을 찾기 위한 계산적으로 효율적인 방법론들을 설명한다. 이 알고리듬은 시간 스케일링 알고리듬의 계산 효율성을 개선하기 위해 사용된다. 예시로써, [138, 139]의 설명과 공개된 코드를 참고할 수 있을 것이다. [15]의 개념 설명이 간단하기 때문에, 9장의 시간 스케일링 알고리듬의 4단계의 이진 검색 접근법은 이를 따랐다.

구동기 에너지와 같은 비용함수를 최소화하기 위한 동적 프로그래밍이나 비선형 최적화와 같은 수치 방법론을 중점적으로 다룬 연구들도 존재한다. 이 분야의 초기 연구 중 하나는 Vukobratović, Kirćanski[190]이다.

9.8 연습 문제

1. (x, y) 평면상의 타원형 경로를 고려하자. 이 경로는 $(0,0)$에서 시작해 시계 방향으로 $(2,1)$, $(4,0)$, $(2,-1)$을 거쳐 $(0,0)$으로 돌아온다(그림 9.15). 이 경로를 $s \in [0,1]$

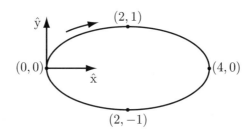

그림 9.15: 타원형 경로

에 대한 함수로 표현하라.

2. $X = (x, y, z)$의 원통형 경로가 $x = \cos 2\pi s$, $y = \sin 2\pi s$, $z = 2s$, $s \in [0, 1]$로 주어지고, 이것의 시간 스케일링은 $s(t) = \frac{1}{4}t + \frac{1}{8}t^2, t \in [0, 2]$이다. $\dot{X}$와 $\ddot{X}$를 구하라.

3. 일정한 스크류 축을 따르는 운동으로 구성되는 $X(0) = X_{\text{start}} \in SE(3)$에서 $X(1) = X_{\text{end}} \in SE(3)$로의 경로를 고려하자. 이 경로는 어떠한 $s(t)$로 시간 스케일링된다. $\dot{s}$가 $\ddot{s}$ 주어졌을 때, 임의의 점에서의 트위스트 $\mathcal{V}$와 가속도 $\dot{\mathcal{V}}$를 구하라.

4. $\theta_{\text{start}} = (0, 0)$에서 $\theta_{\text{end}} = (\pi, \pi/3)$로의 직선 경로 $\theta(s) = \theta_{\text{start}} + s(\theta_{\text{end}} - \theta_{\text{start}}), s \in [0, 1]$를 고려하자. 이 운동은 시작 및 종료 시에 정지 상태이다. 실현 가능한 관절 속도는 $|\dot{\theta}_1|, |\dot{\theta}_2| \leq 2$ rad/s이고 실현 가능한 관절 가속도는 $|\ddot{\theta}_1|, |\ddot{\theta}_2| \leq 0.5$ rad/s^{2}이다. 관절 속도 및 가속도 제한을 만족하는 삼차 시간 스케일링을 사용했을 때의 가장 빠른 운동 시간 T를 구하라.

5. $s(T) = 1$과 $s(0) = \dot{s}(0) = \ddot{s}(0) = \dot{s}(T) = \ddot{s}(T) = 0$를 만족하는 오차 다항식 시간

스케일링을 구하라.

6. 오차 다항식 점대점 시간 스케일링의 가속도 $\ddot{s}$가 최대 또는 최소가 되는 시간을 전체 운동 시간 T에 대한 함수로 표현하라.

7. 초기 및 말기의 속도, 가속도, 가가속도가 0인 점대점 운동에 대해 다항식 시간 스케일링을 사용하고 싶다면 이 다항식의 최소 차수는 몇인가?

8. 최대 허용 가능한 가속도 a와 속도 v를 사용하는 사다리꼴 시간 스케일링이 운동 시간 T를 최소화함을 증명하라.

9. 사다리꼴 시간 스케일링의 가속도 프로파일 $\ddot{s}(t)$을 손으로 그려라.

10. 사다리꼴 시간 스케일링의 v와 a가 주어진다면, $v^2/a \leq 1$이 로봇이 경로 도중에 최대 속도 v에 도달하기 위한 필요조건임을 증명하라.

11. 사다리꼴 시간 스케일링의 v와 T가 주어진다면, $vT > 1$이 운동이 시간 T 안에 끝나기 위한 필요조건임을 증명하라. $vT \leq 2$가 세 단계의 사다리꼴 운동이 이뤄지기 위한 필요조건임을 증명하라.

12. 사다리꼴 시간 스케일링의 a와 T가 주어진다면, $aT^2 \geq 4$가 운동이 시간 안에 끝나기 위한 필요조건임을 증명하라.

13. 사다리꼴 시간 스케일링이 최대 속도 v에 도달하지 않는 경우를 고려하자. 이것은 뱅-뱅 운동, 즉, 시간 $T/2$ 동안의 일정한 가속 a에 이은 시간 $T/2$ 동안의 일정한 감속 $-a$으로 이뤄진 운동이 된다. 두 단계 모두에 대해 위치 $s(t)$, 속도 $\dot{s}(t)$, 가속도 $\ddot{s}(t)$

를 식 (9.16)-(9.24)에서와 같이 구하라.

14. S-곡선 시간 스케일링의 가속도 프로파일 $\ddot{s}(t)$을 손으로 그려라.

15. 일곱 단계의 S-곡선은 시간 t_J(일정한 양의 또는 음의 가가속도의 지속 시간)와 시간 t_a(일정한 양의 또는 음의 가속도의 지속 시간), t_v(일정한 속도의 지속 시간), 전체 시간 T, 가가속도 J, 가속도 a, 속도 v에 의해 완전히 결정된다. 이 일곱 개의 물리량 중 몇 개를 독립적으로 결정할 수 있는가?

16. 보통의 S-곡선은 일곱 단계로 이뤄지나, 특정한 부등식 제약조건이 성립하지 않으면 단계의 수가 적어질 수 있다. 일곱 개보다 적은 단계가 가능한 경우들을 설명하라. 이 경우들에 대한 대강의 속도 프로파일 $\dot{s}(t)$를 손으로 그려라.

17. S-곡선에 모든 일곱 단계가 존재하며 가가속도를 J, 가속도를 a, 속도를 v라고 할 때 일정한 속도를 유지하는 시간 t_v를 v, a, J와 전체 운동 시간 T에 대한 식으로 구하라.

18. 2 자유도 로봇에 대한 당신만의 경유점 삼차 다항식 보간 궤적 생성 프로그램을 작성하라. 각 관절마다 새로운 위치와 속도를 1,000Hz로 결정해야 한다. 사용자가 일련의 경유점 위치, 속도, 시간을 결정하면 프로그램이 관절 각도와 속도로 이뤄진 배열을 생성해야 한다. 이 관절 각도와 속도는 $t = 0$부터 운동의 전체 지속 시간 $t = T$까지 1밀리초마다 주어져야 한다. 최소 세 개의 경유점을 가지는 테스트 케이스에 대해 다음을 그려라.

(a) 관절 각도 공간상의 경로 (그림 9.7과 유사)

(b) 시간에 대한 함수로의 각 관절의 위치와 속도 (그림 9.8과 유사)

19. 위치, 속도, 가속도가 명시된 경유점들을 시간에 대한 오차 다항식을 사용해 보간

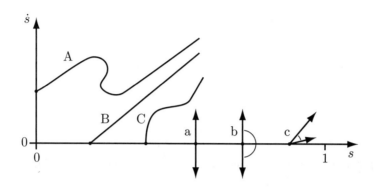

그림 9.16: A, B, C 그림에 표시된 각 점에서 시작하는 적분 곡선이며, a, b, c는 $\dot{s} = 0$에서의 운동 원뿔이다. 적분 곡선 중 두 개와 운동 원뿔 중 두 개는 실현될 수 없다.

할 수 있다. 경유점 j와 $j+1$ 사이의 지속 시간 ΔT_j 동안의 오차 다항식 조각에 대해, β_j, β_{j+1}, $\dot{\beta}_j$, $\dot{\beta}_{j+1}$, $\ddot{\beta}_j$, $\ddot{\beta}_{j+1}$가 주어졌을 때 오차 다항식의 계수를 구하라(식 (9.26)-(9.29)와 유사). 심볼릭 솔버를 사용하면 문제를 간단하게 해결할 수 있을 것이다.

20. 손으로 또는 컴퓨터를 사용해 사각형 운동 프로파일을 $(s, \dot{s})$ 평면에 그려라.

21. 그림 9.16은 $(s, \dot{s})$ 평면상의 세 개의 운동 곡선(A, B, C)과 $\dot{s} = 0$에서의 세 개의 운동 원뿔(a, b, c)을 나타낸다. 세 곡선 중 두 개와 세 원뿔 중 두 개는 어떤 로봇 동역학에 대해서도 실현될 수 없다. 어떤 두 개가 이에 해당하는지 표시하고 그 이유를 설명하라. 왜 나머지 하나의 곡선과 운동 원뿔은 실현 가능한지 설명하라.

22. 9.4.4절의 가정하에 9.4.2절의 시간 스케일링 알고리듬이 옳은 이유를 설명하라. 구체적으로,

  (a) 4 단계의 이진 검색에서, $(s_{\text{lim}}, \dot{s}_{\text{test}})$부터 양의 방향으로 적분한 곡선이 속도 제한 곡선에 닿거나 (혹은 접하거나), 그렇지 않으면 $\dot{s} = 0$축에 닿아야만 하는

(그리고 예를 들어 곡선 F에는 닿지 않는) 이유를 설명하라.

(b) 최종적인 시간 스케일링이 속도 제한 곡선을 관통하지 않고 접할 수밖에 없는 이유를 설명하라.

(c) 시간 스케일링이 속도 제한 곡선에 닿는 점들에서 가속도가 최소에서 최대로 전환하는 이유를 설명하라.

23. 시간 스케일링 알고리듬을 어떻게 수정해야 $s = 0$과 $s = 1$에서의 초기 및 말기 속도가 0이 아닌 경우를 다룰 수 있는지 설명하라.

24. 로봇의 구동기가 너무 약해 경로상의 어떤 컨피규레이션에서는 로봇을 정역학적으로 유지할 수 없다면, 시간 스케일링 알고리듬을 어떻게 수정해야 하는지 설명하라. 다만 인정 불가능한 상태와 영관성 점에 대한 기존의 가정은 여전히 성립한다고 가정하라. 유효한 시간 스케일링이 더 이상 존재하지 않을 수도 있다. 어떤 조건하에서 알고리듬을 종료하고 유효한 시간 스케일링 존재하지 않는다고 해야 하는가? (9.4.4 절의 가정하에는 기존의 알고리듬이 항상 해를 찾으므로 실패하는 경우를 확인하지 않는다) 로봇을 정역학적으로 유지할 수 없는 $(s, \dot{s} = 0)$ 상태에서는 운동 원뿔이 어떻게 생겼는가?

25. 수평면상의 2R 로봇의 운동 원뿔을 $(s, \dot{s})$ 평면에 그리는 컴퓨터 프로그램을 만들라. 경로는 $(\theta_1, \theta_2) = (0, 0)$에서 $(\pi/2, \pi/2)$로의 관절 공간상의 직선이다. ($g = 0$ 으로 놓고) 식 (8.9)의 동역학을 사용하고, 이를 $\theta, \dot{\theta}, \ddot{\theta}$ 대신 $s, \dot{s}, \ddot{s}$에 대한 식으로 쓰라. 구동기가 제공하는 토크의 범위는 $-\tau_{i,\text{limit}} - b\dot{\theta}_i \leq \tau_i \leq \tau_{i,\text{limit}} - b\dot{\theta}_i$이며, 이때 $b > 0$는 속도의 토크에 대한 의존성을 나타낸다. $(s, \dot{s})$의 각 격자점에서 운동 원뿔을 그려라. 그림이 알아보기 쉽도록 각 원뿔의 변이 같은 길이를 갖도록 하라.

26. 지금까지는 정방향 운동, 즉, $\dot{s} > 0$를 가정했다. 만약 역방향 운동 $\dot{s} < 0$를 허용하면 어떻게 되겠는가? 이 문제에서는 양의 음의 $\dot{s}$ 값 모두에 대한 운동 원뿔과 적분 곡

선을 그릴 것이다. 최대 가속은 $U(s, \dot{s}) = U > 0$이고 최대 감속은 $L(s, \dot{s}) = L = -U$ 라고 가정하자. 예를 들어, $U = 1$이고 $L = -1$라고 가정해도 좋다.

(a) 임의의 일정한 s에 대해, $\dot{s}$의 값이 $\{-2, -1, 0, 1, 2\}$인 다섯 개의 점에서 운동 원뿔을 그려라.

(b) 운동이 $(s, \dot{s}) = (0, 0)$에서 시작해 시간 t 동안 최대 가속 U를 따른다고 하자. 그 후에는 시간 $2t$ 동안 최대 감속 L을 따른다. 그리고 나서 시간 t 동안 U를 따른다. 적분 곡선을 손으로 그려라(곡선의 정확한 모양은 중요하지 않지만, 올바른 특징들을 가져야 한다).

10장. 동작 계획

동작 계획은 로봇이 장애물을 피하고 관절, 토크 제약조건을 만족하면서 초기 상태부터 목표 상태까지 도달하도록 하는 로봇의 동작을 구하는 것이다. 동작 계획은 로봇의 하위 분야 가운데 가장 활발히 연구되는 분야 중 하나이며, 여러 저서들의 주제이기도 하다. 10장의 목표는 로봇 팔과 이동식 로봇들을 대표적인 예시로 다루며, 동작 계획의 대표적인 방법을 전반적으로 다루고자 한다(그림 10.1).

10장은 동작 계획에 대한 간단한 개괄로 시작한다. 이후에는 상태 공간C-space, Configuration Space 장애물과 그래프 탐색과 같은 기초 지식을 다룬다. 그리고 여러 동작 계획 방법에 대한 요약으로 마무리한다.

10.1 동작 계획에 대한 개괄

동작 계획의 핵심 개념은 상태 공간이다. 상태 공간 $\mathcal{C}$ 내의 모든 점은 로봇의 특정 자세 q에 대응되며, 반대로 로봇의 모든 자세는 상태 공간 내의 점에 대응된다. 예를 들어, n개의 관절을 가진 로봇 팔의 자세는 n개의 자세, $q = (\theta_1, \ldots, \theta_n)$에 대응된다. **자유 상태 공간** $\mathcal{C}_{\text{free}}$는 로봇이 장애물을 관통하지 않고, 관절 제한에 도달하지 않는 자세들로 구성된다.

10장에서는 따로 언급이 있지 않는 한 q는 n차원 벡터이며, $\mathcal{C} \subset \mathbb{R}^n$인 것으로 가정한다. 10장의 개념은 일반화를 통해 $\mathcal{C} = SE(3)$와 같은 비유클리드 상태 공간에도

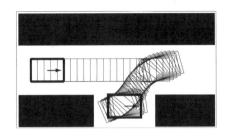

그림 10.1: (왼쪽) 장애물 회피 동작 계획을 실시하는 로봇 팔. 이 동작 계획은 MoveIt![179]을 사용해 만들어졌고 ROS(Robot Operating System)의 rviz를 사용해 시각화됐다. (오른쪽) 평행 주차를 하는 자동차 로봇

적용할 수 있다.

로봇을 제어하기 위한 제어값 입력은 $u \in \mathcal{U} \subset \mathbb{R}^m$의 m차원 벡터로 표현되며, 일반적인 로봇에서는 $m = n$이다. 만약 로봇이 로봇 팔과 같이 이차 동역학을 가지고, 제어값이 힘(즉, 가속도)이라면, 로봇의 *상태*는 $x = (q, v) \in \mathcal{X}$와 같이, 로봇의 자세와 속도로 표현될 수 있다. $q \in \mathbb{R}^n$이라면, 일반적으로 $v = \dot{q}$으로 표현할 수 있다. 만약 제어값을 속도로 취급하면, 상태 x는 간단히 자세 q다. $q(x)$ 표기는 상태 x에 대응하는 자세 q를 표현하며, $\mathcal{X}_{\text{free}} = \{x \mid q(x) \in \mathcal{C}_{\text{free}}\}$이다.

로봇의 운동방정식은 다음과 같이 쓴다.

$$\dot{x} = f(x, u) \tag{10.1}$$

적분형으로는 다음과 같다.

$$x(T) = x(0) + \int_0^T f(x(t), u(t))dt \tag{10.2}$$

10.1.1 여러 가지 동작 계획 문제

위의 정의들을 사용한다면, 동작 계획 문제들을 다음과 같이 포괄적으로 나타낼 수 있다.

초기 상태 $x(0) = x_{\text{start}}$와 최종 목표 상태 x_{goal}가 주어졌을 때, $t \in [0, T]$의 모든 t에 대해 동작 (10.2)가 $q(x(t)) \in \mathcal{C}_{\text{free}}$와 $x(T) = x_{\text{goal}}$을 만족하도록 하는 제어값의 집합 $u : [0, T] \to \mathcal{U}$와 시간 T를 찾아라.

계획된 동작 $x(t)$, $t \in [0, T]$를 정확히 따를 수 있도록 하는 피드백 컨트롤러(11장)가 제공되는 것으로 가정한다. 추가로, 동작 계획 간에 $\mathcal{C}_{\text{free}}$를 파악하기 위한 로봇의 정확한 기하학적 모델과 환경이 제공된 것으로 생각한다.

이 기본적인 문제에 대한 다양한 변형이 있으며, 일부는 다음에서 서술된다.

경로 계획 vs. 동작 계획 경로 계획은 일반적인 동작 계획 문제의 하위 문제다. 경로 계획은 시작 자세 $q(0) = q_{start}$로부터 목표 자세인 $q(1) = q_{\text{goal}}$에 도달하기까지 충돌이 없는 경로 $q(s)$를 찾는 순수한 기하 문제이며 역학 관계, 동작의 지속 시간 및 동작과 제어값의 제약조건을 고려할 필요가 없다. 동작 계획에 의해 얻어지는 경로는 시간 척도로 표현해 합당한 궤적을 생성할 수 있다고 가정한다 (9장). 이는 **피아노 이사 문제**로 부르기도 하며 장애물이 있는 공간의 기하에 집중한다.

제어값 입력 $m = n$ vs. $m < n$ 경로상에 충돌이 없더라도 제어값의 차원 m이 자유도 n보다 낮다면 로봇이 따를 수 없는 여러 경로가 발생한다. 예를 들어 자동차는 $n = 3$의 자유도(평면상의 위치와 방향)을 갖지만 제어값은 $m = 2$(앞/뒤 동작과 조향)이다. 즉, 자동차는 횡방향으로 평행 주차 공간에 들어갈 수 없다.

온라인 vs. 오프라인 만약 동작 계획 문제가 생성되거나 사라지는 장애물이나 움직이는 장애물과 같은 동적인 환경으로 인해 즉각적인 결과를 요구한다면 속도가 빠른 온라인 계획기가 필요하다. 만약 정적인 환경이라면, 조금 더 느린 오프라인 계획기만으로도 충분할 수 있다.

최적 vs. 충분 최종 목표에 도달하는 것뿐만 아니라, 다음과 같은 비용 J를 최소화(또는 근사적으로 최소화)하고 싶다고 하자.

$$J = \int_0^T L(x(t), u(t)) dt$$

예를 들어, $L = 1$로 두고 J를 최소화한다면, 시간 최적화 동작을 얻는 반면, $L = u^T(t)u(t)$로 둔다면, "에포트가 최소로 필요한" 동작을 얻게 된다.

정량적 vs. 정성적 $\|x(T) - x_{\text{goal}}\| < \epsilon$과 같이 최종 목표 x_{goal}에 충분히 가까운 $x(T)$만으로도 만족할 수 있다.

장애물의 유무 최적화 혹은 $m < n$ 등과 같은 조건이 요구될 때는, 장애물이 없더라도 동작 계획의 난이도가 상당히 높을 수 있다.

10.1.2 동작 계획기의 특성

동작 계획기는 위에서 설명한 바와 같은 동작 계획 문제의 특성들을 따라야 한다. 추가로, 계획기들은 다음과 같은 특성들에 따라 분류되기도 한다.

다중 문제 vs. 단일 문제 계획 만약 로봇이 정적인 환경에서 여러 동작 계획 문제를 해결해야 한다면 C_{free}를 정확히 표현하기 위한 데이터 구조를 만들기 위해 시간을 투자할 만하다. 이 데이터 구조 및 상태 공간을 잘 살펴보면 효율적으로 다중 계획 문제들을 해결할 수 있다. 단일 문제 계획기는 새로운 문제에 직면할 때마다 처음부터 문제를 해결해야 한다.

"지속적" 계획 지속적 계획기는 첫 해결책을 얻은 뒤에도 좀 더 나은 해결책을 탐색한다. 특정 시간 제한이 지나거나, 최적의 해결책이 얻어진 뒤 등 특정 시점 뒤에 이 탐색은 언제든지 멈출 수 있다.

완전성^{Completeness} 동작 계획기는 해결책이 존재한다면 유한한 시간 내에 이를 찾고, 만약 존재하지 않는다면 실패를 보고할 수 있음이 보장되면, **완전**^{Complete}하다고 한다. 좀 더 느슨한 정의로는 **해상도 완전성**^{resolution completeness}이 있다. 해상도상 완전한 계획기는 이산화된 문제의 격자상에서 존재하는 해결책을 찾을 수 있음이 보장되는 계획기다. 예를 들어, 이산화된 C_{free}가 격자로 표현된 경우를 생각할 수 있다. 마지막으로, 시간이 무한대로 주어질 때 존재하는 해결책을 찾을 확률이 1로 수렴할 경우 계획기가 **확률적으로 완전**^{probabilistically complete}하다고 한다.

계산 복잡도^{Computational complexity} 계산 복잡도는 계획기가 해결책을 계산해내는 데 필요한 시간, 혹은 메모리의 양의 척도를 의미한다. 이는 상태 공간의 차원 혹은 로봇, 장애물의 꼭짓점 수와 같은 동작 계획 문제의 특성값들로 나타낼 수 있다. 예를 들어, 상태 공간이 n차원일 때, 계획기의 계산 시간이 n의 지수함수를 따를 수 있다. 계산 복잡도는 소요 시간의 평균치나 최대치로 표현될 수 있다. 일부 계획 알고리듬은 계산 복잡도의 분석이 어렵지 않지만, 모두 그렇지는 않다.

10.1.3 동작 계획 방법

모든 동작 계획 문제에 적용 가능한 계획기는 없다. 다음은 사용할 수 있는 여러 동작 계획기에 대한 다양한 소개다. 자세한 내용은 표시된 해당 절에 추가적으로 설명된다.

완전 계획기(10.3절) 이 방법은 $\mathcal{C}_{\text{free}}$의 위상 또는 기하를 정확히 표현하는 데 치중함으로써 완전성을 보장한다. 매우 간단하거나 낮은 차원의 자유도를 다루는 문제를 제외하면 이러한 표현법은 수학적으로 계산해내기 상당히 어렵다.

격자 계획기(10.4절) 이 방법은 $\mathcal{C}_{\text{free}}$를 이산화해 격자로 만들며, q_{start}에서 목표 영역 내의 격자상으로의 동작을 모색한다. 이 방법을 변형하면 자세 공간이나 제어 공간을 이산화하거나 다중 스케일 격자를 이용해 장애물 부근의 $\mathcal{C}_{\text{free}}$를 보다 정교하게 표현하기도 한다. 이 방법은 비교적 적용하기 쉬우며 최적의 해결책을 제공하기도 한다. 하지만 제한된 해상도상에서는 공간의 차원이 증가할수록 필요한 메모리와 시간이 기하급수적으로 증가한다. 이로 인해, 격자 계획기의 사용은 낮은 차원의 문제에서만으로 제한된다.

샘플링 기법(10.5절) 일반적인 샘플링 기법은 무작위적 혹은 결정적 함수들을 이용해 상태 공간 혹은 자세 공간으로부터 특정 샘플을 선택한다. 이 기법은 샘플이 $\mathcal{X}_{\text{free}}$ 내에 존재하는지 확인하는 함수, 목표 상태에 가장 가까운 자유 공간의 기존 샘플을 찾는 함수 그리고 이전 샘플로부터 다음 샘플로의 동선을 파악하는 국소 계획기로 이뤄져 있으며, 이 과정들이 합쳐져 로봇의 합당한 움직임을 표현하는 그래프 혹은 트리가 된다. 샘플링 기법은 적용하기 쉬우며, 확률적으로 완전한 경우가 많다. 심지어 고차원의 자유도를 가진 동작 계획 문제도 해결할 수 있다. 해결책은 대체로 만족할 수준이지만 최적화되지는 않으며, 계산복잡도를 나타내기 어려울 수 있다.

가상 퍼텐셜 장(10.6절) 가상 퍼텐셜 장은 로봇을 목표 상태로 당기며, 장애물로부터는 밀어내는 힘을 생성한다. 높은 자유도의 시스템에도 쉽게 적용할 수 있으며, 속도도 빠르므로 온라인 계획기에 자주 적용된다. 하지만 퍼텐셜 장은 국소점$^{local\ minima}$을 가질 수 있다. 이로 인해, 로봇은 인력과 척력이 서로 상쇄되는 구간에 빠져 목표 상태에 도달하지 못할 수 있다.

비선형적 최적화(10.7절) 동작 계획 문제는 경로 혹은 제어값을 다항식의 계수 또는 푸리에 급수와 같은 유한한 수의 매개변수로 나타냄으로써 비선형 최적화 문제로 변형할 수 있다. 이 문제는 제어값, 장애물, 목표 상태와 같은 제약조건들을 만족함과 동시에 비용함수를 최소화하는 매개변수들을 찾는 것이다. 이 방법은 거의 완벽히 최적화된 해결책을 찾을 수 있지만, 해결책의 초깃값을 임의로 예상해 설정해야 한다. 목표함수와 합당한 해결 공간이 대체로 볼록함수가 아니기 때문에 최적 해결책은 커녕 합당한 해결책도 찾지 못할 수 있다.

곡선화(10.8절) 일반적으로 동작 계획기를 통해 찾은 동작은 부드럽지 못한 경우가 많다. 곡선화 알고리듬을 이용해 기존에 얻은 결과를 보다 부드럽게 만들 수 있다.

최근 학계에서는 적용하기 쉬우며, 고차원 문제도 다룰 수 있는 샘플링 기법에 관심을 쏟고 있다.

10.2   기초

동작 계획기를 다루기 이전에 많이 쓰는 개념의 기초를 다지고자 한다. 상태 공간, 장애물, 충돌 감지, 그래프, 그래프 탐색이다.

10.2.1 상태 공간 장애물

특정 자세 q에서의 로봇이 주변 환경과 충돌하는지 알기 위해서는 일반적으로 로봇과 환경의 CAD 모델이 사용되는 복잡한 과정을 거쳐야 한다. 이러한 작업에 사용 가능한 다양한 상용 무료 소프트웨어 패키지가 있지만, 이 책에서는 이들을 다루지 않는다. 작업 공간 장애물은 상태 공간 $\mathcal{C}$를 자유 공간 $\mathcal{C}_{free}$와 장애물 공간 $\mathcal{C}_{obs}$로 나누며, $\mathcal{C} = \mathcal{C}_{free} \bigcup \mathcal{C}_{obs}$이다. 관절의 한계는 상태 공간상에서의 장애물로 취급된다. $\mathcal{C}_{free}$와 $\mathcal{C}_{obs}$의 개념을 사용하면 동작 계획 문제는 점 로봇이 장애물 $\mathcal{C}_{obs}$를 피하며 경로를 찾는 것으로 문제가 간략화된다. 만약 장애물들로 인해 $\mathcal{C}_{free}$가 분리된 **연속 요소**들로 나눠지고 q_{start}와 q_{goal}이 동일한 연속 요소에 존재하지 않는다면, 충돌이 없는 경로는 존재하지 않는다.

장애물 공간의 정확한 수학적 표현은 나타내기 매우 어려우므로, 이는 잘 이용되지 않는다. 그럼에도 불구하고 동작 계획 알고리듬을 이해하는 데 있어 장애물 공간이라는 개념은 매우 중요하다. 이 생각들은 예시를 통해 잘 표현된다.

10.2.1.1 평면형 2-R(이중 회전 관절) 팔

그림 10.2는 작업 공간상에서 장애물 A, B, C 사이에 자세 $q = (\theta_1, \theta_2)$로 있는 2R 평면 로봇 팔을 나타낸다. 이 로봇 팔의 상태 공간은 $0 \le \theta_1 < 2\pi$, $0 \le \theta_2 < 2\pi$로 평면의 일부로 나타낼 수 있다. 하지만 2장의 내용을 상기하면 $\theta_1 = 2\pi$에서의 모서리는 $\theta_1 = 0$과 이어지고, $\theta_2 = 2\pi$는 $\theta_2 = 0$과 이어지기 때문에 상태 공간의 위상은 토러스(혹은 도넛)임을 기억하자. $\mathbb{R}^2$의 사각형 구역은 도넛의 표면을 $\theta_1 = 0$과 $\theta_2 = 0$에서 두번 자르고 평면에 펼치면서 얻어지는 것이다.

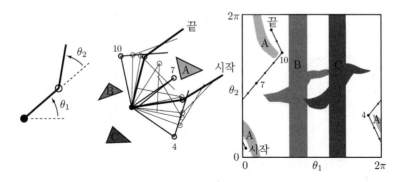

그림 10.2: (왼쪽) 2R 로봇 팔의 회전 관절의 각도 (가운데) 장애물 사이로 이동하는 로봇 팔 (오른쪽) 상태 공간상의 동일한 동작. 동선상의 세 중간 지점 4, 7, 10이 표시됐다.

그림 10.2의 오른쪽은 장애물 A, B, C를 활동 장애물$^{\text{C-obstacle}}$로 표현했다. 활동 장애물 영역 내의 자세는 작업 공간 내에서 장애물과의 충돌과 대응된다. 로봇 팔이 장애물과 접촉하지 않고 초기 자세로부터 목표로 이동하는 모습은 작업 공간과 상태 공간 모두에서 표현된다. 경로와 장애물은 상태 공간의 위상을 표현한다. 장애물들이 상태 공간 $\mathcal{C}_{\text{free}}$를 세 개의 개별 연속 요소로 분리함에 유의하자.

10.2.1.2 이동식 원형 평면 로봇

그림 10.3은 상단에서 바라본 이동식 원형 로봇을 보여주며, 중심의 위치 $(x, y) \in \mathbb{R}^2$를 통해 자세를 표현할 수 있다. 로봇은 단일 장애물이 있는 평면상에서 회전하지 않고 이동한다. 장애물에 대응되는 활동 장애물은 작업 공간의 장애물의 크기를 이동식 로봇의 반지름만큼 키움으로써 얻을 수 있다. 이 활동 장애물 바깥의 점은 로봇이 도달할 수 있는 자세를 의미한다. 그림 10.4는 두 장애물에 대한 작업 공간과 상태

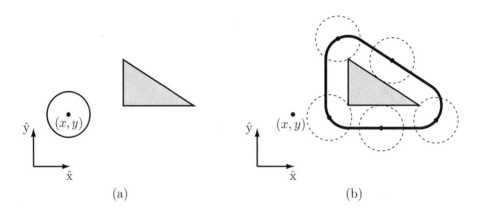

그림 10.3: (a) 이동식 원형 로봇(원)과 작업 공간 장애물(회색 삼각형). 로봇의 자세는 로봇의 중심인 (x, y)로 표현된다. (b) 상태 공간 내에서 장애물은 로봇의 반지름만큼 크기가 증가하며 로봇은 점으로 취급할 수 있다. 굵은 실선 바깥의 모든 자세 (x, y)는 충돌이 없음을 의미한다.

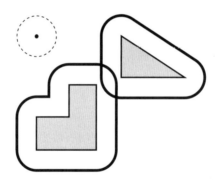

그림 10.4: "증가한" 크기의 상태 공간 장애물이 두 작업 공간 장애물과 대응되는 모습과 원형 이동식 로봇. 겹치는 영역이 있으므로, 로봇이 두 장애물 사이로는 움직일 수 없음을 의미한다.

공간을 나타내며, 이동식 로봇이 두 장애물 사이로 지날 수 없음을 표현한다.

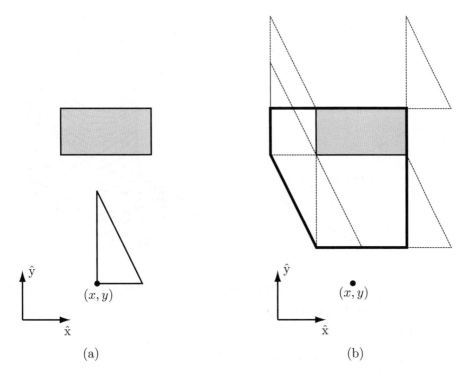

그림 10.5: (a) 이동은 가능하지만 회전은 불가능한 이동식 삼각 로봇의 자세를 기준점의 좌표 (x, y)로 표현했다. 또한 작업 공간 장애물을 회색으로 나타냈다. (b) 장애물의 경계선 주위로 로봇을 움직이고 기준점의 자취를 구함으로써 대응하는 상태 공간 장애물(굵은 실선)을 얻을 수 있다.

10.2.1.3 이동하는 이동식 다각형 평면 로봇

그림 10.5는 이동식 다각형 로봇이 다각형 장애물 주위에서 이동할 때의 활동 장애물을 나타낸다. 활동 장애물은 로봇을 장애물에 접하게 움직일 때 로봇의 기준점이 남기는 자취를 구함으로써 얻을 수 있다.

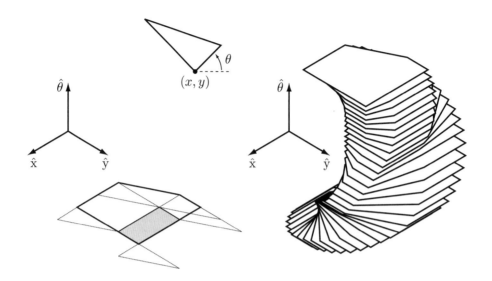

그림 10.6: (상단) 자세 (x, y, θ)로 표현되는 이동과 회전이 모두 가능한 이동식 삼각형 로봇 (왼쪽) 로봇의 회전이 $\theta = 0$로 고정됐을 때 얻는 그림 10.5(b)의 활동 장애물 (오른쪽) 10° 단위로 단면을 쌓아 만든 3차원의 상태 공간 장애물

10.2.1.4 회전과 이동을 모두 하는 이동식 다각형 로봇

그림 10.6은 그림 10.5의 로봇이 회전 가능할 때의 상태 공간 장애물을 나타낸다. 이제 상태 공간은 $(x, y, \theta) \in \mathbb{R}^2 \times S^1$로 나타내어지며, 3차원이다. 3차원의 상태 공간 장애물은 2차원의 상태 공간 장애물들이 각도 $\theta \in [0, 2\pi)$로 쌓여서 나타난다. 이와 같이 비교적 낮은 차원의 상태 공간에서도 활동 장애물의 정확한 표현이 상당히 복잡하다. 이러한 이유로 활동 장애물의 정확한 묘사는 자주 이뤄지지 않는다.

10.2.2 장애물까지의 거리 측정과 충돌 감지

활동 장애물 $\mathcal{B}$와 자세 q가 주어졌을 때, $d(q, \mathcal{B})$를 장애물로부터 로봇까지의 거리로 두자.

$$d(q, \mathcal{B}) > 0 \qquad \text{장애물과의 접촉이 없음}$$
$$d(q, \mathcal{B}) = 0 \qquad \text{접촉}$$
$$d(q, \mathcal{B}) < 0 \qquad \text{관통 및 겹침}$$

거리는 로봇과 장애물 사이의 가장 가까운 점들의 유클리드 거리로 정의할 수 있다. **거리 측정 알고리듬**은 $d(q, \mathcal{B})$를 결정한다. **충돌 감지 과정**은 각 활동 장애물 $\mathcal{B}_i$에 대해 $d(q, \mathcal{B}_i) \leq 0$인지 확인한다. 충돌 감지 과정은 이진화된 결과를 얻어주며, 거리 측정 알고리듬을 사용할 수도, 사용하지 않을 수도 있다.

유명한 거리측정 알고리듬 중 하나는 GJK^{Gilbert-Johnson-Keerthi} 알고리듬으로 삼각 메쉬들로 표현되는 두 볼록 물체 간의 거리를 측정한다. 모든 로봇이나 장애물은 여러 볼록 물체들의 합으로 취급될 수 있다. 이 알고리듬의 확장은 다양한 로보틱스, 그래픽, 게임 물리 엔진 등에서 거리 측정 알고리듬 및 충돌 감지 과정으로 사용된다. 좀 더 간단한 접근법으로는 로봇과 장애물을 겹치는 구들의 합으로 근사하는 방법이 있다. 근사는 항상 **보수적으로** 이뤄져야 하며 근사치는 장애물의 모든 점을 포함해야 한다. 충돌 감지 과정이 충돌이 없는 자세 q를 가리키면 실제 상태도 충돌이 없음을 확신하기 위함이다. 로봇과 장애물을 표현하는 구의 수가 증가할수록 근사치가 실제 기하학적 형태에 가까워진다. 그림 10.7이 예시를 보인다.

q의 자세에 위치한 로봇이 중심이 $r_i(q)$에 위치하고 반지름이 R_i인 k개의 구들로 표현되고, $(i = 1 \ldots k)$ 장애물 B는 중심이 b_j에 위치하고 반지름이 B_j인 l개의 구들로

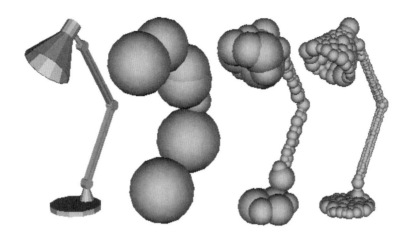

그림 10.7: 구로 표현된 전등. 이 근사는 구가 많아질수록 근사치가 정확해진다. 그림은 [61]로부터 취득했으며 허가하에 사용했다.

표현될 때, $(j = 1 \ldots j)$ 구와 장애물 간의 거리는 다음과 같이 계산된다.

$$d(q, \mathcal{B}) = \min_{i,j} \|r_i(q) - b_j\| - R_i - B_j$$

특정 자세의 로봇이 충돌을 할지 파악하는 것 외에도, 이 방법은 로봇이 특정 부분 동작 중에 충돌하는지 확인하는 데에도 유용하다. 특정 동작과 기하학적 형태의 장애물에 대한 정량적인 해는 발견됐지만, 일반적인 방법은 "확장된" 로봇을 촘촘히 위치한 경로상의 점들 위로 이동시켰을 때 충돌이 없는지 확인하는 것이다. 만약 충돌이 없다면 실제 로봇의 동작 또한 충돌이 없을 것이다.

10.2.3 그래프와 트리

많은 동작 계획기는 직접적 혹은 간접적으로 상태 공간 혹은 상태 공간을 **그래프**로 나타낸다. 그래프는 노드들의 집합 $\mathcal{N}$과 각 노드들을 연결하는 선 e들의 집합 $\mathcal{E}$으로 구성됐다. 동작 계획에서 노드는 특정 자세 혹은 상태를 나타내며, n_1과 n_2 사이의 선은 제약조건 내에서 충돌 없이 n_1에서 n_2로 동작할 수 있음을 나타낸다.

그래프는 **유도형**일 수도, **비유도형**일 수도 있다. 비유도형 그래프에서는 선이 양방향으로 작용한다. 만약 로봇이 n_1에서 n_2로 이동할 수 있으면 n_2에서 n_1으로도 이동할 수 있다. 유도형 그래프에서는 각 선은 한 방향으로만의 이동을 허락한다. 한 쌍의 노드는 서로 반대 방향의 두 선을 사이에 둘 수 있다.

그래프 또한 **가중**일 수도, **비가중**일 수도 있다. 가중 그래프에서는 각 선을 횡단하는 데 있어 필요한 양의 값을 가지는 비용(가중치)이 있다. 비가중 그래프에서는 모든 선이 같은 비용(예: 1)을 가진다. 그러므로 가장 일반적인 형태로 여기는 그래프는 가중 그래프이다.

트리는 유도형 그래프로 (1) 순환이 없으며, (2) 각 노드는 최대 하나의 **부모** 노드를 가진다.(예: 노드를 향하는 최대 하나의 선) 트리는 하나의 부모가 없는 **뿌리** 노드를 가지며, 자녀가 없는 **잎** 노드를 여러 개 가진다.

유도형 그래프, 비유도형 그래프, 그리고 트리는 그림 10.8에 나타난다.

N개의 노드가 있는 그래프는 행렬 $A \in \mathbb{R}^{N \times N}$로 표현할 수 있다. 여기서 원소 a_{ij}는 노드 i에서 노드 j까지의 비용을 의미한다(가중치 0은 선이 없음을 뜻한다). 그래프와 트리는 이웃들과 이어지는 링크를 가지는 노드들의 리스트로 좀 더 압축해 표현할 수 있다.

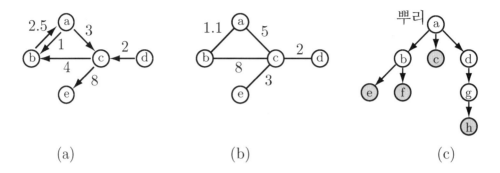

그림 10.8: (a) 가중 유도형 그래프 (b) 가중 비유도형 그래프 (c) 트리. 잎은 회색이다.

10.2.4 그래프 탐색

일단 자유 공간이 그래프로 표현되면, 시작점부터 목표 지점까지의 경로를 그래프에서 찾음으로써 동작 계획을 세울 수 있다. 가장 많이 사용되고 강력한 그래프 탐색 알고리듬은 A^*("A star"로 읽음)이다.

10.2.4.1 A^* 탐색

A^*는 경로의 비용이 단순히 각 선의 비용의 합산일 때 그래프상의 최소 비용 경로를 효율적으로 찾는다.

시작 노드가 1인 $\mathcal{N} = \{1, \ldots, N\}$의 노드 집합과, $\mathcal{E}$의 선들로 이뤄진 그래프가 있을 때, A^*는 다음과 같은 데이터 구조를 이용한다.

- 아직 탐색이 필요한 노드들로 이뤄진 정렬된 리스트 OPEN, 그리고 탐색이 이미

시행된 노드들로 이뤄진 리스트 CLOSED

- node1에서 node2까지의 양수 비용을 나타내는 선들을 표현하는 행렬 cost[node1,node2](선이 없을 경우 음의 값이 배정됨)

- 시작 노드에서 특정 노드 node에 도달하기까지 필요한 비용들 중 지금까지 얻은 최소 비용을 나타내는 배열 past_cost[node]

- 시작 노드에서 이전 단계의 노드 node에 도달하는 현재까지의 경로 중 가장 짧은 경로를 나타내는 배열 parent[node]로 정의되는 탐색 트리

이 탐색을 시행하기 위해서, 행렬 cost는 선을 인코딩하며, 리스트 OPEN가 시작 노드 1에서 최초 시행되고, 시작 노드에 도달하기 위한 비용(past_cost[1])은 초깃값이 0으로 설정되고, node ∈ {2, ..., N}의 past_cost[node]는 값이 무한(혹은 매우 큰 숫자)으로 초깃값이 지정된다. 이는 현재로서는 다른 노드들에 도달하기 위한 비용에 대해 무지함을 의미한다.

알고리듬의 각 단계에서 OPEN의 첫 노드는 제거되고, current로 지칭된다. current 는 동시에 CLOSED에도 추가된다. OPEN의 첫 번째 노드는 그 노드를 통과해 목표에 도달하기 위한 예상 최저 비용을 최소화한다. 예상 비용은 다음과 같이 계산된다.

est_total_cost[node] = past_cost[node] +
heuristic_cost_to_go(node)

여기서 heuristic_cost_to_go(node) ≥ 0는 실제로 node로부터 목표에 도달하기 위한 비용을 실제보다 낮게 책정한 예상치다. 많은 경로 계산 문제들에서 가장 적절한 선택은 장애물을 무시하고 목표로 최대한 일직선으로 향하는 것이다.

OPEN은 예상 총 비용에 따라 정렬된 리스트이기 때문에 새로운 노드를 OPEN의 정확한 위치에 삽입하는 것은 계산 측면에서 약간의 비용이 발생한다.

current 노드가 현재 목표들의 집합이라면, 탐색은 종료되고 parent 선들로부터 경로가 재설계된다. 그렇지 않다면 current의 각 이웃 nbr 중 CLOSED에 없는 이

웃들에 대해 시험적 통과 비용 `tentative_past_cost`는 `past_cost[current]` + `cost[current,nbr]`로 계산된다. 만약,

$$\texttt{tentative\_past\_cost < past\_cost[nbr]}$$

이라면, `nbr`은 기존 예상보다 저렴한 비용으로 도달할 수 있고, `past_cost[nbr]`를 `tentative_past_cost`로 설정하고, `parent[nbr]`를 `current`로 설정할 수 있다. 노드 `nbr`은 그 후, OPEN으로 자신의 예상 총 비용에 따라 더해지거나 옮겨진다. 그리고 알고리듬은 메인 루프의 초기로 돌아오며, 첫 노드를 OPEN으로부터 제거하고 `current`로 명명한다. 만약 OPEN이 비었다면 해결책은 존재하지 않는다.

A^* 알고리듬은 각 노드의 총 예상 최저 비용을 알 때, 목표로 향한 경로에서의 노드의 포함 여부만 확인하기 때문에 최소 비용 경로를 반드시 얻을 수 있다. 만약 노드 `current`가 목표를 향한 경로에 포함된다면, `heuristic_cost_to_go(current)`가 0이다. 그리고 모든 선의 비용이 양의 값인 것을 알기 때문에 향후에 발견하는 다른 경로는 반드시 `past_cost[current]`보다 높거나 같은 비용을 가질 것을 알 수 있다. 그러므로 `current`를 향한 비용이 가장 저렴한 비용일 것이다(같은 비용의 다른 경로는 존재할 수 있다).

만약 `heuristic_cost_to_go`가 정확하게 계산됐다면 장애물을 고려할 때 문제를 해결하기 위해 최소 개수의 노드를 거치는 경로를 A^*가 탐색할 것이다. 물론 정확한 비용 `cost_to_go`를 계산하는 것은 경로 계산 문제를 해결하는 것과 같기 때문에 이는 비효율적이다. 대신 알고리듬의 효율성을 위해 `heuristic_cost_to_go`는 실제 `cost_to_go`과 최대한 비슷하게 빠른 속도로 계산돼야 할 것이다. 긍정적인 (그리고 과소평가된) 비용값 `cost_to_go`를 사용하는 것은 최적의 해결책을 보장한다.

A^*는 일반적인 **최선-초기** 탐색best-first searches의 클래스의 예시다. 이들은 어떤 기준상 현재로서 보기에 최선인 노드로부터 탐색을 시작한다. 하지만 모든 최선-초기 탐색이 최소 비용 경로를 보장하는 것은 아니다.

514

A^*의 탐색 알고리듬은 의사 코드로 알고리듬 1과 같이 표현된다.

Algorithm 1 A^* 탐색.

1: OPEN ← {1}
2: past_cost[1] ← 0, past_cost[node] ← infinity for node ∈ {2,..., N}
3: **while** OPEN is not empty **do**
4:    current ← first node in OPEN, remove from OPEN
5:    add current to CLOSED
6:    **if** current is in the goal set **then**
7:       **return** SUCCESS and the path to current
8:    **end if**
9:    **for** each nbr of current not in CLOSED **do**
10:       tentative_past_cost ← past_cost[current]+cost[current,nbr]
11:       **if** tentative_past_cost < past_cost[nbr] **then**
12:          past_cost[nbr] ← tentative_past_cost
13:          parent[nbr] ← current
14:          put (or move) nbr in sorted list OPEN according to
                est_total_cost[nbr] ← past_cost[nbr] +
                       heuristic_cost_to_go(nbr)
15:       **end if**
16:    **end for**
17: **end while**
18: **return** FAILURE

10.2.4.2   기타 탐색 기법

- **다익스트라 기법** 만약 heuristic_cost_to_go가 항상 0으로 예상되면, A^*는 항상 OPEN의 노드 중 최소 비용값을 가진 노드에서부터 탐색을 시작한다. 이러한 변형을 다익스트라의 알고리듬 $^{\text{Dijkstra's algorithm}}$이라고 하며, 시대 순으로는 A^*를 앞선다. 다익스트라의 알고리듬 또한 최소 비용 경로를 보장하지만 경험적으로 예상 비용을 찾는 함수의 부족으로 인해 대부분의 경우, A^*보다 느리게 탐색한다.

- **너비 우선 탐색**^{Breadth-first search} 만약 $\mathcal{E}$의 각 선이 같은 비용을 가진다면 다익스트라의 알고리듬은 너비 우선 탐색으로 회귀한다. 시작 노드로부터 한 칸 떨어진 노드들부터 고려되고 다음으로 두 칸 떨어진 노드들이 고려되며, 이 과정이 반복된다. 따라서 처음으로 발견되는 경로가 최소 비용 경로다.

- **차선 A^* 탐색**^{Suboptimal A^* Search} 만약 `heuristic_cost_to_go`에 어떤 상수 $\eta > 1$만큼 곱해져 과대평가된다면, A^*는 적은 통과 비용의 노드들보다 목표에 가까운 노드들을 강제적으로 탐색하도록 편향된다. 이는 더 **빠른** 경로의 탐색을 가져오지만 과소평가된 `heuristic_cost_to_go`를 사용할 때와 달리 최저 비용의 경로는 보장하지 않는다. 한 가지 방법은 과대평가된 예상 비용으로 A^* 알고리듬을 시행해 하나의 경로를 찾고 점점 더 작은 η들을 사용해 검색을 시행하는 것이다. 이 과정을 지정 시간이 초과되거나 $\eta = 1$일 때의 경로를 찾을 때까지 반복한다.

10.3 완전 동작 계획기

완전 동작 계획기는 완전한 자유 상태 공간 $\mathcal{C}_{\text{free}}$의 표현에 의존한다. 이러한 방법은 수학적으로나 알고리듬적으로 복잡해 많은 실제 시스템에 적용이 어렵기 때문에 자세한 내용을 다루지는 않는다.

완전 동작 계획기의 한 가지 방법은 다음과 같은 특성을 가진 1차원적인 **로드맵** R을 통해 복잡한 고차원 공간 $\mathcal{C}_{\text{free}}$를 표현하는 것이며, 수정된 형태는 10.5절에서 다룰 예정이다.

(a) **접근성**^{Reachability} 모든 $q \in \mathcal{C}_{\text{free}}$에서 $q' \in R$까지의 자유 경로는 자명하게 발견될 수 있어야 한다(예를 들자면 직선 경로를 들 수 있다).

(b) **연결성**^{Connectivity} $\mathcal{C}_{free}$의 각 연결된 요소에 대해, R의 원소가 대응돼야 한다.

이러한 로드맵을 사용하면 $\mathcal{C}_{free}$에 속한 하나의 연속 요소 내에 존재하는 임의의 두 점, q_{start}에서 q_{goal}까지의 경로를 구할 수 있다. 그 방법은 q_{start}에서 $q'_{start} \in R$까지의 경로, q'_{start}에서 $q'_{goal} \in R$까지의 경로, q'_{goal}에서 q_{goal}까지의 경로를 각각 구해서 연결하는 것이다. 만약 q_{start}에서 q_{goal}까지의 경로가 자명하다면 로드맵이 필요 없을 수도 있다.

일반적으로 $\mathcal{C}_{free}$의 로드맵을 구성하는 것은 복잡하지만 어떤 문제들은 간단한 로드맵을 내놓는다. 다각형 장애물들 사이를 이동하는 다각형 물체를 생각해보자. 그림 10.5에서 봤듯이 활동 장애물 역시 다각형이다. 적합한 로드맵은 활동 장애물들의 꼭짓점에 있는 노드들과 서로를 "볼 수 있는" 노드들 사이의 선들로 이뤄진(꼭짓점들 간의 선은 장애물을 관통하지 않는다) 가중 비유도형 **가시성 그래프**다. 각 선들의 가중치(비용)는 노드들 간의 유클리드 거리다.

이는 적합한 로드맵 R일뿐만 아니라, A^*가 $\mathcal{C}_{free}$ 내 동일 연속 요소상에 존재하는 임의의 두 자세 사이의 최단 경로를 찾을 수 있도록 한다. 최단 경로는 q_{start}에서 q_{goal}까지의 직선이거나, q_{start}에서 노드 $q'_{start} \in R$까지의 직선, $q'_{goal} \in R$에서 q_{goal}까지의 직선, q'_{start}에서 q'_{goal}까지의 R의 경계를 훑는 직선들로 이뤄진다(그림 10.9). 최단 경로는 장애물을 훑어야 하므로 $\mathcal{C}_{free}$에는 경계도 직관적으로 포함시킬 것이다.

10.4 격자 계획기

A^*와 같은 탐색은 탐색 공간의 이산화를 요한다. 상태 공간을 가장 간단하게 이상화하는 방법은 격자를 사용하는 것이다. 만약 상태 공간이 n차원이고 각 차원에 대해 k개의 격자점을 원한다면, 상태 공간을 k^n개의 격자점으로 표현할 수 있다.

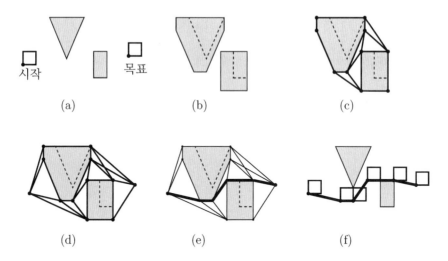

그림 10.9: (a) 삼각형, 직사각형의 장애물들이 있는 환경에서 기준점이 표시된 이동식 사각형 로봇의 시작과 목표 상태 (b) 확장된 활동 장애물 (c) C_{free}의 가시성 로드맵 그래프 R (d) R에서 추가로 q_{start}와 q_{goal}에서의 노드들도 포함된 전체 그래프 (e) 그래프에서 나타나는 최단 경로가 굵게 표시됨 (f) 그 경로를 따르는 로봇의 모습

A^* 알고리듬은 다음과 같은 몇 가지 수정을 통해서 상태 공간 격자에서의 경로 계획기로 사용할 수 있다.

- 격자점의 "이웃"에 대한 정의를 내려야 한다. 상태 공간 내에서 로봇이 격자와 나란한 방향의 축으로만 이동할 수 있는가? 혹은 여러 차원 방향으로 동시에 움직일 수 있는가? 예를 들어 2차원 상태 공간의 경우, 이웃들은 그림 10.10(a) 와 같이 서로 4중 연결(나침반의 동, 서, 남, 북 방향)이 되거나 8중 연결(대각방향 포함)이 될 수도 있다. 만약 대각방향이 포함된다면 대각방향 이웃들과의 연결은 비용이 적절히 추가돼야 한다. 만약 동서남북 방향의 이웃들 사이의 비용이 1이라면, 대각방향으로의 이웃들까지의 비용은 $\sqrt{2}$로 설정할 수 있다. 계산의 효율성을 위해 정수 형태를 희망한다면, 5와 7을 비용으로 사용할 수 있다.

- 만약 축 방향의 이동만 허락된다면 직관적 비용 계산은 유클리드 거리가 아닌 **맨해튼 거리**^{Manhattan distance}를 기반으로 해야 한다. 맨해튼 거리는 구역을 대각선으로 횡단할 수 없으므로, 이동해야 하는 "블록 수"를 계산한다(그림 10.10(b)).

- `current`에서 `nbr`까지의 부분 동작이 충돌이 없을 경우에만 노드 `nbr`이 `OPEN`에 추가된다(`nbr`에서의 확장된 형태의 로봇이 장애물과 충돌하지 않는다면, 이 부분 동작은 충돌이 없는 것으로 생각할 수 있다).

- 격자의 직각 형태를 고려해 다른 최적화 방안도 존재할 수 있다.

격자 기반 A^* 계획기는 해상도 완전성을 지닌다. 상태 공간의 이산화 해상도에서 해결책이 존재한다면, 반드시 이를 발견할 것이다. 그 경로는 허용된 동작 범위 내에서 최단 경로일 것이다.

그림 10.10(c)는 그림 10.2의 2R 로봇 예제에 대해 격자 기반 경로 계획을 사용한다. 상태 공간은 $k = 32$의 격자로 표현된다. 즉, 각 관절에 대해 $360°/32 = 11.25°$의 해상도를 가진다. 이는 총 $32^2 = 1024$개의 격자점을 생성한다.

격자 기반 계획기는 설명했듯이 단일 문제 계획기이다. 이는 각 경로 계획 문제를 새로 풀어야 한다. 반면 같은 q_{goal}이 동일한 환경에서 여러 번 사용되면 빠른 경로 계획을 위해 격자 전체를 미리 전처리해 다중 문제 경로 계획기를 사용하는 것이 유리할 것이다. 이는 그림 10.11에 나타는 **등위면 계획기**^{wavefront planner}다.

격자 기반 경로 계획기는 적용하기 쉬운 반면에, 낮은 차원의 상태 공간에만 적합하다. 이는 차원 n이 증가할수록 격자점의 개수, 즉 경로 계획기의 계산 복잡도가 지수함수적으로 증가하기 때문이다. 예를 들어, 해상도 $k = 100$의 상태 공간에서 $n = 3$개의 차원은 $k^n =$ 백만 개의 격자 노드, $n = 5$차원은 백억 개의 격자 노드, $n = 7$은 백조 개의 격자 노드를 의미한다. 다른 대안으로는 차원이 증가할수록 해상도 k를 감소시키는 방법이 있지만 이는 상태 공간의 낮은 해상도의 격자 표현을 의미하며 존재하는 자유 경로를 놓치는 것으로 이어질 수 있다.

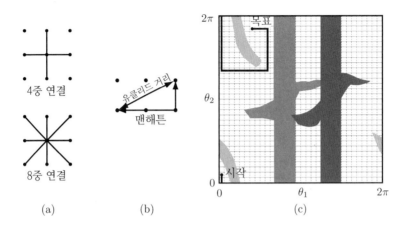

그림 10.10: (a) $n = 2$ 공간에 대한 4중 연결 및 8중 연결 격자점 (b) 단위 간격마다 위치한 격자점들. 두 점 간의 유클리드 거리는 $\sqrt{5}$인 반면, 맨해튼 거리는 3이다. (c) 그림 10.2의 문제에 대한 상태 공간의 이산화된 격자 표현과 최소 맨해튼 거리 경로

10	9	8	7	6	5	4	3	4	5	6	7	8	9	10
11					4	3	2	3				7	8	9
12	13	14			3	2	1	2				6	7	8
13	12	13			2	1	0	1	2	3	4	5	6	7
12	11	12			3	2	1	2						8
11	10				4	3	2	3						9
10	9	8	7	6	5	4	3	4						10

그림 10.11: 이차원 격자상에서의 등위면 계획기. 목표 상태의 점수는 0이다. 충돌이 없는 목표의 네 개의 이웃은 1점의 점수가 주어진다. 등위면을 따라 이 과정은 반복되며, 점수가 배정되지 않은 이웃에게는 부모의 점수에서 1 더해진 점수가 배정된다. 목표 상태가 존재하는 연속 요소 내의 모든 격자 구간에 점수가 배정되면, 경로를 찾는 것은 매우 간단하다. 각 단계에서 로봇은 단순히 "내리막 방향"에 있는 더 낮은 점수의 이웃으로 이동한다. 충돌 상태의 격자 구간은 매우 높은 점수가 배정된다.

10.4.1 다중 해상도 격자 표현

격자 기반 계획기의 계산 복잡도를 낮추는 방법 중 하나는 $\mathcal{C}_{free}$를 다중 해상도 격자로 표현하는 것이다. 개념상 격자점을 중심으로 하는 직교격자구간 내의 한 점이라도 활동 장애물과 만나면 그 격자점은 장애물로 취급된다. 장애물의 표현을 보다 정밀하게 하기 위해 장애물이 있는 격자 구간을 보다 작은 구간으로 분할할 수 있다. 기존 격자의 각 차원은 둘로 나눠지며, n차원 공간에 대해 2^n개의 하위 격자가 생성된다. 여전히 활동 장애물과 충돌하는 하위 격자는 지정된 최대 해상도까지 더 분할된다. 이 방법의 장점은 장애물 부근 상태 공간의 일부만 높은 해상도로 표현되고, 장애물로부터 멀리 떨어진 부분들은 저해상도로 표현된다. 이는 동작을 계획할 때 장애물 부근에서는 정밀하게 짧은 부분 동작들로, 넓은 열린 공간에서는 큰 부분 동작들로 동작을 구성할 수 있게 한다. 이는 그림 10.12에 나타나며, 고정 격자가 64개의 격자 구간들로 장애물을 표현할 때 같은 해상도를 단 10개의 격자 구간만으로 표현함을 볼 수 있다.

$n = 2$의 경우에는 다중 해상도 표현이 각 장애물 격자 구간을 총 $2^n = 4$개의 하위 격자 구간으로 변환하기 때문에 **4진 트리**quadtree라고 부르기도 한다. $n = 3$의 경우에는 각 장애물 격자 구간이 $2^n = 8$개의 격자 구간으로 분할되기 때문에, 다중 해상도 표현을 **8진 트리**octree라고 부른다.

$\mathcal{C}_{free}$의 다중 해상도 표현은 탐색 이전에 생성될 수도 있고, 탐색이 진행되면서 점차적으로 적용될 수도 있다. 후자의 경우, current에서 nbr까지의 부분 동작에서 충돌이 발생하면 부분 동작이 충돌이 없거나 최대 해상도에 도달할 때까지 해당 동작을 분할한다.

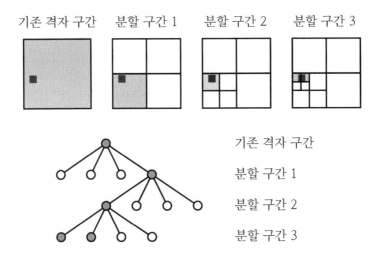

그림 10.12: 기존 상태 공간 격자 구간의 해상도에서는, 작은 장애물(어두운 사각형)이 있는 구간 전체가 장애물로 취급되도록 한다. 격자 구간을 분할하면, 기존 격자 구간의 최소 3/4이 장애물과 접촉하지 않는다. 세 단계의 분할과 분할 단계 1의 격자 3개, 분할 단계 2의 격자 3개, 분할 단계 3의 격자 4개, 총 10개의 격자 구간으로 상태 공간을 표현했다. 기존 격자 구간의 분할은 트리, 엄밀히 말하면 4진 트리로 표현되며, 트리의 잎들은 최종 하위 격자 구간을 의미한다.

10.4.2 동작 제약조건이 있을 때의 격자 표현법

이전 격자 기반 계획기는 일반적인 상태 공간 격자 내에서 로봇이 항상 이웃 격자 구간으로 이동할 수 있다는 전제하에 사용된다. 하지만 일부 경우에는 이것이 불가하다. 자동차는 하나의 부분 동작만으로 옆에 위치하는 "이웃" 격자 구간에 도달할 수 없다. 고속으로 이동하는 로봇 팔의 경우 팔의 운동도 고려해야 하기 때문에 상태 공간뿐만 아니라 자세 공간에서의 동작도 계획돼야 한다. 자세 공간상에서는 로봇 팔이 특정 방향으로 이동할 수 없다(그림 10.13).

격자 기반 계획기는 특정 로봇의 동작 제약조건을 고려하기 위해 수정돼야 한다. 제약

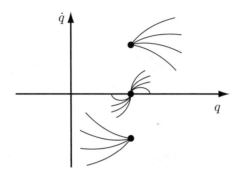

그림 10.13: $q \in \mathbb{R}$인 동역학 시스템의 위상 공간에서 세 초기 상태로부터 발생하는 경로의 예시들. 만약 초기 상태가 $\dot{q} > 0$이라면, 경로는 즉각적으로 좌측(q축상의 음의 방향)으로 이동하기 어렵다. 비슷하게 만약 초기상태가 $\dot{q} < 0$이라면 즉각적으로 우측으로 이동하기 어렵다.

조건은 유도형 격자 그래프로 이어질 수도 있다. 하나의 방법은 상태 공간 또는 자세 공간의 격자를 적절히 사용함과 동시에 로봇의 제어값을 이산화하는 것이다. 차륜 이동 로봇과 동적 로봇 팔에 관한 추가 설명은 다음 절에서 하겠다.

10.4.2.1　차륜 이동 로봇의 격자 기반 경로 계획기

13.3장에서 설명했듯이 외발자전거, 차동 구동, 자동차 형의 로봇들의 제어값은 (v, ω)으로, 전-후진 선형 속도와 각속도로 표현된다. 이러한 이동식 로봇들의 제어값의 집합은 그림 10.14에 나타난다. 제어값의 이산화된 표현법은 점으로 표현했다. 다른 이산화 제어값도 사용될 수 있다.

제어값 이산화를 통해 우리는 다익스트라 알고리듬의 변형을 사용해 최단 경로를 찾을 수 있다(알고리듬 2).

동작 탐색은 q_{start}에서 출발해 각 제어값에 대해 Δt 단위로 적분을 진행하며 충돌이

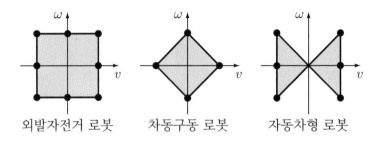

그림 10.14: 외발자전거, 차동 구동, 자동차형 로봇들의 이산화된 제어 입력값들의 집합

Algorithm 2 차륜 이동 로봇의 격자 기반 다익스트라 동작 계획기

1: OPEN ← {q_{start}}
2: past_cost[q_{start}] ← 0
3: counter ← 1
4: **while** OPEN is not empty and counter < MAXCOUNT **do**
5:    current ← first node in OPEN, remove from OPEN
6:    **if** current is in the goal set **then**
7:       **return** SUCCESS and the path to current
8:    **end if**
9:    **if** current is not in a previously occupied C-space grid cell **then**
10:       mark grid cell occupied
11:       counter ← counter + 1
12:       **for** each control in the discrete control set **do**
13:          integrate control forward a short time Δt from current to q_{new}
14:          **if** the path to q_{new} is collision-free **then**
15:             compute cost of the path to q_{new}
16:             place q_{new} in OPEN, sorted by cost
17:             parent[q_{new}] ← current
18:          **end if**
19:       **end for**
20:    **end if**
21: **end while**
22: **return** FAILURE

없는 경로들에 대해 새로운 노드들을 생성한다. 각 노드는 해당 노드에 도달하기 위해 입력한 제어값들과 필요한 비용을 기억한다. 새로운 노드에 도달하기 위한 경로의

비용은 이전 노드까지 도달하기 위해 필요한 비용 current에 새로운 부분 동작의 비용을 더한 것이다.

제어값의 총 합은 이동식 로봇을 정확한 격자점 위치로 이동시키지는 않는다. 그 대신 상태 공간 격자는 알고리듬의 9번 줄과 10번 줄에서 도입된다. 노드가 확장됐을 때 로봇이 위치한 격자 구간은 "사용 중"으로 표기된다. 사용 중인 격자 구간에 위치한 이후의 노드는 이후의 탐색에서 제외된다. 이는 근방에 위치한 더 저렴한 비용으로 도달할 수 있는 노드들이 "사용 중"인 구역을 탐색하는 것을 방지한다.

사용자에 의해 정의되는 값인 MAXCOUNT개 이상의 노드는 탐색 중에 고려되지 않는다. 단위 시간 간격 Δt는 각 부분 동작이 "충분히 작도록" 설정한다. Δt 동안의 제어값 입력의 총합이 로봇을 현재 격자 구간에서 벗어나도록 하는 범위 내에서, 격자 구간의 크기는 최대한 크게 설정해야 한다.

current가 목표 구역 내에 위치하거나 더 이상 확장할 노드가 없을 때(예를 들어 장애물로 인해), 또는 MAXCOUNT만큼의 노드가 고려됐을 때 동작 계획은 종료된다. 찾은 임의의 경로는 선택된 비용함수 및 문제의 조건들에 대해 최적화돼 있다. 이 동작 계획기는 장애물이 있을 때 오히려 더 빠른 속도로 작동한다. 이는 장애물들이 탐색을 진행하는 데 있어 도움을 제공하기 때문이다.

자동차에 대한 몇 가지 예시가 그림 10.15에 나타나 있다.

10.4.2.2 로봇 팔의 격자 기반 동작 계획기

로봇 팔의 동작을 계획하는 하나의 방법은 문제를 경로 계획 문제와 해당 경로를 시간 척도로 분석하는 두 개의 단계적인 문제로 분리하는 것이다.

  (a) 상태 공간 내의 충돌이 없는 경로를 찾기 위해, 격자 기반 혹은 다른 경로 계획기를 적용한다.

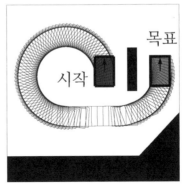

그림 10.15: (왼쪽) 각 동작이 동일한 비용을 가질 때 자동차에 대한 최소 비용 경로는 최단 경로이다. (오른쪽) 후진에 대한 비용이 추가될 때 최소 비용 경로. 후진에 대한 추가 비용으로 인해 알고리듬 2에 대한 수정이 필요해진다.

(b) 9.4장에서와 같이, 경로를 시간 척도로 분석해 로봇의 구동 조건을 만족하는 범위 내에서 가장 **빠른** 경로를 찾는다. 또는 다소 덜 과격한 방법으로 시간 척도 분석을 진행한다.

동작 계획 문제가 두 개의 단계(경로 계획과 시간 척도 분석)로 분리됐으므로, 최종 동작은 보통 시간에 대해 최적화되진 않을 것이다.

다른 접근법은 자세 공간에서 직접적으로 동작을 계획하는 것이다. 로봇 팔의 상태 $(q, \dot{q})$가 주어졌을 때, $A(q, \dot{q})$가 제한된 관절 토크 조건 내에서 합당한 가속도의 집합인 것으로 생각하자. 제어값을 이산화하기 위해서 $A(q, \dot{q})$는 다음 형태와 같이 격자 단위 벡터의 선형 결합으로 표현한다.

$$\sum_{i=1}^{n} c_i a_i \hat{e}_i$$

여기서 c_i는 임의의 정수이며, $a_i > 0$는 $\ddot{q}_i$ 방향 가속도의 단위 크기다. 그리고 $\hat{e}_i$는 i번째 방향의 단위 벡터다(그림 10.16).

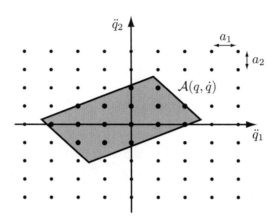

그림 10.16: 이중 관절 로봇에 대해 즉시 사용 가능한 가속도의 집합 $\mathcal{A}(q, \dot{q})$. $\mathcal{A}(q, \dot{q})$는 $\ddot{q}_1$ 방향으로 a_1 간격, $\ddot{q}_2$ 방향으로 a_2 간격으로 놓인 벡터합들의 집합이며 이산화된 제어값들은 굵은 점으로 표기됐다.

로봇이 동작하면서 가능한 가속도의 집합 $\mathcal{A}(q, \dot{q})$은 변하지만 격자는 고정돼 있다. 이로 인해 동작 계획의 각 "부분 동작"에서 고정 단위 시간 간격 Δt만큼 제어값을 적분할 때 임의의 부분 동작 단계에서 로봇의 도달 가능한 상태는 자세 공간상의 격자에 고정된다. 이를 확인하기 위해, 로봇의 첫 번째 관절의 각을 q_1으로 두고 편의를 위해 초기 속도를 $\dot{q}_1(0) = 0$으로 두자. k번째 시간 단계에서의 속도는,

$$\dot{q}_1(k) = \dot{q}_1(k-1) + c(k)a_1\Delta t$$

이며 $c(k)$는 유한한 정수 집합으로부터 선택된다. 추측을 통해 임의의 시간 단계에서의 속도는 $a_1 k_v \Delta t$의 형태를 가져야 한다. 여기서 k_v는 정수다. 시간 단계 k에서의 위치는,

$$q_1(k) = q_1(k-1) + \dot{q}_1(k-1)\Delta t + \frac{1}{2}c(k)a_1(\Delta t)^2$$

과 같은 형태다. 앞에서 유추한 속도를 대입하면 임의의 시간 단계에서의 위치는 $a_1 k_p (\Delta t)^2/2 + q_1(0)$의 형태임을 알 수 있다($k_p$는 정수).

시작 노드로부터 목표 집합까지의 경로를 찾기 위해서는 너비우선탐색 기법을 사용해 자세 공간 노드상의 탐색 트리를 만들 수 있다. 자세 공간에서 노드 $(q, \dot{q})$에서 탐색이 이뤄진다면, 이산화된 제어 입력값들의 집합을 얻기 위해서 집합 $\mathcal{A}(q, \dot{q})$가 분석된다. 단위 시간 간격 Δt 간의 제어 입력값들을 적분함으로써 새로운 노드들이 생성된다. 만약 노드에 도달하기 위한 경로상에 충돌이 발생하거나 이미 시간 측면에서 더 효율적인 경로로 해당 노드에 도달한 적이 있으면 그 노드는 제거된다.

관절 각도와 각속도는 유한하기 때문에 자세 공간의 격자 또한 유계이다. 그러므로 자세 공간 격자는 유한하며 유한한 시간 내에 최적 경로를 탐색할 수 있다. 이 계획기는 해상도 완전성을 지니며 주어진 제어 입력 격자 내에서 정의된 해상도와 단위 시간 간격 Δt을 사용했을 때의 시간 최적 경로를 반환한다.

임의의 합당한 자세 $(q, \dot{q})$에 대해 제어값 격자점들의 집합 $\mathcal{A}(q, \dot{q})$의 원소들이 존재할 수 있도록 제어 격자 기본 단위의 크기 a_i가 충분히 작아야 한다. 더 세밀한 제어값의 격자 또는 더 작은 단위 시간 간격 Δt를 선택할수록 자세 공간의 격자도 세밀해지고, 장애물들을 통과하는 해결책을 찾을 확률이 높아진다. 더 나아가 자세 공간 격자상에서 더 작은 목표 구역을 설정하는 것도 가능하도록 한다.

보다 작은 간격의 이산화는 계산 측면에서 비용이 발생한다. 만약 제어값 이산화의 해상도가 각 차원에서 r배로 증가하고(a_i가 a_i/r로 감소함), 단위 시간 간격이 τ로 나눠지게 되면, 로봇의 동작 시간 동안의 탐색 트리를 만들기 위해 필요한 계산 시간은 $r^{n\tau}$배만큼 증가한다. 여기서 n은 관절의 개수를 의미한다. 예를 들어 삼중 관절 로봇에 대해 제어값 격자의 해상도를 $r = 2$배 늘리고 $\tau = 4$로 단위 시간 간격을 줄이면, 탐색을 완성하기 위한 시간을 $2^{3*4} = 4,096$배 늘린다. 따라서 더 높은 복잡도의 계획기는 자유도가 조금만 높아지면 사실상 사용하지 못하게 된다.

위의 설명은 한 가지 중요한 쟁점을 고려하지 않는다. 가능한 제어값 입력의 집합 $\mathcal{A}(q, \dot{q})$는 단위 시간 간격 동안 변하기 때문에 단위 시간 간격의 시작에서는 합당했던 제어값이 단위 시간 간격의 말미에서는 사용 불가능할 수도 있다. 이러한 이유로 보다 보수적인 근사치인 $\tilde{\mathcal{A}}(q, \dot{q}) \subset \mathcal{A}(q, \dot{q})$가 사용돼야 한다. 이 집합은 어떤 제어값이 입력되더라도 단위 시간 간격 동안 유효해야 한다. 보수적인 근사치 $\tilde{A}(q,\dot{q})$을 설정하는 법은 이 장의 범위를 벗어나지만, q에 따라 로봇 팔의 질량행렬 $M(q)$가 얼만큼 급격히 변하는지와 로봇의 속도가 얼마나 빠른지에 의해 결정된다. 속도 $(\dot{q})$가 느리고 단위 시간 간격 Δt가 짧을 때는 $\tilde{A}(q,\dot{q})$가 $A(q,\dot{q})$와 거의 같다.

10.5   샘플링 기법

앞서 언급한 격자 기반 기법들은 선택한 이산화에 맞는 최적의 해를 반환한다. 이러한 접근의 단점은 높은 계산 복잡도다. 이로 인해 어느 정도 이상의 자유도를 가진 시스템에는 적용하기 어렵다.

샘플링 기법은 무작위적 또는 결정적 함수를 사용해 상태 공간 혹은 자세 공간으로부터 샘플을 추출한다. 샘플링 기법은 $\mathcal{X}_{\text{free}}$ 내에 샘플 혹은 동작이 위치하는지 확인하는 함수, 인근의 이전 자유 공간을 선택하는 함수 그리고 새로운 샘플에 도달하고자 하는 간단한 국소 계획기의 요소들로 구성된다. 이 함수들은 로봇의 합리적인 동작을 표현하는 그래프 혹은 트리를 구성하는 데 사용된다.

샘플링 기법은 격자상에서 해당 해상도로 얻을 수 있는 최적의 해를 포기하는 대신 고차원의 자세 공간에서 합당한 해를 빠르게 찾는다. 격자 기반 계획기는 고해상도의 탐색 공간의 차원에 따라 기하급수적으로 많아지는 점들로 이뤄진 격자를 탐색하는 반면, 샘플링 기법은 비교적 적은 수의 샘플들로 자유 공간 $\mathcal{X}_{\text{free}}$를 근사해 로드맵 또는 트리를 생성한다. 대부분의 샘플링 기법은 확률적으로 완전하다. 즉, 샘플의 개수가 발산하면서 해가 존재할 때 이를 발견할 확률이 100%에 수렴한다.

샘플링 기법은 크게 두 종류로 나뉜다. RRTs$^{\text{Rapidly-exploring random trees}}$와 PRMs$^{\text{Probabilistic Roadmaps}}$이다. RRTs는 상태 공간 혹은 자세 공간에서 트리 표현을 이용해 단일 문제 계획을 하는 반면, PRMs는 주로 다중 문제 계획을 위한 로드맵 그래프를 생성하는 상태 공간 계획기다.

10.5.1 RRT 알고리듬

RRT 알고리듬은 초기 상태 x_{start}에서 목표 집합 $\mathcal{X}_{\text{goal}}$까지의 충돌이 없는 동작을 탐색한다. 이는 상태 x가 단순히 자세 q인 기구학 문제에도 적용되고, 상태에 속도 $\dot{q}$도 포함되는 동역학 문제에도 적용된다. 기본 RRT는 알고리듬 3에 나타나듯이 x_{start}에서 출발해 확장하는 단일 트리다.

Algorithm 3 RRT 알고리듬

1: initialize search tree T with x_{start}
2: **while** T is less than the maximum tree size **do**
3:     $x_{\text{samp}} \leftarrow$ sample from $\mathcal{X}$
4:     $x_{\text{nearest}} \leftarrow$ nearest node in T to x_{samp}
5:     employ a local planner to find a motion from x_{nearest} to x_{new} in
            the direction of x_{samp}
6:     **if** the motion is collision-free **then**
7:         add x_{new} to T with an edge from x_{nearest} to x_{new}
8:         **if** x_{new} is in $\mathcal{X}_{\text{goal}}$ **then**
9:             **return** SUCCESS and the motion to x_{new}
10:        **end if**
11:    **end if**
12: **end while**
13: **return** FAILURE
---

x가 단순히 q인 기구학 문제에 적용할 때는 3번 줄에 있는 샘플러가 $\mathcal{X}$ 위의 분포에서 거의 균일하지만 $\mathcal{X}_{\text{goal}}$로 아주 조금 편향되게 x_{samp}를 임의로 추출한다. x_{nearest}(4번 줄)는 탐색 트리 T 내에서 x_{samp}로부터 유클리드 거리가 가장 최소인 노드다. 상태 x_{new}(5번 줄)는 x_{nearest}와 x_{samp} 사이의 직선상에서 x_{nearest}로부터 미소 거리 d만큼 떨어진 상태를 가리킨다. d의 값이 매우 작기 때문에 아주 간단한 국소 계획기(예: 직

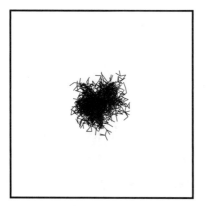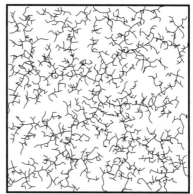

그림 10.17: (왼쪽) 균일하게 샘플링한 무작위 동작을 임의의 트리 노드에서부터 시행했을 때 생성되는 트리는 탐색이 넓게 이뤄지지 않는다. (오른쪽) RRT 알고리듬을 사용해 생성한 균일한 분포의 무작위 동작들로부터 샘플링이 이뤄진 노드. 두 트리 모두 2000개의 노드들로 구성됐다. 그림은 [84]로부터 허가 하에 취득 및 사용했다.

선 동작을 반환하는 계획기)는 거의 항상 x_{nearest}에서 x_{samp}를 직선으로 향하는 동작을 반환할 것이다. 만약 그 동작상에서 충돌이 일어나지 않는다면, 새로운 상태 x_{new}는 T에 추가된다.

이것의 알짜 효과는 거의 균일하게 분배된 샘플들이 트리를 자신에게 "당길" 것이고, 이로 인해 트리는 $\mathcal{X}_{\mathrm{free}}$를 고속으로 탐색하게 된다. 이러한 당기는 양상의 탐색의 예시는 그림 10.17에 묘사된다.

기본적인 알고리듬은 사용자에게 많은 선택지를 준다. $\mathcal{X}$(3번 줄)로부터 샘플링을 어떻게 할지, T(4번 줄)에서 가장 "가까운" 노드를 어떻게 정의할지 그리고 x_{samp}(5번 줄)을 향해 이동하는 동작을 어떻게 시행할지 등을 선택할 수 있다. 샘플링 기법에 작은 변화만 줘도 계획을 세우는 데 필요한 소요 시간 등에 큰 변화를 가져올 수 있다. 이러한 선택과 변형에 기반한 다양한 계획기들이 존재한다. 일부는 이후 서술한다.

10.5.1.1 3번 줄: 샘플러

가장 확실한 샘플러는 $\mathcal{X}$의 균일한 분포로부터 샘플링을 진행하는 것이다. 이는 유클리드 기하학적인 상태 공간 $\mathbb{R}^n$과 $T^n = S^1 \times \ldots \times S^1$($n$번 반복)의 상태 공간을 가지고 각 관절의 각을 균일하게 뽑을 수 있는 n-관절 로봇 그리고 $\mathbb{R}^2 \times S^1$의 상태 공간을 가지고 $\mathbb{R}^2$과 S^1의 공간상에서 개별적으로 균일한 변수를 선택할 수 있는 평면상의 이동식 로봇에는 쉽게 적용할 수 있다. 균일한 분포라는 개념은 다른 곡면의 상태 공간(예를 들어 $SO(3)$)에서는 보다 적용하기 어려워진다.

동역학 시스템의 경우에는 자세 공간상의 균일한 분포를 상태 공간상의 균일한 분포와 유계인 속도들의 집합상의 균일한 분포의 벡터곱으로 정의할 수 있다.

"Rapidly-exploring random trees"라는 이름은 무작위 샘플링 기법으로부터 기원하지만, 샘플들이 반드시 무작위적으로 생성될 필요는 없다. 예를 들어 $\mathcal{X}$상에 보다 점진적으로 촘촘해지는 격자(다해상도 격자)를 생성하는 결정적 샘플링 방법이 사용될 수 있다. 이러한 방법론을 좀 더 다루자면, 이 방법은 **RDTs** Rapidly-exploring Dense Trees 라 부르며, 최종적으로는 샘플들이 자세 공간상에서 밀도가 증가해야 함을 강조한다(즉, 샘플들의 수가 무한대로 발산하면서 샘플들은 $\mathcal{X}$ 내의 모든 임의의 점에 가까워진다).

10.5.1.2 4번 줄: 가장 근접한 노드 정의하기

가장 "가까운" 노드를 찾는 것은 $\mathcal{X}$상에서 거리의 정의에 의존한다. $\mathcal{C} = \mathbb{R}^n$상의 비구속 동적 로봇의 경우에는, 두 지점 간의 거리에 대한 자명한 선택은 유클리드 거리다. 다른 공간들의 경우에는 이 선택이 덜 자명하다.

예를 들어 $\mathbb{R}^2 \times S^1$의 상태 공간을 가진 자동차 로봇의 경우에는 어떤 자세가 x_{samp}에 가장 가까울까? x_{samp}에 대해 20도 회전된 상태? x_{samp}에 대해 2m 뒤에 같은 방

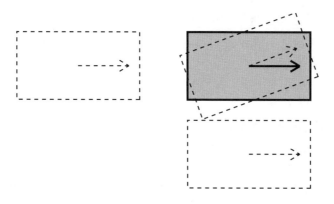

그림 10.18: 위의 점선으로 표시된 자동차의 자세 중 어떤 자세가 회색 자세에 가장 "가깝다"라고 할 수 있을까?

향으로 위치한 상태? 아니면 x_{samp}로부터 옆으로 1m 떨어진 자세일까?(그림 10.18) 동작 제약조건들이 제자리에서 회전하거나, 측면으로 이동하는 것을 방지하기 때문에 x_{samp}에 도달하기 위해 가장 좋은 상태는 2m 뒤에 위치한 상태다. 따라서 거리를 정의하기 위해서는 다음과 같은 점을 고려해야 한다.

- 서로 다른 단위의 여러 요소들을(예: 각도, 미터, degrees/s, m/s 등) 단일 단위로 통합하는 것

- 로봇 동작의 제약조건을 고려하는 것

가장 가까운 노드 $x_{nearest}$는 x_{samp}에 가장 빨리 도달하는 노드로 정의해야 할지도 모르겠지만, 이를 계산하는 것은 동작 계획 문제 자체만큼이나 어렵다.

x로부터 x_{samp}까지의 거리를 측정하는 간단한 방법은 $x_{samp} - x$상의 요소들 간의 거리의 가중치를 합한 것이다. 가중치는 서로 다른 요소들의 상대적인 중요도를 결정한다. 로봇이 특정 상태 x에서 제한된 시간 내에 도달할 수 있는 자세들의 집합에 대해 잘 알고 있다면, '이 정보는 가장 가까운' 노드를 결정하는 데 사용될 수 있다. 어떤 방법을 사용하든, 가장 가까운 노드에 대한 계산은 빠르게 이뤄져야 한다. 가장

가까운 이웃을 찾는 것은 계산 기하학에서 흔한 문제이며, 이를 효율적으로 해결하기 위해 kd 트리 및 해싱 기법과 같은 다양한 알고리듬을 사용할 수 있다.

10.5.1.3 5번 줄: 국소 계획기

국소 계획기의 역할은 x_{nearest}에서 x_{samp}보다 가까운 어떤 x_{new}까지의 동작을 찾는 것이다. 국소 계획은 간단하고 신속해야 한다. 다음은 세 개의 예시다.

직선 계획기 x_{new}까지의 직선을 사용하는 것으로, x_{samp}에서 선택되거나, x_{nearest} 에서 거리 d만큼 떨어지고 x_{samp}까지 직선으로 이어지는 지점이 선택될 수도 있다. 이는 동작 제약조건이 없는 기구학적 시스템에 적합하다.

이산화된 제어값 차륜 이동 로봇 또는 동역학 시스템과 같은 제약조건이 있는 시스템 들의 경우에는 제약조건이 있을 때의 격자 계획기와 같이(10.4.2절, 그림 10.14와 10.16) 제어값을 이산화된 집합 $\{u_1, u_2, \ldots\}$으로 표현할 수 있다. 각 제어값은 $\dot{x} = f(x, u)$를 이용해 x_{nearest}로부터 단위 시간 간격 Δt 동안 적분된다. x_{samp} 에 가장 가까운 결과 상태는 x_{new}로 선택된다.

차륜 로봇 계획기 차륜 로봇의 경우에는 13.3.3절에서 설명할 Reeds-Shepp 곡선상 에서 국소 동작 계획을 찾을 수 있다.

또 다른 특정 로봇들에 맞춤형인 국소 계획기도 만들 수 있다.

10.5.1.4 RRT의 여러 변형들

기본적인 RRT 알고리듬의 성능은 샘플링 기법과 거리 측정 방법, 그리고 국소 계획기의 종류에 크게 의존한다. 이 선택지들 외에 기본 RRT의 두 가지 변형 기법이 아래에 소개된다.

양방향 RRT^{Bidirectional RRT} 양방향 RRT는 두 개의 트리로 확장된다. 첫 번째 "전진" 트리는 x_{start}에서, 두 번째 "후진" 트리는 x_{goal}에서 출발한다. 이 알고리듬은 전진과 후진 트리의 확장을 번갈아 진행하며, 이 과정에서 간간히 반대쪽 트리에서 x_{samp}를 선택해 두 트리의 연결을 시도한다. 이 접근법의 장점은 목표 집합인 $\mathcal{X}_{goal}$이 아닌 정확한 목표 상태인 x_{goal}에 도달할 수 있는 것이다. 또 다른 장점은 많은 환경에서 두 트리를 사용하는 기법은 단일 "전진" 트리만을 사용하는 것보다 목표 집합에 도달하는 속도가 훨씬 빠르다는 것이다.

하지만 이 방법의 큰 단점은 국소 계획기가 두 트리를 정확히 연결하지 못할 수도 있다는 것이다. 예를 들어 10.5.1.3절의 이산화된 제어값 계획기는 양 트리를 연결하는 정확한 모션을 생성하지 못할 확률이 매우 높다. 이 경우에는 두 트리가 충분히 가까워졌을 경우, 두 트리가 대략적으로 연결된 것으로 생각할 수 있다. 이 "끊어진" 불연속적인 경로는 후에 곡선화 기법(10.8장)으로 보완할 수 있다.

RRT[*] 기초 RRT 알고리듬은 $\mathcal{X}_{goal}$로 향하는 동작을 발견하면 SUCCESS를 반환한다. 또 다른 방법은 탐색을 종료하지 않고 또 다른 종료 조건(예를 들어 최대 계산 시간 또는 최대 트리 사이즈 도달)에 도달했을 때 탐색을 종료하는 것이다. 이 경우, 최저 비용의 동작을 반환할 수 있다. 이 방법을 사용하면 시간이 지날수록 RRT의 해법의 효율이 오를 수 있다. 트리 내의 선은 절대 삭제되거나 변하지 않기 때문에 기존의 RRT를 통해서는 대체로 최적해에 도달할 수 없다.

RRT[*]는 단일 트리 RRT의 변형으로 x_{start}로부터 각 노드까지의 최단 경로를 항상 인코딩하도록 트리를 수정한다. 이 간단한 기법은 제약조건이 없는 상태 공간에서의 경로 계획에 있어 효율적이며, 임의의 노드들 간의 최적 경로를 보장한다.

기존의 RRT를 RRT*로 변형하기 위해서는 x_{new}를 x_{nearest}에서 x_{new}까지의 선과 함께 T 내부에 삽입하는 RRT 알고리듬의 7번 줄을 수정해 T 내부의 $x \in \mathcal{X}_{\text{near}}$ 노드들을 모두 테스트해 x_{new}에 충분히 가까운 노드를 찾는다. 이후, (1) 충돌이 없는 경로를 가지고 (2) 추가된 새로운 선의 단일 비용만 최소화하는 것이 아닌, x_{start}에서 x_{new}까지의 총 비용이 최소화되는 $x \in \mathcal{X}_{\text{near}}$로부터 x_{new}까지의 선이 국소 계획법으로부터 생성된다. 후보 노드인 $x \in \mathcal{X}_{\text{near}}$에 도달하는 비용에 새로운 선의 비용을 합한 것이 총 비용이 된다.

다음 단계는 x_{new}를 거치는 경로로 각 $x \in \mathcal{X}_{\text{near}}$까지의 도달 비용이 더 저렴해질 수 있는지 확인하는 것이다. 만약 그렇다면, x의 부모 노드는 x_{new}로 대체된다. 이 방법을 통해 트리는 점진적으로 수정돼 높은 비용의 동작 대신 현재까지 얻어진 최저 비용 동작을 사용하게 된다.

$\mathcal{X}_{\text{near}}$의 정의는 트리의 샘플 개수, 샘플링 기법, 탐색 공간의 차원 등의 요소들에 영향을 받는다.

RRT와 달리, RRT*를 통해 얻는 해는 샘플 노드의 개수가 증가할수록 최적 해에 근접한다. RRT와 마찬가지로, RRT*는 확률적으로 완전하다. 그림 10.19는 $\mathcal{C} = \mathbb{R}^2$의 간단한 예제에서 RRT와 비교해 RRT*의 트리 수정 과정이 어떻게 이뤄지는지를 보인다.

10.5.2 PRM

PRM은 특정 문제를 해결하기 전에 $\mathcal{C}_{\text{free}}$의 로드맵(10.3장)을 샘플링으로부터 생성한다. 이 로드맵은 비유도형 그래프이다. 로봇은 노드 간의 연결선상에서 양방향으로

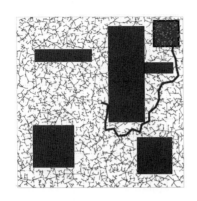

그림 10.19: (왼쪽) RRT로 5000노드를 거쳐 생성된 트리. 목표 지역은 우측 상단의 사각형 지점이며 최단 경로가 표시돼 있다. (오른쪽) RRT*로 5000노드를 거쳐 생성된 트리(그림은 [67]로부터 허가하에 사용 했다).

이동할 수 있다. 이러한 이유로 PRM은 임의의 q_1으로부터 q_2까지의 경로(장애물은 무시)를 찾을 수 있는 정확한 국소 계획기가 존재하는 기구학적 문제에 적용된다. 가장 간단한 예시는 기구학적 제약조건이 없는 로봇의 직선 동선을 찾는 계획법이다.

일단 로드맵이 생성되면 특정 시작 노드 q_{start} 와 가장 가까운 로드맵상의 노드 간의 연결을 시도한다. 목표 노드 q_{goal}에서도 마찬가지 시도가 이뤄진다. 이후 그래프는 보통 A^*를 사용해 경로를 찾고자 한다. 로드맵 구성 후에는 문제에 대한 해결책을 좀 더 효율적으로 제시할 수 있다.

PRM은 고해상도의 격자로 로드맵을 표현하는 것과 비교해 더욱 신속하고 효율적으로 로드맵을 구성할 수 있다. 이는 상태 공간의 차원이 증가한다고, 특정 자세에서의 국소 계획기에게 "가시적인" 부분 상태 공간이 지수함수적으로 감소하진 않기 때문이다.

N개의 노드를 가진 로드맵 R을 설계하기 위한 알고리듬의 개괄은 알고리듬 4와 그림 10.20에 표현했다.

PRM 로드맵 설계 알고리듬에 있어 핵심은 C_{free}로부터의 샘플링 방법이다. C상의

Algorithm 4 PRM 로드맵 설계 알고리듬(비유도형 그래프)

1: **for** $i = 1 \ldots N$ **do**
2:      $q_i \leftarrow$ sample from $\mathcal{C}_{\text{free}}$
3:      add q_i to R
4: **end for**
5: **for** $i = 1 \ldots N$ **do**
6:      $\mathcal{N}(q_i) \leftarrow k$ closest neighbors of q_i
7:      **for** each $q \in \mathcal{N}(q_i)$ **do**
8:          **if** there is a collision-free local path from q to q_i and there is not already an edge from q to q_i **then**
9:              add an edge from q to q_i to the roadmap R
10:          **end if**
11:      **end for**
12: **end for**
13: **return** R

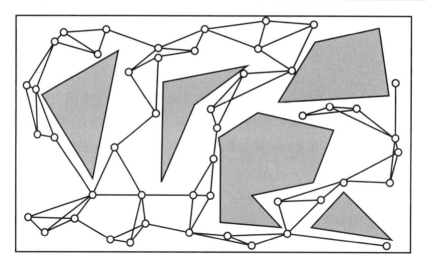

그림 10.20: 상태 공간 $\mathcal{C} = \mathbb{R}^2$에 놓인 점 로봇의 PRM 로드맵 예시. 샘플 노드 q에 대해서 $k = 3$ 가장 가까운 이웃들이 연결 대상으로 고려된다. 노드는 여러 개의 주변 노드들의 가까운 이웃일 수 있기 때문이 차수가 3보다 클 수도 있다.

균일한 분포로부터 무작위적 샘플링을 하고 충돌이 발생하는 자세를 제거하는 것이 기본적이지만, 장애물 인근에서 샘플링을 할수록 좁은 통로 등을 발견해 $\mathcal{C}_{\text{free}}$의 연결성을 표현하는 데 필요한 샘플 수가 크게 감소함이 증명돼 있다. 또 다른 방법은 다해상도의 결정적 샘플링을 하는 것이다.

10.6 가상 퍼텐셜 장

가상 퍼텐셜 장 기법은 자연계에 존재하는 중력장, 자기장과 같은 퍼텐셜 에너지 장으로부터 영감을 받았다.우리는 물리학으로부터 $\mathcal{C}$에서 정의된 퍼텐셜 장 $\mathcal{P}(q)$는 퍼텐셜 에너지가 높은 곳에서 낮은 곳으로 물체가 유도되도록 하는 힘 $F = -\partial \mathcal{P}/\partial q$ 을 일으킴을 알고 있다. 예를 들어 균일한 중력 퍼텐셜 장($g = 9.81 \text{ m/s}^2$)에서 지구의 표면으로부터의 거리가 h이면 질량 m의 퍼텐셜 에너지는 $\mathcal{P}(h) = mgh$이며 가해지는 힘은 $F = -\partial \mathcal{P}/\partial h = -mg$이다. 이 힘은 물체가 지구의 표면으로 떨어지도록 한다. 로봇 동작 제어에서는 목표 상태 q_{goal}에 낮은 가상 퍼텐셜 에너지가 배정되고 장애물에는 높은 가상 퍼텐셜 에너지가 배정된다. 가상 퍼텐셜 장의 음의 기울기에 비례하는 힘을 로봇에 가함으로써 로봇이 장애물에서 멀어지고 목표에 가까워지도록 할 수 있다.

가상 퍼텐셜 장은 우리가 지금까지 본 동작 계획기들과는 매우 다르다. 일반적으로는 미리 동작을 계획하는 것과 달리, 퍼텐셜 장의 경사도는 빠르게 계산할 수 있으므로 동작을 실시간으로 제어할 수 있다(실시간 제어[reactive control]). 가상 퍼텐셜 장 기법은 적절한 센서를 이용하면 움직이거나 갑작스레 생성되는 장애물을 피하는 것도 가능하다. 이 간단한 방법의 단점은 로봇이 퍼텐셜 장의 국소 부위에 갇혀 목표까지의 타당한 동작이 존재하더라도 더 이상 목표에 접근하지 못할 수도 있는 것이다. 특정 경우에는 퍼텐셜 장의 국소 부위가 목표 지점에만 있도록 설계해 이 문제점을 해결할 수 있다.

10.6.1 상태 공간 내의 점

상태 공간 내의 점 로봇을 생각해보자. 일반적으로 퍼텐셜 장은 이차식 형태의 "그릇"과 같이 표현되며 목표 자세 q_{goal}은 0의 에너지를 가진다.

$$\mathcal{P}_{\text{goal}}(q) = \frac{1}{2}(q - q_{\text{goal}})^T K (q - q_{\text{goal}})$$

여기서 K는 대칭인 양의 정치 가중 행렬(예를 들어 단위행렬)이다. 퍼텐셜로 인해 생성되는 힘은 목표로부터의 거리에 비례하는 인력이다.

$$F_{\text{goal}}(q) = -\frac{\partial \mathcal{P}_{\text{goal}}}{\partial q} = K(q_{\text{goal}} - q)$$

활동 장애물 $\mathcal{B}$로 인해 발생하는 척력은 장애물로부터의 거리 $d(q, \mathcal{B})$로 계산할 수 있다(10.2.2절).

$$\mathcal{P}_{\mathcal{B}}(q) = \frac{k}{2d^2(q, \mathcal{B})} \tag{10.3}$$

여기서 $k > 0$는 축척 계수^scale factor이다. 퍼텐셜은 장애물 외의 지점들, $d(q, \mathcal{B}) > 0$에서만 정상적으로 정의된다. 장애물 퍼텐셜에 의해 생성되는 힘은 다음과 같다.

$$F_{\mathcal{B}}(q) = -\frac{\partial \mathcal{P}_{\mathcal{B}}}{\partial q} = \frac{k}{d^3(q, \mathcal{B})} \frac{\partial d}{\partial q}$$

총 퍼텐셜은 목표 지점에 의한 퍼텐셜과 장애물에 의한 퍼텐셜을 합해 얻을 수 있다.

$$\mathcal{P}(q) = \mathcal{P}_{\text{goal}}(q) + \sum_i \mathcal{P}_{\mathcal{B}_i}(q)$$

즉, 알짜 힘은 다음과 같다.

$$F(q) = F_{\text{goal}}(q) + \sum_i F_{\mathcal{B}_i}(q)$$

척력과 인력을 생성하는 퍼텐셜의 합의 최소점(알짜 힘 = 0)이 꼭 q_{goal}에 위치하지 않을 수 있음에 유의하자. 추가로 장애물 경계 근방에서 퍼텐셜(식 (10.3))과 힘이 발산할 수 있으므로 최대 퍼텐셜과 힘의 크기를 유계로 설정하는 것이 일반적이다.

그림 10.21은 세 개의 원형 장애물이 있는 $\mathbb{R}^2$ 내의 점들에 대한 퍼텐셜 장을 보인다. 퍼텐셜 장의 등고선 그림을 보면 가운데 구역(+로 표기된 목표 지점 인근)에 위치한 전역 최소 지점이 나타난다. 좌측의 두 장애물 인근에는 국소점이 나타나고, 안장점(한 방향으로는 극대이고 다른 방향으로는 극소인 극점) 또한 나타난다. 안장점에 있을 경우 작은 섭동만으로도 목표 지점을 향해 이동하기 때문에 이는 큰 문제가 되지 않지만, 국소점은 인근 지점들에 인력을 행사하기 때문에 문제가 될 여지가 있다.

계산된 힘 $F(q)$를 이용해 로봇을 제어하는 방법은 두 가지가 있다.

- 계산된 힘과 감쇠 효과를 적용한다.

$$u = F(q) - B\dot{q} \tag{10.4}$$

만약 B가 양의 정치 행렬이라면, 이는 모든 $\dot{q} \neq 0$에 대한 에너지를 소멸시켜, 진동 현상을 방지하고 로봇이 최종적으로 정지할 것임을 보장한다. 만약 $B = 0$이면, 로봇은 일정한 총 에너지를 유지하며 지속적으로 움직인다. 이때 총 에너지는 초기 운동에너지 $\frac{1}{2}\dot{q}^T(0)M(q(0))\dot{q}(0)$와 초기 퍼텐셜 에너지 $\mathcal{P}(q(0))$의

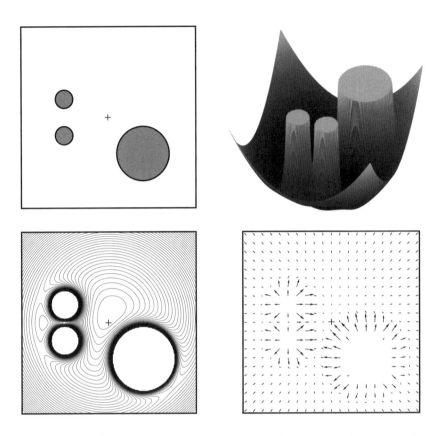

그림 10.21: (왼쪽 위) $\mathbb{R}^2$ 공간 내의 세 개의 장애물과 +로 표기된 하나의 목표 지점. (오른쪽 위) 로봇을 목표 지점으로 당기는 그릇 형태의 퍼텐셜과 척력을 작용하는 세 개의 장애물로 인한 퍼텐셜의 합. 퍼텐셜 값은 특정 최댓값에서 포화 상태에 도달한다. (왼쪽 아래) 전역 최소점과 국소점, 그리고 네 개의 안장점을 나타내는 퍼텐셜함수의 등고선 그림. 각 장애물 사이, 작업 공간의 경계선, 작은 두 장애물 사이에 위치 (오른쪽 아래) 퍼텐셜함수에 의해 생성되는 힘

합이다.

제어 법칙$^{\text{control law}}$ 식 (10.4)를 따르는 로봇의 운동은 그림 10.21의 퍼텐셜 표면 위를 구르고 중력의 영향을 받는 공으로 시각화할 수 있으며, 저항력은 공의

구름 마찰력으로 생각할 수 있다.

- 계산된 힘을 입력 속도로 취급한다.

$$\dot{q} = F(q) \qquad (10.5)$$

이는 자동으로 진동을 제거한다.

기존의 간단한 장애물 퍼텐셜 식 (10.3)을 이용하면 멀리 떨어진 장애물도 로봇의 동작에 유의미한 영향을 미칠 수 있다. 척력에 의한 효과를 좀 더 빠르게 계산하기 위해서, 멀리 떨어진 장애물의 효과는 무시할 수 있다. 장애물의 퍼텐셜이 영향을 미치는 반경 $d_{\text{range}} > 0$를 설정해, $d(q, \mathcal{B}) \geq d_{\text{range}}$의 영역에서 해당 장애물에 의한 퍼텐셜을 0으로 보정할 수 있다.

$$U_{\mathcal{B}}(q) = \begin{cases} \frac{k}{2} \left(\frac{d_{\text{range}} - d(q, \mathcal{B})}{d_{\text{range}} d(q, \mathcal{B})} \right)^2 & \text{if } d(q, \mathcal{B}) < d_{\text{range}} \\ \\ 0 & \text{otherwise} \end{cases}$$

또 다른 문제는 $d(q, \mathcal{B})$와 이의 경사도를 계산하는 것이 일반적으로 어렵다는 것이다. 이를 해결하기 위한 접근법은 10.6.3절에서 다룬다.

10.6.2 항법함수

퍼텐셜 장 기법의 가장 큰 문제는 국소점이다. 비교적 장애물이 적은 상황이나 예상치 못한 장애물에 대한 즉각적 반응에는 퍼텐셜 장 기법이 유리하지만, 많은 실용 사례에서는 로봇이 국소점에 빠질 우려가 있다.

이를 해결하는 하나의 방법은 그림 10.11의 등위면 계획기다. 등위면 알고리듬은 자유 공간을 격자로 표현하고, 목표 격자 구역에서 도달 가능한 모든 격자 구역으로 너비 우선 순회를 하며 국소점이 없는 퍼텐셜 장을 생성한다. 따라서 해가 존재한다면, 단순히 "내리막" 방향으로 매 부분 동작마다 이동함으로써 로봇이 목표 지점에 도달하는 해를 얻을 수 있다.

국소점을 피하고 경사도를 따르기 위한 또 다른 방법은 기존의 가상 퍼텐셜함수를 **항 법함수**navigation function로 대체하는 것이다. 항법함수 $\varphi(q)$는 다음 조건을 만족하는 가상 퍼텐셜함수다.

1. q에서 함수면이 매끄럽거나, 최소한 2계 미분이 가능해야 한다.

2. 모든 장애물의 경계면에서 값이 위로 유계이다. (예: 최댓값 1)

3. 극소 지점이 q_{goal}에 유일하게 존재한다.

4. 최대 계수의 헤세 행렬 $\partial^2\varphi/\partial q^2$을 $\partial\varphi/\partial q = 0$인 모든 극점 q에서 가진다(여기 서, $\varphi(q)$는 **모스**Morse함수다).

조건 1은 헤세 행렬 $\partial^2\varphi/\partial q^2$이 존재함을 보장한다. 조건 2는 로봇의 가상 퍼텐셜 에너지가 위로 유계이도록 한다. 핵심 조건은 3번과 4번이다. 조건 3은 $\varphi(q)$의 모든 극점(극소, 극대, 안장점 포함) 중 극소는 q_{goal}에 유일하게 존재함을 보장한다. 특정 방 향들로는 안장점에서 극소가 발생할 수 있지만, 조건 4는 안장점을 향하게 되는 초기 상태들의 집합은 위상학적으로 내부가 비어 있으므로empty interior, measure zero 거의 모든 초기 상태가 유일한 극소점인 q_{goal}에 수렴함을 알 수 있다.

단일 극소를 가지는 항법 퍼텐셜함수를 설계하는 것은 상당히 어렵지만, 리몬Rimon 과 코디첵Koditschek은 반지름 R의 n차원 구 내부와 q_i를 중심으로 하고 반지름이 r_i 인 구형 장애물들 $\mathcal{B}_i$의 외부로 구성된 자유공간 n차원의 자유 공간 $\mathcal{C}_{\text{free}}$, 즉, $\{q \in \mathbb{R}^n \mid \|q\| \leq R \text{ and } \|q - q_i\| > r_i \text{ for all } i\}$에서 항법 퍼텐셜함수를 설계하는 것을 보였다. 이러한 공간을 **구형 세계**sphere world라 한다. 실제 상태 공간은 구형 세계 일 확률이 낮지만, 리몬과 코디첵은 장애물의 경계와 관련 항법 퍼텐셜함수를 **별**

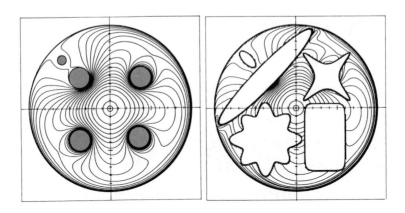

그림 10.22: (왼쪽) 다섯 개의 원형 장애물을 가진 원형 세계. 항법함수의 등고선 그림이 그려졌다. 목표 상태는 $(0, 0)$에 위치한다. 장애물이 인근에 안장점은 생성하지만, 국소점은 생성하지 않음을 확인하자. (오른쪽) 퍼텐셜과 장애물을 변형하면서, 항법함수를 유지하면서 얻은 별 세계. [151]로부터 그림을 취득했으며 American Mathematic Society로부터 허가하에 사용했다.

모양star-shaped 장애물이라는 보다 넓은 분류로 변형할 수 있음을 보였다. 별 모양 장애물은 중심점에서 장애물 경계를 향한 선분이 완전히 장애물 내에 포함되며, 외부로 나가지 않음을 의미한다. **별 세계**star world는 별 모양 장애물들을 가지는 별 모양 상태 공간이다. 따라서, 임의의 별 세계에 대한 항법함수를 찾는 것은 중심이 별 모양 장애물의 중심에 있는 구형 세계의 항법함수를 찾는 것으로 축소할 수 있으며, 이 항법함수의 변형을 통해 별 세계의 항법함수를 찾는 것도 가능해진다. 리몬과 코디첵은 이를 위한 기계적 방법론을 제시했다.

그림 10.22는 $\mathcal{C} \subset \mathbb{R}^2$의 경우에서 구형 세계의 항법함수가 어떻게 별 세계의 항법함수로 변형되는지를 보인다.

10.6.3 작업 공간 퍼텐셜

장애물로부터 받는 척력을 계산하기 어려운 것은 장애물까지의 거리 $d(q, \mathcal{B})$를 계산하기 어렵기 때문이다. 엄밀한 계산을 피하고 답에 접근하는 방법은 장애물의 경계선을 점 장애물들의 집합으로 표현하고 로봇을 작은 제어점들로 구성된 것으로 생각하는 것이다. 로봇 위의 제어점 i의 직교 좌표를 $f_i(q) \in \mathbb{R}^3$로 표현하고 장애물의 경계선 위의 점 j를 $c_j \in \mathbb{R}^3$로 표현하자. 그렇다면 두 점 사이의 거리는 $\|f_i(q) - c_j\|$이고 제어 점 i에서 장애물 점 j에 의한 퍼텐셜은 다음과 같다.

$$\mathcal{P}'_{ij}(q) = \frac{k}{2\|f_i(q) - c_j\|^2}$$

이를 이용하면 제어점에서의 척력은 다음과 같다.

$$F'_{ij}(q) = -\frac{\partial \mathcal{P}'_{ij}}{\partial q} = \frac{k}{\|f_i(q) - c_j\|^4}(f_i(q) - c_j) \in \mathbb{R}^3$$

선형 힘 $F'_{ij}(q) \in \mathbb{R}^3$를 로봇 팔이나 이동식 로봇에 작용하는 일반화된 힘 $F_{ij}(q) \in \mathbb{R}^n$으로 표현하려면 우선 $\dot{q}$을 각 제어점의 선형 속력 $\dot{f}_i$으로 변형하는 자코비안 $J_i(q) \in \mathbb{R}^{3 \times n}$을 찾아야 한다.

$$\dot{f}_i = \frac{\partial f_i}{\partial q}\dot{q} = J_i(q)\dot{q}$$

가상 일의 원리를 사용하면 선형 척력 $F'_{ij}(q) \in \mathbb{R}^3$에 의한 일반힘 $F_{ij}(q) \in \mathbb{R}^n$는 다음과 같다.

$$F_{ij}(q) = J_i^T(q)F'_{ij}(q)$$

로봇에 작용하는 알짜 힘 $F(q)$는 쉽게 계산되는 인력, $F_{\text{goal}}(q)$과 모든 i와 j에 대한 척력 $F_{ij}(q)$의 총합이다.

10.6.4 차륜 이동 로봇

앞선 분석은 제어 힘 $u = F(q) - B\dot{q}$(제어 법칙$^{\text{control law}}$ 식 (10.4)) 또는 속도 $\dot{q} = F(q)$(제어 법칙 식 (10.5))가 임의의 방향으로 작용할 수 있다고 가정한다. 만약 로봇이 굴림 운동 제약조건 $A(q)\dot{q} = 0$하에서 운동하는 차륜 이동 로봇이라면, 계산된 $F(q)$는 로봇이 제약조건에 접하게 이동할 수 있도록 투영돼 제어값 $F_{\text{proj}}(q)$으로 표현돼야 한다. 제어 법칙 $\dot{q} = F_{\text{proj}}(q)$를 사용하는 기구학적 로봇의 적합한 투영은 다음과 같다.

$$F_{\text{proj}}(q) = \left(I - A^T(q)\left(A(q)A^T(q)\right)^{-1}A(q) \right)F(q).$$

제어 법칙 $u = F_{\text{proj}}(q) - B\dot{q}$를 사용하는 동역학적 로봇의 경우의 투영은 8.7장에서 다뤘다.

10.6.5 퍼텐셜 장의 동작 계획에서의 응용

퍼텐셜 장은 경로 계획기와 함께 사용할 수 있다. 예를 들어 A^*와 같은 최선-초기 탐색은 퍼텐셜을 도달 비용의 추정치로 사용할 수 있다. 이와 같이 두 방법을 결합한 탐색은 계획기가 국소점에 빠지는 것을 방지할 수 있다.

10.7 비선형 최적화

동작 계획 문제는 등식과 부등식 제약조건을 가진 일반 비선형 최적화로 생각할 수 있으며, 이러한 문제는 여러 소프트웨어 패키지를 사용해 해결할 수 있다. 비선형 최적화 문제는 SQP^Sequential Quadratic Programming와 같은 경사 기반 기법^Gradient Descent Method이나 담금질 기법^simulated annealing, 넬더-미드^Nelder-Mead 최적화, 유전 알고리듬 등의 비경사 기법^non-gradient method으로 해결할 수 있다. 많은 비선형 최적화 문제에서 그렇듯이 이 방법들은 합리적인 해의 도출을 보장하지 않으며, 최적 해의 도출은 더더욱 어렵다. 하지만 목표함수와 제약조건의 경사도를 사용하는 방법들의 경우에는 초기 상태를 해에 가깝게 예상한다면, 국소적으로 최적인 해를 구할 확률이 높다. 문제를 일반화하면 다음과 같이 쓸 수 있다.

$$
\begin{aligned}
&\text{find} && u(t), q(t), T && && (10.6)\\
&\text{minimizing} && J(u(t), q(t), T) && && (10.7)\\
&\text{subject to} && \dot{x}(t) = f(x(t), u(t)) && \forall t \in [0, T] && (10.8)\\
& && u(t) \in \mathcal{U} && \forall t \in [0, T] && (10.9)\\
& && q(t) \in \mathcal{C}_{\text{free}} && \forall t \in [0, T] && (10.10)\\
& && x(0) = x_{\text{start}} && && (10.11)\\
& && x(T) = x_{\text{goal}} && && (10.12)
\end{aligned}
$$

이 문제를 비선형 최적화를 이용해 해결하기 위해서는 제어값 $u(t)$, 경로 $q(t)$와 부등식/등식 제약조건들, 즉 식 (10.8)–(10.12)이 이산화돼야 한다. 이는 구간 $[0, T]$ 위의 일정 개수의 균일하게 배부된 점들에서 제약조건이 만족됨을 확인하고, 위치와 제어값의 과거 기록의 표현이 유계인 범위의 매개변수로 표현되게 함으로써 이뤄진다.

위치와 제어값을 매개변수화하는 방법은 적어도 세 가지가 있다.

(a) **경로 $q(t)$의 매개변수화** 이 경우에는 매개변수화된 경로 $q(t)$를 직접 계산한다. 임의의 시간에서 운동방정식을 사용해 계산된 제어값 $u(t)$를 계산한다. 이 접근법은 제어값이 상태 매개변수보다 적은($m < n$) 시스템에는 적용되지 않는다.

(b) **제어값 $u(t)$의 매개변수화** $u(t)$를 직접 계산한다. 상태 $x(t)$의 계산은 운동방정식을 적분함으로써 이뤄진다.

(c) **$q(t)$와 $u(t)$ 모두의 매개변수화** 이 경우에는 $q(t)$와 $u(t)$를 모두 매개변수화하기 때문에 더 많은 변수들이 발생한다. 그리고 $q(t)$와 $u(t)$가 구간 $[0, T]$에 균일하게 분포된 점들 각각에서 역학 방정식 $\dot{x} = f(x, u)$을 각각 만족해야 하기 때문에 더 많은 제약조건이 발생한다. $q(t)$와 $u(t)$의 매개변수가 서로 모순되지 않고 제약조건 및 역학 방정식을 주어진 점들에서 모두 만족하기 위해 매개변수화에 주의해야 한다.

경로 혹은 제어값의 기록은 여러 방법으로 매개변수화될 수 있다. 매개변수들은 시간에 대한 다항식의 계수가 되거나, 단축 푸리에 급수의 계수, 스플라인^{spline} 계수, 물결파^{wavelet} 계수, 구간 등가속도^{piecewise constant acceleration} 또는 힘 세그먼트^{force segment} 등이 될 수 있다. 예를 들자면 제어값 $u_i(t)$는 시간에 관한 다항식의 $(p+1)$개의 계수들 a_j로 다음과 같이 나타낼 수 있다.

$$u_i(t) = \sum_{j=0}^{p} a_j t^j$$

상태 혹은 제어값 기록의 매개변수뿐만 아니라 총 시간 T 또한 제어 매개변수가 될 수 있다. 매개변수화 방법의 선택은 시간 t에서의 $q(t)$와 $u(t)$를 계산하는 데 있어서의 효율성을 결정한다. 매개변수화의 방법은 상태와 제어값의 매개변수에 대한 민감도도 결정하며, 각 매개변수가 모든 시간 $[0, T]$ 동안 영향을 주는지, 또는 일정 시간 동안만 영향을 주는지도 결정한다. 이들은 수치 최적화의 효율성과 안정성에 있어 매우 중요한 요소다.

10.8 곡선화

격자 기법 또는 샘플링 기법을 사용할 경우 동작의 방향이 축 방향으로만 이뤄지거나 무작위로 선택되면서 로봇의 동작이 부드럽지 못할 수 있다. 이를 해결하기 위한 방법으로 기존 기법으로 전역에서의 해를 찾고, 후처리 과정을 통해 최종 동작이 더욱 부드럽도록 하는 방법이 있다.

이를 하기 위한 방법은 매우 많지만 여기서는 두 가지만 서술한다.

비선형 최적화 경사도 기반의 비선형 최적화는 무작위 초기 경로로 해를 찾고자 할 경우, 국소점으로 인해 실패할 확률이 높지만 후처리 기법으로 사용한다면 어느 정도 "합리적인" 해를 초기 상태로 삼기 때문에 상당히 효과적이다. 기존 동작은 매개변수화된 제어값들로 이뤄진 표현으로 변환돼야 하고 비용 $J(u(t), q(t), T)$은 $u(t)$ 또는 $q(t)$에 대한 함수로 표현돼야 한다.

$$J = \frac{1}{2} \int_0^T \dot{u}^T(t) \dot{u}(t) dt$$

위 식의 비용함수는 급격한 제어값의 변화에 불이익을 가한다. 이는 인간의 팔 운동이 각 관절에 가해지는 토크의 변화율의 최소화에 기반해 부드러운 동작이 나타나는 모습으로부터 영감을 얻은 것이다[187].

분할 및 재결합 국소 계획기를 통해 경로상의 두 지점 간의 연결을 시도할 수 있다. 이 새로운 연결이 충돌이 없다면 기존 부분 경로를 대체하게 된다. 국소 계획기는 짧고 매끄러운 경로를 생성하도록 설계됐기 때문에 새로운 경로는 기존의 것보다 짧고 부드러울 확률이 높다. 이 시험 및 대체 과정은 경로상의 임의의 점들에 반복적으로 적용될 수 있다. 또 다른 방법은 재귀 수순을 통해 경로를 두 조각으로 나누고 각 조각을 더 짧은 경로로 대체하고자 시도하는 것이다. 만약 두 조각 모두 더 짧은 경로로 대체되지 않는다면 또 다시 각 조각을 나누는 과정을 반복하는 것이다.

10.9 요약

- 일반적인 동작 계획 문제는 다음과 같이 표현할 수 있다. 초기 상태 $x(0) = x_{\text{start}}$와 최종 목표 상태 x_{goal}가 주어졌을 때, 모든 $t \in [0, T]$에 대해 동작이 $x(T) \in \mathcal{X}_{\text{goal}}$와 $q(x(t)) \in \mathcal{C}_{\text{free}}$를 만족하는 시간 T와 제어값 $u : [0, T] \to \mathcal{U}$을 찾아라.

- 동작 계획 문제는 다음과 같이 분류될 수 있다. 경로 계획 vs. 동작 계획, 완전 제어($m = n$) vs. 제약조건 존재 혹은 불완전 제어($m < n$), 온라인 vs. 오프라인, 최적 vs. 충분, 정량적 vs. 정성적, 장애물의 존재 유무

- 동작 계획기는 다음과 같은 특성들이 있다. 다중 문제 vs. 단일 문제, "지속적" 계획의 여부, 완전성, 해상도 완전성, 확률적 완전성의 여부, 계산 복잡도

- 장애물은 상태 공간을 자유 상태 공간 $\mathcal{C}_{\text{free}}$와 장애물 공간 $\mathcal{C}_{\text{obs}}$로 분할하며, $\mathcal{C} = \mathcal{C}_{\text{free}} \bigcup \mathcal{C}_{\text{obs}}$이다. 장애물은 $\mathcal{C}_{\text{free}}$를 여러 개의 연속 요소로 분할할 수도 있다. 서로 다른 연속 요소의 상태들 간에는 합당한 경로가 존재하지 않는다.

- 상태 q가 충돌 상태인지 아닌지 확인하는 보수적인 확인 방법으로는 로봇과 장애물을 "확장"해 단순하게 비교하는 것이 있다. 확장된 물체 사이의 충돌이

없다면 주어진 상태는 충돌 상태가 아님을 보장할 수 있다. 경로상에 충돌이 발생하는지를 확인하고자 하면, 경로상의 촘촘한 간격으로 놓인 점들을 샘플링해 각 점들의 상태에서 충돌이 발생하는지를 확인하고 해당 경로상으로 로봇의 형태를 이동시키며 확인한다.

- 상태 공간의 기하는 노드들과 노드들을 잇는 선으로 구성된 그래프로 표현할 수 있으며, 선은 합리적인 경로를 의미한다. 그래프는 비유도형(양방향으로 이동 가능)이거나 유도형(한 방향으로만 이동 가능)이다. 선들에는 경로의 비용에 따라 가중치가 적용되거나 적용되지 않을 수도 있다. 트리는 순환하지 않는 유도형 그래프로 각 노드는 최대 하나의 부모 노드만을 가진다.

- 로드맵 경로 계획기는 $\mathcal{C}_{\mathrm{free}}$의 그래프 형태를 사용하며, q_{start}에서 로드맵까지의 간단한 경로, 로드맵상의 경로, 로드맵상에서 q_{goal}까지의 간단한 경로를 결합해 경로 계획 문제를 해결한다.

- A^*는 그래프의 최소 비용 경로를 찾는 데 흔히 사용되는 기법이다. 이는 (1) 확인되지 않은 노드나 (2) 총 비용이 최저일 것으로 예상되는 노드에서부터 탐색한다. 예상 총 비용은 시작 노드에서 현재 노드까지 도달하면서 거친 연결 선들의 가중치의 총합에 목표 노드까지의 예상 비용을 더해서 얻어진다. 목표 노드까지의 예상 비용은 과소평가를 해야 최적 해를 반환하게 된다.

- 격자 기반 경로 계획기는 상태 공간을 이웃 점들 간의 관계로 이뤄진 그래프로 표현한다. 다해상도 격자를 사용해 넓은 공간은 큰 격자로 표현하고 장애물 부근은 작은 격자로 표현할 수 있다.

- 제어 입력값을 이산화하면, 제약조건이 있는 로봇의 동작 계획에 격자 기반 기법을 사용하기에 유리하다. 만약 제어 입력값을 적분하는 것이 로봇의 상태를 격자점상에 정확히 놓지 않고 현재 격자 구간상의 다른 상태에 더 낮은 비용으로 도달할 수 있다면, 현재 얻은 새로운 상태는 고려 대상에서 제외할 수 있다.

- RRT 기초 알고리듬은 x_{start}에서 $\mathcal{X}_{\text{goal}}$로 향하는 단일 탐색 트리를 확장한다. 이 알고리듬은 다음 대상들에 의존한다. (1) $\mathcal{X}$ 내의 x_{samp}를 새로 샘플링하는 샘플러, (2) 탐색 트리 내의 가장 가까운 노드를 찾는 알고리듬, (3) x_{nearest}로부터 x_{samp}에 보다 가까운 점으로 향하는 국소 계획기. 샘플링 기법은 트리가 $\mathcal{X}_{\text{free}}$를 빠르게 탐색할 수 있도록 하는 것으로 선택한다.

- 양방향 RRT는 x_{start}와 x_{goal} 모두로부터 탐색 트리를 확장하고 두 트리를 결합하고자 한다. RRT*는 계획 시간이 발산할 때 최적화된 해법을 반환한다.

- PRM은 다중 문제 계획기에 대해 $\mathcal{C}_{\text{free}}$의 로드맵을 생성한다. 이 로드맵은 $\mathcal{C}_{\text{free}}$를 N번 샘플링해 생성되고, 이후 국소 계획기를 이용해 각 샘플들을 여러 이웃 노드들과 연결하고자 시도한다. 이후 A^*는 해당 로드맵에서 경로를 탐색한다.

- 가상 퍼텐셜 장은 자연계의 중력장 혹은 전자기장과 같은 퍼텐셜 에너지장으로부터 영감을 받는다. 목표 지점으로의 인력이 생기도록 퍼텐셜이 설정되고, 장애물은 척력을 생성하는 퍼텐셜을 가진다. 총 퍼텐셜 $\mathcal{P}(q)$는 이들의 총합이며 로봇에 가해지는 가상힘은 $F(q) = -\partial \mathcal{P}/\partial q$이다. 로봇은 이 힘에 감쇠 작용까지 추가돼 제어되거나 1차 동역학을 이용해 $F(q)$를 속도로 입력해 제어함으로써 목표 지점에 도달하고자 한다. 퍼텐셜 에너지장 기법은 개념적으로는 간단하지만 국소점에 로봇이 빠진다면 목표 지점에 도달하지 못할 수도 있다.

- 항법함수는 국소점이 없는 퍼텐셜함수다. 항법함수는 전역의 거의 모든 초기 상태에 대해 q_{goal}로의 수렴을 보장한다. 항법함수는 일반적으로는 생성하기 어렵지만 특정 환경에 대해서는 생성하는 체계적인 방법론이 마련돼 있다.

- 동작 계획 문제는 등식/부등식 제약조건을 가진 일반 비선형 최적화 문제로 변형할 수 있다. 최적화 기법은 매끄럽고 거의 완벽히 최적화된 경로를 찾는 데는 유용하지만 장애물이 많은 상태 공간에서는 국소점에 갇히는 경향이 있다. 그러므로 최적화 기법은 해를 도출하기 위해 좋은 초기 조건을 예상해 설정해야

한다.

- 격자 기반 또는 샘플링 기반 계획기로 생성된 동작들은 대체로 부드럽지 못하다. 비선형 최적화 혹은 분할 및 재결합 기법을 통해 동작을 좀 더 부드럽게 만들 수 있다.

10.10　참조 및 기타

동작 계획 분야를 넓게 다루는 훌륭한 교재로는 1991년 라톰베[Latombe][80]의 저서가 있으며, 좀 더 최근 교재로는 초셋[Choset][28] 혹은 라발[LaValle][83]의 저서가 있다. 동작 계획 관련한 이외의 훌륭한 요약들은 Handbook of Robotics[70]에서 찾을 수 있다. 특히 비홀로노믹 및 구동 제약조건과 관련해서는 Control Handbook[100], the Encyclopedia of Systems and Control[99] 그리고 머레이[Murray], 리[Li], 새스트리[Sastry][121]의 저서가 있다. 탐색 알고리듬 및 인공지능 관련 알고리듬은 러셀[Russel], 노르빅[Norvig][154]이 자세히 다룬다.

SRI에서 진행한 초기의 기념비적인 Shakey the Robot의 동작 계획 연구는 1968년 하트[Hart], 닐슨[Nilsson], 라파엘[Raphael][53]의 A^* 탐색의 개발로 이어졌다. 이 연구는 이후 벨먼[Bellman]과 드레퓌스[Dreyfus][10]에 의해 최적화 결정을 위한 동적 프로그래밍으로 이어졌고 다익스트라[Dijkstra]에 의해 성능이 향상돼 다익스트라의 알고리듬[37]으로 이어졌다. A^*의 준최적화 및 지속적 버전은 [90]에서 제안됐으며, 다중해상도 경로 계획법의 초기 연구는 [65, 96, 44, 54]에 등장했으며, 이는 상태 공간의 계층적 분해[155]에 관한 연구를 기반으로 했다.

어떤 초기 연구는 장애물이 있는 자유 상태 공간의 표현법에 치중했다. 다각형 사이로 이동하는 다각형에 대한 접근법인 가시성 그래프[visibility graph]는 로사노-페레

즈[Lozano-Pérez]와 웨슬리[Wesley]citeLozano-Perez79의 1979년도 연구에 등장한다. 이후 연구자들은 보다 일반적인 환경에서의 세포 분해 기법[cell decomposition method]과 자유 상태 공간의 로드맵을 도출하기 위해서 복잡한 알고리듬과 수학적 기법을 사용했다. 이 연구의 중요한 기점들로는 슈바르츠[Schwartz]와 샤리르[Sharir]의 피아노 이사 문제[piano movers' problem][158, 159, 160]와 캐니[Canny]의 박사 학위 가설[23]이 있다. 상태 공간의 위상을 표현하자니 점점 수학적 기법과 계산 복잡도가 높아졌다. 이에 따라 1990년도부터는 샘플링을 이용해 C-space를 표현하려는 시도가 이뤄졌으며 이는 오늘날까지 이어진다. 이 계통의 연구는 크게 두 개의 갈래로 나뉘었다. 하나는 확률적 로드맵[PRMs][69]이고, 다른 하나는 고속 탐색 랜덤 트리[RRTs][84, 86, 85]다. 위 기법들이 복잡한 고차원 상태 공간을 매우 효과적으로 처리하자 샘플링 관련 기법들에 관한 연구가 폭발적으로 진척됐으며, 이 연구들의 일부는 [28, 83]에서 요약된다. 10에서 다룬 양방향 RRT와 RRT*는 각각 [83]과 [68]에서 다뤄진다.

차륜 이동 로봇의 동작 계획을 위해 격자 기반 접근법은 바라칸드[Barraquand]와 라톰베[Latombe][8]에 의해 처음으로 시도됐고, 동역학적 제약조건이 있는 로봇 팔에 시간 최적화 동작 계획기를 격자 기반 접근법을 이용해 적용하는 것은 [24, 39, 38]에서 소개된다.

충돌 감지를 위한 GJK 알고리듬은 [49]에서 유도된다. 공개된 충돌 감지 패키지는 Open Motion Planning Library[OMPL][180]와 Robot Operating System[ROS]에 적용됐다. 다면체를 구로 근사해 고속으로 충돌 감지를 처리하는 접근법은 [61]에 설명된다.

카팁[Khathib]에 의해 최초로 동작 계획에 적용된 퍼텐셜 장 접근법과 즉각 장애물 회피 기능은 [73]에 요약됐다. 퍼텐셜 장을 이용해 탐색 방향을 제시하는 탐색 기반 계획기는 바라칸드[Barraquand]와 그의 동료들의 저서[7]에 의해 설명된다. 항법함수의 생성, 국소점을 가진 퍼텐셜함수에 관한 설명은 코디첵[Koditschek]과 리몬[Rimon]의 많은 논문[78, 76, 77, 151, 152]에서 설명된다.

비선형 최적화 기반 동작 계획은 여러 저서에서 등장한다. 윗킨[Witkin]과 카스[Kass][193]

의 고전 컴퓨터 그래픽 논문은 최적화를 이용해 점프하는 전등의 애니메이션을 제작했다. 해석 불가 동역학적 제어를 위한 동작 계획[102], 최적화 동작의 메커니즘을 위한 뉴턴 알고리듬[88] 그리고 최근 연구는 동작 계획과 피드백 제어 문제를 위한 단기 순차 해동 제어[3, 186]에도 등장한다. 분해 및 재결합 기법을 이용한 이동식 로봇의 경로의 곡선화는 로몽^{Laumond}과 그의 동료들의 저서[82]에 등장한다.

10.11   연습 문제

1. 만약 경로가 양 끝단을 이동하지 않고 다른 형태의 경로로 변형될 수 있다면 이 경로들은 서로 **동위상**^{homotopic}이라고 한다. 다시 말해 이 경로는 고무줄과 같이 당기거나 늘릴 수 있지만, 잘랐다가 다시 붙일 수는 없다. 그림 10.2에 등장하는 경로와 동위상이 아닌 경로를 동일한 상태 공간에서 그려라.

2. 그림 10.2에 등장하는 연결 요소들을 명명하라. 각 경로에 대해 연결선상의 상태 중 하나를 선택해 해당하는 로봇의 자세를 그림으로 그려라.

3. 그림 10.2에서 $[175°, 185°]$의 범위에 있는 관절 각도 θ_2가 로봇이 자기 자신과 충돌하도록 한다고 가정하라. 기존 활동 장애물에 더해 관절 제약조건을 고려한 새로운 활동 장애물을 그리고, C_{free}의 각 연결 요소들을 명명하라. 각 연결 요소들에서 상태를 하나 선택해 로봇의 해당 자세를 그림으로 그려라.

4. 그림 10.23의 이동식 평면형 로봇에 대해 장애물에 대응되는 활동 장애물을 그려라.

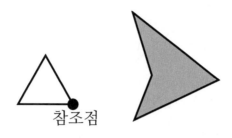

참조점

그림 10.23: 연습 문제 4

5. 다각형 로봇의 특정 참조점을 기준으로 한 꼭짓점의 좌표들과 다각형 장애물의 좌표들을 입력으로 받고 출력으로 해당하는 상태 공간 장애물을 출력하는 프로그램을 작성하라. Mathematica를 사용한다면 ConvexHull 함수를, MATLAB을 사용한다면 convhull을 사용해도 좋다.

6. 제곱근을 계산하는 것은 계산 측면에서 많은 비용이 발생한다. 구들의 합으로 표현되는 로봇과 장애물(10.2.2절)에 대해, 제곱근의 사용을 최소화해 로봇과 장애물 사이의 거리를 계산하는 방법을 제시하라.

7. 그림 10.24의 활동 장애물과 q_{start}, q_{goal}에 대한 가시성 로드맵을 작성하라. 최단 경로를 표시하라.

8. 10.3절에서 설명한 가시성 로드맵의 경우, 모든 연결선이 필요하진 않다. 만약 장애물의 두 꼭짓점이 동시에 어떤 물체에 접하며 충돌하지 않는다면 (즉, 오목한 꼭짓점에서 부딪힌다면) 활동 장애물의 두 꼭짓점 간의 연결선은 로드맵에 포함될 필요가 없다. 다시 말해, 만약 연결선이 장애물과의 "충돌"로 이어진다면 이 연결선은 최단

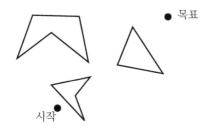

그림 10.24: 연습 문제 7의 계획 문제

경로에 절대 사용되지 않을 것이다.

9. 장애물이 있는 평면상의 점 로봇에 A^* 경로 계획기를 적용하라. 평면 영역은 100×100이다. N개의 노드와 E개의 연결선을 갖는 그래프를 생성하는 프로그램을 작성해야 하며, N과 E는 사용자에 의해 정의된다. N개의 무작위 노드를 선택한 이후, 해당 프로그램은 E개의 연결선이 생길 때까지 무작위로 선택된 노드들을 연결한다. 각 선의 비용은 노드들 간의 유클리드 거리다. 마지막으로, 이 프로그램은 그래프를 출력하고 A^*를 이용해 1번 노드와 N번 노드 간의 최단 경로를 탐색하고 해당 경로를 출력해야 한다. 만약 경로가 존재하지 않는다면, FAILURE를 출력한다. 직관적 목표 도달 비용은 목표 노드까지의 유클리드 거리이다.

10. 연습 문제 9의 A^* 계획기를 수정해, 직관적 목표 도달 비용이 목표 노드까지의 거리의 10배로 설정하라. 기존 A^*와 비교해 동일 그래프에 대해서 실행 시간이 어떻게 달라지는지 비교하라(힌트: 효과를 체감하기 위해서는 큰 규모의 그래프를 사용할 필요가 있다). 새 목표 도달 비용을 사용한 해는 더 최적화됐는가?

11. 연습 문제 9의 A^* 알고리듬을 수정해 다익스트라의 알고리듬을 대신 사용하도록

하라. 동일 그래프에 대해서 A^*와 다익스트라의 알고리듬의 실행 시간을 비교하라.

12. 다각형 장애물의 꼭짓점들과 $(x, y) = (0, 0)$에 고정된 2R 로봇 팔의 특성을 받는 프로그램을 작성하라. 로봇 팔의 각 링크의 길이는 L_1과 L_2이며 각 링크는 선분이다. 각 관절의 각도를 k도 간격(예: $k = 5$)으로 나누고 선분과 다각형 간의 충돌을 확인하며 샘플링을 해 상태 공간 장애물을 생성하라. 장애물을 작업 공간상에 그리고 상태 공간 격자에서는 검은 네모나 점으로 활동 장애물을 표현하라(힌트: 이 프로그램의 핵심은 두 선분이 교차하는지 확인하는 서브루틴이다. 만약 선분들의 연장선인 직선이 서로 교차한다면, 이 교차가 선분 내에서 발생하는지 확인할 수 있다).

13. 장애물이 있는 환경에서의 2R 로봇을 위한 A^* 격자 경로 계획기를 작성하고, 발견한 경로를 상태 공간상에 도표하라(연습 문제 12와 그림 10.10을 참조하라).

14. 제어값 이산화를 한 이동식 차륜 로봇에 격자 기반 경로 계획기(알고리듬 2)를 적용하라. 장애물을 표현하고 충돌 여부를 확인할 간단한 방법을 선택하라. 해당 프로그램은 장애물을 그리고 시작점으로부터 목표 지점까지의 경로를 표시해야 한다.

15. 장애물이 있는 평면상의 점 로봇을 위한 RRT 계획기를 작성하라. 자유 공간과 장애물은 2차원 배열로 표시되며, 행렬의 각 원소는 2차원 공간상의 격자 구간에 대응된다. 배열 원소 내의 1은 장애물이 존재함을 의미하고, 0은 격자 구간이 자유 공간에 있음을 의미한다. 해당 프로그램은 장애물과 형성된 트리를 표시하고 시작점에서 목표 지점까지의 경로를 보여야 한다.

16. 앞의 연습 문제와 같이 진행한다. 하지만 장애물들은 선분들로 표현되며, 이들은

$ax + by + c = 0$의 형태로 주어진다. 선분들은 장애물의 경계선으로 생각할 수 있다.

17. 연습 문제 15를 해결하기 위한 PRM 계획기를 작성하라.

18. 점 장애물들이 있는 환경 속의 2R 로봇에 가상 퍼텐셜 장을 적용하는 프로그램을 작성하라. 로봇의 두 링크는 선분이며, 사용자가 로봇의 목표 상태, 초기 상태 그리고 점 장애물의 위치를 정의할 수 있다. 로봇의 각 링크에 두 제어점을 설정하고 작업 공간의 퍼텐셜 힘을 상태 공간 퍼텐셜 힘으로 전환하라. 하나의 작업 공간 그림상에는 몇 개의 점 장애물이 있는 예시 환경과 초기 상태 및 목표 상태에 있는 로봇을 그리고, 두 번째 상태 공간 그림에는 퍼텐셜함수를 등고선 그림의 형태로 (θ_1, θ_2)축상에 그린다. 추가로 시작 상태에서 목표 상태까지의 계획된 경로를 그린다. 로봇은 기구학적 제어 법칙 $\dot{q} = F(q)$를 사용한다.

추가로 일부 초기 상태에서는 국소점에 수렴하지만, 어떤 초기 상태에서는 목표 상태에 수렴하는 동작 계획 문제를 만들 수 있는지 시험해보라.

11장. 로봇 제어

로봇 팔은 작업의 종류 및 환경에 따라 다양한 동작을 나타낼 수 있다. 이는 물체를 한 곳에서 다른 곳으로 이동하거나 페인트 총을 분사하는 궤적을 추적하는 등의 작업을 위해 프로그래밍된 동작들의 원천으로 사용될 수 있다. 또한 공작물에 연마 바퀴를 적용할 때처럼 힘의 원천으로 작용할 수 있다. 칠판에 쓰는 것과 같은 작업에서는 어떤 방향으로 작용하는 힘(분필로 판을 누르는 힘)과 다른 방향으로의 운동(판 평면 위에서의 운동)을 제어해야 한다. 로봇의 목적이 가상 환경을 렌더링하는 햅틱 디스플레이의 역할을 하는 경우, 우리는 로봇이 스프링, 댐퍼 또는 질량처럼 작용해 그것에 가해지는 힘에 반응하기를 원한다.

이러한 각각의 경우에 작업을 구동기의 힘과 토크로 변환하는 것이 로봇 제어기의 역할이다. 위에서 설명한 동작들을 달성하기 위한 제어 전략은 **동작 제어**^{motion control}, **힘 제어**^{force control}, **하이브리드 운동 - 힘 제어**^{hybrid motion-force control} 및 **임피던스 제어**^{impedance control}가 존재한다. 이 가운데 어떤 행동이 적합한지는 작업의 종류 및 환경에 따라 다르다. 예를 들어 힘 제어의 목표는 엔드 이펙터가 무언가와 접촉할 때는 의미가 있지만 자유 공간에서 움직일 때는 의미가 없다. 또한 '로봇은 동일한 방향의 운동과 힘을 독립적으로 제어할 수 없다'라는, 환경에 관계없이 동역학 법칙에 의한 근본적인 제약조건이 존재한다. 만약 로봇이 동작을 취하면 동역학 법칙 및 환경이 힘을 결정하고 로봇이 힘을 가하면 동역학 법칙 및 환경이 동작을 결정한다.

작업 및 환경에 부합하는 제어 목표를 선택하면 피드백 제어를 통해 목표를 달성할 수 있다. 피드백 제어는 위치, 속도 및 힘 센서를 사용해 로봇의 실제 동작을 측정하고 이를 목표 동작과 비교한 후 구동기로 전송되는 제어 신호를 조절한다. 피드백은 거의 모든 로봇 시스템에서 사용된다.

11장에서는 관절 공간$^{joint\ space}$과 태스크 공간$^{task\ space}$ 모두에서 운동 제어를 위한 피드백 제어, 힘 제어, 하이브리드 운동-힘 제어 및 임피던스 제어를 중점적으로 살펴본다.

11.1   제어 시스템 개요

일반적인 제어 블록 다이어그램은 그림 11.1(a)처럼 나타낼 수 있다. 센서에는 일반적으로 관절의 위치 및 각도 감지를 위한 포텐시오미터^{potentiometers}, 인코더^{encoders} 또는 리졸버^{resolvers}, 관절 속도 감지를 위한 타코미터^{tachometers}, 관절 힘-토크 센서$^{joint\ force-torque\ sensors}$, 팔의 끝과 엔드 이펙터 사이의 손목에 위치한 다축 힘-토크 센서$^{multi-axis\ force-torque\ sensors}$가 있다. 제어기는 센서로부터 샘플을 받고 수백에서 수천 Hz의 속도로 구동기에 전달되는 제어 신호를 업데이트한다. 대부분의 로봇 응용 분야에서 이보다 높은 제어 업데이트 속도는 로봇 및 환경의 동역학과 관련된 시간상수를 고려할 때 이점이 없다. 우리는 샘플링 시간이 0이 아니라는 사실을 무시하고, 제어기를 연속적인 시간 동안 동작하는 것으로 취급할 것이다.

타코미터는 직접적인 속도 측정에 사용할 수도 있지만, 일반적으로 디지털 필터를 이용해 연속적인 시간 스텝에서 위치 신호를 차분하는 방법으로 사용한다. 로우 패스 필터$^{low\ pass\ filter}$는 종종 차분 필터$^{differencing\ filter}$와 결합해 차분된 위치 신호의 양자화로 인한 고주파 신호를 감소시키기 위해 사용한다.

8.9장에서 논의된 바와 같이 기계 동력을 생성하고 속도와 힘을 변환하며 로봇 관절에 전달하는 데에는 다양한 방법이 존재한다. 11장에서는 각 관절의 증폭기^{amplifier}, 구동기^{actuator} 및 전달기^{transmission}를 하나로 묶어서 저전력 제어 신호를 힘과 토크로 변환하는 변환기로 취급한다. 이러한 가정은 완벽한 센서를 가정하며, 그림 11.1(a)의

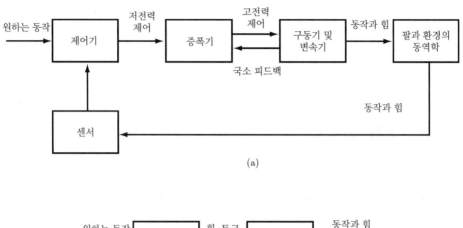

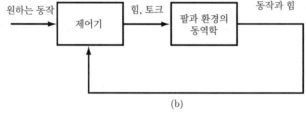

그림 11.1: (a) 일반적인 로봇 제어 시스템. 내부 제어 고리는 증폭기 및 구동기가 목표 힘 또는 토크를 얻어내기 위해 사용된다. 예를 들어 전류는 모터가 생산하는 토크에 비례하기 때문에 토크 제어 모드의 DC 모터 증폭기는 실제로 모터에 흐르는 전류를 측정해 목표 전류에 더 근접하도록 지역 제어기를 조절한다. 또는 모터 제어기가 모터의 출력 기어 장치에서 스트레인 게이지를 사용해 토크를 직접 측정하고, 그 피드백을 사용해 지역 토크 제어 고리를 닫을 수 있다. (b) 이상적인 센서와 힘과 토크를 직접 생성하는 제어 블록이 있는 단순화된 모델. 이는 (a)의 증폭기 및 구동기 블록의 이상적인 동작을 가정한다. 동역학 블록 이전에 작용할 수 있는 힘의 외란 또는 동역학 블록 이후에 작용하는 힘의 외란 및 동작은 표시되지 않는다.

블록 다이어그램을 그림 11.1(b)에 표시된 것처럼 제어기가 힘과 토크를 직접 생성하는 것으로 단순화할 수 있다. 11장의 나머지 부분은 그림 11.1(b)의 "제어기" 블록 안에 들어가는 제어 알고리듬을 다룬다.

실제 로봇 시스템은 관절과 링크의 유연성과 진동, 기어와 변속기의 백래시backlash,

구동기 포화 한계 및 센서 해상도의 한계의 영향을 받는다. 이러한 사항은 설계와 제어에 있어 중요한 문제이나, 11장에서 다루는 내용의 범위를 넘어간다.

11.2 오차 동역학

이번 절에서는 다중 관절 로봇으로의 일반화를 위해 단일 관절 로봇의 제어 동역학에 초점을 맞춘다.

만약 목표 관절 변위가 $\theta_d(t)$이고 실제 관절 변위가 $\theta(t)$라면 관절 오차를 다음과 같이 정의한다.

$$\theta_e(t) = \theta_d(t) - \theta(t)$$

제어 시스템의 관절 오차 $\theta_e(t)$의 변화를 나타내는 미분방정식을 **오차 동역학**^{error dynamics}이라고 부른다. 피드백 제어기의 목적은 t가 증가함에 따라 $\theta_e(t)$가 0 또는 작은 값으로 가도록 하는 오차 동역학을 만들어내는 것이다.

11.2.1 오차 응답

제어기가 얼마나 잘 작동하는지 테스트하는 일반적인 방법은 0이 아닌 초기 오차 $\theta_e(0)$를 지정하고, 얼마나 빨리 그리고 얼마나 완벽하게 초기 오차를 줄이는지를 확인하는 것이다. 우리는 (단위) **오차 응답**^{error response}을 초기 조건이 $\theta_e(0) = 1$, $\dot{\theta}_e(0) = \ddot{\theta}_e(0) = \cdots = 0$인 제어 시스템에 대해 $t > 0$일 때의 응답 $\theta_e(t)$로 정의한다.

이상적인 제어기는 오차를 즉시 0으로 만들고 오차를 항상 0으로 유지한다. 실제로

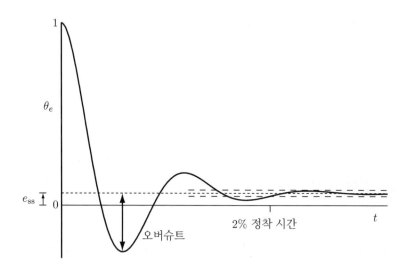

그림 11.2: 정상 상태 오차 e_{ss}, 오버슈트, 2% 정착 시간을 보여주는 오차 응답의 예시

는 오차를 줄이는 데 시간이 많이 걸리고, 오차가 완전히 제거되지 않을 수도 있다. 그림 11.2에 설명된 바와 같이 일반적으로 오차 동역학의 오차 응답 $\theta_e(t)$는 **과도기 응답**transient response과 **정상 상태 응답**steady-state response으로 표현된다. 정상 상태 응답은 $t \rightarrow \infty$일 때 점근 오차 $\theta_e(t)$인 **정상 상태 오차**steady-state error e_{ss}로 정해진다. 과도기 응답은 **오버슈트**overshoot 및 (2%) **정착 시간**settling time으로 결정된다. 2% 정착 시간이란 모든 $t \geq T$에 대해 $|\theta_e(t) - e_{ss}| \leq 0.02(\theta_e(0) - e_{ss})$를 만족하는 첫 번째 시간 값 T를 의미한다(긴 점선 쌍을 확인해보라). 오버슈트는 오차 응답이 처음으로 최종 정상 상태 오차를 지나칠 때 발생하며, 이 경우 오버슈트는 다음과 같이 정의된다.

$$\text{오버슈트} = \left| \frac{\theta_{e,\min} - e_{ss}}{\theta_e(0) - e_{ss}} \right| \times 100\%$$

이때, $\theta_{e,\min}$는 오차로부터 얻어진 최솟값이다.

좋은 오차 응답이란 다음 특징을 가진다.

- 정상 상태 오차가 작거나 없다.

- 오버슈트가 작거나 없다.

- 2% 정착 시간이 짧다.

11.2.2   선형 오차 동역학

11장에서는 주로 다음의 선형상미분방정식으로 표현되는 오차 동역학을 가진 **선형** 시스템을 다룬다.

$$a_p\theta_e^{(p)} + a_{p-1}\theta_e^{(p-1)} + \ldots + a_2\ddot{\theta}_e + a_1\dot{\theta}_e + a_0\theta_e = c \tag{11.1}$$

이는 θ_e의 p계 미분이 존재하는 p차 미분방정식이다. 미분방정식 (11.1)은 상수 c가 0이면 **동차**[homogeneous]이고, $c \neq 0$이면 **비동차**[nonhomogeneous]이다.

동차 $(c = 0)$ 선형 오차 동역학에 대해 p차 미분방정식 (11.1)은 다음과 같이 다시 쓸 수 있다.

$$\begin{aligned}\theta_e^{(p)} &= -\frac{1}{a_p}(a_{p-1}\theta_e^{(p-1)} + \ldots + a_2\ddot{\theta}_e + a_1 dot\theta_e + a_0\theta_e) \\ &= -a'_{p-1}\theta_e^{(p-1)} - \ldots - a'_2\ddot{\theta}_e - a'_1\dot{\theta}_e - a'_0\theta_e \end{aligned} \tag{11.2}$$

이 p차 미분방정식은 벡터 $x = (x_1, \ldots, x_p)^T$를 다음과 같이 정의해 p개의 결합된 일차 미분방정식들로 나타낼 수 있다.

$$x_1 = \theta_e$$
$$x_2 = \dot{x}_1 = \dot{\theta}_e$$
$$\vdots \quad \vdots$$
$$x_p = \dot{x}_{p-1} = \theta_e^{(p-1)}$$

또, 식 (11.2)를 다시 쓰면 다음과 같다.

$$\dot{x}_p = -a_0' x_1 - a_1' x_2 - \ldots - a_{p-1}' x_p.$$

그러면 $\dot{x}(t) = Ax(t)$ 와 같이 쓸 수 있으며, 이때 A는 다음과 같다.

$$A = \begin{bmatrix} 0 & 1 & 0 & \ldots & 0 & 0 \\ 0 & 0 & 1 & \ldots & 0 & 0 \\ \vdots & \vdots & \vdots & \ddots & \vdots & \vdots \\ 0 & 0 & 0 & \ldots & 1 & 0 \\ 0 & 0 & 0 & \ldots & 0 & 1 \\ -a_0' & -a_1' & -a_2' & \ldots & -a_{p-2}' & -a_{p-1}' \end{bmatrix} \in \mathbb{R}^{p \times p}$$

$x(t) = e^{at}x(0)$를 해로 갖는 스칼라 1차 미분방정식 $\dot{x}(t) = ax(t)$로부터 유추할 수 있듯 벡터 미분방정식 $\dot{x}(t) = Ax(t)$는 3.2.3.1절에서 봤던 것처럼 행렬 지수를 이용한 $x(t) = e^{At}x(0)$를 해로 가진다. 또한 스칼라 미분방정식에서 a가 음수이면 초기 조건과 상관없이 평형 $x = 0$으로 수렴하는 것과 유사하게, 행렬 A가 음의 정부호 행렬, 즉 A의 모든 고윳값의 실수부가 음수인 경우 미분방정식 $\dot{x}(t) = Ax(t)$는 $x = 0$으로 수렴한다.

A의 고윳값은 A의 특성 다항식의 근, 즉 다음을 만족시키는 복소수 값 s로 주어진다.

$$\det(sI - A) = s^p + a'_{p-1}s^{p-1} + \ldots + a'_2 s^2 + a'_1 s + a'_0 = 0 \qquad (11.3)$$

식 (11.3)은 또한 p차 미분방정식 (11.1)과 관련된 특성 방정식이다.

식 (11.3)의 각 근이 음의 실수부를 가지기 위한 필요조건은 모든 계수 $a'_0, \ldots, a'_{p-1}$이 양수여야 한다는 것이다. 이 조건은 $p = 1$ 또는 2일 때에도 충분조건이 된다. $p = 3$인 경우, 조건 $a'_2 a'_1 > a'_0$도 성립해야 한다. 고차 시스템의 경우 다른 조건도 성립해야 한다.

식 (11.3)의 근이 모두 음의 실수부를 가지면 오차 동역학을 **안정**stable하다고 한다. 만약 근 중 하나라도 양의 실수부를 가지면 오차 동역학은 **불안정**unstable하다고 하며, $t \to \infty$일 때 오차 $\|\theta_e(t)\|$가 끝없이 커질 수 있다.

2차 오차 동역학의 경우, 좋은 기계적 비유로 선형 질량-스프링-댐퍼mass-spring-damper를 들 수 있다(그림 11.3). 질량 m의 위치는 θ_e이고 질량에 외부 힘 f가 가해진다. 감쇠 상수가 b인 댐퍼는 질량에 $-b\dot{\theta}_e$의 힘을 가하고, 스프링 상수가 k인 스프링은 질량에 $-k\theta_e$의 힘을 가한다. 따라서 질량에 대한 운동방정식은 다음과 같다.

$$\mathrm{m}\ddot{\theta}_e + b\dot{\theta}_e + k\theta_e = f \qquad (11.4)$$

질량 m이 0에 가까워지는 경우, 2차 동역학 (11.4)는 다음의 1차 동역학으로 바뀐다.

$$b\dot{\theta}_e + k\theta_e = f \qquad (11.5)$$

1차 동역학에 따르면, 외력은 가속도가 아닌 속도를 생성한다.

다음에서는 오차 동역학이 안정하고 오차가 0으로 수렴하는($e_{ss} = 0$), $b, k > 0$이고 동차($f = 0$)인 1차 및 2차 오차 응답을 살펴본다.

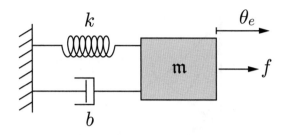

그림 11.3: 선형 질량-스프링-댐퍼 시스템

11.2.2.1 1차 오차 동역학

$f = 0$인 1차 오차 동역학 (11.5)는 다음과 같이 쓸 수 있다.

$$\dot{\theta}_e(t) + \frac{k}{b}\theta_e(t) = 0$$

$$\dot{\theta}_e(t) + \frac{1}{\mathsf{t}}\theta_e(t) = 0 \tag{11.6}$$

이때, $\mathsf{t} = b/k$는 1차 미분방정식의 **시간상수**^{time constant}이다. 미분방정식 (11.6)의 해는 다음과 같다.

$$\theta_e(t) = e^{-t/\mathsf{t}}\theta_e(0) \tag{11.7}$$

시간상수 t는 1차 지수 감소가 초깃값의 약 37%로 감소한 시간이다. 오차 응답 $\theta_e(t)$는 초기 조건 $\theta_e(0) = 1$에 의해 정의된다. 여러 시간상수들에 대한 오차 응답의 그래프를 그림 11.4에 나타냈다. 정상 상태 오차는 0이며, 오차 응답의 지수 감소에 대한 오버슈트는 없고, 2% 정착 시간은 다음의 방정식을 t에 관해 풀어서 구할 수 있다.

$$\frac{\theta_e(t)}{\theta_e(0)} = 0.02 = e^{-t/\mathsf{t}}$$

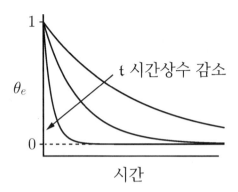

그림 11.4: 세 가지의 다른 시간상수 t에 대한 1차 오차 응답

방정식을 풀면 2% 정착 시간이 약 4t임을 확인할 수 있다.

$$\ln 0.02 = -t/\mathrm{t} \quad \rightarrow \quad t = 3.91\mathrm{t}$$

스프링 상수 k가 증가하거나 감쇠 상수 b가 감소하면 응답이 빨라지는 것을 알 수 있다.

11.2.2.2 2차 오차 동역학

2차 오차 동역학은 다음과 같다.

$$\ddot{\theta}_e(t) + \frac{b}{\mathrm{m}}\dot{\theta}_e(t) + \frac{k}{\mathrm{m}}\theta_e(t) = 0$$

이는 다음의 **2차 미분방정식의 표준형**standard second-order form으로 다시 쓸 수 있다.

$$\ddot{\theta}_e(t) + 2\zeta\omega_n\dot{\theta}_e(t) + \omega_n^2\theta_e(t) = 0 \tag{11.8}$$

이때 ω_n은 **고유 진동수**natural frequency이며 ζ는 **감쇠비**damping ratio이다. 질량-스프링-댐퍼의 경우 $\omega_n = \sqrt{k/\mathfrak{m}}$ 이며 $\zeta = b/(2\sqrt{k\mathfrak{m}})$ 이다. 특성 다항식과 그 두 개의 근은 다음과 같다.

$$s^2 + 2\zeta\omega_n s + \omega_n^2 = 0 \tag{11.9}$$

$$s_1 = -\zeta\omega_n + \omega_n\sqrt{\zeta^2 - 1} \;\;,\;\; s_2 = -\zeta\omega_n - \omega_n\sqrt{\zeta^2 - 1} \tag{11.10}$$

2차 오차 동역학 (11.8)이 안정할 필요충분조건은 $\zeta\omega_n > 0$과 $\omega_n^2 > 0$ 이다.

만일 오차 동역학이 안정하다면 미분방정식의 해 $\theta_e(t)$는 세 가지 종류가 존재하는데, 근 $s_{1,2}$가 서로 다른 두 실수인 경우($\zeta > 1$), 같은 실수인 경우($\zeta = 1$), 켤레 복소수인 경우($\zeta < 1$)로 나뉜다.

- **과감쇠**Overdamped: $\zeta > 1$. 근 $s_{1,2}$가 서로 다른 두 실수이며 미분방정식 (11.8)의 해는 다음과 같다.

$$\theta_e(t) = c_1 e^{s_1 t} + c_2 e^{s_2 t}$$

이때 c_1, c_2는 초기 조건으로부터 구해진다. 응답은 두 개의 감쇠지수의 합으로 표현되며, 시간상수는 $t_1 = -1/s_1$과 $t_2 = -1/s_2$이다. 해에서 "느린" 시간상수는 크기가 작은 음의 실근인 $s_1 = -\zeta\omega_n + \omega_n\sqrt{\zeta^2 - 1}$ 로부터 나온다.

(단위) 오차 응답에 대한 초기 조건은 $\theta_e(0) = 1$ 과 $\dot{\theta}_e(0) = 0$ 이며, 상수 c_1, c_2는 다음의 식으로부터 계산된다.

$$c_1 = \frac{1}{2} + \frac{\zeta}{2\sqrt{\zeta^2 - 1}} \;\;,\;\; c_2 = \frac{1}{2} - \frac{\zeta}{2\sqrt{\zeta^2 - 1}}$$

- **임계감쇠**Critically damped: $\zeta = 1$. 근이 $s_{1,2} = -\omega_n$으로 동일한 실수이며 방정식의 해는 다음과 같다.

$$\theta_e(t) = (c_1 + c_2 t)e^{-\omega_n t}$$

즉, 감쇠지수에 시간에 대한 선형함수를 곱한 모양이다. 감쇠지수의 시간상수는 $t = 1/\omega_n$이다. $\theta_e(0) = 1$과 $\dot{\theta}_e(0) = 0$에 대한 오차 응답은 다음과 같다.

$$c_1 = 1 \;\;,\;\; c_2 = \omega_n$$

- **저감쇠**Underdamped: $\zeta < 1$. 근 $s_{1,2}$는 켤레 복소수 근 $s_{1,2} = -\zeta\omega_n \pm j\omega_d$를 가지며 이때 $\omega_d = \omega_n\sqrt{1-\zeta^2}$ 는 **감쇠 고유 진동수**damped natural frequency이다. 방정식의 해는 다음과 같다.

$$\theta_e(t) = \left(c_1 \cos(\omega_d t) + c_2 \sin(\omega_d t)\right) e^{-\zeta\omega_n t}$$

즉, 감쇠지수(시간상수 $t = 1/(\zeta\omega_n)$)에 삼각함수를 곱한 모양이다. $\theta_e(0) = 1$과 $\dot{\theta}_e(0) = 0$에 대한 오차 응답은 다음과 같다.

$$c_1 = 1 \;\;,\;\; c_2 = \frac{\zeta}{\sqrt{1-\zeta^2}}.$$

과감쇠, 임계감쇠 및 저감쇠에 대한 근의 위치와 오차 응답 $\theta_e(t)$는 그림 11.5에 나와 있다. 그림 11.5는 근의 위치와 과도기 응답의 성질 사이의 관계 또한 보여준다. 복소 평면에서 왼쪽으로 더 멀리 있는 근은 더 짧은 정착 시간에 해당하고, 실수 축에서 더 멀리 있는 근은 큰 오버슈트와 진동에 대응한다. 이러한 근의 위치와 과도기 응답 성질 사이의 관계는 근이 2개 이상인 고차 시스템에도 적용된다.

2차 오차 동역학 (11.8)이 안정하면 오차 동역학의 과감쇠, 저감쇠 또는 임계감쇠 여부

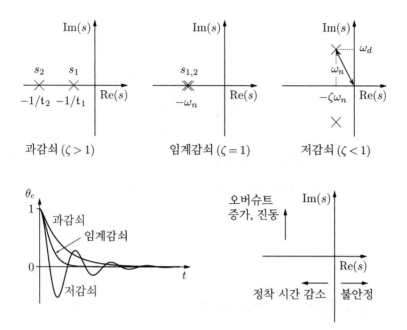

그림 11.5: (위) 2차 시스템의 과감쇠, 임계감쇠, 저감쇠에 대한 예시 (왼쪽 아래) 2차 시스템의 과감쇠, 임계감쇠, 저감쇠에 대한 오차 응답 (오른쪽 아래) 근의 위치와 과도기 응답 성질에 대한 관계

와 관계없이 정상 상태 오차 e_{ss}는 0이다. 2% 정착 시간은 약 4t이며, 여기서 t는 오차 동역학이 과감쇠인 경우 "느린" 근 s_1에 해당한다. 오버슈트는 과감쇠 오차 동역학과 임계감쇠 오차 동역학의 경우 0이며, 저감쇠 오차 동역학의 경우 오차 응답이 $t = 0$ 이후 $\dot{\theta}_e = 0$을 만족하는 첫 번째 시간을 찾아 오버슈트를 계산할 수 있다. 이것은 오버슈트의 피크이며 다음 시간에 발생한다.

$$t_p = \pi/\omega_d$$

이를 저감쇠 오차 응답에 대입하면 다음을 얻을 수 있다.

$$\theta_e(t_p) = \theta_e\left(\frac{\pi}{\omega_d}\right) = \left(\cos\left(\omega_d \frac{\pi}{\omega_d}\right) + \frac{\zeta}{\sqrt{1-\zeta^2}}\sin\left(\omega_d \frac{\pi}{\omega_d}\right)\right) e^{-\zeta\omega_n\pi/\omega_d}$$
$$= -e^{-\pi\zeta/\sqrt{1-\zeta^2}}$$

즉, 우리의 오버슈트에 대한 정의에 의해 오버슈트는 $e^{-\pi\zeta/\sqrt{1-\zeta^2}} \times 100\%$이다. 따라서 $\zeta = 0.1$일 때는 오버슈트가 73%, $\zeta = 0.5$일 때는 오버슈트가 16%, $\zeta = 0.8$일 때는 오버슈트가 1.5%이다.

11.3 속도 입력에 따른 운동 제어

8장에서 다뤘듯이 우리는 로봇의 관절에 가해지는 힘과 토크에 대한 직접 제어가 가능하며 로봇의 동역학이 이들을 관절의 가속도로 바꾼다고 가정한다. 하지만 예를 들어 구동기가 스테퍼 모터인 경우처럼 몇몇 경우에 대해 우리는 관절 속도에 대한 직접 제어가 가능하다고 가정할 수 있다. 이러한 경우 관절의 속도는 스테퍼 모터에 전달되는 펄스 열pulse train의 진동 수에 따라서 직접적으로 결정된다.[1] 또 다른 예는 전기 모터용 증폭기가 속도 제어 모드에 있는 경우다. 즉, 증폭기가 관절 힘이나 토크가 아닌 사용자가 지정하는 관절의 속도를 맞추려고 하는 경우다.

이번 절에서 우리는 제어 입력이 관절의 속도라고 가정한다. 11.4절을 포함한 11장의 나머지 부분들에 대해서는 제어 입력이 관절 힘 및 토크라고 가정한다.

운동 제어 작업은 관절 공간이나 태스크 공간에서 표현 가능하다. 궤적이 태스크

---

[1] 필요한 토크가 충분히 작아 스테퍼 모터가 펄스 열을 따라갈 수 있다고 가정한다.

공간에서 표현된 경우 제어기에 지속적인 엔드 이펙터의 컨피규레이션 $X_d(t)$가 주어지며, 목표는 로봇이 주어진 궤적을 따라가도록 관절 속도를 제어하는 것이다. 관절 공간에서 표현된 경우 제어기에 지속적인 목표 관절 변위 $\theta_d(t)$가 주어진다.

단일 관절 로봇에서 주요 개념이 잘 표현되기 때문에 그곳에서 시작해 다중 관절 로봇으로 일반화하기로 한다.

11.3.1   단일 관절의 운동 제어

11.3.1.1   피드포워드 제어^{Feedforward Control}

주어진 목표 관절 궤적 $\theta_d(t)$에 대해 가장 간단한 형태의 제어는 지시 속도^{commanded velocity} $\dot{\theta}(t)$를 다음과 같이 결정하는 것이다.

$$\dot{\theta}(t) = \dot{\theta}_d(t) \tag{11.11}$$

이때 $\dot{\theta}_d(t)$는 목표 궤적으로부터 계산되며, 실행에 피드백(센서 정보)이 필요하지 않기 때문에 **피드포워드**^{feedforward} 또는 **열린 고리 제어기**^{open-loop controller}라고 부른다.

11.3.1.2   피드백 제어

실제로 (11.11)의 피드포워드 제어 법칙에서 위치 오차가 시간에 따라 축적된다. 이에 대한 대안으로 각 관절의 실제 위치를 연속적으로 측정해 **피드백 제어기**^{feedback contro}

ller를 실행할 수 있다.

P 제어와 1차 오차 동역학 가장 간단한 피드백 제어기는 다음과 같다.

$$\dot{\theta}(t) = K_p(\theta_d(t) - \theta(t)) = K_p\theta_e(t) \tag{11.12}$$

이때 $K_p > 0$이다. 이 제어기는 비례 제어기 또는 **P 제어기**라고 부르는데, 그 이유는 위치 오차 $\theta_e(t) = \theta_d(t) - \theta(t)$에 비례하는 제어를 만들기 때문이다. 즉, 일정한 **제어 계수**^{control gain} K_p는 실제 관절 위치를 목표 관절 위치로 당기는 가상의 스프링과 같이 행동한다.

P 제어기는 **선형 제어기**의 예로서, 오차 $\theta_e(t)$와 이의 시간 미분 및 시간 적분의 선형 결합으로 이뤄진 제어 신호를 생성한다.

$\theta_d(t)$가 일정한 경우, 즉 $\dot{\theta}_d(t) = 0$인 경우를 **설정값 제어**^{setpoint control}라 한다. 설정값 제어의 오차 동역학은 다음과 같다.

$$\dot{\theta}_e(t) = \overset{0}{\dot{\theta}_d(t)} - \dot{\theta}(t)$$

여기에 P 제어기 $\dot{\theta}(t) = K_p\theta_e(t)$를 대입하면 다음과 같다.

$$\dot{\theta}_e(t) = -K_p\theta_e(t) \quad \rightarrow \quad \dot{\theta}_e(t) + K_p\theta_e(t) = 0$$

식 (11.6)은 시간상수가 t = $1/K_p$인 1차 오차 동역학 방정식이다. 감쇠지수 오차 응답은 그림 11.4에 나타냈다. 정상 상태 오차는 0이며, 오버슈트는 없고, 2% 정착 시간은 $4/K_p$이다. 큰 K_p는 빠른 응답을 의미한다.

이제 $\theta_d(t)$가 일정하지 않지만 $\dot{\theta}_d(t)$가 일정한 경우, 즉 $\dot{\theta}_d(t) = c$인 경우를 생각해보

자. P 제어기에서의 오차 동역학은 다음과 같다.

$$\dot{\theta}_e(t) = \dot{\theta}_d(t) - \dot{\theta}(t) = c - K_p\theta_e(t)$$

이는 다음과 같이 다시 쓸 수 있다.

$$\dot{\theta}_e(t) + K_p\theta_e(t) = c$$

이는 1차 비동차 선형 미분방정식이며 그 해는 다음과 같다.

$$\theta_e(t) = \frac{c}{K_p} + \left(\theta_e(0) - \frac{c}{K_p}\right)e^{-K_p t}$$

위의 해는 시간이 무한대로 발산함에 따라 0이 아닌 값 c/K_p로 수렴한다. 설정값 제어의 경우와 달리 정상 상태 오차 e_{ss}는 0이 아니고, 관절 변위는 움직이는 목표 변위보다 항상 뒤처진다. 제어 계수 K_p를 크게 조정해 정상 상태 오차 c/K_p를 작게 만들 수 있지만, K_p가 얼마나 커질 수 있는지에 대해서는 현실적인 한계가 있다. 한 가지 예로 실제 관절은 속도 한계를 가지고 있어 큰 K_p와 관련된 큰 명령 속도의 구현을 막는다. 또 다른 예로 큰 K_p는 이산 시간 디지털 제어기에 의해 구현될 때 불안정성을 유발할 수 있다. 큰 제어 계수는 단일 서보 사이클 동안 θ_e의 큰 변화를 초래할 수 있으며, 이는 서보 사이클 후반부의 제어 동작이 센서 데이터와 더 이상 관련이 없는 응답이 됨을 의미한다.

PI 제어와 2차 오차 동역학 큰 제어 계수 K_p를 사용하는 것에 대한 대안으로 다른 항을 넣은 제어 법칙이 있다. 비례-적분 제어기, 또는 **PI 제어기**는 오차에 대한 시간 적분에 비례하는 항을 추가한다.

$$\dot{\theta}(t) = K_p\theta_e(t) + K_i\int_0^t \theta_e(\text{t})\,dt \qquad (11.13)$$

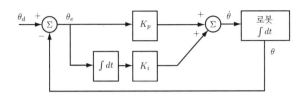

그림 11.6: 로봇의 입력으로 지시 속도 $\dot{\theta}$을 생성하는 PI 제어기의 블록 다이어그램

이때, t는 현재 시간을 나타내고 t는 적분 변수다. PI 제어기에 대한 블록 다이어그램은 그림 11.6에 나타냈다.

PI 제어기에서 일정한 $\dot{\theta}_d(t)$를 가지는 오차 동역학은 다음과 같다.

$$\dot{\theta}_e(t) + K_p \theta_e(t) + K_i \int_0^t \theta_e(\mathrm{t}) \, d\mathrm{t} = c$$

위 동역학에 시간 미분을 가하면 다음의 식을 얻는다.

$$\ddot{\theta}_e(t) + K_p \dot{\theta}_e(t) + K_i \theta_e(t) = 0 \tag{11.14}$$

위 방정식은 고유 진동수 $\omega_n = \sqrt{K_i}$와 감쇠비 $\zeta = K_p/(2\sqrt{K_i})$를 가지는 2차 표준형 (11.8)로 다시 나타낼 수 있다.

식 (11.14)를 그림 11.3의 질량-스프링-댐퍼에 대응하면 계수 K_p는 질량-스프링-댐퍼에서 b/m의 역할을 하며(큰 K_p는 큰 감쇠 상수 b를 뜻함) 계수 K_i는 k/m의 역할을 한다(큰 K_i는 큰 스프링 상수 k를 뜻함).

PI 제어가 적용된 오차 동역학은 $K_i > 0$, $K_p > 0$일 때 안정하며 특성 방정식의 근은 다음과 같다.

$$s_{1,2} = -\frac{K_p}{2} \pm \sqrt{\frac{K_p^2}{4} - K_i}$$

K_p를 20으로 고정하고, K_i를 0에서부터 증가시켜가며 근을 복소 평면에 나타내보

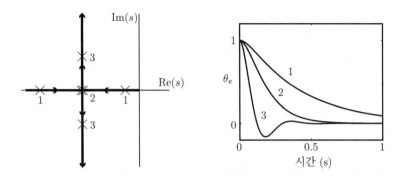

그림 11.7: (왼쪽) $K_p = 20$으로 고정되고 K_i가 0부터 증가하는 PI 속도 제어기가 적용된 관절의 오차 동역학의 특성 방정식의 복소근. 이를 루트 로커스 그래프라 부른다. (오른쪽) 초기 오차가 $\theta_e = 1$, $\dot{\theta}_e = 0$일 때 각각 과감쇠($\zeta = 1.5$, $K_i = 44.4$, 항목 '1') 오차 응답, 임계감쇠($\zeta = 1$, $K_i = 100$, 항목 '2') 오차 응답, 저감쇠($\zeta = 0.5$, $K_i = 400$, 항목 '3') 오차 응답

자(그림 11.7). 이처럼 하나의 매개변수가 변화할 때 근의 변화를 나타낸 그래프를 **루트 로커스**root locus라 한다.

$K_i = 0$의 경우, 특성 방정식 $s^2 + K_p s + K_i = s^2 + 20s = s(s + 20) = 0$은 $s_1 = 0$ 및 $s_2 = -20$에 근이 위치한다. 그림 11.7의 왼쪽 그림에서 볼 수 있듯이, K_i가 증가함에 따라 근은 s-평면의 실수 축에서 서로를 향해 가까워진다. 근이 실근이고 동일하지 않기 때문에 오차 동역학 방정식은 과감쇠이고($\zeta = K_p/(2\sqrt{K_i}) > 1$, 항목 1) "느린" 근에 해당하는 지수의 시간상수 $t_1 = -1/s_1$로 인해 오차 응답이 느리다. K_i가 증가할수록 감쇠비는 감소하고, "느린" 근은 왼쪽으로 이동하며("빠른" 근은 오른쪽으로 이동), 응답은 더 빨라진다. K_i가 100에 도달하면 두 근이 $s_{1,2} = -10 = -\omega_n = K_p/2$에서 만나고 오차 동역학 방정식은 임계감쇠이다($\zeta = 1$, 항목 2). 오차 응답은 $4t = 4/(\zeta\omega_n) = 0.4$초의 짧은 2% 정착 시간을 가지며 오버슈트나 진동이 없다. K_i가 계속 증가함에 따라, 감쇠비 ζ는 1 아래로 감소하고 근은 실수 축에 대해 수직으로 이동하며 $s_{1,2} = -10 \pm j\sqrt{K_i - 100}$의 켤레 복소수를 가진다(항목 3). 오차 동역학은 저감쇠이며, K_i가 증가함에 따라 응답에서 오버슈트와 진동이 나타나기 시작한다.

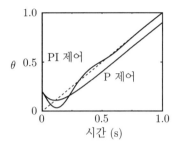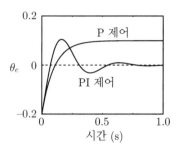

그림 11.8: 초기 위치 오차가 있을 때, 주어진 궤적(점선)을 추적하기 위한 P 제어기와 PI 제어기가 적용된 관절의 운동. 이때, $\dot{\theta}_d(t)$는 일정하다. (왼쪽) 응답 $\theta(t)$ (오른쪽) 오차 응답 $\theta_e(t) = \theta_d(t) - \theta(t)$

시간상수 t $= 1/(\zeta\omega_n)$가 일정하게 유지되므로 정착 시간은 영향을 받지 않는다.

PI 제어기의 간단한 모델에 따르면 우리는 항상 임계감쇠($K_i = K_p^2/4$)를 위한 K_p와 K_i를 결정할 수 있고 오차 응답을 빠르게 하기 위해 K_p와 K_i를 무한히 증가시킬 수 있었다. 그러나 앞에서 설명한 바와 같이 실제 적용에서는 한계가 있다. 이러한 한계 내에서 임계감쇠를 위한 K_p 및 K_i를 선택해야 한다.

그림 11.8은 등속 궤적을 추적하는 P 제어기와 PI 제어기의 성능을 비교한다. 비례 계수 K_p는 두 경우 모두 동일하지만 P 제어기의 경우 $K_i = 0$이다. 응답의 모양을 보면, PI 제어기의 K_i가 약간 크게 선택돼 시스템이 저감쇠가 되도록 만들었다. 또한 위에서의 분석과 같이 PI 제어기의 경우 $e_{\text{ss}} = 0$이지만 P 제어기의 경우 $e_{\text{ss}} \neq 0$ 이라는 것을 확인할 수 있다.

목표 속도 $\dot{\theta}_d(t)$가 상수가 아니면 PI 제어기가 정상 상태 오차를 완전히 제거할 거라고 기대할 수 없다. 그러나 목표 속도가 천천히 변화할 경우 잘 설계된 PI 제어기가 P 제어기보다 더 나은 성능을 제공할 것으로 기대할 수 있다.

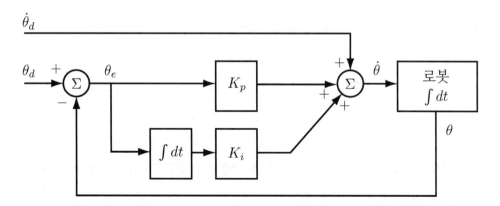

그림 11.9: 로봇의 입력으로 지시 속도 $\dot{\theta}$를 생성하는, 피드포워드와 PI 피드백 제어기의 결합을 나타낸 블록 다이어그램

11.3.1.3 피드포워드와 피드백의 결합 제어

피드백 제어의 단점은 관절이 움직이기 시작하기 전에 오차가 필요하다는 것이다. 오차가 누적되기 전에 목표 궤적 $\theta_d(t)$에 대한 정보를 사용해 운동을 시작하는 것이 바람직할 것이다.

우리는 오차가 없을 때도 운동을 지시하는 피드포워드 제어의 장점과 오차의 누적을 제한하는 피드백 제어의 장점을 이용해 다음과 같이 결합할 수 있다.

$$\dot{\theta}(t) = \dot{\theta}_d(t) + K_p\theta_e(t) + K_i \int_0^t \theta_e(\text{t})\,dt \qquad (11.15)$$

이 피드포워드-피드백 제어기는 그림 11.9에 나타나 있으며, 관절에서 지시 속도를 만들어내는 제어 법칙으로 선호된다.

11.3.2 다중 관절 로봇의 운동 제어

단일 관절 PI 피드백과 피드포워드의 결합 제어기 (11.15)는 관절이 n개인 로봇으로 일반화할 수 있다. 기준 위치 $\theta_d(t)$와 실제 위치 $\theta(t)$는 이제 n차원 벡터이며 계수 K_p와 K_i는 각각 $k_p I$와 $k_i I$로 나타낼 수 있는 $n \times n$ 대각행렬이다. 여기서 스칼라 k_p와 k_i는 양수이며 I는 $n \times n$ 단위행렬이다. 각 관절은 11.3.1절의 단일 관절과 동일하게 안정성 및 성능 분석이 가능하다.

11.3.3 태스크 공간에서의 운동 제어

우리는 태스크 공간에서 피드포워드와 피드백의 결합 제어feedforward plus feedback control 법칙을 표현할 수 있다. $X(t) \in SE(3)$는 시간에 따른 엔드 이펙터의 컨피규레이션이며 $\mathcal{V}_b(t)$는 엔드 이펙터의 좌표계 {b}에서 표현된 엔드 이펙터의 트위스트다. 즉, $[\mathcal{V}_b] = X^{-1}\dot{X}$이다. 목표 운동은 $X_d(t)$로 주어지며, $[\mathcal{V}_d] = X_d^{-1}\dot{X}_d$이다. (11.15)의 제어 법칙을 태스크 공간에서 나타내면 다음과 같다.

$$\mathcal{V}_b(t) = [\mathrm{Ad}_{X^{-1}X_d}]\mathcal{V}_d(t) + K_p X_e(t) + K_i \int_0^t X_e(\mathrm{t})\, dt \tag{11.16}$$

$[\mathrm{Ad}_{X^{-1}X_d}]\mathcal{V}_d$는 목표 엔드 이펙터 좌표계 X_d(또는 X_{sd}로 쓸 수 있음)가 아닌 실제 엔드 이펙터 좌표계 X(또는 X_{sb}로 쓸 수 있음)에서 표현된 피드포워드 트위스트 $\mathcal{V}_d$을 나타낸다. 엔드 이펙터가 목표 컨피규레이션($X = X_d$)에 있을 때, 이 항은 $\mathcal{V}_d$로 간단해진다. 또, $SE(3)$의 각 요소를 빼는 것은 의미가 없기 때문에 컨피규레이션 오차 $X_e(t)$는 단순히 $X_d(t) - X(t)$로 나타낼 수 없다. 대신 6.2절에서 봤듯이, X_e는

582

단위 시간 동안 X에서 X_d로 변환하는 트위스트를 따른다. 엔드 이펙터 좌표계에서 표현한 이 트위스트의 $se(3)$ 표현은 $[X_e] = \log(X^{-1}X_d)$이다.

이때 대각 계수 행렬 $K_p, K_i \in \mathbb{R}^{6 \times 6}$의 대각 원소들은 양수여야 한다.

제어 법칙 (11.16)에서 $\mathcal{V}_b$를 구현하는 지시 관절 속도 $\dot{\theta}$은 6.3절의 속도 역기구학으로부터 다음과 같이 계산할 수 있다.

$$\dot{\theta} = J_b^{\dagger}(\theta)\mathcal{V}_b$$

이때 $J_b^{\dagger}(\theta)$는 물체 자코비안의 유사 역pseudoinverse이다.

태스크 공간의 운동 제어는 엔드 이펙터 컨피규레이션 및 속도의 다른 표현법을 사용해 정의할 수 있다. 예를 들어 엔드 이펙터 컨피규레이션의 최소 좌표 표현 $x \in \mathbb{R}^m$에 대해 제어 법칙을 다음과 같이 작성할 수 있다.

$$\dot{x}(t) = \dot{x}_d(t) + K_p(x_d(t) - x(t)) + K_i \int_0^t (x_d(\text{t}) - x(\text{t}))\, dt \qquad (11.17)$$

하이브리드 컨피규레이션 표현법 $X = (R, p)$에 대해 속도 $(\omega_b, \dot{p})$는 다음과 같이 나타낼 수 있다.

$$\begin{bmatrix} \omega_b(t) \\ \dot{p}(t) \end{bmatrix} = \begin{bmatrix} R^T(t)R_d(t) & 0 \\ 0 & I \end{bmatrix} \begin{bmatrix} \omega_d(t) \\ \dot{p}_d(t) \end{bmatrix} + K_p X_e(t) + K_i \int_0^t X_e(\text{t})\, dt \quad (11.18)$$

이때, $X_e(t)$는 다음과 같다.

$$X_e(t) = \begin{bmatrix} \omega_e(t) \\ p_d(t) - p(t) \end{bmatrix}$$

이때, $[\omega_e(t)] = \log(R^T(t)R_d(t))$이다.

그림 11.10은 엔드 이펙터의 속도가 물체 트위스트 $\mathcal{V}_b$일 때의 제어 법칙 (11.16)의 성

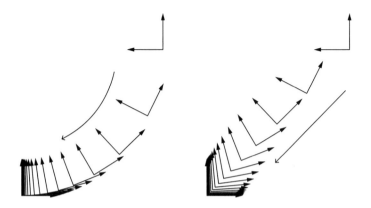

그림 11.10: (왼쪽) 엔드 이펙터의 속도가 물체 트위스트 $\mathcal{V}_b$로 표현될 때 엔드 이펙터의 컨피규레이션이 제어 법칙 (11.16)하에 원점으로 수렴한다. (오른쪽) 엔드 이펙터의 속도가 $(\omega_b, \dot{p})$로 표현될 때 엔드 이펙터의 컨피규레이션이 제어 법칙 (11.18)하에 원점으로 수렴한다.

능과 엔드 이펙터의 속도가 $(\omega_b, \dot{p})$일 때의 제어 법칙 (11.18)의 성능을 보여준다. 제어 목표는 다음과 같은 초기 컨피규레이션에서 X_d를 원점에서 안정화시키는 것이다.

$$R_0 = \begin{bmatrix} 0 & -1 & 0 \\ 1 & 0 & 0 \\ 0 & 0 & 1 \end{bmatrix}, \quad p_0 = \begin{bmatrix} 1 \\ 1 \\ 0 \end{bmatrix}$$

피드포워드 속도는 0이고 $K_i = 0$이다. 그림 11.10은 엔드 이펙터의 서로 다른 경로를 보여준다. 제어 법칙 (11.18)에서 엔드 이펙터 좌표계의 원점의 직선 운동을 통해 선형 운동 및 회전 운동 제어의 분리를 확인할 수 있다.

이동 조작에 대한 제어 법칙 (11.16)의 적용은 13.5절에서 확인할 수 있다.

11.4 토크, 힘 입력에 따른 운동 제어

스테퍼 모터 제어 로봇은 일반적으로 힘 또는 토크의 요구 사항이 낮거나 예측 가능할 때로 사용이 제한된다. 또한 이러한 속도 제어 알고리듬은 로봇의 동역학 모델을 사용하지 않기 때문에 로봇 제어 공학자는 전기 모터용 기성 증폭기의 속도 제어 모드에 의존하지 않는다. 대신 로봇 제어 공학자는 토크 제어 모드에서 증폭기를 사용한다. 즉, 증폭기에 대한 입력은 목표 토크(또는 힘)이다. 이를 통해 로봇 제어 공학자는 제어 법칙 설계에 로봇의 동역학 모델을 사용할 수 있다.

이번 절에서, 제어기는 관절 공간 또는 태스크 공간에서 목표 궤적을 추적하기 위해 관절 토크와 힘을 생성한다. 이번에도 주요 아이디어는 단일 관절을 가진 로봇에 의해 잘 설명되므로, 거기서 시작해 다중 관절을 가진 로봇으로 일반화한다.

11.4.1 단일 관절에 대한 운동 제어

그림 11.11에 나와 있는 단일 링크가 모터에 부착된 경우를 생각해보자. τ를 모터의 토크, θ를 링크가 돌아간 각도라 하자. 링크의 동역학은 다음과 같이 쓸 수 있다.

$$\tau = M\ddot{\theta} + \mathrm{m}gr\cos\theta \tag{11.19}$$

이때 M는 회전축에 대한 링크의 스칼라 회전 관성이며 m는 링크의 질량, r은 축과 링크의 질량 중심 사이의 거리, $g \geq 0$ 는 중력 가속도다.

모델 (11.19)에 따르면 에너지의 손실이 없다. 링크가 움직이는 상태에서 τ가 0이 되면 링크는 영원히 움직인다. 이는 물론 비현실적인 상황이며 실제로는 베어링, 기

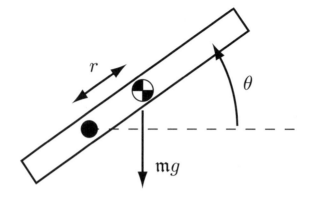

그림 11.11: 중력이 가해지는 상황에서 회전하는 단일 관절 로봇. 질량 중심이 체크무늬 원반으로 표시돼 있다.

어, 변속기에 대한 마찰이 존재한다. 마찰에 대한 모델링은 활발히 연구되는 분야 중 하나지만, 간단한 모델에서 회전 마찰은 점성 마찰력에 의해 발생하며, 다음과 같다.

$$\tau_{\text{fric}} = b\dot{\theta} \tag{11.20}$$

이때 $b > 0$이다. 마찰 토크를 고려하면 최종 모델은 다음과 같다.

$$\tau = M\ddot{\theta} + \mathfrak{m}gr\cos\theta + b\dot{\theta} \tag{11.21}$$

이를 압축해 나타내면 다음과 같다.

$$\tau = M\ddot{\theta} + h(\theta, \dot{\theta}) \tag{11.22}$$

이때 h는 상태에만 의존하는 모든 항을 포함하지만, 가속도는 제외한다.

구체적인 시뮬레이션을 위해 $M = 0.5 \text{ kgm}^2$, $\mathfrak{m} = 1 \text{ kg}$, $r = 0.1 \text{ m}$, $b = 0.1 \text{ Nms/rad}$

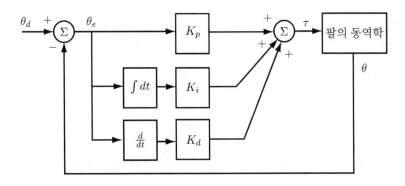

그림 11.12: PID 제어기의 블록 다이어그램

로 설정하자. 몇몇 예시에서는 링크가 수평면에서 움직이기 때문에 $g = 0$이다. 다른 예시들에서는 링크가 수직면에서 움직이기 때문에 $g = 9.81 \text{ m/s}^2$이다.

11.4.1.1 피드백 제어: PID 제어

흔히 피드백 제어기는 선형 비례-적분-미분 제어, 즉 **PID 제어**를 사용한다. PID 제어기는 다음과 같이 PI 제어기(식 (11.13))에 오차의 시간 미분에 비례하는 항을 추가한 형태다.

$$\tau = K_p\theta_e + K_i \int \theta_e(\text{t})dt + K_d\dot{\theta}_e \tag{11.23}$$

이때 제어계수 K_p, K_i, 및 K_d는 양수다. 비례계수 K_p는 위치 오차 $\theta_e = \theta_d - \theta$를 줄이려고 하는 가상의 스프링 역할을 하며 미분계수 K_d는 속도 오차 $\dot{\theta}_e = \dot{\theta}_d - \dot{\theta}$를 줄이려고 하는 가상의 댐퍼 역할을 한다. 적분계수는 정상 상태 오차를 줄이거나 없애는 역할을 한다. PID 제어기의 블록 다이어그램은 그림 11.12에 나타냈다.

PD 제어와 2차 오차 동역학 지금부터는 $K_i = 0$인 경우를 고려해보자. 이는 PD 제어로 알려져 있다. 또한 로봇이 수평면에서 움직인다고 가정하자($g = 0$). PD 제어 법칙을 동역학 (11.21)에 적용하면 다음을 얻는다.

$$M\ddot{\theta} + b\dot{\theta} = K_p(\theta_d - \theta) + K_d(\dot{\theta}_d - \dot{\theta}) \tag{11.24}$$

만일 제어 목적이 일정한 θ_d와 $\dot{\theta}_d = \ddot{\theta}_d = 0$인 상황에서의 설정값 제어라면 $\theta_e = \theta_d - \theta$, $\dot{\theta}_e = -\dot{\theta}$, $\ddot{\theta}_e = -\ddot{\theta}$를 만족한다. 이를 이용해 식 (11.24)를 나타내면 다음과 같다.

$$M\ddot{\theta}_e + (b + K_d)\dot{\theta}_e + K_p\theta_e = 0 \tag{11.25}$$

또는 이를 2차 표준형 (11.8)로 나타내면 다음과 같다.

$$\ddot{\theta}_e + \frac{b + K_d}{M}\dot{\theta}_e + \frac{K_p}{M}\theta_e = 0 \quad \rightarrow \quad \ddot{\theta}_e + 2\zeta\omega_n\dot{\theta}_e + \omega_n^2\theta_e = 0 \tag{11.26}$$

이때 감쇠비 ζ와 고유 진동수 ω_n는 다음과 같다.

$$\zeta = \frac{b + K_d}{2\sqrt{K_pM}} \;\; , \;\; \omega_n = \sqrt{\frac{K_p}{M}}$$

안정성을 위해 $b + K_d$와 K_p는 양수여야 한다. 오차 동역학이 안정하다면 정상 상태 오차는 0이다. 오버슈트가 없는 빠른 응답을 위해, 계수 K_d와 K_p는 임계감쇠($\zeta = 1$)가 되도록 선택해야 한다. 또, 빠른 응답을 위해 K_p는 구동기 포화, 원치 않는 급격한 토크 변화(채터링^{chattering}), 관절 및 링크의 모델링되지 않은 유연성으로 인한 구조물의 진동, 유한한 서보 속도 주파수로 인한 불안정성과 같은 실질적인 문제를 고려해 높은 값으로 선택해야 한다.

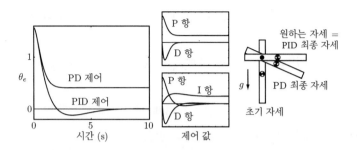

그림 11.13: (왼쪽) 임계감쇠 상황에서 $K_d = 2$ Nms/rad과 $K_p = 2.205$ Nm/rad인 PD 제어기의 추적 오차 및 동일한 PD 계수와 $K_i = 1$ Nm/(rad s)인 PID 제어기의 추적 오차. 팔의 초기 상태는 $\theta(0) = -\pi/2, \dot{\theta}(0) = 0$이며 목표 상태는 $\theta_d = 0, \dot{\theta}_d = 0$이다. (가운데) PD 및 PID 제어 법칙에서 각 항의 기여도. PID 제어기에서 0이 아닌 I(적분) 항은 P(비례) 항이 0이 될 수 있도록 한다. (오른쪽) 질량 중심이 체크무늬 원반으로 표시된 초기 및 최종 컨피규레이션

PID 제어와 3차 오차 동역학 이제 링크가 수직 면에서 움직이는($g > 0$) 설정값 제어 상황을 고려해보자. 위의 PD 제어를 적용하면 오차 동역학은 다음과 같다.

$$M\ddot{\theta}_e + (b + K_d)\dot{\theta}_e + K_p\theta_e = \mathfrak{m}gr\cos\theta \qquad (11.27)$$

이는 관절의 컨피규레이션 θ가 $K_p\theta_e = \mathfrak{m}gr\cos\theta$를 만족하며 정지함을 의미한다. 즉, 최종 오차 θ_e는 $\theta_d \neq \pm\pi/2$인 경우에 0이 아니다. 이는 로봇이 $\theta \neq \pm\pi/2$ 상태를 유지하기 위해서는 0이 아닌 토크를 가해야 하지만, PD 제어 법칙은 $\theta_e \neq 0$인 상황에서만 0이 아닌 토크를 가할 수 있기 때문이다. 우리는 제어 계수 K_p를 증가시켜 이러한 정상 상태 오차를 줄일 수 있지만, 위에서 논의한 바와 같이 현실적인 한계가 있다. 정상 상태 오차를 없애기 위해 우리는 $K_i > 0$으로 설정해 PID 제어기를 사용해야 한다. 이는 위치 오차가 0인 경우에도 적분 오차는 0이 아니며, 정상 상태 토크가 0이 아니도록 만들어준다. 그림 11.13은 제어기에 추가된 적분 항의 효과를 보여준다.

어떻게 동작하는지 확인하기 위해 다음의 설정값 오차 동역학을 확인해보자.

$$M\ddot{\theta}_e + (b + K_d)\dot{\theta}_e + K_p\theta_e + K_i \int \theta_e(\text{t})dt = \tau_{\text{dist}} \qquad (11.28)$$

이때 τ_{dist}는 중력에 의한 항 $\mathbf{m}gr\cos\theta$를 대체하는 방해 토크^{disturbance torque}이다. 양변을 미분하면 다음의 3차 오차 동역학을 얻을 수 있다.

$$M\theta_e^{(3)} + (b + K_d)\ddot{\theta}_e + K_p\dot{\theta}_e + K_i\theta_e = \dot{\tau}_{\text{dist}} \qquad (11.29)$$

τ_{dist}가 상수이면 식 (11.29)의 우변이 0이며, 식 (11.29)의 특성 방정식은 다음과 같다.

$$s^3 + \frac{b + K_d}{M}s^2 + \frac{K_p}{M}s + \frac{K_i}{M} = 0 \qquad (11.30)$$

식 (11.30)의 모든 근이 음의 실수부를 가지면 오차 동역학은 안정함이 보장되며 θ_e는 0으로 수렴한다(링크가 회전할 때 중력으로 인한 방해 토크는 일정하지 않지만 $\dot{\theta}$이 0에 가까워지면 상수로 수렴하며, 이 이유로 평형 $\theta_e = 0$이 성립한다).

식 (11.30)의 모든 근이 음의 실수부를 가지려면 제어 계수는 시스템의 안정성을 위해 다음의 조건을 만족해야 한다(11.2.2.2절).

$$K_d > -b$$
$$K_p > 0$$
$$\frac{(b + K_d)K_p}{M} > K_i > 0$$

따라서 새로운 계수 K_i는 하한과 상한을 모두 만족해야 한다(그림 11.14). 합리적인 설계 전략은 좋은 과도기 응답을 위해 K_p와 K_d를 설정한 다음 정상 상태 오류를 줄이거나 제거하는 데 도움이 되도록 충분히 크지만 안정성에 크게 영향을 미치지 않을 정도로만 충분히 큰 K_i를 선택하는 것이다. 그림 11.13을 보면 비교적 큰 K_i는

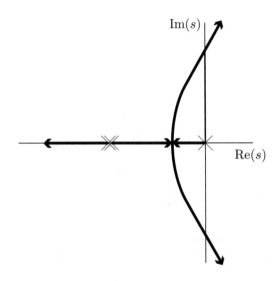

그림 11.14: K_i가 0부터 증가함에 따른 식 (11.30)의 근의 움직임. 우선 PD 제어기는 K_p 및 K_d가 임계감쇠를 만족하도록 설정했으며, 이로부터 음의 실수 축에 두 개의 근이 위치한다. 무한히 작은 계수 $K_i > 0$을 추가하면 원점에서 세 번째 근을 만들 수 있다. K_i를 증가시키면 배치된 두 근 중 하나는 음의 실수 축에서 왼쪽으로 이동하고, 다른 두 근은 서로에게로 이동해 만나며 실수 축에서 벗어난 후 오른쪽으로 휘기 시작하고, 마지막으로 $K_i = (b + K_d)K_p/M$일 때 오른쪽 반 평면으로 이동한다. 이보다 더 큰 K_i에 대해 시스템은 불안정해진다.

과도기 응답을 악화시켜 상당한 오버슈트를 만들지만 정상 상태 오류는 제거된다. 실제로 안정성이 가장 중요하기 때문에 많은 로봇 제어기의 경우 $K_i = 0$이다. 적분 오차가 증가할 수 있는 크기에 제한을 두는 *적분기 안티-와인드업*$^{integrator\ anti\text{-}windup}$ 과 같은 다양한 테크닉을 사용해 안정성을 떨어뜨리는 적분 제어의 효과를 줄일 수 있다.

PID 제어 알고리듬에 대한 수도 코드는 그림 11.15에 나타냈다.

우리의 관심이 설정값 제어에 집중됐기 때문에 PID 제어기는 $\dot{\theta}_d(t) \neq 0$인 궤적을 완벽하게 추적한다. 하지만 적분 제어는 임의의 궤적에 대한 추적 오차를 완벽하게

```
time = 0                        // dt = 서보 사이클 시간
eint = 0                        // 오차 적분
qprev = senseAngle             // 초기 관절 각도 q
loop
[qd,qdotd] = trajectory(time)  // 궤적 생성기로부터 얻음

q = senseAngle                 // 실제 관절 각도 감지
qdot = (q - qprev)/dt          // 간단한 속도 계산
qprev = q

e = qd - q
edot = qdotd - qdot
eint = eint + e*dt

tau = Kp*e + Kd*edot + Ki*eint
commandTorque(tau)

time = time + dt
end loop
```

그림 11.15: PID 제어의 수도 코드

제거하지 못한다.

11.4.1.2 피드포워드 제어

궤적 추적에 대한 또 다른 전략은 오차를 기다리는 대신 로봇의 동역학 모델을 사용해 토크를 능동적으로 생성하는 것이다. 제어기의 동역학 모델을 다음과 같이 두자.

$$\tau = \tilde{M}(\theta)\ddot{\theta} + \tilde{h}(\theta,\dot{\theta}) \tag{11.31}$$

```
time = 0                                    // dt = 서보 사이클 시간
loop
[qd,qdotd,qdotdotd] = trajectory(time)      // 궤적 생성기
tau = Mtilde(qd)*qdotdotd + htilde(qd,qdotd) // 동역학 계산
commandTorque(tau)
time = time + dt
end loop
```

그림 11.16: 피드포워드 제어의 수도 코드

이때, 모델이 $\tilde{M}(\theta) = M(\theta)$와 $\tilde{h}(\theta, \dot{\theta}) = h(\theta, \dot{\theta})$를 만족하면 완벽한 모델이다. 관성 모델 $\tilde{M}(\theta)$가 컨피규레이션 θ의 함수임을 주목하자. 간단한 단일 관절 로봇의 관성은 컨피규레이션의 함수가 아니지만, 이러한 방식으로 방정식을 작성하면 11.4.2절의 다중 관절 시스템에 대해 식 (11.31)을 재사용할 수 있다.

궤적 생성기로부터 θ_d, $\dot{\theta}_d$ 및 $\ddot{\theta}_d$가 주어진 경우 피드포워드 토크는 다음의 식을 통해 계산할 수 있다.

$$\tau(t) = \tilde{M}(\theta_d(t))\ddot{\theta}_d(t) + \tilde{h}(\theta_d(t), \dot{\theta}_d(t)) \tag{11.32}$$

로봇의 동역학 모델이 완전하며 초기 상태 오차가 없는 경우, 로봇은 주어진 궤적을 완벽하게 따를 수 있다.

피드포워드 제어에 대한 수도 코드는 그림 11.16에 나타냈다.

그림 11.17은 중력이 작용하는 링크에 대한 피드포워드 궤적 추적의 두 가지 예시를 보여준다. 이때 제어기의 동역학 모델은 $\tilde{r} = 0.08$m(실제로는 $r = 0.1$m)를 제외하고 모두 정확하다. 1번 작업에서 모델링되지 않은 중력 효과가 $\theta = -\pi/2$인 방향으로 스프링과 같은 힘을 제공해 로봇을 시작할 때 가속하고 마지막에 감속하기 때문에 오차가 작게 유지된다. 작업 2에서는 모델링되지 않은 중력 효과가 목표 운동에 대해 반대로 작용해 더 큰 추적 오차가 발생한다.

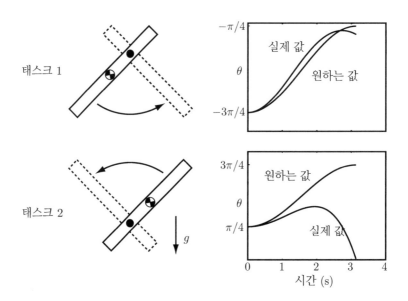

그림 11.17: 정확하지 않은 모델에 대한 피드포워드 제어: $\tilde{r} = 0.08\text{m}$이지만 실제로 $r = 0.1\text{m}$이다. 체크무늬 원반은 질량 중심을 나타낸다. 작업 1에 대한 목표 궤적은 $0 \leq t \leq \pi$일 때 $\theta_d(t) = -\pi/2 - (\pi/4)\cos t$이다. 작업 2에 대한 목표 궤적은 $0 \leq t \leq \pi$일 때 $\theta_d(t) = \pi/2 - (\pi/4)\cos t$이다.

모델링 오차는 항상 존재하기 때문에 피드포워드 제어는 다음 내용과 같이 항상 피드백 제어와 결합해 사용한다.

11.4.1.3 피드포워드와 피드백 선형화의 결합

실제로 로봇의 모델이나 환경에 대한 동역학 모델이 정확하지 않기 때문에 피드백 제어기를 사용한다. 그럼에도 불구하고, 좋은 모델을 이용하면 성능을 향상하며 분석을 단순화할 수 있다.

설정값이 아닌 임의의 궤적에 대한 오차 동역학을 얻기 위해 로봇의 동역학 모델과 PID 제어기를 다음과 같이 결합해보자.

$$\ddot{\theta}_e + K_d\dot{\theta}_e + K_p\theta_e + K_i \int \theta_e(t)dt = c \qquad (11.33)$$

오차 동역학 (11.33)과 PID 제어 계수를 잘 선택하면 궤적 오차에 대한 지수적 감소가 보장된다.

$\ddot{\theta}_e = \ddot{\theta}_d - \ddot{\theta}$이기 때문에 오차 동역학 (11.33)을 얻기 위해 로봇에 지시할 가속도를 다음과 같이 선택할 수 있다.

$$\ddot{\theta} = \ddot{\theta}_d - \ddot{\theta}_e$$

이를 식 (11.33)에 대입하면 다음의 결과를 얻을 수 있다.

$$\ddot{\theta} = \ddot{\theta}_d + K_d\dot{\theta}_e + K_p\theta_e + K_i \int \theta_e(t)dt \qquad (11.34)$$

로봇의 동역학 모델 $\{\tilde{M}, \tilde{h}\}$에 식 (11.34)에서 얻은 $\ddot{\theta}$를 대입해 **피드포워드와 피드백 선형화의 결합 제어기**feedforward plus feedback linearizing controller를 얻을 수 있다. **역동역학 제어기**inverse dynamics controller 또는 **토크 계산 제어기**computed torque controller 라고도 부르며, 식은 다음과 같다.

$$\boxed{\tau = \tilde{M}(\theta)\left(\ddot{\theta}_d + K_p\theta_e + K_i \int \theta_e(t)dt + K_d\dot{\theta}_e\right) + \tilde{h}(\theta, \dot{\theta})} \qquad (11.35)$$

이 제어기는 계획된 가속도 $\ddot{\theta}_d$의 사용으로 인해 피드포워드 요소를 포함하며, θ 및 $\dot{\theta}$의 피드백이 선형 오차 동역학을 생성하는 데 사용되기 때문에 피드백 선형화라고 한다. $\tilde{h}(\theta, \dot{\theta})$ 항은 상태에 비선형적으로 의존하는 동역학을 제거하며, 관성 모델 $\tilde{M}(\theta)$은 목표 관절 가속도를 관절 토크로 변환해 간단한 선형 오차 동역학 (11.33)을 구현한다. 토크 계산 제어기의 블록 다이어그램은 그림 11.18에 나타냈다. 계수 K_p, K_i, K_d는 좋

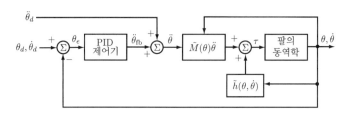

그림 11.18: 토크 계산 제어. 지시 가속도 $\ddot{\theta}$를 생성하기 위해 PID 피드백 제어기로부터 계산된 가속도 $\ddot{\theta}_{\text{fb}}$에 피드포워드 가속도 $\ddot{\theta}_d$를 추가했다.

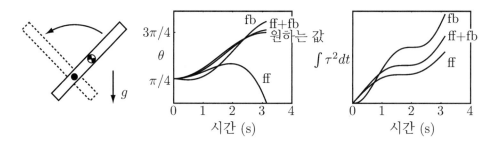

그림 11.19: 피드포워드 전용(ff), 피드백 전용(fb) 및 토크 계산 제어(ff+fb)의 성능. PID 계수는 그림 11.13에서 가져왔으며 피드포워드 모델링 오차는 그림 11.17에서 가져왔다. 목표 운동은 그림 11.17의 2번 작업이다(왼쪽 그림). 중앙의 그림은 세 가지 제어기의 추적 성능을 보여준다. 오른쪽 그림은 세 개의 제어기 각각에 대한 제어 노력$^{\text{control effort}}$의 표준 척도인 $\int \tau^2(\text{t})dt$를 보여준다. 전형적으로 토크 계산 제어기는 피드포워드 또는 피드백보다 더 나은 추적 성능을 보이며 피드백 단일 사용보다 제어 노력이 적다.

은 과도기 응답을 위해 특성 방정식의 근의 위치를 고려해 결정한다. 실제 적용에서는 K_i는 보통 0으로 설정한다.

그림 11.19는 피드포워드 또는 피드백만 사용한 경우와 비교해 토크 계산 제어의 일반적인 동작을 보여준다. 수도 코드는 그림 11.20에 나타냈다.

```
time = 0                              // dt = 사이클 시간
eint = 0                              // 오차 적분
qprev = senseAngle                    // 초기 관절 각도 q
loop
[qd,qdotd,qdotdotd] = trajectory(time) // 궤적 생성기로부터 얻음

q = senseAngle                        // 실제 관절 각도 감지
qdot = (q - qprev)/dt                 // 간단한 속도 계산
qprev = q

e = qd - q
edot = qdotd - qdot
eint = eint + e*dt

tau = Mtilde(q)*(qdotdotd+Kp*e+Kd*edot+Ki*eint) + htilde(q,qdot)
commandTorque(tau)

time = time + dt
end loop
```

그림 11.20: 토크 계산 제어기에 대한 수도 코드

11.4.2 다중 관절 로봇의 운동 제어

위에서 다룬 단일 관절 로봇에 적용했던 방법을 n-관절 로봇에 대해 바로 사용할 수 있다. 차이점은 동역학 (11.22)가 일반적인 벡터 형태로 나타난다는 점이다.

$$\tau = M(\theta)\ddot{\theta} + h(\theta, \dot{\theta}) \tag{11.36}$$

이때, $n \times n$ 양의 정부호 질량행렬 M은 이제 컨피규레이션 θ의 함수다. 일반적으로 동역학 (11.36)의 성분은 서로 연관돼 있으며, 한 관절의 가속도를 다른 관절들의

위치, 속도, 토크의 함수로 나타낼 수 있다.

우리는 다중 관절 로봇을 각 관절이 관절 간 정보 공유 없이 별도로 제어되는 **분산형**decentralized 제어와 각 n개의 관절에 대해 전체 상태 정보를 사용해 각 관절에 대한 제어를 계산할 수 있는 **중앙 집중형**centralized 제어 두 가지로 구분한다.

11.4.2.1 분산형 다중 관절 제어

다중 관절 로봇을 제어하는 가장 간단한 방법은 11.4.1절에서 논의된 단일 관절 제어기와 같이 각 관절에 독립적인 제어기를 적용하는 것이다. 분산형 제어는 동역학이 완전히 분리되거나 적어도 어느 정도 분리될 때 적절하다. 각 관절의 가속도가 해당 관절의 토크, 위치 및 속도에만 의존할 경우 동역학이 분리된다. 이를 위해서는 처음 세 축이 선형이고 직교하는 직교 로봇 또는 **갠트리**gantry 로봇에서와 같이 질량행렬이 대각행렬이어야 한다. 이러한 종류의 로봇은 세 개의 단일 관절 시스템과 동등하다. 중력이 없을 때 기어비가 높은 로봇에서도 대략적인 분리가 가능하다. 질량행렬 $M(\theta)$는 모터 자체의 겉보기 관성에 영향을 많이 받기 때문에 대각행렬에 가깝다(8.9.2절을 보라). 개별 관절에 상당한 마찰이 발생하는 경우도 동역학의 분리에 많은 영향을 끼친다.

11.4.2.2 중앙 집중형 다중 관절 제어

중력 및 토크를 무시할 수 없고 연관됐을 경우, 또는 질량행렬 $M(\theta)$가 대각행렬로 근사하기 어려울 때, 분산형 제어는 적절한 성능을 내지 못할 수 있다. 이 경우 그림 11.18의 토크 계산 제어기 (11.35)를 다중 관절 로봇으로 일반화할 수 있다. 컨피규레이션

θ 및 θ_d와 오차 $\theta_e = \theta_d - \theta$는 이제 n차원 벡터이고, 양의 스칼라 계수는 양의 정부호 행렬 K_p, K_i, K_d가 된다.

$$\tau = \tilde{M}(\theta)\left(\ddot{\theta}_d + K_p\theta_e + K_i \int \theta_e(\mathrm{t})dt + K_d\dot{\theta}_e\right) + \tilde{h}(\theta, \dot{\theta}) \qquad (11.37)$$

일반적으로 계수 행렬을 k_pI, k_iI 및 k_dI로 선택하는데, 여기서 각 k_p, k_i 및 k_d는 음이 아닌 스칼라 값이다. 보통 k_i는 0으로 설정한다. $\tilde{M}$과 $\tilde{h}$에 대한 정확한 동역학 모델의 경우, 각 관절의 오차 동역학은 선형 동역학 (11.33)으로 축소된다. 이 제어 알고리듬에 대한 블록 다이어그램과 수도 코드는 각각 그림 11.18과 11.20에서 확인할 수 있다.

제어 법칙 (11.37)을 구현하려면 잠재적으로 복잡한 동역학을 계산해야 한다. 우리는 이러한 동역학의 좋은 모델을 가지고 있지 않을 수도 있고, 서보 속도 내에 계산하기에는 방정식의 계산 비용이 너무 많이 들 수도 있다. 이 경우 목표 속도와 가속도가 작다면 PID 제어와 중력 보정만을 사용해 다음과 같이 (11.37)에 대한 근사치를 얻을 수 있다.

$$\tau = K_p\theta_e + K_i \int \theta_e(\mathrm{t})dt + K_d\dot{\theta}_e + \tilde{g}(\theta) \qquad (11.38)$$

마찰이 없고 완벽한 중력 보정과 PD 설정값 제어($K_i = 0, \dot{\theta}_d = \ddot{\theta}_d = 0$)가 이뤄진다면 제어 동역학은 다음과 같이 나타낼 수 있다.

$$M(\theta)\ddot{\theta} + C(\theta, \dot{\theta})\dot{\theta} = K_p\theta_e - K_d\dot{\theta} \qquad (11.39)$$

이때, 코리올리힘과 구심력에 대한 항은 $C(\theta, \dot{\theta})\dot{\theta}$로 나타낼 수 있다. 이제 가상의 스프링 K_p에 저장된 "오차 위치에너지"와 "오차 운동에너지"를 합한 가상의 "오차

에너지"를 다음과 같이 정의할 수 있다.

$$V(\theta_e, \dot{\theta}_e) = \frac{1}{2}\theta_e^T K_p \theta_e + \frac{1}{2}\dot{\theta}_e^T M(\theta)\dot{\theta}_e \tag{11.40}$$

$\dot{\theta}_d = 0$이므로 다음과 같이 쓸 수 있다.

$$V(\theta_e, \dot{\theta}) = \frac{1}{2}\theta_e^T K_p \theta_e + \frac{1}{2}\dot{\theta}^T M(\theta)\dot{\theta} \tag{11.41}$$

시간 미분을 취한 후 식 (11.39)를 대입하면 다음의 결과를 얻는다.

$$\begin{aligned}
\dot{V} &= -\dot{\theta}^T K_p \theta_e + \dot{\theta}^T M(\theta)\ddot{\theta} + \frac{1}{2}\dot{\theta}^T \dot{M}(\theta)\dot{\theta} \\
&= -\dot{\theta}^T K_p \theta_e + \dot{\theta}^T \left(K_p \theta_e - K_d\dot{\theta} - C(\theta,\dot{\theta})\dot{\theta} \right) + \frac{1}{2}\dot{\theta}^T \dot{M}(\theta)\dot{\theta} \tag{11.42}
\end{aligned}$$

식을 재배치하고 $\dot{M} - 2C$이 반대칭 행렬임을 이용하면(명제 8.1.2), 다음과 같이 나타낼 수 있다.

$$\begin{aligned}
\dot{V} &= -\dot{\theta}^T K_p \theta_e + \dot{\theta}^T \left(K_p \theta_e - K_d\dot{\theta} \right) + \frac{1}{2}\dot{\theta}^T \underbrace{\left(\dot{M}(\theta) - 2C(\theta,\dot{\theta}) \right)}_{0} \dot{\theta} \\
&= -\dot{\theta}^T K_d \dot{\theta} \le 0 \tag{11.43}
\end{aligned}$$

이는 오차에너지가 $\dot{\theta} \ne 0$에서 감소함을 보여준다. 만일 $\dot{\theta} = 0$과 $\theta \ne \theta_d$를 만족한다면 가상의 스프링이 $\ddot{\theta} \ne 0$임을 보장하며, 따라서 $\dot{\theta}_e$이 다시 0이 아니기 때문에 오차에너지가 더 줄어들 것이다. 그러므로 크라소프스키-라살^{Krasovskii-LaSalle} 불변원리(연습 문제 12)에 의해 전체 오차에너지는 단조 감소하며 로봇은 어떠한 초기 조건에 대해서도 θ_d로 수렴한다($\theta_e = 0$).

11.4.3 태스크 공간에서의 운동 제어

11.4.2절에서 우리는 관절 공간에서의 운동 제어에 중점을 뒀다. 이 공간에서는 관절의 한계가 쉽게 표현되기 때문에 편리하고, 로봇이 이러한 한계 내의 모든 관절 공간 경로를 수행할 수 있게 된다. 궤적은 자연스럽게 관절 변수에 의해 설명되며 특이점이나 여유도의 문제가 없다.

반면에, 로봇은 외부 환경 및 그 안에 있는 물체와 상호작용을 하기 때문에, 그 운동을 태스크 공간에서 엔드 이펙터의 궤적으로 표현하는 것이 더 편리할 수 있다. 엔드 이펙터의 궤적을 $(X(t), \mathcal{V}_b(t))$로 표현하도록 하자. 여기서 $X \in SE(3)$이고 $[\mathcal{V}_b] = X^{-1}\dot{X}$로, 트위스트 $\mathcal{V}_b$는 엔드 이펙터 좌표계 {b}로 표현된다. 관절 공간에서 해당 궤적이 실현 가능한 경우, 제어를 위해 다음 두 가지 옵션이 존재한다. (1) 관절 공간 궤적으로 변환해 11.4.2절에서와 같이 제어를 진행하거나 (2) 태스크 공간에서 로봇 동역학 및 제어 법칙을 표현할 수 있다.

첫 번째 방법은 관절 공간으로 궤적을 변환하는 것이다. 정기구학은 $X = f(\theta)$, $\mathcal{V}_b = J_b(\theta)\dot{\theta}$으로 쓸 수 있다. 관절 공간에서의 궤적은 태스크 공간에서의 궤적에서 역기구학을 통해 얻을 수 있다(6장).

$$\text{(역기구학)} \quad \theta(t) = f^{-1}(X(t)) \tag{11.44}$$

$$\dot{\theta}(t) = J_b^\dagger(\theta(t))\mathcal{V}_b(t) \tag{11.45}$$

$$\ddot{\theta}(t) = J_b^\dagger(\theta(t))\left(\dot{\mathcal{V}}_b(t) - \dot{J}_b(\theta(t))\dot{\theta}(t)\right) \tag{11.46}$$

이 방법의 단점은 계산 비용이 많이 드는 역기구학 $J_b^\dagger$와 $\dot{J}_b$를 계산해야 하는 점이다. 두 번째 방법은 8.6절에서 다뤘던 내용과 같이 로봇의 동역학을 태스크 공간 좌표계에서 나타내는 것이다. 다음의 태스크 공간에서의 동역학을 떠올려보자.

$$\mathcal{F}_b = \Lambda(\theta)\dot{\mathcal{V}}_b + \eta(\theta, \mathcal{V}_b)$$

관절 힘과 토크 τ는 엔드 이펙터 좌표계에서 표현된 렌치 $\mathcal{F}_b$와 $\tau = J_b^T(\theta)\mathcal{F}_b$의 관계를 가진다.

관절 좌표계에서의 토크 계산 제어 법칙 (11.37)에서 영감을 얻어 태스크 공간에서의 제어 법칙을 다음과 같이 나타낼 수 있다.

$$\tau = J_b^T(\theta)\left(\tilde{\Lambda}(\theta)\left(\frac{d}{dt}([\mathrm{Ad}_{X^{-1}X_d}]\mathcal{V}_d) + K_p X_e + K_i \int X_e(\mathrm{t})dt + K_d \mathcal{V}_e\right) + \tilde{\eta}(\theta, \mathcal{V}_b)\right)$$

(11.47)

이때 $\{\tilde{\Lambda}, \tilde{\eta}\}$는 제어기의 동역학 모델을 나타내며 $\frac{d}{dt}([\mathrm{Ad}_{X^{-1}X_d}]\mathcal{V}_d)$는 엔드 이펙터 좌표계가 X일 때 이로 표현된 피드포워드 가속도를 나타낸다(이 항은 기준 상태에 가까울 때 $\dot{\mathcal{V}}_d$로 근사힐 수 있다). 컨피규레이션 오차 X_e는 $[X_e] = \log(X^{-1}X_d)$를 만족한다. 이때 X_e는 단위 시간 동안 현재의 컨피규레이션 X에서 목표 컨피규레이션 X_d로 움직이도록 하는 트위스트를 엔드 이펙터 좌표계에서 표현된 값이다. 속도 오차는 다음과 같이 계산할 수 있다.

$$\mathcal{V}_e = [\mathrm{Ad}_{X^{-1}X_d}]\mathcal{V}_d - \mathcal{V}$$

변환 $[\mathrm{Ad}_{X^{-1}X_d}]$는 좌표계 X_d에서 나타낸 기준 트위스트 $\mathcal{V}_d$를 실제 속도인 $\mathcal{V}$를 나타낸 엔드 이펙터 좌표계 X에서 나타내도록 바꿔주기 때문에 두 항의 **뺄셈**을 계산할 수 있다.

11.5 힘 제어

작업이 엔드 이펙터의 운동을 만드는 것이 아니라 환경에 힘과 토크를 적용하는 것이라면, **힘 제어**force control를 하는 것이 필요하다. 순수 힘 제어pure force control는 환경이 모든 방향으로 저항력을 제공하는 경우에만 가능하다(예를 들어 엔드 이펙터가 콘크리트에 내장되거나 스프링에 부착돼 모든 방향의 운동에 대한 저항을 제공하는 경우다). 순수 힘 제어는 추상적인 개념인데, 보통 로봇은 적어도 *어떤* 방향으로는 자유롭게 움직일 수 있기 때문이다. 그러나 그것은 유용한 추상적 개념으로, 11.6절에서 하이브리드 운동 - 힘 제어로 이어진다.

이상적인 힘 제어에서 엔드 이펙터가 가하는 힘은 엔드 이펙터에 가해지는 방해 운동의 영향을 받지 않는다. 이는 운동이 방해 힘의 영향을 받지 않는 이상적인 운동 제어와 쌍을 이룬다.

매니퓰레이터가 환경에 가하는 렌치를 $\mathcal{F}_{\text{tip}}$라 하자. 매니퓰레이터의 동역학은 다음과 같다.

$$M(\theta)\ddot{\theta} + c(\theta, \dot{\theta}) + g(\theta) + b(\dot{\theta}) + J^T(\theta)\mathcal{F}_{\text{tip}} = \tau \tag{11.48}$$

이때 $\mathcal{F}_{\text{tip}}$와 $J(\theta)$는 동일한 좌표계(공간 좌표계 또는 엔드 이펙터 좌표계)에서 정의된다. 로봇은 일반적으로 힘 제어 작업 중에 느리게 이동하기 때문에(또는 전혀 움직이지 않기 때문에) 다음과 같이 가속도 및 속도 항을 무시할 수 있다.

$$g(\theta) + J^T(\theta)\mathcal{F}_{\text{tip}} = \tau \tag{11.49}$$

로봇의 엔드 이펙터에서 직접 측정되지 않은 힘-토크가 있을 경우, 관절 각도 피드백만으로 다음과 같이 힘 제어 법칙을 구현할 수 있다.

$$\tau = \tilde{g}(\theta) + J^T(\theta)\mathcal{F}_d \tag{11.50}$$

603

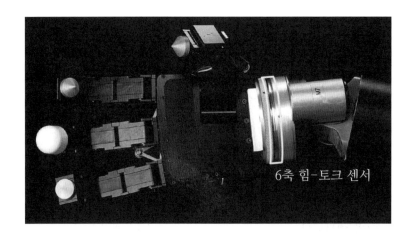

그림 11.21: 로봇 팔과 엔드 이펙터 사이에 부착된 6축 힘-토크 센서

여기서 $\tilde{g}(\theta)$는 중력 토크 모델이고 $\mathcal{F}_d$는 목표 렌치다. 이 제어 법칙은 중력 보정과 로봇 관절에서 발생하는 토크의 정밀한 제어를 위한 좋은 모델을 필요로 한다. 기어 장치가 없는 직류 전기 모터의 경우 모터의 전류 제어를 통해 토크 제어를 달성할 수 있다. 고속 기어의 구동기의 경우 기어의 마찰 토크가 크면 전류 제어만으로 달성되는 토크 제어의 성능이 낮아질 수 있다. 이 경우 기어 장치의 출력을 스트레인 게이지strain gauge로 계측해 관절 토크를 직접 측정할 수 있으며, 이는 목표 출력 토크를 달성하기 위해 모터 전류를 조절하는 지역 제어기로 피드백된다.

또 다른 해결책은 로봇 팔과 엔드 이펙터 사이에 6축 힘-토크 센서를 장착해 엔드 이펙터의 렌치 $\mathcal{F}_{\text{tip}}$을 직접 측정하는 것이다(그림 11.21). 피드포워드 항과 중력 보정을 포함한 PI 힘 제어기[2]는 다음과 같다.

$$\tau = \tilde{g}(\theta) + J^T(\theta) \left(\mathcal{F}_d + K_{fp}\mathcal{F}_e + K_{fi} \int \mathcal{F}_e(t)dt \right) \tag{11.51}$$

이때 $\mathcal{F}_e = \mathcal{F}_d - \mathcal{F}_{\text{tip}}$이고, K_{fp}, K_{fi}는 각각 비례, 적분 계수 행렬이다. 완벽한 중력 모델링에 대해 힘 제어기 (11.51)를 동역학 (11.49)에 대입해 다음의 오차 동역학을 얻는다.

$$\left(K_{fp} + I \right) \mathcal{F}_e + K_{fi} \int \mathcal{F}_e(t)dt = 0 \tag{11.52}$$

부정확한 모델 $\tilde{g}(\theta)$ 등으로 인해 (11.52)의 우변에 0이 아닌 일정한 방해 힘이 있다면, 미분을 취해 다음 식을 얻을 수 있다.

$$\left(K_{fp} + I \right) \dot{\mathcal{F}}_e + K_{fi}\mathcal{F}_e = 0 \tag{11.53}$$

이는 $\mathcal{F}_e$가 $\left(K_{fp} + I \right)$와 K_{fi}가 양의 정부호일 때 0으로 수렴함을 보여준다.

제어 법칙 (11.51)은 간단하고 매력적이지만 잘못 적용되면 잠재적인 위험성을 가진다. 로봇이 밀 수 있는 대상이 없는 경우 로봇은 엔드 이펙터 힘을 생성하기 위해 잘못된 시도를 계속하게 된다. 일반적인 힘 제어 작업은 운동이 거의 필요하지 않으므로 속도 감쇠를 추가해 가속도를 제한할 수 있다. 이는 양의 정부호 행렬 K_{damp}에 대해 다음의 수정된 제어 법칙을 제안한다.

$$\tau = \tilde{g}(\theta) + J^T(\theta) \left(\mathcal{F}_d + K_{fp}\mathcal{F}_e + K_{fi} \int \mathcal{F}_e(t)dt - K_{\text{damp}}\mathcal{V} \right) \tag{11.54}$$

---

[2]미분 제어는 일반적으로 다음 두 가지 이유로 사용하지 않는다. (1) 힘 측정은 종종 잡음이 있기 때문에 시간 미분을 계산하는 것은 거의 의미가 없다. (2) 우리는 관절 토크와 힘을 직접 제어한다고 가정하고 있으며, 간단한 강체 동역학 모델을 설정해 엔드 이펙터 힘으로 직접 전달됨을 의미한다. 따라서 운동 제어와 달리, 제어 지시를 통합해 목표 동작을 생성하는 동역학이 없다.

11.6 하이브리드 운동 - 힘 제어

힘을 제어해야 하는 대부분의 작업에서는 운동을 제어하는 것 또한 필요하다. 이를 달성하기 위한 제어를 **하이브리드 운동 - 힘 제어**라고 한다. 태스크 공간이 n차원이면 임의의 시간 t에 대해 $2n$개의 힘과 운동 중 n개를 자유롭게 설정할 수 있고, 다른 n개는 환경에 의해 결정된다. 이러한 제약조건과는 별개로 "같은 방향"의 힘과 운동은 독립적이지 않기 때문에 동시에 지정해서는 안 된다.

예를 들어 다음과 같은 댐퍼 B_{env}로 모델링된 2차원 환경 $f = B_{\text{env}}v$를 생각해보자.

$$B_{\text{env}} = \begin{bmatrix} 2 & 1 \\ 1 & 1 \end{bmatrix}$$

v와 f의 성분을 각각 (v_1, v_2), (f_1, f_2)로 정의한다면 $f_1 = 2v_1 + v_2$과 $f_2 = v_1 + v_2$를 만족한다. 이때 어떠한 시간에 대해서도 $2n = 4$개의 속도 및 힘에 대해 $n = 2$를 선택할 수 있는 자유도를 가진다. 이 예시에서는 B_{env}가 대각행렬이 아니기 때문에 f_1과 v_1을 독립적으로 선택할 수 있다. 이 경우 B_{env}에 의해 v_2와 f_2가 결정된다. 우리는 f_1과 $2v_1 + v_2$를 동시에 제어할 수 없는데, 이는 환경에 의해 둘이 "같은 방향"에 있기 때문이다.

11.6.1 자연적 및 인공적 제약조건

특히 재미있는 경우는 환경이 k 방향으로 무한히 딱딱하고(강체 제약조건) $n - k$ 방향으로 제약조건이 없는 경우다. 이 경우, $2n$개의 운동과 힘 중 무엇을 지정할지 선택할 수 없으며, 환경과의 접촉으로 인해 로봇이 힘을 자유롭게 가할 수 있는 k개의 방향과 자유 운동이 가능한 $n - k$개의 방향이 정해진다. 예를 들어 태스크 공간이 $SE(3)$의 $n = 6$ 차원을 갖는다고 가정하자. 그러면 캐비닛 문을 단단히 잡고 있는 로봇은 엔드 이펙터의 운동 자유도가 캐비닛 경첩 주위의 회전인 $6 - k = 1$이고, $k = 5$의 힘 자유도를 가진다. 로봇은 문을 움직이지 않고 경첩 축에 대한 모멘트가 0인 어떠한 렌치도 가할 수 있다.

또 다른 예로, 칠판에 필기를 하는 로봇은 칠판을 누르는 힘을 자유롭게 제어할 수 있지만($k = 1$), 칠판을 관통할 수는 없으며, 자유도 $6 - k = 5$로 자유롭게 이동할 수 있다(두 개는 칠판의 평면에서 분필 끝의 운동을 명시하고 세 개는 분필의 방향을 나타낸다). 그러나 이러한 방향의 힘을 독립적으로 제어할 수는 없다.

위 분필의 예시에는 두 가지 주의할 점이 있다. 첫째는 마찰에 의한 것이다. 분필을 사용하는 로봇은 칠판 평면에서 분필을 움직이지 않고, 마찰계수와 칠판에 가해진 수직항력으로 결정되는 최대정지마찰력을 넘지 않는 접선력을 요청받으면 칠판 평면에 접하는 힘 제어를 할 수 있다(12.2절의 마찰 모델링에 대한 논의 참고). 이러한 조건 내에서 로봇은 세 가지 운동 자유도(분필과 칠판의 접점에서 교차하는 세 축에 대한 회전)와 세 가지 선형 힘 자유도를 갖는다. 둘째로, 로봇은 칠판에서 손을 떼기로 결정할 수 있다. 이때 로봇은 6개의 운동 자유도를 갖지만 힘 자유도는 없다. 따라서 로봇의 컨피규레이션이 운동과 힘의 자유도의 방향을 결정하는 유일한 요소는 아니다. 그럼에도 불구하고, 본 절에서는 운동과 힘의 자유도가 로봇의 컨피규레이션에 의해서만 결정되고 모든 제약조건이 등식 제약조건인 단순화된 경우를 고려한다. 예를 들어 칠판의 부등식 속도 제약조건(분필이 칠판을 관통할 수 없음)은 등식 제약조건으로 처리된다(로봇은 분필을 보드에서 떼어내지도 않는다).

마지막 예시로서 강체 블록으로 모델링된 지우개로 마찰이 없는 칠판을 지우는 로봇을 생각해보자(그림 11.22). $X(t) \in SE(3)$를 공간 좌표계 {s}에 대한 블록의 좌표계 {b}의 컨피규레이션이라 하자. 물체 좌표계에서의 트위스트와 렌치는 각각 $\mathcal{V}_b = (\omega_x, \omega_y, \omega_z, v_x, v_y, v_z)^T$와 $\mathcal{F}_b = (m_x, m_y, m_z, f_x, f_y, f_z)^T$로 나타낼 수 있다. 칠판과

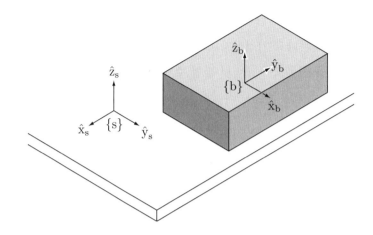

그림 11.22: 칠판에 부착된 고정된 공간 좌표계 {s}와 지우개의 중심에 부착된 물체 좌표계 {b}

의 접촉을 유지하면 트위스트에 다음 $k = 3$개의 제약조건을 부여하게 된다.

$$\omega_x = 0$$
$$\omega_y = 0$$
$$v_z = 0$$

2장의 용어를 빌리면 이러한 속도 제약조건은 홀로노믹이다. 미분 제약조건을 적분해 컨피규레이션의 제약조건으로 만들 수 있다.

이러한 제약조건은 환경에 의해 정해지는 **자연적 제약조건**natural constraints이라 한다. 렌치에도 $6 - k = 3$개의 제약조건이 존재하며, $m_z = f_x = f_y = 0$이다. 자연적 제약조건을 고려하면 $k = 3$개의 속도 제약조건을 충족하는 지우개의 모든 트위스트와 $6 - k = 3$개의 렌치 제약조건을 충족하는 모든 렌치를 자유롭게 지정할 수 있다(칠판과의 접촉을 유지하기 위해 $f_z < 0$ 이라 하자). 이렇게 운동 및 힘을 명시한 것을 **인공적 제약조건**artificial constraints이라고 한다. 다음은 자연적 제약조건에 의한

인공적 제약조건의 예다.

자연적 제약조건	인공적 제약조건
$\omega_x = 0$	$m_x = 0$
$\omega_y = 0$	$m_y = 0$
$m_z = 0$	$\omega_z = 0$
$f_x = 0$	$v_x = k_1$
$f_y = 0$	$v_y = 0$
$v_z = 0$	$f_z = k_2 < 0$

위의 인공적 제약조건은 지우개가 칠판에 k_2의 일정한 힘을 작용하면서 $v_x = k_1$로 움직이도록 한다.

11.6.2 하이브리드 운동 - 힘 제어기

다시 하이브리드 운동 - 힘 제어기를 설계하는 문제로 돌아오자. 환경이 고정된 경우, 태스크 공간에서의 속도에 대한 k개의 자연 제약조건을 다음과 같이 트위스트 $\mathcal{V} \in \mathbb{R}^6$ 에 대한 $A(\theta) \in \mathbb{R}^{k \times 6}$로 이뤄진 파피안 제약조건으로 표현할 수 있다.

$$A(\theta)\mathcal{V} = 0 \tag{11.55}$$

이 식은 홀로노믹 제약조건과 비홀로노믹 제약조건을 모두 포함한다.

제약조건이 없을 때 로봇의 태스크 공간 동역학이 다음 식과 같이 주어진다고 하자

(8.6절).

$$\mathcal{F} = \Lambda(\theta)\dot{\mathcal{V}} + \eta(\theta, \mathcal{V})$$

여기서 $\tau = J^T(\theta)\mathcal{F}$는 구동기에 의해 생성되는 관절의 힘과 토크다. 이때 8.7절에서 나온 것처럼 여기에 제약조건이 추가된다면 로봇의 동역학은 다음과 같다.

$$\mathcal{F} = \Lambda(\theta)\dot{\mathcal{V}} + \eta(\theta, \mathcal{V}) + \underbrace{A^T(\theta)\lambda}_{\mathcal{F}_{\text{tip}}} \tag{11.56}$$

이때 $\lambda \in \mathbb{R}^k$는 라그랑주 승수이며 $\mathcal{F}_{\text{tip}}$는 제약조건에 대해 로봇이 가하는 렌치다. 요구되는 렌치 $\mathcal{F}_d$는 $A^T(\theta)$의 열 공간$^{\text{column space}}$에 속해야 한다.

식 (11.55)가 모든 시간에서 항상 성립해야 하기 때문에 시간 미분을 해 다음 식으로 치환할 수 있다.

$$A(\theta)\dot{\mathcal{V}} + \dot{A}(\theta)\mathcal{V} = 0 \tag{11.57}$$

시스템의 상태가 $A(\theta)\mathcal{V} = 0$을 만족하는 경우 식 (11.57)이 만족함을 보장하기 위해, 요구되는 어떠한 가속도 $\dot{\mathcal{V}}_d$도 $A(\theta)\dot{\mathcal{V}}_d = 0$을 만족해야 한다.

이제 식 (11.56)을 $\dot{\mathcal{V}}$에 대해 풀고 그 결과를 (11.57)에 대입해 이를 λ에 대해 풀면 다음의 결과를 얻는다.

$$\lambda = (A\Lambda^{-1}A^T)^{-1}(A\Lambda^{-1}(\mathcal{F} - \eta) - \dot{A}\mathcal{V}) \tag{11.58}$$

위 결과는 식 (11.57)에서 얻어진 $-A\dot{\mathcal{V}} = \dot{A}\mathcal{V}$를 대입한 결과다. 식 (11.58)을 이용하면 로봇이 제약조건에 대해 작용하는 렌치 $\mathcal{F}_{\text{tip}} = A^T(\theta)\lambda$를 얻을 수 있다.

식 (11.58)을 식 (11.56)에 대입해 계산하면 제약조건이 적용된 동역학 (11.56)의 n개 식을 다음의 $n - k$개의 독립인 운동방정식으로 표현할 수 있다.

$$P(\theta)\mathcal{F} = P(\theta)(\Lambda(\theta)\dot{\mathcal{V}} + \eta(\theta, \mathcal{V})) \tag{11.59}$$

여기서 P는 다음과 같으며 I는 단위행렬이다.

$$P = I - A^T (A\Lambda^{-1} A^T)^{-1} A\Lambda^{-1} \tag{11.60}$$

$n \times n$ 행렬 $P(\theta)$는 $n - k$의 랭크를 가지며 임의의 매니퓰레이터의 렌치 $\mathcal{F}$를 엔드 이펙터를 제약조건에 접하면서 움직이도록 하는 렌치들의 부분 공간으로 사영시킨다. 랭크가 k인 행렬 $I - P(\theta)$는 임의의 렌치 $\mathcal{F}$를 제약조건에 반하는 렌치들의 부분 공간으로 사영시킨다. 즉 P는 n차원 힘 공간을 운동 제어 작업을 담당하는 렌치와 힘 제어 작업을 담당하는 렌치로 분할한다.

하이브리드 운동 - 힘 제어기는 간단하게 토크 계산 제어 법칙 (11.47)에서 파생된 태스크 공간 운동 제어기와 태스크 공간 힘 제어기 (11.51)의 합으로 나타내며, 각각 적절한 부분 공간에 힘을 생성하도록 사영된다. 렌치와 트위스트가 엔드 이펙터 좌표계 {b}에서 표현됨을 가정할 때 다음의 식을 얻을 수 있다.

$$\tau = J_b^T(\theta) \Bigg(\underbrace{P(\theta)\left(\tilde{\Lambda}(\theta)\left[\frac{d}{dt}([\mathrm{Ad}_{X^{-1}X_d}]\mathcal{V}_d) + K_p X_e + K_i \int X_e(\mathrm{t})dt + K_d \mathcal{V}_e \right] \right)}_{\text{운동 제어}}$$

$$+ \underbrace{(I - P(\theta))\left(\mathcal{F}_d + K_{fp}\mathcal{F}_e + K_{fi}\int \mathcal{F}_e(\mathrm{t})dt \right)}_{\text{힘 제어}}$$

$$+ \underbrace{\tilde{\eta}(\theta, \mathcal{V}_b)}_{\text{코리올리힘과 중력}} \Bigg) \tag{11.61}$$

두 제어기의 동역학은 직교 사영 P와 $I - P$에 의해 분리되기 때문에, 하이브리드 운동 - 힘 제어기는 각각의 부분 공간에서 힘 제어기와 운동 제어기의 오차 동역학과 안정성 분석을 이용한다.

고정된 환경에서 하이브리드 제어 법칙 (11.61)을 구현할 때의 어려움은 언제든지 제약조건 $A(\theta)\mathcal{V} = 0$을 정확하게 알아야 한다는 것이다. 이것은 목표 운동과 힘을 지정하고 사영을 계산하기 위해 필요하지만, 환경에 대한 어떤 모델도 불확실성을 가질 것이다. 이 문제를 처리하는 한 가지 접근 방식은 실시간 추정 알고리듬을 사용해 힘 피드백을 기반으로 제약조건의 방향을 식별하는 것이다. 또 다른 방법은 낮은 피드백 계수를 선택함으로써 일부 성능을 포기하는 것인데, 이는 운동 제어기가 "부드럽고" 힘 제어기가 힘 오차에 대해 더 여유 있게 만든다. 또한 비슷한 효과를 내기 위해 로봇 자체의 구조에 수동적 컴플라이언스passive compliance를 구축할 수 있다. 어쨌든 관절과 링크의 유연성 때문에 수동적 컴플라이언스를 피할 수는 없다.

11.7 임피던스 제어

고정된 환경에서 이상적인 하이브리드 운동 - 힘 제어는 방해 힘의 함수로 끝점 운동의 변화를 특정짓게 해주는 로봇 **임피던스**impedance의 극한값을 필요로 한다. 이상적인 운동 제어는 높은 임피던스(방해 힘으로 인한 운동 변화가 적음)에 해당하는 반면 이상적인 힘 제어는 낮은 임피던스(운동 방해로 인한 힘 변화가 적음)에 해당한다. 실제로 로봇의 달성 가능한 임피던스 범위에는 제한이 존재한다.

이번 절에서는 로봇 엔드 이펙터가 특정 질량, 스프링 및 댐퍼 특성을 구현하는 임피던스 제어 문제를 다룬다.[3] 예를 들어 햅틱 수술 시뮬레이터로 사용되는 로봇은 가상 조직과 접촉하는 가상 수술 기구의 질량, 강성 및 감쇠 특성을 모방하는 작업을 수행할 수 있다.

임피던스를 구현하는 1-자유도 로봇의 동역학은 다음과 같다.

$$\mathrm{m}\ddot{x} + b\dot{x} + kx = f \tag{11.62}$$

---

[3]임피던스 제어의 유명한 하위 범주로 로봇이 가상 스프링만 구현하는 **강성 제어**stiffness control 또는 **컴플라이언스 제어**compliance control가 있다.

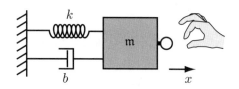

그림 11.23: 1-자유도 질량-스프링-댐퍼 가상 환경을 만드는 로봇. 사람의 손이 햅틱 장치에 f의 힘을 가하고 있다.

이때 x는 위치, m는 질량, b는 감쇠 상수, k는 강성, f는 사용자에 의해 가해지는 힘이다(그림 11.23). 일반적으로 b 또는 k를 포함해 매개변수 $\{m, b, k\}$ 중 하나 이상이 큰 값을 가질 경우 로봇이 높은 임피던스를 구현한다고 말한다. 이와 비슷하게 모든 매개변수가 작다면 임피던스가 낮다고 한다.

더 정확히 표현하면 식 (11.62)의 양변에 라플라스 변환Laplace transform[4]을 적용하면 다음을 얻는다.

$$(\mathrm{m}s^2 + bs + k)X(s) = F(s) \tag{11.63}$$

여기서 임피던스는 위치 섭동position perturbation에서 힘으로의 전달함수인 $Z(s) = F(s)/X(s)$로 정의된다. 따라서 임피던스는 진동수에 종속적이며 낮은 진동수의 응답은 스프링에 의해 좌우되며, 높은 진동수의 응답은 질량에 의해 지배된다. **어드미턴스**admittance는 임피던스의 역수로, $Y(s) = Z^{-1}(s) = X(s)/F(s)$이다.

$\Delta X = Y \Delta F$이기 때문에 높은 임피던스(낮은 어드미턴스)를 가질 때 좋은 운동 제어기가 된다. 어드미턴스 Y가 작다면 힘 섭동 ΔF가 작은 위치 섭동 ΔX를 만들어낸다. 이와 유사하게, $\Delta F = Z \Delta X$이기 때문에 좋은 힘 제어기는 낮은 임피던스(높은 어드미턴스)의 성질을 가지며, 작은 Z는 운동 섭동이 작은 힘 섭동만을 만들어낸다는

---

[4]라플라스 변환과 전달함수에 익숙하지 않더라도 놀라지 마라! 여기서는 자세한 내용이 필요하지 않다.

것을 의미한다.

임피던스 제어의 목표는 다음의 태스크 공간에서의 행동을 제어하는 것이다.

$$M\ddot{x} + B\dot{x} + Kx = f_{\text{ext}} \tag{11.64}$$

여기서 $x \in \mathbb{R}^n$는 $x \in \mathbb{R}^3$처럼 최소한의 좌표로 나타낸 태스크 공간의 컨피규레이션이다. M, B, K는 각각 로봇에 의해 시뮬레이션된 양의 정부호인 가상 질량, 감쇠, 강성 행렬이다. 또한 f_{ext}는 사용자 등에 의해 로봇에 가해지는 힘을 의미한다. M, B, K의 값은 구분된 물체를 표현하기 위한 것처럼 가상 환경의 위치에 따라 달라질 수 있지만, 우리는 값이 일정한 경우에 초점을 맞춘다. 또한 로봇의 제어된 운동의 기준 값에 대한 작은 변위인 $\Delta\ddot{x}$, $\Delta\dot{x}$, Δx로 $\ddot{x}$, $\dot{x}$, x를 대체할 수 있지만 여기서 추가적인 표기는 생략한다.

f_{ext}를 (몸체 또는 공간) 렌치 $\mathcal{F}_{\text{ext}}$로 치환하고 $\dot{x}$는 트위스트 $\mathcal{V}$로, $\ddot{x}$는 $\dot{\mathcal{V}}$로, x는 지수 좌표 $\mathcal{S}\theta$로 치환해 식 (11.64)를 트위스트 및 렌치로 나타낼 수 있다. 또는 11.4.3절에서 설명한 대로 선형 및 회전 동작을 분리할 수 있다.

식 (11.64)를 얻는 방법은 보통 두 가지가 존재한다.

- 어떤 로봇은 끝점의 동작 $x(t)$을 감지하고 $-f_{\text{ext}}$를 가하기 위한 관절 토크와 힘을 명령한다. 이러한 로봇을 **임피던스 제어된 로봇**이라 부르는데, 운동에서 힘으로의 전달함수 $Z(s)$를 사용하기 때문이다. 이론적으로 임피던스 제어된 로봇은 어드미턴스 유형의 환경과만 결합돼야 한다.

- 어떤 로봇은 손목의 힘-토크 센서를 통해 f_{ext}를 감지하고 이에 대응해 운동을 제어한다. 이러한 로봇을 **어드미턴스 제어된 로봇**이라 부르는데, 힘에서 운동으로의 전달함수 $Y(s)$를 사용하기 때문이다. 이론적으로 어드미턴스 제어된 로봇은 임피던스 유형의 환경과만 결합돼야 한다.

11.7.1 임피던스 제어 알고리듬

임피던스 제어 알고리듬에서는 인코더, 타코미터 및 가속도계를 사용해 관절 및 끝 점의 위치, 속도 및 가속도를 추정한다. 종종 임피던스 제어 로봇에는 손목 힘-토크 센서가 장착돼 있지 않고 대신 적절한 엔드 이펙터 힘 $-f_{ext}$를 구현하기 위해 정밀하게 관절 토크를 제어하는 능력에 의존한다(식 (11.64)). 좋은 제어 법칙은 다음 형태로 나타낼 수 있다.

$$\tau = J^T(\theta) \left(\underbrace{\tilde{\Lambda}(\theta)\ddot{x} + \tilde{\eta}(\theta, \dot{x})}_{\text{팔 동역학 보정}} - \underbrace{(M\ddot{x} + B\dot{x} + Kx)}_{f_{ext}} \right) \qquad (11.65)$$

태스크 공간에서의 동역학 모델 $\{\tilde{\Lambda}, \tilde{\eta}\}$은 좌표 x로 표현됐다. 엔드 이펙터에 힘-토크 센서를 부착하면 피드백 항을 사용할 수 있어 목표 상호작용 힘 $-f_{ext}$에 더 가까운 값을 얻을 수 있다.

제어 법칙 (11.65)에서 $\ddot{x}$, $\dot{x}$, x는 직접 측정됐다고 가정한다. 가속도 $\ddot{x}$의 측정값에는 아마 잡음이 있을 것이며, 가속도가 측정된 후 로봇의 질량을 보정하려고 하는 문제가 있다. 따라서 질량 보정 항 $\tilde{\Lambda}(\theta)\ddot{x}$를 제거하고 $M = 0$으로 설정하는 것은 드문 일이 아니다. 팔의 질량은 사용자에게 당연하게 생각되지만 임피던스로 제어되는 매니퓰레이터는 종종 가볍게 설계된다. 또한 작은 속도를 가정하고 비선형 동역학 보정을 더 단순한 중력 보정 모델로 대체하는 것도 드문 일이 아니다.

식 (11.65)를 사용해 뻣뻣한 환경(큰 값의 K를 가지는 경우)를 시뮬레이션할 때 문제가 발생할 수 있다. 한편으로는 인코더 같은 것으로 측정한 위치의 작은 변화는 모터 토크의 큰 변화를 만들어낸다. 이러한 큰 실효 이득$^{\text{effective gain}}$이 측정 지연, 센서 양자화 및 센서 오류와 결합해 진동 또는 불안정성을 초래할 수 있다. 다른 한편으로는 낮은 임피던스 환경을 모방할 때는 실효 이득이 낮다. 역으로 작동이 가능한 경량의 매니퓰레이터는 이러한 환경을 모방하는 데 탁월할 수 있다.

11.7.2 어드미턴스 제어 알고리듬

어드미턴스 제어 알고리듬에서 사용자가 가하는 힘 f_{ext}는 손목의 로드셀$^{load\ cell}$에 의해 감지되고 로봇은 식 (11.64)를 만족하는 엔드 이펙터 가속도로 응답한다. 간단한 방법은 다음의 식을 통해 목표 엔드 이펙터 가속도 $\ddot{x}_d$를 계산하는 것이다.

$$M\ddot{x}_d + B\dot{x} + Kx = f_{ext}$$

여기서 $(x, \dot{x})$는 현재 상태를 의미한다. 이를 풀면 다음을 얻는다.

$$\ddot{x}_d = M^{-1}(f_{ext} - B\dot{x} - Kx) \tag{11.66}$$

$\dot{x} = J(\theta)\dot{\theta}$로 정의되는 자코비안 $J(\theta)$에 대해 목표 관절 가속도 $\ddot{\theta}_d$를 다음과 같이 구할 수 있다.

$$\ddot{\theta}_d = J^{\dagger}(\theta)(\ddot{x}_d - \dot{J}(\theta)\dot{\theta})$$

또한 지시 관절 힘 및 토크 τ는 역동역학을 통해 계산할 수 있다. 스프링 또는 댐퍼만 시뮬레이션하는 것이 목표인 경우 이 제어 법칙의 단순화된 버전을 얻을 수 있다. 잡음이 많은 힘 측정에도 부드러운 응답을 얻기 위해서 힘의 측정값에 저역 통과 필터$^{low-pass\ filter}$를 사용할 수 있다.

작은 힘이 큰 가속도를 생성하기 때문에, 작은 질량에 대해 시뮬레이션하는 것은 어드미턴스 제어 로봇에게 어려운 일이다. 큰 실효 이득은 불안정성을 야기할 수 있다. 그러나 기어비가 높은 로봇을 통한 어드미턴스 제어는 뻣뻣한 환경을 모방하는 데 용이할 수 있다.

11.8 낮은 수준의 관절 힘-토크 제어

지금까지 11장에서 각 관절이 요청된 토크 또는 힘을 생성한다고 가정했다. 실제로 이러한 이상적인 상황은 정확히 이뤄지지 않으며, 대략적으로 만들어내기 위한 여러 접근법이 있다. 가장 일반적인 접근 방식인 전기 모터(8.9.1절)를 사용하는 방법 중 일부는 이전에 나열된 접근 방식과 비교해 장단점과 함께 아래에 나열돼 있다. 여기서는 회전형 관절과 회전형 모터를 가정한다.

직접 구동 모터의 전류 제어 이러한 구성에는 각 관절에는 모터 증폭기와 기어 헤드gearhead가 없는 전기 모터가 있다. 모터의 토크는 대략 $\tau = k_t I$, 즉 토크가 모터를 통과하는 전류에 비례하는 관계를 가진다. 증폭기는 요청된 토크를 받아서 토크 상수 k_t로 나눈 다음 그에 맞는 모터 전류 I를 생성한다. 목표 전류를 생성하기 위해 증폭기와 통합된 전류 센서가 지속적으로 모터를 통해 흐르는 실제 전류를 측정하고, 증폭기는 지역 피드백 제어 고리를 사용해 모터의 시간 평균 전압을 조정해 목표 전류 값을 얻어낸다. 이 지역 피드백 고리는 요청된 토크를 생성하는 제어 고리보다 높은 속도로 실행된다. 예시로 지역 전류 제어 고리의 경우 10kHz, 관절 토크를 요청하는 외부 제어 고리의 경우 1kHz이다.

이 구성의 문제점은 기어가 없는 모터가 사용될 때 충분한 토크를 생성하기 위해 충분히 커야 한다는 것이다. 이러한 구성은 모터를 지면에 고정하고 케이블 또는 폐연쇄 링크를 통해 엔드 이펙터에 연결해야 작동할 수 있다. 예를 들어 직렬 연쇄의 관절에 있는 모터와 같이 모터가 움직이는 경우, 기어가 없는 큰 모터는 실용적이지 않다.

기어가 달린 모터의 전류 제어 이 구성은 모터에 기어 헤드(8.9.1절)가 있다는 점을 제외하면 이전 구성과 유사하다. 기어비 $G > 1$는 관절에 사용 가능한 토크를 증가시킨다.

장점: 작은 모터가 필요한 토크를 제공할 수 있다. 모터가 높은 속력으로 동작해 전력

을 기계력으로 변환시키는 데에 더 효율적이다.

단점: 기어 헤드는 백래시(입력 이동 없이 기어 헤드의 출력부가 움직일 수 있어 0에 가까운 속도에 대한 운동 제어가 어려움)와 마찰을 유발한다. 백래시는 하모닉 구동 기어harmonic drive gear와 같은 특정 유형의 기어를 사용해 거의 제거할 수 있다. 그러나 마찰은 없앨 수 없다. 기어 헤드 출력에서의 공칭 토크nominal torque는 Gk_tI이지만, 기어 헤드에서의 마찰은 출력 가능한 토크의 크기를 줄이고, 실제로 생성된 토크의 상당한 불확실성을 야기한다.

지역 스트레인 게이지 피드백을 이용한 기어가 달린 모터의 전류 제어　이 구성은 하모닉 구동 기어에 스트레인 게이지가 장착돼 기어 헤드의 출력에서 실제로 전달되는 토크를 감지하는 점을 제외하면 이전 구성과 유사하다. 이 토크 정보는 지역 피드백 제어기의 증폭기에서 사용되며, 모터로 전달되는 전류를 조정해 필요한 토크를 얻어낸다.

장점: 센서를 기어의 출력부에 놓으면 마찰에 의한 불확실성을 보정할 수 있다.

단점: 관절 컨피규레이션의 복삽성이 증가한다. 또한 하모닉 구동 기어는 기어 세트에 일부 비틀림 컴플라이언스를 도입해 거의 0에 가까운 백래시를 달성하며, 이러한 비틀림 스프링의 존재로 인해 추가된 동역학은 고속 운동 제어를 복잡하게 할 수 있다.

직렬 탄성 구동기SEA, Series Elastic Actuator　직렬 탄성 구동기는 기어 헤드(주로 하모닉 구동 기어 헤드)와 기어 헤드의 출력을 구동기 출력에 연결하는 비틀림 스프링이 달린 전기 모터로 이뤄진다. 추가된 스프링의 비틀림 스프링 상수가 하모닉 구동 기어의 스프링 상수보다 훨씬 낮다는 점을 제외하면 이전 구성과 유사하다. 스프링의 비틀린 각도 $\Delta\phi$는 보통 광학, 자기, 또는 용량성 인코더로 측정된다. 구동기의 출력으로 전달되는 토크는 $k\Delta\phi$이며, 여기서 k는 비틀림 스프링 상수이다. 스프링의 비틀린 각도는 목표 스프링 비틀림 각도, 그리고 목표 토크를 얻어내기 위해 모터로 전달되는 전류를 제어하는 지역 피드백 제어기에 공급된다.

장점: 비틀림 스프링의 추가는 자연스럽게 관절을 "부드럽게" 만들기 때문에 인간-

로봇이 상호작용하는 작업에 적합하다. 또한 출력 링크가 환경의 딱딱한 무언가에 부딪힐 때와 같이 출력 시 발생하는 충격으로부터 기어 장치와 모터를 보호한다.

단점: 관절 구성의 복잡성이 증가한다. 또한 부드러운 스프링으로 인해 추가된 동역학은 출력에서 고속 또는 고주파 운동을 제어하기가 더 어려워진다.

2011년, NASA의 로보넛 2$^{\text{R2, Robonaut 2}}$는 국제 우주 정거장에서 작업을 수행하는, 우주에서 활동하는 최초의 휴머노이드 로봇이 됐다. 로보넛 2는 그림 11.24에 있는 고관절 구동기 등의 여러 직렬 탄성 구동기를 가지고 있다.

11.9   다른 주제들

강인 제어$^{\text{Robust Control}}$ 모든 안정적인 피드백 제어기가 불확실성에 어느 정도의 강인함을 보여주는 반면, 강인 제어 분야는 관성 특성과 같이 제한된 매개변수 불확실성을 가지는 로봇의 성능을 명시적으로 보장하는 제어기를 설계하는 것을 다룬다.

적응 제어$^{\text{Adaptive Control}}$ 로봇의 적응 제어에는 실행 중 로봇의 관성 또는 다른 매개변수를 추정하고 이러한 추정치를 통합하기 위해 제어 법칙을 실시간으로 업데이트하는 것이 포함된다.

반복 학습 제어$^{\text{ILC, Iterative Learning Control}}$ 반복 학습 제어는 일반적으로 반복 작업에 중점을 둔다. 로봇이 동일한 집기-놓기 작업을 반복적으로 수행하는 경우 이전 실행의 궤적 오차를 사용해 다음 실행을 위한 피드포워드 제어를 수정할 수 있다. 이러한 방식으로 로봇은 시간이 지남에 따라 성능을 향상시켜 실행 오차를 0으로 만든다. 이러한 종류의 학습 제어는 "학습된" 정보가 일반적으로 비매개변수적이고 단일 궤적에서만 유용하다는 점에서 적응 제어와 다르다. 그러나 반복 학습 제어는

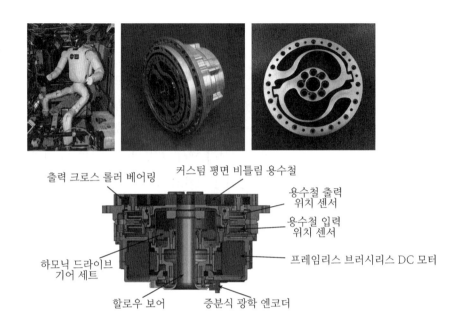

그림 11.24: (왼쪽 위) 국제 우주 정거장에 있는 로보넛 2 (가운데 위) 로보넛 2의 고관절 직렬 탄성 구동기 (오른쪽 위) 특별한 용도로 제작된 비틀림 스프링이다. 구멍이 있는 내부 고리는 하모닉 기어 헤드 출력에 연결되고, 구멍이 있는 외부 고리는 직렬 탄성 구동기의 출력부로, 다음 링크와 연결된다. 스프링은 약 0.07 rad만큼 돌아가면 멈추도록 설계됐다. (아래) 직렬 탄성 구동기 단면. 비틀림 스프링의 비틀림 각도 $\Delta\phi$는 스프링 입력과 스프링 출력에서의 각도의 차이로 결정된다. 광학 인코더 및 스프링 비틀림 각도 센서는 관절 각도의 추정치를 제공한다. 모터 제어기-증폭기는 직렬 탄성 구동기에 위치하며 직렬 통신 프로토콜을 사용해 중앙 집중형 제어기와 통신한다. 할로우 보어hollow bore를 통해 케이블이 직렬 탄성 구동기를 통과할 수 있다. 모든 사진은 NASA에서 제공했다.

모형에서 매개변수화되지 않은 영향을 설명할 수 있다.

수동적 컴플라이언스와 유연한 매니퓰레이터 Passive Compliance and Fleible Manipulators 모든 로봇은 불가피하게 어느 정도 수동적 컴플라이언스를 가진다. 이러한 컴플라이언스 모델은 각 회전형 관절에 비틀림 스프링을 가정하는 것처럼 간단하거나(예를 들어 하모닉 구동 기어 장치의 플렉스플라인에서 유한한 강성을 설명하기 위해 사용) 링크를 유연한 빔으로 처리하는 것처럼 복잡할 수 있다. 유연성의 두 가지 중요한 영향은 다음과 같은데 (1) 모터 각도 판독값, 실제 관절 각도 및 연결된 링크의 끝점 위치 간의 불일치, (2) 로봇의 동역학 차수의 증가이다. 이러한 문제가 제어에서 어려운 문제를 불러왔으며 특히 진동 모드가 저주파에서 발생할 때 더 어려워진다.

일부 로봇은 여러 상황, 특히 인간 또는 환경과의 접촉 상호작용을 위해 수동적 컴플라이언스를 가지도록 특별히 설계됐다. 이러한 로봇들은 안전을 위해 운동 제어 성능을 희생할 수 있다. 이러한 구동기 중 하나로 위에서 설명한 직렬 탄성 구동기가 있다.

가변 임피던스 구동기 Variable-Impedance Actuators 관절의 임피던스는 일반적으로 11.7절에 설명된 대로 피드백 제어 법칙을 사용해 제어된다. 그러나 이 제어의 대역폭에는 한계가 있다. 스프링과 같이 동작하도록 능동적으로 제어되는 관절은 저주파 섭동에 대해 스프링과 같은 동작만 달성할 것이다.

가변 임피던스 구동기 또는 **가변 강성 구동기**variable-stiffness actuator라고 부르는 새로운 유형의 구동기는 능동적 제어 법칙의 대역폭 제한 없이 구동기에 목표 수동적 기계적 임피던스를 제공하는 것을 목표로 한다. 예를 들어 가변 강성 구동기는 두 개의 모터로 구성될 수 있으며 한 모터는 관절의 기계적 강성을 독립적으로 제어하는 반면(예를 들어 내부 비선형 스프링의 설정값을 사용해 제어), 다른 모터는 토크를 생성한다.

11.10 요약

- 피드백 제어기의 성능은 0이 아닌 초기 오차 $\theta_e(0)$를 이용해 측정한다. 오차 응답은 일반적으로 오버슈트, 2% 정착 시간, 정상 상태 오차에 의해 특정된다.

- 선형 오차 동역학은 다음과 같다.

$$a_p\theta_e^{(p)} + a_{p-1}\theta_e^{(p-1)} + \ldots + a_2\ddot{\theta}_e + a_1\dot{\theta}_e + a_0\theta_e = 0$$

선형 오차 동역학이 안정하고 모든 초기 오차가 0으로 수렴할 필요충분조건은 다음의 특성 방정식의 복소근 $s_1, \ldots, s_p$가 음의 실수부를 갖는 것이다.

$$a_p s^p + a_{p-1}s^{p-1} + \ldots + a_2 s^2 + a_1 s + a_0 = 0$$

즉, 모든 $i = 1 \ldots p$에 대해 $\mathrm{Re}(s_i) < 0$을 만족한다.

- 안정한 2차 선형 오차 동역학은 다음의 표준형으로 쓸 수 있다.

$$\ddot{\theta}_e + 2\zeta\omega_n\dot{\theta}_e + \omega_n^2\theta_e = 0$$

여기서 ζ는 감쇠비이고, ω_n는 고유 진동수다. 특성 방정식의 근은 다음과 같다.

$$s_{1,2} = -\zeta\omega_n \pm \omega_n\sqrt{\zeta^2 - 1}$$

$\zeta > 1$일 때는 오차 동역학이 과감쇠, $\zeta = 1$일 때는 임계감쇠, $\zeta < 1$일 때는 저감쇠라고 한다.

- 다중 관절 로봇의 지시 관절 속도를 만드는 피드포워드와 PI 피드백의 결합 제어기는 다음과 같다.

$$\dot{\theta}(t) = \dot{\theta}_d(t) + K_p\theta_e(t) + K_i\int_0^t \theta_e(\mathrm{t})\, dt$$

여기서 $K_p = k_p I$, $K_i = k_i I$이다. 설정값 제어나 일정한 기준 속도를 가지는 경우 $k_p > 0$과 $k_i > 0$ 조건을 만족하면 관절 오차 $\theta_e(t)$는 t가 무한대로 감에 따라 0으로 수렴한다.

- 트위스트를 생성하는 피드포워드와 PI 피드백의 결합 제어기의 태스크 공간 버전을 엔드 이펙터 좌표계에서 표현하면 다음과 같다.

$$\mathcal{V}_b(t) = [\text{Ad}_{X^{-1}X_d}]\mathcal{V}_d(t) + K_p X_e(t) + K_i \int_0^t X_e(\text{t})\, dt$$

여기서 $[X_e] = \log(X^{-1}X_d)$이다.

- 관절 공간에서 관절의 힘과 토크를 생성하는 PID 피드백 제어기는 다음과 같다.

$$\tau = K_p \theta_e + K_i \int \theta_e(\text{t})dt + K_d \dot{\theta}_e$$

이때, $\theta_e = \theta_d - \theta$와 θ_d는 목표 관절 각도를 나타내는 벡터다.

- 관절 공간의 토크 계산 제어기는 다음과 같다.

$$\tau = \tilde{M}(\theta)\left(\ddot{\theta}_d + K_p \theta_e + K_i \int \theta_e(\text{t})dt + K_d \dot{\theta}_e\right) + \tilde{h}(\theta, \dot{\theta})$$

이 제어기는 비선형 항을 제거하고, 피드포워드 제어를 사용해 목표 가속도 $\ddot{\theta}_d$를 능동적으로 생성하며, 안정화를 위해 선형 피드백 제어를 사용한다.

- 관절 마찰이 없고 완벽한 중력 모델을 가지는 로봇에 대해 관절 공간에서의 PD 설정값 제어에 중력 보정 항을 추가하면 다음과 같다.

$$\tau = K_p \theta_e + K_d \dot{\theta} + \tilde{g}(\theta)$$

이는 크라소프스키-라살 불변 원리에 의해 $\theta_e = 0$으로의 전역 수렴을 이끌어 낸다.

- 태스크 공간 힘 제어는 다음의 제어기를 통해 얻을 수 있다.

$$\tau = \tilde{g}(\theta) + J^T(\theta) \left(\mathcal{F}_d + K_{fp}\mathcal{F}_e + K_{fi} \int \mathcal{F}_e(\text{t})dt - K_{\text{damp}}\mathcal{V} \right)$$

위 제어기는 중력 보정, 피드포워드 힘 제어, PI 힘 피드백과 함께 빠른 운동을 방지하기 위한 감쇠를 포함한다.

- 환경에서 강체 제약조건은 $6-k$개의 자유 운동 방향과 힘을 적용할 수 있는 k개의 제약된 방향을 지정한다. 이러한 제약조건은 $A(\theta)\mathcal{V} = 0$으로 나타낼 수 있다. 렌치 $\mathcal{F}$는 $\mathcal{F} = P(\theta) + (I - P(\theta))$로 분할할 수 있다. 여기서 $P(\theta)$는 제약조건에 접하며 엔드 이펙터를 이동시키는 렌치로 사영시키며 $I - P(\theta)$는 제약조건에 반하는 렌치로 사영시킨다. 사영 행렬 $P(\theta)$는 태스크 공간의 질량행렬 $\Lambda(\theta)$ 및 제약조건 $A(\theta)$로 다음과 같이 나타낸다.

$$P = I - A^T(A\Lambda^{-1}A^T)^{-1}A\Lambda^{-1}$$

- 임피던스 제어기는 엔드 이펙터의 운동을 관측하고 질량-스프링-댐퍼 시스템을 모방하기 위한 끝점의 힘을 생성한다. 어드미턴스 컨트롤러는 엔드 이펙터의 힘을 측정하고 동일한 목적을 달성하기 위한 끝점의 운동을 만들어낸다.

11.11   소프트웨어

11장과 관련된 소프트웨어 함수들은 다음과 같다.

```
taulist = ComputedTorque(thetalist,dthetalist,eint,g,
Mlist,Glist,Slist,thetalistd,dthetalistd,ddthetalistd,Kp,Ki,Kd)
```

이 함수는 특정 시점에 토크 계산 제어 법칙 (11.35)에 대한 관절 제어 τ를 계산한다. 입력은 n차원 벡터의 관절변수, 관절 속도 및 관절 오차 적분, 중력 벡터 $\mathfrak{g}$, 링크의 질량 중심 위치를 나타내는 변환 $M_{i-1,i}$, 링크의 공간 관성행렬 $\mathcal{G}_i$, 기반 좌표계에서 표현된 관절 스크류 축 $\mathcal{S}_i$, 목표 운동을 나타내는 n차원 벡터 θ_d, $\dot{\theta}_d$, $\ddot{\theta}_d$, 스칼라 PID 계수 k_i, k_d, k_p이다. 이때 계수 행렬은 $K_p = k_p I$, $K_i = k_i I$, $K_d = k_d I$이다.

```
[taumat,thetamat] = SimulateControl(thetalist,dthetalist,g,
Ftipmat,Mlist,Glist,Slist,thetamatd,dthetamatd,ddthetamatd,
gtilde,Mtildelist,Gtildelist,Kp,Ki,Kd,dt,intRes)
```

이 함수는 주어진 목표 궤적에 대해 토크 계산 제어 법칙 (11.35)를 시뮬레이션한다. 입력은 로봇의 초기 상태를 나타내는 $\theta(0)$, $\dot{\theta}(0)$, 중력 벡터 $\mathfrak{g}$, 엔드 이펙터가 가하는 $N \times 6$ 행렬의 렌치(N개 행 각각은 궤적에서 특정 시점을 의미), 링크의 질량 중심 위치를 나타내는 변환 $M_{i-1,i}$, 링크의 공간 관성행렬 $\mathcal{G}_i$, 기반 좌표계에서 표현된 관절 스크류 축 $\mathcal{S}_i$, 목표 관절 위치, 속도, 가속도를 나타내는 $N \times n$ 행렬(N개 행 각각은 특정 시점을 의미), 중력 벡터의 모델(부정확할 수 있음), 변환 $M_{i-1,i}$의 모델(부정확할 수 있음), 링크 관성행렬의 모델(부정확할 수 있음), 스칼라 PID 계수 k_i, k_d, k_p(이때 계수 행렬은 $K_p = k_p I$, $K_i = k_i I$, $K_d = k_d I$), 목표 궤적을 정의하는 행렬의 N개 행들 사이의 시간 스텝 그리고 각 시간 스텝 동안 계산할 단계의 수다.

11.12 주석과 참고문헌

토크 계산 제어기는 1970년대[136, 105, 9, 144]의 연구에서 비롯됐으며, 실제 구현에 관한 문제(예: 계산 복잡성과 모델링 오류)로 인해 비선형 제어, 강인 제어, 반복 학습 제어 및 적응 제어 등의 후속 연구로 이어졌다. 비례-미분(PD) 제어와 중력 보정의 결합은 [183]에서 제안하고 분석했으며, 이후 기본 제어기의 후속 분석 및 수정은 [71]에서 검토했다.

동작 제어에 대한 태스크 공간 접근법은 가동 공간 제어라고도 부르며, 원래 [98, 74]에서 개략적으로 설명했다. 기계 시스템의 추적 제어에 대한 기하학적 접근 방식은 [22]에 제시했으며, 여기서 시스템의 상태 공간은 $SO(3)$나 $SE(3)$처럼 일반적인 매니폴드가 될 수 있다.

하이브리드 운동 - 힘 제어에서 자연적, 인공적 제약조건의 개념은 메이슨[Mason][106]이 처음 설명했으며, 이러한 개념에 기초한 초기 하이브리드 운동 - 힘 제어기는 [143]에 담겨 있다. 더피[Duffy][41]가 지적한 바와 같이 운동과 힘을 제어할 수 있는 부분 공간을 지정할 때 주의해야 한다. 11장에서 하이브리드 운동 - 힘 제어에 대한 접근법은 리우[Liu]와 리[Li][91]의 기하학적 접근을 반영했다. 임피던스 제어는 호건[Hogan][56, 57, 58]의 논문에서 처음 설명했다. 컨피규레이션이 $X \in SE(3)$로 표현되는 강체에 대한 강성 행렬은 [60, 93]에서 논의됐다.

로봇 제어는 잘 확립된 선형 제어 영역(예를 들어 [48, 4])과 발전하고 있는 비선형 제어 영역[63, 64, 72, 125, 157]을 기반으로 한다. 로봇 제어에 대한 일반적인 참조로는 편집된 버전의 [34], 스퐁[Spong] 외 연구진의 교재[176], 시칠리아노[Siciliano] 외 연구진의 교재[170], 크레이그[Craig]의 교재[33], 머레이[Murray] 외 연구진의 교재[121], Handbook of Robotics에서 운동 제어에 대한 장[30] 및 힘 제어에 대한 장[189], Encyclopedia of Systems and Control[175]에서 로봇 운동 제어에 대한 장이 있고, 특히 비구동, 비홀로노믹 로봇에 대해서는 Control Handbook[100]과 Encyclopedia of Systems and Control[99]의 몇몇 장이 있다.

SEA의 원리는 [140]에 설명돼 있으며, NASA의 로보넛 2와 그것의 SEA는 [1, 36, 114]에 설명돼 있다. 가변 임피던스 구동기는 [188]에서 검토됐다.

11.13 연습 문제

1. 다음 로봇의 작업을 운동 제어, 힘 제어, 하이브리드 운동 - 힘 제어, 임피던스 제어 또는 그 결합으로 분류하라. 답에 대한 해석도 나타내라.

 (a) 드라이버로 나사 조이기

 (b) 바닥에 놓인 상자 밀기

 (c) 컵에 물 따르기

 (d) 사람과 악수하기

 (e) 목표 맞추도록 야구공 던지기

 (f) 삽으로 눈 치우기

 (g) 구멍 파기

 (h) 등 마사지 해주기

 (i) 바닥을 진공청소기로 청소하기

 (j) 유리잔 옮기기

2. 저감쇠인 2차 시스템의 2% 정착 시간은 $e^{-\zeta\omega_n t} = 0.02$를 이용하면 대략 $t = 4/(\zeta\omega_n)$이다. 이때 5% 정착 시간은 무엇인가?

3. 저감쇠 2차 시스템을 임의의 상수에 대해 풀고, $\omega_n = 4$, $\zeta = 0.2$, $\theta_e(0) = 1$, $\dot\theta_e(0) = 0$를 이용해 구체적인 방정식으로 나타내라. 감쇠 고유 진동수, 근사적인 오버슈트, 2% 정착 시간을 계산하라. 컴퓨터를 이용해 그래프를 그리고 정확한 오버슈트와 정착 시간을 측정하라.

4. 저감쇠 2차 시스템을 임의의 상수에 대해 풀고, $\omega_n = 10$, $\zeta = 0.1$, $\theta_e(0) = 0$, $\dot\theta_e(0) = 1$를 이용해 구체적인 방정식으로 나타내라. 감쇠 고유 진동수를 계산하고,

컴퓨터를 이용해 해를 그려라.

5. 중력 가속도가 $g = 10\text{m/s}^2$인 중력장에 놓인 진자를 생각하자. 진자는 질량 2kg의 추가 질량이 없는 길이 1m의 막대 끝에 달려 있다. 진자의 관절은 $b = 0.1\text{Nms/rad}$ 의 점성 마찰계수를 가진다.

(a) θ에 대해 진자의 운동방정식을 구하라. 진자가 "아래로 매달린" 상황이 $\theta = 0$ 이다.

(b) 안정된 "아래로 매달린" 평형점에 대해 운동방정식을 선형화하라. 이를 위해 θ 의 삼각함수항을 테일러 확장의 선형 항으로 대체한다. 선형화된 동역학 $\text{m}\ddot{\theta} + b\dot{\theta} + k\theta = 0$에서 유효질량 및 스프링 상수 m 및 k를 계산하라. 안정 평형 상태에서 감쇠비는 얼마인가? 시스템이 저감쇠인지, 임계감쇠인지, 과감쇠인지 판단하라. 저감쇠의 경우 고유 진동수는 얼마인가? 평형으로 수렴하는 시간상수와 2% 정착 시간은 얼마인가?

(c) 수직으로 안정된 자세인 $\theta = 0$에서 선형화된 운동방정식을 작성하라. 이때 유효스프링 상수 k는 얼마인가?

(d) 진자의 관절에 모터를 추가해 수직한 위치를 안정화하고 P 제어기 $\tau = K_p\theta$를 선택했다. 수직한 위치가 안정할 K_p의 값을 계산하라.

6. 1 자유도 질량-스프링-댐퍼 시스템의 제어기를 만드는 상황을 가정하자. 시스템은 $\text{m}\ddot{x} + b\dot{x} + kx = f$이며, f는 제어 힘, $\mathfrak{m} = 4\text{kg}$, $b = 2\text{Ns/m}$, and $k = 0.1\text{N/m}$이다.

(a) 제어되지 않은 시스템의 감쇠비는 무엇인가? 제어되지 않은 시스템이 과감쇠, 저감쇠 또는 임계감쇠인지 판단하라. 저감쇠의 경우 감쇠 고유 진동수는 무엇인가? 원점으로 수렴하는 시간상수는 무엇인가?

(b) P 제어기 $f = K_p x_e$를 선택하자. 여기서 $x_e = x_d - x$는 위치 오차이며 $x_d = 0$ 이다. 임계감쇠를 위한 K_p의 값은 무엇인가?

(c) $\dot{x}_d = 0$에서 D 제어기 $f = K_d \dot{x}_e$를 선택하자. 임계감쇠를 위한 K_d의 값은

무엇인가?

(d) 임계감쇠와 0.01s의 2% 정착 시간을 위한 PD 제어기를 구하라.

(e) 위의 PD 제어기의 경우 $x_d = 1$ 및 $\dot{x}_d = \ddot{x}_d = 0$이면 t가 무한대로 갈 때 정상 상태 오차 $x_e(t)$는 무엇인가? 정상 상태 제어 힘은 무엇인가?

(f) 이제 f에 PID 제어기를 연결하자. 이때 $x_d \neq 0$ 및 $\dot{x}_d = \ddot{x}_d = 0$을 가정하자. 좌변에는 $\ddot{x}_e$, $\dot{x}_e$, x_e, $\int x_e(\text{t})dt$, 우변에는 상수인 힘 항이 있는 오차 동역학을 작성하라(힌트: kx는 $-k(x_d - x) + kx_d$로 쓸 수 있다). 이 방정식에 시간 미분을 취하고 안정성을 위한 K_p, K_i 및 K_d의 조건을 구하라. PID 제어기에서 정상 상태 오차가 0일 수 있음을 보여라.

7. 1 자유도 로봇과 로봇 제어기의 시뮬레이션 상황을 생각해보자.

(a) 11.4.1절에서 주어진 모델 파라미터를 이용해 중력에서 링크를 회전시키는 모터로 구성된 단일 관절 로봇의 시뮬레이터를 구하라. 시뮬레이터는 (1) 로봇의 현재 상태와 모터에 의해 가해지는 토크를 입력으로 하고 로봇의 가속도를 출력으로 하는 동역학 함수 (2) 동역학 함수를 사용해 연속된 시간 스텝 Δt에 걸쳐 시스템의 새 상태를 계산하는 수치 적분기로 구성돼야 한다. 이 문제를 해결하기에 1차 오일러 적분 방법만으로도 충분하다($\theta(k+1) = \theta(k) + \dot{\theta}(k)\Delta t$, $\dot{\theta}(k+1) = \dot{\theta}(k) + \ddot{\theta}(k)\Delta t$). 다음 두 가지 방법 (1) 로봇이 $\theta = -\pi/2$에서 시작하고 0.5Nm의 일정한 토크를 가하는 경우 (2) 로봇이 $\theta = -\pi/4$에서 시작하고 0Nm의 일정한 토크를 가하는 경우로 시뮬레이터를 테스트하라. 두 예제 모두 기본 동작을 확인할 수 있는 충분한 시간 동안의 위치를 시간함수로 나타내고, 그래프로 그려라. 동작은 현실적으로 가능해야 한다. Δt를 적절하게 1ms정도로 설정하라.

(b) 시뮬레이터에 (1) 현재 시간을 받아서 로봇의 목표 상태와 가속도를 반환하는 궤적 생성기 함수 (2) 로봇의 현재 상태와 궤적 생성기에서 만들어진 정보를 받아 제어 토크를 반환하는 제어 함수 등 두 가지 함수를 추가하라. 간단한 궤적

생성기로 모든 시간 $t < T$에 대해 $\theta = \theta_{d1}$ 및 $\dot{\theta} = \ddot{\theta} = 0$을 반환하고, 모든 시간 $t \geq 0$에 대해 $\theta = \theta_{d2} \neq \theta_{d1}$ 및 $\dot{\theta} = \ddot{\theta} = 0$을 반환할 수 있다. 이 궤적은 위치에서의 계단함수다. 제어 함수로 PD 피드백 제어기를 사용하고 $K_p = 10\text{Nm/rad}$로 설정하라. K_d를 적절히 선택해, K_d(단위 포함)를 나타내고 정지된 초기 상태 $\theta = -\pi/2$와 $\theta_{d1} = -\pi/2$ 및 $\theta_{d2} = 0$인 계단 궤적에 대해 위치를 2초 이상 시간함수로 나타내고, 그래프로 그려라. 이 계단은 $T = 1\text{s}$에서 발생한다.

(c) (1) 오버슈트와 (2) 오버슈트가 없는 느린 응답을 산출하는 두 가지 K_d를 나타내라. 계수를 나타내고 위치에 대한 그래프를 그려라.

(d) 기존의 PD 제어기에 0이 아닌 K_i를 추가해 정상 상태 오차를 제거하라. PID 계수를 나타내고 계단 테스트의 결과를 그래프로 그려라.

8. 연습 문제 7의 단일 관절 로봇 시뮬레이션을 수정해, 500Nm/rad의 강성을 가진 모터에서 링크로의 유연한 전달기를 모델링하라. PID 제어기를 조정해 $\theta = -\pi/2$에서 $\theta = 0$으로 움직이는 계단 모양의 목표 궤적에 대해 좋은 응답을 얻을 수 있도록 하라. 계수를 나타내고 응답을 그래프로 그려라.

9. 그림 11.25는 2 자유도 로봇과 로봇 제어기에 대한 시뮬레이션이다.

(a) *동역학.* 중력하의 2R 로봇의 동역학을 유도하라(그림 11.25). 링크 i의 질량은 m_i이며 관절에서 질량 중심까지의 거리는 r_i, 링크 i의 스칼라 관성은 $\mathcal{I}_i$, 링크 i의 길이는 L_i이다. 관절의 마찰력은 없다고 가정하자.

(b) *직접 구동.* 각 관절이 DC 모터로 기어 장치 없이 직접 구동된다고 가정하자. 각 모터는 질량 $\text{m}_i^{\text{stator}}$, 관성 $\mathcal{I}_i^{\text{stator}}$인 고정자와 질량 $\text{m}_i^{\text{rotor}}$, 관성 $\mathcal{I}_i^{\text{rotor}}$인 회전자(회전하는 부분)로 이뤄져 있다. 관절 i에 대한 모터는 고정자가 링크 $i-1$에 부착돼 있고, 회전자가 링크 i에 부착돼 있다. 링크는 얇고 일정한 밀도를 가지며 질량 m_i, 길이 L_i이다.

위에 주어진 값들을 바탕으로 각 링크 $i \in \{1, 2\}$에 대해 전체 관성 $\mathcal{I}_i$를 관절, 질량 m_i, 관절에서 질량 중심까지의 거리 r_i에 대한 방정식으로 나타내라. 모터의 질량과 관성을 다른 링크에 어떻게 할당할 수 있을지 생각해보라.

(c) *기어가 달린 로봇.* 모터 i에 기어비가 G_i인 기어 장치가 부착돼 있다고 가정하자. 이때, 기어 장치 자체의 질량은 무시한다. 위의 (b)처럼, 각 링크 $i \in \{1, 2\}$에 대해 전체 관성 $\mathcal{I}_i$를 관절, 질량 m_i, 관절에서 질량 중심까지의 거리 r_i에 대한 방정식으로 나타내라.

(d) *시뮬레이션과 제어.* 연습 문제 7처럼 동역학함수, 수치 적분기, 궤적 생성기, 제어기 등 (최소) 4개의 함수를 이용한 시뮬레이터를 작성하라. 관절의 마찰은 무시하며 중력 가속도는 표시된 방향으로 $g = 9.81\text{m/s}^2$이고 $L_i = 1\text{m}$, $r_i = 0.5\text{m}$, $m_1 = 3\text{kg}$, $m_2 = 2\text{kg}$, $\mathcal{I}_1 = 2\text{kgm}^2$, $\mathcal{I}_2 = 1\text{kgm}^2$이다. PID 제어기를 계획하고, 좋은 응답을 위한 계수를 찾고, $t < 1\text{s}$일 때 $(\theta_1, \theta_2) = (-\pi/2, 0)$로 일정하고 $t \geq 1\text{s}$일 때 $(\theta_1, \theta_2) = (0, -\pi/2)$로 일정하도록 제시된 기준 궤적에 대해 관절 각도를 시간에 대한 함수로 나타내고 그래프로 그려라. 로봇의 초기 상태는 $(\theta_1, \theta_2) = (-\pi/2, 0)$이다.

(e) *토크 한계.* 실제 모터는 토크에 한계가 존재한다. 이러한 한계는 일반적으로 속도에 의존하지만, 여기서는 각 모터의 토크 한계는 속도와 무관하며 $\tau_i \leq |\tau_i^{\text{max}}|$라고 가정한다. $\tau_1^{\text{max}} = 100\text{Nm}$, $\tau_2^{\text{max}} = 20\text{Nm}$라고 가정하자. 제어 법칙이 더 큰 토크를 요구할 수도 있지만 실제 토크는 위의 값에서 포화된다. $textrm(d)øX$ PID 제어 시뮬레이션을 다시 실행하고 토크와 위치를 시간에 대한 함수로 나타내고, 그래프로 그려라.

(f) *마찰.* 각 관절에 점성 마찰계수 $b_i = 1\text{Nms/rad}$를 추가하고 (e)에서의 PID 제어 시뮬레이션을 다시 실행하라.

10. 연습 문제 9의 관절이 2개인 로봇에 대해 더 정교한 궤적 생성기 함수를 작성하라. 궤적 생성기는 다음을 입력으로 받아야 한다.

- 각 관절의 목표 초기 위치, 속도, 가속도

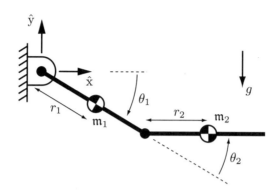

그림 11.25: 2개의 링크로 이뤄진 로봇 팔. 링크 i의 길이는 L_i이며 관절에 대한 관성은 $\mathcal{I}_i$이다. 중력 가속도는 $g = 9.81\text{m/s}^2$이다.

- 각 관절의 목표 최종 위치, 속도, 가속도

- 전체 운동 시간 T

함수의 형태는 다음과 같다.

`[qd,qdotd,qdotdotd] = trajectory(time)`

이는 주어진 시간 time에서 각 관절의 목표 위치, 속도, 가속도를 반환한다. 궤적 생성기는 궤적으로 시간에 대한 부드러운 함수를 생성해야 한다.

예를 들어 각 관절은 다음의 5차 다항식 궤적을 따라갈 수 있다.

$$\theta_d(t) = a_0 + a_1 t + a_2 t^2 + a_3 t^3 + a_4 t^4 + a_5 t^5 \tag{11.67}$$

시간 $t = 0$, $t = T$에서 관절의 목표 위치, 속도, 가속도가 주어진다면 $t = 0$, $t = T$일 때 식 (11.67)과 이 식의 1계, 2계 미분을 이용해 계수 $a_0 \ldots a_5$를 유일하게 결정할 수 있다.

PID 제어기를 조정해 $(\theta_1, \theta_2) = (-\pi/2, 0)$에서 $T = 2\text{s}$ 동안 $(\theta_1, \theta_2) = (0, -\pi/2)$로 5차 다항식 궤적을 따라 이동하도록 만들어라. 계수를 나타내고 각 관절의 기준 위치와 실제 위치를 그래프로 그려라. 토크 한계와 마찰은 무시해도 된다.

11. 연습 문제 9의 관절이 2개인 로봇과 연습 문제 10의 5차 다항식 궤적에 대해 궤적을 안정화하기 위해 토크 계산 제어기를 시뮬레이션하라. 로봇에는 관절의 마찰과 토크 제한이 없다고 가정한다. 피드포워드 모델에서 오차를 생성하려면 모델링된 링크의 질량이 실제 값보다 20% 더 커야 한다. PID 계수를 나타내고 PID 제어뿐만 아니라 토크 계산 제어기를 사용했을 때에 대해서도 기준 관절 각도와 실제 관절 각도를 그래프로 그려라.

12. 크라소프스키-라살 불변 원리는 다음과 같다. $f(0) = 0$인 시스템 $\dot{x} = f(x), x \in \mathbb{R}^n$과 에너지함수와 유사한 함수 $V(x)$를 생각하자. $V(x)$는 다음을 만족한다.

- 모든 $x \neq 0$에 대해 $V(x) > 0$

- $x \to \infty$ 일 때 $V(x) \to \infty$

- $V(0) = \dot{V}(0) = 0$

- 모든 궤적에 대해 $\dot{V}(x) \leq 0$

$\mathcal{S}$를 $\dot{V}(x) = 0$이고 $\mathcal{S}$에서 시작하는 궤적이 항상 $\mathcal{S}$에 포함되도록 하는 $\mathbb{R}^n$에서의 가장 큰 집합으로 정의하자. 그러면 만일 $\mathcal{S}$가 원점만 포함하는 경우 원점은 항상 전역에서 점근적으로 안정하다. 즉, 모든 궤적은 원점으로 수렴된다.

식 (11.40)의 에너지함수 $V(x)$를 사용해, $K_p = 0$ 또는 $K_d = 0$인 경우 중력 보정이 있는 중앙 집중형 다중 관절 PD 설정값 제어에서 크라소프스키-라살 원리가 어떻게 위반되는지 보여라. 실제 로봇 시스템의 경우, $K_d = 0$인 경우에도 크라소프스키-라살 불변 원리를 사용해 전역 점근적 안정성을 설명할 수 있는가? 답을 서술하라.

13. 연습 문제 9의 관절이 2개인 로봇은 그림 11.25에 나타난 바와 같이 끝점 작업 좌표 $X = (x, y)$를 사용해 태스크 공간에서 제어할 수 있다. 태스크 공간에서의 속도는 $\mathcal{V} = \dot{X}$이다. 토크 계산 제어 법칙 (11.47)에서 자코비안 $J(\theta)$와 태스크 공간 동역학 모델 $\{\tilde{\Lambda}(\theta), \tilde{\eta}(\theta, \mathcal{V})\}$를 구하라.

14. 다음 작업들에 대해 적절한 공간과 엔드 이펙터 기준 좌표계 {s} 및 {b}를 선택하고 자연적 및 인공적 제약조건을 각각 6개씩 나타내라. (a) 캐비닛 문을 여는 것 (b) 피치가 p인 나사를 돌리는 것 (c) 분필로 칠판에 원을 그리는 것

15. 그림 11.25의 관절이 2개인 로봇의 엔드 이펙터가 직선 $x - y = 1$를 따라 이동하도록 제한된다고 가정하자. 로봇의 링크 길이는 $L_1 = L_2 = 1$이다. 제약조건을 $A(\theta)\mathcal{V} = 0$의 형태로 나타내라. 이때 $X = (x, y)$이고 $\mathcal{V} = \dot{X}$이다.

16. 제약 운동방정식 (11.59)와 (11.60)을 유도하라. 모든 과정을 자세히 서술하라.

17. 우리는 각 구동기가 제어 법칙에 의해 요청된 토크를 전달한다고 가정해왔다. 실제로는 각 구동기에 일반적으로 요청된 토크를 추적하기 위한 내부 제어 고리가 있으며, 일반적으로 외부 고리보다 높은 서보 속도로 작동한다. 그림 11.26은 DC 전기 모터에 대한 두 가지 가능성을 보여준다. 여기서 모터에 의해 전달되는 토크 τ는 모터를 통과하는 전류 I에 비례하며, $\tau = k_t I$로 쓸 수 있다. 모터의 토크는 기어 헤드에 의해 기어비 G로 증폭된다.

위쪽의 제어 방식에서, 모터 전류는 전류 센서에 의해 측정되고 목표 전류 I_{com}과 비교된다. 오차는 저출력 펄스 폭 변조$^{\text{PWM, Pulse-Width-Modulation}}$ 디지털 신호의 작동 주기를 설정하는 PI 제어기를 통해 전달되며, PWM 신호는 실제 모터 전류를 생성하는 H-브릿지로 전송된다. 아래쪽의 제어 방식에서는 스트레인 게이지 토크 센서가

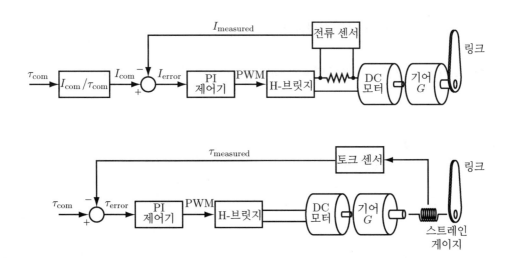

그림 11.26: 기어가 달린 DC 모터에 의해 구동되는 관절의 토크를 제어하는 두 가지 방법 (위) 모터에 대한 전류는 전류가 흐르는 경로에서 작은 저항 양단에 걸리는 전압을 통해 측정한다. PI 제어기는 실제로 흐르는 전류가 요청된 전류 I_{com}과 더 잘 일치하도록 작동한다. (아래) 링크에 전달되는 실제 토크는 스트레인 게이지로 측정한다.

모터 기어 장치 출력과 링크 사이에 삽입되고, 측정된 토크는 요청된 토크 τ_{com}와 직접 비교된다. 스트레인 게이지는 편향을 측정하기 때문에 장착되는 부분은 유한한 비틀림 강성을 가져야 한다. 직렬 탄성 구동기는 유연한 비틀림 요소를 가지도록 설계돼 인코더가 더 큰 편향을 측정하는 데 사용된다. 토크는 인코더 판독값과 비틀림 스프링 상수를 통해 추정된다.

  (a) 전류 감지 방식의 경우 I_{com}/τ_{com}가 표시된 블록에서 어떤 복합적 요소를 고려해야 하는가? PI 전류 제어기가 완벽하게 작동하며($I_{error} = 0$) 토크 상수 k_t 가 정확히 알려져 있다면, 어떤 효과가 생성된 토크의 오차에 영향을 미칠 수 있는가?

  (b) 기어 헤드와 링크 사이에 유연한 요소가 있는 경우 스트레인 게이지 측정 방법의

문제점이 있다면 이를 설명하라.

18. 초기 상태 오차를 허용하도록 SimulateControl 함수를 수정하라.

12장. 파지와 조작

여태까지 이 책의 대부분은 기구학^{kinematics}, 동역학^{dynamics}, 동작 계획$^{motion\ planning}$ 그리고 로봇의 제어 자체를 다뤘다. 힘 제어$^{force\ control}$와 임피던스 제어$^{impedence\ control}$를 주제로 한 11장에 이르러서야 로봇이 마침내 빈 공간이 아니라 환경과 상호작용하기 시작했다. 로봇은 주변에 있는 물체에 유용한 작업을 할 수 있을 때 비로소 가치가 있다.

12장에서는 우리의 초점을 로봇 자체에서 로봇과 주변 환경의 상호작용으로 옮겨 본다. 로봇의 손이나 엔드 이펙터가 해야 하는 행동은 여태까지 다뤘던 동작 제어$^{motion\ control}$, 힘 제어, 하이브리드 동작-힘 제어, 혹은 임피던스 제어를 통해 완벽하게 이뤄진다고 가정한다. 우리의 초점은 로봇과 물체의 접촉이 일어나는 경계면이고, 또한 물체 사이의 접촉, 그리고 환경의 제약조건과 물체 사이의 접촉이다. 요약하자면 우리는 *매니퓰레이터*^{manipulator} 자체가 아니라 *조작*^{manipulation}에 초점을 맞춘다. 조작의 예시로는 파지^{grasping}, 밀기, 굴리기, 던지기, 잡기, 두드리기 등이 있다. 우리가 다루는 범위를 줄이기 위해 조작기와 물체 그리고 환경 속에 있는 장애물은 강체라고 가정한다.

로봇의 조작 작업을 시뮬레이션하고 계획하고 또 제어하기 위해서는 최소한 세 가지 요소, 즉 접촉 기구학$^{contact\ kinematics}$, 접촉을 통해 전달되는 힘 그리고 강체의 동역학을 이해해야 한다. 접촉 기구학은 강체들이 서로를 통과할 수 없는 상황에서 어떻게 움직이는지를 다루고, 그 움직임들을 접촉점의 유형(굴림^{rolling}, 미끌림^{sliding}, 떨어짐$^{breaking\ free}$)에 따라 분류한다. 접촉힘에 대한 모형은 굴림 접촉과 미끌림 접촉을 통해 전달되는 수직항력과 마찰력을 다룬다. 마지막으로 물체들의 실제 운동은 기구학적 제약조건, 접촉힘 모형 그리고 강체 동역학을 동시에 만족하면서 이뤄진다. 12장에서는 접촉 기구학(12.1절)과 접촉힘 모형(12.2절)을 소개하고 이 모형들을 로봇 파지를 비롯한 다른 형태의 조작에 적용한다.

다음의 선형대수학 정의들이 12장에서 유용하게 사용될 것이다.

정의 12.1. j개 벡터의 집합 $\mathcal{A} = a_1, \ldots a_j \in \mathbb{R}^n$이 주어졌을 때, 이 벡터들의 **선형 생성**linear span 혹은 선형 결합들의 집합은 다음과 같이 정의된다.

$$\text{span}(\mathcal{A}) = \left\{ \sum_{i=1}^{j} k_i a_i \mid k_i \in \mathbb{R} \right\}.$$

음이 아닌 선형 결합nonnegative linear combinations은 **양의 생성**postive span이라고 부르기도 하는데, 다음과 같이 정의한다.

$$\text{pos}(\mathcal{A}) = \left\{ \sum_{i=1}^{j} k_i a_i \mid k_i \geq 0 \right\}.$$

그리고 **볼록 생성**convex span은 다음과 같이 정의한다.

$$\text{conv}(\mathcal{A}) = \left\{ \sum_{i=1}^{j} k_i a_i \mid k_i \geq 0 \text{ and } \sum_{i} k_i = 1 \right\}.$$

명백히 $\text{conv}(\mathcal{A}) \subseteq \text{pos}(\mathcal{A}) \subseteq \text{span}(\mathcal{A})$(그림 12.1을 보라)가 성립한다. 다음의 선형대수적 진술들 또한 유용할 것이다.

1. 공간 $\mathbb{R}^n$은 n개의 벡터로 선형 생성할 수 있지만 그보다 적은 수의 벡터로는 불가능하다.

2. 공간 $\mathbb{R}^n$은 $n+1$개의 벡터로 양의 생성할 수 있지만 그보다 적은 수의 벡터로는 불가능하다.

첫 번째 진술은 우리가 n 차원 유클리드 공간을 표현하기 위해 n개의 좌표축을 사

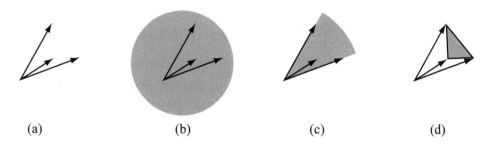

그림 12.1: (a) $\mathbb{R}^2$상의 세 벡터들이 원점으로부터의 화살표로 표시됐다. (b) 이 벡터들의 선형 생성이 전체 평면을 이룬다. (c) 양의 선형 생성은 회색으로 색칠된 뿔이다. (d) 볼록 생성은 다각형과 그 내부다.

용하는 것을 암시적으로 나타낸다. 두 번째 진술은 n개의 벡터를 어떻게 고르더라도 모든 i에 대해 $a_i^T c \leq 0$가 되는 벡터 $c \in \mathbb{R}^n$가 존재한다는 사실에서 유래한다. 다르게 말하면, $\mathcal{A}$ 안에 있는 벡터들을 음이 아닌 선형 결합하면 c 방향의 벡터를 만들 수 있다. 반면, 우리가 $a_1, \ldots, a_n$을 $\mathbb{R}^n$의 직교 좌표축 기저가 되도록 고르고 $a_{n+1} = -\sum_{i=1}^n a_i$이도록 선정한다면, 이 $n+1$개의 벡터가 $\mathbb{R}^n$을 양의 생성한다는 것을 알 수 있다.

12.1 접촉 기구학

접촉 기구학에서는 두 개 이상의 강체가 서로를 통과할 수 없다는 제약조건을 만족한 상태에서 이뤄지는 상대적 운동을 탐구한다. 또한 접촉 기구학에서는 접촉의 형태를 굴림 또는 미끌림으로 분류한다. 먼저 두 강체 사이의 단일 접촉을 살펴보자.

12.1.1 단일 접촉점에 대한 1차 분석

로컬 좌표계의 두 열 벡터 q_1과 q_2에 의해 컨피규레이션이 주어지는 두 개의 강체를 고려하자. 복합 컨피규레이션을 $q = [q_1^T, q_2^T]^T$로 쓸 때, 두 물체가 분리돼 있으면 양수, 접촉하고 있으면 0, 통과할 때 음수가 되는 거리함수 $d(q)$를 정의한다. $d(q) > 0$이면 부품의 움직임에 제약이 없으며, 각 물체는 6개의 자유도로 자유롭게 움직일 수 있다. 부품이 접촉할 때는($d(q) = 0$), 시간 미분 $\dot{d}, \ddot{d}$ 등을 검토해 부품이 특정 궤적 $q(t)$를 따르면서 접촉 상태를 유지하는지 또는 분리되는지 여부를 결정한다. 가능한 경우들은 다음과 표와 같이 결정될 수 있다.

d	$\dot{d}$	$\ddot{d}$	$\ldots$	
> 0				접촉하고 있지 않음
< 0				불가능(통과)
$= 0$	> 0			접촉 그러나 떨어짐
$= 0$	< 0			불가능(통과)
$= 0$	$= 0$	> 0		접촉 그러나 떨어짐
$= 0$	$= 0$	< 0		불가능(통과)
기타.				

오직 시간에 대한 모든 도함수값이 0인 경우에만 접촉이 유지된다.

두 물체가 처음에는 한 점에서 접촉($d = 0$)하고 있다고 가정하자. d에 대한 첫 두 번의

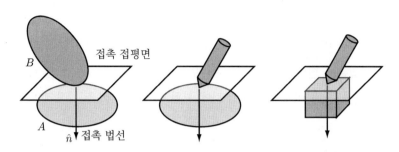

그림 12.2: (왼쪽) 물체 A와 B가 한 점에서 접촉해 접촉 접평면과 그에 수직한 접촉 법선 벡터 $\hat{n}$를 정의하고 있다. 물체 A를 향하는 방향을 양의 방향으로 설정했다. 접촉 곡률은 12장에서 다루지 않을 것이므로, 이 접촉이 물체의 움직임에 부여하는 제약조건은 중앙과 오른쪽 그림에서의 제약조건과 동일하다.

시간 미분은 다음과 같이 쓸 수 있다.

$$\dot{d} = \frac{\partial d}{\partial q}\dot{q} \tag{12.1}$$

$$\ddot{d} = \dot{q}^T \frac{\partial^2 d}{\partial q^2}\dot{q} + \frac{\partial d}{\partial q}\ddot{q}. \tag{12.2}$$

$\partial d/\partial q$과 $\partial^2 d/\partial q^2$은 국소적인 접촉 기하학에 대한 정보를 담고 있다. 기울기 벡터 $\partial d/\partial q$는 **접촉 법선**contact normal(그림 12.2)을 가지는 상태configuration q가 떨어지는 방향에 대응된다. 행렬 $\partial^2 d/\partial q^2$은 접촉점에서 각 물체가 가지는 상대적인 곡률curvature에 대한 정보를 담고 있다.

12장에서는 접촉점에서의 접촉 법선 정보 $\partial d/\partial q$만 사용할 수 있다고 가정한다. 접촉 곡률 $\partial^2 d/\partial q^2$이나 더 높은 계수의 미분계수와 같은 국소 접촉 기하학에 대한 다른 정보들은 모른다고 전제한다. 이 가정하에서는 우리의 분석을 식 (12.1)에서 멈출 수 있으며, $\dot{d} = 0$인 경우에 물체들이 접촉 상태를 유지하고 있다고 가정할 수 있다. 접촉 도함수 $\partial d/\partial q$의 1차 미분계수만 다룰 것이므로 분석을 *1차 분석*이라고 부를 것이다. 1차 분석에서는 그림 12.2의 접촉점이 모두 같은 접촉 법선을 가지므로 동일하게 취급될 것이다.

위의 표에 나타난 바와 같이, 접촉 곡률 $\partial^2 d/\partial q^2$을 사용하는 2차 분석은 $d = \dot{d} = 0$인 경우에도 접촉이 떨어지고 있는지 아니면 뚫고 들어가고 있는지 알려줄 수 있다. 이러한 예시들을 볼 것이지만, 2차 조건에 관한 자세한 분석은 12장의 범위를 벗어난다.

12.1.2 접촉의 유형: 굴림, 미끌림 그리고 떨어짐

한 접촉점에서 만나고 있는 두 물체가 있을 때 만약 접촉점이 유지된다면 이 물체들은 **굴림-미끌림 운동**roll-slide motion을 한다. 접촉이 유지돼야 한다는 제약조건은 홀로노믹holonomic 제약조건이다. 접촉이 유지될 필요조건은 $\dot{d} = 0$ 이다.

속도 제약조건 $\dot{d} = 0$을 거리 함수를 명시적으로 사용하지 않고 접촉 법선(그림 12.2)을 사용해 나타내보자. 접촉 법선과 나란하고 고정 좌표계상에 표현된 단위 벡터를 $\hat{n} \in \mathbb{R}^3$라 하자. 물체 A의 접촉점을 고정 좌표계상에 나타낸 것을 $p_A \in \mathbb{R}^3$라 하고 마찬가지로 물체 B의 접촉점을 $p_B \in \mathbb{R}^3$라 하자. 조건 $\dot{d} = 0$는 다음과 같이 쓸 수 있다.

$$\hat{n}^T(\dot{p}_A - \dot{p}_B) = 0. \tag{12.3}$$

접촉 법선이 A를 향하도록 정의했기 때문에, 통과 불가 제약조건 $\dot{d} \geq 0$을 다음과 같이 쓸 수 있다.

$$\hat{n}^T(\dot{p}_A - \dot{p}_B) \geq 0. \tag{12.4}$$

제약조건 (12.4)를 물체 A와 B의 공간 좌표계상의 트위스트 $\mathcal{V}_A = (\omega_A, v_A)$ 와 $\mathcal{V}_B =$

(ω_B, v_B)로 다시 써 보자. [1]

$$\dot{p}_A = v_A + \omega_A \times p_A = v_A + [\omega_A]p_A$$

$$\dot{p}_B = v_B + \omega_B \times p_B = v_B + [\omega_B]p_B.$$

접촉 법선을 따라 가해지는 단위 힘에 해당하는 렌치 $\mathcal{F} = (m, f)$도 다음과 같이 다시 쓸 수 있다.

$$\mathcal{F} = (p_A \times \hat{n}, \hat{n}) = ([p_A]\hat{n}, \hat{n}).$$

강체에 대한 순수한 기구학적 분석만 수행한다면 반드시 힘이 필요한 것은 아니다. 그러나 이 표기를 준비해두면 나중에 12.2절에서 접촉힘을 다룰 때 간편할 것이다. 이 수식들을 통해 부등식 제약조건 (12.4)를 나타낼 수 있다.

(통과 불가 제약조건) $\qquad \mathcal{F}^T(\mathcal{V}_A - \mathcal{V}_B) \geq 0.$ $\qquad\qquad$ (12.5)

(연습 문제 1을 보라) 만약 다음이 성립한다면

(활성 제약조건) $\qquad \mathcal{F}^T(\mathcal{V}_A - \mathcal{V}_B) = 0,$ $\qquad\qquad$ (12.6)

제약조건이 1차까지는 유효하며 물체들은 접촉 상태로 남아 있게 된다.

만약 물체 B가 고정돼 있는 물체라면 통과 불가 제약조건 (12.5)를 단순화할 수 있다.

$$\mathcal{F}^T\mathcal{V}_A \geq 0.$$ $\qquad\qquad$ (12.7)

만약 $\mathcal{F}^T\mathcal{V}_A > 0$이면, $\mathcal{F}$와 $\mathcal{V}_A$는 **밀어낸다**고 한다. 만약 $\mathcal{F}^T\mathcal{V}_A = 0$이면, $\mathcal{F}$와 $\mathcal{V}_A$는

---

[1]12장의 모든 트위스트와 렌치는 공간 좌표계상에 표현됐다.

역수^{reciprocal}라고 하며 제약조건은 유효하다.

식 (12.6)을 만족하는 트위스트 $\mathcal{V}_A$와 $\mathcal{V}_B$는 **1차 굴림-미끌림 움직임**을 한다고 한다. 접촉점은 구르고 있을 수도 있고 미끄러지고 있을 수도 있다. **굴림-미끌림 접촉점**은 **굴림 접촉점**과 **미끌림 접촉점**으로 나눠진다. 접촉점이 굴림 접촉점이 되기 위해선 접촉점에서 물체들의 서로에 대한 상대적인 움직임이 없어야 한다.

$$\text{(rolling \quad constraint)} \qquad \dot{p}_A = v_A + [\omega_A]p_A = v_B + [\omega_B]p_B = \dot{p}_B. \qquad (12.8)$$

"굴림" 접촉점은 두 물체가 정지한 상태(즉 상대적인 움직임이 없는 상태)로 접촉해 있는 경우를 포함한다는 것을 유의하라. 이런 경우를 "붙어 있는^{sticking}" 접촉점이라는 별도의 용어로 부르기도 한다.

만약 트위스트들이 식 (12.6)을 만족하지만 식 (12.8)의 굴림 방정식을 만족하지 않는다면 접촉점은 미끌림 접촉점이다.

우리는 굴림 접촉점에는 **접촉 라벨**^{Contact label} R을 붙이고, 미끌림 접촉점에는 라벨 S를 붙인다. 떨어지고 있는 접촉점(통과 불가 제약조건 (12.5)은 만족하지만 활성 제약조건 (12.6)은 만족하지 않는 경우)에는 B라벨을 붙인다.

굴림과 미끌림 접촉점을 구별하는 것은 12.2절에서 마찰력을 고려하게 될 때 특별히 더 중요하다.

예제 12.1. 그림 12.3에 나타난 접촉점을 생각하자. 물체 A와 B는 $p_A = p_B = (1, 2, 0)^T$에서 법선 방향 $\hat{n} = (0, 1, 0)^T$을 이루며 접촉하고 있다. 통과 불가능성 제약

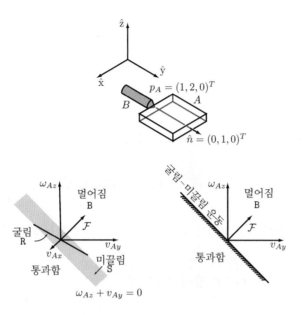

그림 12.3: 예시 12.1. (위) 물체 B가 물체 A와 $p_A = p_B = (1,2,0)^T$에서 법선 $\hat{n} = (0,1,0)^T$을 이루며 접촉하고 있다. (왼쪽 아래) 정지해 있는 물체 B와 평면에 갇혀 있는 A에 해당하는 접촉 라벨들 및 트위스트 $\mathcal{V}_A$. 접촉 법선 렌치 $\mathcal{F}$는 $(m_x, m_y, m_z, f_x, f_y, f_z)^T = (0,0,1,0,1,0)^T$. (오른쪽 아래) $-v_{Ax}$ 축에서 내려다본 모습

조건 (12.5)는 다음과 같다.

$$\mathcal{F}^T(\mathcal{V}_A - \mathcal{V}_B) \geq 0$$

$$[([p_A]\hat{n})^T \quad \hat{n}^T] \begin{bmatrix} \omega_A - \omega_B \\ v_A - v_B \end{bmatrix} \geq 0$$

$$[0,0,1,0,1,0] \, [\omega_{Ax} - \omega_{Bx}, \omega_{Ay} - \omega_{By}, \omega_{Az} - \omega_{Bz},$$

$$v_{Ax} - v_{Bx}, v_{Ay} - v_{By}, v_{Az} - v_{Bz}]^T \geq 0$$

$$\omega_{Az} - \omega_{Bz} + v_{Ay} - v_{By} \geq 0,$$

따라서 굴림-미끄럼 트위스트는 다음을 만족한다.

$$\omega_{Az} - \omega_{Bz} + v_{Ay} - v_{By} = 0. \tag{12.9}$$

식 (12.9)는 트위스트 $(\mathcal{V}_A, \mathcal{V}_B)$가 존재하는 12차원 공간상의 11차원 초평면을 정의한다.

굴림 제약조건 (12.8)은 다음과 같이 주어진다.

$$v_{Ax} + \omega_{Az} p_{Ay} - \omega_{Ay} p_{Az} = v_{Bx} + \omega_{Bz} p_{By} - \omega_{By} p_{Bz}$$

$$v_{Ay} + \omega_{Az} p_{Ax} - \omega_{Ax} p_{Az} = v_{By} + \omega_{Bz} p_{Bx} - \omega_{Bx} p_{Bz}$$

$$v_{Az} + \omega_{Ax} p_{Ay} - \omega_{Ay} p_{Ax} = v_{Bz} + \omega_{Bx} p_{By} - \omega_{By} p_{Bx},$$

그리고 p_A와 p_B에 해당하는 값들을 대입하면 다음을 얻는다.

$$v_{Ax} + 2\omega_{Az} = v_{Bx} + 2\omega_{Bz} \tag{12.10}$$

$$v_{Ay} + \omega_{Az} = v_{By} + \omega_{Bz} \tag{12.11}$$

$$v_{Az} + 2\omega_{Ax} - \omega_{Ay} = v_{Bz} + 2\omega_{Bx} - \omega_{By}. \tag{12.12}$$

구속 방정식 (12.10)–(12.12)는 굴림-미끄럼 트위스트의 11차원 초평면의 부분집합인 9차원 초평면을 정의한다.

제약조건들을 저차원 공간에서 시각화하기 위해, B가 고정돼 있고 $(\mathcal{V}_B = 0)$ A가 $z = 0$ 평면에 갇혀 있다고 $(\mathcal{V}_A = (\omega_{Ax}, \omega_{Ay}, \omega_{Az}, v_{Ax}, v_{Ay}, v_{Az})^T = (0, 0, \omega_{Az}, v_{Ax}, v_{Ay}, 0)^T)$

가정하자. 렌치 $\mathcal{F}$는 $(m_z, f_x, f_y)^T = (1, 0, 1)^T$로 주어진다. 굴림-미끌림 제약조건 (12.9)은 다음과 같이 간단해진다.

$$v_{Ay} + \omega_{Az} = 0,$$

굴림 제약조건들은 다음과 같이 간단히 표현된다.

$$v_{Ax} + 2\omega_{Az} = 0$$
$$v_{Ay} + \omega_{Az} = 0$$

하나의 굴림-미끌림 제약조건은 $(\omega_{Az}, v_{Ax}, v_{Ay})$ 공간상의 한 평면을 정의하고, 두 굴림 제약조건은 그 평면 안의 한 직선을 정의한다. $\mathcal{V}_B = 0$이기 때문에, 제약조건이 나타내는 곡면은 원점 $\mathcal{V}_A = 0$을 지난다. 만약 $\mathcal{V}_B \neq 0$이면 이것은 일반적으로 성립하지 않는다.

그림 12.3은 $\mathcal{V}_B = 0$인 경우에는 통과하지 않는 트위스트 $\mathcal{V}_A$가 제약조건 렌치 $\mathcal{F}$와 반드시 음수가 아닌 내적을 가져야 한다는 것을 시각적으로 보여준다.

12.1.3 다중 접촉

이제 A가 B 혹은 다른 물체들과 여러 개의 접촉점을 가진다고 하자. 각각의 통과 불가 제약조건 (12.5)는 $\mathcal{F}^T \mathcal{V}_A = \mathcal{F}^T \mathcal{V}_B$의 형태를 갖는 5차원 초평면을 이루면서 $\mathcal{V}_A$를 6차원 트위스트 공간 안의 반-공간^{half-space}으로 제한한다. 모든 접촉점의 제약조건의 합집합을 취하면, 우리는 $\mathcal{V}_A$ 공간상의 실현 가능한 트위스트들의 집합인

다면 볼록 집합^{polyhedral convex set} (줄여서 **다면체**^{polytope})[2] V를 얻으며, V는 다음과 같이 주어진다.

$$V = \{\mathcal{V}_A \mid \mathcal{F}_i^T(\mathcal{V}_A - \mathcal{V}_i) \geq 0 \ \forall i\}.$$

여기에서 $\mathcal{F}_i$는 i 번째 접촉 법선에 해당하고, $\mathcal{V}_i$는 접촉점 i에서 접촉하고 있는 다른 물체의 트위스트이다. 만약 $\mathcal{F}_i$가 기여하는 반-공간 제약조건이 실현 가능한 트위스트 다면체 V를 변화시키지 않는다면 접촉 제약조건 i는 다른 제약조건들과 중복이다. 일반적으로, 한 물체의 실현 가능한 트위스트 다면체는 6차원 내부 공간(작용하고 있는 접촉점이 없는 경우)이거나, 하나의 접촉점이 작용하고 있을 경우 5차원 면이 되거나, 두 개의 제약조건이 작용할 경우 4차원 면이 되거나, 이런 방식으로 계속 내려가 1차원 선이나 0차원 점이 될 수 있다. 이 다면체의 n차원 면에 있는 트위스트 $\mathcal{V}_A$는 $6 - n$ 개의 독립적인 (중복이 아닌) 접촉 제약조건이 작용하고 있다는 것을 의미한다.

예를 들어 구조물과 같이 만약 접촉점을 제공하는 모든 물체가 정지해 있다면, (12.5) 에 의해 정의되는 각 제약조건 초평면은 $\mathcal{V}_A$ 공간의 원점을 지난다. 우리는 그러한 제약조건을 **동차**^{homogeneous}하다고 부른다. 실현 가능한 트위스트의 집합은 원점에서 출발하는 뿔이 되는데, (동차) **다면 볼록뿔**^{polyhedral convex cone}이라고 부른다. $\mathcal{F}_i$를 정지한 접촉점 i의 제약조건 렌치라고 하자. 그러면 실현 가능한 트위스트 콘 V는 다음과 같이 주어진다.

$$V = \{\mathcal{V}_A \mid \mathcal{F}_i^T \mathcal{V}_A \geq 0 \ \forall i\}.$$

만약 $\mathcal{F}_i$가 6차원 렌치 공간을 양의 생성하면, 혹은 달리 표현하면 $\mathcal{F}_i$의 볼록 껍질^{convex hull}이 원점을 내부에 포함하면 실현 가능한 트위스트 다면체는 원점상의 한 점이 되며, 정지한 접촉점은 물체의 움직임을 완전하게 구속한다. 이를 **형태 닫힘**^{form closure}이라고 하며, 12.1.7절에서 더 자세히 논의할 것이다.

---

[2]일반적으로 "다면체"를 임의의 벡터 공간 안에서 초평면들로 가둔 볼록 집합을 나타낼 때 사용할 것이다. 이 집합이 유한해야 할 필요는 없다. 이 집합은 무한한 부피를 가진 원뿔일 수도 있다. 이 집합은 원점 위의 점이거나, 만약 강체 가정과 제약조건이 양립할 수 없다면 공집합일 수도 있다.

12.1.2절에서 언급했듯이 각 접촉점 i는 접촉점의 유형에 따라 라벨을 부여받게 된다. 접촉점이 떨어지고 있으면 B, 접촉점이 구르고 있으면 R, 접촉점이 미끄러지고 있으면, 즉 (12.6)은 만족하지만 (12.8)은 만족하지 않으면 S를 부여받는다. 접촉점의 접촉 라벨들을 이어 붙여 쓰면 전체 계^{system}의 **접촉 모드**가 된다. 세 가지 접촉 라벨을 가지고 있으므로, k의 접촉점을 가진 물체들의 계는 최대 3^k가지 접촉 라벨을 가질 수 있다. 이 접촉 라벨 중 어떤 것들은 기구학적 제약조건들과 양립 불가능하기 때문에 가능하지 않을 수 있다.

예제 12.2. 그림 12.4는 육각형의 물체 A와 접촉하고 있는 삼각형의 손가락을 나타내고 있다. 접촉 제약조건을 보다 잘 시각화하기 위해서 육각형은 평면상의 병진 운동$^{\text{translational motion}}$만 할 수 있도록 구속됐고, 그 트위스트는 $\mathcal{V}_A = (0, 0, 0, v_{Ax}, v_{Ay}, 0)$로 나타낼 수 있다. 그림 12.4(a)에서는 하나의 정지한 손가락이 접촉 렌치 $\mathcal{F}_1$를 만들고 있고 이 접촉 렌치는 $\mathcal{V}_A$ 공간에 그려질 수 있다. 모든 실현 가능한 트위스트는 $\mathcal{F}_1$ 방향으로 음이 아닌 성분을 가지고 있다. $\mathcal{F}_1^T \mathcal{V}_A = 0$를 만족하는 굴림-미끌림 트위스트는 제약조건의 선 위에 놓여져있다. 회전이 허용되지 않으므로, 굴림 접촉을 일으킬 수 있는 트위스트는 $\mathcal{V}_A = 0$ 뿐이다. 그림 12.4(b)에서, 두 개의 정지해 있는 손가락에 의한 제약조건은 실현 가능한 트위스트의 뿔을 만든다. 그림 12.4(c)은 세 개의 손가락이 접촉하고 있는 것을 보여주며, 이 중 하나는 트위스트 $\mathcal{V}_3$으로 움직이고 있다. 이 움직이는 손가락은 0이 아닌 속도를 가지고 있기 때문에, 제약조건 반-공간은 원점으로부터 $\mathcal{V}_3$만큼 떨어져 있다. 그 결과 실현 가능한 트위스트의 집합은 닫힌 다면체가 된다.

예제 12.3. 그림 12.5은 평면 물체 A의 세 개의 접촉점의 접촉 법선을 보여준다. 물체 A는 표시되지 않았다. 이 물체는 평면상에서 움직이므로 $v_{Az} = \omega_{Ax} = \omega_{Ay} = 0$이다. 이 예시에서 우리는 굴림과 미끌림을 구별하지 않으므로, 법선상의 접촉점의 위치는 중요하지 않다. (m_z, f_x, f_y)로 쓸 수 있는 세 접촉 렌치는 $\mathcal{F}_1 = (0, 1, -2)$, $\mathcal{F}_2 =$

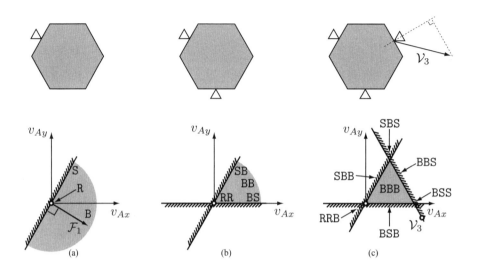

그림 12.4: 평면상에서 병진 운동만 할 수 있도록 구속된 육면체와 접촉하고 있고 운동 제어$^{\text{Motion-controlled}}$되고 있는 손가락. (예시 12.2) (a) 정지하고 있는 하나의 손가락은 육면체의 트위스트 $\mathcal{V}_A$에 하나의 반-평면 제약조건을 제공한다. 실현 가능한 움직임의 반-공간은 회색으로 음영 표시 됐다. 떨어지고 있는 접촉점 B에 해당하는 2차원 트위스트 공간, 미끌림 접촉점 S에 해당하는 1차원 집합, 그리고 굴림 (고정) 접촉점 R에 해당하는 0차원 집합이 표시됐다. (b) 정지하고 있는 두 손가락이 부여하는 제약조건의 합집합은 실현 가능한 트위스트의 뿔을 만든다. 이 뿔은 네 가지 실현 가능한 접촉 모드에 대응된다. RR, SB, BS그리고 BB. 첫 번째 글자는 제일 왼쪽에 있는 손가락의 접촉 라벨이다. (c) 선형 속도 $\mathcal{V}_3$로 움직이고 있는 세 개의 손가락이 실현 가능한 트위스트의 닫힌 다각형^{polygon}을 만든다. 실현 가능한 트위스트에 대응하는 일곱 가지 실현 가능한 접촉 모드가 존재한다. 모든 접촉점이 떨어지고 있는 2차원 집합, 하나의 접촉 제약조건이 작용하고 있는 세 개의 1차원 집합 그리고 두 개의 제약조건이 작용하고 있는 세 개의 0차원 집합이 있다. 움직이고 있는 손가락에서 굴림 접촉점이 가능하지 않음을 주의하라. 그림의 오른쪽 하단의 o에 나타난 것과 같이 육각형이 움직이는 손가락을 따라서 움직이는 것은 통과 불가 제약조건 중 하나를 위배하게 되기 때문이다. 만약 세 번째 손가락이 정지해 있다면, 육각형이 취할 수 있는 유일한 실현 가능한 운동은 접촉 모드 RRR을 가지고 멈춰 있는 것이다.

$(-1, 0, 1)$, and $\mathcal{F}_3 = (1, 0, 1)$이며 다음의 운동 제약조건을 만든다.

$$v_{Ay} - 2\omega_{Az} \geq 0$$

$$-v_{Ax} + \omega_{Az} \geq 0$$

$$v_{Ax} + \omega_{Az} \geq 0.$$

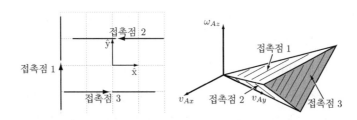

그림 12.5: 예시 12.3. (왼쪽) 화살표들은 평면상의 물체에 접하고 있는 세 정지한 접촉점에 작용하는 힘을 나타내고 있다. (오른쪽) 실현 가능한 트위스트들은 세 제약조건 반-공간들이 이루는 다면 볼록뿔을 이룬다. 이 그림에서 뿔은 $v_{Ay} = 2$에서 잘려진 모양으로 그려져 있다. 이 뿔의 바깥 면은 하얀색으로 표시됐고 안쪽 면은 회색으로 표시됐다. 뿔 안에 있는 트위스트는 모든 접촉점이 떨어지는 상황에 대응되며, 면 위에 있는 트위스트는 하나의 제약조건이 작용하는 상황에 대응되고, 세 모서리 중 하나에 있는 트위스트는 두 개의 제약조건이 작용하는 상황에 대응된다.

그림 12.5에 그려진 것처럼, 이 제약조건을 만족하는 실현 가능한 트위스트들은 원점에서 출발하는 다면 볼록뿔polyhedral convex cone을 이룬다.

12.1.4   물체의 집합

위에서 이뤄진 논의는 접촉하고 있는 여러 개의 물체에서 실현 가능한 트위스트를 찾는 데에 적용될 수 있다. 물체 i와 j가 점 p에서 접촉하고 있고 $\hat{n}$이 물체 i를 가리키고 있으며 $\mathcal{F} = ([p]\hat{n}, \hat{n})$이라고 하자. 이 물체끼리 서로를 통과하지 않기 위해서는 공간 트위스트spatial twists $\mathcal{V}_i$와 $\mathcal{V}_j$가 다음의 제약조건을 반드시 만족해야 한다.

$$\mathcal{F}^T(\mathcal{V}_i - \mathcal{V}_j) \geq 0 \tag{12.13}$$

이것은 합성 트위스트 공간$^{\text{composite twist space}}$ $(\mathcal{V}_i, \mathcal{V}_j)$상의 동차 반-공간 제약조건이다. 여러 물체가 모여 있는 경우, 두 물체 간의 한 접촉점은 합성 트위스트 공간상의 한 제약조건에 대응된다. 그 결과로 기구학적으로 실현 가능한 트위스트들의 집합은 합성 트위스트 공간상에서 원점에서 출발하는 다면 볼록뿔로 주어진다. 물체의 집합 전체의 접촉 모드는 각 접촉점의 접촉 라벨을 이어 붙인 것으로 주어진다.

만약 예를 들어 로봇 손가락과 같이 움직임이 제어되고 있는 물체가 있다면, 나머지 물체들의 운동에 대한 제약조건은 더 이상 동차가 아니다. 그 결과, 제어되지 않은 물체들의 실현 가능한 트위스트들이 이루는 볼록 다면 집합은 조합 트위스트 공간의 원점에서 시작하지 않는다.

12.1.5   다른 종류의 접촉점

우리는 그림 12.6에 나타난 것과 같은, 접촉하고 있는 물체 중 최소한 하나에 대해서는 접촉 법선을 정의할 수 있는 유형의 접촉점만 고려하고 있었다. 그림 12.6 (b)-(e)는 다른 종류의 접촉점을 보여주고 있다. 볼록-오목 꼭짓점 그리고 그림 12.6 (b)-(d)에 나타난 평면 접촉점이 부여하는 기구학적 제약조건들은 1차까지는 단일점 접촉점의 유한한 집합이 부여하는 것과 동일하다. 그림 12.6 (e)에 나타난 조건이 중복되는^{degenerate} 경우와 같이 접촉 법선이 유일하게 정의되지 않는 경우는 생각하지 않기로 한다.

통과 불가능 제약조건 (12.5)는 물체끼리 서로 통과하는 것을 막기 위해 법선 방향으로 임의의 크기의 접촉힘이 작용할 수 있다는 사실로부터 기인한다. 12.2절에서 우리는 접선력$^{\text{tangential force}}$은 마찰에 의해 발생하며 접촉하고 있는 물체끼리 미끄러지는 것을 막을 수 있다는 것을 살펴볼 것이다. 수직항력과 접선력은 제약조건의 영향을 받는다. 수직항력은 물체를 당기는 방향이 아니라 밀어내는 방향으로 작용하며, 최대

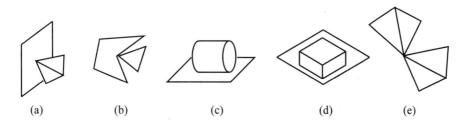

그림 12.6: (a) 꼭짓점과 면으로 이뤄진 접촉점 (b) 볼록한 꼭짓점이 오목한 꼭짓점을 만나고 있는 접촉점
은 오목한 꼭짓점에 인접한 면들 위에 있는 접촉점 여러 개로 취급될 수 있다. 이 접촉점은 접촉 법선을
정의한다. (c) 선분상의 접촉은 선분의 양쪽 끝에 위치한 두 접촉점으로 취급할 수 있다. (d) 평면 접촉은
접촉이 이뤄지고 있는 영역의 볼록 껍질의 모서리에 이뤄진 접촉점로 취급될 수 있다. (e) 볼록한 꼭짓점-
꼭짓점 접촉점. 이 경우는 축퇴degenerate하며 우리는 고려하지 않는다.

마찰력은 수직항력에 비례한다.

만약 우리가 힘들을 명시적으로 모델링하지 않고도 마찰의 효과를 근사하는 기구학적
분석을 하고 싶다면, 우리는 접촉점에 대해 순수하게 기구학적인 모형 세 가지를 정의
할 수 있다. **마찰 없는 접촉점**frictionless point contact, **마찰 있는 접촉점**point contact wit
h friction 그리고 부드러운 손가락soft-finger 접촉점이라고도 부르는 **부드러운 접촉
점**soft contact이다. 마찰 없는 접촉점은 오직 굴림-미끌림 제약조건 (12.5)만 부여한다.
마찰 있는 접촉점은 접촉점에서 미끄러짐을 방지하는 데에 충분한 마찰력을 암시적
으로 모델링함으로서 굴림 제약조건 (12.8)을 부여한다. 부드러운 접촉점은 굴림 제약
조건 (12.8)에 더해 접촉하고 있는 두 물체가 접촉 법선축을 기준으로 회전을 해서는
안 된다는 제약조건을 추가로 부여한다. 이 조건은 변형deformation을 모델링하며, 두
물체 사이의 0이 아닌 접촉 면적으로부터 기인하는 회전에 저항하는 마찰 모멘트
를 모델링한다. 평면상의 문제들에 대해서는 마찰 있는 접촉점과 부드러운 접촉점이
동일하다.

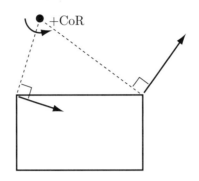

그림 12.7: 물체의 두 점에서의 속도가 주어졌을 때, 속도 방향들에 수직인 선은 CoR에서 교차한다. 그림 상의 CoR은 양의 (반시계 방향의) 각속도에 대응하는 + 라벨이 붙여져 있다.

12.1.6 평면상의 도식적 방법

평면상의 문제는 트위스트 공간이 3차원이기 때문에 도식적 방법graphical method을 사용해 단일 물체의 실현 가능한 움직임을 시각화할 수 있다. 그림 12.5는 평면상의 트 위스트뿔의 예를 보여준다. 이와 같은 그림은 3 이상의 자유도를 갖는 계에 대해서는 그리기가 매우 어렵다.

평면상의 트위스트 $\mathcal{V} = (\omega_z, v_x, v_y)$(좌표계 {s})를 나타내는 간단한 방법은 **회전 중 심**center of rotation $(-v_y/\omega_z, v_x/\omega_z)$과 각속도 ω_z를 이용하는 것이다. CoR은 (투영된) 평면에서 움직임에 대해 정지해 있는 점이다. 즉, 스크류 축이 평면과 교차하는 점이 다.[3] 운동 속도가 중요하지 않은 경우, 단순히 회전 방향을 나타내는 +, −, 혹은 0 부호로 CoR에 라벨을 붙일 수 있다(그림 12.7). 그림 12.8은 평면 트위스트와 CoR 사 이의 대응 관계를 나타낸다. 그림은 + CoR(반시계 방향)로 이뤄진 평면과 − CoR(시계

654

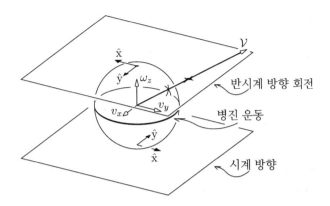

그림 12.8: 평면 트위스트 $\mathcal{V}$를 CoR에 대응시키기. 벡터 $\mathcal{V}$를 포함하는 광선은 $+$ CoR들을 포함하는 평면과 $\omega_z = 1$에서 교차하거나 $-$ CoR들을 포함하는 평면과 $\omega_z = -1$에서 교차하거나, 병진 운동의 방향으로 이뤄진 원과 교차한다.

방향)로 이뤄진 평면과 병진 운동 방향을 나타내고 있다.

서로 다른 CoR을 갖는 두 트위스트 $\mathcal{V}_1$과 $\mathcal{V}_2$가 주어졌을 때, 이 두 트위스트의 선형 결합 $k_1 \mathcal{V}_1 + k_2 \mathcal{V}_2$ ($k_1, k_2 \in \mathbb{R}$)은 CoR($\mathcal{V}_1$)과 CoR($\mathcal{V}_2$)를 포함하는 CoR들의 직선에 대응된다. k_1과 k_2는 어떠한 부호든 가질 수 있기 때문에, 만약 ω_{1z} 혹은 ω_{2z}가 0이 아니라면 이 직선상의 CoR은 어떤 부호든 가질 수 있다. 만약 $\omega_{1z} = \omega_{2z} = 0$이라면, 이 집합은 모든 병진 운동 방향들의 집합에 대응된다.

보다 흥미로운 경우는 $k_1, k_2 \geq 0$일 때다. 두 트위스트 $\mathcal{V}_1$과 $\mathcal{V}_2$가 주어졌을 때, 두 속도의 음이 아닌 선형 결합은 다음과 같이 $\mathcal{V}_1$과 $\mathcal{V}_2$가 경계를 그리면서 원점에 시작점을 둔 평면 트위스트뿔로 쓸 수 있다.

$$V = \text{pos}(\{\mathcal{V}_1, \mathcal{V}_2\}) = \{k_1 \mathcal{V}_1 + k_2 \mathcal{V}_2 \mid k_1, k_2 \geq 0\},$$

---

[3] $\omega_z = 0$의 경우는 CoR이 무한히 먼 것에 대응하기 때문에 주의를 기울여 다뤄야 한다.

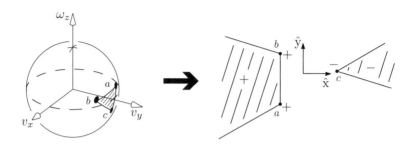

그림 12.9: 단위 트위스트가 이루는 구와 트위스트뿔의 교차점과 그 뿔을 CoR의 집합으로 표현한 것(두 빗금 친 영역은 무한대에서 만나 하나의 집합을 이룬다)

만약 ω_{1z}와 ω_{2z}가 같은 부호를 가지고 있다면, 그들의 음이 아닌 선형 결합에 해당하는 $\mathrm{CoR}(\mathrm{pos}(\{\mathcal{V}_1, \mathcal{V}_2\}))$들은 모두 그 부호를 가지고 있으며, 두 CoR이 이루는 선분상에 위치한다. 만약 $\mathrm{CoR}(\mathcal{V}_1)$와 $\mathrm{CoR}(\mathcal{V}_2)$가 각각 +와 −로 라벨돼 있다면, $\mathrm{CoR}(\mathrm{pos}(\{\mathcal{V}_1, \mathcal{V}_2\}))$는 그 두 CoR를 포함하는 직선에서 두 CoR 사이의 선분을 **뺀** 부분에 해당한다. 이 집합은 $\mathrm{CoR}(\mathcal{V}_1)$에서 출발하는 +로 라벨된 CoR들의 광선과 $\mathrm{CoR}(\mathcal{V}_2)$에서 출발하는 −로 라벨된 CoR들의 광선, 그리고 무한대에 위치한 병진 운동에 해당하는 0으로 라벨된 점으로 이뤄진다. 이 집합은 첫 번째 경우와 마찬가지로 (무한대를 지나는) 하나의 선분으로 여겨야 한다. 그림 12.9와 12.10은 평면 트위스트들의 양의 선형 결합에 대응되는 CoR 영역의 예시를 보여준다.

평면 트위스트의 CoR을 이용한 표현은 고정된 물체와 접촉하는 하나의 이동 물체에서 실현 가능한 운동을 나타내는 데에 특히 유용하다. 제약조건들이 정지해 있기 때문에 12.1.3절에서 다뤘듯이 실현 가능한 트위스트들은 원점에서 시작하는 다면 볼록뿔을 이룬다. 이러한 뿔은 +, −, 0 라벨을 가진 CoR들의 집합으로 유일하게 표현될 수 있다. 움직이는 제약조건에 의해 생성되는 일반적인 트위스트 다면체는 +, −, 0 라벨을 가진 CoR들의 집합을 이용해서 유일하게 표현할 수 없다.

정지한 물체와 움직이는 물체 사이의 접촉점이 주어졌을 때, 통과 불가 제약조건을

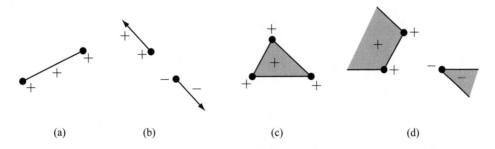

(a)   (b)   (c)   (d)

그림 12.10: (a) +로 라벨된 두 CoR의 양의 선형 결합 (b) + CoR과 − CoR 사이의 양의 선형 결합 (c) 세 + CoR들의 양의 선형 결합 (d) 두 + CoR들과 하나의 − CoR의 양의 선형 결합

위배하지 않는 CoR들을 그림으로 나타낼 수 있다. 접촉 법선상의 모든 포인트를 ± 로 라벨하고, 안으로 향하는 법선의 왼쪽에 있는 점을 +로 라벨하고, 오른쪽에 있는 점을 −로 라벨한다. 1차 접촉 제약조건을 위배하지 않으면서 +로 라벨된 모든 포 인트는 움직이는 물체가 양의 각속도를 가지는 CoR로 기능하고, −로 라벨된 모든 포인트는 음의 각속도를 가지는 CoR들로 기능한다. 더 나아가 CoR에 1차 조건에 해 당하는 접촉 라벨(떨어지는 접촉점 B, 미끌림 접촉점 S, 굴림 접촉점 R)을 부여할 수 있다. 평면상의 미끌림에 대해서 라벨 S를 움직이는 물체가 고정된 제약조건의 오른쪽으로 미끄러지는 경우 Sr와 왼쪽으로 미끄러지는 경우 S1라는 두 가지 하위 분류로 나눌 수 있다. 그림 12.11은 이러한 라벨을 보여준다.

만약 하나 이상의 접촉점이 있다면 단순히 개별 접촉점의 제약조건들과 접촉 라벨의 합집합을 취하면 된다. 동차 다면체 트위스트뿔이 볼록이기 때문에, 제약조건들의 합집합을 취한다는 것은 실현 가능한 CoR 영역이 볼록이라는 것을 의미한다.

예제 12.4. 그림 12.12 (a)는 고정된 로봇 손가락과 접촉하고 있는 탁자 위의 평면 물체를 나타내고 있다. 이 손가락은 물체의 움직임에 대해 부등식 제약조건을 정의 하며, 탁자는 두 개의 추가적인 제약조건을 정의한다. 통과 불가 제약조건을 위배하 지 않는 트위스트들의 뿔은 각 접촉점에 대해 일관되게 라벨된 CoR로 나타낸다(그

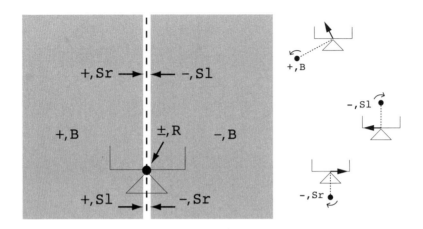

그림 12.11: 정지해 있는 삼각형이 움직이는 물체와 접촉을 이루고 있다. 접촉 법선의 왼쪽에 있는 CoR 은 +로 라벨됐고, 오른쪽에 있는 것은 −로 라벨됐으며, 접촉 법선상에 있는 것들은 ±으로 라벨됐다. 또한 CoR의 접촉 유형도 주어져 있다. 접촉 법선상의 점들에 대해서는 Sl 와 Sr CoR들에 부여된 부호가 접촉점에서 뒤집힌다. 세 CoR들과 그들에 해당하는 라벨들이 표시됐다.

림 12.12(b)). 각 실현 가능한 CoR은 개별 접촉점의 라벨을 이어 붙인 접촉 모드로 라벨된다(그림 12.12(c)).

이제 그림 12.12(c)에서 (+, SrBSr)로 라벨된 CoR을 좀 더 자세히 살펴보자. 이 운동 이 정말로 가능한가? 이것이 가능하지 *않다*는 것이 명백해야 한다. 이 물체는 정지한 손가락을 통과해버릴 것이다. 우리가 이렇게 잘못된 결론에 도달한 것은 우리의 1차 분석이 국소적인 접촉 곡률을 무시했기 때문이다. 2차 분석은 이 운동이 불가능하다 는 것을 보일 수 있다. 한편, 만약 물체의 곡률 반지름이 충분히 작다면, 이 운동은 가능할 것이다.

따라서 굴림-미끄럼 운동을 나타내는 접촉점의 1차 분석은 2차 분석에 의해 통과하 거나 떨어지는 것으로 분류될 수 있다. 마찬가지로, 2차 분석이 굴림-미끄럼 운동을 나타내는 경우 3차 혹은 고차 분석이 통과하거나 떨어지는지 알려줄 수 있다. 만약 n차 분석이 한 접촉점을 통과하거나 떨어지는지 알려줬다면, 어떠한 경우에도 그보다

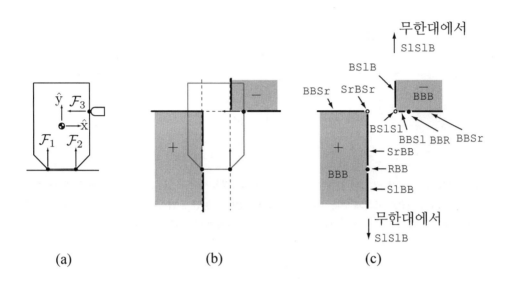

그림 12.12: 예시 12.4. (a) 탁자 위의 물체. 탁자에 의한 두 접촉 제약조건과 정지한 손가락과의 한 접촉점에 의한 하나의 제약조건을 가지고 있다. (b) CoR로 표현된 실현 가능한 트위스트들. 회색으로 나타냈다. 왼쪽과 아래쪽으로 이어지는 선분들은 무한대를 "감아 돌아와서" 오른쪽과 위쪽의 선분과 각각 이어진다. 따라서 CoR 영역은 하나의 연결된 볼록 영역으로 해석돼야 한다. (c) 각 실현 가능한 운동에 부여된 접촉 모드들. 0의 속도를 갖는 접촉 모드는 RRR이다.

높은 차원의 분석이 그 결론을 바꾸진 않는다.

12.1.7 형태 닫힘

정지 제약조건의 집합이 물체의 모든 움직임을 제약하고 있다면 그 물체는 **형태 닫힘** 상태에 있다고 한다. 만약 이 제약조건이 로봇의 손가락이라면, 이것을 **형태 닫힘 파지**$^{\text{form-closure grasp}}$이라고 한다. 그림 12.13가 한 예시를 보여준다.

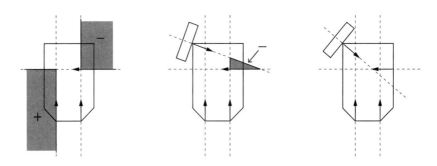

그림 12.13: (좌) 그림 12.12의 물체가 세 개의 정지 접촉점을 이루고 있고 물체의 가능한 트위스트뿔이 볼록한 CoR 영역으로 표시돼 있다. (중) 네 번째 접촉점이 가능한 트위스트뿔의 크기를 줄인다. (우) 네 번째 접촉 법선의 각도를 바꿈으로써 어떤 트위스트도 가능하지 않게 됐다. 이 물체는 형태 닫힘을 이루고 있다.

12.1.7.1 1차 형태 닫힘을 이루기 위해 필요한 접촉점의 수

각 정지 접촉점 i는 다음 형태의 반-공간 트위스트 제약조건을 제공한다.

$$\mathcal{F}_i^T \mathcal{V} \geq 0.$$

형태 닫힘은 제약조건을 만족하는 유일한 트위스트 $\mathcal{V}$가 영 트위스트일 때에만 달성된다. 3차원상의 j개의 접촉점에 대해서 이 조건은 다음과 동치다.

$$\mathrm{pos}(\{\mathcal{F}_1, \ldots, \mathcal{F}_j\}) = \mathbb{R}^6$$

따라서 12장의 시작에서 소개한 사실 2에 따라서 공간상의 물체에 1차 형태 닫힘을 이루기 위해 최소한 $6 + 1 = 7$개의 접촉점이 필요하다. 평면상의 물체에 대해서 이

조건은 다음으로 주어진다.

$$\text{pos}(\{\mathcal{F}_1, \ldots, \mathcal{F}_j\}) = \mathbb{R}^3,$$

따라서 $3 + 1 = 4$개의 접촉점이 1차 형태 닫힘을 위해 필요하다. 이 결과들은 다음의 정리로 요약될 수 있다.

정리 12.1. *평면상의 물체에 대해 1차 형태 닫힘을 이루기 위해 최소한 네 개의 접촉점이 필요하다. 공간상의 물체에 대해서는 최소한 일곱 개의 접촉점이 필요하다.*

이제 평면상의 원판을 집는 문제를 생각해보자. 아무리 많은 수의 접촉점을 만들더라도 원판의 움직임을 멈추는 것은 기구학적으로 불가능하다는 것이 명백하다. 원판은 언제나 그 중심을 기준으로 회전할 수 있다. 이런 물체들은 **예외적**exceptional이라고 한다. 모든 방향에서의 접촉 수직항력의 양의 span이 $\mathbb{R}^n$과 같지 않다. 평면상의 경우 $n = 3$이며 공간상의 경우 $n = 6$이다. 3차원 공간에서 이런 물체의 예시로는 원 혹은 타원과 같은 회전체가 있다.

그림 12.14은 평면 파지의 예를 보여준다. 12.1.6절의 도식적 방법들을 이용하면 그림 12.14(a)의 네 접촉점이 물체를 움직이지 못하게 한다는 것을 알 수 있다. 우리의 1차 분석은 그림 12.14(b)와 12.14(c)에 나타난 물체들이 각각 자신의 중심을 기준으로 회전할 수 있다는 것을 알려준다. 그러나 사실 그림 12.14(b)의 경우에는 불가능하다. 2차 분석을 통해서만 우리는 이 물체가 실제로 움직이지 못한다는 것을 알 수 있다. 마지막으로, 그림 12.14(d)-(f)의 두 손가락을 이용한 파지는 1차 분석상에서는 동일하다. 그러나 사실은 그림 12.14(f)의 물체만 곡률의 효과 때문에 두 손가락에 의해 움직이지 못하게 됐다.

요약하자면, 우리는 1차 분석을 통해 떨어지고 통과하는 운동을 항상 정확하게 라벨할 수 있지만 2차 혹은 고차 효과들은 1차 굴림-미끄럼 운동을 떨어지거나 통과하는 운동으로 바꿀 수 있다. 만약 한 물체가 1차 분석에 의해 형태 닫힘을 이루고 있다면 그것은 어떤 분석을 통해서도 형태 닫힘을 이루고 있다. 만약 1차 분석에서 굴림-미끌

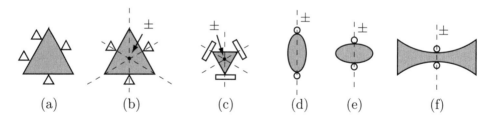

그림 12.14: (a) 네 손가락이 평면상의 형태 닫힘을 이루고 있다. 1차 분석은 (b)와 (c)를 동일하게 취급하며, 이 삼각형이 중심을 기준으로 회전할 수 있다고 판단한다. 2차 분석은 (b)의 경우에는 그것이 불가능하다는 것을 알려준다. 1차 분석은 (d), (e) 그리고 (f)에 나타난 파지를 모두 동일하게 취급하며 세로선상의 어느 점이든 중심으로 회전이 가능하다고 판단한다. 이것은 (d)의 경우에만 참이며, (e)의 경우 일부 중심점에 대해서만 참이다. (f)의 경우 어떠한 운동도 불가능하다.

럼 움직임만 가능하다면 이 물체는 고차 분석에 의해 형태 닫힘을 이루고 있을 수도 있다. 만약 그렇지 않다면 어떠한 분석에서도 형태 닫힘을 이룰 수 없다.

12.1.7.2 1차 형태 닫힘을 위한 선형 프로그래밍 검정

j개의 접촉 렌치를 열로 갖는 행렬을 $F = \left[\ \mathcal{F}_1 \ | \ \mathcal{F}_2 \ | \ldots \ | \ \mathcal{F}_j \ \right] \in \mathbb{R}^{n \times j}$라고 하자. 공간상의 물체들에 대해서 $n = 6$이고, 평면상의 물체들에 대해 $n = 3$이며 $\mathcal{F}_i = (m_{iz}, f_{ix}, f_{iy})^T$이다. 만약 모든 $\mathcal{F}_{ext} \in \mathbb{R}^n$에 대해서 $Fk + \mathcal{F}_{ext} = 0$를 만족하는 가중치 벡터 $k \in \mathbb{R}^j, k \geq 0$가 존재한다면 이 접촉점은 형태 잠금을 이룬다.

만약 F의 위수^{rank}가 최대가 아니라면(rank(F) $< n$) 이 물체는 명백하게 형태 닫힘 상태가 아니다. 만약 F가 최대 위수를 가지고 있다면 형태 닫힘을 위한 조건은 $Fk = 0$를 만족하는 양수인 계수들 $k > 0$이 존재해야 한다는 것과 동치다. 이 검정^{test}을 다음의 조건들의 집합으로 형식화할 수 있다. k를 찾는 과정은 **선형 계획법**$^{\text{linear program}}$

의 한 사례다.

$$\text{find } k \tag{12.14}$$

$$\text{minimizing } \mathbf{1}^T k$$

$$\text{such that } Fk = 0$$

$$k_i \geq 1, \quad i = 1, \ldots, j,$$

$\mathbf{1}$은 1이 j개 있는 벡터다. 만약 F가 최대 위수를 가지고 있고 (12.14)를 만족하는 해 k가 존재한다면, 이 물체는 1차 형태 닫힘 상태에 있고, 존재하지 않는다면 1차 형태 닫힘이 아니다. 목적함수 $\mathbf{1}^T k$는 물체가 형태 닫힘 상태에 있는지를 판단하기 위해서 필요한 것은 아니라는 점을 주목하라. 하지만 이 목적함수는 LP 솔버^{solver}를 위해 문제가 잘 정의돼 있도록 하기 위해서 도입됐다.

예제 12.5. 그림 12.15에 나타난 평면상의 물체는 가운데에 구멍을 가지고 있다. 두 손가락이 구멍 안의 두 개의 다른 모서리에 닿아 있으면서 네 개의 접촉 법선을 만들고 있다. 행렬 $F = [\, \mathcal{F}_1 \mid \mathcal{F}_2 \mid \mathcal{F}_3 \mid \mathcal{F}_4 \,]$은 다음과 같다.

$$F = \begin{bmatrix} 0 & 0 & -1 & 2 \\ -1 & 0 & 1 & 0 \\ 0 & -1 & 0 & 1 \end{bmatrix}.$$

행렬 F는 명백하게 위수가 3이다. 선형 계획법 (12.14)를 수행하면 해 $k_1 = k_3 = 2$, $k_2 = k_4 = 1$을 얻을 수 있고, 따라서 이 파지는 형태 잠금이다. 여러분은 MATLAB 의 linprog 같은 것을 사용해 이를 검증해볼 수 있다. 이 함수는 k의 각 원소의 가중 치를 나타내는 벡터 f로 표현된 목적함수와 k에 대해 $Ak \leq b$ 형태로 나타낸 부등식 제약조건($k_i \geq 1$을 나타내기 위해 사용됨) 그리고 등식 제약조건 $A_{\text{eq}}k = b_{\text{eq}}(Fk = 0$을 나타내기 위해 사용됨)들을 입력으로 받는다.

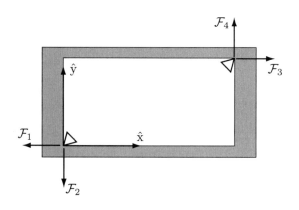

그림 12.15: 두 손가락이 물체를 내부로부터 잡고 있다.

```
f = [1,1,1,1];
A = [[-1,0,0,0]; [0,-1,0,0]; [0,0,-1,0]; [0,0,0,-1]];
b = [-1,-1,-1,-1];
F = [[0,0,-1,2]; [-1,0,1,0]; [0,-1,0,1]];   % the F matrix
Aeq = F;
beq = [0,0,0];
k = linprog(f,A,b,Aeq,beq);
```

위 프로그램은 다음의 결과를 출력한다.

```
k =
    2.0000
    1.0000
    2.0000
    1.0000
```

만약 오른쪽 손가락이 구멍의 오른쪽 아래 모서리로 이동한다면, 새로운 F 행렬은

664

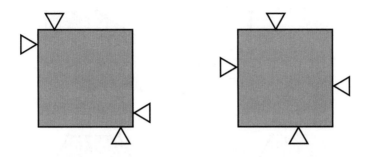

그림 12.16: 두 파지 모두 형태 닫힘이다. 어느 것이 더 나은가?

다음과 같이 주어진다.

$$F = \begin{bmatrix} 0 & 0 & 0 & -2 \\ -1 & 0 & 1 & 0 \\ 0 & -1 & 0 & -1 \end{bmatrix}$$

이 행렬의 위수는 여전히 최대이지만, 이 행렬에 해당하는 선형계획법에는 해가 없다. 이 파지는 형태 닫힘이 아니다.

12.1.7.3 형태 잠금 파지의 품질을 평가하기

그림 12.16에 나타난 두 개의 형태 닫힘 파지를 생각하자. 어느 것이 더 나은 파지인가? 이 질문에 대답하기 위해서는 파지의 품질을 측정할 수 있는 척도가 필요하다. **파지 척도**grasp metric는 접촉점 $\{\mathcal{F}_i\}$을 입력으로 받아 하나의 수인 $\text{Qual}(\{\mathcal{F}_i\})$를 출력한다. 만약 $\text{Qual}(\{\mathcal{F}_i\}) < 0$이면 파지가 형태 닫힘이 아니며, 양수의 큰 값을 가질수록 더 좋은 파지를 나타낸다.

파지 척도에는 여러 가지 합리적인 선택지가 존재한다. 예를 들어 물체를 손상시키

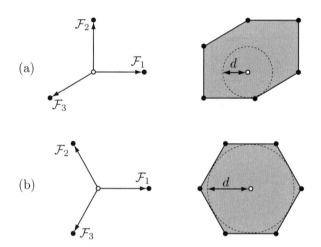

그림 12.17: (a) 2차원 렌치 공간상의 세 접촉 렌치의 집합과, 중심이 원점이고 렌치 다면체의 안쪽에 접하면서 가장 큰 반지름 d를 가진 원 (b) 다른 세 접촉 렌치의 집합은 더 큰 내접원을 가질 수 있다.

는 것을 피하려 한다고 가정한다면, 접촉점 i에서 힘이 $f_{i,\max} > 0$보다 작거나 같을 필요가 있다. 그렇다면 j개의 접촉점에 작용하는 렌치의 전체 집합은 다음과 같이 주어진다.

$$CF = \left\{ \sum_{i=1}^{j} f_i \mathcal{F}_i \mid f_i \in [0, f_{i,\max}] \right\}. \tag{12.15}$$

2차원의 예시가 그림 12.17에 표시돼 있다. 이것은 물체를 흔들리게 하는 렌치들에 저항하기 위해 접촉점에 작용할 수 있는 렌치들이 이루는 볼록집합이다. 만약 파지가 형태 닫힘이면, 렌치 공간의 원점이 이 집합의 내부에 존재한다.

이제 문제는 어떻게 이 다면체를 파지의 품질을 나타내는 하나의 숫자로 바꿀 것이냐다. 이상적으론 이 과정은 물체가 겪을 것으로 예상되는 방해 렌치$^{disturbance\ wrench}$에 대한 지식을 사용할 수 있을 것이다. 보다 단순한 방법은 Qual($\{\mathcal{F}_i\}$)을 렌치 공간의 원점을 중심으로 가지면서 다면체에 내접하는 가장 큰 원의 지름으로 설정하는 것이다. 이 반지름을 계산할 때 두 가지 주의할 점이 있다. (1) 모멘트와 힘은 다른 단위를 가지고 있다. 따라서 힘과 모멘트의 크기를 동일하게 놓고 비교할 수 있는 명확한 방법이 없다. (2) 접촉힘에 의한 모멘트는 공간 좌표계^{space frame}의 원점의 위치에 의존한다. 주의할 점은 (2)를 다루기 위해서 좌표계의 원점을 물체의 기하학적인 중심 근처나 질량 중심 근처에 놓을 수 있다는 것이다.

공간 좌표계의 선택과 고유 길이^{characteristic length} r의 설정이 주어지면, 우리는 단순하게 렌치 공간에서 CF의 경계를 이루는 각 초평면과 원점 사이의 부호를 가진 거리^{signed distance}를 계산하면 된다. 그 길이들 중 최솟값은 $\mathrm{Qual}(\{\mathcal{F}_i\})$이다(그림 12.17).

그림 12.16에 있는 원래 예제로 돌아오자. 각 손가락에 똑같은 정도의 힘이 가해진다면, 왼쪽의 파지가 더 낮다고 생각할 수 있다. 접촉점들이 더 큰 물체의 중심에 대한 모멘트에 저항할 수 있기 때문이다.

12.1.7.4 형태 닫힘을 위해 접촉점 선택하기

물체를 고정시키거나 파지하기 위해서 형태 닫힘 접촉점을 선택하는 여러 가지 방법을 제안해왔다. 한 가지 접근법은 물체의 표면에서 (평면상의 물체의 경우 네 개, 공간상의 물체일 경우 일곱 개의) 후보 파지점^{candidate grasp point}들을 형태 닫힘이 이뤄질 때까지 임의로 선택하는 것이다. 파지점들이 선택되면 파지 척도, 즉 $\partial\,\mathrm{Qual}(p)/\partial p$ (p는 모든 접촉 위치의 좌표를 나타내는 벡터)에 대해 경사 상승^{gradient ascent} 방법을 이용해 파지점들을 점진적으로 옮길 수 있다.[4]

---

[4]접촉점이 물체의 표면상에 있게 하기 위해서 경사(미분) 벡터 $\partial\,\mathrm{Qual}(p)/\partial p$을 접촉점의 접평면에 사영^{project}해야 한다.

12.2 접촉힘과 마찰

12.2.1 마찰

로봇 매니퓰레이션에서 일반적으로 사용되는 마찰의 모형은 **쿨롱 마찰**^{Columb friction}이다. 이 실험적 법칙은 접선 방향의 마찰력의 크기 f_t와 수직항력의 크기 f_n가 **마찰계수**^{friction coefficient} μ에 대해 $f_t \leq \mu f_n$의 관계를 갖는다고 서술한다. 만약 접촉점이 미끄러지고 있거나 혹은 지금은 구르고 있지만 이제 막 미끄러지려고 한다면 (즉, 다음 순간부터는 접촉점이 미끄러진다면) $f_t = \mu f_n$이 성립하며, 마찰력의 방향은 미끌림의 반대 방향이다. 즉, 마찰은 에너지를 소실시킨다. 마찰력은 미끌림의 속도와 무관하다. 보통 두 가지 마찰계수가 정의된다. 정지 마찰계수^{static friction coefficient} μ_s과 운동 마찰계수^{kinetic friction coefficient} (혹은 미끌림 마찰계수 ^{sliding friction coefficient}) μ_k가 있으며, $\mu_s \geq \mu_k$이다. 이것은 운동의 시작을 막는 데에는 더 큰 마찰력이 작용한다는 것과, 운동이 일단 시작되면 저항하는 힘은 더 작다는 것을 의미한다. 미끌림의 속도나 정지 접촉이 움직임 전까지 유지된 시간 등 여러 가지 다른 함수 관계를 갖는 다양한 마찰 모형을 제시해왔다. 이 모든 것들은 복잡한 미시적 효과가 종합돼서 나타난다. 단순성을 위해서 우리는 가장 간단한 하나의 마찰계수를 갖는 쿨롱 마찰 모형을 사용할 것이다. 이것은 단단하고 건조한 물질들에 대해서는 합리적인 모형이다. 마찰계수는 접촉하고 있는 두 물질에 따라 달라지며, 보통 0.1에서 1 사이의 값을 갖는다.

$+\hat{z}$ 방향을 가리키고 있는 접촉 법선에 대해서, 접촉점을 통해 전달되는 힘은 다음을 만족한다.

$$\sqrt{f_x^2 + f_y^2} \leq \mu f_z, \; f_z \geq 0. \tag{12.16}$$

그림 12.18(a)은 이 힘들의 집합이 **마찰원뿔**^{friction cone}을 이룬다는 것을 보여준다. 손가락이 평면에 가하는 힘들의 집합은 그림에 보여지는 뿔의 안에 자리한다. 그

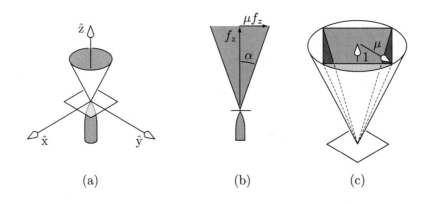

(a)   (b)   (c)

그림 12.18: (a) 접촉점을 통해 전달될 수 있는 실현 가능한 모든 힘을 나타내는 마찰원뿔 (b) 같은 마찰원뿔을 마찰계수 μ와 마찰각 $\alpha = \tan^{-1} \mu$가 드러나도록 옆에서 본 모습 (c) 마찰원뿔을 근사하며 내접하는 볼록 다각뿔polyheral convex cone

림 12.18(b)는 같은 뿔을 옆에서 본 모습을 나타내며, 뿔의 꼭짓점 각도의 절반half-angle 인 **마찰각**friction angle $\alpha = \tan^{-1} \mu$을 보여준다. 만약 접촉점이 미끄러지고 있지 않으면, 힘은 뿔의 내부 어디에나 있을 수 있다. 만약 손가락이 오른쪽으로 미끄러지는 경우 손가락이 가하는 힘은 마찰 뿔의 오른쪽 모서리에 있으며, 그 크기는 수직항력에 의해 결정된다. 그에 대응해, 평면은 손가락에 반대되는 힘을 가하고, 이 힘의 접선(마찰) 성분은 미끄러지는 방향의 반대를 가리킨다.

접촉역학문제에 선형 수식을 적용하기 위해서는 볼록원뿔convex circular cone을 볼록 다각뿔polyheral convex cone로 근사하는 것이 편할 때가 있다. 그림 12.18(c)는 마찰원뿔을 네 면을 가진 내접하는 뿔로 근사하는 것을 보여준다. 이 뿔의 좌표 (f_x, f_y, f_z)는 뿔의 모서리인 $(\mu, 0, 1)$, $(-\mu, 0, 1)$, $(0, \mu, 1)$ 그리고 $(0, -\mu, 1)$의 양의 생성positive span 으로 이뤄진다. 모서리를 더 추가하면 원뿔에 대한 더 정밀한 근사를 얻을 수 있다. 내접하는 뿔은 실현 가능한 마찰력을 과소 추정하며, 외접하는 뿔은 과대 추정한다. 어떤 것을 선택할지는 응용 상황에 달려 있다. 만약 우리가 로봇 손이 물체를 집는

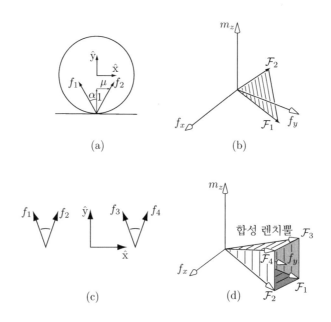

그림 12.19: (a) 마찰계수 μ와 그에 해당하는 마찰각 $\alpha = \tan^{-1}\mu$를 가지는 평면상의 마찰원뿔 (b) 그에 대응하는 렌치뿔 (c) 두 마찰원뿔 (d) 그에 대응하는 합성 렌치뿔

것을 확실하게 하고 싶으면, 실현 가능한 마찰력에 대해 과소 추정하는 것이 좋을 것이다.

평면상의 문제들에 대해서는 굳이 근사를 할 필요가 없다. 그림 12.18(b)에 나타난 것과 비슷하게, 마찰원뿔은 뿔의 두 모서리의 양의 생성으로 정확하게 표현된다.

우리가 일단 좌표계를 설정하면, 어떤 접촉힘이건 모두 렌치$\mathcal{F} = ([p]f, f)$로 표현할 수 있다. 여기에서 p는 접촉점의 위치이다. 이렇게 하면 마찰원뿔을 렌치뿔$^{\text{wrench cone}}$로 바꿀 수 있다. 그림 12.19는 평면상의 한 예제를 나타낸다. 평면상의 마찰원뿔의 두 모서리는 렌치 공간상의 두 개의 반직선이 되고, 물체에 접촉점을 통해 전달될 수 있는 렌치는 이 모서리 방향의 기저 벡터의 양의 생성으로 표현될 수 있다. 만약 $\mathcal{F}_1$과 $\mathcal{F}_2$가 렌치뿔을 이루는 기저 벡터라면 렌치뿔을 다음과 같이 쓸 수 있다.

$$\mathcal{WC} = \text{pos}(\{\mathcal{F}_1, \mathcal{F}_2\})$$

만약 한 물체에 여러 개의 접촉점이 작용하고 있다면, 접촉점을 통해 물체에 전달될 수 있는 렌치의 전체 집합은 모든 렌치뿔 $\mathcal{WC}_i$의 양의 생성으로 주어진다.

$$\mathcal{WC} = \text{pos}(\{\mathcal{WC}_i\}) = \left\{ \sum_i k_i \mathcal{F}_i \mid \mathcal{F}_i \in \mathcal{WC}_i, k_i \geq 0 \right\}.$$

이 합성 렌치뿔은 원점에서 출발하는 볼록뿔이다. 그림 12.19(c)에 나타난 두 마찰 뿔이 작용하고 있는 평면 물체 합성 렌치뿔의 예시가 그림 12.19(d)에 그려져 있다. 평면 문제들에서는 3차원 공간상의 합성 렌치뿔이 다면체polyhedral이다. 공간상의 문제들에 대해서는 그림 12.18(c)에 나타난 것처럼 개별 마찰뿔이 다각뿔로 근사되지 않은 이상에는 6차원 렌치 공간상의 렌치뿔이 다면체가 아니다.

만약 물체에 작용하고 있는 한 접촉점 혹은 접촉점의 집합이 이상적으로 힘이 제어force control되고 있다면, 제어기에 의해 정해지는 렌치 $\mathcal{F}_{\text{cont}}$는 이 접촉점에 해당하는 합성 렌치뿔 안에 반드시 있어야 한다. 만약 다른 힘제어되지 않는 접촉점이 물체에 작용하고 있다면, 실현 가능한 렌치들의 뿔은 힘 제어되지 않는 접촉점의 렌치뿔과 동일하지만 출발점이 $\mathcal{F}_{\text{cont}}$가 되도록 평행 이동된다.

12.2.2 평면 도식적 방법

12.2.2.1 렌치를 표현하기

영이 아닌 선형 성분을 갖는 한 평면 렌치 $\mathcal{F} = (m_z, f_x, f_y)$는 평면상의 화살표로 표현될 수 있다. 화살표의 출발점은 다음과 같이 표현된다.

$$(x, y) = \frac{1}{f_x^2 + f_y^2}(m_z f_y, -m_z f_x),$$

그리고 화살표의 도착점은 $(x + f_x, y + f_y)$이다. 우리가 화살표를 화살표의 방향을 따라 움직여도 모멘트는 변하지 않으므로, 같은 방향과 길이를 가진 어떤 화살표든 같은 렌치를 나타낸다(그림 12.20). 만약 $f_x = f_y = 0$이고 $m_z \neq 0$이면, 렌치는 순수 모멘트^{pure moment}이며, 우리는 이것을 그림을 이용해 나타내지 않을 것이다.

화살표로 표현된 두 렌치에 대해 도식적 방법을 이용해 덧셈을 수행할 수 있다. 화살표를 출발점끼리 만나도록 각자의 방향을 따라 움직인다. 두 렌치의 합에 해당하는 화살표가 그림 12.20에 나타나 있다. 이 방법을 순차적으로 적용해 여러 개의 화살표로 표현된 렌치들을 합할 수 있다.

12.2.2.2 렌치뿔 표현하기

지난 절에서는 각 렌치가 정해진 크기를 가지고 있었다. 그러나 강체 접촉점은 접촉 수직항력이 임의로 커질 수 있다는 것을 의미한다. 수직항력은 두 물체가 서로 통과하는 것을 막기 위해서 필요한 힘이기 때문이다. 따라서 모든 렌치들을 $k\mathcal{F}$의 형태로

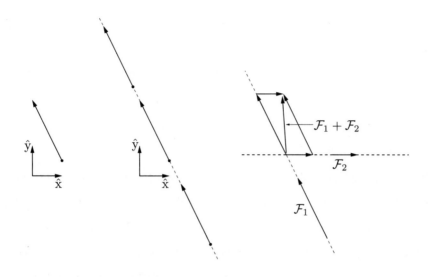

그림 12.20: (왼쪽) 평면 렌치 $\mathcal{F} = (m_z, f_x, f_y) = (2.5, -1, 2)$를 화살표를 이용해 $\hat{x}$-$\hat{y}$ 평면에 표시했다. (가운데) 같은 렌치는 화살표 방향의 직선상 어디에든 표시할 수 있다. (오른쪽) 두 렌치를 더하기 위해선 각자의 화살표 방향의 직선상에서 움직여 서로의 출발점이 만나도록 한 뒤, 평행사변형을 그려서 벡터 덧셈을 수행한다.

표현하는 것이 유용하다. 여기에서 $k \geq 0$이고 $\mathcal{F} \in \mathbb{R}^3$은 기저 벡터다.

그러한 표현 방법 중 하나는 **모멘트 라벨링**이다. 기저 렌치 $\mathcal{F}$의 화살표가 12.2.2.1절에서 설명된 것과 같이 그려져 있다. 그러면 화살표의 직선보다 왼쪽에 있는 평면상의 모든 점들은 '$\mathcal{F}$의 스케일을 양의 방향으로 변화시키는 것은 그 점에 대한 양의 모멘트m_z를 만든다'는 의미의 '+' 라벨을 받는다. 화살표의 직선의 오른쪽에 있는 점들은 '$\mathcal{F}$의 스케일을 양의 방향으로 변화시키는 것이 이 점들에 대해 음의 모멘트를 만든다'는 의미의 '−' 라벨을 받는다. 직선 위에 있는 점들은 '±' 라벨을 받는다.

일반화하면, 동차 볼록 평면 트위스트뿔homogeneous convex planar twist cone이 볼록 CoR 영역으로 표현되는 것처럼, 모멘트 라벨들은 어떠한 동차 볼록 평면 렌치뿔 homogeneous convex planar wrench cone도 표현할 수 있다. $k_i \geq 0$인 모든 k_i에 대해,

$k_i\mathcal{F}_i$에 대응하는 방향이 있는 힘 직선의 집합이 주어졌다고 하자. 렌치뿔 $\mathrm{pos}(\{\mathcal{F}_i\})$을 이용해 평면상의 각 점에 라벨을 붙일 수 있다. $\mathcal{F}_i$가 그 점에 대해 음이 아닌 모멘트를 만든다면 '+'로 라벨하고, $\mathcal{F}_i$가 그 점에 대해 양이 아닌 모멘트를 만든다면 '−'로 라벨하고, 그 점에 대해 영 모멘트를 만든다면 '±'로 라벨하고, 그 점에 대해 최소한 하나의 렌치가 양의 모멘트를 만들고 최소한 하나의 렌치가 음의 모멘트를 만들면 비어 있는 라벨을 붙인다.

이 아이디어는 예시를 이용해 설명할 수 있다. 그림 12.21(a)에서 기저 렌치 $\mathcal{F}_1$는 힘 직선의 왼쪽에 있는 점들은 +로 라벨하고 직선의 오른쪽에 있는 점들은 −로 라벨함으로써 표현될 수 있다. 직선 위에 있는 점들은 ± 라벨이 부여된다. 그림 12.21(b)에서는 평면 마찰원뿔의 다른 쪽 모서리를 나타내는 다른 기저 렌치가 추가됐다. 두 렌치에 의해서 일관된 라벨을 부여받는 점들만 원래 라벨을 유지하게 된다. 두 렌치가 서로 다른 라벨을 부여하는 경우에는 라벨을 잃게 된다. 마지막으로, 그림 12.21(c)에서는 세 번째 기저 렌치가 추가됐다. 그 결과 +로 라벨된 하나의 영역만 남게 됐다. 이 세 기저 렌치의 음이 아닌 선형 결합은 이 색칠된 영역을 반시계 방향으로 지나가는 모든 힘의 직선을 만들 수 있다. 다른 렌치들은 만들어질 수 없다.

만약 그림 12.21(c)의 +로 라벨된 영역을 시계 방향으로 통과하는 다른 기저 렌치가 추가된다면, 평면상에 어느 점도 일관되게 라벨되지 않는다. 이 네 렌치들의 양의 선형 생성$^{\text{positive linear span}}$은 전체 렌치 공간 $\mathbb{R}^3$이 된다.

모멘트-라벨 표현$^{\text{moment-labeling representation}}$은 동차 볼록 렌치뿔 표현과 동치다. 12.1.6절에 등장한 CoR 영역과 같이 그림 12.21(a), (b) 그리고 (c)의 모멘트 라벨된 영역들은 하나의 볼록 영역으로 해석될 수 있다.

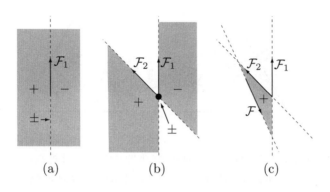

그림 12.21: (a) 모멘트 라벨들로 힘의 직선을 표현 (b) 두 힘의 직선들의 양의 생성을 모멘트 라벨을 이용해 표현 (c) 세 힘의 직선들의 양의 생성

12.2.3 힘 닫힘

하나의 움직일 수 있는 물체와 여러 개의 마찰 접촉점을 생각하자. 만약 복합 렌치 뿔이 전체 렌치 공간을 포함한다면 우리는 접촉점이 **힘 닫힘**[force closure]을 이뤘다고 말한다. 어떠한 외부 렌치 $\mathcal{F}_{\text{ext}}$가 물체에 가해져도 접촉힘에 의해 균형이 맞춰질 수 있다.

우리는 힘 닫힘을 검증하기 위한 간단한 선형 검사를 유도할 수 있다. 이 검사는 평면의 경우에는 정확하고 공간상의 경우에는 근사적으로 성립한다. 모든 접촉점의 마찰원뿔의 가장자리에 해당하는 렌치들을 $\mathcal{F}_i, i = 1 \ldots j$라 하자. 평면상의 문제에 대해서 각 마찰원뿔은 두 개의 모서리를 만든다. 공간상의 문제에 대해서는 각 마찰원 뿔은 어떤 다각형으로 근사하느냐에 따라(그림 12.18(c)을 보라) 세 개 혹은 그 이상의 모서리를 만든다. $\mathcal{F}_i$들을 열로 갖는 $n \times j$의 행렬 F를 생각하자. 평면에서는 $n = 3$ 이고 공간상의 문제들에서는 $n = 6$이다. 행렬 F를 이용하면 힘 닫힘에 대한 검사는 형태 닫힘에 대한 검사와 동일하다. 다음의 조건이 만족할 때 접촉점은 힘 닫힘을

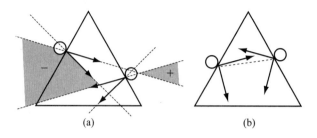

그림 12.22: 정삼각형을 두 손가락으로 힘 닫힘 파지$^{\text{force-closure grasp}}$를 하기 위해선 $\mu \geq \tan 30° \approx 0.577$ 을 만족해야 한다. (a) $\mu = 0.25$이면 이 파지는 힘 닫힘이 아니다. 일관되게 라벨된 모멘트 라벨 영역이 존재하는 것으로부터 알 수 있다. (b) 이 파지는 $\mu = 1$인 힘 닫힘 파지이다.

이룬다.

- $\text{rank}(F) = n$이고,

- 선형 계획 문제 (12.14)의 해가 존재한다.

만약 $\mu = 0$이면, 각 접촉점이 법선 방향으로만 힘을 전달하고 있으며, 이때 힘 닫힘은 1차 형태 닫힘과 동치이다.

12.2.3.1 힘 닫힘을 위해 필요한 접촉점의 수

평면 문제의 경우, 3차원 렌치 공간을 양의 생성하기에는 네 개의 접촉 렌치로 충분하다. 이것은 각각 두 개의 마찰원뿔 모서리를 가지는 두 개의 마찰 접촉점만 있으면 힘 닫힘을 만들기에 충분하다는 것을 의미한다. 우리는 모멘트 라벨을 이용해서 힘 닫힘과 일관된 모멘트 라벨이 없는 것이 동치라는 것을 보일 것이다. 예를 들어서, 만약 두 접촉점이 두 마찰원뿔의 안에 있는 선분을 통해서 서로를 "볼" 수 있다면,

이것은 힘 닫힘이다(그림 12.22).

힘 닫힘은 단순히 접촉 마찰원뿔이 모든 렌치를 만들어낼 수 있음을 의미한다. 이것은 외부 렌치가 있는 상태에서 물체가 움직이지 않는다는 것을 뜻하진 않는다. 그림 12.22(b)의 예시에서 삼각형이 중력에 의해 떨어지는지 아닌지는 손가락의 잡는 힘에 달려 있다. 만약 손가락에 동력을 공급하는 모터가 충분한 힘을 제공할 수 없거나 특정 방향으로만 힘을 발생하도록 제한될 경우, 힘 닫힘에도 불구하고 삼각형은 떨어질 수 있다.

두 개의 마찰 접촉점은 두 개의 접점을 연결하는 축에 대해 모멘트를 생성할 수 없기 때문에 공간상의 물체에 대해 힘 닫힘을 만들기에 충분하지 않다. 그러나 3개의 마찰 접촉점이 있으면 힘 닫힘 파지를 만들 수 있다. 리 외 연구진Li et al.[89]의 간단하고 매력적인 결과를 이용하면 마찰이 있는 공간상의 파지를 평면상의 힘 닫힘 문제로 단순화할 수 있다. 그림 12.23에 보이는 것처럼 하나의 강체가 세 개의 마찰이 있는 접촉점에 의해 구속된다고 하자. 만약 세 접점이 같은 선상에 있는 경우, 명백하게도 이 세 접촉점은 이 선에 대한 모멘트에 저항을 할 수 없다. 따라서 우리는 이 경우를 제외하고, 세 접촉점이 한 직선상에 있지 않다고 가정할 것이다. 이 세 접촉점은 유일한 평면 S를 정의하며, 각 접촉점에서 세 가지 가능성을 가지고 있다(그림 12.23을 보라).

- 마찰원뿔과 S가 교차하는 영역이 평면상의 원뿔을 이룬다.

- 마찰원뿔과 S가 직선에서 교차한다.

- 마찰원뿔과 S가 한 점에서 교차한다.

각 마찰원뿔이 S와 평면원뿔을 이루면서 교차하고 S 또한 평면 힘 닫힘을 이룰 때만 이 물체는 힘 닫힘이다.

정리 12.2. *공간상의 강체가 세 개의 마찰 있는 접촉점에 의해 구속됐다고 했을 때 이 물체가 힘 닫힘일 필요충분조건은 각 접촉점의 마찰원뿔이 접촉점의 평면 S와 원뿔을 이루며 만나고, 평면 S는 평면 힘 닫힘을 이루는 것이다.*

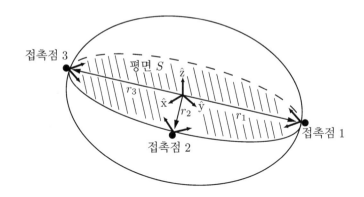

그림 12.23: 공간상의 한 강체가 세 개의 마찰 있는 접촉점에 의해 붙잡혀 있다.

그림 12.24: 한 마찰원뿔과 한 평면이 교차할 수 있는 세 가지 가능성

증명. 먼저 필요조건(공간상의 강체가 힘 닫힘이면, 각 마찰원뿔과 S이 교차하는 점들은 평면원뿔을 이룬다)은 쉽게 확인될 수 있다. 만약 물체가 공간 힘 닫힘이면 물체의 일부인 S 또한 반드시 평면 힘 닫힘 상태여야 한다. 또한, 만약 S와 점이나 선에서 교차하는 마찰원뿔이 하나라도 있으면, 파지가 저항할 수 없는 외부 모멘트(예를 들어, 나머지 두 접촉점 사이의 선에 대한 모멘트)가 존재한다.

충분조건(각 마찰원뿔들이 S와 평면원뿔을 이루며 교차하고 S가 평면 힘 닫힘이면, 공간 강체도 힘 닫힘이다)을 보이기 위해서, S가 x-y 평면상에 있도록 하는 고정된 기준 좌표계를 설정하고, 고정된 좌표계의 원점으로부터 접촉점 i(그림 12.23을 보라)를 가리키는 벡터를 $r_i \in \mathbb{R}^3$라고 하자. 접촉점 i에서의 접촉힘을 $f_i \in \mathbb{R}^3$으로 나타내면, 접촉 렌치

$\mathcal{F}_i \in \mathbb{R}^6$는 다음의 형태로 주어진다.

$$\mathcal{F}_i = \begin{bmatrix} m_i \\ f_i \end{bmatrix}, \tag{12.17}$$

여기에서 $i = 1, 2, 3$에 대해 $m_i = r_i \times f_i$이다. 임의의 외부 렌치 $\mathcal{F}_{\text{ext}} \in \mathbb{R}^6$를 다음과 같이 나타내자.

$$\mathcal{F}_{\text{ext}} = \begin{bmatrix} m_{\text{ext}} \\ f_{\text{ext}} \end{bmatrix} \in \mathbb{R}^6. \tag{12.18}$$

힘 닫힘이 되기 위해서는 어떠한 외부 교란 렌치 $\mathcal{F}_{\text{ext}}$에 대해서도 다음의 등식을 만족하며 각자의 마찰원뿔 안에 존재하는 접촉 렌치 $\mathcal{F}_i$, $i = 1, 2, 3$이 존재해야 한다.

$$\mathcal{F}_1 + \mathcal{F}_2 + \mathcal{F}_3 + \mathcal{F}_{\text{ext}} = 0, \tag{12.19}$$

혹은 마찬가지로,

$$f_1 + f_2 + f_3 + f_{\text{ext}} = 0 \tag{12.20}$$

$$(r_1 \times f_1) + (r_2 \times f_2) + (r_3 \times f_3) + m_{\text{ext}} = 0. \tag{12.21}$$

만약 각 접촉힘과 모멘트들, 외부의 힘과 모멘트들이 S가 생성하는 평면상(우리가 선택한 기준 좌표계의 x-y 평면에 해당)에 있는 성분과 그에 수직한 부분공간 N(우리가 선택한 기준 좌표계의 z축에 해당)에 있는 성분들로 수직하게 분해될 수 있다면, 앞서 소개한 힘 닫힘 관계 등식은 다음과 같이 쓸 수 있다.

$$f_{1S} + f_{2S} + f_{3S} = -f_{\text{ext},S} \tag{12.22}$$

$$(r_1 \times f_{1S}) + (r_2 \times f_{2S}) + (r_3 \times f_{3S}) = -m_{\text{ext},S} \tag{12.23}$$

$$f_{1N} + f_{2N} + f_{3N} = -f_{\text{ext},N} \tag{12.24}$$

$$(r_1 \times f_{1N}) + (r_2 \times f_{2N}) + (r_3 \times f_{3N}) = -m_{\text{ext},N}. \tag{12.25}$$

이하에서는 S를 강체가 x-y 평면과 만나는 단면을 가리킴과 동시에 또한 x-y 평면 그 자체를 가리키는 데에도 사용할 것이다. N은 항상 z축을 가리킬 것이다.

충분조건에 대한 증명을 진행하기 위해서, 이제 S가 평면 힘 닫힘임을 보이고, 그 뒤에 물체가 공간 힘 닫힘임을 보일 것이다. 식 (12.24)-(12.25)에 관해, 임의의 힘 $f_{\text{ext},S} \in S, f_{\text{ext},N} \in N$과 임의의 모멘트 $m_{\text{ext},S} \in S, m_{\text{ext},N} \in N$에 대해서 (12.24)-(12.25)를 만족하고 $i = 1, 2, 3$에 대해 접촉힘 $f_i = f_{iS} + f_{iN}$가 i의 마찰원뿔 안에 존재하는 접촉힘들 $f_{iS} \in S, f_{iN} \in N, i = 1, 2, 3$이 존재한다는 것을 보이기를 원한다.

우선 수직 방향 N의 힘 닫힘 방정식들 (12.24)~(12.25)를 생각하자. 임의의 외력 $f_{\text{ext},N} \in N$과 외부 모멘트 $m_{\text{ext},S} \in S$가 주어졌을 때, 식 (12.24)-(12.25)은 세 개의 미지수를 갖는 세 개의 선형방정식이 된다. 우리는 세 접촉점이 한 직선상에 있지 않다고 가정했으므로, 이 방정식들은 항상 N 안에 있는 유일한 해집합 $\{f_{1N}^*, f_{2N}^*, f_{3N}^*\}$을 갖는다.

S는 평면 힘 닫힘을 이룬다고 가정했으므로, 임의의 $f_{\text{ext},S} \in S$와 $m_{\text{ext},N} \in N$가 있을 때, 각자의 마찰원뿔 안에 있으면서 식 (12.22)-(12.23)을 만족하는 평면 접촉힘 $f_{iS} \in S, i = 1, 2, 3$이 존재한다. 이 해집합은 유일하지 않다. 각자의 마찰원뿔 안에 있으면서 다음을 만족하는 내부 힘$^{\text{internal force}}$ $\eta_i \in S, i = 1, 2, 3$의 집합을 항상 찾을

수 있다.

$$\eta_1 + \eta_2 + \eta_3 \;=\; 0 \qquad\qquad (12.26)$$

$$(r_1 \times \eta_1) + (r_2 \times \eta_2) + (r_3 \times \eta_3) \;=\; 0 \qquad\qquad (12.27)$$

(왜 항상 η_i가 존재하는지 보이기 위해서는, S가 평면 힘 닫힘을 이루기 때문에 (12.22)-(12.23) 에 대한 해가 $f_{\text{ext},S} = \mu_{\text{ext},N} = 0$에 대해 항상 존재한다는 것을 기억하라. 이 해들이 바로 내부 힘 η_i들이다). 이 두 방정식은 여섯 개의 변수를 포함하는 세 개의 선형 등호 조건을 이룬다. 따라서 해 $\{\eta_1, \eta_2, \eta_3\}$은 3차원의 선형 부분공간을 이룬다.

이제 만약 $\{f_{1S}, f_{2S}, f_{3S}\}$가 (12.22)-(12.23)를 만족하면 $\{f_{1S}+\eta_1, f_{2S}+\eta_2, f_{3S}+\eta_3\}$ 또한 같은 조건을 만족한다. 우리는 내력 $\{\eta_1, \eta_2, \eta_3\}$의 크기를 충분히 크게 설정해 다음 접촉힘이 모두 각자에 해당하는 마찰원뿔 안에 놓이도록 할 수 있다.

$$f_1 \;=\; f_{1N}^* + f_{1S} + \eta_1 \qquad\qquad (12.28)$$

$$f_2 \;=\; f_{2N}^* + f_{2S} + \eta_2 \qquad\qquad (12.29)$$

$$f_3 \;=\; f_{3N}^* + f_{3S} + \eta_3 \qquad\qquad (12.30)$$

이것이 충분조건에 대한 증명을 완성한다. $\qquad\qquad\qquad\qquad\qquad\qquad$ $\square$

12.2.3.2 힘 닫힘 파지의 품질을 측정하기

마찰력은 항상 반복 가능하지는 않다. 동전을 책 위에 올려놓고 책을 기울이는 행위를 해보라. 책이 수평과 어떤 각도 $\alpha = \tan^{-1}\mu$에 도달할 때 동전이 미끄러지기 시작할 것이다. 만약 당신이 이 실험을 여러 번 반복한다면, 측정되는 μ 값이 어떤 범위에 걸쳐 있음을 발견할 것이다. 이것은 모형화하기 어려운 효과 때문이다. 이러한 이유에서, 가능한 파지들 중에 선택할 때는 힘 닫힘을 이루는 데에 필요한 마찰계수가 최소인 손가락 위치를 선정하는 것이 합리적이다.

12.2.4 힘과 운동 자유도의 쌍대성

기구학적 제약조건과 마찰에 대한 논의를 따르면, 어떤 접촉점과 접촉 라벨에 대해, 접촉점이 만드는 물체의 운동에 대한 등식 제약조건의 수와 접촉점이 부여하는 렌치 자유도의 수가 같다는 것이 명확하다. 떨어지는 접촉점 B는 물체의 운동에 대해 0개의 등식 제약조건을 부과하면서, 어떠한 접촉힘도 허용하지 않는다. 고정된 접촉점 R은 세 개의 (물체상의 지정된 한 점의 운동에 대한) 운동 제약조건을 부과하고, 접촉힘에 대해 세 개의 자유도를 부여한다. 마지막으로, 미끄러지는 접촉점 S는 한 개의 등호 제약조건을 부여하고 (접촉이 유지되기 위해서는 물체의 운동에 대한 하나의 방정식이 만족돼야 한다) 접촉 렌치는 오직 한 개의 자유도를 갖는다. 마찰원뿔의 모서리에 있으며 미끄러지는 방향에 반대되는 접촉 렌치의 크기만 변할 수 있다. 평면상의 경우 B, S 그리고 R에 대한 운동 제약조건과 렌치 자유도는 각각 0, 1, 2이다.

12.3 조작

여태까지 우리는 접촉점의 집합에 의한 실현 가능한 트위스트와 접촉힘들을 공부했다. 또한 우리는 힘 닫힘 파지와 형태 닫힘 파지, 이렇게 두 가지 종류의 조작에 대해 고찰했다.

그러나 조작은 단순히 파지하는 것 이상의 행위를 포함한다. 물체를 움직이거나 멈추게 하기 위해서 매니퓰레이터가 힘을 가하는 거의 모든 것을 포함한다. 유리잔을 엎지 않고 쟁반에 받쳐 들고 다니기, 냉장고를 30cm 정도 회전시키기, 바닥 위의 소파를 밀기, 공을 던지고 잡기, 진동하는 컨베이어상의 부품을 운반하기 등이 그 예시다. 로봇이 잡아서 옮기는 것 이상의 조작을 수행할 수 있다면, 여러 부품을 동시에 조작할 수 있고, 너무 커서 잡을 수 없거나 들어올릴 수 없는 무거운 부품을 조작할 수 있으며, 심지어 엔드 이펙터의 작업 공간 밖으로 부품을 던져서 보낼 수도 있다.

그러한 조작 작업들을 계획하기 위해서 우리는 12.1절에서 다룬 접촉 기구학 제약조건들, 12.2절에서 다룬 쿨롱 마찰 법칙 그리고 강체의 동역학을 사용할 것이다. 하나의 강체만 다루기로 하고 8절의 표기법을 사용하면 물체의 동역학은 다음과 같이 쓴다.

$$\mathcal{F}_{ext} + \sum k_i \mathcal{F}_i = \mathcal{G}\dot{\mathcal{V}} - [\text{ad}_\mathcal{V}]^T \mathcal{G}\mathcal{V}, \quad k_i \geq 0, \ \mathcal{F}_i \in \mathcal{WC}_i \qquad (12.31)$$

여기에서 $\mathcal{V}$는 물체의 트위스트이고, $\mathcal{G}$는 공간 관성행렬^{spatial inertia matrix}이며, $\mathcal{F}_{ext}$은 물체에 중력 등에 의해 작용하는 외부 렌치고, $\mathcal{WC}_i$은 접촉점 i에 의해 물체에 작용하는 실현 가능한 렌치의 집합이고, $\sum k_i \mathcal{F}_i$은 접촉점에 의한 렌치다. 모든 렌치는 물체의 질량 중심 좌표계로 표기됐다. 이제 물체에 작용하는 운동 제어 혹은 힘 제어된 접촉점과 시스템의 초기 상태가 주어졌을 때, 물체의 움직임을 구하는 한 가지 방법은 다음과 같다.

(a) 시스템의 현재 상태를 고려했을 때 가능한 접촉 모드들의 집합을 나열한다(예를 들어, 현재 붙어 있는 접촉점의 경우 미끄러지는 상태나 떨어지는 상태로 전환될 수 있다). 접촉 모드는 각 접촉점에서의 접촉 라벨들 R, S 그리고 B로 이뤄진다.

(b) 각 접촉 모드에 대해 접촉 모드, 쿨롱의 법칙과 일관되는 접촉 렌치가 존재하는지 아울러 접촉 모드의 기구학적 제약조건과 일관돼 식 (12.31)을 만족하는 가속도 $\dot{\mathcal{V}}$가 존재하는지 확인한다. 만약 그럴 경우 해당 접촉 모드, 접촉 렌치 그리고 물체의 가속도는 강체 동역학과 일치하는 해가 된다.

이런 종류의 "각개격파"는 이상하게 들릴지 모른다. 우리는 방정식들을 풀지 않았다. 또한 이 방법은 우리가 여러 개의 모순 없는consistent 해를 찾아낼 가능성과 어떠한 해도 없을 가능성을 열어두고 있다. 사실은 실제로 그러하다. 우리는 여러 개의 해를 갖는 (**모호한**ambiguous) 문제들과 해를 갖지 않는 (**일관되지 않은**inconsistent) 문제들을 정의할 수 있다. 이런 상황은 약간 불안하다. 그 어떤 실제 역학 문제든 하나의 해답이 있기 마련이기 때문이다! 그러나 이것은 우리가 완전한 강체와 쿨롱 마찰력 가정을 사용하는 것에 따르는 대가이다. 해가 없거나 여러 개일 가능성에도 불구하고, 많은 문제에 대해서 위에서 설명한 방법은 유일한 접촉 모드와 운동을 도출한다.

이 장에서는 일반적인 시뮬레이션 문제를 해결하기 위한 도구를 제공하지는 않는다. 대신, 우리는 1차 기구학적 분석을 통해 해를 구할 수 있는 조작 문제들에 초점을 맞출 것이다. 우리는 또한 물체의 속도와 가속도가 매우 작아서 내력이 무시될 수 있는 **유사정지상태**quasistatic 문제도 다룰 것이다. 이때 접촉 렌치들과 외부 렌치들은 항상 힘의 균형을 이뤄서 식 (12.31)이 다음과 같이 간단해진다.

$$\mathcal{F}_{\text{ext}} + \sum k_i \mathcal{F}_i = 0, \quad k_i \geq 0, \ \mathcal{F}_i \in \mathcal{WC}_i \tag{12.32}$$

다음에서는 12장의 방법을 네 개의 예제를 보며 확인해본다.

예제 12.6. 손가락 두 개로 블록 옮기기

그림 12.25(a)에 보듯이 중력하에 놓여 있는 평면상의 블록이 두 개의 손가락으로 받쳐지는 상황을 생각하자. 한 손가락과 블록의 마찰계수는 $\mu = 1$이고, 다른 접촉점에는 마찰이 없다. 따라서 손가락에 의해 가해지는 렌치의 원뿔은 그림 12.25(b)에서 모멘트 라벨된 바와 같이 $\text{pos}(\{\mathcal{F}_1, \mathcal{F}_2, \mathcal{F}_3\})$이다.

우리의 첫 번째 질문은 정지해 있는 손가락이 블록을 멈춰 있게 유지할 수 있느냐는 것이다. 그렇게 하기 위해선 손가락은 중력에 의해 발생하는 $\mathcal{F}_{\text{ext}} = (0, 0, -\mathfrak{m}g)$(여기에서 $g > 0$) 와 균형을 맞추기 위한 렌치 $\mathcal{F} = (m_z, f_x, f_y) = (0, 0, \mathfrak{m}g)$를 제공해야 한다. 그림 12.25(b)에서 볼 수 있는 것처럼, 이 렌치는 실현 가능한 접촉 렌치들의

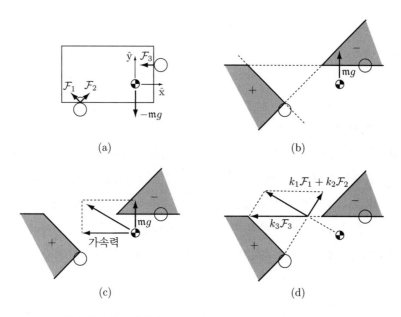

(a)   (b)

(c)   (d)

그림 12.25: (a) 평면상의 블록이 중력하에서 두 로봇 손가락으로 받쳐지고 있다. 한 손가락은 $\mu = 1$인 마찰원뿔을 가지며, 다른 하나는 $\mu = 0$이다. (b) 손가락에 의해 생기는 합성 렌치원뿔이 모멘트 라벨을 통해 표현됐다. 블록을 중력에 대응해 균형을 맞추기 위해서는 손가락이 표시된 선을 따라 힘을 가해야 한다. 이 선은 −로 라벨된 일부 점에 대해 양의 모멘트를 생성하므로, 두 손가락에 의해 만들어질 수 없다. (c) 블록이 손가락의 왼쪽으로 향하는 가속도에 맞추려면, 접촉점은 렌치들의 벡터 합을 가해서 중력과 블록을 왼쪽으로 가속하기 위한 렌치와 균형을 이뤄야 한다. 이 합 렌치는 힘의 작용선이 +로 라벨된 점들에 대해 양의 모멘트를 만들고 −로 라벨된 점들에 대해 음의 모멘트를 만들기 때문에 합성 렌치원뿔 안에 있다. (d) 그림 (c)에 있는 손가락에 의해 가해지는 합 렌치는 작용선을 따라 렌치를 바꾸지 않고도 평행 이동될 수 있다. 이것은 우리가 손가락에 의해 주어지는 성분들 $k_1\mathcal{F}_1 + k_2\mathcal{F}_2$ 그리고 $k_3\mathcal{F}_3$을 쉽게 시각화할 수 있도록 해준다.

합성 뿔 안에 있지 않다. 따라서 접촉 모드 RR은 가능하지 않고, 블록은 손가락에 대해 움직일 것이다.

이제 각 손가락이 왼쪽으로 $2g$의 가속도를 갖는 상황을 생각하자. 이 경우에 접촉 모드 RR에 의해서 블록 또한 왼쪽으로 $2g$로 가속해야 한다. 이 가속도를 만드는 데에 필요한 렌치는 $(0, -2\mathrm{m}g, 0)$이다. 따라서 손가락이 블록에 가해야 하는 총 렌치는 $(0, -2\mathrm{m}g, 0) - \mathcal{F}_{\text{ext}} = (0, -2\mathrm{m}g, \mathrm{m}g)$ 이다. 그림 12.25(c)와 (d)에 보여진 것처럼, 이 렌치는 합성 렌치뿔 안에 놓인다. 따라서 RR(블록은 손가락에 대해서 정지해 있음)은 손가락이 왼쪽으로 $2g$로 움직이는 경우에 대한 해다.

이것은 **동적 파지**라고 부른다. 손가락이 움직이는 동안 관성력들이 블록을 손가락에 눌러 있도록 한다. 만약 우리가 블록을 동적 파지를 이용해 조작하기로 계획한다면, 완전성을 위해서 우리는 RR 말고 다른 접촉 모드는 불가능함을 확실하게 해야 한다. 모멘트 라벨을 이용하면 이 문제를 도식적으로 이해하기에 간편하지만, 이 문제를 대수학적으로 풀 수도 있다. 첫 번째 손가락이 블록과 $(x, y) = (-3, -1)$에서 접촉하고, 두 번째 손가락이 $(1, 1)$에서 접촉하고 있다고 하자. 이것은 다음의 기저 접촉 렌치를 만든다.

$$\mathcal{F}_1 = \frac{1}{\sqrt{2}}(-4, -1, 1)^T$$
$$\mathcal{F}_2 = \frac{1}{\sqrt{2}}(-2, 1, 1)^T$$
$$\mathcal{F}_3 = (1, -1, 0)^T.$$

손가락의 x 방향 가속도를 a_x라고 쓰자. 그러면 블록이 손가락에 대해 정지해 있다는 가정(RR 접촉 모드)하에서, 식 (12.31)은 다음과 같이 쓸 수 있다.

$$k_1\mathcal{F}_1 + k_2\mathcal{F}_2 + k_3\mathcal{F}_3 + (0, 0, -\mathrm{m}g) = (0, \mathrm{m}a_x, 0). \qquad (12.33)$$

이것은 세 개의 미지수 k_1, k_2, k_3를 가진 세 개의 방정식이다. 이것을 풀면 다음을 얻는다.

$$k_1 = -\frac{1}{2\sqrt{2}}(a_x + g)\mathrm{m}, \quad k_2 = \frac{1}{2\sqrt{2}}(a_x + 5g)\mathrm{m}, \quad k_3 = -\frac{1}{2}(a_x - 3g)\mathrm{m}.$$

음이 아닌 k_i에 대해 우리는 $-5g \leq a_x \leq -g$을 만족해야 한다. 손가락의 x 방향 가속도가 이 범위 안에 있으면 동적 파지는 모순 없는^{consistent} 해다.

예제 12.7. 1미터 자 묘기

이 실험을 해보자. 1m짜리 막대 자(아니면 비슷한 다른 길고 부드러운 막대기)를 준비해 두 검지손가락 위에 수평하게 놓고 균형을 잡는다. 왼쪽 손가락은 10cm 지점에 두고 오른쪽 손가락은 50cm 지점에 둔다. 질량 중심은 오른쪽 손가락에 더 가깝지만 여전히 두 손가락 사이에 있으며, 따라서 막대는 지지받고 있다. 이제, 왼쪽 손가락은 멈춰 둔 채로 오른쪽 손가락을 천천히 왼쪽으로 움직여서 그 두 손가락이 만나도록 하라. 막대에는 어떤 일이 일어날까?

만약 이 실험을 직접 해보지 않았다면 오른쪽 손가락이 막대의 질량 중심을 통과하고 그 지점에서 막대가 떨어질 것이라고 생각했을 것이다. 그러나 직접 이 실험을 해본다면, 뭔가 다른 결과를 보게 될 것이다. 왜 그런지 살펴보자.

그림 12.26은 막대가 두 마찰이 있는 손가락에 의해 지지되고 있는 모습을 보여주고 있다. 모든 동작이 천천히 이뤄지기 때문에, 우리는 유사정지 상태근사^{quasistatic approximation}를 적용해 막대의 가속도가 0이라고 하고, 알짜 접촉 렌치가 중력 렌치와 균형을 이루고 있다고 할 것이다. 두 손가락이 가까워진다는 사실과 합치하기 위해서 막대는 하나 혹은 두 개의 손가락에서 미끄러져야 한다. 그림 12.26은 세 가지 다른 접촉 모드의 합성 렌치원뿔의 모멘트 라벨 표현을 보여주고 있다. 막대는 왼쪽 손가락에 대해서 멈춰 있거나(R) 왼쪽으로 미끄러지고(S1), 오른쪽 손가락에 대해서 멈춰 있거나(R) 오른쪽으로 미끄러진다(Sr). 접촉 모드 S1R 만이 중력 렌치와 균형을 이룰 수 있는 렌치를 만들 수 있다는 것은 그림에서 명백히 보인다. 다른 말로 하면, 막대의 무게를 더 많이 지탱하고 있는 오른쪽 손가락은 그대로 붙어 있으며, 왼쪽 손가락만 막대 밑에서 미끄러진다. 오른쪽 손가락은 고정 좌표계에서 왼쪽으로 움직이고 있기 때문에, 이것은 질량 중심이 왼쪽으로 같은 속력으로 움직이고 있음을 의미한다. 이것은 질량 중심이 손가락 사이의 중점에 도달할 때까지 계속되며, 그 지점부터 막대는 S1Sr 접촉 모드로 옮겨가고, 질량 중심은 두 손가락이 서로 만날 때까지 그 중심에

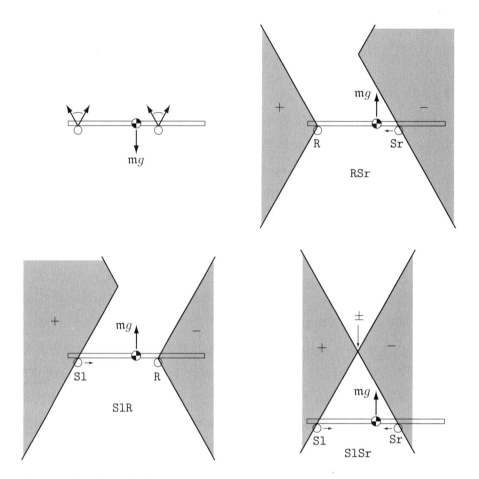

그림 12.26: (왼쪽 위) 두 마찰이 있는 손가락이 1미터 자를 중력하에서 받치고 있다. 나머지 세 그림은 RSr, S1R, S1Sr 접촉 모드들에 대해 모멘트 라벨들을 보여주고 있다. S1R 접촉 모드만 힘의 균형을 이룬다.

계속 위치하게 된다. 따라서 막대는 절대 떨어지지 않는다.

이 분석은 유사정지상태 가정에 의존하고 있다는 점을 주의하라. 오른쪽 손가락을 빠르게 움직이면 손쉽게 막대가 떨어지게 만들 수 있다. 오른쪽 손가락의 마찰력은 막대와 딱 붙어 있는 접촉점을 유지하기에 충분히 큰 가속도를 만들기에 부족하다.

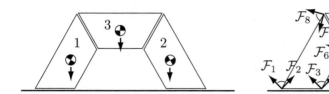

그림 12.27: (왼쪽) 중력하의 아치 (오른쪽) 돌 1과 돌 2의 접촉점에서 마찰원뿔들

또한 당신의 실험에서 막대가 이상적인 S1Sr 접촉 모드를 이루지 않고, 대신 S1R 에서 RSr 접촉 모드로 빠르게 전환되는 것을 눈치챘을 수 있다. 이것은 정지 마찰계수가 운동 마찰계수보다 크기 때문이다.

예제 12.8. 조립체의 안정성

그림 12.27에 나타난 아치를 생각해보자. 이것은 중력하에서 안정할까?

이런 문제에 대해서는 평면상의 도식적 방법들을 쓰기가 어렵다. 여러 개의 물체가 움직일 수 있기 때문이다. 대신에 우리는 R로 라벨된 모든 접촉점에 대해서 일관성을 대수적으로 검사할 것이다. 마찰원뿔들은 그림 12.27에 나타나 있다. 마찰원뿔 모서리들의 라벨링들로부터, 한 물체에 3개씩, 다음의 9개의 렌치-균형 방정식들을 만족하는 $k_i \geq 0, i = 1 \ldots 16$ 들이 존재하면 아치가 서 있는 것이 모순 없는 해다.

$$\sum_{i=1}^{8} k_i \mathcal{F}_i + \mathcal{F}_{\text{ext1}} = 0$$

$$\sum_{i=9}^{16} k_i \mathcal{F}_i + \mathcal{F}_{\text{ext2}} = 0$$

$$-\sum_{i=5}^{12} k_i \mathcal{F}_i + \mathcal{F}_{\text{ext3}} = 0.$$

마지막 방정식 그룹은 물체 1이 물체 3에 가하는 렌치가 물체 3이 물체 1에 가하는 렌치와 크기가 같고 방향이 반대라는 사실과 물체 2와 3에 대해서도 마찬가지라는

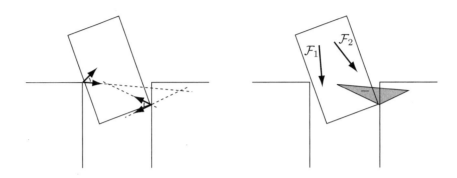

그림 12.28: (왼쪽) 마개가 구멍과 두 점에서 접촉을 이루고 있다. (오른쪽) 렌치 $\mathcal{F}_1$은 마개가 막힘 상태가 되도록 만들 수 있지만 렌치 $\mathcal{F}_2$는 마개가 구멍 안으로 계속 들어갈 수 있도록 한다.

사실로부터 유도된다.

이 선형 제약조건 만족 문제는 선형계획법을 비롯한 다양한 방법으로 풀 수 있다.

예제 12.9. 마개 넣기

그림 12.28은 힘-제어되고 있는 평면상의 마개^{peg}가 삽입되는 과정에서 구멍과 두 점의 접촉을 이루고 있는 상황을 보여준다. 마개에 작용하는 접촉 마찰원뿔들과 그에 해당하는 합성 렌치뿔도 모멘트 라벨을 이용해 나타나 있다. 만약 힘 제어기가 렌치 $\mathcal{F}_1$를 마개에 가하면, **막힘**^{jam} 상태에 처할 수 있다. 구멍이 $\mathcal{F}_1$과 균형을 맞추는 접촉힘을 만들어낼 수 있는 것이다. 그러나 만약 힘 제어기가 렌치 $\mathcal{F}_2$를 가한다면, 접촉점은 그 렌치와 균형을 이루는 렌치를 만들 수 없고 마개는 잘 들어갈 수 있다. 만약 두 접촉점의 마찰계수가 충분히 커서 두 마찰원뿔이 각자의 출발점을 "볼" 수 있다면, 마개는 힘 닫힘을 이루고 접촉점은 (두 접촉점 사이의 내력에 따라) 어떤 렌치에도 저항할 수 있다. 이때 이 마개는 **고정**^{wedged}됐다고 한다.

12.4   요약

- 마찰이 있는 강체 접촉 문제들을 풀기 위해서는 세 가지가 필요하다. (1) 접촉하는 강체의 실현 가능한 움직임을 묘사하는 접촉 기구학 (2) 마찰 접촉을 통해 전달할 수 있는 힘을 설명하는 접촉힘 모형 (3) 8장에서 설명된 강체 동역학

- 두 강체 A와 B가 공간 좌표계상의 p_A에서 접촉점을 이루고 있다고 하자. 물체 A를 향하는 단위 접촉 법선^{unit contact normal}을 $\hat{n} \in \mathbb{R}^3$라 하자. 그 접촉 법선 방향의 단위 힘에 해당하는 공간 접촉 렌치 $\mathcal{F}$는 $\mathcal{F} = (([p_A]\hat{n})^T \quad \hat{n}^T)^T$이다. 통과 불가 제약조건은 다음과 같이 주어진다.

$$\mathcal{F}^T(\mathcal{V}_A - \mathcal{V}_B) \geq 0$$

  여기에서 $\mathcal{V}_A$과 $\mathcal{V}_B$는 A와 B의 공간 트위스트다.

- 붙어 있거나 굴러가는 접촉점에는 접촉 라벨 R이 부여되고, 미끄러지는 접촉점에는 접촉 라벨 S가 부여되고, 떨어지는 접촉점에는 접촉 라벨 B가 부여된다. 여러 개의 접촉점을 가지고 있는 물체에 대해서는 각 접촉점의 접촉 라벨을 나열한 접촉 모드가 부여된다.

- 여러 정지 접촉점을 이루고 있는 하나의 강체에서는 모든 통과 불가 제약조건을 만족하는 트위스트들이 동차 (원점에 꼭짓점을 가진) 다면 볼록뿔을 이룬다.

- $\mathbb{R}^3$ 안에 존재하는 평면 트위스트들이 이루는 한 동차 다면 볼록뿔은 평면상에서 부호를 가진 회전 중심들의 볼록한 영역으로도 동등하게 표현될 수 있다.

- 만약 정지한 접촉점의 집합이 접촉 법선들만을 고려한 순수한 기구학적인 분석 만으로 물체가 움직이는 것을 막고 있다면, 이 물체는 1차 형태 닫힘을 이루고

있다고 한다. 접촉점 $i = 1 \ldots j$들에 대해 접촉 렌치들 $\mathcal{F}_i$은 $\mathbb{R}^n$(평면의 경우에 $n = 3$, 공간의 경우에 $n = 6$)을 양의 생성한다.

- 평면 물체에 1차 형태 닫힘을 이루기 위해서는 최소한 네 개의 접촉점이 필요하다. 공간상의 물체에 대해서 1차 형태 닫힘을 이루기 위해서는 최소한 일곱 개의 접촉점이 필요하다.

- 쿨롱 마찰 법칙에 의하면 접촉점에서 접선 방향의 마찰력의 크기 f_t는 마찰계수 μ와 수직항력 f_n에 대해 $f_t \leq \mu f_n$을 만족한다. 접촉점이 붙어 있다면, 마찰력은 이 제약조건을 만족하는 어떤 것도 될 수 있다. 접촉점이 미끄러질 때는 $f_t = \mu f_n$이며 마찰력의 방향은 미끌림의 반대 방향이다.

- 마찰이 있는 접촉점이 물체에 작용하고 있다고 할 때, 이 접촉점을 통해서 전달되는 렌치는 개별 접촉점을 통해서 전달되는 렌치들의 양의 생성으로 주어진다. 이 렌치들은 동차 볼록뿔을 이룬다. 만약 물체가 평면상에 있거나, 혹은 만약 물체가 공간상에 있더라도 다면뿔로 근사된다면, 렌치뿔 또한 다면체이다.

- $\mathbb{R}^3$상의 평면 렌치들이 이루는 동차 볼록뿔은 평면상의 모멘트 라벨들이 이루는 볼록 영역으로 표현될 수 있다.

- 만약 정지한 접촉점의 접촉 렌치들이 이루는 동차 볼록뿔이 전체 렌치 공간 ($\mathbb{R}^3$ 혹은 $\mathbb{R}^6$)과 같으면 해당하는 물체는 힘 닫힘에 있다고 한다. 만약 접촉점에 마찰이 없다면, 힘 닫힘은 1차 형태 닫힘과 동치다.

12.5 주석과 참고문헌

접촉의 기구학은 선형대수학([178, 117]과 같은 교과서들을 참고하라)과 구체적으로는 스크류 이론[6, 126, 18, 2, 112]의 개념들을 많이 가져와 사용하고 있다. 평면 제약조건을 분석하기 위한 도식적 방법은 뢸로[Reuleaux][146]에 의해 도입됐고, 메이슨[Mason]은 동차 렌치뿔을 표현하기 위한 모멘트 라벨과 평면 기구학을 위한 접촉 라벨을 도식적으로 생성하는 방법을 도입했다[107, 108]. 다면 볼록뿔들과 실현 가능한 트위스트뿔들과 접촉 렌치뿔들을 표현하는 데에 다면 볼록뿔을 응용하는 것은 [108, 66, 43, 55]에서 논의됐다. 12장에서 사용된 마찰 법칙에 대한 형식화는 쿨롱[Coulomb]에 의해 1781년에 주어졌다[32]. 쿨롱 마찰을 도입한 놀라운 결과들 중에는 모호성과 불일치성의 문제가 있고[94, 108, 111] 무한대의 마찰력이 항상 미끄러짐을 방지하는 것은 아니라는 것이 있다[101].

형태 닫힘과 힘 닫힘은 로보틱스 핸드북[the Handbook of Robotics]에서 자세하게 논의했다[141]. 특히 그 참고문헌에서 "마찰 형태 닫힘[frictional form closure]"이라는 단어를 사용하는데, 12장에서의 "힘 닫힘"과 같은 의미다. [141]에서는, 힘 닫힘은 파지를 수행하는 손이 내부의 "움켜쥐는" 힘을 제어할 수 있는 능력을 가질 수 있는 것을 추가적으로 요구한다. 비슷한 구별이 [11]에서와 리뷰들[13, 12]에서도 사용됐다. 12장에서 우리는 로봇 손의 세부 사항에 대해서는 고려하지 않고, 접촉점의 기하학과 마찰에만 의존해 힘 닫힘을 정의했다.

평면과 공간상의 형태 닫힘을 이루는 데에 필요한 접촉점의 수는 뢸로[146]와 소모프[Somoff][173]에 의해 각각 확립됐다. 형태 닫힘과 힘 닫힘에 대한 다른 기초적인 결과들은 [79, 119, 104]에서 개발됐으며 [12, 141]에 정리돼 있다. 파지 품질 척도에 대한 개요는 [141]에 주어져 있다. 두 마찰원뿔이 서로의 출발점을 "볼" 수 있을 때 평면 힘 닫힘을 이루기 충분하다는 것은 [124]에서 처음 보고됐다. 12장에서 다뤄진 3D 모델에 대한 세 손가락 힘 닫힘 파지에 대한 결과는 [89]에 실렸다. 솔즈베리[Salisbury]

는 그뤼블러의 공식을 적용해 파지된 물체의 운동성을 접촉에 대한 기구학적 모델을 이용해 계산했다[110].

접촉 제약조건에 대한 2차 모형은 리몬Rimon과 버딕Burdick[148, 147, 149, 150]에 의해 도입됐으며, 곡률 효과가 더 적은 수의 접촉점만을 가지고 형태 닫힘을 이룰 수 있도록 한다는 것을 보이는 데에 사용됐다.

로봇을 이용한 삽입에서 막힘과 고정은 [171, 123, 191]에서 묘사됐고, 동적 파지는 [109]에서 처음 소개됐다.

12장에서 다루지 않았지만 마찰이 있는 접촉을 가지는 강체의 시스템을 시뮬레이션 하는 중요한 방법들은 선형과 비선형 상보성complementarity 문제를 푸는 것에 기반한 다[177, 129, 184]. 이 상보성 문제 형식들은 접촉점이 떨어지면 힘이 가해지지 않고, 접촉점이 붙어 있으면 힘이 마찰원뿔 안에 존재하고, 접촉점이 미끄러지면 힘은 마찰 원뿔의 모서리에 존재한다는 조건을 직접적으로 나타낼 수 있게 해준다.

접촉 모형과 조작에 대한 일반적인 참고문헌들은 로보틱스 핸드북의 장들[66, 141]과 메이슨[108]이 쓴 교과서, 혹은 머레이 및 공저자들이 쓴 교과서[121]가 있다.

12.6 연습 문제

1. 통과 불가 제약조건 (12.4)가 제약조건 (12.7)과 동치임을 증명하라.

2. 평면 트위스트들을 회전 중심들로 표현하라.

   (a) 다음의 두 평면 트위스트를 생각하자. $\mathcal{V}_1 = (\omega_{z1}, v_{x1}, v_{y1}) = (1, 2, 0)$과 $\mathcal{V}_2 = (\omega_{z2}, v_{x2}, v_{y2}) = (1, 0, -1)$. 평면 좌표계에 해당하는 CoR을 그려라. 그리고 $\text{pos}(\{\mathcal{V}_1, \mathcal{V}_2\})$을 CoR로 표현하라.

(b) $\mathcal{V}_1 = (\omega_{z1}, v_{x1}, v_{y1}) = (1, 2, 0)$과 $\mathcal{V}_2 = (\omega_{z2}, v_{x2}, v_{y2}) = (-1, 0, -1)$의 양의

생성을 CoR을 이용해 그려라.

3. 한 강체가 물체 내부를 가리키는 접촉 법선 $\hat{n} = (0, 1, 0)$을 가지고 점 $p = (1, 2, 3)$에서 접촉을 이루고 있다. 이 접촉점으로 인한 이 물체의 트위스트 $\mathcal{V}$에 대한 제약조건을 쓰라.

4. 공간 좌표계 {s}가 물체와 정지한 방해물 사이의 접촉점에 정의돼 있다. 물체를 가리키는 접촉법선은 {s} 좌표계의 $\hat{z}$축이다.

(a) 접촉점에 마찰이 없을 경우 물체의 트위스트 $\mathcal{V}$가 갖는 제약조건들을 써라.

(b) 접촉점에 마찰이 있을 경우 $\mathcal{V}$가 갖는 제약조건들을 써라.

(c) 접촉점이 부드러운 접촉점일 경우 $\mathcal{V}$가 갖는 제약조건들을 써라.

5. 그림 12.29은 물체에 다섯 개의 정지한 "손가락"이 접촉하고 있는 모습을 보여주고 있다. 물체는 1차 형태 닫힘을 이루고 있으며 따라서 힘 닫힘이기도 하다. 만약 하나의 손가락이 없어져도 물체는 형태 닫힘을 유지할 수 있다. 어떠한 네 손가락 부분집합을 골라야 물체가 여전히 형태 닫힘을 유지할 수 있을까? 도식적 방법을 이용해 답을 증명하라.

6. 그림 12.29의 삼각형이 오직 손가락 1과 접촉하고 있을 때 실현 가능한 트위스트들의 집합을 CoR을 이용해 그려라. 각 실현 가능한 CoR들에 접촉 라벨을 붙여라.

7. 그림 12.29의 삼각형이 오직 손가락 1과 2와 접촉하고 있을 때 실현 가능한 트위스트들의 집합을 CoR을 이용해 그려라. 각 실현 가능한 CoR들에 접촉 라벨을 붙여라.

8. 그림 12.29의 삼각형이 오직 손가락 2와 3과 접촉하고 있을 때 실현 가능한 트위스

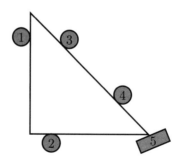

그림 12.29: 삼각형이 다섯 개의 정지한 손가락과 1차 형태 닫힘, 따라서 힘 닫힘을 이루며 접촉하고 있다. 하나 혹은 그 이상의 손가락이 없어졌을 경우의 접촉을 분석하게 될 것이다. 삼각형의 빗변은 이 페이지의 수직 방향과 45°를 이루고 있고 접촉 법선 5는 수직 방향과 22.5°이다.

트들의 집합을 CoR을 이용해 그려라. 각 실현 가능한 CoR들에 접촉 라벨을 붙여라.

9. 그림 12.29의 삼각형이 오직 손가락 1과 5와 접촉하고 있을 때 실현 가능한 트위스트들의 집합을 CoR을 이용해 그려라. 각 실현 가능한 CoR들에 접촉 라벨을 붙여라.

10. 그림 12.29의 삼각형이 오직 손가락 1, 2 그리고 3과 접촉하고 있을 때 실현 가능한 트위스트들의 집합을 CoR을 이용해 그려라. 각 실현 가능한 CoR들에 접촉 라벨을 붙여라.

11. 그림 12.29의 삼각형이 오직 손가락 1, 2 그리고 4와 접촉하고 있을 때 실현 가능한 트위스트들의 집합을 CoR을 이용해 그려라.

12. 그림 12.29의 삼각형이 오직 손가락 1, 3 그리고 5와 접촉하고 있을 때 실현 가능한 트위스트들의 집합을 CoR을 이용해 그려라.

13. 그림 12.29의 삼각형에 대해서 다음 질문에 답하라.

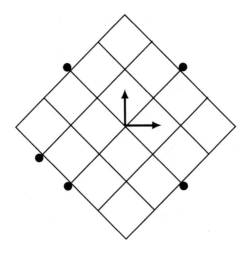

그림 12.30: 다섯 개의 마찰 없는 접촉점으로 구속된 4 × 4 평면 사각형

(a) 접촉점 5에서의 렌치뿔을 모멘트 라벨을 이용해 그려라. 마찰각은 $\alpha = 22.5°$ 이고 마찰계수는 $\mu = 0.41$라고 가정하자.

(b) 모멘트 라벨 그림에 접촉점 2를 추가하라. 접촉점 2에서의 마찰계수는 $\mu = 1$ 이다.

14. 그림 12.29의 삼각형에 대해서, $\mu = 1$인 접촉점 1과 $\mu = 0$인 접촉점 4에 대응하는 모멘트 라벨 영역을 그려라.

15. 그림 12.30에 나타난 평면 파지는 다섯 개의 마찰 없는 접촉점을 가진다. 사각형의 크기는 4 × 4이다.

(a) 이 파지가 힘 닫힘이 아님을 보여라.

(b) 물체 (a)의 파지가 하나의 마찰 없는 접촉점을 추가함으로서 힘 닫힘이 될 수 있다. 추가되는 접촉점의 모든 가능한 위치를 그려라.

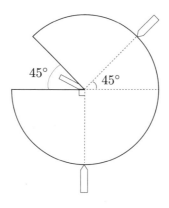

그림 12.31: 세 개의 마찰 없는 접촉점으로 구속된 평면 디스크

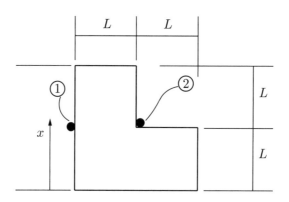

그림 12.32: 마찰이 있는 두 개의 접촉점으로 구속된 L자 모양의 평면 물체

16. 그림 12.31에 나타난 모든 접촉점이 마찰이 없다고 가정하자. 이 파지가 힘 닫힘 인지 판단하라. 만약 아니라면, 몇 개의 마찰 없는 접촉점이 추가돼야 힘 닫힘 파지를 만들 수 있는가?

17. 그림 12.32의 L자 모양의 평면 물체를 생각하자.

(a) 두 접촉점이 마찰계수 $\mu = 1$를 갖는다고 가정하자. 이 파지가 힘 닫힘인지 판단하라.

(b) 이제 접촉점 1이 마찰계수 $\mu = 1$을 갖는다고 가정하고 접촉점 2는 마찰이 없다고 가정하자. 이 파지가 힘 닫힘인지 판단하라.

(c) 접촉점 1의 수직 방향 위치가 움직일 수 있다고 가정하자. 이 높이를 x로 표시하자. 접촉점 1에서 $\mu = 1$이고 접촉점 2에서 $\mu = 0$일 때 이 파지가 힘 닫힘이도록 하는 모든 위치 x를 구하라.

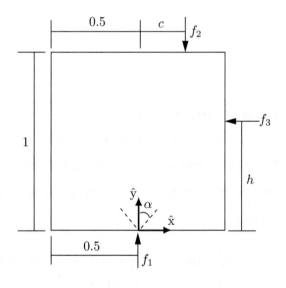

그림 12.33: 세 접촉점으로 구속된 사각형

18. 그림 12.33에서는 한 사각형이 세 개의 접촉점에 의해 구속돼 있다. 접촉점 f_1이

마찰계수 μ를 가지고 있는 반면 접촉점 f_2와 f_3은 마찰이 없다. 만약 $c = \frac{1}{4}$ 그리고 $h = \frac{1}{2}$일 때, 이 파지가 힘 닫힘이도록 하는 μ 값의 범위를 구하라.

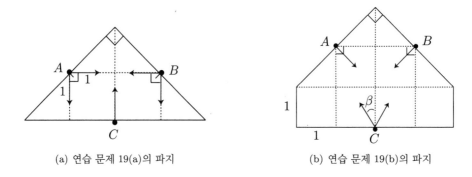

(a) 연습 문제 19(a)의 파지   (b) 연습 문제 19(b)의 파지

그림 12.34: 평면상의 파지

19.

(a) 그림 12.34(a)에 나타난 평면 파지에 대해서, 접촉점 C는 마찰이 없고, 접촉점 A 와 B는 마찰계수 $\mu = 1$을 갖는다고 가정하자. 이 파지가 힘 닫힘인지 판단하라.

(b) 그림 12.34(b)에 나타난 평면 파지에 대해서, 접촉점 A와 B가 마찰이 없고, 접촉점 C는 반각이 β인 마찰원뿔을 갖는다. 이 파지가 힘 닫힘이 되도록 하는 β의 범위를 구하라.

20. 홀수인 n에 대해서, n개의 면을 갖는 평면 정규^{regular} 다면체를 두 손가락으로 평면 힘 닫힘 파지를 하는 데에 필요한 최소한의 마찰계수를 n의 함수로 나타내라. 손가락이 꼭짓점이 아니라 변에만 접촉한다고 가정하라. 만약 손가락이 꼭짓점에도 접촉할 수 있다면 답이 어떻게 달라지는가? 각 손가락이 둥글다고 가정할 수 있다.

21. 바닥과 마찰이 있는 접촉을 이루는 네 개의 다리가 정지한 탁자를 받치고 있다. 각 다리가 가하는 수직항력은 서로 다르다. 중력과 균형을 이루는 수직항력을 만드는 데

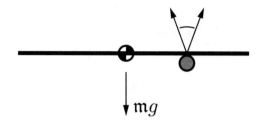

그림 12.35: 하나의 접촉점이 굵기가 0인 막대를 받치고 있다.

에는 무한 개의 해가 존재한다. 수직항력 해들의 공간의 차원은 얼마인가? (다리가 네 개 있으므로, 수직항력 공간의 차원은 4다. 해들의 공간은 4차원 공간의 부분공간이다.) 만약 우리가 접선 방향 마찰력들까지 포함하면 접촉힘 해들의 공간의 차원은 얼마인가?

22. 그림 12.35에 나타난 것처럼 마찰이 있는 한 정지한 접촉점이 얇은 막대를 중력 하에서 받치고 있다. 여기에 하나의 마찰 없는 접촉점을 막대의 위나 아래에 추가로 놓을 수 있다. 중력과 균형을 이루면서 그 접촉점을 둘 수 있는 모든 위치를 표시하라. 모멘트 라벨링을 써서 답을 증명하라. 대수적인 힘 균형을 이용해서도 같은 것을 증명하라. 두 번째 접촉점이 생기는 위치에 따라 첫 번째 접촉점의 수직항력 크기가 어떻게 달라지는지 서술하라.

23. 마찰 없는 손가락이 탁자 위의 상자를 밀기 시작하고 있다(그림 12.36). 그림에 나타난 것처럼 상자와 탁자 사이에는 마찰이 있다. 상자와 탁자 사이에는 세 가지 가능한 접촉 모드가 있다. 상자가 평평하게 오른쪽으로 미끄러지거나, 오른쪽 모서리에 걸려 넘어지거나, 혹은 오른쪽 모서리에 걸려 넘어지는 동시에 오른쪽으로 미끄러지는 것이다. 무엇이 실제로 일어날까? 유사정지상태 힘의 균형을 가정하고 아래의 질문들에 답하라.

 (a) 세 가지 접촉 모드에 대해서, 각 접촉 모드에서 작용하고 있는 탁자의 마찰원뿔

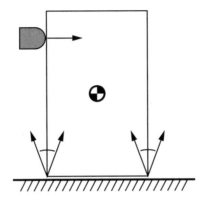

그림 12.36: 한 마찰이 없는 손가락이 상자를 오른쪽으로 밀고 있다. 중력은 아래로 작용한다. 이 상자가 오른쪽으로 평행하게 미끄러질까, 아니면 오른쪽 모서리에 걸려서 넘어질까? 아니면 오른쪽 모서리에 걸려서 넘어지면서 동시에 미끄러질까?

모서리에 해당하는 모멘트 라벨 영역을 그려라.

(b) 각 모멘트 라벨 그림에 대해서, 미는 힘과 중력의 합이 떠받치는 힘과 유사정지 상태의 힘의 균형을 이룰 수 있는지 확인하라. 이 결과로부터 어떤 접촉 모드가 실제로 일어나는지 확인하라.

(c) 위에서 얻은 답과 다른 종류의 접촉 모드를 얻기 위해서는 어떠한 지지하는 마찰원뿔이 필요한지 도식적으로 보이라.

24. 그림 12.37에서, 질량 m_1과 질량 중심 (x_1, y_1)을 가진 물체 1이 질량 m_2와 질량 중심 (x_2, y_2)를 가진 물체 2에 기대고 있다. 둘 모두 수평한 선에 의해 지지되고 있고, 중력은 아래로 작용한다. 네 개의 모든 접촉점($(0,0)$에 하나, (x_L, y)에 하나, $(x_L, 0)$에 하나 그리고 $(x_R, 0)$에 하나)에 대한 마찰계수는 $\mu > 0$이다. 우리는 마찰원뿔 안의 어떤 접촉힘에 대해서 이 조립체가 서 있는 상태를 유지할 수 있는지 알아보고자 한다. 두 물체에서 중력과 접촉힘에 대한 힘의 균형을 여섯 개의 방정식으로 나타내라. 또한 이

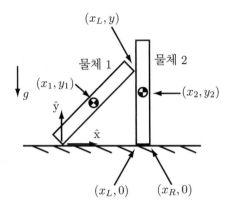

그림 12.37: 한 물체가 다른 물체에 기대고 있다(연습 문제 24).

조립체가 서 있는 상태를 유지할 수 있기 위해서 만족해야 하는 조건들을 나열하라. 몇 개의 방정식과 몇 개의 미지수가 있는가?

25. 평면 물체에 작용하는 접촉점의 집합을 입력으로 받아서 이 물체가 1차 형태 닫힘인지 판단하는 프로그램을 작성하라.

26. 공간 물체에 작용하는 접촉점의 집합을 입력으로 받아서 이 물체가 1차 형태 닫힘인지 판단하는 프로그램을 작성하라.

27. 평면 물체에 작용하는 접촉점의 집합과 마찰계수를 입력으로 받아서 이 물체가 힘 닫힘인지 판단하는 프로그램을 작성하라.

28. 공간 물체에 작용하는 접촉점의 집합과 마찰계수를 입력으로 받아서 이 물체가 힘 닫힘인지 판단하는 프로그램을 작성하라. 각 접촉점에서 마찰원뿔을 네 개의 면을

가진 다면뿔로 근사하라.

29. 예제 12.7에서 설명된 유사정지상태의 1미터 자 묘기를 시뮬레이션하는 프로그램을 작성하라. 이 프로그램은 시작하는 순간의 왼쪽 손가락, 오른쪽 손가락 그리고 자의 질량 중심의 x 좌표들과 오른쪽 손가락이 왼쪽 손가락 방향으로 움직이는 일정한 속도 $\dot{x}$, 그리고 정지와 운동 마찰계수들(단, $\mu_s \geq \mu_k$)을 입력으로 받는다. 이 프로그램은 두 손가락이 만나거나 막대기가 떨어질 때까지 시뮬레이션을 수행해야 한다. 이 프로그램은 왼쪽 손가락의 위치(일정함), 오른쪽 손가락의 위치 그리고 질량 중심의 위치를 시간에 따른 함수로 도표로 표시해야 한다. $\mu_s = \mu_k$인 경우 μ_s가 μ_k보다 아주 살짝 큰 경우, μ_s가 μ_k보다 아주 많이 큰 경우를 예시로 포함해야 한다.

30. 주어진 평면 물체들의 조립체가 중력하에서 서 있는 상태를 유지하는지 알려주는 프로그램을 작성하라. 중력 g는 $-\hat{y}$ 방향으로 작용한다. 조립체는 사용자가 입력한 m개의 물체, n개의 접촉점 그리고 마찰계수 μ로 표현된다. 각 물체는 질량 $\mathfrak{m}_i$과 질량 중심의 위치 (x_i, y_i)로 표현된다. 각 접촉점은 접촉을 이루고 있는 두 물체의 인덱스들 i과 (첫 번째 물체를 가리키는 쪽으로 정의된) 단위 법선 방향으로 묘사된다. 만약 접촉점이 하나의 물체만으로 이뤄지면, 두 번째 물체는 (예를 들어 지면처럼) 정지해 있다고 가정한다. 이 프로그램은 m개의 물체가 중력을 포함한 힘의 균형을 이룰 수 있도록 하는 마찰원뿔 모서리에 곱해지는 계수들 $k_j \geq 0$을 계산해야 한다 (만약 n개의 접촉점이 있다면 총 $2n$개의 마찰원뿔 모서리와 계수가 있다). 결정되지 않는degenerate 경우를 제외하면, 만약 힘의 균형 방정식($3m$)이 미지수($2n$)보다 많을 경우 해가 존재하지 않는다. $2n > 3m$을 만족하는 평범한 경우에는 여러 해들의 집합이 존재하며, 이것은 각 접촉점에서의 힘이 확실하게 결정될 수 없다는 것을 의미한다.

이 프로그램을 작성하는 한 가지 방법은 프로그램으로 하여금 알맞는 선형계획 문제를 생성하게 하는 것이다. 그리고 당신이 사용하는 프로그래밍 언어의 선형계획법을 푸는 프로그램^{solver}을 사용하는 것이다.

31. 이전 연습 문제를 일반화해보자. 이제는 프로그램이 조립체가 정지한 바닥에 서 있을 수 있는지 판단하는 게 아니라, 바닥이 사용자가 지정한 궤적을 따라 움직일 때 조립체가 서로 잘 붙어 있을 수 있는지 (즉, 모든 붙어 있는 접촉점이 각 물체를 지정된 궤적을 따라서 움직일 수 있게 하는지) 판단한다. 바닥의 3차원 궤적은 특정한 한 점에 있는 한 기준 좌표계에서 $(x(t), y(t), \theta(t))$의 형태를 가진 다항식으로 표현될 수 있다. 운동과 힘(중력, 접촉힘, 관성힘)을 각 물체의 좌표계에서 표현하고 물체의 좌표계에서 동역학을 푸는 것이 편할 것이다. 만들어진 프로그램은 궤적상에 촘촘한 간격으로 위치한 점들에서 안정성(모든 접촉 수직항력이 동역학을 만족하면서 음수가 아닌 것)을 확인해야 한다. 이 프로그램은 조립체가 궤적상의 모든 점에서 잘 유지되는지 혹은 그렇지 않은지 판단한 결과를 반환한다.

13장. 차륜 이동 로봇

이동 로봇^{mobile robot}의 기구학 모델은 바퀴 속도가 로봇 속도와 어떻게 연관되는지를 결정하고, 이동 로봇의 동역학 모델은 바퀴 토크가 로봇 가속도와 어떻게 연관되는지를 결정한다. 13장에서는 이동 로봇의 동역학은 다루지 않고 기구학에 초점을 맞춘다. 또한 로봇이 미끄러짐 없이 단단하고 평평한 수평 지면 위에서 구른다고 가정한다(다시 말해 로봇은 전차나 스키드-스티어 차량이 아니다). 이동 로봇은 트랙터-트레일러와 같이 연결된 구조가 아니라 단일 강체 차대^{chassis}를 가지는 것으로 가정하고, 로봇의 컨피규레이션 $T_{sb} \in SE(2)$는 수평면 위의 공간 좌표계 {s}에 대한 차대 좌표계 {b}를 나타내는 것으로 한다. T_{sb}는 세 개의 좌표 $q = (\phi, x, y)$로 나타낸다. 또한 차대의 속도는 좌표의 도함수 $\dot{q} = (\dot{\phi}, \dot{x}, \dot{y})$로 나타낸다. 때때로 {b}에서 표현한 차대의 평면 트위스트 $\mathcal{V}_b = (\omega_{bz}, v_{bx}, v_{by})$를 사용하는 것이 편리하다.

$$\mathcal{V}_b = \begin{bmatrix} \omega_{bz} \\ v_{bx} \\ v_{by} \end{bmatrix} = \begin{bmatrix} 1 & 0 & 0 \\ 0 & \cos\phi & \sin\phi \\ 0 & -\sin\phi & \cos\phi \end{bmatrix} \begin{bmatrix} \dot{\phi} \\ \dot{x} \\ \dot{y} \end{bmatrix} \tag{13.1}$$

$$\dot{q} = \begin{bmatrix} \dot{\phi} \\ \dot{x} \\ \dot{y} \end{bmatrix} = \begin{bmatrix} 1 & 0 & 0 \\ 0 & \cos\phi & -\sin\phi \\ 0 & \sin\phi & \cos\phi \end{bmatrix} \begin{bmatrix} \omega_{bz} \\ v_{bx} \\ v_{by} \end{bmatrix} \tag{13.2}$$

13장에서는 차륜 이동 로봇의 기구학 모델링, 동작 계획^{motion planning}, 피드백 제어를 다루며 이동 플랫폼 위에 탑재된 로봇 팔의 엔드 이펙터의 움직임을 제어하는 문제인 이동 조작^{mobile manipulation}에 대한 간략한 소개로 마무리한다.

13.1 차륜 이동 로봇의 유형

차륜 이동 로봇은 크게 두 가지 범주, **전방향**^{omnidirectional}과 **비홀로노믹**^{nonholonomic}으로 분류될 수 있다. 전방향 이동 로봇은 차대 속도 $\dot{q} = (\dot{\phi}, \dot{x}, \dot{y})$에 등식 제약조건^{equality constraint}이 없는 한편, 비홀로노믹 로봇은 하나의 파피안^{Pfaffian} 속도 제약조건 $A(q)\dot{q} = 0$이 있기 때문에 '비홀로노믹'이라 부른다(파피안 제약조건의 설명은 2.4절을 보라). 차량 형태의 로봇의 경우, 파피안 제약조건은 차량이 직접 옆으로 움직이지 못하도록 한다. 이러한 속도 제약조건에도 불구하고 차량은 장애물이 없는 평면에서 어떠한 컨피규레이션 (ϕ, x, y)에도 도달할 수 있다. 다시 말해, 차량 형태의 로봇에서의 속도 제약조건은 컨피규레이션의 제약조건으로 적분될 수 없기 때문에 비홀로노믹 제약조건이다.

차륜 이동 로봇이 전방향인지 비홀로노믹인지는 로봇이 사용하는 바퀴의 형태에 달려 있다(그림 13.1). 비홀로노믹 이동 로봇은 차량에서 흔히 볼 수 있는 전형적인 바퀴를 사용한다. 전형적인 바퀴는 바퀴의 중심에서 바퀴 면에 수직인 축에 대해 회전하고, 선택적으로 지면과의 접촉점에서 지면과 수직인 축에 대해 바퀴를 회전해 바퀴를 조향할 수 있다. 바퀴는 옆방향 미끄러짐 없이 회전해 로봇의 차대에 비홀로노믹 제약조건을 부여한다.

전방향 차륜 이동 로봇은 보통 **전방향 바퀴**^{omniwheels}나 **메카넘 바퀴**^{mecanum wheel}를 이용한다.[1] 전방향 바퀴는 전형적인 바퀴의 바깥 둘레를 롤러로 보강한 것이다. 이

---

[1]이러한 종류의 바퀴는 스웨덴의 Mecanum AB사의 Bengt Ilon에 의해 발명됐기 때문에 "스웨덴 바퀴^{Swedish wheels}"로도 부른다. "전방향 바퀴", "메카넘 바퀴", "스웨덴 바퀴"라는 용어들의 사용과 구별은

그림 13.1: (왼쪽) 전형적인 바퀴는 옆 방향 미끄러짐 없이 회전한다(여기서는 외바퀴다). (중간) 전방향 바퀴 (오른쪽) 메카넘 바퀴. 전방향 바퀴와 메카넘 바퀴 그림은 VEX Robotics, Inc.의 허가하에 사용했다.

롤러는 바퀴의 바깥 둘레에 접하는 방향인 바퀴 면 위의 축에 대해 자유롭게 회전하여 바퀴가 앞뒤로 구를 때 옆 방향 미끄러짐도 가능하게 한다. 메카넘 바퀴는 롤러의 회전축이 바퀴 면에 있지 않다는 것을 제외하면 전방향 바퀴와 비슷하다(그림 13.1 참고).

전방향 바퀴와 메카넘 바퀴는 조향되지 않고 앞뒤로만 움직인다. 롤러의 지름이 작기 때문에 전방향 바퀴와 메카넘 바퀴는 단단하고 평평한 지면에서 가장 잘 작동한다.

차륜 이동 로봇의 모델링, 동작 계획, 제어 문제는 로봇이 전방향인지 비홀로노믹인지와 밀접한 관계가 있기 때문에 다음 절에서 두 가지 경우를 구분해서 다룬다.

완전한 기준이 없지만 이 책에서는 자주 사용되는 용어를 선택한다.

13.2 전방향 차륜 이동 로봇

13.2.1 모델링

각각의 바퀴가 하나의 모터(앞뒤 방향 속도를 조절)만을 갖기 때문에, 차륜 이동 로봇이 임의의 3차원 차대 속도 $\dot{q} = (\dot{\phi}, \dot{x}, \dot{y})$를 갖기 위해서는 적어도 세 개의 바퀴를 가져야 한다. 그림 13.2의 위 두 그림은 두 가지의 전방향 차륜 이동 로봇을 나타낸다(세 개의 전방향 바퀴를 가진 것과 네 개의 메카넘 바퀴를 가진 것). 또한 다음의 두 그림은 바퀴 모터를 구동해 얻어진 바퀴의 운동과 롤러를 이용한 자유로운 미끄러짐 운동을 나타낸다.

기구학 모델링에서 중요한 두 가지 질문이 있다.

(a) 목표 차대 속도 $\dot{q}$가 주어졌을 때, 바퀴는 어떠한 속도로 움직여야 하는가?

(b) 개별 바퀴 속도에 제한이 있을 때, 차대 속도 $\dot{q}$는 어느 정도로 제한되는가?

이러한 질문에 답하기 위해서, 그림 13.3에 묘사된 바퀴 기구학을 이해해야 한다. 바퀴의 중심에 있는 좌표계 $\hat{x}_w$-$\hat{y}_w$에서, 바퀴 중심의 선속도는 $v = (v_x, v_y)$이고

$$\begin{bmatrix} v_x \\ v_y \end{bmatrix} = v_{\text{drive}} \begin{bmatrix} 1 \\ 0 \end{bmatrix} + v_{\text{slide}} \begin{bmatrix} -\sin\gamma \\ \cos\gamma \end{bmatrix} \tag{13.3}$$

를 만족한다. 여기서 γ는 바퀴 둘레에 있는 수동적인 롤러를 이용한 자유로운 미끄러짐의 각도를, v_{drive}는 진행 속도, v_{slide}는 미끄러지는 속도를 나타낸다. 전방향 바퀴의

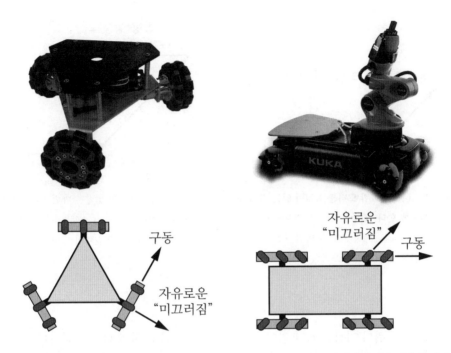

그림 13.2: (왼쪽) 세 개의 전방향 바퀴를 가진 이동 로봇. 하나의 전방향 바퀴에 롤러를 이용해 바퀴가 자유롭게 미끄러질 수 있는 방향과 바퀴 모터를 구동해 바퀴가 미끄러짐 없이 굴러가는 방향이 표시돼 있다(위의 그림은 www.superdroidrobots.com의 허가하에 사용했다). (오른쪽) 이동 차대에 네 개의 메 카넘 바퀴를 사용한 KUKA youBot 이동 매니퓰레이터 시스템(위의 그림은 KUKA Roboter GmbH의 허가하에 사용했다)

경우 $\gamma = 0$이고, 메카넘 바퀴의 경우 보통 $\gamma = \pm 45°$이다. 식 (13.3)을 풀면

$$v_{\mathrm{drive}} = v_x + v_y \tan \gamma$$

$$v_{\mathrm{slide}} = v_y / \cos \gamma$$

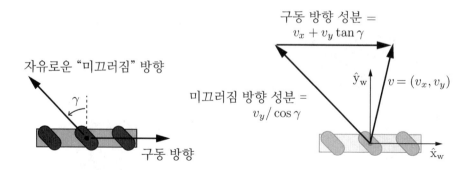

구동 방향 성분 =
$$v_x + v_y \tan\gamma$$

자유로운 "미끄러짐" 방향

γ

구동 방향

미끄러짐 방향 성분 =
$$v_y / \cos\gamma$$

$\hat{y}_w$

$v = (v_x, v_y)$

$\hat{x}_w$

그림 13.3: (왼쪽) 바퀴 모터를 움직여 얻는 바퀴 움직임의 방향과 롤러를 이용한 방향은 바퀴가 자유롭게 미끄러지도록 한다. 전방향 바퀴의 경우 $\gamma = 0$이고, 메카넘 바퀴의 경우 보통 $\gamma = \pm 45°$이다. (오른쪽) 바퀴 좌표계 $\hat{x}_w$-$\hat{y}_w$에서 표현된 바퀴 속도 $v = (v_x, v_y)$의 구동 방향 성분과 미끄러짐 방향 성분. 이때 $\hat{x}_w$-축은 앞쪽 구동 방향으로 정렬돼 있다.

를 얻는다. 바퀴의 지름을 r, 바퀴의 구동 각속도를 u라고 하면 다음을 얻는다.

$$u = \frac{v_{\text{drive}}}{r} = \frac{1}{r}(v_x + v_y \tan\gamma) \tag{13.4}$$

차대 속도 $\dot{q} = (\dot{\phi}, \dot{x}, \dot{y})$에서 바퀴 i의 구동 각속도 u_i로의 변환을 유도하기 위해 그림 13.4에 묘사된 기호를 참고하라. 차대 좌표계 {b}는 고정된 공간 좌표계 {s}에서 $q = (\phi, x, y)$의 위치에 있다. 바퀴의 중심과 구동 방향은 좌표계 {b}에 대해 (β_i, x_i, y_i), 바퀴의 반지름은 r_i, 바퀴의 미끄러짐 방향은 γ_i이다. 그러면 u_i는 $\dot{q}$와 다음과 같은 관계에 있다.

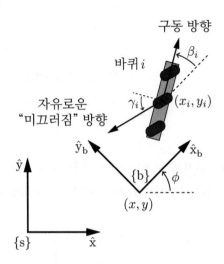

그림 13.4: 고정된 공간 좌표계 {s}에 대해 (ϕ, x, y)에 있는 차대 좌표계 {b}, 차대 좌표계 {b}에 대해 (x_i, y_i)에 있고 β_i방향으로 구동되는 바퀴 i. 바퀴 i의 미끄러짐 방향은 γ_i로 정의된다.

$$u_i = h_i(\phi)\dot{q} =$$

$$\left[\frac{1}{r_i}, \frac{\tan\gamma_i}{r_i}\right] \begin{bmatrix} \cos\beta_i & \sin\beta_i \\ -\sin\beta_i & \cos\beta_i \end{bmatrix} \begin{bmatrix} -y_i & 1 & 0 \\ x_i & 0 & 1 \end{bmatrix} \begin{bmatrix} 1 & 0 & 0 \\ 0 & \cos\phi & \sin\phi \\ 0 & -\sin\phi & \cos\phi \end{bmatrix} \begin{bmatrix} \dot{\phi} \\ \dot{x} \\ \dot{y} \end{bmatrix}$$

$$(13.5)$$

오른쪽에서부터 왼쪽으로 각 항을 살펴보면, 첫 번째 변환은 $\dot{q}$을 $\mathcal{V}_b$로 표현한 것이다. 두 번째 변환은 {b}에서 바퀴의 선속도를 만든다. 세 번째 변환은 이 선속도를 바퀴 좌표계 $\hat{x}_w$-$\hat{y}_w$에서 표현한 것이다. 그리고 마지막 변환은 식 (13.4)를 이용해 구동 각속도를 계산한다.

식 (13.5)의 $h_i(\phi)$를 정리하면 다음을 얻는다.

$$h_i(\phi) = \frac{1}{r_i \cos \gamma_i} \begin{bmatrix} x_i \sin(\beta_i + \gamma_i) - y_i \cos(\beta_i + \gamma_i) \\ \cos(\beta_i + \gamma_i + \phi) \\ \sin(\beta_i + \gamma_i + \phi) \end{bmatrix}^T \tag{13.6}$$

$m \geq 3$개의 바퀴를 가진 전방향 로봇의 경우, 목표 차대 속도 $\dot{q} \in \mathbb{R}^3$을 바퀴의 구동 속도 벡터 $u \in \mathbb{R}^m$로 변환하는 행렬 $H(\phi) \in \mathbb{R}^{m \times 3}$는 m개의 행벡터 $h_i(\phi)$을 쌓아서 만들 수 있다.

$$u = H(\phi)\dot{q} = \begin{bmatrix} h_1(\phi) \\ h_2(\phi) \\ \vdots \\ h_n(\phi) \end{bmatrix} \begin{bmatrix} \dot{\phi} \\ \dot{x} \\ \dot{y} \end{bmatrix} \tag{13.7}$$

u와 물체 트위스트 $\mathcal{V}_b$ 사이의 관계 또한 얻을 수 있다. 이 변환은 차대의 방향 ϕ와 무관하다.

$$u = H(0)\mathcal{V}_b = \begin{bmatrix} h_1(0) \\ h_2(0) \\ \vdots \\ h_n(0) \end{bmatrix} \begin{bmatrix} \omega_{bz} \\ v_{bx} \\ v_{by} \end{bmatrix} \tag{13.8}$$

{b}에 대한 바퀴의 위치와 방향 (β_i, x_i, y_i)와 바퀴의 자유로운 미끄러짐 방향 γ_i는 반드시 $H(0)$의 랭크가 3이도록 선택해야 한다. 예를 들어, 구동 방향과 미끄러짐 방향이 모두 정렬된 전방향 이동 로봇을 만든다면, $H(0)$의 랭크는 2가 돼 미끄러짐 방향으로 제어 가능하게 병진 운동을 만들어낼 수 없다.

그림 13.2의 사륜 youBot과 같이 $m > 3$인 경우, 어떠한 $\mathcal{V}_b \in \mathbb{R}^3$에 대해서도 식 (13.8)이 만족되지 않는 u를 선택하는 것은 바퀴가 반드시 구동 방향으로 미끄러짐을 의미한다.

714

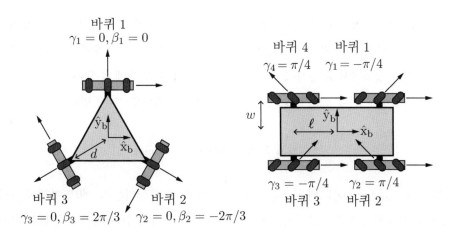

그림 13.5: 세 개의 전방향 바퀴와 네 개의 메카넘 바퀴를 가진 이동 로봇의 기구학 모델. 바퀴의 반지름은 r이고 각각의 메카넘 바퀴의 구동 방향은 $\beta_i = 0$이다.

그림 13.5의 기호를 사용하면 세 개의 전방향 바퀴를 가진 이동 로봇의 기구학 모델은

$$
u = \begin{bmatrix} u_1 \\ u_2 \\ u_3 \end{bmatrix} = H(0)\mathcal{V}_b = \frac{1}{r} \begin{bmatrix} -d & 1 & 0 \\ -d & -1/2 & -\sin(\pi/3) \\ -d & -1/2 & \sin(\pi/3) \end{bmatrix} \begin{bmatrix} \omega_{bz} \\ v_{bx} \\ v_{by} \end{bmatrix} \tag{13.9}
$$

이고, 네 개의 메카넘 바퀴를 가진 이동 로봇의 기구학 모델은

$$
u = \begin{bmatrix} u_1 \\ u_2 \\ u_3 \\ u_4 \end{bmatrix} = H(0)\mathcal{V}_b = \frac{1}{r} \begin{bmatrix} -\ell-w & 1 & -1 \\ \ell+w & 1 & 1 \\ \ell+w & 1 & -1 \\ -\ell-w & 1 & 1 \end{bmatrix} \begin{bmatrix} \omega_{bz} \\ v_{bx} \\ v_{by} \end{bmatrix} \tag{13.10}
$$

이다. 메카넘 로봇이 $+\hat{x}_b$방향으로 움직이기 위해서는 모든 바퀴가 같은 속도로 앞으로 구동돼야 한다. $+\hat{y}_b$방향으로 움직이기 위해서는 같은 속도로 바퀴 1과 3이 뒤로

구동되고, 바퀴 2와 4가 앞으로 구동돼야 한다. 반시계 방향으로 회전하기 위해서는 같은 속도로 바퀴 1과 4가 뒤로 구동되고, 바퀴 2와 3이 앞으로 구동돼야 한다. 로봇의 차대가 앞과 옆방향으로 동시에 같은 속도로 움직일 수 있음에 주목하라.

만약 바퀴 i의 구동 각속도가 $|u_i| \leq u_{i,\max}$로 제한돼 있다면, 다시 말해

$$-u_{i,\max} \leq u_i = h_i(0)\mathcal{V}_b \leq u_{i,\max}$$

이면, $-u_{i,\max} = h_i(0)\mathcal{V}_b$와 $u_{i,\max} = h_i(0)\mathcal{V}_b$에 의해 정의되는 두 개의 평행한 제약 평면이 3차원의 물체 트위스트 공간에 생긴다. 이 두 제약 평면 사이의 모든 $\mathcal{V}_b$는 바퀴 i에 의해 실행 가능한^{feasible} 물체 트위스트가 되고, 두 제약 평면 밖의 모든 $\mathcal{V}_b$는 실행 불가능한 물체 트위스트가 된다. 제약 평면에 수직인 방향은 $h_i^T(0)$이고, 제약 평면 위에서 원점에 가장 가까운 점은 $-u_{i,\max}h_i^T(0)/\|h_i(0)\|^2$와 $u_{i,\max}h_i^T(0)/\|h_i(0)\|^2$ 이다.

만약 로봇이 m 개의 바퀴를 갖는다면, 실행 가능한 물체 트위스트의 영역 V는 m 쌍의 평행한 제약 평면으로 제한된다. 따라서 영역 V는 3차원 볼록 다면체이다. 이 다면체는 $2m$ 개의 면을 가지고 원점(영 트위스트)을 중심으로 가진다. 그림 13.5의 삼륜, 사륜 모델의 육면체, 팔면체 영역이 그림 13.6에 주어져 있다.

13.2.2 동작 계획

전방향 이동 로봇은 모든 방향으로 움직일 수 있기 때문에, 9장에 소개된 모든 기 구학 시스템의 궤적 계획$^{\text{trajectory planning}}$ 방법과 10장에 소개된 대부분의 동작 계 획$^{\text{motion planning}}$ 방법이 그대로 적용 가능하다.

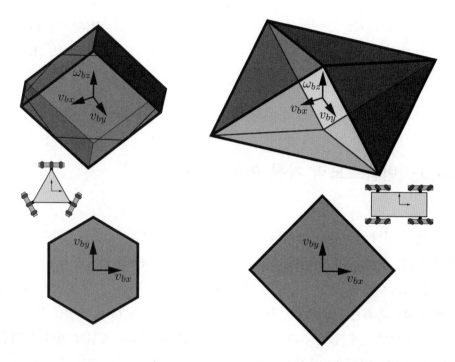

그림 13.6: (위쪽) 그림 13.5의 삼륜 로봇(왼쪽)과 사륜 로봇(오른쪽)의 실행 가능한 물체 트위스트 V 영역. 삼륜 로봇의 경우 평면 $\omega_{bz} = 0$과의 교집합 또한 표시돼 있다. (아래쪽) 평면 $\omega_{bz} = 0$에서의 경계(병진 운동만 가능).

13.2.3 피드백 제어

목표 궤적 $q_d(t)$가 주어졌을 때, 목표 궤적을 따르기 위해 11장의 피드포워드 플러스 PI 피드백 제어기를 사용할 수 있다.

$$\dot{q}(t) = \dot{q}_d(t) + K_p(q_d(t) - q(t)) + K_i \int_0^t (q_d(\mathrm{t}) - q(\mathrm{t}))\, dt \qquad (13.11)$$

여기서 $K_p = k_p I \in \mathbb{R}^{3 \times 3}$와 $K_i = k_i I \in \mathbb{R}^{3 \times 3}$는 양수인 대각 성분을 가지고 $q(t)$는 센서로부터 얻어진 실제 컨피규레이션의 추정값이다. 그러면 $\dot{q}(t)$는 식 (13.7)을 이용해 바퀴 구동 각속도 입력 $u(t)$로 변환될 수 있다.

13.3 비홀로노믹 차륜 이동 로봇

2.4절에서, 컨피규레이션 $q \in \mathbb{R}^n$로 표현되는 시스템에 작용하는 k개의 파피안 속도 제약조건은 $A(q)\dot{q} = 0$로 나타낼 수 있다($A(q) \in \mathbb{R}^{k \times n}$). 속도 벡터로 불가능한 k개의 방향을 명시하는 대신에, 기구학 시스템의 가능한 속도를 $n - k$ 개의 속도 방향의 선형 결합으로 표현할 수 있다. 이러한 속도 표현 방식은 불가능한 방향을 표시하는 것과 동등하며 선형 결합의 계수를 명확히 조절할 수 있다는 장점이 있다. 이러한 속도 표현 방식을 다음에서 다룰 것이다.

이번 절의 제목은 속도 제약조건이 컨피규레이션의 제약조건으로 동등하게 적분 불가능하다는 것을 암시한다. 이를 13.3.2절에서 수식적으로 밝힐 것이다.

13.3.1 모델링

13.3.1.1 외바퀴

가장 단순한 차륜 이동 로봇은 하나의 직립한 바퀴인 외바퀴^{unicycle}이다. 바퀴의 반지름을 r이라 하자. 바퀴의 컨피규레이션을 $q = (\phi, x, y, \theta)^T$로 나타내자. 이때 (x, y)

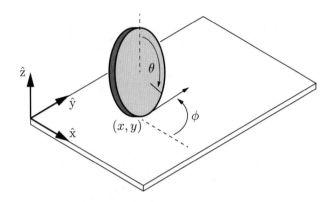

그림 13.7: 미끄러짐 없이 평면 위를 구르는 바퀴

는 접촉점의 좌표, ϕ는 진행 방향, θ는 바퀴의 회전 각도이다(그림 13.7). "차대"(즉, 외바퀴의 안장)의 컨피규레이션은 (ϕ, x, y)이다. 기구학적 운동방정식은

$$\dot{q} = \begin{bmatrix} \dot{\phi} \\ \dot{x} \\ \dot{y} \\ \dot{\theta} \end{bmatrix} = \begin{bmatrix} 0 & 1 \\ r\cos\phi & 0 \\ r\sin\phi & 0 \\ 1 & 0 \end{bmatrix} \begin{bmatrix} u_1 \\ u_2 \end{bmatrix}$$

$$= G(q)u = g_1(q)u_1 + g_2(q)u_2 \tag{13.12}$$

이다. 제어 입력은 $u = (u_1, u_2)^T$이고 이때 u_1은 바퀴의 앞뒤 회전 각속도이고 u_2는 바퀴의 조향 각속도다. 제어 입력에는 $-u_{1,\max} \leq u_1 \leq u_{1,\max}$와 $-u_{2,\max} \leq u_2 \leq u_{2,\max}$의 제약조건이 있다.

벡터함수 $g_i(q) \in \mathbb{R}^4$는 행렬 $G(q)$의 열벡터이고, $u_i = 1$일 때와 관련있는 이 벡터함수를 q에 대한 **접선 벡터장**tangent vector fields(또는 **제어 벡터장**control vector fields이나 간단히 속도 벡터장으로 부르기도 한다)이라 부른다. 특정 컨피규레이션 q를 대입한 $g_i(q)$

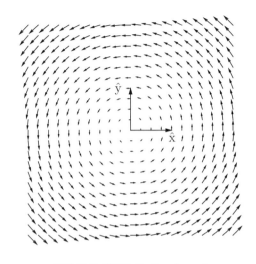

그림 13.8: 벡터장 $(\dot{x}, \dot{y}) = (-y, x)$

는 접선 벡터장의 **접선 벡터**$^{\text{tangent vector}}$(또는 속도 벡터)라 부른다.

그림 13.8에서 $\mathbb{R}^2$에서의 벡터장의 한 예시를 볼 수 있다.

이 책의 모든 비홀로노믹 이동 로봇의 기구학 모델은 식 (13.12)와 같이 $\dot{q} = G(q)u$의 형태를 갖는다. 이러한 기구학 모델에서 주목해야 할 세 가지는 (1) 표류^{drift}는 없으며 - 제어가 없으면 속도도 없으며, (2) 벡터장 $g_i(q)$는 일반적으로 컨피규레이션 q의 함수이며, (3) $\dot{q}$는 제어에 선형적이라는 것이다.

흔히 바퀴의 회전 각도는 고려하지 않기 때문에, (13.12)에서 네 번째 행은 무시하고 다음과 같이 간단한 제어 시스템을 얻을 수 있다.

$$\dot{q} = \begin{bmatrix} \dot{\phi} \\ \dot{x} \\ \dot{y} \end{bmatrix} = \begin{bmatrix} 0 & 1 \\ r\cos\phi & 0 \\ r\sin\phi & 0 \end{bmatrix} \begin{bmatrix} u_1 \\ u_2 \end{bmatrix} \tag{13.13}$$

13.3.1.2 차동 구동 로봇

차동 구동 로봇differential-drive robot은 가장 단순한 차륜 이동 로봇 구조다. 차동 구동 로봇은 반지름이 r이고 같은 축으로 회전하는 두 개의 독립 구동 바퀴와 로봇을 수평으로 유지하는 하나 이상의 캐스터 바퀴나 볼 캐스터, 저마찰 슬라이더로 구성된다. 구동 바퀴 사이의 거리를 $2d$라 하고 바퀴 사이의 중점을 좌표계의 원점 (x, y)으로 선택하자. 왼쪽 바퀴와 오른쪽 바퀴의 회전 각도를 θ_L와 θ_R이라 하고 컨피규레이션을 $q = (\phi, x, y, \theta_L, \theta_R)^T$로 나타내면, 기구학 운동 방정식은

$$
\dot{q} = \begin{bmatrix} \dot{\phi} \\ \dot{x} \\ \dot{y} \\ \dot{\theta}_L \\ \dot{\theta}_R \end{bmatrix} = \begin{bmatrix} -\frac{r}{2d} & \frac{r}{2d} \\ \frac{r}{2}\cos\phi & \frac{r}{2}\cos\phi \\ \frac{r}{2}\sin\phi & \frac{r}{2}\sin\phi \\ 1 & 0 \\ 0 & 1 \end{bmatrix} \begin{bmatrix} u_L \\ u_R \end{bmatrix} \tag{13.14}
$$

이다. 이때 u_L은 왼쪽 바퀴의 각속도이고 u_R은 오른쪽 바퀴의 각속도다. 각 바퀴의 각속도가 양수인 것은 바퀴가 앞으로 굴러가는 방향임을 의미한다. 각 바퀴의 제어는 $[-u_{max}, u_{max}]$의 구간으로 한정한다.

두 바퀴의 회전 각도는 고려하지 않기 때문에, 마지막 두 개의 행을 무시해 간단한 제어 시스템을 얻을 수 있다.

$$
\dot{q} = \begin{bmatrix} \dot{\phi} \\ \dot{x} \\ \dot{y} \end{bmatrix} = \begin{bmatrix} -\frac{r}{2d} & \frac{r}{2d} \\ \frac{r}{2}\cos\phi & \frac{r}{2}\cos\phi \\ \frac{r}{2}\sin\phi & \frac{r}{2}\sin\phi \end{bmatrix} \begin{bmatrix} u_L \\ u_R \end{bmatrix} \tag{13.15}
$$

차동 구동 로봇의 두 가지 장점은 간단함(보통 모터가 각 바퀴의 축에 직접 연결됨)과 높은 기동성(바퀴를 반대 방향으로 회전시켜 로봇이 제자리에서 돌 수 있음)이다. 캐스터는

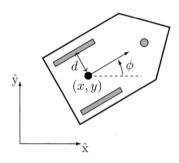

그림 13.9: 회색으로 음영 처리된 두 개의 전형적인 바퀴와 하나의 볼 캐스터 바퀴로 구성된 차동 구동 로봇

보통 실외 사용에는 부적합하다.

13.3.1.3 자동차 로봇

가장 익숙한 차륜 로봇은 조향 가능한 두 개의 앞바퀴와 고정된 두 개의 뒷바퀴로 이뤄진 자동차다. 앞바퀴가 미끄러지지 않기 위해서 자동차는 그림 13.10에 묘사된 **애커만 조향**Ackermann steering을 이용해 조향된다. 자동차 차대의 회전 중심은 앞바퀴들의 수직 이등분선과 뒷바퀴의 중심을 지나는 선의 교점에 위치한다.

자동차의 컨피규레이션을 정의하기 위해서 네 바퀴의 회전 각도를 무시한 채 $q = (\phi, x, y, \psi)^T$로 쓰자. (x, y)는 뒷바퀴의 중점 위치를, ϕ는 자동차의 진행 방향을, ψ는 앞바퀴들의 중점에 있는 가상의 바퀴에서 정의된 조향각을 나타낸다. 제어 변수는

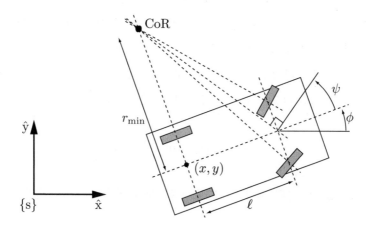

그림 13.10: 애커만 조향을 이용해 자동차의 두 앞바퀴가 서로 다른 각도로 조향돼 모든 바퀴가 미끄러짐 없이 구른다. 즉, 바퀴의 진행 방향이 바퀴와 자동차의 회전 중심을 잇는 선에 수직한 방향이다. 그림의 자동차는 최소 회전 반경 $r_{\min}$으로 돌고 있다.

(x, y)에서 자동차의 앞방향 속력 v와 조향각의 변화율 w이다. 자동차의 기구학은

$$
\dot{q} = \begin{bmatrix} \dot{\phi} \\ \dot{x} \\ \dot{y} \\ \dot{\psi} \end{bmatrix} = \begin{bmatrix} \frac{\tan \psi}{\ell} & 0 \\ \cos \phi & 0 \\ \sin \phi & 0 \\ 0 & 1 \end{bmatrix} \begin{bmatrix} v \\ w \end{bmatrix} \tag{13.16}
$$

이고, ℓ은 앞바퀴와 뒷바퀴의 축간 거리다. 제어 변수 v는 닫힌 구간 $[v_{\min}, v_{\max}]$로 제한되고 $(v_{\min} < 0 < v_{\max})$, w는 $[-w_{\max}, w_{\max}]$로 제한되며 $(w_{\max} > 0)$, 조향각 ψ는 $[-\psi_{\max}, \psi_{\max}]$로 제한된다 $(\psi_{\max} > 0)$.

기구학 (13.16)은 조향에 대한 제어가 조향각의 변화율 w이 아니라 조향각 ψ에 직접 가해진다면 간단해질 수 있다. 이러한 가정은 조향각 변화율의 한계 $w_{\max}$가 충분히 커서 조향각이 더 낮은 레벨의 제어기에 의해 거의 즉시 바뀔 수 있다면 옳은 가정

이다. 이러한 경우에 ψ는 상태 변수에서 제거되고 자동차의 컨피규레이션은 간단히 $q = (\phi, x, y)^T$가 된다. 이제 제어 입력으로 (v, ω)를 사용할 수 있고, 이때 v는 여전히 자동차의 앞방향 속도이고 ω는 자동차 차대의 회전율이다. 이러한 제어 입력 (v, ω)는 제어 입력 (v, ψ)와 다음과 같은 관계로 변환될 수 있다.

$$v = v, \quad \psi = \tan^{-1}\left(\frac{\ell\omega}{v}\right) \tag{13.17}$$

다음에서 유도할 (v, ψ)의 제약조건으로 인한 제어 변수 (v, ω)의 제약조건은 다소 복잡한 형태다.

이제 자동차의 단순화된 기구학은

$$\dot{q} = \begin{bmatrix} \dot{\phi} \\ \dot{x} \\ \dot{y} \end{bmatrix} = G(q)u = \begin{bmatrix} 0 & 1 \\ \cos\phi & 0 \\ \sin\phi & 0 \end{bmatrix} \begin{bmatrix} v \\ \omega \end{bmatrix} \tag{13.18}$$

이다. (13.18)이 내포하는 비홀로노믹 제약조건은 (13.18)의 한 방정식을 사용해 유도할 수 있다.

$$\dot{x} = v\cos\phi$$

$$\dot{y} = v\sin\phi$$

중 하나를 v에 대해 풀고, 그 결과를 다른 방정식에 대입하면 다음을 얻는다.

$$A(q)\dot{q} = [\, 0, \sin\phi, -\cos\phi \,]\, \dot{q} = \dot{x}\sin\phi - \dot{y}\cos\phi = 0$$

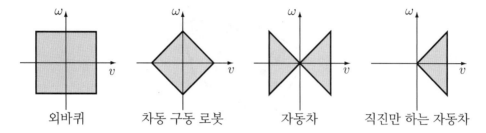

외바퀴   차동 구동 로봇   자동차   직진만 하는 자동차

그림 13.11: 단순화된 외바퀴와 차동 구동 로봇, 자동차 기구학에서 제어 변수 (v, ω)의 영역. 자동차의 제어 영역은 자동차가 제자리에서 회전할 수 없음을 보여준다. 나비 넥타이 형태인 자동차의 제어 영역에서 기울기는 자동차의 최소 회전 반경이 결정한다. 만약 자동차에 후진 기어가 없다면 나비 넥타이 형태에서 오른쪽 반만 제어 영역이다.

13.3.1.4   비홀로노믹 이동 로봇의 표준 단순화 모델

기구학 (13.18)은 비홀로노믹 이동 로봇의 표준 단순화 모델$^{canonical\ simplified\ model}$이다. 제어 변수 변환 (13.17)과 같은 방식으로 단순화된 외바퀴 기구학 (13.13)과 단순화된 차동 구동 기구학 (13.15) 또한 표준 모델의 형태로 표현할 수 있다. 단순화된 외바퀴 기구학 (13.13)의 제어 변수 변환은

$$u_1 = \frac{v}{r}, \quad u_2 = \omega$$

이고, 단순화된 차동 구동 기구학 (13.15)의 제어 변수 변환은

$$u_L = \frac{v - \omega d}{r}, \quad u_R = \frac{v + \omega d}{r}$$

이다. 이러한 제어 변수 변환을 이용하면, 단순화된 외바퀴와 차동 구동 로봇, 자동차의 기구학의 유일한 차이점은 (v, ω)의 제어 한계뿐이다. 각각의 제어 한계는

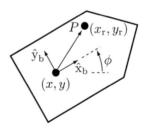

그림 13.12: 점 P는 차대 좌표계 {b}에서 $(x_\mathrm{r}, y_\mathrm{r})$에 있다.

그림 13.11에 묘사돼 있다.

로봇 차대에 고정된 하나의 참조점 P의 선속도를 직접 제어하기 위해 표준 모델 (13.18)의 두 제어 입력 (v, ω)을 사용할 수 있다. 이는 하나의 예시로 센서 하나가 P의 위치에 있는 상황일 때 유용하다. (x_P, y_P)를 고정 좌표계에 대한 P의 좌표라 하고, $(x_\mathrm{r}, y_\mathrm{r})$을 차대 좌표계 {b}에 대한 P의 좌표(상수)라 하자. 이때 차대 좌표계의 $\hat{x}_\mathrm{b}$는 이동 로봇의 진행 방향과 나란하다(그림 13.12). 고정 좌표계에 대한 목표 움직임 $(\dot{x}_P, \dot{y}_P)$를 달성하기 위해 필요한 제어 (v, ω)를 찾기 위해 먼저

$$\begin{bmatrix} x_P \\ y_P \end{bmatrix} = \begin{bmatrix} x \\ y \end{bmatrix} + \begin{bmatrix} \cos\phi & -\sin\phi \\ \sin\phi & \cos\phi \end{bmatrix} \begin{bmatrix} x_\mathrm{r} \\ y_\mathrm{r} \end{bmatrix} \tag{13.19}$$

라 쓸 수 있다. 이를 미분하면

$$\begin{bmatrix} \dot{x}_P \\ \dot{y}_P \end{bmatrix} = \begin{bmatrix} \dot{x} \\ \dot{y} \end{bmatrix} + \dot{\phi} \begin{bmatrix} -\sin\phi & -\cos\phi \\ \cos\phi & -\sin\phi \end{bmatrix} \begin{bmatrix} x_\mathrm{r} \\ y_\mathrm{r} \end{bmatrix} \tag{13.20}$$

을 얻는다. ω에 $\dot{\phi}$을, $(v \cos \phi, v \sin \phi)$에 $(\dot{x}, \dot{y})$를 대입해 풀면 다음을 얻는다.

$$
\begin{bmatrix} v \\ \omega \end{bmatrix} = \frac{1}{x_{\mathrm{r}}} \begin{bmatrix} x_{\mathrm{r}} \cos \phi - y_{\mathrm{r}} \sin \phi & x_{\mathrm{r}} \sin \phi + y_{\mathrm{r}} \cos \phi \\ -\sin \phi & \cos \phi \end{bmatrix} \begin{bmatrix} \dot{x}_P \\ \dot{y}_P \end{bmatrix} \tag{13.21}
$$

위의 방정식은 $(v, \omega)^T = J^{-1}(q)(\dot{x}_P, \dot{y}_P)^T$ 라고 볼 수도 있다. 이때 $J(q)$는 고정 좌표계에서 본 P의 움직임에 대한 (v, ω)의 자코비안이다. P가 직선 $x_{\mathrm{r}} = 0$ 위에 있으면 자코비안 $J(q)$가 특이적이라는 것에 주목하라. 차동 구동 로봇의 바퀴의 중점이나 자동차 로봇의 뒷바퀴의 중점과 같이 직선 $x_{\mathrm{r}} = 0$ 위의 점들은 로봇의 진행 방향으로만 움직일 수 있다.

13.3.2 제어 가능성

전방향 로봇은 어떠한 목표 차대 속도 $\dot{q}$이라도 그것을 달성하기 위한 바퀴 구동 속도가 존재하므로 피드백 제어가 간단하다(식 (13.7)). 만약 피드백 제어기의 목표가 (13.11)의 제어 법칙을 이용한 궤적 추적$^{\text{trajectory tracking}}$이 아니라 단순히 로봇을 원점 $q = (0, 0, 0)$으로 안정화^{stabilize}시키는 것이라면 사실 더욱 간단한 피드백 제어기

$$
\dot{q}(t) = -Kq(t) \tag{13.22}
$$

를 사용할 수 있다(K는 임의의 양의 정부호행렬). 피드백 계수^{gain} 행렬 $-K$는 q를 원점으로 당기는 용수철처럼 작용하고, 식 (13.7)은 $\dot{q}(t)$를 $u(t)$로 변환하는 것에 쓰인다. 식 (13.21)에 의해 모든 목표 $(\dot{x}_P, \dot{y}_P)$가 제어 (v, ω)에 의해 달성 가능하기 때문에, "선형 용수철"의 제어기와 같은 종류의 제어기가 표준 비홀로노믹 로봇(그림 13.12)

위의 점 P를 $(x_P, y_P) = (0,0)$으로 안정화하는 것에 사용될 수 있다.[2]

요약하면, 전방향 로봇 기구학뿐만 아니라 비홀로노믹 로봇 위의 점 P의 기구학은 단일 적분기의 형태인

$$\dot{x} = \nu \tag{13.23}$$

로 쓰일 수 있고 이때 x는 제어하고자 하는 컨피규레이션이고 ν는 전방향 로봇 제어인 경우 식 (13.7)의 변환을, 비홀로노믹 로봇의 점 P의 제어인 경우 식 (13.21)의 변환으로 구현하는 "가상 제어 입력"이다. 식 (13.23)은 더 일반적인 선형 제어 시스템

$$\dot{x} = Ax + B\nu \tag{13.24}$$

의 한 예시이고, 이 일반적인 선형 제어 시스템은 다음의 **칼만 랭크 조건**Kalman rank condition을 만족시킬 때 **선형 제어 가능**linearly controllable함이 알려져 있다.

$$\text{rank}([B \ \ AB \ \ A^2B \ \ \ldots \ \ A^{n-1}B]) = \dim(x) = n$$

이때 $x \in \mathbb{R}^n, \nu \in \mathbb{R}^m, A \in \mathbb{R}^{n \times n}, B \in \mathbb{R}^{n \times m}$이다. 식 (13.23)에서 $A = 0$, B는 항등 행렬이고 $m = n$이므로, 자명하게 선형 제어 가능성의 랭크 조건을 만족한다. 선형 제어 가능성은 식 (13.22)에서처럼 원점을 안정화하기 위한 간단한 선형 제어 법칙

$$\nu = -Kx$$

가 존재함을 암시한다.

그러나 비홀로노믹 로봇의 경우, 전체 차대 컨피규레이션을 $q = 0$으로 안정화하는 선형 컨트롤러가 존재하지 않는다. 비홀로노믹 로봇은 선형 제어 가능하지 않다. 사

---

[2]핵심 결과를 바꾸지 않기 때문에 외바퀴와 차동 구동 로봇, 자동차 로봇의 (v, ω)에 대한 제약조건은 우선 무시한다.

실상 $q = 0$을 안정화하는 q에 대한 연속함수인 제어기는 존재하지 않는다. 이 사실은 증명 없이 사용할 다음의 잘 알려진 결과에 드러나 있다.

정리 13.1. rank$(G(0)) <$ dim(q)인 시스템 $\dot{q} = G(q)u$는 연속 시간 불변 피드백 제어에 의해 $q = 0$로 안정화될 수 없다.

비홀로노믹 로봇 모델의 차대 컨피규레이션이 3차원인데 반해, $G(q)$의 랭크가 2이기 때문에 이 정리를 비홀로노믹 로봇 모델에 적용할 수 있다.

$\dot{q} = G(q)u$ 형태의 비선형 시스템의 경우, 제어 가능성에 대한 다른 개념이 있다. 다음 절에서 몇몇을 다룰 것이며 표준 비홀로노믹 로봇이 선형 제어 가능하지 않더라도 제어 가능성에 대한 다른 중요한 개념을 여전히 만족함을 보일 것이다. 특히, 속도 제약조건은 컨피규레이션의 제약조건으로 적분 불가능하다—도달 가능한 컨피규레이션의 집합이 속도 제약조건 때문에 줄어들 수는 없다.

13.3.2.1 제어 가능성의 정의

비선형 제어 가능성에 대한 정의는 컨피규레이션 q에서 시작한 비홀로노믹 로봇이 제한된 시간과 공간에 도달 가능한 집합이라는 개념에 의존한다.

정의 13.1. 시간 $T > 0$와 초기 컨피규레이션 q의 근방[3] W가 주어졌을 때, W 내부의 실행 가능한 궤적에 의해 q로부터 시간 T에 **도달 가능한 집합**reachable set을

---

[3]컨피규레이션 q의 근방 W는 q를 내부에 포함하는 컨피규레이션 전차원full-dimensional 집합이다. 예를 들어, q가 중심이고 반경이 $r > 0$인 구 (즉, $\|q_b - q\| < r$를 만족하는 모든 q_b)는 q의 근방이다.

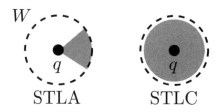

그림 13.13: 2차원 공간에서 단시간 국소적 접근 가능성(STLA)과 단시간 국소적 제어 가능성(STLC)의 그림. 음영된 영역은 근방 W를 벗어나지 않는 도달 가능한 집합이다.

$\mathcal{R}^W(q, T)$라 한다. 뿐만 아니라 시간 $t \in [0, T]$에 도달 가능한 집합의 합집합

$$\mathcal{R}^W(q, \leq T) = \bigcup_{0 \leq t \leq T} \mathcal{R}^W(q, t)$$

도 정의한다. 이제 비선형 제어 가능성의 표준 정의를 제시한다.

정의 13.2. 임의의 q_{goal}이 주어졌을 때 유한 시간 T에 로봇을 q에서 q_{goal}로 보내는 제어 궤적 $u(t)$가 존재하면, 로봇이 q에서 **제어 가능**controllable하다고 말한다. 임의의 시간 q_{goal}과 임의의 근방 W가 주어졌을 때 도달 가능한 집합 $\mathcal{R}^W(q, \leq T)$가 컨피규레이션 공간의 전차원 부분집합이면, 로봇이 q에서 **단시간 국소적 접근 가능**small-time locally accessible하다고 말한다. 임의의 시간 q_{goal}과 임의의 근방 W가 주어졌을 때 도달 가능한 집합 $\mathcal{R}^W(q, \leq T)$가 q의 근방이면, 로봇이 q에서 **단시간 국소적 제어 가능**small-time locally controllable하다고 말한다.

2차원 컨피규레이션 공간에서 단시간 국소적 접근 가능성STLA과 단시간 국소적 제어 가능성STLC이 그림 13.13에 묘사돼 있다. q에서 STLC가 q에서 STLA보다 명백히 강한 조건이다. 만약 시스템이 모든 q에서 STLC이면, q에서 q_{goal}까지 근방 내부의 경로들을 짜 맞춤으로써 시스템이 모든 q에서 제어가능하다.

13장의 모든 예시에서는 로봇의 조작성이 컨피규레이션에 따라 달라지지 않기 때문

에, 임의의 한 q에서 제어 가능성 성질이 성립하면 나머지 모든 q에 대해 제어 가능성 성질이 성립한다.

보통의 자동차와 후진 기어가 없어 직진만 하는 자동차의 예시를 생각해보자. 곧 알게 되겠지만, 직진만 하는 자동차는 STLA이지만 STLC는 아니다. 만약 직진만 하는 자동차가 좁은 공간(작은 근방 W)에 한정되면, 이 자동차는 초기 컨피규레이션 바로 뒤쪽의 컨피규레이션에는 도달할 수 없다. 반면, 후진 기어가 있는 자동차는 STLC이다. 직진만 하는 자동차 또한 평면 위의 모든 곳으로 갈 수 있기 때문에, 두 자동차 모두 장애물이 없는 공간(자유 공간)에서 제어 가능하다.

만약 평면에 장애물이 있다면, 보통의 자동차는 도달할 수 있지만 직진만 하는 차는 도달할 수 없는 자유 컨피규레이션 공간이 있을 수 있다(예를 들어 자동차의 바로 앞에 장애물이 있는 경우를 생각해보라). 장애물이 평면 위에서 경계를 포함하는 닫힌 부분 집합으로 정의되면, STLC 자동차는 자유 공간에서 현재 위치와 연결된 모든 컨피규레이션에 도달할 수 있다.

마지막 문장을 잠시 동안 생각해볼 가치가 있다. 자유 공간이 열린 집합으로 정의되고 장애물은 닫힌 집합(자신의 경계를 포함)으로 정의되기 때문에, 모든 자유 컨피규레이션은 장애물과 충돌하지 않는 근방이 있다. 따라서 자동차는 항상 모든 방향으로 조작될 수 있다. 만약 당신의 자동차가 비어 있는 주차 공간보다 짧다면, 굉장히 긴 시간이 걸리더라도 당신은 주차 공간으로 반드시 평행 주차할 수 있다!

만약 제어 가능성 성질(제어 가능, STLA, STLC) 중 어느 하나라도 성립한다면, 도달 가능한 컨피규레이션 공간은 전차원이고 따라서 시스템의 어떠한 속도 제약조건도 비홀로노믹이다.

13.3.2.2 제어 가능성 시험

표준 비홀로노믹 모델($n = 3$, $m = 2$인 경우)을 일반화해, 표류하지 않고 제어가 선형인(**아핀 제어**^{control affine}) 시스템

$$\dot{q} = G(q)u = \sum_{i=1}^{m} g_i(q)u_i, \quad q \in \mathbb{R}^n, u \in \mathcal{U} \subset \mathbb{R}^m, m < n \quad (13.25)$$

을 고려하자. 실행 가능한 제어 집합은 $\mathcal{U} \subset \mathbb{R}^m$이다. 한 예로 외바퀴, 차륜 구동 로봇, 자동차, 직진만 하는 자동차의 제어 집합 $\mathcal{U}$가 그림 13.11에 나타나 있다. 13장에서는 다음의 두 가지 종류의 제어 집합 $\mathcal{U}$를 고려한다. 그림 13.11의 외바퀴, 차륜 구동 로봇, 자동차의 제어 집합과 같이 제어 집합의 양의 선형 생성이 $\mathbb{R}^m$인 경우(즉, $\text{pos}(\mathcal{U}) = \mathbb{R}^m$)와 그림 13.11의 직진만 하는 자동차의 제어 집합과 같이 제어 집합의 양의 선형 생성이 $\mathbb{R}^m$ 전체를 덮지 못하지만 선형 생성은 덮는 경우(즉, $\text{span}(\mathcal{U}) = \mathbb{R}^m$)이다. (13.25)의 국소 제어 가능성 성질들(STLA와 STLC)은 벡터장 g_i를 따른 움직임의 비교환성^{non-commutativity}에 의존한다. $F_\epsilon^{g_i}(q)$를 q에서 시작해 시간 ϵ 동안 벡터장 g_i를 따르면 도달하는 컨피규레이션이라 하자. 그러면 $F_\epsilon^{g_j}(F_\epsilon^{g_i}(q)) = F_\epsilon^{g_i}(F_\epsilon^{g_j}(q))$일 때 두 벡터장 $g_i(q)$와 $g_j(q)$는 교환 가능하다. 즉, 벡터장들을 따르는 순서는 중요하지 않다. 만약 벡터장들이 교환 불가능하면, 즉 $F_\epsilon^{g_j}(F_\epsilon^{g_i}(q)) - F_\epsilon^{g_i}(F_\epsilon^{g_j}(q)) \neq 0$이면, 벡터장들을 적용하는 순서가 최종 컨피규레이션에 영향을 미친다. 게다가 만약 비교환성을 작은 ϵ에 대해

$$\Delta q = F_\epsilon^{g_j}(F_\epsilon^{g_i}(q)) - F_\epsilon^{g_i}(F_\epsilon^{g_j}(q))$$

일 때 Δq가 어떠한 다른 벡터장 g_k로도 직접 도달할 수 없는 방향에 있는 경우로 정의한다면, g_i와 g_j를 바꾸는 것은 벡터장들의 원래 집합에는 존재하지 않던 방향으로 움직임을 만들 수 있다. 평행 주차하는 자동차가 친숙한 예시다. 자동차가 직접 옆 방향으로 움직이는 것에 대응하는 벡터장은 존재하지 않지만, 두 개의 서로 다른

벡터장을 따라 직진과 후진을 반복함으로써 옆방향으로 알짜 움직임을 만들어낼 수 있다.

작은 ϵ이 주어졌을 때 근사적으로 $q(2\epsilon) = F_\epsilon^{g_j}(F_\epsilon^{g_i}(q(0)))$를 계산하기 위해, 테일러 전개를 사용하고 $O(\epsilon^3)$에서 전개를 자를 수 있다. 시간 ϵ 동안 g_i를 따르는 것으로 시작하고 $\dot{q} = g_i(q)$, $\ddot{q} = \frac{\partial g_i}{\partial q}\dot{q} = \frac{\partial g_i}{\partial q}g_i(q)$임을 이용한다.

$$q(\epsilon) = q(0) + \epsilon\dot{q}(0) + \frac{1}{2}\epsilon^2\ddot{q}(0) + O(\epsilon^3)$$
$$= q(0) + \epsilon g_i(q(0)) + \frac{1}{2}\epsilon^2\frac{\partial g_i}{\partial q}g_i(q(0)) + O(\epsilon^3)$$

이제 시간 ϵ 동안 g_j를 따르면

$$q(2\epsilon) = q(\epsilon) + \epsilon g_j(q(\epsilon)) + \frac{1}{2}\epsilon^2\frac{\partial g_j}{\partial q}g_j(q(\epsilon)) + O(\epsilon^3)$$
$$= q(0) + \epsilon g_i(q(0)) + \frac{1}{2}\epsilon^2\frac{\partial g_i}{\partial q}g_i(q(0)) +$$
$$\epsilon g_j(q(0) + \epsilon g_i(q(0))) + \frac{1}{2}\epsilon^2\frac{\partial g_j}{\partial q}g_j(q(0)) + O(\epsilon^3)$$
$$= q(0) + \epsilon g_i(q(0)) + \frac{1}{2}\epsilon^2\frac{\partial g_i}{\partial q}g_i(q(0)) +$$
$$\epsilon g_j(q(0)) + \epsilon^2\frac{\partial g_j}{\partial q}g_i(q(0)) + \frac{1}{2}\epsilon^2\frac{\partial g_j}{\partial q}g_j(q(0)) + O(\epsilon^3) \qquad (13.26)$$

이다. 벡터장의 순서에 의존하는 유일한 항인 $\epsilon^2\frac{\partial g_j}{\partial q}g_i$이 존재함을 주목하라. (13.26)의 표현을 사용해 비교환성

$$\Delta q = F_\epsilon^{g_j}(F_\epsilon^{g_i}(q)) - F_\epsilon^{g_i}(F_\epsilon^{g_j}(q)) = \epsilon^2\left(\frac{\partial g_j}{\partial q}g_i - \frac{\partial g_i}{\partial q}g_j\right)(q(0)) + O(\epsilon^3) \quad (13.27)$$

을 계산할 수 있다. 비교환성을 측정하는 것에 더해, Δq는 (ϵ^2 차수까지) 시간 ϵ 동안 g_i를 따르고, 시간 ϵ 동안 g_j를 따르고, 시간 ϵ 동안 $-g_i$를 따르고, 마지막으로 시간 ϵ 동안 $-g_j$를 따름으로써 얻어진다.

식 (13.27)의 항 $\frac{\partial g_j}{\partial q} g_i - \frac{\partial g_i}{\partial q} g_j$는 따로 이름을 붙일 만큼 중요하다.

정의 13.3. 벡터장 $g_i(q)$와 $g_j(q)$의 **리 브라켓**^{Lie bracket}은 다음과 같이 정의된다.

$$[g_i, g_j](q) = \left(\frac{\partial g_j}{\partial q} g_i - \frac{\partial g_i}{\partial q} g_j \right)(q) \tag{13.28}$$

여기서의 리 브라켓은 8.2.2절에서 소개된 트위스트의 리 브라켓과 같다. 유일한 차이점은 8.2.2절의 리 브라켓이 모든 컨피규레이션 q에서 정의된 두 속도 벡터장의 비교환성을 나타내는 것이 아니라, 주어진 한 순간에서 정의된 두 트위스트 $\mathcal{V}_i, \mathcal{V}_j$의 비교환성을 나타낸다는 것이다. 8.2.2절의 리 브라켓 $[\mathcal{V}_i][\mathcal{V}_j] - [\mathcal{V}_j][\mathcal{V}_i]$은 국소 좌표 q의 벡터장으로써 상수 트위스트를 나타냈을 때 식 (13.28)의 표현과 동일하다. 한 예시로 연습 문제 20번을 보라.

두 벡터장 $g_i(q)$와 $g_j(q)$의 리 브라켓은 그 자체를 하나의 벡터장 $[g_i, g_j](q)$로 생각해야 하고, 리 브라켓 벡터장을 따르는 근사적인 움직임은 원래의 두 벡터장을 교환해 얻을 수 있다. 테일러 전개에서 봤듯이 리 브라켓 벡터장을 따르는 움직임은 원래의 벡터장을 따르는 움직임에 비해 상대적으로 느리다. 작은 시간 ϵ 동안 원래의 벡터장 방향으로는 ϵ 차수의 움직임을 얻을 수 있는 반면, 리 브라켓 방향으로는 ϵ^2 차수의 움직임만을 얻을 수 있다. 이는 다음의 예제와 같이, 자동차가 앞뒤로 움직이거나 회전하는 것보다 자동차를 평행 주차하듯이 옆으로 움직이는 것이 상대적으로 더 느리다는 흔한 경험과 일치한다.

예제 13.1. 벡터장 $g_1(q) = (0, \cos\phi, \sin\phi)^T$와 $g_2(q) = (1, 0, 0)^T$를 가지는 표준

비홀로노믹 로봇을 생각하자. 이때, 리 브라켓 벡터장은 $g_3(q) = [g_1, g_2](q)$

$$g_3(q) = [g_1, g_2](q) = \left(\frac{\partial g_2}{\partial q} g_1 - \frac{\partial g_1}{\partial q} g_2 \right)(q)$$

$$= \begin{bmatrix} 0 & 0 & 0 \\ 0 & 0 & 0 \\ 0 & 0 & 0 \end{bmatrix} \begin{bmatrix} 0 \\ \cos\phi \\ \sin\phi \end{bmatrix} - \begin{bmatrix} 0 & 0 & 0 \\ -\sin\phi & 0 & 0 \\ \cos\phi & 0 & 0 \end{bmatrix} \begin{bmatrix} 1 \\ 0 \\ 0 \end{bmatrix}$$

$$= \begin{bmatrix} 0 \\ \sin\phi \\ -\cos\phi \end{bmatrix}$$

이다. 리 브라켓 방향은 그림 13.14처럼 옆방향 "평행 주차" 움직임이다. ϵ 동안 g_1, ϵ 동안 g_2, ϵ 동안 $-g_1$, ϵ 동안 $-g_2$을 따름으로써 얻게 되는 알짜 움직임은 리 브라켓 방향으로 ϵ^2 차수만큼 움직인 것에 ϵ^3 차수의 항을 더한 움직임이다.

예제 13.1의 결과를 보면, 후진 기어가 있는 자동차는 조작 공간이 아무리 작더라도 항상 옆방향 움직임을 만들어낼 수 있다. 따라서 표준 비홀로노믹 이동 로봇의 기구학 $\dot{q} = G(q)u$가 내포한 파피안 속도 제약조건이 컨피규레이션의 제약조건으로 적분 불가능함을 보였다.

리 브라켓 $[g_i, g_j]$은 원래의 벡터장이 브라켓 안에 두 번 나타나므로 2차 **리 곱**^{Lie product} 이라 부른다. 표준 비홀로노믹 모델의 경우에, 컨피규레이션의 제약조건이 없다는 것을 보이기 위해 2차 리 곱만을 고려하면 된다. (13.25) 형태의 더 일반적인 시스템에 컨피규레이션의 제약조건이 있는지 확인하기 위해서는 3차, 4차 리 곱인 $[g_i, [g_j, g_k]]$나 $[g_i, [g_i, [g_i, g_j]]]$와 같이 더 깊은 리 브라켓을 고려해야 한다. 원래의 벡터장을 서로 바꿔서 리 브라켓 방향으로 움직임을 만드는 것과 동일하게, 2차보다 큰 차수의 리 곱 방향으로 움직임을 만드는 것도 가능하다. 이러한 방향으로 움직임을 만드는 것은 2차 리 곱보다 훨씬 느리다.

벡터장 집합의 **리 대수**^{Lie algebra}는 1차 리 곱(원래의 벡터장 그 자체)을 포함한 모든

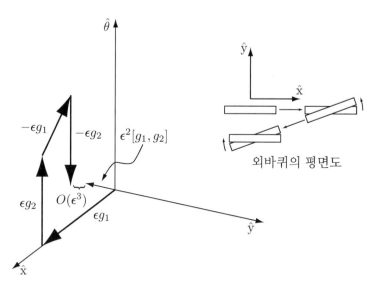

그림 13.14: 앞뒤 방향 움직임의 벡터장 $g_1(q)$과 제자리 회전의 벡터장 $g_2(q)$의 리 브라켓은 옆 방향 움직임의 벡터장이다.

차수의 리 곱으로 정의된다.

정의 13.4. 벡터장의 집합 $\mathcal{G} = \{g_1, \ldots, g_m\}$의 **리 대수**^{Lie algebra} $\overline{\text{Lie}}(\mathcal{G})$는 벡터장 $\mathcal{G}$의 모든 $1 \ldots \infty$차 리 곱의 선형 생성이다.

예를 들어 $\mathcal{G} = \{g_1, g_2\}$일 때, $\overline{\text{Lie}}(\mathcal{G})$는 다음 리 곱들의 선형 결합으로 주어진다.

1차: g_1, g_2

2차: $[g_1, g_2]$

3차: $[g_1, [g_1, g_2]]; [g_2, [g_1, g_2]]$

4차: $[g_1, [g_1, [g_1, g_2]]]; [g_1, [g_2, [g_1, g_2]]]; [g_2, [g_1, [g_1, g_2]]]; [g_2, [g_2, [g_1, g_2]]]$

$\vdots$ $\vdots$

리 곱이 항등식

- $[g_i, g_i] = 0$

- $[g_i, g_j] = -[g_j, g_i]$

- $[g_i, [g_j, g_k]] + [g_k, [g_i, g_j]] + [g_j, [g_k, g_i]] = 0$ (야코비 항등식)

을 만족하기 때문에, 모든 브라켓의 조합이 각 차수에서 고려될 필요는 없다.

실제로, 그보다 더 높은 차수의 리 곱이 더 이상 리 대수에 관한 새로운 정보를 주지 않게 되는 유한한 차수 k가 있을 것이다. 예를 들어, 그러한 상황은 지금까지 모든 q에서 생성된 리 곱의 차원이 n일 때 일어난다. 모든 방향의 움직임을 이미 얻었기 때문에 더 이상 리 브라켓이 새로운 움직임 방향을 만들어낼 수 없다. 그러나 만약 지금까지 생성된 리 곱의 차원이 n보다 작다면, 언제 더 높은 차수의 리 곱을 시도하는 것을 멈출지 알 수 있는 방법은 일반적으로 없다.[4]

이러한 모든 배경지식을 이용해 최종적으로 제어 가능성에 관한 가장 중요한 정리를 서술할 수 있다.

정리 13.2. $\mathcal{G} = \{g_1(q), \ldots, g_m(q)\}$인 *제어 시스템* (13.25)는 $\dim(\overline{\mathrm{Lie}}(\mathcal{G})(q)) = n$*이고,* $\mathrm{span}(\mathcal{U}) = \mathbb{R}^m$*이면* q*에서 단시간 국소적 접근 가능(STLA)하다. 추가로* $\mathrm{pos}(\mathcal{U}) = \mathbb{R}^m$*이면 시스템은* q*에서 단시간 국소 제어 가능(STLC)하다.*

증명은 생략하겠지만 정리를 다음과 같이 이해해볼 수 있다. 만약 리 대수가 최대 랭크이면, 벡터장(앞뒤 모든 방향을 따르는)은 국소적으로 모든 방향의 움직임을 가능하게 한다. 만약 (후진 기어가 있는 자동차처럼) $\mathrm{pos}(\mathcal{U}) = \mathbb{R}^m$이면, 앞뒤 방향의 모든 벡터장을 직접 따를 수 있거나 앞뒤 방향 움직임과 매우 가깝게 임의의 벡터장을 따르기 위해 실행 가능한 제어들을 서로 전환하는 것이 가능하고, 따라서 리 대수의 랭크 조건은 STLC임을 의미한다. 만약 제어에 (직진만 하는 자동차와 같이) $\mathrm{span}(\mathcal{U}) = \mathbb{R}^m$

---

[4]그러나 시스템 (13.25)가 *정규*^{regular}일 때는, 낮은 차수에서 포함되지 않았던 새로운 움직임 방향을 만들지 못하는 차수 k가 있다면 더 높은 차수의 리 곱을 찾아볼 필요가 없다.

만 성립한다면, 몇몇의 벡터장만이 앞뒤 방향을 따를 수 있을 것이다. 그렇지만 여전히 리 대수의 랭크 조건은 도달 가능한 집합에 등식 제약조건이 없음을 보장하고 시스템은 STLA이다.

속도 제약조건이 적분 가능한가에 관한 질문은 (13.25) 형태의 어떠한 시스템이든지 정리 13.2에 의해 최종적으로 해결될 수 있다. 만약 시스템이 어떤 q에서든 STLA이면, 제약조건은 적분 불가능하다.

정리 13.2를 몇 가지 예제에 적용해보자.

예제 13.2. 표준 비홀로노믹 이동 로봇의 제어 가능성 예제 13.1에서 표준 비홀로노믹 로봇의 리 브라켓 $g_3 = [g_1, g_2] = (0, \sin\phi, -\cos\phi)^T$를 계산했다. 열벡터 $g_1(q)$, $g_2(q)$, $g_3(q)$를 나열해 행렬을 만들고 그 행렬식을 계산하면,

$$\det[\, g_1(q) \;\; g_2(q) \;\; g_3(q) \,] = \det \begin{bmatrix} 0 & 1 & 0 \\ \cos\phi & 0 & \sin\phi \\ \sin\phi & 0 & -\cos\phi \end{bmatrix} = \cos^2\phi + \sin^2\phi = 1$$

을 얻는다. 즉, 세 벡터장은 모든 q에서 선형 독립이고 따라서 리 대수의 차원은 모든 q에서 3이다. 정리 13.2와 그림 13.11에 묘사된 제어 집합에 따르면, 외바퀴와 차동 구동 로봇, 보통의 자동차 모두는 모든 q에서 STLC인 반면 직진만 가능한 차는 모든 q에서 STLA이기만 하다. 외바퀴와 차동 구동 로봇, 보통의 자동차, 직진만 가능한 자동차 각각은 장애물이 없는 평면에서 제어 가능하다.

예제 13.3. 외바퀴의 전체 컨피규레이션의 제어 가능성 이전 예제에서 외바퀴의 (ϕ, x, y) 부분 공간에서 외바퀴가 STLC임을 이미 확인했다. 만약 컨피규레이션을 표현할 때 바퀴의 회전 각도 θ를 포함하면 어떻게 될까? 식 (13.12)에 따르면, $q = (\phi, x, y, \theta)^T$일 때 두 벡터장은 $g_1(q) = (0, r\cos\phi, r\sin\phi, 1)^T$와 $g_2(q) = (1, 0, 0, 0)^T$

이다. 2차와 3차 리 브라켓을 계산하면

$$g_3(q) = [g_1, g_2](q) = (0, r\sin\phi, -r\cos\phi, 0)^T$$

$$g_4(q) = [g_2, g_3](q) = (0, r\cos\phi, r\sin\phi, 0)^T$$

이고, 이 방향들은 각각 옆 방향 움직임과 바퀴의 회전 각도 θ를 바꾸지 않으면서 앞뒤로 움직이는 것에 대응된다. 구한 리 브라켓들이 $g_1(q)$, $g_2(q)$와 선형 독립인 것은 명백하지만, 이는 다음의 식

$$\det[\; g_1(q) \;\; g_2(q) \;\; g_3(q) \;\; g_4(q)\;] = -r^2$$

을 계산해 확인해볼 수 있다, 즉 모든 q에서 $\dim(\overline{\mathrm{Lie}}(\mathcal{G})(q)) = 4$이다. 그림 13.11에서 외바퀴의 경우 $\mathrm{pos}(\mathcal{U}) = \mathbb{R}^2$이기 때문에, 외바퀴는 그것의 4차원 컨피규레이션 공간의 모든 점에서 STLC이다.

다른 컨피규레이션 변수에서 알짜 변화가 없으면서 바퀴의 회전 각도 θ에 알짜 변화를 일으키는 짧은 "평행 주차" 형태의 동작을 구성해 같은 결과에 도달할 수 있다.

예제 13.4. 차동 구동 로봇의 전체 컨피규레이션의 조작 가능성 차동 구동 로봇의 전체 컨피규레이션은 양쪽 바퀴의 회전 각도를 포함해 $q = (\phi, x, y, \theta_L, \theta_R)^T$이다. 두 제어 벡터장은 식 (13.14)에 주어져 있다. 이 벡터장에 리 브라켓을 적용하면, 4개보다 많은 선형 독립 벡터장을 생성할 수 없음을 알 수 있다, 즉 모든 q에서

$$\dim(\overline{\mathrm{Lie}}(\mathcal{G})(q)) = 4$$

이다. 이는 두 바퀴 각도 (θ_L, θ_R)과 로봇 차대 각도 ϕ사이에 고정된 관계가 있기 때문이다. 따라서 기구학 (13.14)에 내포된 세 개의 속도 제약조건$(\dim(q) = 5, \dim(u) = 2)$은 두 개의 비홀로노믹 제약조건과 하나의 홀로노믹 제약조건으로 볼 수 있다. 5차원의 전체 컨피규레이션 공간에서 차동 구동 로봇은 어디에서도 STLA가 아니다.

보통은 차대의 컨피규레이션만 고려하기 때문에 이 부정적인 결과는 크게 문제되지 않는다.

13.3.3 동작 계획

13.3.3.1 장애물이 없는 평면

네 개의 비홀로노믹 로봇 모델(외바퀴, 차동 구동 로봇, 자동차, 직진만 하는 자동차) 모두에 대해 장애물이 없는 평면에서 임의의 두 차대 컨피규레이션 q_0와 q_{goal} 사이의 실행 가능한 움직임을 쉽게 찾을 수 있다. 이 문제는 어떠한 목적함수를 최적화하고자 할 때 더욱 흥미로워진다. 다음에서 직진만 하는 자동차의 최단 경로와 자동차의 최단 경로, 차동 구동 로봇의 최속 경로를 생각해볼 것이다. 이러한 문제의 해답은 최적 제어 이론에 달려 있고 증명은 원본 참조 문헌에 있다(13장 마지막 부분의 주석 및 참고문헌을 보라).

직진만 하는 자동차의 최단 경로   최단 경로 문제는 q_0에서 q_{goal}로 가는 경로 중, 로봇의 참조점을 따르는 경로의 길이를 최소화하는 경로를 찾는 것이다. 이는 외바퀴와 차동 구동 로봇의 경우에는 흥미로운 문제가 아니다. 두 경우의 최단 경로는 목표 지점 (x_{goal}, y_{goal}) 방향으로 회전하고 직진한 후에, 목표 방향으로 다시 회전하는 것이다. 총 경로의 길이는 $\sqrt{(x_0 - x_{goal})^2 + (y_0 - y_{goal})^2}$이다.

최단 경로 문제는 직진만 하는 자동차의 경우에 훨씬 흥미롭다. 직진만 하는 자동차는 때때로 **듀빈스 자동차**Dubins car라 부르는데, 이는 제한된 곡률을 가지면서 방향을 가진 두 점 사이를 잇는 최단 평면 곡선의 구조를 처음으로 연구한 수학자를 기린 것이다.

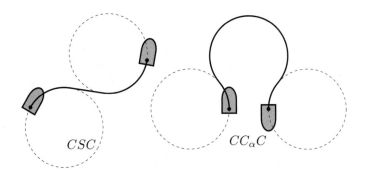

그림 13.15: 직진만 하는 자동차의 두 클래스의 최단 경로. CSC 경로는 RSL로 쓸 수 있고, $CC_\alpha C$ 경로는 $LR_\alpha L$로 쓸 수 있다.

정리 13.3. *그림 13.11의 제어 집합을 가진 직진만 하는 자동차의 경우에, 최단 경로는 최소 회전 반경의 원호와 직선만으로 이뤄진다. 원호를 C로, 선분을 S로 표기하면 임의의 두 컨피규레이션 사이의 최단 경로는 차례로 (a) CSC 또는 (b) $CC_\alpha C$를 따른다. 이때 C_α는 중심각 α가 $\alpha > \pi$인 원호를 나타낸다. 원호 C나 선분 S의 길이가 0일 수 있다.*

직진만 하는 자동차의 두 최적 경로가 그림 13.15에 묘사돼 있다. 최단 경로는 가능한 CSC와 $CC_\alpha C$ 경로를 나열해 구할 수 있다. 첫 번째로, q_0와 q_{goal}에서 자동차의 최소 회전 반경으로 두 원을 그리고, 다음으로 (가) q_0의 원과 q_{goal}의 원에 공통으로 접하는 (올바른 진행 방향과 나란한) 직선과 (나) q_0의 원과 q_{goal}의 원에 공통으로 접하는 (올바른 진행 방향과 나란한) 최소 회전 반경 원에 대해 푼다. (가)의 결과는 CSC의 경로에 대응되고 (나)의 결과는 $CC_\alpha C$의 경로에 대응된다. 모든 결과 중 가장 짧은 것이 최적 경로이다. 최단 경로는 유일하지 않을 수 있다.

만약 원호 C를 두 가지 클래스—L(핸들이 왼쪽으로 고정됐을 때)과 R(핸들이 오른쪽으로 고정됐을 때)—로 나눈다면, 네 가지 타입의 CSC 경로(LSL과 LSR, RSL, RSR)와 두 가지 타입의 $CC_\alpha C$ 경로($RL_\alpha R$과 $LR_\alpha L$)가 있음을 알 수 있다.

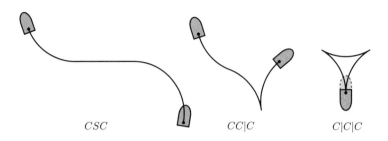

그림 13.16: 자동차의 아홉 가지 클래스의 최단 경로 중 세 개

그림 13.11의 직진만 하는 자동차의 제어 집합의 경우 최단 경로가 최소 시간 경로이고, 이때 유일하게 사용된 제어 (v, ω)는 세 개의 제어 $(v_{max}, 0)$(선분 S)와 $(v_{max}, \pm\omega_{max})$(원호 C)이다.

후진 기어가 있는 자동차의 최단 경로 후진 기어가 있는 자동차는 문제를 처음으로 연구한 수학자들을 기려 **리즈-쉐프 자동차**$^{\text{Reeds-Shepp car}}$라고 부르기도 하는데, 이 자동차의 최단 경로 또한 직선 선분과 최소 회전 반경의 원호만을 사용한다. 최소 회전 반경 원호를 C, 각도가 a인 원호를 C_a, 직선 선분을 S, 첨점(선속도의 반전)을 |으로 나타내면, 정리 13.4는 모든 가능한 최단 경로들을 나열한 것이다.

정리 13.4. *그림 13.11의 제어 집합을 가진 자동차의 경우에, 임의의 두 컨피규레이션 사이의 최단 경로는 다음의 9개의 클래스 중 하나다.*

$$C|C|C \qquad CC|C \qquad C|CC \qquad CC_a|C_aC \quad C|C_aC_a|C$$
$$C|C_{\pi/2}SC \quad CSC_{\pi/2}|C \quad C|C_{\pi/2}SC_{\pi/2}|C \qquad CSC$$

원호 C나 선분 S의 길이가 0일 수 있다.

9가지 클래스의 최단 경로 중 세 개가 그림 13.16에 묘사돼 있다. 다시 말하지만, 실제 최단 경로는 정리 13.4의 가능한 경로 중 몇 개를 나열해 얻을 수도 있다. 최단 경로는 유일하지 않을 수 있다.

만약 원호 C를 네 개의 클래스—L^+와 L^-, R^+, R^-, 이때 L과 R은 핸들이 왼쪽이나 오른쪽으로 완전히 회전한 것을 의미하고 $+$와 $-$는 기어 변속(전진 또는 후진)을 나타낸다—로 나눈다면, 정리 13.4의 9가지 경로는 $(6 \times 4) + (3 \times 8) = 48$가지의 서로 다른 타입으로 표현할 수 있다.

4타입(6클래스): $C|C|C$, $CC|C$, $C|CC$, $CC_a|C_aC$, $C|C_aC_a|C$,

$\qquad\qquad\qquad C|C_{\pi/2}SC_{\pi/2}|C$

8타입(3클래스): $C|C_{\pi/2}SC$, $CSC_{\pi/2}|C$, CSC

여섯 가지 경로 클래스의 네 가지 타입은 네 개의 서로 다른 초기 움직임 방향 L^+, L^-, R^+과 R^-에 따라 결정된다. 세 가지 경로 클래스의 여덟 가지 타입은 네 개의 초기 움직임 방향과 직선 선분 후에 왼쪽 회전 혹은 오른쪽 회전인가에 따라 결정된다. 선분 S 후의 회전은 항상 선분 S 전의 회전과 반대 방향이기 때문에 $C|C_{\pi/2}SC_{\pi/2}|C$ 클래스에는 네 가지 타입뿐이다.

만약 선속도를 반대로 뒤집는 것에 시간이 걸리지 않는다면, 그림 13.11에 묘사된 자동차의 제어 집합의 경우에 최단 경로는 최소 시간 경로와 같고, 이때 유일하게 사용된 제어 (v, ω)는 두 개의 제어 $(\pm v_{\max}, 0)$(선분 S)와 네 개의 제어 $(\pm v_{\max}, \pm \omega_{\max})$(원호 C)이다.

차동 구동 로봇의 최소 시간 움직임 그림 13.11에서 다이아몬드 모양의 제어 집합을 가진 차동 구동 로봇의 경우, 모든 최소 시간 움직임은 병진 운동과 제자리 회전으로만 구성된다.

정리 13.5. 그림 13.11에 묘사된 제어 집합을 가진 차동 구동 로봇의 경우, 최소 시간 움직임은 최대 속도 $\pm v_{max}$의 전진, 후진 운동(F와 B)과 최대 각속도 $\pm \omega_{max}$의 제자리 회전(오른쪽 회전은 R, 왼쪽 회전은 L)으로 구성된다. 움직임의 원호나 선분 개수에 따라 표 13.1과 같이 40타입의 최적 시간 움직임으로 분류할 수 있다. R_π와 L_π는 π만큼의 회전을 나타낸다.

움직임 분절 개수	타입 개수	움직임 순서
1	4	$F,\ B,\ R,\ L$
2	8	$FR,\ FL,\ BR,\ BL,\ RF,$ $RB,\ LF,\ LB$
3	16	$FRB,\ FLB,\ FR_\pi B,$ $FL_\pi B,\ BRF,\ BLF,$ $BR_\pi F,\ BL_\pi F,\ RFR,$ $RFL,\ RBR,\ RBL,$ $LFR,\ LFL,\ LBR,\ LBL$
4	8	$FRBL,\ FLBR,\ BRFL,$ $BLFR,\ RFLB,\ RBLF,$ $LFRB,\ LBRF$
5	4	$FRBLF,\ FLBRF,$ $BRFLB,\ BLFRB$

표 13.1: 40가지 타입의 차동 구동 로봇의 최적 시간 경로. R_π와 L_π는 π만큼의 회전을 나타낸다.

표 13.1이 서로 동일한 $FR_\pi B$와 $FL_\pi B$, $BR_\pi F$와 $BL_\pi F$를 포함함에 주목하라. 각각의 경로 타입은 몇몇의 쌍 $\{q_0, q_{\text{goal}}\}$의 최적 시간 경로이고 최적 시간 경로는 유일하지 않을 수 있다. 특히 세 개의 분절을 갖고 첫 번째와 마지막 움직임이 같은 방향의 병진 운동인 움직임(즉 FRF와 FLF, BRB, BLB)은 존재하지 않는다.

차동 구동 로봇의 어떠한 컨피규레이션도 회전, 병진, 회전을 통해 얻을 수 있는 한편, 어떠한 경우에는 세 가지 분절을 가진 다른 움직임이 더 짧은 시간이 걸리기도 한다. 예를 들어 그림 13.17과 같이 $v_{\max} = \omega_{\max} = 1$이고 and $q_0 = 0$, $q_{\text{goal}} = (-7\pi/8, 1.924, 0.383)$인 차동 구동 로봇을 생각해보자. 각도 α만큼 회전하는 데 필요한 시간은 $|\alpha|/\omega_{\max} = |\alpha|$이고 d만큼 병진 운동하는 데 필요한 시간은 $|d|/v_{\max} = |d|$이다. 따라서 LFR의 움직임에 필요한 시간은

$$\frac{\pi}{16} + 1.962 + \frac{15\pi}{16} = 5.103$$

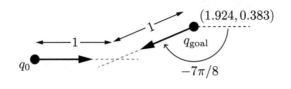

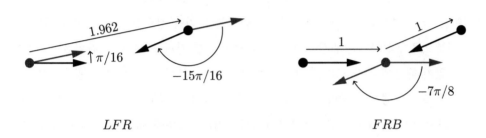

LFR   FRB

그림 13.17: (위) $q_0 = (0,0,0)$에서 $q_{\text{goal}} = (-7\pi/8, 1.924, 0.383)$로 움직이는 것으로 지정된 동작 계획 문제 (아래 왼쪽) 5.103의 시간이 걸리는 비최적 LFR 경로 (아래 오른쪽) 4.749의 시간이 걸리고 "경유 점$^{\text{via point}}$"을 통과하는 최적 시간 FRB 경로

인 반면, "경유점$^{\text{via point}}$"을 통과하는 FRB 경로의 움직임에 필요한 시간은

$$1 + \frac{7\pi}{8} + 1 = 4.749$$

이다.

13.3.3.2 장애물이 있는 평면

만일 평면에 장애물이 있다면, 그림 13.11의 제어 집합을 이산화해 10.4.2절의 격자-기반 동작 계획법을 외바퀴, 차동 구동 로봇, 자동차, 직진만 하는 자동차에 적용할 수 있다. 예시로 그림 13.11의 최대 제어를 사용하는 그림 10.14의 이산화를 보라. 최대 제어를 사용하는 것은 자동차와 차동 구동 로봇의 최단 경로가 최소 반경 회전과 직선 선분으로 구성된다는 관찰을 이용한 것이다. 또한 컨피규레이션 공간이 3차원밖에 되지 않기 때문에 격자 크기를 각각의 차원을 따라 적당한 해상도로 다룰 수 있다.

또한 10.5절의 샘플링 방법을 적용할 수 있다. RRT의 경우 위에 언급한 것처럼 제어 집합을 이산화해 사용할 수 있고, PRM과 RRT 모두에 대해 두 컨피규레이션을 연결하는 국소 플래너는 정리 13.3, 정리 13.4, 정리 13.5의 최단 경로를 사용할 수 있다.

자동차의 경로 계획을 위한 또 다른 선택지는 자동차의 움직임 제약조건을 무시하더라노 효과석으로 장애물을 피하는 경로 플래너를 사용하는 것이나. 사동차가 STLC이고 자유 컨피규레이션 공간이 열린 집합으로 정의되기 때문에(장애물은 경계를 포함하는 닫힌 집합이다), 자동차는 경로를 임의의 수준으로 가깝게 따를 수 있다. 그러나 경로를 가깝게 따르기 위해서는 움직임이 느려질 수 있다—길을 1킬로미터 내려가는 데 평행 주차 방식을 사용하는 것을 상상해보라.

대신 제약조건이 없는 초기 경로를 자동차의 움직임 제약조건을 반영하는 빠르고 실행 가능한 경로로 빠르게 변환할 수 있다. 이를 위해서 초기 경로를 $q(s), s \in [0, 1]$로 나타내자. 그리고 정리 13.4의 최단 경로를 사용해 $q(0)$에서 $q(1)$까지 연결하자. 만약 이 경로가 충돌한다면, 원래의 경로를 반으로 나누고 최단 경로를 사용해 $q(0)$에서 $q(1/2)$까지, $q(1/2)$에서 $q(1)$까지 연결하자. 만약 이들 중 하나가 또 충돌한다면 다시 경로를 나누고 이를 반복한다. 자동차가 STLC이고 초기 경로가 열린 자유 공간에 놓여 있기 때문에 과정은 결국 종료될 것이고 새로운 경로는 정리 13.4의 부분 경로의

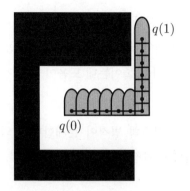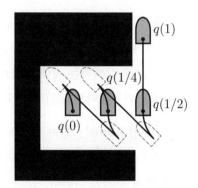

그림 13.18: (왼쪽) 동작 계획기$^{\text{motion planner}}$에 의해 찾아진 $q(0)$에서 $q(1)$로의 초기 경로는 자동차의 움직임 제약조건을 반영하지 않는다. (오른쪽) 반복적인 경로 분할 변환은 $q(1/4)$과 $q(1/2)$의 경유점으로 종결된다.

나열로 구성된다. 이 과정은 그림 13.18에 묘사돼 있다.

13.3.4 피드백 제어

제어 (v, ω)를 가진 표준 비홀로노믹 로봇 (13.18)에 대해 세 가지 종류의 피드백 제어 문제를 고려해볼 수 있다.

(a) **컨피규레이션의 안정화** 정리 13.1에서 봤듯이, 상태변수에 연속적인 어떠한 시간 불변 피드백 제어 법칙도 비홀로노믹 이동 로봇의 컨피규레이션을 안정화할 수 없다. 물론 이를 달성할 수 있는 시간 가변 불연속 피드백 제어 법칙은 존재하지만, 13장의 남은 부분에서는 이러한 문제를 다루지 않을 것이다.

(b) **궤적 추적** 목표 궤적 $q_d(t)$가 주어졌을 때, 시간이 무한대로 갈 때 오차 $q_d(t) - q(t)$를 0으로 보낸다.

(c) **경로 추적** 경로 $q(s)$가 주어졌을 때, 움직임의 시간을 고려하지 않고 기하학적인 경로만을 따른다. 이는 궤적 추적 문제보다 제어에 더 많은 자유도를 제공한다. 특히 (v, ω)를 선택하는 것에 추가로 추적 오차를 줄이는데 도움이 되는 경로상의 참조 컨피규레이션을 선택할 수 있다.

목표 움직임을 안정화하는 연속적인 시간 불변 피드백 법칙이 존재한다는 의미에서 경로 추적과 궤적 추적은 컨피규레이션 하나를 안정화하는 것보다 "쉽다". 이번 절에서 궤적 추적 문제를 다룬다.

참조 궤적이 $q_d(t) = (\phi_d(t), x_d(t), y_d(t))$, $t \in [0, T]$로 주어지고, 대응되는 명목 제어^{nominal control}가 $(v_d(t), \omega_d(t)) \in \text{int}(\mathcal{U})$, $t \in [0, T]$로 주어진다고 가정하자. 명목 제어가 실행 가능한 제어의 집합 $\mathcal{U}$의 내부에 존재할 조건은 약간의 제어 효과가 작은 오차를 수용하기 위해 "남아 있도록" 하는 것이다. 이것은 최적 움직임이라면 제어를 이미 포화시켰기 때문에 참조 궤적이 최단 경로도 아니고 최소 시간 경로도 아님을 의미한다. 참조 궤적은 최댓값까지는 필요하지 않은 제어를 이용해 계획될 수 있다. 첫 번째의 단순한 제어기 아이디어는 그림 13.12처럼 로봇의 차대 위의 참조점 P(두 개의 구동 바퀴의 축 위는 아닌)를 선택하는 것이다. 그러면 목표 궤적 $q_d(t)$는 참조점의 목표 궤적 $(x_{Pd}(t), y_{Pd}(t))$으로 나타낼 수 있다. 이러한 참조점 궤적을 따르기 위해서, 비례 피드백 제어기

$$\begin{bmatrix} \dot{x}_P \\ \dot{y}_P \end{bmatrix} = \begin{bmatrix} k_p(x_{Pd} - x_P) \\ k_p(y_{Pd} - y_p) \end{bmatrix} \tag{13.29}$$

를 사용할 수 있다. 이때, $k_p > 0$이다. 이 간단한 선형 제어 법칙은 실제 점의 위치를 움직이는 목표 참조점 위치로 보낼 수 있음을 보장한다. 제어 법칙 (13.29)로 계산한 속도 $(\dot{x}_P, \dot{y}_P)$는 식 (13.21)에 따라 (v, ω)로 변환할 수 있다.

이 아이디어는 참조점이 움직이는 한, 시간이 지남에 따라 전체 로봇의 차대가 차대의 목표 방향과 정렬된다는 것이다. 문제는 제어기가 의도한 것과 반대 방향을 선택할 수도 있다는 것이다. 이것을 막을 제어 법칙은 없다. 그림 13.19는 두 개의 시뮬레이션을 보여준다. 하나는 제어 법칙 (13.29)가 목표 차대 움직임을 만드는 것이고 다른

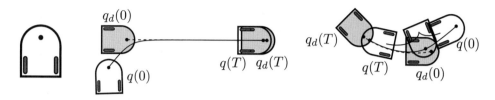

그림 13.19: (왼쪽) 참조점을 가진 비홀로노믹 이동 로봇 (가운데) 목표 참조점 궤적을 따르는 선형 제어 법칙 (13.29)가 전체 차대의 목표 궤적을 추적하도록 하는 시나리오 (오른쪽) 점-추적 제어 법칙이 로봇의 움직임에 의도하지 않은 첨점을 만드는 시나리오. 참조점은 목표 경로로 수렴하나 로봇의 방향은 의도한 방향과 반대다.

하나는 제어 법칙이 의도치 않게 구동 속도 v의 부호를 뒤집는 것이다. 두 시뮬레이션 모두에서, 제어기는 참조점이 목표 움직임을 성공적으로 따르도록 한다.

이를 수정하기 위해 제어 법칙에 명시적으로 차대 각도 오차를 포함시키자. 고정된 공간 좌표계를 {s}로 쓰고, 차대 좌표계 {b}는 차동 구동 로봇의 두 바퀴(또는 자동차의 두 뒷바퀴) 사이에 있고, $\hat{x}_b$-축을 따라 전진 구동한다고 하자. $q_d(t)$에 대응하는 좌표계는 {d}로 쓴다. 그림 13.20에 묘사된 것처럼 오차 좌표를

$$
q_e = \begin{bmatrix} \phi_e \\ x_e \\ y_e \end{bmatrix} = \begin{bmatrix} 1 & 0 & 0 \\ 0 & \cos\phi_d & \sin\phi_d \\ 0 & -\sin\phi_d & \cos\phi_d \end{bmatrix} \begin{bmatrix} \phi - \phi_d \\ x - x_d \\ y - y_d \end{bmatrix} \tag{13.30}
$$

와 같이 정의한다. 벡터 (x_e, y_e)는 좌표계 {d}에서 표현된 {s}-좌표 오차 벡터다. 비선형 피드포워드 플러스 피드백 제어 법칙

$$
\begin{bmatrix} v \\ \omega \end{bmatrix} = \begin{bmatrix} (v_d - k_1|v_d|(x_e + y_e \tan\phi_e))/\cos\phi_e \\ \omega_d - (k_2 v_d y_e + k_3|v_d|\tan\phi_e)\cos^2\phi_e \end{bmatrix} \tag{13.31}
$$

를 고려하자. 이때 $k_1, k_2, k_3 > 0$이다. 이 제어 법칙에서 두 가지에 주목하라. (1) 만약

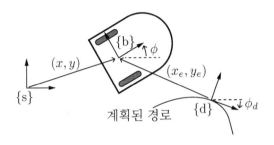

그림 13.20: 공간 좌표계 {s}와 로봇 좌표계 {b}, 계획된 경로를 따라 앞으로 움직이는 목표 컨피규레이션 {d}. 진행 방향 오차는 $\phi_e = \phi - \phi_d$이다.

오차가 0이라면, 제어는 단순히 명목 제어 (v_d, ω_d)이고 (2) ϕ_e가 $\pi/2$나 $-\pi/2$로 갈 때 제어는 발산한다. 실제로, 궤적 추적 동안 $|\phi_e|$는 $\pi/2$보다 작다고 가정한다.

v의 제어기에서, 두 번째 항 $-k_1|v_d|x_e/\cos\phi_e$는 기준 좌표계를 따라잡거나 감속하기 위해 x_e를 줄이고자 한다. 세 번째 항 $-k_1|v_d|y_e\tan\phi_e/\cos\phi_e$는 y_e에 영향을 주는 전진/후진 속도 성분을 바탕으로 y_e를 줄이고자 한다.

선회 속도 ω의 제어기에서 두 번째 항 $-k_2v_dy_e\cos^2\phi_e$는 로봇의 진행 방향을 기준 좌표계 원점을 향해 회전시켜 나중에 y_e를 줄일 것이다. 세 번째 항 $-k_3|v_d|\tan\phi_e\cos^2\phi_e$는 진행 방향 오차 ϕ_e를 줄일 것이다.

그림 13.21에 제어 법칙의 시뮬레이션이 주어져 있다.

제어 법칙 (13.31)은 $|v_d| \neq 0$이어야 하므로 차동 구동 로봇의 "제자리 회전"을 안정화하는 것에는 적합하지 않다. 제어 법칙의 안정성 증명은 이 책의 범위를 넘는다. 실제로 계수는 충분히 커서 의미 있는 수준의 오차 수정을 제공해야 하는 한편, 너무 크지는 않아서 실행 가능한 제어 집합 $\mathcal{U}$의 경계에서 제어가 떨리지 않도록 해야 한다.

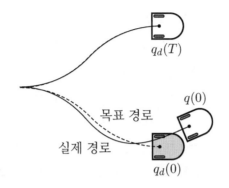

$q_d(T)$

$q(0)$

목표 경로

실제 경로

$q_d(0)$

그림 13.21: 비선형 제어 법칙 (13.31)을 실행하는 이동 로봇

13.4 오도메트리

오도메트리^{odometry}는 바퀴의 움직임, 특히 바퀴 속도의 효과를 적분해 차대 컨피규레이션 q를 추정하는 과정이다. 모든 이동 로봇에서 바퀴 회전을 센서로 측정할 수 있기 때문에 오도메트리는 값싸고 편리하다. 그렇지만 추정 오차는 예상치 못한 바퀴의 미끄러짐과 수치적분 오차로 인해 시간에 따라 누적되는 경향이 있다. 따라서 GPS, 랜드마크를 이용한 비전 인식, 초음파 표지, 레이저나 초음파 센서와 같은 다른 위치 센서로 오도메트리를 보완하는 것이 일반적이다. 이러한 센싱 방법들은 각자의 측정 불확실성이 있지만, 오차는 시간에 따라 누적되지 않는다. 그 결과 오도메트리는 일반적으로 짧은 시간 간격에서는 우수한 결과를 주긴 하지만 오도메트리 추정은 (가) 다른 센싱 방법을 이용해 주기적으로 수정되거나 (나) 칼만 필터, 파티클 필터와 같은 추정 방식을 기반으로 한 다른 센싱 방법을 사용해 통합돼야 한다.

이번 절에서는 오도메트리에 초점을 맞춘다. 전방향 이동 로봇의 바퀴와 차동 구동 로봇이나 자동차의 뒷바퀴는 각각 바퀴가 구동 방향으로 얼마나 회전했는가를 측정하는 인코더를 가진 것으로 가정한다. 만약 바퀴가 스텝 모터로 구동되면, 명령을 내린

스텝들에 근거해 각 바퀴의 구동 회전 수를 알 수 있다.

목표는 시점 k에서 시점 $k+1$까지 바퀴 각도의 변화가 주어졌을 때, 이전 차대 컨피규레이션 q_k의 함수로 새로운 차대 컨피규레이션 q_{k+1}를 추정하는 것이다.

Δt 이전에 마지막으로 바퀴 각도가 쿼리된 이후 바퀴 i의 회전 각도 변화를 $\Delta \theta_i$라 하자. 시간 간격 동안 바퀴 각도 변화의 이력을 모두 아는 것이 아니라 바퀴 구동 각도의 순변화만 알기 때문에, 가장 간단한 가정은 바퀴의 회전 각속도가 시간 간격 동안 일정했다고 하는 것이다 — $\dot{\theta}_i = \Delta\theta_i/\Delta t$. 시간 간격을 측정하는 것과 사용한 단위의 선택은 무관하기 때문에 (차대의 물체 트위스트 $\mathcal{V}_b$를 결국에는 같은 시간 간격에서 적분할 것이기 때문이다) $\Delta t = 1$, 즉 $\dot{\theta}_i = \Delta\theta$라 하자.

따라서 전방향 이동 로봇의 경우 바퀴 속도 벡터 $\dot{\theta}$, 즉 $\Delta\theta$는 식 (13.8)

$$\Delta\theta = H(0)\mathcal{V}_b,$$

에 따라 차대의 물체 트위스트 $\mathcal{V}_b = (\omega_{bz}, v_{bx}, v_{by})^T$와 연관된다. 세 개의 전방향 바퀴를 가진 로봇의 $H(0)$는 식 (13.9)으로 주어지고, 네 개의 메카넘 바퀴를 가진 로봇의 $H(0)$는 식 (13.10)으로 주어진다. 따라서 $\Delta\theta$에 대응되는 물체 트위스트 $\mathcal{V}_b$는

$$\mathcal{V}_b = H^\dagger(0)\Delta\theta = F\Delta\theta$$

이고, $F = H^\dagger(0)$는 $H(0)$의 유사 역행렬이다. 세 개의 전방향 바퀴를 가진 로봇의 경우

$$\mathcal{V}_b = F\Delta\theta = r \begin{bmatrix} -1/(3d) & -1/(3d) & -1/(3d) \\ 2/3 & -1/3 & -1/3 \\ 0 & -1/(2\sin(\pi/3)) & 1/(2\sin(\pi/3)) \end{bmatrix} \Delta\theta \qquad (13.32)$$

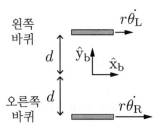

그림 13.22: 차동 구동 로봇의 왼쪽과 오른쪽 바퀴 또는 자동차의 왼쪽과 오른쪽 뒷바퀴

이고, 네 개의 메카넘 바퀴를 가진 로봇의 경우

$$\mathcal{V}_b = F\Delta\theta = \frac{r}{4}\begin{bmatrix} -1/(\ell+w) & 1/(\ell+w) & 1/(\ell+w) & -1/(\ell+w) \\ 1 & 1 & 1 & 1 \\ -1 & 1 & -1 & 1 \end{bmatrix}\Delta\theta \tag{13.33}$$

이다.

관계식 $\mathcal{V}_b = F\dot{\theta} = F\Delta\theta$는 차동 구동 로봇과 자동차 (그림 13.22)에도 성립하고, 이때 $\Delta\theta = (\Delta\theta_L, \Delta\theta_R)^T$ (왼쪽과 오른쪽 바퀴의 증분)이고

$$\mathcal{V}_b = F\Delta\theta = r\begin{bmatrix} -1/(2d) & 1/(2d) \\ 1/2 & 1/2 \\ 0 & 0 \end{bmatrix}\begin{bmatrix} \Delta\theta_L \\ \Delta\theta_R \end{bmatrix} \tag{13.34}$$

이다.

시간 간격 동안 바퀴 속도가 상수라고 가정했기 때문에, 물체 트위스트 $\mathcal{V}_b$ 또한 상수다. $\mathcal{V}_{b6}$를 평면 트위스트 $\mathcal{V}_b$의 6차원 형태라고 하면 (즉, $\mathcal{V}_{b6} = (0, 0, \omega_{bz}, v_{bx}, v_{by}, 0)^T$),

$\mathcal{V}_{b6}$는 바퀴 각도 증분 벡터 $\Delta\theta$로 생긴 변위를 구하기 위해 적분될 수 있다.

$$T_{bb'} = e^{[\mathcal{V}_{b6}]}$$

초기 좌표계 {b}에서의 새로운 차대 좌표계 {b'}를 나타내는 $T_{bb'} \in SE(3)$으로부터 물체 좌표계 {b}에서의 좌표 변화량 $\Delta q_b = (\Delta\phi_b, \Delta x_b, \Delta y_b)^T$를 $(\omega_{bz}, v_{bx}, v_{by})^T$에 대한 항으로 구할 수 있다.

$$\omega_{bz} = 0 \text{이면}: \quad \Delta q_b = \begin{bmatrix} \Delta\phi_b \\ \Delta x_b \\ \Delta y_b \end{bmatrix} = \begin{bmatrix} 0 \\ v_{bx} \\ v_{by} \end{bmatrix} \tag{13.35}$$

$$\omega_{bz} \neq 0 \text{이면}: \quad \Delta q_b = \begin{bmatrix} \Delta\phi_b \\ \Delta x_b \\ \Delta y_b \end{bmatrix} = \begin{bmatrix} \omega_{bz} \\ (v_{bx}\sin(\omega_{bz}) + v_{by}(\cos(\omega_{bz})-1))/\omega_{bz} \\ (v_{by}\sin(\omega_{bz}) + v_{bx}(1-\cos(\omega_{bz})))/\omega_{bz} \end{bmatrix}$$

차대 각도 ϕ_k를 이용해 {b}에서의 Δq_b를 고정된 공간 좌표계 {s}에서의 Δq로 변환하면,

$$\Delta q = \begin{bmatrix} 1 & 0 & 0 \\ 0 & \cos\phi_k & -\sin\phi_k \\ 0 & \sin\phi_k & \cos\phi_k \end{bmatrix} \Delta q_b \tag{13.36}$$

이고, 갱신된 차대 컨피규레이션의 오도메트리 추정은 최종적으로 다음과 같다.

$$q_{k+1} = q_k + \Delta q$$

요약하면, 식 (13.35)와 (13.36)을 이용해 $\mathcal{V}_b$와 이전 차대 각도 ϕ_k의 함수로 Δq를 계산하고, 세 개의 전방향 바퀴를 가진 로봇이나 네 개의 메카넘 바퀴를 가진 로봇, 차동 구동 로봇/자동차의 바퀴 각도 변화 $\Delta\theta$의 함수로 $\mathcal{V}_b$를 계산하기 위해 각각

식 (13.32)이나 (13.33), (13.34)를 사용할 수 있다.

13.5 이동 조작

이동 차대 위에 탑재된 로봇 팔의 경우, **이동 조작**mobile manipulation은 엔드 이펙터의 목표 움직임을 달성하기 위한 차대와 로봇 관절 움직임의 협동 작용이다. 일반적으로 로봇 팔의 움직임이 차대의 움직임에 비해 더 정교하게 제어될 수 있기 때문에 가장 흔한 종류의 이동 조작은 차대를 움직이고, 정차한 후에, 로봇 팔이 정확한 작업을 수행한 뒤, 다시 움직여서 떠나는 방식이다.

그러나 몇몇 경우에, 차대 움직임과 팔의 움직임의 조합을 통해 엔드 이펙터 움직임을 달성하는 것이 장점이 되거나 심지어는 필수적일 때가 있다. 고정된 공간 좌표계를 {s}, 차대 좌표계를 {b}, 팔의 기반 좌표계를 {0}, 엔드 이펙터 좌표계를 {e}라 정의하면, {s}에 대한 {e}의 컨피규레이션은

$$X(q, \theta) = T_{se}(q, \theta) = T_{sb}(q)\, T_{b0}\, T_{0e}(\theta) \in SE(3)$$

이다. $\theta \in \mathbb{R}^n$는 n-관절 로봇의 팔 관절 변위의 집합, $T_{0e}(\theta)$는 팔의 정기구학, T_{b0}는 {b}에서 {0}로의 고정된 오프셋, $q = (\phi, x, y)$는 이동 차대의 평면 컨피규레이션을 말한다. 그리고

$$T_{sb}(q) = \begin{bmatrix} \cos\phi & -\sin\phi & 0 & x \\ \sin\phi & \cos\phi & 0 & y \\ 0 & 0 & 1 & z \\ 0 & 0 & 0 & 1 \end{bmatrix}$$

인데, 이때 z는 바닥면에서 윗방향으로 {b}의 높이를 나타내는 상수이다. 그림 13.23

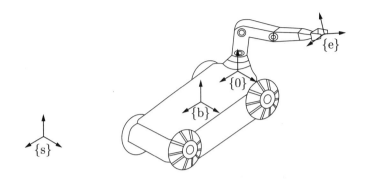

그림 13.23: 공간 좌표계 {s}와 이동 매니퓰레이터에 부착된 좌표계 {b}, {0}, {e}

을 보라.

시간의 함수로 표현한 엔드 이펙터의 경로를 $X(t)$라 하자. 그러면 $[\mathcal{V}_e(t)] = X^{-1}(t)\dot{X}(t)$ 은 {e}에서 나타낸 엔드 이펙터 트위스트의 $se(3)$ 표현이다. 뿐만 아니라, 로봇이 전방향인지 비홀로노믹인지와 관계없이 바퀴 속도 벡터를 $u \in \mathbb{R}^m$로 쓰자. 바퀴와 관절 속도를 이용해 엔드 이펙터 좌표계의 기구학 제어를 하려면

$$\mathcal{V}_e = J_e(\theta) \begin{bmatrix} u \\ \dot{\theta} \end{bmatrix} = [\, J_{\text{base}}(\theta) \;\; J_{\text{arm}}(\theta) \,] \begin{bmatrix} u \\ \dot{\theta} \end{bmatrix}$$

을 만족하는 자코비안 $J_e(\theta) \in \mathbb{R}^{6 \times (m+n)}$이 필요하다. 자코비안 $J_e(\theta)$가 q에 의존하지 않음에 주목하라. {e}에서 표현된 엔드 이펙터 속도는 이동 차대의 컨피규레이션에 독립적이다. 또한, $J_e(\theta)$를 $J_{\text{base}}(\theta) \in \mathbb{R}^{6 \times m}$과 $J_{\text{arm}}(\theta) \in \mathbb{R}^{6 \times n}$로 나눌 수 있다. $J_{\text{base}}(\theta)u$ 항은 엔드 이펙터 속도에 대한 바퀴 속도 u의 기여를 나타내고, $J_{\text{arm}}(\theta)\dot{\theta}$ 항은 엔드 이펙터 속도에 대한 관절 속도의 기여를 나타낸다.

5장에서 물체 자코비안 $J_b(\theta)$로 불렸던 $J_{\text{arm}}(\theta)$를 구하는 방법을 유도했었다. 유일하게 남아 있는 것은 $J_{\text{base}}(\theta)$를 구하는 것이다. 13.4절에서 봤듯이, 모든 종류의 이동

차대에는

$$\mathcal{V}_b = Fu$$

를 만족하는 F가 존재한다. 평면 트위스트 $\mathcal{V}_b$에 대응하는 6차원 트위스트 $\mathcal{V}_{b6}$를 만들기 위해, $6 \times m$ 행렬

$$F_6 = \begin{bmatrix} 0_m \\ 0_m \\ F \\ 0_m \end{bmatrix}$$

을 정의할 수 있다. 이때, F 위에 m개의 0이 두 행으로 들어 있고 F 아래에 한 행으로 들어 있다. 이제

$$\mathcal{V}_{b6} = F_6 u$$

이다. 이러한 차대 트위스트는 다음과 같이 엔드 이펙터 좌표계에서 표현될 수 있다.

$$[\mathrm{Ad}_{T_{eb}(\theta)}]\mathcal{V}_{b6} = [\mathrm{Ad}_{T_{0e}^{-1}(\theta)T_{b0}^{-1}}]\mathcal{V}_{b6} = [\mathrm{Ad}_{T_{0e}^{-1}(\theta)T_{b0}^{-1}}]F_6 u = J_{\mathrm{base}}(\theta)u$$

따라서,

$$J_{\mathrm{base}}(\theta) = [\mathrm{Ad}_{T_{0e}^{-1}(\theta)T_{b0}^{-1}}]F_6$$

이다. 이제 완전한 자코비안 $J_e(\theta) = [J_{\mathrm{base}}(\theta) \ J_{\mathrm{arm}}(\theta)]$를 구했기 때문에, 수치적 역기구학(6.2절)이나 목표 엔드 이펙터 궤적을 추적하기 위해 기구학적 피드백 제어 법칙을 적용할 수 있다. 예를 들어 목표 엔드 이펙터 궤적 $X_d(t)$가 주어졌을 때, 기구학적 태스크 공간에서 피드포워드 플러스 피드백 제어 법칙 (11.16)

$$\mathcal{V}(t) = [\mathrm{Ad}_{X^{-1}X_d}]\mathcal{V}_d(t) + K_p X_{\mathrm{err}}(t) + K_i \int_0^t X_{\mathrm{err}}(\mathrm{t}) \, dt \tag{13.37}$$

을 선택해 사용할 수 있다. 이때, $\mathcal{V}_d(t) = X_d^{-1}(t)\dot{X}_d(t)$이고, 변환 $[\mathrm{Ad}_{X^{-1}X_d}]$는 피

드포워드 트위스트 $\mathcal{V}_d$의 좌표계 표현을 X_d에 있는 좌표계에서 X에 있는 실제 엔드 이펙터 좌표계로 바꾸며 $[X_{\mathrm{err}}] = \log(X^{-1}X_d)$이다. 명령된 엔드 이펙터 좌표계 트위스트 $\mathcal{V}(t)$는 다음과 같이 실행된다.

$$\begin{bmatrix} u \\ \dot{\theta} \end{bmatrix} = J_e^{\dagger}(\theta)\mathcal{V}$$

6.3절에서 논의했듯이, 특정 바퀴나 관절 속도에 페널티를 주기 위해 가중 유사 역행 렬을 사용할 수 있다.

하나의 예시가 그림 13.24에 표현돼 있다. 이동 차대는 차동 구동 로봇이고 로봇 팔은 단 하나의 회전 관절을 가지고 평면 위에서 움직인다. 엔드 이펙터의 목표 움직임 $X_d(t), t \in [0,1]$는 $\alpha = -\pi t$, $x_d(t) = -3\cos(\pi t)$, $y_d(t) = 3\sin(\pi t)$로 매개화돼 있다. 이때 α는 $\hat{x}_{\mathrm{s}}$-축에서 $\hat{x}_{\mathrm{e}}$-축까지의 평면 각도를 나타낸다(그림 13.24를 보라). 그림 13.24 의 동작을 보면 약간의 오버슈팅이 있음을 알 수 있고, 이는 대각 계수행렬 $K_i = k_i I$ 에서 비교적 작은 계수를 사용해야 함을 나타낸다. 그 대신, 더 큰 계수를 사용하는 것에 현실적인 문제가 없다는 가정하에 계수행렬 $K_p = k_p I$가 더 큰 계수를 갖도록 할 수 있다(11.3.1.2절의 논의를 보라).

임의의 $X_d(t)$가 이동 매니퓰레이터에서 실행 가능하려면 자코비안 $J_e(\theta)$가 모든 곳 에서 최대 랭크여야 함에 주목하라. 연습 문제 30을 보자.

13.6 요약

- 평면 위에서 움직이는 차륜 이동 로봇의 차대 컨피규레이션은 $q = (\phi, x, y)$이 다. 속도는 $\dot{q}$ 또는 차대에 고정된 좌표계 {b}에서 표현된 평면 트위스트 $\mathcal{V}_b =$

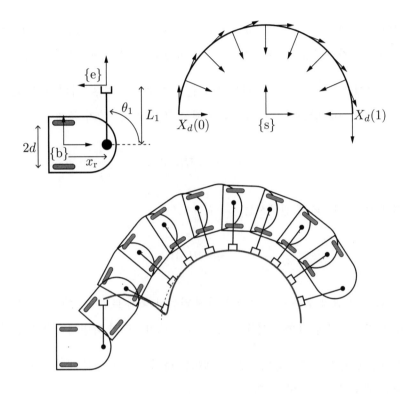

그림 13.24: 엔드 이펙터 좌표계 {e}를 가진 1R 평면 로봇 팔이 부착된 차동 구동 로봇 (위쪽) 목표 엔드 이펙터 궤적 $X_d(t)$와 로봇의 초기 컨피규레이션 (아래쪽) 제어 법칙 (13.37)을 사용한 궤적 추적

$(\omega_{bz}, v_{bx}, v_{by})^T$로 표현될 수 있다. 이때

$$
\mathcal{V}_b = \begin{bmatrix} \omega_{bz} \\ v_{bx} \\ v_{by} \end{bmatrix} = \begin{bmatrix} 1 & 0 & 0 \\ 0 & \cos\phi & \sin\phi \\ 0 & -\sin\phi & \cos\phi \end{bmatrix} \begin{bmatrix} \dot{\phi} \\ \dot{x} \\ \dot{y} \end{bmatrix}
$$

이다.

- 비홀로노믹 이동 로봇의 차대는 하나의 적분 불가능한 파피안 속도 제약조건

$A(q)\dot{q} = [\,0, \sin\phi, -\cos\phi\,]\,\dot{q} = \dot{x}\sin\phi - \dot{y}\cos\phi = 0$의 지배를 받는다. 전방향 바퀴나 메카넘 바퀴를 사용하는 전방향 로봇은 그러한 제약조건이 없다.

- $m \geq 3$개의 바퀴로 적절히 만들어진 전방향 로봇의 경우, 차대 속도 $\dot{q}$을 바퀴 구동 속도 u로 변환하는 랭크가 3인 행렬 $H(\phi) \in \mathbb{R}^{m \times 3}$가 존재한다.

$$u = H(\phi)\dot{q}$$

물체 트위스트 $\mathcal{V}_b$에 관해서는

$$u = H(0)\mathcal{V}_b$$

이다. 각 바퀴의 구동 속도 제한은 실행 가능한 물체 트위스트에 두 개의 평행한 평면 제약조건을 만들어 실행 가능한 물체 트위스트의 다면체 V를 만든다.

- 전방향 로봇의 동작 계획과 피드백 제어는 차대 속도에 등식 제약조건이 없다는 사실 때문에 단순화할 수 있다.

- 비홀로노믹 이동 로봇은 표류하지 않고 제어가 선형인 시스템

$$\dot{q} = G(q)u, \;\; u \in \mathcal{U} \subset \mathbb{R}^m$$

으로 표현할 수 있다. 이때 $G(q) \in \mathbb{R}^{n \times m}, n > m$이다. $G(q)$의 m개 열벡터 $g_i(q)$는 제어 벡터장이라 부른다.

- 표준 단순화 비홀로노믹 이동 로봇 모델은

$$\dot{q} = \begin{bmatrix} \dot{\phi} \\ \dot{x} \\ \dot{y} \end{bmatrix} = G(q)u = \begin{bmatrix} 0 & 1 \\ \cos\phi & 0 \\ \sin\phi & 0 \end{bmatrix} \begin{bmatrix} v \\ \omega \end{bmatrix}$$

이다. 외바퀴와 차동 구동 로봇, 자동차, 직진만 하는 자동차의 제어 집합 $\mathcal{U}$는 서로 다르다.

- 임의의 시간 $T > 0$와 임의의 근방 W에 대해 W를 벗어나지 않으면서 시간 T 안에 도달 가능한 집합이 컨피규레이션 공간의 전차원 부분집합이면, 제어 시스템은 단시간 국소적 접근 가능^{STLA}이다. 임의의 시간 $T > 0$와 임의의 근방 W에 대해 W를 벗어나지 않으면서 시간 T 안에 도달가능한 집합이 q의 근방이면, 제어 시스템은 단시간 국소적 제어 가능^{STLC}이다. 만약 시스템이 주어진 q에서 STLC이면, 시스템은 국소적으로 모든 방향으로 조작 가능하다.

- 두 벡터장 g_1과 g_2의 리 브라켓은 벡터장

$$[g_1, g_2] = \left(\frac{\partial g_2}{\partial q} g_1 - \frac{\partial g_1}{\partial q} g_2 \right)$$

이다.

- k차 리 곱은 원래의 벡터장이 총 k번 나타나는 리 브라켓 항이다. 1차 리 곱은 단순히 원래의 벡터장 중 하나다.

- 벡터장의 집합 $\mathcal{G} = \{g_1, \ldots, g_m\}$의 리 대수 $\overline{\text{Lie}}(\mathcal{G})$는 벡터장 $\mathcal{G}$의 모든 $1 \ldots \infty$차 리 곱의 선형 생성이다.

- $\dim(\overline{\text{Lie}}(\mathcal{G})(q)) = n$이고 $\text{span}(\mathcal{U}) = \mathbb{R}^m$이면, 표류하지 않는 아핀 제어 시스템은 q에서 단시간 국소적 접근 가능이다. 만약 추가로 $\text{pos}(\mathcal{U}) = \mathbb{R}^m$이면, 시스템은 q에서 단시간 국소적 제어 가능이다.

- 장애물이 없는 평면에서 직진만 하는 자동차의 경우, 최단 경로는 항상 최소 반경 회전(C)이나 직선 움직임(S)을 따른다. 두 가지 클래스의 최단 경로 CSC와 $CC_\alpha C$가 있다. 이때, C_α는 각도 $|\alpha| > \pi$의 회전이다. C 또는 S 어느 것이든 길이가 0이 될 수 있다.

- 후진 기어가 있는 자동차의 경우, 최단 경로는 항상 최소 반경 회전이나 직선 움직임으로 구성된다. 최단 경로는 항상 9가지 클래스 중 하나에 속한다.

- 차동 구동 로봇의 경우, 최소 시간 경로는 항상 제자리 회전과 직선 움직임으로 구성된다.

- 표준 비홀로노믹 로봇의 경우, 영 컨피규레이션을 안정화하면서 컨피규레이션 공간에서 연속함수인 시간 불변 제어 법칙은 존재하지 않는다. 그러나 궤적을 안정화면서 연속함수인 시간 불변 제어 법칙은 존재한다.

- 오도메트리는 구동 방향으로 미끄러지지 않고 전형적인 바퀴(전방향 바퀴나 메카넘 휠이 아닌)가 수직 방향으로 미끄러지지 않는다고 가정했을 때, 구동 방향으로 로봇의 바퀴가 얼마나 회전했는가를 바탕으로 차대의 컨피규레이션을 추정하는 과정이다.

- m개의 바퀴와 n개의 관절을 가진 로봇 팔로 이뤄진 이동 매니퓰레이터의 경우, 엔드 이펙터 좌표계 {e}에서의 엔드 이펙터 트위스트 $\mathcal{V}_e$는 다음과 같다.

$$\mathcal{V}_e = J_e(\theta) \begin{bmatrix} u \\ \dot{\theta} \end{bmatrix} = [\, J_{\text{base}}(\theta) \;\; J_{\text{arm}}(\theta) \,] \begin{bmatrix} u \\ \dot{\theta} \end{bmatrix}$$

$6 \times m$ 자코비안 $J_{\text{base}}(\theta)$은 바퀴 속도 u를 엔드 이펙터에서의 속도로 변환하고, $6 \times n$ 자코비안은 5장에서 유도된 물체 자코비안이다. 자코비안 $J_{\text{base}}(\theta)$는 다음과 같이 주어진다.

$$J_{\text{base}}(\theta) = [\text{Ad}_{T_{0e}^{-1}(\theta)T_{b0}^{-1}}]F_6$$

이때, F_6은 바퀴 속도에서 차대 트위스트 $\mathcal{V}_{b6} = Fu$으로의 변환이다.

13.7 주석과 참고문헌

모델링과 동작 계획, 이동 로봇에 대한 훌륭한 참고문헌으로 [34, 81], [170]의 여러 장들, 로보틱스 핸드북[120, 156], 백과사전[127]이 있다.

비홀로노믹 시스템과 부족구동[underactuated] 시스템, 비선형 제어 가능성에 대한 일반적인 참고문헌으로 [14, 21, 28, 63, 64, 121, 125, 157]과 제어 핸드북[100], 백과사전[99]이 있다. 정리 13.1은 [19]에서 브라켓[Brockett]이 처음으로 보고한 결과의 강한 형태다. 정리 13.2는 서로 다른 가능한 제어 집합을 고려해 차우[Chow]의 정리[29]를 적용한 결과다. 국소적 제어 가능성을 결정하는 데 차우의 정리를 사용할 수 있는 조건을 나타내는 조금 더 일반적인 조건은 수스만[Sussmann][181]이 제안했다.

직진만 가능한 자동차와 후진 기어까지 있는 자동차의 최단 경로에 대한 원래의 결과는 각각 두빈스[Dubins][40], 리즈[Reeds]와 셉[Shepp][145]이 제안했다. 이러한 결과들은 [16, 174]에서 동작 계획 문제로 확장 적용됐고[182]에서 미분기하학의 정리를 사용해 독립적으로 유도됐다. 차동 구동 로봇의 최소 시간 움직임은 [5]에서 발컴[Balkcom]과 메이슨[Mason]이 유도했다. 13.3.3.2절에 묘사된 자동차의 임의의 경로의 분절들을 실행 가능한 최단 경로로 바꾸는 것에 기초한 자동차 형태 이동 로봇의 동작 계획기는 [82]에 묘사돼 있다.

비홀로노믹 이동 로봇의 참조 궤적 추적에 관한 비선형 제어 법칙 (13.31)은 [120, 156]에서 인용한 것이다.

13.8 연습 문제

1. 13.2.1절의 전방향 이동 로봇의 기구학 모델링에서, 일반적이지 않아 보이는 방법으로 바퀴 속도와 차대 속도 사이의 관계를 유도했다. 첫 번째로, 차대 속도를 지정하고 다음으로 얼마나 바퀴가 얼마나 구동됐는지(그리고 미끄러졌는지)를 계산했다. 언뜻 보기에 이러한 접근법은 인과적으로 타당하지 않아 보여서, 바퀴의 속도를 지정하고 난 후에 차대 속도를 계산해야 할 것 같다. 왜 이러한 모델링 방법이 타당한지, 어떠한 조건 아래서는 이 방법이 사용될 수 없는지 수학적으로 설명하라.

2. 13.2.1절의 기구학 모델링에 따르면, 전방향 로봇의 각 바퀴는 차대 트위스트 $\mathcal{V}_b$ 에 두 개의 속도 제약조건을 더 추가한다. 더 많은 바퀴는 더 많은 모터를 의미하고 언뜻 보기에 더 많은 모터는 제약조건이 아닌 더 많은 움직임 능력을 의미하는 것이기 때문에 이것은 비직관적으로 보일 수 있다. 우리의 기구학 모델링에서 왜 추가 바퀴가 추가 속도 제약조건을 의미하는지, 기구학 모델링에서 어떠한 가정이 비현실적인지 명확히 설명하라.

3. 그림 13.5에 묘사된 세 개의 전방향 바퀴를 가진 로봇에서, 바퀴가 미끄러지도록 구동할 수 있는가? (다시 말해, 바퀴가 구동 방향으로 미끄러질 수 있는가?) 만일 그렇다면 바퀴 속도의 예시를 제시하라.

4. 그림 13.5에 묘사된 네 개의 메카넘 바퀴를 가진 로봇에서, 바퀴가 미끄러지도록 구동할 수 있는가? (다시 말해, 바퀴가 구동 방향으로 미끄러질 수 있는가?) 만일 그렇다면 바퀴 속도의 예시를 제시하라.

5. 그림 13.5에 묘사된 네 개의 메카넘 바퀴를 가진 로봇의 바퀴를 $\gamma = \pm 60°$인 바퀴

로 교체하자. 관계식 $u = H(0)\mathcal{V}_b$의 행렬 $H(0)$을 유도하라. $H(0)$의 랭크는 3인가?
필요하다면 ℓ과 w의 값을 가정하라.

6. 그림 13.5에 묘사된 세 개의 전방향 바퀴를 가진 로봇을 고려하자. 만약 전방향
바퀴를 $\gamma = 45°$인 메카넘 바퀴로 교체한다면, 로봇은 여전히 적절히 구성된 전방향
이동 로봇인가? 다시 말해, 관계식 $u = H(0)\mathcal{V}_b$의 행렬 $H(0)$은 랭크가 3인가?

7. $\gamma = \pm45°$이며 정삼각형으로 배치된 세 개의 메카넘 바퀴를 가진 이동 로봇을 고
려하자. 차대 좌표계 {b}는 삼각형의 중심에 있다. 모든 세 바퀴의 구동 방향은 같고
(예를 들어, 차대 좌표계의 $\hat{x}_b$-축 방향), 두 바퀴의 자유로운 미끄러짐 방향은 $\gamma = 45°$
이고 다른 한 바퀴는 $\gamma = -45°$이다. 이것은 적절히 구성된 전방향 이동 로봇인가?
다시 말해, 관계식 $u = H(0)\mathcal{V}_b$의 행렬 $H(0)$은 랭크가 3인가?

8. 선호하는 그래픽 소프트웨어(예를 들어, MATLAB)를 사용해 그림 13.5에 묘사된
세 개의 전방향 바퀴를 가진 로봇에 대해 바퀴 2의 실행 가능한 물체 트위스트 $\mathcal{V}_b$의
집합을 제한하는 두 개의 평면을 그려라.

9. 선호하는 그래픽 소프트웨어(예를 들어, MATLAB)를 사용해 그림 13.5에 묘사된
세 개의 메카넘 바퀴를 가진 로봇에 대해 바퀴 1의 실행 가능한 물체 트위스트 $\mathcal{V}_b$
집합을 제한하는 두 개의 평면을 그려라.

10. 정사각형으로 배치된 네 개의 전방향 바퀴를 가진 이동 로봇을 고려하자. 차대
좌표계 {b}는 사각형의 중심에 있고, 각 바퀴의 구동 방향은 {b}의 원점과 바퀴를
잇는 벡터에서 반시계로 90° 방향에 있다. 정사각형의 한 변의 길이를 2로 가정하자.
행렬 $H(0)$를 구하라. 행렬 $H(0)$은 랭크가 3인가?

11. 전방향 로봇에 충돌이 없는 격자 기반의 플래너를 실행하라. 로봇은 원형 차대

를 가진다고 가정해, 충돌을 감지하기 위해서는 로봇의 (x, y) 위치만 고려하면 되는 것으로 하자. 장애물은 임의의 중심 위치와 임의의 반지름을 가진 원이다. 장애물을 피하는 최단 경로를 찾기 위해 다익스트라^{Dijkstra} 알고리듬(또는 A^*)을 사용할 수 있다.

12. 전방향 로봇에 RRT 플래너를 실행하라. 위의 연습 문제와 같이, 원형 차대와 원형 장애물을 가정하라.

13. 전방향 로봇이 목표 궤적을 따르도록 피드포워드 플러스 비례 피드백 제어기를 실행하라. 이를 목표 궤적 $(\phi_d(t), x_d(t), y_d(t)) = (t, 0, t)$ for $t \in [0, \pi]$에 시험하라. 로봇의 초기 컨피규레이션은 $q(0) = (-\pi/4, 0.5, -0.5)$이다. 컨피규레이션의 오차를 시간의 함수로 그려라. 또한 로봇이 목표 궤적으로 수렴하는 것을 애니메이션으로 보일 수도 있다.

14. 식 (13.12)의 외바퀴 모델에 대응하는 파피안 제약조건 $A(q)\dot{q} = 0$을 써라.

15. 식 (13.14)의 차동 구동 로봇 모델에 대응하는 파피안 제약조건 $A(q)\dot{q} = 0$을 써라.

16. 식 (13.16)의 자동차 모델에 대응하는 파피안 제약조건 $A(q)\dot{q} = 0$을 써라.

17. STLA이지만 STLC는 아닌 두 개의 시스템의 예를 제시하라. 시스템은 차륜 이동 로봇일 필요는 없다.

18. 차례로 ϵ 시간 동안 g_i, ϵ 시간 동안 g_j, ϵ 시간 동안 $-g_i$, ϵ 시간 동안 $-g_j$를 따름으로써 얻어지는 순 움직임을 얻기 위해 식 (13.26)에서 테일러 전개를 계속하

라(ϵ^2 차수까지). 이것이 식 (13.27)과 동등함을 보여라.

19. 표준 비홀로노믹 이동 로봇 모델 (13.18)을 차대 고정 형태

$$\mathcal{V}_b = B \begin{bmatrix} v \\ \omega \end{bmatrix}$$

로 써라. 이때 B는 3×2 행렬로, 각 열이 제어 v와 ω와 연관된 차대 트위스트에 대응된다.

20. 이 책을 통틀어서, 컨피규레이션 공간으로 $SE(3)$와 $SO(3)$ 그리고 이들의 평면 부분집합 $SE(2)$와 $SO(2)$를 사용했다. 이들은 행렬 리 군^{matrix Lie group}으로 알려져 있다. 물체 트위스트와 공간 트위스트는 $se(3)$ (평면에서는 $se(2)$)의 원소로써 행렬 형태로 표현되고 물체 각속도와 공간 각속도는 $so(3)$ (평면에서는 $so(2)$)의 원소로써 행렬 형태로 표현된다. T나 R이 항등행렬일 때 $se(3)$ 공간과 $so(3)$공간은 모든 가능한 $\dot{T}$ 과 $\dot{R}$에 대응된다. 이러한 공간들이 모든 가능한 속도와 대응되기 때문에, 각각은 대응하는 행렬 리 군의 리 대수라 부른다. G를 행렬 리 군, $\mathfrak{g}$를 그에 대응하는 리 대수라 부르고, X를 G의 한 원소, A와 B를 $\mathfrak{g}$의 원소라 하자. 다시 말해, A와 B를 $X = I$일 때 $\dot{X}$로 가능한 값으로 생각할 수 있다.

$\mathfrak{g}$의 모든 "속도" A는 임의의 $X \in G$에서 X를 앞이나 뒤에 곱함으로써 $\dot{X}$로 "해석" 할 수 있다, 즉 $\dot{X} = XA$거나 $\dot{X} = AX$이다. 만약 $\dot{X} = XA$, 즉 $A = X^{-1}\dot{X}$를 선택 한다면 A를 "물체 속도"라 생각할 수 있고(예를 들어 $G = SE(3)$이면 물체 트위스트의 행렬 형태), 만약 $\dot{X} = AX$, 즉 $A = \dot{X}X^{-1}$를 선택한다면 A를 "공간 속도"라 생각할 수 있다(예를 들어, $G = SE(3)$이면 공간 트위스트의 행렬 형태). 이러한 방식으로, A는 G 위의 전체 벡터장으로 확장될 수 있다. 만약 이러한 확장이 X를 왼쪽에 곱함으로써 얻어진다면 벡터장은 좌불변^{left-invariant}(물체 좌표계에서 상수)이라 부르고, 만약 이러 한 확장이 X를 오른쪽에 곱함으로써 얻어진다면 벡터장은 우불변^{right-invariant}(공간

좌표계에서 상수)이라 부른다. 표준 비홀로노믹 이동 로봇의 벡터장과 같이, 물체 좌표계에서 상수인 속도는 좌불변 벡터장에 해당한다.

식 (13.28)에서 두 벡터장의 리 브라켓을 정의한 것처럼, $A, B \in \mathfrak{g}$의 리 브라켓을

$$[A, B] = AB - BA \tag{13.38}$$

라 정의할 수 있고, $\mathfrak{g} = se(3)$인 경우가 8.2.2절에 이미 정의돼 있다. 위의 식이 표준 비홀로노믹 벡터장 $g_1(q) = (0, \cos\phi, \sin\phi)^T$와 $g_2(q) = (1, 0, 0)^T$의 식 (13.28)과 동일한 리 브라켓 벡터장을 나타낸다는 것을 확인하라. 이를 위해서 첫 번째로 좌불변 벡터장 $g_1(q)$와 $g_2(q)$의 생성자로 간주되는 두 벡터장을 $A_1, A_2 \in se(2)$로써 표현하라. 그 다음에 리 브라켓 $A_3 = [A_1, A_2]$를 취하고 A_3을 모든 $X \in SE(2)$에서 정의된 좌불변 벡터장으로 확장하라. 이것이 식 (13.28)을 사용해서 얻어진 결과와 동일함을 보여라.

식 (13.28)의 리 브라켓 공식은 좌표 q의 함수로 표현된 모든 벡터장에 대한 일반적인 결과인 반면, 식 (13.38)은 특히 행렬 리 군의 리 대수의 원소로 정의되는 좌불변 그리고 우불변 벡터장에 대한 것이다.

21. 선호하는 수학 소프트웨어(예를 들면 Mathematica)를 사용해 두 벡터장의 리 브라켓을 기호로 계산하는 프로그램을 작성하거나 실험하라. 프로그램이 모든 차원의 벡터장의 리 브라켓을 올바르게 계산할 수 있음을 보여라.

22. 식 (13.14)의 완전한 5차원 차동 구동 로봇 모델에 대해, 원래의 두 벡터장에서는 존재하지 않았던 두 개의 움직임 방향을 만드는 리 브라켓을 계산하라. 로봇이 움직임을 만들 수 없는 방향에 대응되는 홀로노믹 구속 조건을 써라.

23. 10.4.2절의 기법들을 이용해 장애물 사이에서 움직이는 자동차 형태의 로봇에

대한 충돌이 없는 격자 기반 동작 계획기를 실행하라. 장애물은 자유롭게 지정하라.

24. 10.5절의 기법들을 이용해 장애물 사이에서 움직이는 자동차 형태의 로봇에 대한 충돌이 없는 RRT 기반 동작 계획기를 실행하라. 장애물은 자유롭게 지정하라.

25. 차동 구동 로봇에 참조점 궤적을 추적하는 제어 법칙 (13.29)를 실행하라. 로봇이 참조점의 목표 궤적을 성공적으로 추적하는 시뮬레이션을 제시하라.

26. 비선형 피드포워드 플러스 피드백 제어 법칙 (13.31)을 실행하라. 서로 다른 제어 계수로 참조점 궤적을 추적할 때의 성능을 보이고, "좋은" 성능을 내는 제어 계수 하나를 제시하라.

27. 자동차의 두 뒷바퀴의 시간에 따른 바퀴 인코더 값을 받고, 오도메트리를 이용해 시간의 함수로 차대 컨피규레이션을 추정하는 프로그램을 작성하라. 프로그램이 회전운동과 병진운동을 포함한 차대 움직임을 올바르게 내놓는지 확인하라.

28. 세 개의 전방향 바퀴를 가진 로봇의 세 바퀴의 시간에 따른 인코더 값을 받고, 오도메트리를 이용해 시간의 함수로 차대 컨피규레이션을 추정하는 프로그램을 작성하라. 프로그램이 회전운동과 병진운동을 포함한 차대 움직임을 올바르게 내놓는지 확인하라.

29. 네 개의 메카넘 바퀴를 가진 로봇의 네 바퀴의 시간에 따른 인코더 값을 받고, 오도메트리를 이용해 시간의 함수로 차대 컨피규레이션을 추정하는 프로그램을 작성하라. 프로그램이 회전운동과 병진운동을 포함한 차대 움직임을 올바르게 내놓는지 확인하라.

30. 그림 13.24의 이동 매니퓰레이터를 고려하자. 자코비안 $J_e(\theta)$를 d와 x_r, L_1, θ_1의 3×3 행렬함수의 형태로 써라. 모든 d와 x_r, L_1, θ_1에 대해 자코비안이 랭크 3인가?

만약 아니라면, 어떤 조건에서 자코비안이 최대 랭크가 아닌가?

31. 그림 13.24에서 보였던 것과 비슷한 이동 매니퓰레이터 제어기의 시뮬레이션을 작성하라. 이 시뮬레이션에 이동 차대의 컨피규레이션을 추적하기 위한 오도메트리의 시뮬레이션을 포함시켜라. 좋은 제어 계수와 나쁜 제어 계수를 선택해 식 13.24에서 보인 것과 같은 예시 궤적과 초기 조건으로 제어기를 확인하라.

32. 바퀴 기반 오도메트리는 관성 측정 장치^{IMU, Inertial Measurement Unit}에 기반한 오도메트리로 보완될 수 있다. 전형적인 IMU는 차대의 각속도를 측정하는 3축 자이로 센서와 차대의 선가속도를 측정하는 3축 가속도 센서를 포함한다. 이동 로봇의 초기 상태를 알 때(예를 들어, 아는 위치에 정지해 있을 때), IMU의 센서 데이터는 로봇의 위치 추정을 위해 시간에 대해 적분될 수 있다. 데이터가 각속도의 경우에는 한 번, 선가속도의 경우에는 두 번 수치적분되기 때문에, 추정값은 바퀴 기반 오도메트리와 마찬가지로 시간에 따라 참값에서 멀어질 것이다.

바퀴와 지면의 상호작용 특성을 포함해, IMU 기반 오도메트리가 더 나은 컨피규레이션 추정 결과를 내놓을 것으로 예상되는 이동 로봇의 작동 조건과 바퀴 기반 오도메트리가 더 나은 컨피규레이션 추정 결과를 내놓을 것으로 예상되는 이동 로봇의 작동 조건을 한 문단으로 서술하라. 다른 문단에서는 둘 중 한 방법만을 사용했을 때에 비해 성능을 개선하기 위해 두 가지 방법을 어떻게 동시에 사용할 수 있는지 서술하라. 자유롭게 인터넷을 검색하거나 유용할 만한 구체적인 데이터 퓨전 기법이나 필터링 기법에 대한 글을 찾아보라.

33. KUKA youBot(그림 13.25)은 네 개의 메카넘 바퀴를 가지는 전방향 이동 차대와 그 위에 장착된 5R 로봇 팔로 구성된 이동 매니퓰레이터다. 차대 좌표계 {b}는 지면에서 $z = 0.0963$m 높이로 네 개의 바퀴의 가운데에 있고, 고정된 공간 좌표계 {s}에

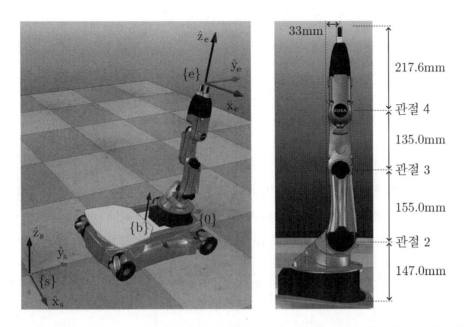

그림 13.25: (왼쪽) KUKA youBot 이동 매니퓰레이터와 고정된 공간 좌표계 {s}, 차대 좌표계 {b}, 로봇 팔의 기반 좌표계 {0}, 엔드 이펙터 좌표계 {e}. 로봇 팔은 영 자세에 있다. (오른쪽) 영 자세에서의 로봇 팔 근접 사진. 1번과 5번 관절의 축은 위를 가리키고 2번과 3번, 4번 관절의 축은 지면에서 나오는 방향이다.

대한 차대의 컨피규레이션은

$$
T_{sb}(q) = \begin{bmatrix} \cos\phi & -\sin\phi & 0 & x \\ \sin\phi & \cos\phi & 0 & y \\ 0 & 0 & 1 & 0.0963 \\ 0 & 0 & 0 & 1 \end{bmatrix}
$$

이다. 이때 $q = (\phi, x, y)$이다. 그림 13.5와 해당 본문에 네 바퀴를 가진 이동 차대의 기구학이 묘사돼 있고, 이때 바퀴의 앞뒤 간격은 $2\ell = 0.47\text{m}$, 바퀴의 좌우 간격은 $2w = 0.3\text{m}$, 각 바퀴의 반지름은 $r = 0.0475\text{m}$이다.

차대 좌표계 {b}에서 로봇 팔의 기반 좌표계 {0}로의 고정된 오프셋은

$$
T_{b0} = \begin{bmatrix} 1 & 0 & 0 & 0 \\ 0 & 1 & 0 & 0.1662 \\ 0 & 0 & 1 & 0.0026 \\ 0 & 0 & 0 & 1 \end{bmatrix}
$$

이다, 즉 로봇 팔의 기반 좌표계 {0}은 차대 좌표계 {b}와 정렬돼 있고 $\hat{y}_b$ 방향으로 166.2mm만큼, $\hat{z}_b$ 방향으로 2.6mm만큼 벗어나 있다. (그림 13.25에 묘사돼 있듯이) 로봇 팔의 영 자세에서 기반 좌표계 {0}에 대한 엔드 이펙터 좌표계 {e}는

$$
M_{0e} = \begin{bmatrix} 1 & 0 & 0 & 0 \\ 0 & 1 & 0 & 0.0330 \\ 0 & 0 & 1 & 0.6546 \\ 0 & 0 & 0 & 1 \end{bmatrix}
$$

이다.

(a) 그림 13.25의 오른쪽을 확인해—그리고 (i) 1번과 5번 관절의 축은 위를 가리키고 2번과 3번, 4번 관절의 축은 지면에서 나오는 방향이라는 것과 (ii) 축에 대한 양의 회전은 오른손 법칙을 따른다는 것을 유념해—엔드 이펙터 좌표계 $\mathcal{B}_i$의 스크류 축이

i	ω_i	v_i
1	$(0, 0, 1)$	$(-0.0330, 0, 0)$
2	$(1, 0, 0)$	$(0, -0.5076, 0)$
3	$(1, 0, 0)$	$(0, -0.3526, 0)$
4	$(1, 0, 0)$	$(0, -0.2176, 0)$
5	$(0, 0, 1)$	$(0, 0, 0)$

임을 확인하거나 올바른 $\mathcal{B}_i$를 계산하라.

(b) 로봇 팔이 다섯 개의 관절만을 가지기 때문에, 이동 차대가 멈춰 있을 때 임의의 엔드 이펙터 트위스트 $\mathcal{V}_e \in \mathbb{R}^6$를 만들어내는 것은 불가능하다. 만약 이동 차대와 팔 관절을 동시에 움직일 수 있다면, 임의의 트위스트가 불가능해지는 팔의 컨피규레이션 θ가 존재하는가? 만일 그렇다면, 그러한 컨피규레이션을 제시하라. 또한 왜 이동 차대의 컨피규레이션 $q = (\phi, x, y)$는 이 질문과 관계가 없는지 설명하라.

(c)
$$X(q, \theta) = \begin{bmatrix} 1 & 0 & 0 & 0 \\ 0 & 0 & 1 & 1.0 \\ 0 & -1 & 0 & 0.4 \\ 0 & 0 & 0 & 1 \end{bmatrix}$$

의 위치에 엔드 이펙터를 놓는 차대와 팔의 컨피규레이션 (q, θ)를 찾기 위해 수치적 역기구학을 사용하라. 초기 추측으로 $q_0 = (\phi_0, x_0, y_0) = (0, 0, 0)$과 $\theta_0 = (0, 0, -\pi/2, 0, 0)$을 시도해볼 수 있다.

(d) 경로

$$X_d(s) = \begin{bmatrix} 1 & 0 & 0 & s \\ 0 & \sin(s\pi/2) & \cos(s\pi/2) & 2s+1 \\ 0 & -\cos(s\pi/2) & \sin(s\pi/2) & 0.3 + 0.2s \\ 0 & 0 & 0 & 1 \end{bmatrix}, \quad s \in [0, 1]$$

와 시간 스케일링

$$s(t) = \frac{3}{25}t^2 - \frac{2}{125}t^3, \quad t \in [0, 5]$$

로 정의되는 엔드 이펙터 궤적을 따르기 위해서, 기구학적 태스크 공간에서 피드포워드 플러스 피드백 제어 법칙을 사용한 로봇 시뮬레이터를 작성할 것이다.

다시 말해, 움직임의 전체 시간은 5초다. 로봇의 초기 컨피규레이션은 궤적상에 있지 않다. $q_0 = (\phi_0, x_0, y_0) = (0,0,0)$이고 $\theta_0 = (0,0,-\pi/2,\pi/4,0)$이다. 프로그램의 주요 루프는 시뮬레이션된 1초당 100번 동작해야 한다, 즉 각각의 시간 스텝은 $\Delta t = 0.01$초이고 시뮬레이션은 전체 500개의 시간 스텝이다. 루프 내 각 시간에서 프로그램은 다음의 동작을 수행해야 한다.

- 현재 시간의 목표 컨피규레이션 X_d와 트위스트 $\mathcal{V}_d$를 계산한다.
- 현재 컨피규레이션의 오차 $X_{\mathrm{err}} = (\omega_{\mathrm{err}}, v_{\mathrm{err}})$를 계산한다. 나중에 그림을 그리기 위해 X_{err}를 배열로 저장한다.
- 명령된 바퀴의 속도와 관절 속도 $(u, \dot{\theta})$를 찾기 위해 제어 법칙 (13.37)을 계산한다.
- 로봇의 새 컨피규레이션을 찾기 위해 로봇 움직임의 시뮬레이션을 Δt시간만큼 한 스텝 진행한다. 로봇 팔에 간단한 1차 오일러 적분을 사용할 수 있다. 새로운 관절 각도는 단순히 이전 각도에 명령된 관절 속도와 Δt의 곱을 더한 것이다. 차대의 새로운 컨피규레이션을 계산하기 위해 13.4절의 오도메트리를 이용할 수 있다.

시뮬레이션이 완료된 후에, X_{err}의 6개 성분들을 시간의 함수로 그려라. 가능하다면 전형적인 형태의 PI 속도 제어기—약간의 오버슈트와 진동이 있고 결국에는 오차가 0에 가까운—를 관찰할 수 있도록 계수 K_p와 K_i를 선택하라. 2% 정착 시간^{settling time}이 1초나 2초가 되기 위한 제어 계수를 골라서 과도기 응답이 명확하게 보이게 해야 한다. 만약 사용 가능한 시각화 도구가 있다면 그림에 대응되는 로봇 움직임의 동영상을 제작하라.

(e) 안정성을 유지하면서도 눈에 보기에 다른 로봇의 움직임을 만드는 서로 다른 제어 계수를 선택하라. 그림과 동영상을 제시하고 PI 속도 제어에 대한 지식을 활용해 왜 서로 다른 움직임이 일치하는지 또는 일치하지 않는지를 설명하라.

34. 13장에서는 고려하지 않았던 또 다른 차륜 이동 로봇 중 한 종류는 각각이 개

별적으로 조작 가능한 세 개나 그 이상의 전형적 바퀴로 이뤄져 있다. 조작 가능한 전형적 바퀴는 로봇의 차대가 메카넘 바퀴나 전방향 바퀴의 수동적인 옆 방향 회전에 의존하지 않고도 임의의 경로를 따를 수 있게 한다.

이번 연습 문제에서는 네 개의 조향 가능한 바퀴로 이동 로봇을 모델링할 것이다. 각각의 바퀴는 두 개의 구동기를 가져서 하나는 조향에 쓰이고 다른 하나는 구동에 쓰인다. 차대 좌표계 {b}에 대한 바퀴의 위치는 그림 13.5에 묘사된 네 개의 바퀴를 가지는 경우를 닮았다. 바퀴들은 {b}의 네 점 $(\pm\ell, \pm w)$에 위치한다. 바퀴 i가 양의 구동 속도 $u_i > 0$를 가지고 $+\hat{x}_b$의 방향으로 회전할 때 바퀴의 조향각 θ_i는 0이고, 조향각의 양의 방향은 지면에서 반시계 방향으로 정의된다. 바퀴 i의 선속도는 ru_i 이고, 이때 r은 바퀴의 반지름이다.

(a) 목표 차대 트위스트 $\mathcal{V}_b$가 주어졌을 때, 네 개의 바퀴 조향각 θ_i와 네 개의 바퀴 구동 속도 u_i에 대한 방정식을 유도하라(순서쌍 (θ_i, u_i)는 바퀴 i에서 $(-\theta_i, -u_i)$와 같은 직선 운동을 만든다).

(b) 바퀴 i의 "제어"는 조향각 θ_i와 구동 속도 u_i이다. 그러나 실제로는 바퀴의 조향각을 바꾸는 속도에는 한계가 있다. 이것이 모델링과 경로 계획, 조향가능한 바퀴가 있는 이동 로봇의 제어에 주는 영향을 설명하라.

A장. 유용한 공식 요약

2장

- dof = (물체들의 자유도의 합) − (독립적인 컨피규레이션 제약조건의 개수)

- 그뤼블러의 공식은 N개의 링크와 J개의 관절을 가지는 메커니즘에 대해 위의 공식을 나타낸 것이다. 이때 관절 i가 자유도 f_i를 가지며, 평면 메커니즘의 경우 $m = 3$이고 공간 메커니즘의 경우 $m = 6$이다.

$$\text{dof} = m(N - 1 - J) + \sum_{i=1}^{J} f_i$$

- 파피안 속도 제약조건은 $A(\theta)\dot{\theta} = 0$의 형태를 가진다.

회전	강체 운동
$R \in SO(3) : 3 \times 3$ 행렬	$T \in SE(3) : 4 \times 4$ 행렬
$R^T R = I, \det R = 1$	$T = \begin{bmatrix} R & p \\ 0 & 1 \end{bmatrix}$,
	이때 $R \in SO(3), p \in \mathbb{R}^3$
$R^{-1} = R^T$	$T^{-1} = \begin{bmatrix} R^T & -R^T p \\ 0 & 1 \end{bmatrix}$

회전 (계속)	강체 운동 (계속)
좌표계 변환:	좌표계 변환:
$R_{ab}R_{bc} = R_{ac}, \quad R_{ab}p_b = p_a$	$T_{ab}T_{bc} = T_{ac}, \quad T_{ab}p_b = p_a$
좌표계 {b}를 회전:	좌표계 {b}를 이동:
$R = \mathrm{Rot}(\hat{\omega}, \theta)$	$T = \begin{bmatrix} \mathrm{Rot}(\hat{\omega}, \theta) & p \\ 0 & 1 \end{bmatrix}$
$R_{sb'} = RR_{sb}$:	$T_{sb'} = TT_{sb}$: $\hat{\omega}_s = \hat{\omega}$에 대해 θ만큼 회전
$\hat{\omega}_s = \hat{\omega}$에 대해 θ만큼 회전	({b}의 원점을 이동), p를 {s}에서 병진
$R_{sb''} = R_{sb}R$:	$T_{sb''} = T_{sb}T$: p를 {b}에서 병진,
$\hat{\omega}_b = \hat{\omega}$에 대해 θ만큼 회전	새로운 물체 좌표계의 $\hat{\omega}$에 대해 θ만큼 회전
단위 회전축은 $\hat{\omega} \in \mathbb{R}^3$,	"단위" 스크류 축은 $\mathcal{S} = \begin{bmatrix} \omega \\ v \end{bmatrix} \in \mathbb{R}^6$,
이때 $\|\hat{\omega}\| = 1$	이때 (i) $\|\omega\| = 1$ 또는
	(ii) $\omega = 0$이고 $\|v\| = 1$
	유한한 h를 가지는 스크류 축 $\{q, \hat{s}, h\}$에 대해,
	$\mathcal{S} = \begin{bmatrix} \omega \\ v \end{bmatrix} = \begin{bmatrix} \hat{s} \\ -\hat{s} \times q + h\hat{s} \end{bmatrix}$
각속도는 $\omega = \hat{\omega}\dot{\theta}$	트위스트는 $\mathcal{V} = \mathcal{S}\dot{\theta}$

회전 (계속)	강체 운동 (계속)
임의의 3-벡터, 예를 들어, $\omega \in \mathbb{R}^3$에 대해,	$\mathcal{V} = \begin{bmatrix} \omega \\ v \end{bmatrix} \in \mathbb{R}^6$에 대해,
$[\omega] = \begin{bmatrix} 0 & -\omega_3 & \omega_2 \\ \omega_3 & 0 & -\omega_1 \\ -\omega_2 & \omega_1 & 0 \end{bmatrix} \in so(3)$	$[\mathcal{V}] = \begin{bmatrix} [\omega] & v \\ 0 & 0 \end{bmatrix} \in se(3)$
공식, $\omega, x \in \mathbb{R}^3, R \in SO(3)$: $[\omega] = -[\omega]^T, [\omega]x = -[x]\omega,$ $[\omega][x] = ([x][\omega])^T, R[\omega]R^T = [R\omega]$	$((\omega, v)$는 문맥에 따라 트위스트 $\mathcal{V}$ 또는 "단위" 스크류 축 $\mathcal{S}$
$\dot{R}R^{-1} = [\omega_s], \quad R^{-1}\dot{R} = [\omega_b]$	$\dot{T}T^{-1} = [\mathcal{V}_s], \quad T^{-1}\dot{T} = [\mathcal{V}_b]$
	$[\text{Ad}_T] = \begin{bmatrix} R & 0 \\ [p]R & R \end{bmatrix} \in \mathbb{R}^{6 \times 6}$ 공식: $[\text{Ad}_T]^{-1} = [\text{Ad}_{T^{-1}}],$ $[\text{Ad}_{T_1}][\text{Ad}_{T_2}] = [\text{Ad}_{T_1 T_2}]$
좌표계 변환:	좌표계 변환:
$\hat{\omega}_a = R_{ab}\hat{\omega}_b, \quad \omega_a = R_{ab}\omega_b$	$\mathcal{S}_a = [\text{Ad}_{T_{ab}}]\mathcal{S}_b, \quad \mathcal{V}_a = [\text{Ad}_{T_{ab}}]\mathcal{V}_b$
$R \in SO(3)$에 대한 지수 좌표: $\hat{\omega}\theta \in \mathbb{R}^3$	$T \in SE(3)$에 대한 지수 좌표: $\mathcal{S}\theta \in \mathbb{R}^6$
$\exp : [\hat{\omega}]\theta \in so(3) \rightarrow R \in SO(3)$ $R = \text{Rot}(\hat{\omega}, \theta) = e^{[\hat{\omega}]\theta} =$ $I + \sin\theta[\hat{\omega}] + (1 - \cos\theta)[\hat{\omega}]^2$	$\exp : [\mathcal{S}]\theta \in se(3) \rightarrow T \in SE(3)$ $T = e^{[\mathcal{S}]\theta} = \begin{bmatrix} e^{[\omega]\theta} & * \\ 0 & 1 \end{bmatrix}$ 이때 $* =$ $(I\theta + (1 - \cos\theta)[\omega] + (\theta - \sin\theta)[\omega]^2)v$

회전 (계속)	강체 운동 (계속)
$\log : R \in SO(3) \to [\hat{\omega}]\theta \in so(3)$	$\log : T \in SE(3) \to [\mathcal{S}]\theta \in se(3)$
3.2.3.3절의 알고리듬 참고	3.3.3.2절의 알고리듬 참고
모멘트 좌표계 변환:	렌치 좌표계 변환:
$m_a = R_{ab} m_b$	$\mathcal{F}_a = (m_a, f_a) = [\mathrm{Ad}_{T_{ba}}]^T \mathcal{F}_b$

4장

- 직렬 연쇄 매니퓰레이터의 지수 곱 공식은 다음과 같다.

$$공간\ 좌표계: \quad T = e^{[\mathcal{S}_1]\theta_1} \dots e^{[\mathcal{S}_n]\theta_n} M$$

$$물체\ 좌표계: \quad T = M e^{[\mathcal{B}_1]\theta_1} \dots e^{[\mathcal{B}_n]\theta_n}$$

이때 M은 매니퓰레이터가 홈 자세에 있을 때의 엔드 이펙터 좌표계를 공간 좌표계에서 표현한 것이며, $\mathcal{S}_i$는 관절 i가 단위 속도로 회전(또는 병진)하고 다른 관절들은 영 위치에 있을 때의 공간 트위스트, $\mathcal{B}_i$는 관절 i가 단위 속도로 회전하고 다른 관절들은 영 위치에 있을 때의 물체 트위스트이다.

5장

- x 좌표로 표현한 매니퓰레이터 엔드 이펙터 컨피규레이션에 대해, 정기구학은 $x = f(\theta)$이며, 미분 기구학은 $\dot{x} = \frac{\partial f}{\partial \theta}\dot{\theta} = J(\theta)\dot{\theta}$로 주어진다. 이때 $J(\theta)$는

매니퓰레이터 자코비안이다.

- 트위스트를 사용해 관계식을 적으면 $\mathcal{V}_* = J_*(\theta)\dot{\theta}$이며, 이때 *는 s(공간 자코비안) 또는 b(물체 자코비안)이다. 공간 자코비안의 열 J_{si}, $i = 2\ldots n$는

$$J_{si}(\theta) = [\mathrm{Ad}_{e^{[\mathcal{S}_1]\theta_1}\ldots e^{[\mathcal{S}_{i-1}]\theta_{i-1}}}]\mathcal{S}_i$$

이며 $J_{s1} = \mathcal{S}_1$이고, 물체 자코비안의 열 J_{bi}, $i = 1\ldots n-1$는

$$J_{bi}(\theta) = [\mathrm{Ad}_{e^{-[\mathcal{B}_n]\theta_n}\ldots e^{-[\mathcal{B}_{i+1}]\theta_{i+1}}}]\mathcal{B}_i$$

이며 $J_{bn} = \mathcal{B}_n$이다. 관절 i의 운동에 의해 발생하는 공간 트위스트는 오직 관절 i 이전의 (즉, 관절과 공간 좌표계 사이의) 관절들의 컨피규레이션에 의해서만 바뀌며, 관절 i의 운동에 의해 발생하는 물체 트위스트는 오직 관절 i 이후의 (즉, 관절과 물체 좌표계 사이의) 관절들의 컨피규레이션에 의해서만 바뀐다.

두 자코비안은 다음과 같은 관계식을 따른다.

$$J_b(\theta) = [\mathrm{Ad}_{T_{bs}(\theta)}]J_s(\theta) \quad , \quad J_s(\theta) = [\mathrm{Ad}_{T_{sb}(\theta)}]J_b(\theta)$$

- 관절에서의 일반화된 힘 τ는 공간 좌표계 혹은 엔드 이펙터 물체 좌표계에서 표현된 렌치와 다음과 같은 관계에 있다.

$$\tau = J_*^T(\theta)\mathcal{F}_*$$

이때 *는 s(공간 좌표계) 또는 b(물체 좌표계)이다.

- 조작성 타원체는 다음과 같이 정의된다.

$$\mathcal{V}^T (JJ^T)^{-1} \mathcal{V} = 1$$

이때 $\mathcal{V}$는 태스크 공간 좌표의 속도 $\dot{q}$, 공간 또는 물체 트위스트, 혹은 트위스트의 각속도 혹은 선속도 성분이 될 수 있으며, J는 $\mathcal{V} = J(\theta)\dot{\theta}$를 만족하는 적당한 자코비안이다. 조작성 타원체의 주축은 JJ^T의 고유벡터에 평행하며, 주축 길이의 절반은 상응하는 고윳값의 제곱근과 같다.

- 힘 타원체는 다음과 같이 정의된다.

$$\mathcal{F}^T JJ^T \mathcal{F} = 1$$

이때 J는 (태스크 공간 최소 좌표 집합 혹은 공간 렌치나 물체 렌치에 대한) 자코비안이고, $\mathcal{F}$는 $\tau = J^T \mathcal{F}$를 만족하는 엔드 이펙터 힘 또는 렌치다. 힘 타원체의 주축은 $(JJ^T)^{-1}$의 고유벡터에 평행하며, 주축 길이의 절반은 상응하는 고윳값의 제곱근과 같다.

6장

- 코사인 법칙은 $c^2 = a^2 + b^2 - 2ab\cos\gamma$이다. 이때 a, b, c는 삼각형의 변의 길이이고 γ는 c를 마주 보는 내각의 크기다. 역기구학 문제를 풀 때 이 공식을 자주 사용한다.

- 닫힌 형식의 역기구학 해가 존재하지 않는 시스템의 역기구학을 풀기 위해 수치적인 방법론을 사용한다. 자코비안의 유사역행렬 $J^\dagger(\theta)$를 사용하는 뉴턴-랩슨

방법론은 다음과 같다.

(a) **초기화**: T_{sd}와 초기 예측 $\theta_0 \in \mathbb{R}^n$가 주어진다. $i = 0$으로 놓는다.

(b) $[\mathcal{V}_b] = \log\left(T_{sb}^{-1}(\theta_i)T_{sd}\right)$로 놓는다. 작은 $\epsilon_\omega, \epsilon_v$에 대해 $\|\omega_b\| > \epsilon_\omega$ 또는 $\|v_b\| > \epsilon_v$가 성립하는 한 다음을 반복한다.

  - $\theta_{i+1} = \theta_i + J_b^\dagger(\theta_i)\mathcal{V}_b$로 놓는다.
  - i 증가시킨다.

J가 정사각행렬이고 최대 랭크이면, $J^\dagger = J^{-1}$이다. $J \in \mathbb{R}^{m \times n}$가 최대 랭크이면($n > m$이면 랭크 m, 또는 $n < m$이면 랭크 n), 즉, 로봇이 특이점에 있지 않으면, 유사역행렬을 다음과 같이 계산할 수 있다.

$$J^\dagger = J^T(JJ^T)^{-1} \quad \text{if } n > m \ (JJ^\dagger = I\text{이므로 우역행렬이라고 함})$$
$$J^\dagger = (J^TJ)^{-1}J^T \quad \text{if } n < m \ (J^\dagger J = I\text{이므로 좌역행렬이라고 함})$$

8장

- 라그랑지안^{Lagrangian}은 운동에너지에서 위치에너지를 뺀 것으로, $\mathcal{L}(\theta, \dot{\theta}) = \mathcal{K}(\theta, \dot{\theta}) - \mathcal{P}(\theta)$이다.

- 오일러-라그랑주$^{\text{Euler-Lagrange}}$ 방정식은 다음과 같다.

$$\tau = \frac{d}{dt}\frac{\partial\mathcal{L}}{\partial\dot{\theta}} - \frac{\partial\mathcal{L}}{\partial\theta}$$

- 로봇의 운동방정식을 다음과 같이 동등한 형태로 쓸 수 있다.

$$
\begin{aligned}
\tau &= M(\theta)\ddot{\theta} + h(\theta, \dot{\theta}) \\
&= M(\theta)\ddot{\theta} + c(\theta, \dot{\theta}) + g(\theta) \\
&= M(\theta)\ddot{\theta} + \dot{\theta}^T \Gamma(\theta)\dot{\theta} + g(\theta) \\
&= M(\theta)\ddot{\theta} + C(\theta, \dot{\theta})\dot{\theta} + g(\theta)
\end{aligned}
$$

이때 $M(\theta)$은 $n \times n$ 대칭 양의 정부호 질량행렬, $h(\theta, \dot{\theta})$는 중력과 2차 속도 항에 의한 일반화된 힘의 합, $c(\theta, \dot{\theta})$는 2차 속도 힘, $g(\theta)$는 중력에 의한 힘, $\Gamma(\theta)$는 $M(\theta)$의 성분의 θ에 대한 편미분에서 얻은 제1종 크리스토펠 기호Christoffel symbols로 이뤄진 $n \times n \times n$ 행렬, $C(\theta, \dot{\theta})$는 다음과 (i, j) 성분을 갖는 $n \times n$ 코리올리행렬이다.

$$
c_{ij}(\theta, \dot{\theta}) = \sum_{k=1}^{n} \Gamma_{ijk}(\theta)\dot{\theta}_k
$$

로봇의 엔드 이펙터가 주변 환경에 $\mathcal{F}_{\text{tip}}$의 렌치를 가하고 있다면, $J^T(\theta)\mathcal{F}_{\text{tip}}$ 항을 로봇의 동역학 방정식의 우변에 더해줘야 한다.

- 강체의 대칭 양의 정부호 회전 관성행렬은 다음과 같다.

$$
\mathcal{I}_b = \begin{bmatrix} \mathcal{I}_{xx} & \mathcal{I}_{xy} & \mathcal{I}_{xz} \\ \mathcal{I}_{xy} & \mathcal{I}_{yy} & \mathcal{I}_{yz} \\ \mathcal{I}_{xz} & \mathcal{I}_{yz} & \mathcal{I}_{zz} \end{bmatrix}
$$

이때

$$\mathcal{I}_{xx} = \int_\mathcal{B}(y^2 + z^2)\rho(x,y,z)dV \quad \mathcal{I}_{yy} = \int_\mathcal{B}(x^2 + z^2)\rho(x,y,z)dV$$

$$\mathcal{I}_{zz} = \int_\mathcal{B}(x^2 + y^2)\rho(x,y,z)dV \quad \mathcal{I}_{xy} = -\int_\mathcal{B} xy\rho(x,y,z)dV$$

$$\mathcal{I}_{xz} = -\int_\mathcal{B} xz\rho(x,y,z)dV \qquad \mathcal{I}_{yz} = -\int_\mathcal{B} yz\rho(x,y,z)dV$$

이며, $\mathcal{B}$ 는 물체, dV는 미분 부피소, $\rho(x,y,z)$는 밀도함수다.

- $\mathcal{I}_b$가 무게중심에 위치한 {b}에서 정의되면, {b}와 방향은 같지만 {b}의 원점으로부터 {b} 좌표로 $q \in \mathbb{R}^3$만큼 떨어진 좌표계 {q}에서의 관성 $\mathcal{I}_q$는 슈타이너 정리Steiner's theorem에 의해 다음과 같다.

$$\mathcal{I}_q = \mathcal{I}_b + \mathfrak{m}(q^T qI - qq^T)$$

- 무게중심에 위치한 {b}에서의 공간 관성행렬 $\mathcal{G}_b$는 다음과 같은 6×6 행렬로 정의된다.

$$\mathcal{G}_b = \begin{bmatrix} \mathcal{I}_b & 0 \\ 0 & \mathfrak{m}I \end{bmatrix}$$

{b}와의 상대적인 컨피규레이션이 T_{ba}인 좌표계 {a}에서는, 공간 관성행렬이 다음과 같다.

$$\mathcal{G}_a = [\mathrm{Ad}_{T_{ba}}]^T \mathcal{G}_b [\mathrm{Ad}_{T_{ba}}]$$

- 두 트위스트 $\mathcal{V}_1$과 $\mathcal{V}_2$의 리 브라켓은 다음과 같다.

$$\mathrm{ad}_{\mathcal{V}_1}(\mathcal{V}_2) = [\mathrm{ad}_{\mathcal{V}_1}]\mathcal{V}_2$$

이때 다음이 성립한다.

$$[\mathrm{ad}_{\mathcal{V}}] = \begin{bmatrix} [\omega] & 0 \\ [v] & [\omega] \end{bmatrix} \in \mathbb{R}^{6 \times 6}$$

- 단일 강체의 강체 동역학을 트위스트-렌치로 공식화하면 다음과 같다.

$$\mathcal{F}_b = \mathcal{G}_b \dot{\mathcal{V}}_b - [\mathrm{ad}_{\mathcal{V}_b}]^T \mathcal{G}_b \mathcal{V}_b$$

$\mathcal{F}, \mathcal{V}, \mathcal{G}$가 동일한 프레임에 대해 표현된 것이면 위의 방정식은 좌표계에 관계 없이 동일한 형태를 가진다.

- 강체의 운동에너지는 $\frac{1}{2}\mathcal{V}_b^T \mathcal{G}_b \mathcal{V}_b$, 개연쇄 로봇의 운동에너지는 $\frac{1}{2}\dot{\theta}^T M(\theta)\dot{\theta}$이다.

- 정방향-역방향 뉴턴-랩슨 역동역학 알고리듬은 다음과 같다.

  초기화: 기반에 좌표계 {0}을, 링크들의 무게중심에 좌표계 {1}부터 {n}을, 좌표계 {n}에서 고정된 엔드 이펙터에 좌표계 {n + 1}을 부착한다. $M_{i,i-1}$을 $\theta_i = 0$일 때 {i}에서 본 {i − 1}의 컨피규레이션으로 정의한다. $\mathcal{A}_i$를 {i}에서 표현한 관절 i의 스크류, $\mathcal{G}_i$를 링크 i의 6×6 공간 관성행렬이라고 한다. $\mathcal{V}_0$을 기반 좌표계의 좌표로 표현한 기반 좌표계 {0}의 트위스트로 정의한다(이 물리량은 보통 0이다). $\mathfrak{g} \in \mathbb{R}^3$를 기반 좌표계 {0}의 좌표로 표현한 중력 벡터라고 하고, $\dot{\mathcal{V}}_0 = (0, -\mathfrak{g})$를 정의한다(중력은 반대 방향으로의 기반 가속도로 간주한다). $\mathcal{F}_{n+1} = \mathcal{F}_{\mathrm{tip}} = (m_{\mathrm{tip}}, f_{\mathrm{tip}})$를 엔드 이펙터가 주변 환경에 가하는 렌치를 엔드 이펙터 좌표계 {n + 1}에서 표현한 것으로 정의한다.

정방향 반복식: $\theta, \dot{\theta}, \ddot{\theta}$가 주어지면, $i = 1$부터 n에 대해 다음을 실행한다.

$$
\begin{aligned}
T_{i,i-1} &= e^{-[\mathcal{A}_i]\theta_i} M_{i,i-1} \\
\mathcal{V}_i &= \mathrm{Ad}_{T_{i,i-1}}(\mathcal{V}_{i-1}) + \mathcal{A}_i \dot{\theta}_i \\
\dot{\mathcal{V}}_i &= \mathrm{Ad}_{T_{i,i-1}}(\dot{\mathcal{V}}_{i-1}) + \mathrm{ad}_{\mathcal{V}_i}(\mathcal{A}_i)\dot{\theta}_i + \mathcal{A}_i \ddot{\theta}_i
\end{aligned}
$$

역방향 반복식: $i = n$부터 1에 대해 다음을 실행한다.

$$
\begin{aligned}
\mathcal{F}_i &= \mathrm{Ad}_{T_{i+1,i}}^T(\mathcal{F}_{i+1}) + \mathcal{G}_i \dot{\mathcal{V}}_i - \mathrm{ad}_{\mathcal{V}_i}^T(\mathcal{G}_i \mathcal{V}_i) \\
\tau_i &= \mathcal{F}_i^T \mathcal{A}_i
\end{aligned}
$$

- $J_{ib}(\theta)$가 $\dot{\theta}$와 링크 i의 무게중심 좌표계 $\{i\}$에서 본 물체 트위스트 $\mathcal{V}_i$의 관계를 표현하는 자코비안이라고 하자. 그러면 매니퓰레이터의 질량행렬 $M(\theta)$를 다음과 같이 표현할 수 있다.

$$
M(\theta) = \sum_{i=1}^n J_{ib}^T(\theta) \mathcal{G}_i J_{ib}(\theta)
$$

- 로봇의 동역학 $M(\theta)\ddot{\theta} + h(\theta, \dot{\theta})$을 태스크 공간상에서 다음과 같이 표현할 수 있다.

$$
\mathcal{F} = \Lambda(\theta)\dot{\mathcal{V}} + \eta(\theta, \mathcal{V})
$$

이때 $\mathcal{F}$는 엔드 이펙터에 가해진 렌치이고 $\mathcal{V}$는 엔드 이펙터의 트위스트이며, $\mathcal{F}$, $\mathcal{V}$, 자코비안 $J(\theta)$는 모두 동일한 좌표계에서 정의된 것이다. 태스크 공간 질량행렬 $\Lambda(\theta)$와 중력 및 2차 속도 힘 $\eta(\theta, \mathcal{V})$는 다음과 같다.

$$\Lambda(\theta) = J^{-T}M(\theta)J^{-1}$$
$$\eta(\theta, \mathcal{V}) = J^{-T}h(\theta, J^{-1}\mathcal{V}) - \Lambda(\theta)\dot{J}J^{-1}\mathcal{V}$$

이때 $J^{-T} = (J^{-1})^T$이다.

- 랭크 $n - k$의 두 $n \times n$ 정사영 행렬을 다음과 같이 정의한다.

$$P(\theta) = I - A^T(AM^{-1}A^T)^{-1}AM^{-1}$$
$$P_{\ddot{\theta}}(\theta) = M^{-1}PM = I - M^{-1}A^T(AM^{-1}A^T)^{-1}A$$

이들은 로봇에 작용하는 k 개의 파피안 제약조건 $A(\theta)\dot{\theta} = 0$, $A \in \mathbb{R}^{k \times n}$에 상응한다. 그러면 $n + k$ 개의 운동 제약 방정식

$$\tau = M(\theta)\ddot{\theta} + h(\theta, \dot{\theta}) + A^T(\theta)\lambda$$
$$A(\theta)\dot{\theta} = 0$$

에서 라그랑주 승수 λ를 소거함으로써 다음과 같은 동등한 형태로 간단히 할 수 있다.

$$P\tau = P(M\ddot{\theta} + h)$$
$$P_{\ddot{\theta}}\ddot{\theta} = P_{\ddot{\theta}}M^{-1}(\tau - h)$$

행렬 P를 이용해 정사영하면 제약조건에는 작용하지만 로봇에 일을 하지 않는 힘-토크 성분이 사라지고, 행렬 $P_{\ddot{\theta}}$를 이용해 정사영하면 제약조건을 만족하지 않는 가속도 성분이 사라진다.

9장

- s가 0에서 1로 변화할 때, 관절 공간상의 직선 경로는 $\theta(s) = \theta_{\text{start}} + s(\theta_{\text{end}} - \theta_{\text{start}})$이다.

- s가 0에서 1로 변화할 때, $X_{\text{start}} \in SE(3)$에서 X_{end}로의 엔드 이펙터의 일정 스크류 축 운동은 $X(s) = X_{\text{start}} \exp(\log(X_{\text{start}}^{-1} X_{\text{end}})s)$이다.

- s가 0에서 1로 변화할 때, 로봇의 경로 제약된 동역학을 다음과 같이 쓸 수 있다.

$$m(s)\ddot{s} + c(s)\dot{s}^2 + g(s) = \tau \in \mathbb{R}^n$$

13장

- 두 벡터장 g_1과 g_2의 리 브라켓은 다음과 같은 벡터장이다.

$$[g_1, g_2] = \left(\frac{\partial g_2}{\partial q} g_1 - \frac{\partial g_1}{\partial q} g_2 \right)$$

B장. 회전의 다양한 표현

B.1   오일러 각도

앞서 다뤘듯이, 강체의 방향은 세 개의 독립인 좌표들로 매개화될 수 있다. 예를 들자면, 초기 상태에서 공간 좌표계 {s}와 동일한 방향의 축을 가진 부착 좌표계{b}가 부착된 강체를 생각해보자. 이제 강체를 부착 좌표계의 $\hat{z}_b$ 축에 대해 α만큼 회전하고, $\hat{y}_b$에 대해 β만큼, $\hat{x}_b$에 대해 γ만큼 회전시키자. 이때, (α, β, γ)는 강체의 최종 방향을 나타내는 **ZYX 오일러 각도**이다(그림 B.1 참조). 연속적인 회전이 부착 좌표계를 기준으로 이뤄졌기 때문에, 최종 상태는 최종 회전행렬 R에 대응된다.

$$R(\alpha, \beta, \gamma) = I \operatorname{Rot}(\hat{z}, \alpha) \operatorname{Rot}(\hat{y}, \beta) \operatorname{Rot}(\hat{x}, \gamma)$$

이때, 각 축에 대한 회전행렬은 다음과 같다.

$$\operatorname{Rot}(\hat{z}, \alpha) = \begin{bmatrix} \cos\alpha & -\sin\alpha & 0 \\ \sin\alpha & \cos\alpha & 0 \\ 0 & 0 & 1 \end{bmatrix}, \ \operatorname{Rot}(\hat{y}, \beta) = \begin{bmatrix} \cos\beta & 0 & \sin\beta \\ 0 & 1 & 0 \\ -\sin\beta & 0 & \cos\beta \end{bmatrix}$$

$$\operatorname{Rot}(\hat{x}, \gamma) = \begin{bmatrix} 1 & 0 & 0 \\ 0 & \cos\gamma & -\sin\gamma \\ 0 & \sin\gamma & \cos\gamma \end{bmatrix}$$

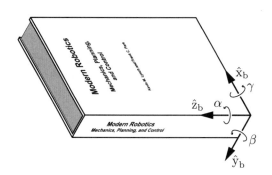

그림 B.1: ZYX 오일러 각도를 이해하기 위해 상자 혹은 책의 꼭짓점을 부착 좌표계로 사용하라. ZYZ 오일러 각도는 부착 좌표계의 $\hat{z}_b$축에 대해 α, $\hat{y}_b$축에 대해 β, $\hat{x}_b$축에 대해 γ만큼 순차적으로 회전하는 것이다.

행렬곱의 결과를 보다 직접적으로 나타내면 다음과 같다.

$$R(\alpha, \beta, \gamma) = \begin{bmatrix} c_\alpha c_\beta & c_\alpha s_\beta s_\gamma - s_\alpha c_\gamma & c_\alpha s_\beta c_\gamma + s_\alpha s_\gamma \\ s_\alpha c_\beta & s_\alpha s_\beta s_\gamma + c_\alpha c_\gamma & s_\alpha s_\beta c_\gamma - c_\alpha s_\gamma \\ -s_\beta & c_\beta s_\gamma & c_\beta c_\gamma \end{bmatrix} \tag{B.1}$$

여기서 $\sin\alpha$는 s_α, $\cos\alpha$는 c_α와 같이 약식으로 표현한다.

이제 우리는 이러한 질문을 해야 한다. 임의의 회전행렬 R이 주어졌을 때, 이에 식 (B.1)을 만족하는 (α, β, γ)가 존재하는가? 다시 말해, ZYX 오일러 각도는 모든 방향을 표현할 수 있는가? 그에 대합 답은 '그렇다'이다. 그리고 이 사실을 다음과 같이 증명한다. r_{ij}를 R의 (i, j) 위치의 원소로 두자. 그렇다면 식 (B.1)로부터 우리는 $r_{11}^2 + r_{21}^2 = \cos^2\beta$임을 알 수 있다. 이때, $\cos\beta \neq 0$, $\beta \neq \pm 90°$의 조건이 만족된다면 β에 대한 다음 두 개의 해를 얻게 된다.

$$\beta = \text{atan2}\left(-r_{31}, \sqrt{r_{11}^2 + r_{21}^2}\right)$$

$$\beta = \text{atan2}\left(-r_{31}, -\sqrt{r_{11}^2 + r_{21}^2}\right)$$

(atan2의 두 개의 입력을 받는 arctangent에 대한 설명은 6장의 도입부에 있다)

첫 번째 β는 $[-90°, 90°]$의 구간상에 존재하며, 두 번째 β는 $[90°, 270°]$의 구간에 존재한다. 위의 식에서 얻는 β의 값이 $\pm 90°$가 아니라는 가정하에, α와 γ를 다음 관계식으로부터 얻게 된다.

$$\begin{aligned} \alpha &= \text{atan2}(r_{21}, r_{11}) \\ \gamma &= \text{atan2}(r_{32}, r_{33}) \end{aligned}$$

$\beta = \pm 90°$인 경우에는, α와 γ가 단일 변수 해의 집합으로 표현된다. 이는 그림 B.3에서 쉽게 관측할 수 있다. $\beta = 90°$일 경우, α와 γ는 같은 수직축에 대한 (반대 방향의) 회전을 뜻하게 된다. 즉, 만약 주어진 회전 R에 대해, $(\alpha, \beta, \gamma) = (\bar{\alpha}, 90°, \bar{\gamma})$가 해라면, $\bar{\alpha}' - \bar{\gamma}' = \bar{\alpha} - \bar{\gamma}$를 만족하는 모든 순서쌍 $(\bar{\alpha}', 90°, \bar{\gamma}')$ 또한 R의 해가 된다.

B.1.1 ZYX 오일러 각도를 계산하기 위한 알고리듬

$R \in SO(3)$이 주어졌을 때, 다음 등식을 만족하는 각도 $\alpha, \gamma \in [0, 2\pi)$ and $\beta \in [-\pi/2, \pi/2)$를 찾고자 한다.

$$R = \begin{bmatrix} c_\alpha c_\beta & c_\alpha s_\beta s_\gamma - s_\alpha c_\gamma & c_\alpha s_\beta c_\gamma + s_\alpha s_\gamma \\ s_\alpha c_\beta & s_\alpha s_\beta s_\gamma + c_\alpha c_\gamma & s_\alpha s_\beta c_\gamma - c_\alpha s_\gamma \\ -s_\beta & c_\beta s_\gamma & c_\beta c_\gamma \end{bmatrix} \tag{B.2}$$

R의 (i, j) 위치의 원소를 r_{ij}로 표기한다.

(a) $r_{31} \neq \pm 1$이면,

$$\beta = \mathrm{atan2}\left(-r_{31}\sqrt{r_{11}^2 + r_{21}^2}\right) \tag{B.3}$$

$$\alpha = \mathrm{atan2}(r_{21}, r_{11}) \tag{B.4}$$

$$\gamma = \mathrm{atan2}(r_{32}, r_{33}) \tag{B.5}$$

위와 같이 설정하고, 제곱근의 값은 양의 값을 사용한다.

(b) 만약 $r_{31} = 1$이면, $\beta = \pi/2$이고, α와 γ에 대한 단일 변수 해의 집합이 존재한다. 그중 하나의 예는 $\alpha = 0$, $\gamma = \mathrm{atan2}(r_{12}, r_{22})$이다.

(c) 만약, $r_{31} = -1$이면, $\beta = -\pi/2$이고, α와 γ에 대한 단일 변수 해의 집합이 존재한다. 그중 하나의 예는 $\alpha = 0$. $\gamma = -\mathrm{atan2}(r_{12}, r_{22})$이다.

B.1.2 이외의 오일러 각도 표현법

ZYX 오일러 각도는 그림 B.2의 손목 메커니즘으로 시각화할 수 있다. ZYX 오일러 각도 (α, β, γ)는 각 조인트의 축에 대한 회전 각도를 의미한다. 그림은 손목 메커니즘이 초기 상태 즉, 세 조인트 모두의 값이 0으로 설정됐을 때를 보인다.

네 개의 참조 좌표계를 다음과 같이 정의한다. 좌표계 {0}은 고정 좌표계이고, 좌표계 {1}, {2}, {3}은 그림과 같이 손목 메커니즘의 세 개의 링크에 각각 위치한 부착 좌표계다. 손목이 초기 상태일 때는, 네 개의 참조 좌표계가 모두 같은 방향을 가진다. 조인트의 각도가 (α, β, γ)일 때는 {0}에 대한 좌표계 {1}의 방향은 $R_{01}(\alpha) = \mathrm{Rot}(\hat{z}, \alpha)$이고 마찬가지로, $R_{12}(\beta) = \mathrm{Rot}(\hat{y}, \beta)$, $R_{23}(\gamma) = \mathrm{Rot}(\hat{x}, \gamma)$이다. 그러므로, 식 (B.1)과 같이 $R_{03}(\alpha, \beta, \gamma) = \mathrm{Rot}(\hat{z}, \alpha)\,\mathrm{Rot}(\hat{y}, \beta)\,\mathrm{Rot}(\hat{x}, \gamma)$이다.

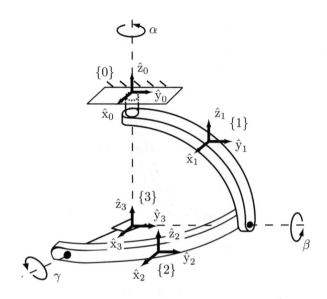

그림 B.2: ZYX 오일러 앵글을 보이는 손목 메커니즘

이제는 β의 초기 위치의 선택이, 어떤 의미에서는 무작위적이라고 생각할 수 있다. 다시 말해, 손목 메커니즘의 초기 상태를 그림 B.3과 같이 설정할 수도 있다는 말이다. 이 경우에는 이는 $SO(3)$ 내의 또 다른 매개변수 표현 (α, β, γ)을 의미할 것이다. 실제로, 그림 B.3은 **ZYZ 오일러 각도**를 의미한다. 결과적으로 얻어지는 회전행렬은 다음과 같은 순차적인 회전으로 얻을 수 있다. 그림 B.1의 강체를 먼저 $\hat{z}_b$에 대해서 회전하고, 다음 $\hat{y}_b$축 그리고 $\hat{z}_b$축에 대해서 회전하는 것과 동치다.

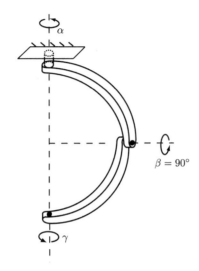

그림 B.3: ZYX 오일러 각도 중 $\beta = 90°$에 해당하는 상태

$$
\begin{aligned}
R(\alpha, \beta, \gamma) &= \mathrm{Rot}(\hat{z}, \alpha)\mathrm{Rot}(\hat{y}, \beta)\mathrm{Rot}(\hat{z}, \gamma) \\[2mm]
&= \begin{bmatrix} c_\alpha & -s_\alpha & 0 \\ s_\alpha & c_\alpha & 0 \\ 0 & 0 & 1 \end{bmatrix}
\begin{bmatrix} c_\beta & 0 & s_\beta \\ 0 & 1 & 0 \\ -s_\beta & 0 & c_\beta \end{bmatrix}
\begin{bmatrix} c_\gamma & -s_\gamma & 0 \\ s_\gamma & c_\gamma & 0 \\ 0 & 0 & 1 \end{bmatrix} \\[2mm]
&= \begin{bmatrix}
c_\alpha c_\beta c_\gamma - s_\alpha s_\gamma & -c_\alpha c_\beta s_\gamma - s_\alpha c_\gamma & c_\alpha s_\beta \\
s_\alpha c_\beta c_\gamma + c_\alpha s_\gamma & -s_\alpha c_\beta s_\gamma + c_\alpha c_\gamma & s_\alpha s_\beta \\
-s_\beta c_\gamma & s_\beta s_\gamma & c_\beta
\end{bmatrix}
\end{aligned}
\tag{B.6}
$$

이전과 마찬가지로, 모든 $R \in SO(3)$에 대해, 식 (B.6)의 $R(\alpha, \beta, \gamma)$가 $R = R(\alpha, \beta, \gamma)$를 만족하는 순서쌍 (α, β, γ)가 존재함을 증명할 수 있다(물론 결과 공식은 ZYX 오일러 각도의 것과는 다를 것이다).

ZYX와 ZYZ 오일러 각도를 손목 메커니즘으로 해석하면, 오일러 각도 매개변수들로 $SO(3)$를 표현할 때 가장 중요한 것은 첫 번째 회전축과 두 번째 회전축이 서로 직교하고 두 번째 회전축과 세 번째 축이 서로 직교하는 것이 필요조건이라는 것이다(첫 번, 세 번째 회전축은 서로 반드시 직교할 필요는 없다). 다시 말해, 첫 번째 회전축이 두 번째 회전축과 직교하고, 두 번째 축이 세 번째 회전축과 직교하는 다음 형태의 순차적인 회전은 다음과 같이 $SO(3)$의 3-매개변수 표현법으로 유효하다는 것이다.

$$\text{Rot}(\text{axis1}, \alpha)\text{Rot}(\text{axis2}, \beta)\text{Rot}(\text{axis3}, \gamma) \tag{B.7}$$

첫 번째와 세 번째 회전 각도의 범위는 2π이며, 두 번째 회전 각도의 범위는 크기가 π인 임의의 구간이다.

B.2 롤-피치-요 각도

오일러 각도는 강체에 부착된 좌표계에 대한 순차적인 회전을 가리키는 반면, **roll-pitch-yaw 각도**는 고정된 공간 좌표계의 축에 대한 회전을 일컫는다. 그림 B.4을 보면, 초기 상태^{identity configuration}($R = I$)에서 주어진 좌표계를 고정 좌표계의 $\hat{x}$축에 대해 γ만큼 회전시킨다. 그리고 $\hat{y}$축에 대해 β만큼, $\hat{z}$축에 대해 α만큼 회전시킨다.

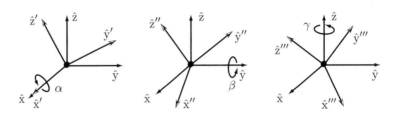

그림 B.4: XYZ 롤-피치-요 각도에 대한 그림

세 번의 회전이 고정 좌표계에 대해서 일어나기 때문에, 최종 방향은 다음과 같다.

$$
\begin{aligned}
R(\alpha, \beta, \gamma) &= \mathrm{Rot}(\hat{z}, \alpha)\mathrm{Rot}(\hat{y}, \beta)\mathrm{Rot}(\hat{x}, \gamma)I \\
&= \begin{bmatrix} c_\alpha & -s_\alpha & 0 \\ s_\alpha & c_\alpha & 0 \\ 0 & 0 & 1 \end{bmatrix} \begin{bmatrix} c_\beta & 0 & s_\beta \\ 0 & 1 & 0 \\ -s_\beta & 0 & c_\beta \end{bmatrix} \begin{bmatrix} 1 & 0 & 0 \\ 0 & c_\gamma & -s_\gamma \\ 0 & s_\gamma & c_\gamma \end{bmatrix} I \\
&= \begin{bmatrix} c_\alpha c_\beta & c_\alpha s_\beta s_\gamma - s_\alpha c_\gamma & c_\alpha s_\beta c_\gamma + s_\alpha s_\gamma \\ s_\alpha c_\beta & s_\alpha s_\beta s_\gamma + c_\alpha c_\gamma & s_\alpha s_\beta c_\gamma - c_\alpha s_\gamma \\ -s_\beta & c_\beta s_\gamma & c_\beta c_\gamma \end{bmatrix}
\end{aligned}
\tag{B.8}
$$

세 번의 회전으로 인한 결과는 (B.2)에서 주어진 ZYX 오일러 각도에 대한 회전의 결과와 같다. 이를 통해, 세 번의 회전을 통해 얻은 같은 결과값을 두 가지 방법으로 물리적 해석을 할 수 있음을 알 수 있다. 부착 좌표계에 대한 순차적 회전(ZYX 오일러 각도), 또는 고정 좌표계에 대한 순차적 회전(XYZ 롤-피치-요 각도). 롤-피치-요에 대한 개념은 흔히 선박 또는 항공기의 회전 동작을 묘사하는 데 사용된다. 전형적인 고정익 항공기의 경우에, 예시로 $\hat{x}$ 방향이 전방을 가리키고, $\hat{z}$ 방향이 지면을 가리키며(비행기가 지면과 수평하게 비행한다고 가정할 때) 그리고 $\hat{y}$ 방향이 날개의 방향을 가리키도록 부착 좌표계가 있다고 가정하자. 이때, 식 (B.8)의 XYZ 롤-피치-요 각도 (α, β, γ)로 항공기의 롤-피치-요 동작을 정의할 수 있다.

B.3 단위 사원수

$SO(3)$의 지수 좌표 표현의 한 가지 단점은 로그 공식에서 $\sin\theta$가 분모에 위치하기 때문에, 로그값이 작은 각도 θ에 대한 회전에 대해 수치적으로 매우 민감하다는 것이다. 이로 인해 초기 상태 $R = I$에서 3-매개변수 표현법의 특이점이 반드시 발생한다. **단위 사원수**unit quaternion는 회전을 표현하는 또 다른 방법으로 특이점에 대한 부담을 덜 수 있지만, 회전을 표현하기 위해 네 개의 변수를 사용한다는 단점이 있다. 이제 정의와 사용법을 보자.

$R \in SO(3)$가 $\hat{\omega}\theta$를 지수 좌표 표현으로 가진다고 하자. 즉, $R = e^{[\hat{\omega}]\theta}$이며 $\|\hat{\omega}\| = 1$, $\theta \in [0, \pi]$이다. R의 단위 사원수 표현법은 다음과 같다. $q \in \mathbb{R}^4$를 다음과 같이 정의한다.

$$q = \begin{bmatrix} q_0 \\ q_1 \\ q_2 \\ q_3 \end{bmatrix} = \begin{bmatrix} \cos\frac{\theta}{2} \\ \hat{\omega}\sin\frac{\theta}{2} \end{bmatrix} \in \mathbb{R}^4 \tag{B.9}$$

q의 정의를 통해, $\|q\| = 1$이 만족됨을 알 수 있다. 기하학적 측면에서, q는 $\mathbb{R}^4$ 내의 3차원 단위구상의 점이다. 이 때문에 단위 사원수는 3차원 단위 초구의 원소로 볼 수 있으며, S^3로 표기된다. 당연히 q의 네 변수 중 오직 셋만이 독립이다. $1 + 2\cos\theta = \operatorname{tr} R$이라는 사실과 코사인 두 배각 공식 $\cos 2\phi = 2\cos^2\phi - 1$을 사용하면, R의 원소로부터 q의 원소의 값들을 직접 유도해 다음 결과를 얻을 수 있다.

$$q_0 = \frac{1}{2}\sqrt{1 + r_{11} + r_{22} + r_{33}} \tag{B.10}$$

$$\begin{bmatrix} q_1 \\ q_2 \\ q_3 \end{bmatrix} = \frac{1}{4q_0}\begin{bmatrix} r_{32} - r_{23} \\ r_{13} - r_{31} \\ r_{21} - 2_{12} \end{bmatrix} \tag{B.11}$$

역으로, 단위 사원수 (q_0, q_1, q_2, q_3)에 대응되는 회전행렬 R은 (q_0, q_1, q_2, q_3) 방향의 단위축에 대해 각도 $2\cos^{-1} q_0$만큼의 회전을 의미한다. R의 정확한 표현은 다음과 같다.

$$R = \begin{bmatrix} q_0^2 + q_1^2 - q_2^2 - q_3^2 & 2(q_1 q_2 - q_0 q_3) & 2(q_0 q_2 + q_1 q_3) \\ 2(q_0 q_3 + q_1 q_2) & q_0^2 - q_1^2 + q_2^2 - q_3^2 & 2(q_2 q_3 - q_0 q_1) \\ 2(q_1 q_3 - q_0 q_2) & 2(q_0 q_1 + q_2 q_3) & q_0^2 - q_1^2 - q_2^2 + q_3^2 \end{bmatrix} \tag{B.12}$$

위 공식을 통해 $q \in S^3$와 이의 음의 값인 $-q \in S^3$(3차원 단위구상의 대척점)은 같은 회전행렬 R을 생성함을 알 수 있다. 모든 회전행렬에 대해 서로 부호가 반대인 두 개의 단위 사원수 표현이 존재함을 알 수 있다.

단위 사원수의 마지막 성질은 두 회전의 곱을 다룬다. 두 개의 회전, $R_q, R_p \in SO(3)$와 각각의 단위 사원수 표현 $\pm q, \pm p \in S^3$가 있다. 곱 $R_q R_p$에 대한 단위 사원수는 p와 q의 원소들을 다음과 같은 2×2 복소행렬로 표현할 수 있다.

$$Q = \begin{bmatrix} q_0 + iq_1 & q_2 + ip_3 \\ -q_2 + iq_3 & q_0 - iq_1 \end{bmatrix}, \quad P = \begin{bmatrix} p_0 + ip_1 & p_2 + ip_3 \\ -p_2 + ip_3 & p_0 - ip_1 \end{bmatrix} \tag{B.13}$$

i는 허수 i를 의미한다. $N = QP$로 정의되는 N을

$$N = \begin{bmatrix} n_0 + in_1 & n_2 + in_3 \\ -n_2 + in_3 & n_0 - in_1 \end{bmatrix} \tag{B.14}$$

과 같이 표현하면, 곱 $R_q R_p$의 단위 사원수가 $\pm(n_0, n_1, n_2, n_3)$이며, 이는 다음과 같은

N의 원소들로 확인 가능하다.

$$
\begin{bmatrix} n_0 \\ n_1 \\ n_2 \\ n_3 \end{bmatrix} = \begin{bmatrix} q_0 p_0 - q_1 p_1 - q_2 p_2 - q_3 p_3 \\ q_0 p_1 + p_0 q_1 + q_2 p_3 - q_3 p_2 \\ q_0 p_2 + p_0 q_2 - q_1 p_3 + q_3 p_1 \\ q_0 p_3 + p_0 q_3 + q_1 p_2 - q_2 p_1 \end{bmatrix} \tag{B.15}
$$

B.4   케일리-로드리게스 매개변수

케일리-로드리게스 매개변수$^{\text{Cayley-Rodrigues Parameters}}$는 $SO(3)$를 표현하는 데 사용되는 또 다른 좌표다. 이 매개변수는 $SO(3)$상의 지수 표현으로부터 다음과 같이 얻게 된다. 어떤 단위 벡터 $\hat{\omega}$와 각도 θ에 대해 $R = e^{[\hat{\omega}]\theta}$가 주어졌을 때, 케일리-로드리게스 매개변수 $r \in \mathbb{R}^3$는 다음과 같이 구할 수 있다.

$$
r = \hat{\omega} \tan \frac{\theta}{2} \tag{B.16}
$$

그림 3.13과 같이 반지름 π의 강체 공으로 표현한 $SO(3)$를 다시 떠올려 보면, 위와 같은 매개화는 공을 $\hat{\omega}$ 방향으로 반각 tan 함수만큼 무한정 "늘리는" 효과를 일으킨다. 이 변수들은 임의의 차원의 회전행렬에도 유효한 케일리의 널리 알려진 공식을 사용하여 유도할 수 있다. 만약 $R \in SO(3)$에 대해 $\mathrm{tr}(R) \neq -1$이라면, $(I - R)(I + R)^{-1}$은 반대칭이다. 이 반대칭 행렬을 $[r]$로 표기하면, R과 $[r]$은 다음과 같은 관계를 가짐이

알려졌다.

$$R = (I - [r])(I + [r])^{-1} \qquad (B.17)$$

$$[r] = (I - R)(I + R)^{-1} \qquad (B.18)$$

위 두 공식은 $so(3)$의 원소들과 $SO(3)$의 원소 중 대각합^{trace}이 -1이 아닌 원소들 간의 일대일 대응을 나타낸다. $\text{tr}(R) = -1$인 경우에는 다음과 같은 $SO(3)$의 원소들 중 대각합이 1인 원소들을 제 함으로써 $SO(3)$의 일부와 $so(3)$ 간의 일대일 대응을 만들 수 있다.

$$R = -(I - [r])(I + [r])^{-1} \qquad (B.19)$$

$$[r] = (I + R)(I - R)^{-1} \qquad (B.20)$$

더 나아가 식 (B.18)의 계산을 더 진행하면 다음 결과를 얻는다.

$$R = \frac{(1 - r^T r)I + 2rr^T + 2[r]}{1 + r^T r} \qquad (B.21)$$

이를 $[r]$에 대해 풀면, 최종적으로 다음과 같은 식을 얻을 수 있다(이 식은 $\text{tr}(R) \neq -1$ 일 때 유효하다).

$$[r] = \frac{R - R^T}{1 + \text{tr}(R)} \qquad (B.22)$$

따라서, 벡터 $r = 0$은 단위행렬과 대응하며, $-r$는 r에 해당하는 회전의 역과정을 의미한다.

다음 두 항등식 또한 위의 공식들로부터 유도할 수 있다.

$$1 + \text{tr}(R) = \frac{4}{1 + r^T r} \qquad (B.23)$$

$$R - R^T = \frac{4[r]}{1 + r^T r} \qquad (B.24)$$

케일리-로드리게스 매개변수의 매력적인 특징은 두 회전행렬을 조합한 매우 간단한 형태라는 사실이다. r_1과 r_2가 두 회전 R_1과 R_2 각각에 대한 케일리-로드리게스 매개변수라면, $R_3 = R_1 R_2$의 케일리-로드리게스 매개변수 r_3는 다음과 같다.

$$r_3 = \frac{r_1 + r_2 + (r_1 \times r_2)}{1 - r_1^T r_2} \tag{B.25}$$

$r_1^T r_2 = 1$인 경우, 즉, $\text{tr}(R_1 R_2) = -1$인 경우에는 다음 대체 구성 방정식을 사용할 수 있다. s를 다음과 같이 정의하자.

$$s = \frac{r}{\sqrt{1 + r^T r}} \tag{B.26}$$

이로써 r에 대응되는 회전을 다음과 같이 쓸 수 있다.

$$R = I + 2\sqrt{1 - s^T s}\,[s] + 2[s]^2 \tag{B.27}$$

s의 방향이 이제 r과 동일하고, $\|s\| = \sin\frac{\theta}{2}$이다. 이제는 구성식이 다음과 같이 변한다.

$$s_3 = s_1\sqrt{1 - s_2^T s_2} + s_2\sqrt{1 - s_1^T s_1} + (s_1 \times s_2) \tag{B.28}$$

케일리-로드리게스 매개변수를 사용하면 각속도와 각가속도를 간단한 형태로 표현할 수 있다. 시간에 대한 방향을 나타내는 함수 $R(t)$의 케일리-로드리게스 표현이 $r(t)$이라면, 벡터로 다음과 같이 표현할 수 있다.

$$\omega_s = \frac{2}{1 + \|r\|^2}(r \times \dot{r} + \dot{r}) \tag{B.29}$$

$$\omega_b = \frac{2}{1 + \|r\|^2}(-r \times \dot{r} + \dot{r}) \tag{B.30}$$

공간 좌표계와 부착 좌표계에 대한 각가속도는 위 식을 시간에 대해 미분을 통해 얻을 수 있으며 그 결과는 다음과 같다.

$$\dot{\omega}_s \quad = \quad \frac{2}{1 + \|r\|^2}(r \times \ddot{r} + \ddot{r} - r^T \dot{r}\, \omega_s) \tag{B.31}$$

$$\dot{\omega}_b \quad = \quad \frac{2}{1 + \|r\|^2}(-r \times \ddot{r} + \ddot{r} - r^T \dot{r}\, \omega_b) \tag{B.32}$$

C장. 데나빗-하텐버그 매개변수

C.1 데나빗-하텐버그 표현식

데나빗-하텐버그[D-H, Denavit-Hartenberg] 방법의 기본적인 아이디어는 개연쇄의 각 링크들에 기준 좌표계를 붙이고, 그 링크 좌표계 간의 상대적인 위치를 바탕으로 정기구학을 유도하는 것이다. 고정된 공간 좌표계가 주어지고, 엔드 이펙터 좌표계가 마지막 링크 위 어느 한 점에 부착됐다고 하자. n개의 1 자유도 관절들로 이뤄진 사슬에 대해 링크 번호가 0부터 n까지 부여돼 있다. 즉, 지면에 붙어 있는 링크는 0번, 엔드 이펙터는 n번이다. 각 링크 좌표계들 또한 이와 비슷하게 {0}(공간 좌표계)부터 {n}(엔드 이펙터 좌표계)까지 번호가 부여되고, i번째 관절 변위는 θ_i라 쓴다. 그러면 n-링크 개연쇄의 정기구학은 다음과 같이 쓸 수 있다.

$$T_{0n}(\theta_1, \ldots, \theta_n) = T_{01}(\theta_1)T_{12}(\theta_2)\cdots T_{n-1,n}(\theta_n) \tag{C.1}$$

여기서 $T_{i,i-1} \in SE(3)$는 링크 좌표계 {$i-1$}와 {i} 사이 상대적인 자세를 나타낸다. 링크 좌표계가 어떻게 부착됐는지에 따라 $T_{i-1,i}$는 다르게 나타난다.

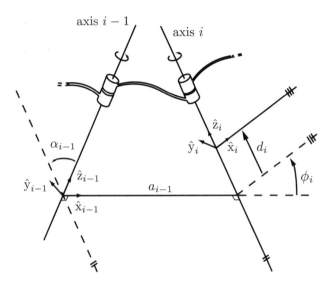

그림 C.1: 데나빗-하텐버그 매개변수.

C.2 링크 좌표계 결정하기

데나빗-하텐버그 방법에서는 임의로 링크 좌표계를 부착하는 대신 몇 가지 규칙을 사용한다. 그림 C.1은 링크 $i-1$와 붙어 있는 두 회전형 관절 $i-1$와 i에 대해 좌표계 부여 방법에 대해 표현하고 있다.

첫 번째 규칙으로, $\hat{z}_i$축은 i번째 관절 축과 일치하고, $\hat{z}_{i-1}$은 $i-1$번째 관절 축과 일치해야 한다. 각 링크 좌표계의 $\hat{z}$축 방향은 오른속 규칙을 따른다. 즉, 양의 회전 방향은 $\hat{z}$축에 대해 반시계 방향이다.

$\hat{z}$축이 결정되면 그 다음 규칙은 링크 좌표계의 원점을 결정한다. 먼저, 관절 축 $\hat{z}_{i-1}$와 $\hat{z}_i$을 수직으로 지나는 선분을 찾는다. 일단은 이 선분이 유일하다고 가정하자. 유일하지 않거나(두 관절이 서로 평행하거나) 존재하지 않을 경우(두 관절 축이 교차할 때)

는 나중에 다루도록 한다. 관절 축 $i-1$와 i를 수직 선분으로 연결하고, 좌표계 $\{i-1\}$의 원점은 이 선분이 $i-1$번째 관절 축과 교차하는 점에 위치한다.

링크 좌표계들의 남은 $\hat{x}$축과 $\hat{y}$축은 이제 단순하게 결정할 수 있다. $\hat{x}$축은 위에서 구한 수직 선분 방향으로 $i-1$축에서 i축을 향한다. 그러면 $\hat{y}$축은 외적 $\hat{x} \times \hat{y} = \hat{z}$으로 유일하게 결정된다. 그림 C.1은 이러한 규칙을 따라 결정된 링크 좌표계 $\{i\}$와 $\{i-1\}$을 나타낸다.

링크 i와 $i-1$에 대해 기준 좌표계를 부여하면, $T_{i-1,i}$를 정확히 표현할 수 있는 4개 매개변수를 정의할 수 있다.

- 링크 $i-1$의 **링크 길이** a_{i-1}는 관절 축 간의 수직 선분 길이를 나타낸다. 이름은 링크 길이지만, 이것이 반드시 꼭 실제 물리적인 링크 길이와 같을 필요는 없다.

- **링크 트위스트** α_{i-1}는 ($\hat{x}_{i-1}$축에 대해 측정된) $\hat{z}_{i-1}$와 $\hat{z}_i$ 사이 각도를 뜻한다.

- **링크 오프셋** d_i는 $\hat{x}_{i-1}$와 $\hat{z}_i$의 교차점과 i번째 좌표계 원점 사이 거리를 뜻한다(양의 방향은 $\hat{z}_i$축 방향이다).

- **관절 각도** ϕ_i는 ($\hat{z}_i$축에 대해 측정된) $\hat{x}_{i-1}$와 $\hat{x}_i$ 사이 각도를 의미한다.

위의 매개변수들이 데나빗-하텐버그 매개변수다. n개의 1 자유도 관절들로 이뤄진 개연쇄에 대해, $4n$개의 데나빗-하텐버그 매개변수는 정기구학을 완전히 표현하는 데 충분하다. 모든 관절들이 회전형 관절이라면 링크 길이 a_{i-1}, 트위스트 α_{i-1}, 오프셋 d_i는 모두 상수지만, 관절 각도 ϕ_i는 변수이다.

다음에서는 관절 축 간 수직 선분이 존재하지 않거나 유일하지 않은 경우와 일부 관절이 선형 관절일 경우, 그리고 공간 좌표계와 엔드 이펙터 좌표계를 어떻게 결정하는지에 대해 다룬다.

인접한 두 회전형 관절 축이 교차하는 경우

두 인접한 회전형 관절 축들이 서로 교차할 경우 이 축들에 대해 수직한 선분은 존재하지 않는다. 이러한 경우 선분 길이는 0이 되고, $\hat{x}_{i-1}$는 $\hat{z}_{i-1}$와 $\hat{z}_i$ 축들이 이루는 평면에 수직을 이루도록 결정한다. 이때 트위스트 각도 α_{i-1}가 양수가 되거나 음수가 되는 두 경우 모두 가능하다.

인접한 두 회전형 관절 축이 서로 나란한 경우

두 번째 경우는 인접한 두 회전형 관절 축들이 평행할 경우다. 이 경우, 두 관절 축에 대해 무한히 많은 수직 선분이 존재하고 모두 유효하다(보다 정확하게, 이러한 수직 선분들은 1차원 집합^{one-dimensional family} 형태로 존재한다). 가장 좋은 방법은 물리적으로 직관적인 수직 선분을 골라, 최대한 데나빗-하텐버그 매개변수를 단순하게 만드는 것이다. 예를 들어 가장 많은 매개변숫값들이 0이 되도록 결정한다.

선형 관절

선형 관절의 경우, $\hat{z}$축은 관절 축 방향(관절이 움직이는 방향)이 된다. 이는 회전형 관절에서 $\hat{z}$축을 회전축 방향으로 두는 것과 일관된 방식이다. 그림 C.2와 같이 링크 오프셋 d_i는 관절변수가 되고, 관절 각도 ϕ_i는 상수가 된다. 링크 좌표계 원점과 남은 $\hat{x}$, $\hat{y}$축들을 결정하는 것은 회전형 관절 방식과 동일하다.

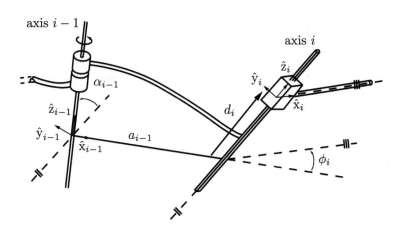

그림 C.2: 선형 관절에 대한 좌표계 부착 방법. 관절 $i-1$는 회전형 관절이고 관절 i는 선형 관절이다.

공간 좌표계와 엔드 이펙터 좌표계 결정하기

지금까지의 좌표계 결정 방식은 지면의 공간 좌표계와 마지막 링크 좌표계를 포함하지 않았다. 이전과 마찬가지로, 이러한 좌표계들은 물리적으로 직관적이고 데나빗-하텐버그 매개변수를 최대한 단순하게 하도록 결정하는 것이 좋다. 보통 지면 좌표계는 영 위치$^{\text{zero position}}$에서의 링크 1 좌표계와 일치하도록 한다. 이때 회전형 관절이라면 $a_0 = \alpha_0 = d_1 = 0$이 되고, 선형 관절이라면 $a_0 = \alpha_0 = \phi_1 = 0$이 된다. 엔드 이펙터 좌표계는 엔드 이펙터의 어느 기준점에 부착한다. 보통 작업을 표현할 때 편리하고 자연스러운 지점이 되도록 하며, 최대한 많은 데나빗-하텐버그 매개변수를 0으로 만드는 등 단순화하도록 한다.

한편, 임의로 아무렇게나 공간 좌표계와 엔드 이펙터 좌표계를 결정하는 것이 모두 가능하지는 않다. 링크 좌표계 간 상대 자세를 표현하는 데나빗-하텐버그 매개변수가 존재하지 않을 수도 있기 때문이다. 이와 관련해서는 이후에 더 자세히 다룬다.

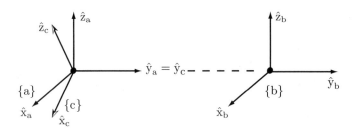

그림 C.3: 데나빗-하텐버그 매개변수로 표현될 수 없는 좌표계 설정 예시

C.3 4개 매개변수가 충분한 이유

이전에 우리는 공간상의 두 좌표계 간 상대 자세를 나타내려면 최소한 6개의 변수가 필요하다고 했다. 즉, 방향을 나타내기 위해 3개, 위치를 표현하기 위해 3개가 필요하다. 그러면 n-링크 로봇 팔의 정기구학을 완전히 표현하려면 총 $6n$ 개의 변수가 필요한 것처럼 보일 수 있다(각 좌표계 $T_{i-1,i}$마다 6개의 변수가 필요). 반면에 놀랍게도 데나빗-하텐버그 표현식은 각 좌표계 $T_{i-1,i}$를 4개의 변수로 표현해낸다. 이는 모순처럼 보일 수 있으나, 이러한 변수 개수의 감소는 링크 좌표계를 부여하는 세밀한 규칙 덕분에 가능한 것이다. 만일 그러한 규칙 없이 링크 좌표계들이 임의로 결정됐다면 더 많은 변수가 필요했을 것이다.

예를 들어 그림 C.3와 같이 주어진 링크 좌표계를 보자. 좌표계 {a}에서 표현한 {b}의 상대 좌표계는 {a}의 $\hat{y}$축을 따라 회전한 것과 같다. 이 상대적 좌표 변환 T_{ab}을 데나빗-하텐버그 매개변수 (α, a, d, θ)로 표현하려 시도해보자. 그러면 매개변수들의 적절한 값이 존재하지 않는다는 것을 알 수 있다. 비슷하게, 변환 T_{ac}에 대해서도 데나빗-하텐버그 매개변수가 존재하지 않는다. $\hat{x}$와 $\hat{z}$ 축들에 대한 회전만이 가능하기 때문이다. 데나빗-하텐버그 방식에서는 $\hat{x}$와 $\hat{z}$ 축들에 대한 회전과 이동만 가능하고, 이러한 동작들의 조합은 그림 C.3의 변환을 만들 수 없다.

데나빗-하텐버그 방법을 통해 링크 간 상대 좌표계를 정확히 4개의 변수들로 표현할 수 있지만, 어떤 더 영리한 좌표계 설정 규칙을 통해 변수 개수를 이보다 더 줄일 수 있을지 궁금할 수 있다. 데나빗과 하텐버그는 이것이 불가능하며 4개가 가능한 최소의 숫자임을 보였다[35].

링크 좌표계를 정하는 다른 방법들이 존재함을 다시 언급하며 C장을 마치겠다. $\hat{z}$축이 관절 축과 일치하도록 설정한 것과 달리, 어떤 연구자들은 $\hat{x}$축이 관절 축과 일치하도록 하고 $\hat{z}$축이 축간 수직 선분에 나란하도록 설정하기도 한다. 데나빗-하텐버그 매개변수에 대한 해석이 모호해지지 않기 위해 링크 좌표계와 변숫값에 대한 정확한 설명은 필수다.

C.4 매니퓰레이터의 정기구학

링크 좌표계 간의 모든 변환 $T_{i-1,i}$가 데나빗-하텐버그 매개변수로 주어지면 이러한 변환들을 순차적으로 곱해 정기구학을 구할 수 있다. 각 링크 좌표계 변환은 다음과 같다.

$$
\begin{aligned}
T_{i-1,i} &= \mathrm{Rot}(\hat{x}, \alpha_{i-1})\mathrm{Trans}(\hat{x}, a_{i-1})\mathrm{Trans}(\hat{z}, d_i)\mathrm{Rot}(\hat{z}, \phi_i) \\
&= \begin{bmatrix}
\cos\phi_i & -\sin\phi_i & 0 & a_{i-1} \\
\sin\phi_i\cos\alpha_{i-1} & \cos\phi_i\cos\alpha_{i-1} & -\sin\alpha_{i-1} & -d_i\sin\alpha_{i-1} \\
\sin\phi_i\sin\alpha_{i-1} & \cos\phi_i\sin\alpha_{i-1} & \cos\alpha_{i-1} & d_i\cos\alpha_{i-1} \\
0 & 0 & 0 & 1
\end{bmatrix}
\end{aligned}
$$

여기서 각 성분은 다음과 같다.

$$\text{Rot}(\hat{x}, \alpha_{i-1}) = \begin{bmatrix} 1 & 0 & 0 & 0 \\ 0 & \cos\alpha_{i-1} & -\sin\alpha_{i-1} & 0 \\ 0 & -\sin\alpha_{i-1} & \cos\alpha_{i-1} & 0 \\ 0 & 0 & 0 & 1 \end{bmatrix} \tag{C.2}$$

$$\text{Trans}(\hat{x}, a_{i-1}) = \begin{bmatrix} 1 & 0 & 0 & a_{i-1} \\ 0 & 1 & 0 & 0 \\ 0 & 0 & 1 & 0 \\ 0 & 0 & 0 & 1 \end{bmatrix} \tag{C.3}$$

$$\text{Trans}(\hat{z}, d_i) = \begin{bmatrix} 1 & 0 & 0 & 0 \\ 0 & 1 & 0 & 0 \\ 0 & 0 & 1 & d_i \\ 0 & 0 & 0 & 1 \end{bmatrix} \tag{C.4}$$

$$\text{Rot}(\hat{z}, \phi_i) = \begin{bmatrix} \cos\phi_{i-1} & -\sin\phi_{i-1} & 0 & 0 \\ -\sin\phi_{i-1} & \cos\phi_{i-1} & 0 & 0 \\ 0 & 0 & 1 & 0 \\ 0 & 0 & 0 & 1 \end{bmatrix} \tag{C.5}$$

$T_{i,i-1}$를 시각화하는 좋은 방법은 다음의 연속된 변환을 통해 좌표계 $\{i-1\}$를 $\{i\}$로 보내는 것이다.

(a) 좌표계 $\{i-1\}$를 자신의 $\hat{x}$축으로 α_{i-1}각도만큼 회전시킨다.

(b) 이 좌표계를 자신의 $\hat{x}$축 방향으로 a_{i-1}만큼 이동시킨다.

(c) 이 좌표계를 자신의 $\hat{z}$축 방향으로 d_i만큼 이동시킨다.

(d) 이 좌표계를 자신의 $\hat{z}$축으로 ϕ_i각도만큼 회전시킨다.

위에서 첫 번째와 두 번째 과정의 순서를 바꾸는 것은 $T_{i-1,i}$의 최종 형태를 바꾸지 않는다는 점에 주목하자. 비슷하게, 세 번째와 네 번째의 순서 또한 $T_{i-1,i}$에 영향을 주지 않는다.

C.5 연습 문제

여기서는 몇 가지 보편적인 개연쇄 구조에 대해 데나빗-하텐버그 매개변수를 유도한다.

예제: 3R 개연쇄

그림 4.3과 같이 어떤 3R 개연쇄가 영 위치에 놓여 있다(즉, 모든 관절 변위 값이 0이다). 링크 좌표계들이 그림과 같이 부착돼 있을 때, 이에 대한 데나빗-하텐버그 매개변수들은 다음 표와 같다.

i	α_{i-1}	a_{i-1}	d_i	ϕ_i
1	0	0	0	θ_1
2	90°	L_1	0	$\theta_2 - 90°$
3	−90°	L_2	0	θ_3

좌표계 {1}과 {2}는 위에서 다룬 링크 좌표계 규칙에 따라 유일하게 결정되지만, 좌표계 {0}와 {3} 설정에 대해서는 약간의 자유도가 있다. 이 그림에서는 좌표계 {0}

이 {1}과 일치하도록 했으며($\alpha_0 = a_0 = d_1 = 0$), 좌표계 {3}은 $\hat{x}_3 = \hat{x}_2$을 만족하도록(관절 변위 θ_3에 대해 오프셋 값이 없도록) 설정했다.

예제: RRRP 개연쇄

이번에는 그림 C.4처럼 4 자유도를 갖는 RRRP 개연쇄에 대해 계산해보자. 링크 좌표계는 그림과 같이 주어졌고 상응하는 데나빗-하텐버그 매개변수 또한 그림에 나타나 있다.

4개의 관절변수는 $(\theta_1, \theta_2, \theta_3, \theta_4)$이고, θ_4는 선형 관절의 이동량을 나타낸다. 이전 예제처럼 지면 좌표계 {0}와 마지막 링크 좌표계 {4}는 최대한 많은 데나빗-하텐버그 매개변수를 0으로 만들도록 설정됐다.

예제: 6R 개연쇄

마지막 예제는 널리 사용되는 6R 로봇 팔이다(그림 C.5). 이 개연쇄는 6개의 회전형 관절을 갖고 있다. 처음 세 개 관절은 공간상 위치를 결정하는 기구이며, 마지막세 개 관절은 ZYZ 오일러 각도 타입의 손목 구조다. 링크 좌표계와 이에 대응되는 데나빗-하텐버그 매개변수 모두 그림에 있다.

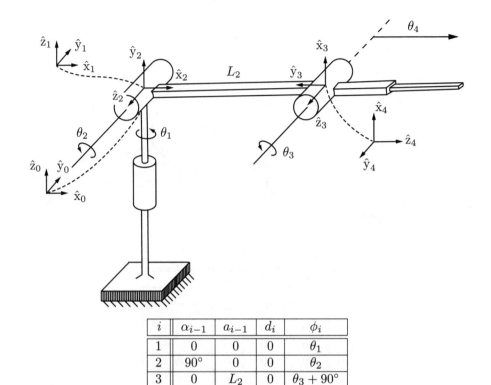

i	α_{i-1}	a_{i-1}	d_i	ϕ_i
1	0	0	0	θ_1
2	90°	0	0	θ_2
3	0	L_2	0	$\theta_3 + 90°$
4	90°	0	θ_4	0

그림 C.4: RRRP 개연쇄

C.6 PoE와 D-H 방식 사이 연관성

지수 곱 형식의 정기구학은 데나빗-하텐버그 표현식으로부터 직접적으로 유도될 수 있다. 이전처럼 인접한 링크 좌표계 사이 상대적 위치 변화를 다음과 같이 나타낸다.

$$T_{i-1,i} = \mathrm{Rot}(\hat{x}, \alpha_{i-1})\mathrm{Trans}(\hat{x}, a_{i-1})\mathrm{Trans}(\hat{z}, d_i)\mathrm{Rot}(\hat{z}, \phi_i)$$

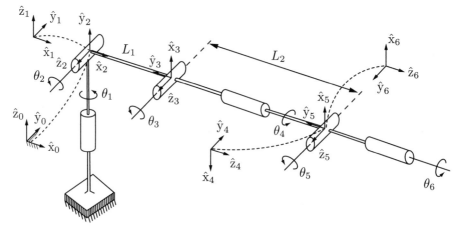

i	α_{i-1}	a_{i-1}	d_i	ϕ_i
1	0	0	0	θ_1
2	90°	0	0	θ_2
3	0	L_1	0	$\theta_3 + 90°$
4	90°	0	L_2	$\theta_4 + 180°$
5	90°	0	0	$\theta_5 + 180°$
6	90°	0	0	θ_6

그림 C.5: 6R 개연쇄

관절 i가 회전형 관절이라면 첫 세 개의 행렬들은 모두 상수이고 ϕ_i는 회전형 관절변수(각도)가 된다. $\theta_i = \phi_i$로 두고 M_i는 다음과 같이 나타낸다.

$$M_i = \text{Rot}(\hat{x}, \alpha_{i-1})\text{Trans}(\hat{x}, a_{i-1})\text{Trans}(\hat{z}, d_i) \qquad (C.6)$$

그리고 $\mathrm{Rot}(\hat{z}, \theta_i)$는 다음과 같이 행렬 지수 함수로 나타낸다.

$$\mathrm{Rot}(\hat{z}, \theta_i) = e^{[\mathcal{A}_i]\theta_i}, \quad [\mathcal{A}_i] = \begin{bmatrix} 0 & -1 & 0 & 0 \\ 1 & 0 & 0 & 0 \\ 0 & 0 & 0 & 0 \\ 0 & 0 & 0 & 0 \end{bmatrix} \tag{C.7}$$

이를 바탕으로 $T_{i-1,i} = M_i e^{[\mathcal{A}_i]\theta_i}$이다.

만약 관절 i가 선형이라면, d_i가 관절변수가 되고, ϕ_i는 상수가 된다. $T_{i-1,i}$를 표현할 때 $\mathrm{Trans}(\hat{z}, d_i)$와 $\mathrm{Rot}(\hat{z}, \phi_i)$의 순서는 바뀔 수 있다. 같은 축에 대한 회전과 이동은 순서가 바뀌어도 동일한 동작을 나타내기 때문이다. 이 경우 다음과 같이 주어진 M_i와 $\theta_i = d_i$에 대해 $T_{i-1,i} = M_i e^{[\mathcal{A}_i]\theta_i}$이다.

$$M_i = \mathrm{Rot}(\hat{x}, \alpha_{i-1})\mathrm{Trans}(\hat{x}, a_{i-1})\mathrm{Rot}(\hat{z}, \phi_i) \tag{C.8}$$

$$[\mathcal{A}_i] = \begin{bmatrix} 0 & 0 & 0 & 0 \\ 0 & 0 & 0 & 0 \\ 0 & 0 & 0 & 1 \\ 0 & 0 & 0 & 0 \end{bmatrix} \tag{C.9}$$

이를 바탕으로, 회전형 관절과 선형 관절 모두를 갖는 n-링크 개연쇄의 정기구학은 다음과 같이 주어진다.

$$T_{0,n} = M_1 e^{[\mathcal{A}_1]\theta_1} M_2 e^{[\mathcal{A}_2]\theta_2} \cdots M_n e^{[\mathcal{A}_n]\theta_n} \tag{C.10}$$

여기서 θ_i는 i번째 관절변수를 뜻하고, $[\mathcal{A}_i]$는 회전형 관절인지 선형 관절인지에 따라 수식 (C.7) 혹은 (C.9) 형태로 주어진다.

임의의 비특이행렬 $M \in \mathbb{R}^{n \times n}$과 임의의 행렬 $P \in \mathbb{R}^{n \times n}$에 대해 $Me^P M^{-1} =$

$e^{MPM^{-1}}$이 성립한다. 이를 달리 쓰면 $Me^P = e^{MPM^{-1}}M$로도 나타낼 수 있다. 수식 (C.10) 우변의 왼쪽에서부터 이를 n번 반복 적용하면 원래의 지수 곱 형식이 나타나게 된다.

$$
\begin{aligned}
T_{0n} &= e^{M_1[\mathcal{A}_1]M_1^{-1}\theta_1}(M_1 M_2)e^{[\mathcal{A}_2]\theta_2}\cdots e^{[\mathcal{A}_n]\theta_n} \\
&= e^{M_1[\mathcal{A}_1]M_1^{-1}\theta_1}e^{(M_1 M_2)[\mathcal{A}_2](M_1 M_2)^{-1}\theta_2}(M_1 M_2 M_3)e^{[\mathcal{A}_3]\theta_3}\cdots e^{[\mathcal{A}_n]\theta_n} \\
&= e^{[\mathcal{S}_1]\theta_1}\cdots e^{[\mathcal{S}_n]\theta_n}M
\end{aligned}
\tag{C.11}
$$

여기서 각 성분은 다음과 같다.

$$
\begin{aligned}
[\mathcal{S}_i] &= (M_1\cdots M_{i-1})[\mathcal{A}_i](M_1\cdots M_{i-1})^{-1}, \quad i=1,\ldots,n \tag{C.12} \\
M &= M_1 M_2\cdots M_n \tag{C.13}
\end{aligned}
$$

이번에는 스크류 트위스트가 좌표계가 바뀜에 따라 어떻게 변환되는지를 상기해 $\mathcal{S}_i$의 물리적 해석을 다시 살펴보자. 만약 $\mathcal{S}_a$가 어떤 스크류 동작을 좌표계 $\{a\}$에 대해 표현하고, $\mathcal{S}_b$가 동일한 스크류 동작을 좌표계 $\{b\}$에 대해 표현하고 있다면, $\mathcal{S}_a$와 $\mathcal{S}_b$는 다음의 관계식을 갖는다.

$$
[\mathcal{S}_b] = T_{ba}[\mathcal{S}_a]T_{ba}^{-1}
\tag{C.14}
$$

이를 달리 쓰면, 다음과 같이 애드조인트 $\mathrm{Ad}_{T_{ba}}$로도 표현할 수 있다.

$$
\mathcal{S}_b = \mathrm{Ad}_{T_{ba}}(\mathcal{S}_a)
\tag{C.15}
$$

이러한 좌표 변환의 관점에서 수식 (C.13)를 해석하면, $\mathcal{A}_i$는 관절 i의 스크류 트위스트가 링크 좌표계 $\{i\}$에서 표현된 것이고, $\mathcal{S}_i$는 관절 i의 스크류 트위스트가 좌표계 $\{0\}$에서 표현된 것을 나타낸다.

C.7 결론

D-H 매개변수와 비교해 PoE 공식의 장단점을 요약해보자. D-H 매개변수는 최소 개수의 변수로 구성된다. 즉, 인접한 링크 좌표계 간의 상대 변환을 오직 네 개의 변수로 표현할 수 있다. 반면에 이를 위해서는 반드시 D-H 매개변수가 존재하도록 (지면 좌표계와 엔드 이펙터 좌표계를 포함해) 링크 좌표계들을 설정해주어야 하고, 이들을 임의로 설정할 수 없다. 게다가, 이러한 링크 좌표계 설정에 대한 표준 방식이 정해져 있지 않다. 어떤 방식에서는 관절 축이 $\hat{x}$축과 나란하고, 다른 방식에서는 $\hat{z}$축과 나란하다. 회전형 관절인 경우엔 θ가 관절변수지만, 선형 관절일 때는 d가 관절변수가 된다. 또 다른 D-H 매개변수의 단점은 이 방식이 불량 조건$^{\text{ill-conditioned}}$ 문제가 될 수 있다는 것이다. 예를 들어 인접한 두 관절 축이 거의 평행할 경우, 두 관절 축에 대한 수직 방향은 작은 관절 축 방향에 대해서도 아주 크게 변화할 수 있다. 이러한 불량 조건 특성은 D-H 매개변수를 측정하거나 식별하는 것을 어렵게 한다. 실제 로봇들은 공정 오차 등 다양한 오차들을 가지며, 따라서 일부 관절 축들이 설계상 정확히 한 점에서 교차하거나 서로 평행이어야 할 때 그렇지 못할 수 있다.

이와 대조적으로, PoE 공식은 매개변수 식별이 훨씬 쉽다. 로봇의 영 위치와 지면과 엔드 이펙터 좌표계가 주어지고 나면 (D-H 매개변수와 달리 이 좌표계들은 아무렇게나 임의로 정해도 된다) 지수 곱 공식은 완전히 정의된다. 어떠한 링크 좌표계 설정도 필요하지 않고, 회전형 관절과 선형 관절을 구분하기 위한 어떠한 임시 변수도 필요하지 않다. 스크류들이 관절 축들을 의미하듯 PoE 공식의 매개변수들에 대한 해석은 자연스럽고 직관적이다. 더불어 자코비안의 열들은 (컨피규레이션에 의존하는) 관절 축들의 스크류로 주어질 수 있다.

PoE 형식의 유일한 단점은 최소 개수 이상의 매개변수를 갖는다는 것이지만(D-H 매개변수가 4개의 변수를 이용하는 것과 달리 변수 6개 필요), 이는 다른 많은 장점을 상쇄할 만큼 큰 단점은 아니다. 요약하면, 개연쇄의 정기구학 모델링에 D-H 매개변수를 사용할 이유는 거의 없다.

D장. 최적화와 라그랑주 승수법

두 번 미분 가능한 목적함수 $f(x)$, $f : \mathbb{R} \to \mathbb{R}$에 대하여, 한 극소값 혹은 국소 최적값local minimum을 $x^* \in \mathbb{R}$이라 하자. x^*의 근방에 있는 모든 x에 대해서 $f(x) \geq f(x^*)$이다. 우리는 $f(x)$의 기울기가 x^*에서 0일 것을 기대할 수 있다. 즉, 다음이 성립한다.

$$\frac{\partial f}{\partial x}(x^*) = 0,$$

또한 다음도 성립한다.

$$\frac{\partial^2 f}{\partial x^2}(x^*) \geq 0.$$

만약 f가 다차원 함수이고, 즉 $f : \mathbb{R}^n \to \mathbb{R}$이고, f의 모든 편미분이 2차까지 존재하면, $x^* \in \mathbb{R}^n$가 극소값이 되기 위한 필요조건은 그 점에서의 미분이 0이 되는 것이다.

$$\nabla f(x^*) = \left[\begin{array}{ccc} \frac{\partial f}{\partial x_1}(x^*) & \cdots & \frac{\partial f}{\partial x_n}(x^*) \end{array}\right]^T = 0.$$

선형방정식 $Ax = b$를 생각하자. $A \in \mathbb{R}^{m \times n}$ 와 $b \in \mathbb{R}^m$ $(m > n)$는 주어져 있다. 제약조건(m)이 변수(n)보다 많기 때문에, 일반적으로 $Ax = b$의 해는 존재하지 않는다. 대신 우리는 해에 대한 가장 좋은 근사 x를 찾기 위해서 다음의 최소화 문제를 풀 것이다.

$$\min_{x \in \mathbb{R}^n} f(x) = \frac{1}{2}\|Ax - b\|^2 = \frac{1}{2}(Ax - b)^T(Ax - b) = \frac{1}{2}x^T A^T A x - 2b^T A x + b^T b.$$

1차 필요조건은 다음과 같이 주어진다.

$$A^T A x - A^T b = 0. \tag{D.1}$$

만약 rank(A) =n 이면, $A^T A \in \mathbb{R}^{n \times n}$은 역행렬이 있고, (D.1)의 해는 다음과 같이 주어진다.

$$x^* = (A^T A)^{-1} A^T b.$$

이제 모든 $x \in \mathbb{R}^n$ 중에서 미분 가능한 함수 $g : \mathbb{R}^n \to \mathbb{R}^m$(일반적으로 $m \leq n$이며 따라서 $g(x) = 0$에는 무한히 많은 해가 있다)에 대해 $g(x) = 0$를 만족하는 x들 중에서 목적함수 $f(x)$를 최소화하는 해를 찾고자 한다고 해보자. x^*를 f의 극소값이라고 하고, 또한 $g(x) = 0$에 의해 암시적으로 표현되는 곡면상의 정규점$^{\text{regular point}}$이라고 하자. 즉, x^*은 $f(x^*) = 0$과 다음을 만족한다.

$$\operatorname{rank} \frac{\partial g}{\partial x}(x^*) = m.$$

그럼 선형대수학의 근본 정리$^{\text{the fundamental theorem of linear algebra}}$로부터, 다음을 만족하는 어떤 $\lambda^* \in \mathbb{R}^m$(**라그랑주 승수**$^{\text{Lagrange multiplier}}$라고 부른다)가 존재한다.

$$\nabla f(x^*) + \frac{\partial g}{\partial x}^T (x^*) \lambda^* = 0 \tag{D.2}$$

식 (D.2)는 $g(x^*) = 0$과 함께 x^*가 $f(x)$의 실현 가능한 극소값일 1차 필요조건을 이룬다. 이 두 방정식들은 $n + m$개의 방정식을 나타내며 x와 λ를 합쳐서 $n + m$개의 미지수를 갖는다.

예를 들어서, 선형 제약조건 $Ax = b$하에서 다음의 2차 목적함수 $f(x)$를 생각하자.

$$\min_{x \in \mathbb{R}^n} f(x) = \frac{1}{2} x^T Q x + c^T x.$$

$Q \in \mathbb{R}^n$은 대칭인 양의 정부호행렬$^{\text{positive-deifnite}}$이고 (즉, 모든 $x \in \mathbb{R}^n$에 대해서 $x^T Q x > 0$) 행렬 $A \in \mathbb{R}^{m \times n}$, $m \leq n$은 최대 랭크 m을 갖는다. 이 등식 제약조건을 가진 최적화 문제를 위한 1차 필요조건은 다음과 같다.

$$
\begin{aligned}
Qx + A^T \lambda &= -c \\
Ax &= b.
\end{aligned}
$$

A는 최대 랭크를 가진 행렬이고 Q에는 역행렬이 존재하기 때문에, 1차 필요조건들에 대한 해는 약간의 계산으로 다음과 같이 얻는다.

$$
\begin{aligned}
x &= Gb + (I - GA)Q^{-1}c \\
\lambda &= Bb + BAQ^{-1}c,
\end{aligned}
$$

여기에서 $G \in \mathbb{R}^{n \times m}$ and $B \in \mathbb{R}^{m \times m}$는 다음과 같이 정의한다.

$$
G = Q^{-1}A^T B, \quad B = (AQ^{-1}A^T)^{-1}.
$$

참고문헌

[1] Robonaut 2 webpage. `http://robonaut.jsc.nasa.gov/R2`. Accessed November 2, 2016.

[2] J. Angeles. *Fundamentals of Robotic Mechanical Systems: Theory, Methods, and Algorithms.* Springer, 2006.

[3] A. R. Ansari and T. D. Murphey. Sequential action control: closed-form optimal control for nonlinear and nonsmooth systems. *IEEE Transactions on Robotics*, 2016. Preprint published online.

[4] K. J. Astrom and R. M. Murray. *Feedback Systems: An Introduction for Scientists and Engineers.* Princeton University Press, 2008.

[5] D. J. Balkcom and M. T. Mason. Time optimal trajectories for differential drive vehicles. *International Journal of Robotics Research*, 21(3):199–217, March 2002.

[6] R. S. Ball. *A Treatise on the Theory of Screws (1998 reprint).* Cambridge University Press, 1900.

[7] J. Barraquand, B. Langlois, and J.-C. Latombe. Numerical potential field techniques for robot path planning. *IEEE Transactions on Systems, Man, and Cybernetics*, 22(2):224–241, 1992.

[8] J. Barraquand and J.-C. Latombe. Nonholonomic multibody mobile robots: Controllability and motion planning in the presence of obstacles. *Algorithmica*, 10:121–155, 1993.

[9] A. K. Bejczy. Robot arm dynamics and control. Technical memo 33-669, Jet Propulsion Lab, February 1974.

[10] R. Bellman and S. Dreyfus. *Applied Dynamic Programming*. Princeton University Press, Princeton, NJ, 1962.

[11] A. Bicchi. On the closure properties of robotic grasping. *International Journal of Robotics Research*, 14(4):319–334, August 1995.

[12] A. Bicchi. Hands for dexterous manipulation and robust grasping: a difficult road toward simplicity. *IEEE Transactions on Robotics and Automation*, 16(6):652–662, December 2000.

[13] A. Bicchi and V. Kumar. Robotic grasping and contact: a review. In *IEEE International Conference on Robotics and Automation*, 2000.

[14] A. M. Bloch. *Nonholonomic Mechanics and Control*. Springer, New York, 2003.

[15] J. E. Bobrow, S. Dubowsky, and J. S. Gibson. Time-optimal control of robotic manipulators along specified paths. *International Journal of Robotics Research*, 4(3):3–17, Fall 1985.

[16] J.-D. Boissonnat, A. Cérézo, and J. Leblond. Shortest paths of bounded curvature in the plane. *Journal of Intelligent Robotic Systems*, 11:5–20, 1994.

[17] W. M. Boothby. *An Introduction to Differentiable Manifolds and Riemannian Geometry*. Academic Press, 2002.

[18] O. Bottema and B. Roth. *Theoretical Kinematics*. Dover Publications, 1990.

[19] R. W. Brockett. Asymptotic stability and feedback stabilization. In R. W. Brockett, R. S. Millman, and H. J. Sussmann, editors, *Differential Geometric Control Theory*. Birkhauser, 1983.

[20] R. W. Brockett. Robotic manipulators and the product of exponentials formula. In *International Symposium on the Mathematical Theory of Networks and Systems*, Beer Sheva, Israel, 1983.

[21] F. Bullo and A. D. Lewis. *Geometric Control of Mechanical Systems*. Springer, 2004.

[22] F. Bullo and R. M. Murray. Tracking for fully actuated mechanical systems: a geometric framework. *Automatica*, 35:17–34, 1999.

[23] J. Canny. *The Complexity of Robot Motion Planning*. MIT Press, Cambridge, MA, 1988.

[24] J. Canny, J. Reif, B. Donald, and P. Xavier. On the complexity of kinodynamic planning. In *IEEE Symposium on the Foundations of Computer Science*, pages 306–316, White Plains, NY, 1988.

[25] M. Do Carmo. *Differential Geometry of Curves and Surfaces*. Prentice-Hall, Upper Saddle River, NJ, 1976.

[26] M. Ceccarelli. Screw axis defined by Giulio Mozzi in 1763 and early studies on helicoidal motion. *Mechanism and Machine Theory*, 35:761–770, 2000.

[27] S. Chiaverini, G. Oriolo, and A. A. Maciejewski. Redundant robots. In B. Siciliano and O. Khatib, editors, *Handbook of Robotics, Second Edition*, pages 221–242. Springer-Verlag, 2016.

[28] H. Choset, K. M. Lynch, S. Hutchinson, G. Kantor, W. Burgard, L. E. Kavraki, and S. Thrun. *Principles of Robot Motion: Theory, Algorithms, and Implementations*. MIT Press, Cambridge, MA, 2005.

[29] W.-L. Chow. Uber systemen von linearen partiellen differentialgleichungen erster ordnung. *Math. Ann.*, 117:98–105, 1939.

[30] W. K. Chung, L.-C. Fu, and T. Kröger. Motion control. In B. Siciliano and O. Khatib, editors, *Handbook of Robotics, Second Edition*, pages 163–194. Springer-Verlag, 2016.

[31] P. Corke. *Robotics, Vision and Control: Fundamental Algorithms in MATLAB (Second Edition)*. Springer, 2017.

[32] C. A. Coulomb. Théorie des machines simples en ayant égard au frottement de leurs parties et à la roideur des cordages. *Mémoires des mathématique et de physique présentés à l'Académie des Sciences*, 1781.

[33] J. Craig. *Introduction to Robotics: Mechanics and Control (third edition)*. Prentice-Hall, Upper Saddle River, NJ, 2004.

[34] C. C. de Wit, B. Siciliano, and G. Bastin, editors. *Theory of Robot Control*. Springer, 2012.

[35] J. Denavit and R. S. Hartenberg. A kinematic notation for lower-pair mechanisms based on matrices. *ASME Journal of Applied Mechanics*, 23:215–221, 1955.

[36] M. A. Diftler, J. S. Mehling, M. E. Abdallah, N. A. Radford, L. B. Bridg-water, A. M. Sanders, R. S. Askew, D. M. Linn, J. D. Yamokoski, F. A. Permenter, B. K. Hargrave, R. Platt, R. T. Savely, and R. O. Ambrose. Robonaut 2—The first humanoid robot in space. In *IEEE International Conference on Robotics and Automation*, 2011.

[37] E. W. Dijkstra. A note on two problems in connexion with graphs. *Numerische Mathematik*, 1:269–271, December 1959.

[38] B. R. Donald and P. Xavier. Provably good approximation algorithms for optimal kinodynamic planning for Cartesian robots and open chain manipulators. *Algorithmica*, 4(6):480–530, 1995.

[39] B. R. Donald and P. Xavier. Provably good approximation algorithms for optimal kinodynamic planning: robots with decoupled dynamics bounds. *Algorithmica*, 4(6):443–479, 1995.

[40] L. E. Dubins. On curves of minimal length with a constraint on average curvature and with prescribed initial and terminal positions and tangents. *American Journal of Mathematics*, 79:497–516, 1957.

[41] J. Duffy. The fallacy of modern hybrid control theory that is based on "orthogonal complements" of twist and wrench spaces. *Journal of Robotic Systems*, 7(2):139–144, 1990.

[42] A. G. Erdman and G. N. Sandor. *Advanced Mechanism Design: Analysis and Synthesis Volumes I and II*. Prentice-Hall, Upper Saddle River, NJ, 1996.

[43] M. A. Erdmann. On a representation of friction in configuration space. *International Journal of Robotics Research*, 13(3):240–271, 1994.

[44] B. Faverjon. Obstacle avoidance using an octree in the configuration space of a manipulator. In *IEEE International Conference on Robotics and Automation*, pages 504–512, 1984.

[45] R. Featherstone. The calculation of robot dynamics using articulated-body inertias. *International Journal of Robotics Research*, 2(1):13–30, 1983.

[46] R. Featherstone. *Rigid Body Dynamics Algorithms*. Springer, 2008.

[47] R. Featherstone and D. Orin. Dynamics. In B. Siciliano and O. Khatib, editors, *Handbook of Robotics, Second Edition*, pages 37–66. Springer-Verlag, 2016.

[48] G. F. Franklin, J. D. Powell, and A. Emami-Naeini. *Feedback Control of Dynamic Systems, Seventh Edition*. Pearson, 2014.

[49] E. G. Gilbert, D. W. Johnson, and S. S. Keerthi. A fast procedure for computing the distance between complex objects in three-dimensional space. *IEEE Journal of Robotics and Automation*, 4(2):193–203, April 1988.

[50] D. T. Greenwood. *Advanced Dynamics*. Cambridge University Press, 2006.

[51] R. Di Gregorio and V. Parenti-Castelli. Mobility analysis of the 3-UPU parallel mechanism assembled for a pure translational motion. *ASME Journal of Mechanical Design*, 124(2):259–264, 2002.

[52] C. Han, J. Kim, and F. C. Park. Kinematic sensitivity analysis of the 3-UPU parallel mechanism. *Mechanism and Machine Theory*, 37(8):787–798, 2002.

[53] P. E. Hart, N. J. Nilsson, and B. Raphael. A formal basis for the heuristic determination of minimum cost paths. *IEEE Transactions on Systems Science and Cybernetics*, 4(2):100–107, July 1968.

[54] M. Herman. Fast, three-dimensional, collision-free motion planning. In *IEEE International Conference on Robotics and Automation*, pages 1056–1063, 1986.

[55] S. Hirai and H. Asada. Kinematics and statics of manipulation using the theory of polyhedral convex cones. *International Journal of Robotics Research*, 12(5):434–447, October 1993.

[56] N. Hogan. Impedance control: An approach to manipulation: Part I—theory. *ASME Journal of Dyanmic Systems, Measurement, and Control*, 7:1–7, March 1985.

[57] N. Hogan. Impedance control: An approach to manipulation: Part II—implementation. *ASME Journal of Dyanmic Systems, Measurement, and Control*, 7:8–16, March 1985.

[58] N. Hogan. Impedance control: An approach to manipulation: Part III—applications. *ASME Journal of Dyanmic Systems, Measurement, and Control*, 7:17–24, March 1985.

[59] J. M. Hollerbach. Dynamic scaling of manipulator trajectories. *ASME Journal of Dynamic Systems, Measurement, and Control*, 106:102–106, 1984.

[60] S. Howard, M. Žefran, and V. Kumar. On the 6×6 Cartesian stiffness matrix for three-dimensional motions. *Mechanism and Machine Theory*, 33(4):389–408, 1998.

[61] P. M. Hubbard. Approximating polyhedra with spheres for time-critical collision detection. *ACM Transactions on Graphics*, 15(3):179–210, July 1996.

[62] M. L. Husty. An algorithm for solving the direct kinematics of general Stewart-Gough platforms. *Mechanism and Machine Theory*, 31(4):365–380, 1996.

[63] A. Isidori. *Nonlinear Control Systems*. Springer-Verlag, 1995.

[64] V. Jurdjevic. *Geometric Control Theory*. Cambridge University Press, 1997.

[65] S. Kambhampati and L. S. Davis. Multiresolution path planning for mobile robots. *IEEE Journal of Robotics and Automation*, 2(3):135–145, September 1986.

[66] I. Kao, K. M. Lynch, and J. W. Burdick. Contact modeling and manipulation. In B. Siciliano and O. Khatib, editors, *Handbook of Robotics, Second Edition*, pages 931–954. Springer-Verlag, 2016.

[67] S. Karaman and E. Frazzoli. Incremental sampling-based algorithms for optimal motion planning. In *Robotics: Science and Systems*, 2010.

[68] S. Karaman and E. Frazzoli. Sampling-based algorithms for optimal motion planning. *International Journal of Robotics Research*, 30(7):846–894, 2011.

[69] L. Kavraki, P. Švestka, J.-C. Latombe, and M. Overmars. Probabilistic roadmaps for fast path planning in high dimensional configuration spaces. *IEEE Transactions on Robotics and Automation*, 12:566–580, 1996.

[70] L. E. Kavraki and S. M. LaValle. Motion planning. In B. Siciliano and O. Khatib, editors, *Handbook of Robotics, Second Edition*, pages 139–161. Springer-Verlag, 2016.

[71] R. Kelly. PD control with desired gravity compensation of robotic manipulators: a review. *International Journal of Robotics Research*, 16(5):660–672, October 1997.

[72] H. K. Khalil. *Nonlinear Control*. Pearson, 2014.

[73] O. Khatib. Real-time obstacle avoidance for manipulators and mobile robots. *International Journal of Robotics Research*, 5(1):90–98, March 1986.

[74] O. Khatib. A unified approach to motion and force control of robot manipulators: the operational space formulation. *IEEE Journal of Robotics and Automation*, 3(1):43–53, 1987.

[75] C. A. Klein and B. E. Blaho. Dexterity measures for the design and control of kinematically redundant manipulators. *International Journal of Robotics Research*, 6(2):72–83, 1987.

[76] D. E. Koditschek. The control of natural motion in mechanical systems. *Journal of Dynamic Systems, Measurement, and Control*, 113:547–551, December 1991.

[77] D. E. Koditschek. Some applications of natural motion control. *Journal of Dynamic Systems, Measurement, and Control*, 113:552–557, December 1991.

[78] D. E. Koditschek and E. Rimon. Robot navigation functions on manifolds with boundary. *Advances in Applied Mathematics*, 11:412–442, 1990.

[79] K. Lakshminarayana. Mechanics of form closure. ASME Rep. 78-DET-32, 1978.

[80] J.-C. Latombe. *Robot Motion Planning*. Kluwer Academic Publishers, 1991.

[81] J.-P. Laumond, editor. *Robot motion planning and control.* Springer, 1998.

[82] J.-P. Laumond, P. E. Jacobs, M. Taïx, and R. M. Murray. A motion planner for nonholonomic mobile robots. *IEEE Transactions on Robotics and Automation*, 10(5):577–593, October 1994.

[83] S. M. LaValle. *Planning Algorithms.* Cambridge University Press, 2006.

[84] S. M. LaValle and J. J. Kuffner. Randomized kinodynamic planning. In *IEEE International Conference on Robotics and Automation*, 1999.

[85] S. M. LaValle and J. J. Kuffner. Randomized kinodynamic planning. *International Journal of Robotics Research*, 20(5):378–400, May 2001.

[86] S. M. LaValle and J. J. Kuffner. Rapidly-exploring random trees: Progress and prospects. In B. R. Donald, K. M. Lynch, and D. Rus, editors, *Algorithmic and Computational Robotics: New Directions.* A. K. Peters, Natick, MA, 2001.

[87] H. Y. Lee and C. G. Liang. A new vector theory for the analysis of spatial mechanisms. *Mechanism and Machine Theory*, 23(3):209–217, 1988.

[88] S.-H. Lee, J. Kim, F. C. Park, M. Kim, and J. E. Bobrow. Newton-type algorithms for dynamics-based robot movement optimization. *IEEE Transactions on Robotics*, 21(4):657–667, August 2005.

[89] J. W. Li, H. Liu, and H. G. Cai. On computing three-finger force-closure grasps of 2-D and 3-D objects. *IEEE Transactions on Robotics and Automation*, 19(1):155–161, 2003.

[90] M. Likhachev, G. Gordon, and S. Thrun. ARA*: Anytime A* with provable bounds on sub-optimality. In *Advances in Neural Information Processing Systems (NIPS)*, 2003.

[91] G. Liu and Z. Li. A unified geometric approach to modeling and control of constrained mechanical systems. *IEEE Transactions on Robotics and Automation*, 18(4):574–587, August 2002.

[92] J. Lončarić. *Geometrical Analysis of Compliant Mechanisms in Robotics*. PhD thesis, Division of Applied Sciences, Harvard University, 1985.

[93] J. Lončarić. Normal forms of stiffness and compliance matrices. *IEEE Journal of Robotics and Automation*, 3(6):567–572, December 1987.

[94] P. Lötstedt. Coulomb friction in two-dimensional rigid body systems. *Zeitschrift für Angewandte Mathematik und Mechanik*, 61:605–615, 1981.

[95] T. Lozano-Perez. Spatial planning: a configuration space approach. *A.I. Memo 605, MIT Artificial Intelligence Laboratory*, 1980.

[96] T. Lozano-Perez. Automatic planning of manipulator transfer movements. *IEEE Transactions on Systems, Man, and Cybernetics*, 11(10):681–698, October 2001.

[97] D. G. Luenberger and Y. Ye. *Linear and Nonlinear Programming*. Springer US, 2008.

[98] J. Y. S. Luh, M. W. Walker, and R. P. C. Paul. Resolved-acceleration control of mechanical manipulators. *IEEE Transactions on Automatic Control*, 25(3):468–474, June 1980.

[99] K. M. Lynch. Underactuated robots. In J. Baillieul and T. Samad, editors, *Encyclopedia of Systems and Control*, pages 1503–1510. Springer-Verlag, 2015.

[100] K. M. Lynch, A. M. Bloch, S. V. Drakunov, M. Reyhanoglu, and D. Zenkov. Control of nonholonomic and underactuated systems. In W. Levine, editor, *The Control Handbook*. Taylor and Francis, 2011.

[101] K. M. Lynch and M. T. Mason. Pulling by pushing, slip with infinite friction, and perfectly rough surfaces. *International Journal of Robotics Research*, 14(2):174–183, 1995.

[102] K. M. Lynch and M. T. Mason. Dynamic nonprehensile manipulation: Controllability, planning, and experiments. *International Journal of Robotics Research*, 18(1):64–92, January 1999.

[103] D. Manocha and J. Canny. Real time inverse kinematics for general manipulators. In *IEEE International Conference on Robotics and Automation*, volume 1, pages 383–389, 1989.

[104] X. Markenscoff, L. Ni, and C. H. Papadimitriou. The geometry of grasping. *International Journal of Robotics Research*, 9(1):61–74, February 1990.

[105] B. R. Markiewicz. Analysis of the computed torque drive method and comparison with conventional position servo for a computer-controlled manipulator. Technical memo 33-601, Jet Propulsion Lab, March 1973.

[106] M. T. Mason. Compliance and force control for computer controlled manipulators. *IEEE Transactions on Systems, Man, and Cybernetics*, 11:418–432, June 1981.

[107] M. T. Mason. Two graphical methods for planar contact problems. In *IEEE/RSJ International Conference on Intelligent Robots and Systems*, pages 443–448, Osaka, Japan, November 1991.

[108] M. T. Mason. *Mechanics of Robotic Manipulation.* MIT Press, 2001.

[109] M. T. Mason and K. M. Lynch. Dynamic manipulation. In *IEEE/RSJ International Conference on Intelligent Robots and Systems*, pages 152–159, Yokohama, Japan, 1993.

[110] M. T. Mason and J. K. Salisbury. *Robot Hands and the Mechanics of Manipulation.* The MIT Press, 1985.

[111] M. T. Mason and Y. Wang. On the inconsistency of rigid-body frictional planar mechanics. In *IEEE International Conference on Robotics and Automation*, 1988.

[112] J. M. McCarthy. *Introduction to Theoretical Kinematics.* MIT Press, Cambridge, MA, 1990.

[113] J. M. McCarthy and G. S. Soh. *Geometric Design of Linkages.* Springer-Verlag New York, 2011.

[114] J. S. Mehling. *Impedance control approaches for series elastic actuators.* PhD thesis, Rice University, 2015.

[115] J.-P. Merlet. *Parallel Robots.* Springer Netherlands, 2006.

[116] J.-P. Merlet, C. Gosselin, and Tian Huang. Parallel mechanisms. In B. Siciliano and O. Khatib, editors, *Handbook of Robotics, Second Edition*, pages 443–461. Springer-Verlag, 2016.

[117] C. D. Meyer. *Matrix analysis and applied linear algebra*. SIAM, 2000.

[118] R. S. Millman and G. D. Parker. *Elements of Differential Geometry*. Prentice-Hall, Upper Saddle River, NJ, 1977.

[119] B. Mishra, J. T. Schwartz, and M. Sharir. On the existence and synthesis of multifinger positive grips. *Algorithmica*, 2(4):541–558, 1987.

[120] P. Morin and C. Samson. Motion control of wheeled mobile robots. In B. Siciliano and O. Khatib, editors, *Handbook of Robotics, First Edition*, pages 799–826. Springer-Verlag, 2008.

[121] R. Murray, Z. Li, and S. Sastry. *A Mathematical Introduction to Robotic Manipulation*. CRC Press, Boca Raton, FL, 1994.

[122] T. Nef, M. Guidali, and R. Riener. ARMin III—arm therapy exoskeleton with an ergonomic shoulder actuation. *Applied Bionics and Biomechanics*, 6(2):127–142, 2009.

[123] J. L. Nevins and D. E. Whitney. Computer-controlled assembly. *Scientific American*, 238(2):62–74, 1978.

[124] V.-D. Nguyen. Constructing force-closure grasps. *International Journal of Robotics Research*, 7(3), 1988.

[125] H. Nijmeijer and A. J. van der Schaft. *Nonlinear Dynamical Control Systems*. Springer-Verlag, 1990.

[126] M. S. Ohwovoriole and B. Roth. An extension of screw theory. *Journal of Mechanical Design*, 103(4):725–735, 1981.

[127] G. Oriolo. Wheeled robots. In J. Baillieul and T. Samad, editors, *Encyclopedia of Systems and Control*. Springer-Verlag, 2015.

[128] B. Paden. *Kinematics and Control of Robot Manipulators*. PhD thesis, Department of Electrical Engineering and Computer Sciences, University of California, Berkeley, 1986.

[129] J. S. Pang and J. C. Trinkle. Complementarity formulations and existence of solutions of dynamic multi-rigid-body contact problems with Coulomb friction. *Mathematical Programming*, 73(2):199–226, 1996.

[130] F. C. Park. *Optimal Kinematic Design of Mechanisms*. PhD thesis, Division of Applied Sciences, Harvard University, 1991.

[131] F. C. Park. Computational aspects of the product of exponentials formula for robot kinematics. *IEEE Transactions on Automatic Control*, 39(3):643–647, 1994.

[132] F. C. Park, J. E. Bobrow, and S. R. Ploen. A Lie group formulation of robot dynamics. *International Journal of Robotics Research*, 14(6):609–618, 1995.

[133] F. C. Park and R. W. Brockett. Kinematic dexterity of robotic mechanisms. *International Journal of Robotics Research*, 13(1):1–15, 1994.

[134] F. C. Park and I. G. Kang. Cubic spline algorithms for orientation interpolation. *International Journal of Numerical Methods in Engineering*, 46:46–54, 1999.

[135] F. C. Park and J. Kim. Singularity analysis of closed kinematic chains. *ASME Journal of Mechanical Design*, 121(1):32–38, 1999.

[136] R. C. Paul. Modeling trajectory calculation and servoing of a computer controlled arm. AI memo 177, Stanford University Artificial Intelligence Lab, 1972.

[137] F. Pfeiffer and R. Johanni. A concept for manipulator trajectory planning. *IEEE Journal of Robotics and Automation*, RA-3(2):115–123, 1987.

[138] Q.-C. Pham. A general, fast, and robust implementation of the time-optimal path parameterization algorithm. *IEEE Transactions on Robotics*, 30(6):1533–1540, December 2014. Code available at `https://github.com/quangounet/TOPP`.

[139] Q.-C. Pham and O. Stasse. Time-optimal path parameterization for re-dundantly actuated robots: a numerical integration approach. *IEEE/ASME Transactions on Mechatronics*, 20(6):3257–3263, December 2015.

[140] G. A. Pratt and M. M. Williamson. Series elastic actuators. In *IEEE/RSJ International Conference on Intelligent Robots and Systems*, 1995.

[141] D. Prattichizzo and J. C. Trinkle. Grasping. In B. Siciliano and O. Khatib, editors, *Handbook of Robotics, Second Edition*, pages 955–988. Springer-Verlag, 2016.

[142] M. Raghavan and B. Roth. Kinematic analysis of the 6R manipulator of general geometry. In *International Symposium on Robotics Research*, 1990.

[143] M. H. Raibert and J. J. Craig. Hybrid position/force control of manipulators. *ASME Journal of Dyanmic Systems, Measurement, and Control*, 102:126–133, June 1981.

[144] M. H. Raibert and B. K. P. Horn. Manipulator control using the configura-tion space method. *Industrial Robot*, 5:69–73, June 1978.

[145] J. A. Reeds and L. A. Shepp. Optimal paths for a car that goes both forwards and backwards. *Pacific Journal of Mathematics*, 145(2):367–393, 1990.

[146] F. Reuleaux. *The Kinematics of Machinery*. MacMillan, 1876. Reprinted by Dover, 1963.

[147] E. Rimon and J. Burdick. On force and form closure for multiple finger grasps. In *IEEE International Conference on Robotics and Automation*, pages 1795–1800, 1996.

[148] E. Rimon and J. W. Burdick. A configuration space analysis of bodies in contact—II. 2nd order mobility. *Mechanism and Machine Theory*, 30(6):913–928, 1995.

[149] E. Rimon and J. W. Burdick. Mobility of bodies in contact—Part I. A 2nd-order mobility index for multiple-finger grasps. *IEEE Transactions on Robotics and Automation*, 14(5):696–708, October 1998.

[150] E. Rimon and J. W. Burdick. Mobility of bodies in contact—Part II. How forces are generated by curvature effects. *IEEE Transactions on Robotics and Automation*, 14(5):709–717, October 1998.

[151] E. Rimon and D. E. Koditschek. The construction of analytic diffeomorphisms for exact robot navigation on star worlds. *Transactions of the American Mathematical Society*, 327:71–116, 1991.

[152] E. Rimon and D. E. Koditschek. Exact robot navigation using artificial potential functions. *IEEE Transactions on Robotics and Automation*, 8(5):501–518, October 1992.

[153] E. Rohmer, S. P. N. Singh, and M. Freese. V-REP: A versatile and scalable robot simulation framework. In *IEEE/RSJ International Conference on Intelligent Robots and Systems*, 2013.

[154] S. Russell and P. Norvig. *Artificial Intelligence: A Modern Approach (Third Edition)*. Pearson, 2009.

[155] H. Samet. The quadtree and related hierarchical data structures. *Computing Surveys*, 16(2):187–260, June 1984.

[156] C. Samson, P. Morin, and R. Lenain. Modeling and control of wheeled mobile robots. In B. Siciliano and O. Khatib, editors, *Handbook of Robotics, Second Edition*, pages 1235–1265. Springer-Verlag, 2016.

[157] S. Shankar Sastry. *Nonlinear Systems: Analysis, Stability, and Control*. Springer-Verlag, New York, 1999.

[158] J. T. Schwartz and M. Sharir. On the "piano movers'" problem. I. The case of a two-dimensional rigid polygonal body moving amidst polygonal barriers. *Communications on Pure and Applied Mathematics*, 36(3):345–398, May 1983.

[159] J. T. Schwartz and M. Sharir. On the "piano movers'" problem. II. General techniques for computing topological properties of real algebraic manifolds. *Advances in Applied Mathematics*, 4(3):298–351, September 1983.

[160] J. T. Schwartz and M. Sharir. On the piano movers' problem: III. Coordinating the motion of several independent bodies: the special case of circular bodies moving amidst polygonal barriers. *International Journal of Robotics Research*, 2(3):46–75, 1983.

[161] T. Shamir and Y. Yomdin. Repeatability of redundant manipulators: mathematical solution to the problem. *IEEE Transactions on Automatic Control*, 33(11):1004–1009, 1988.

[162] Z. Shiller and S. Dubowsky. On the optimal control of robotic manipulators with actuator and end-effector constraints. In *IEEE International Conference on Robotics and Automation*, pages 614–620, St. Louis, MO, 1985.

[163] Z. Shiller and S. Dubowsky. Global time optimal motions of robotic manipulators in the presence of obstacles. In *IEEE International Conference on Robotics and Automation*, pages 370–375, 1988.

[164] Z. Shiller and S. Dubowsky. Robot path planning with obstacles, actuator, gripper, and payload constraints. *International Journal of Robotics Research*, 8(6):3–18, December 1989.

[165] Z. Shiller and S. Dubowsky. On computing the global time-optimal motions of robotic manipulators in the presence of obstacles. *IEEE Transactions on Robotics and Automation*, 7(6):785–797, December 1991.

[166] Z. Shiller and H.-H. Lu. Computation of path constrained time optimal motions with dynamic singularities. *ASME Journal of Dynamic Systems, Measurement, and Control*, 114:34–40, March 1992.

[167] K. G. Shin and N. D. McKay. Minimum-time control of robotic manipulators with geometric path constraints. *IEEE Transactions on Automatic Control*, 30(6):531–541, June 1985.

[168] M. D. Shuster. A survey of attitude representations. *Journal of the Astronautical Sciences*, 41(4):439–517, 1993.

[169] B. Siciliano and O. Khatib. *Handbook of Robotics, Second Edition*. Springer, 2016.

[170] B. Siciliano, L. Sciavicco, L. Villani, and G. Oriolo. *Robotics: Modelling, Planning and Control.* Springer, 2009.

[171] S. N. Simunovic. Force information in assembly processes. In *Fifth International Symposium on Industrial Robots*, September 1975.

[172] J.-J. E. Slotine and H. S. Yang. Improving the efficiency of time-optimal path-following algorithms. *IEEE Transactions on Robotics and Automation*, 5(1):118–124, February 1989.

[173] P. Somoff. Uber gebiete von schraubengeschwindigkeiten eines starren korpers bie verschiedner zahl von stutzflachen. *Z. Math. Phys.*, 45:245–306, 1900.

[174] P. Souères and J.-P. Laumond. Shortest paths synthesis for a car-like robot. *IEEE Transactions on Automatic Control*, 41(5):672–688, May 1996.

[175] M. W. Spong. Robot motion control. In J. Baillieul and T. Samad, editors, *Encyclopedia of Systems and Control*, pages 1168–1176. Springer-Verlag, 2015.

[176] M. W. Spong, S. Hutchinson, and M. Vidyasagar. *Robot Modeling and Control.* Wiley, 2005.

[177] D. E. Stewart and J. C. Trinkle. An implicit time-stepping scheme for rigid body dynamics with inelastic collisions and Coulomb friction. *International Journal for Numerical Methods in Engineering*, 39(15):2673–2691, 1996.

[178] G. Strang. *Introduction to Linear Algebra, Fourth Edition.* Wellesley-Cambridge Press, 2009.

[179] I. A. Şucan and S. Chitta. MoveIt! Online at http://moveit.ros.org.

[180] I. A. Şucan, M. Moll, and L. E. Kavraki. The Open Motion Planning Library. *IEEE Robotics & Automation Magazine*, 19(4):72–82, December 2012. http://ompl.kavrakilab.org.

[181] H. J. Sussmann. A general theorem on local controllability. *SIAM Journal on Control and Optimization*, 25(1):158–194, January 1987.

[182] H. J. Sussmann and W. Tang. Shortest paths for the Reeds-Shepp car: a worked out example of the use of geometric techniques in nonlinear optimal control. Technical Report SYCON-91-10, Rutgers University, 1991.

[183] M. Takegaki and S. Arimoto. A new feedback method for dynamic control of manipulators. *ASME Journal of Dyanmic Systems, Measurement, and Control*, 112:119–125, June 1981.

[184] J. C. Trinkle. Formulation of multibody dynamics as complementarity problems. In *ASME International Design Engineering Technical Conferences*, January 2003.

[185] P. Tsiotras, J. L. Junkins, and H. Schaub. Higher-order Cayley transforms with applications to attitude representations. *AIAA Journal of Guidance, Control, and Dynamics*, 20(3):528–534, 1997.

[186] E. Tzorakoleftherakis, A. Ansari, A. Wilson, J. Schultz, and T. D. Murphey. Model-based reactive control for hybrid and high-dimensional robotic systems. *IEEE Robotics and Automation Letters*, 1(1):431–438, 2016.

[187] Yoji Uno, Mitsuo Kawato, and Rika Suzuki. Formation and control of optimal trajectory in human multijoint arm movement. *Biological cybernetics*, 61(2):89–101, 1989.

845

[188] B. Vanderbroght, A. Albu-Schaeffer, A. Bicchi, E. Burdet, D. G. Caldwell, R. Carloni, M. Catalano, O. Eiberger, W. Friedl, G. Ganesh, M. Garabini, M. Grebenstein, G. Grioli, S. Haddadin, H. Hoppner, A. Jafari, M. Laffranchi, D. Lefeber, F. Petit, S. Stramigioli, N. Tsagarakis, M. Van Damme, R. Van Ham, L. C. Visser, and S. Wolf. Variable impedance actuators: A review. *Robotics and Autonomous Systems*, 61(12):1601–1614, December 2013.

[189] L. Villani and J. De Schutter. Force control. In B. Siciliano and O. Khatib, editors, *Handbook of Robotics, Second Edition*, pages 195–219. Springer-Verlag, 2016.

[190] M. Vukobratović and M. Kirćanski. A method for optimal synthesis of manipulation robot trajectories. *ASME Journal of Dynamic Systems, Measurement, and Control*, 104:188–193, June 1982.

[191] D. E. Whitney. Quasi-static assembly of compliantly supported rigid parts. *ASME Journal of Dynamic Systems, Measurement, and Control*, 104:65–77, March 1982.

[192] E. T. Whittaker. *A Treatise on the Analytical Dynamics of Particles and Rigid Bodies*. Cambridge University Press, 1917.

[193] A. Witkin and M. Kass. Spacetime constraints. *Computer Graphics*, 22(4):159–168, 1988.

[194] T. Yoshikawa. Manipulability of robotic mechanisms. *International Journal of Robotics Research*, 4(2):3–9, 1985.

찾아보기

$SE(3)$, 144

$SO(2)$, 116

$SO(3)$, 116

S^n, 63

T^n, 64

$\mathbb{R}^n$, 63

$se(3)$, 156

$so(3)$, 127

1미터 자 묘기, 687

1종 크리스토펠 기호, 391

2차 미분방정식의 표준형, 571

4절 링크, 56

4중 연결, 518

4진 트리, 521

8진 트리, 521

C-space, 48

DC 모터, 433

    브러시 모터, 433

    브러시리스 모터, 433

dof, 48

MoveIt, 497

Open Motion Planning Library, 555

ROS, 230, 498

rviz, 498

SCARA, 76

URDF, 230, 430

가변 강성 구동기, 621

가변 임피던스 구동기, 621

가속도 타원, 393

각속도, 124

    공간 각속도, 126

    물체 각속도, 128

감쇠

    과감쇠, 571

    임계감쇠, 571

    저감쇠, 572

감쇠 고유 진동수, 572

감쇠비, 571

강체

　공간 강체, 51

　평면 강체, 51

강체 운동, 143

개연쇄 메커니즘, 55

개연쇄의 동역학, 381

　기어링을 고려한 뉴턴-오일러

　　역동역학 알고리듬, 441

　라그랑지안 형식, 383

　역뉴턴-오일러 동역학, 408

갠트리 로봇, 598

거리 측정 알고리듬, 509

겉보기 관성, 439

결합 법칙, 117

경로, 459

고리 닫힘 방정식, 68, 69

고유 진동수, 571

고정, 690

고정 좌표계, 106

고정자, 433

공간 속도

　공간(고정) 좌표계에서 표현한

　　공간 속도, 157

　물체 좌표계에서의 공간 속도,

155

공간 운동량, 404

공간 좌표계, 106

공간 힘, 171

과도기 응답, 565

관성 매칭, 454

관성 측정 장치 (IMU), 770

관성의 주 모멘트, 400

관성의 주축, 400

관성행렬

　공간 관성행렬, 404

　회전 관성행렬, 399

관절, 47

　구형 관절, 54

　나선형 관절, 53

　선형 관절, 53

　원통형 관절, 53

　유니버설 관절, 53

　회전형 관절, 53

교환 법칙, 118

구동기, 47, 431

구속된 조건의 동역학, 422

구심력, 388

군 닫힘, 117

궤적, 460

　다항식 경유점 궤적, 471

848

점대점 궤적, 460

그래프, 511

가중 그래프, 511

노드, 511

비가중 그래프, 511

비유도형 그래프, 511

유도형 그래프, 511

그뤼블러의 공식, 55

근방, 729

기어링

조속식 감속기, 443

기어모터, 439

뉴턴-랩슨 방법, 325

다면 볼록 집합, 648

다면 볼록뿔, 648

다면체, 648

다빈치 S 수술 로봇 팔, 341

다중 해상도 격자 표현, 521

단시간 국소적 접근 가능(STLA), 730

단시간 국소적 제어 가능(STLC), 730

단위 사원수, 114, 799

단일 강체의 동역학, 397

고전 공식, 397

트위스트-렌치 공식, 403

데나빗-하텐버그 매개변수, 211, 805

델타 로봇, 60, 349

도달 가능한 집합, 729

동작 계획, 497

PRM, 536

RDT, 532

RRT, 530

RRT*, 535

가상 퍼텐셜 장, 539

격자 기법, 517

경로 계획, 499

계산 복잡도, 501

곡선화, 550

다중 문제 동작 계획, 500

단일 문제 동작 계획, 500

등위면 계획기, 519

비선형 최적화, 548

샘플링 기법, 529

양방향 RRT, 535

오프라인 동작 계획, 499

온라인 동작 계획, 499

완전 동작 계획, 501

정량적 동작 계획, 500

정성적 동작 계획, 500

지속적 동작 계획, 501

차륜 이동 로봇, 523

최적 동작 계획, 500

충분 동작 계획, 500

피아노 이사 문제, 499

해상도 완전 동작 계획, 501

확률적으로 완전 동작 계획, 501

동적 파지, 686

동차 변환행렬, 144

동차 좌표, 145

듀빈스 자동차, 740

등방, 290

라그랑주 승수, 423, 610, 822

라그랑지안 함수, 383

라이티, 315

레프티, 315

렌치, 171

공간 렌치, 173

물체 렌치, 173

로드리게스의 공식, 136

로드맵, 516

로봇 기술용 통일 포맷, 230, 430

로봇 운영체제, 230

롤-피치-요 각, 114

롤-피치-요 각도, 797

루트 로커스, 579

리 곱, 735

리 대수, 127, 156

벡터장의 리 대수, 735

리 브라켓

벡터장의 리 브라켓, 734

트위스트의 리 브라켓, 405

리즈-쉐프 자동차, 742

링크, 47

마개 넣기, 690

마찰, 668

마찰각, 669

마찰계수, 668

마찰원뿔, 668

점성 마찰력, 443

정지 마찰력, 443

쿨롱 마찰, 668

막힘, 690

매개변수화

간접적 매개변수화, 67

직접적 매개변수화, 66

맨해튼 거리, 519

메카넘 바퀴, 708

모멘트, 171

순수 모멘트, 171

모멘트 라벨링, 673

모호성, 684

무부하 속도, 436

물체 좌표계, 106

미분방정식

동차 미분방정식, 566

비동차 미분방정식, 566

밀어내는 조건의 렌치와 트위스트, 643

바렛 테크놀로지의 WAM, 227

반대칭행렬, 127

반영된 관성, 439

백래시, 34, 618

벡터장, 719

변환행렬, 144

병렬 메커니즘, 349

분기점, 366

비홀로노믹 이동 로봇의 궤적 추적, 747

상태, 498

상태 공간, 48

　　상태 공간 위상, 62

　　상태 공간 장애물, 504

　　상태 공간 표현, 66

　　위상 동형, 62

　　자유 상태 공간, 497

생성

　　볼록 생성, 638

　　선형 생성, 638

샤를-모치 이론, 166

선형 계획법, 662

선형 시스템, 566

선형 제어 가능, 728

속도 역기구학, 333

속도 제한 곡선, 478

속도-토크 커브, 436

수동성, 392

수반 사상, 159

수반 표현, 158

슈타이너의 정리, 402

스웨덴 바퀴, 708

스크류 축, 163

　　공간 좌표계, 213

스크류 피치, 163

스탠포드형 로봇 팔, 323

스튜어트-고프 플랫폼, 61, 349

스트레인 게이지, 604, 618

스티븐슨 6절 링크, 58

슬라이더-크랭크 메커니즘, 56

시간 스케일링, 460

　　S-곡선 시간 스케일링, 470

　　사다리꼴 시간 스케일링, 467

　　삼차 시간 스케일링, 464

　　시간 최적의 시간 스케일링, 474

　　오차 시간 스케일링, 466

시간상수, 569

아틀라스, 67

아핀 제어 시스템, 732

애커만 조향, 722

어드미턴스, 613

엔드 이펙터, 47

엘보 다운, 315

엘보 업, 315

여유, 50, 277, 336

    여유구동, 349

역기구학, 315

    병렬 메커니즘에서의 역기구학, 351

    수치 역기구학, 325

    해석적 역기구학, 318

역기전력, 435

역동역학, 381

역수 조건의 렌치와 트위스트, 644

연결성, 517

연속 요소, 504

영관성 점, 477, 485

예외적 물체, 661

오도메트리, 751

오른손 좌표계, 106

오버슈트, 565

오일러 각, 114

오일러 각도, 791

오일러-라그랑주 방정식, 383

오차 동역학, 564

오차 응답, 564

와트 6절 링크, 58

운동방정식, 381

운동에너지, 383

위상 평면, 478

위치에너지, 383

유니버설 로봇의 UR5, 222

유사 역, 328

유사 역행렬

    오른 유사 역행렬, 329

    왼 유사 역행렬, 329

유사정지상태, 684

유클리드 공간, 63

이동 조작, 755

이클립스 메커니즘, 377

일관되지 않은, 684

일반화된 좌표계, 383

일반화된 힘, 383

임피던스, 612

자유 벡터, 104

자유도, 48

자코비안

    공간 자코비안, 261, 263

    기하적 자코비안, 275

    물체 자코비안, 262

    제약 자코비안, 358

해석적 자코비안, 275

작업 공간, 74

작업 공간에서의 동역학, 420

적분기 안티-와인드업, 591

전기상수, 435

전방향 바퀴, 708

접근성, 516

접선 벡터장, 719

접촉

　굴림 접촉점, 644

　굴림-미끌림 운동, 642

　굴림-미끌림 움직임, 644

　마찰 없는 접촉점, 653

　마찰 있는 접촉점, 653

　미끌림 접촉점, 644

　부드러운 접촉점, 653

　접촉 기구학, 639

　접촉 라벨, 644

　접촉 모드, 649

　접촉 법선, 641

정기구학, 207

　병렬 메커니즘에서의 정기구학,
　　351

정동역학, 381

정류, 433

정상 상태 오차, 565

정상 상태 응답, 565

정착 시간, 565

제약조건

　굴림, 644

　동차 제약조건, 648

　비홀로노믹 제약조건, 73

　인공적 제약조건, 608

　자연적 제약조건, 608

　적분 가능한 제약조건, 71

　통과 불가 제약조건, 643

　파피안 제약조건, 71, 609

　홀로노믹 제약조건, 70

　활성 제약조건, 643

제어

　P 제어, 576

　PD 제어, 588

　PI 제어, 577

　PI 제어기, 577

　PID 제어, 587

　강성 제어, 612

　강인 제어, 619

　동작 제어, 561

　반복 학습 제어, 619

　분산형 제어, 598

　선형 제어, 576

　설정값 제어, 576

속도 입력에 따른 운동 제어, 574

어드미턴스 제어된 로봇, 614

역동역학 제어기, 595

열린 고리 제어, 575

임피던스 제어, 561, 612

임피던스 제어된 로봇, 614

적응 제어, 619

제어 계수, 576

중앙 집중형 제어, 598

컴플라이언스 제어, 612

태스크 공간에서의 운동 제어, 601

토크 계산 제어기, 595

토크, 힘 입력에 따른 운동 제어, 585

피드백 제어, 575

피드포워드 제어, 575

피드포워드-피드백 제어, 581

하이브리드 운동 - 힘 제어, 561, 606

힘 제어, 561, 603

제어 가능한 로봇, 730

제어 백터장, 719

조건 수, 290

조립체의 안정성, 689

조작성 타원체, 255, 288

좌표 차트, 67

좌표계에 무관, 105

지수 곱, 211

공간 꼴, 214

물체 꼴, 225

지수 곱과 D-H 매개변수의 비교, 819

지수 좌표

강체 운동의 지수 좌표, 165

회전의 지수 좌표, 134

회전의 지수 좌표 표현, 130

직교 곱, 64

직교 로봇, 598

직구동 로봇, 442

직렬 메커니즘, 55

직렬 탄성 구동기, 618, 635

직진만 하는 자동차의 최단 경로, 740

질량 중심, 397

질량 타원체, 393

질량행렬, 381, 387, 390, 393

차대, 707

차동 구동 로봇, 721

차동 구동 로봇의 최소 시간 움직임, 743

차륜 이동 로봇, 707

비홀로노믹 이동 로봇의 표준 단순화 모델, 725

비홀로노믹 차륜 이동 로봇, 708

외바퀴 차륜 이동 로봇, 718

자동차 로봇, 722

전방향 차륜 이동 로봇, 708

차동 구동 로봇, 721

최대부하 토크, 436

축-각도 표현, 130

충돌 감지 과정, 509

구 근사, 509

칼만 랭크 조건, 728

컨피규레이션, 48

케일리-로드리게스 매개변수, 114, 801

코리올리행렬, 392

코리올리힘, 388

코사인 법칙, 316

탐색

A^*, 512

너비 우선 탐색, 516

다익스트라 알고리듬, 515

차선 A^* 탐색, 516

태스크 공간, 73

테일러 전개, 733

테일러 확장, 325

토크, 171

토크상수, 434

트리, 511

부모 노드, 511

뿌리 노드, 511

잎 노드, 511

트위스트, 154

공간 트위스트, 157

물체 트위스트, 155

특수유클리드군, 144

특수직교군, 116

특이점, 66, 254

구동기 특이점, 364

기구학적 특이점, 280

비퇴화 구동기 특이점, 367

상태 공간 특이점, 364, 367

엔드 이펙터 특이점, 364, 369

퇴화 구동기 특이점, 367

파지 척도, 665

평행축 정리, 402

폐연쇄 메커니즘, 55, 349

퓨마형 로봇 팔, 319

항법함수, 543

행렬 로그

강체 운동의 행렬 로그, 167

회전행렬의 행렬 로그, 138

행렬 리 군, 117

행렬지수, 132

강체 운동의 행렬지수, 166
회전의 행렬지수, 136
형태 닫힘, 648, 659
회전, 115
회전 중심 (CoR), 654
회전자, 433
회전하는 물체에 대한 오일러의 공식,

399
회전행렬, 115
후진 기어가 있는 자동차의 최단
경로, 742
힘 닫힘, 675
힘 타원체, 259

모던 로보틱스

역학, 계획 및 제어

발 행 | 2023년 5월 31일

옮긴이 | 이 병 호 · 윤 상 웅 · 권 재 운 · 김 영 훈 · 김 종 민 · 임 중 빈 · 손 민 준 · 정 진 · 이 상 현 · 양 우 성
지은이 | 케빈 M. 린치 · 박 종 우

펴낸이 | 권 성 준
편집장 | 황 영 주
편 집 | 김 진 아
　　　　임 지 원
디자인 | 윤 서 빈

에이콘출판주식회사
서울특별시 양천구 국회대로 287 (목동)
전화 02-2653-7600, 팩스 02-2653-0433
www.acornpub.co.kr / editor@acornpub.co.kr

한국어판 ⓒ 에이콘출판주식회사, 2023, Printed in Korea.
ISBN 979-11-6175-738-4
http://www.acornpub.co.kr/book/modern-robotics

책값은 뒤표지에 있습니다.